巣鴨中学校

〈収録内容〉

2024年度 …………………… 算数選抜（算）
第１期（算・理・社・国）
第２期（算・理・社・国）

2023年度 …………………… 算数選抜（算）
第１期（算・理・社・国）
第２期（算・理・社・国）

2022年度 …………………… 第１期（算・理・社・国）
第２期（算・理・社・国）

2021年度 …………………… 第１期（算・理・社・国）

2020年度 …………………… 第１期（算・理・社・国）

2019年度 …………………… 第１期（算・理・社・国）

平成30年度 …………………… 第１期（算・理・社・国）

平成29年度 …………………… 第１期（算・理・社・国）

便利なDLコンテンツは右のQRコードから
解答用紙
過去年度
国語の問題は紙面に掲載
⇒

※データのダウンロードは2025年３月末日まで。
※データへのアクセスには、右記のパスワードの入力が必要となります。 ⇒ 864954

〈合格最低点〉

	第１期	第２期	算数選抜
2024年度	199点	200点	85点
2023年度	182点	182点	64点
2022年度	178点	177点	-
2021年度	190点	204点	
2020年度	193点	195点	
2019年度	166点	167点	

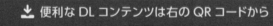

本書の特長

実戦力がつく入試過去問題集

- ▶ 問題 ･･････････････ 実際の入試問題を見やすく再編集。
- ▶ 解答用紙 ･･････ 実戦対応仕様で収録。
- ▶ 解答解説 ･･････ 詳しくわかりやすい解説には、難易度の目安がわかる「基本・重要・やや難」の分類マークつき（下記参照）。各科末尾には合格へと導く「ワンポイントアドバイス」を配置。採点に便利な配点つき。

入試に役立つ分類マーク

基本 確実な得点源！
受験生の 90%以上が正解できるような基礎的、かつ平易な問題。
何度もくり返して学習し、ケアレスミスも防げるようにしておこう。

重要 受験生なら何としても正解したい！
入試では典型的な問題で、長年にわたり、多くの学校でよく出題される問題。
各単元の内容理解を深めるのにも役立てよう。

やや難 これが解ければ合格に近づく！
受験生にとっては、かなり手ごたえのある問題。
合格者の正解率が低い場合もあるので、あきらめずにじっくりと取り組んでみよう。

合格への対策、実力錬成のための内容が充実

- ▶ 各科目の出題傾向の分析、合否を分けた問題の確認で、入試対策を強化！
- ▶ その他、学校紹介、過去問の効果的な使い方など、学習意欲を高める要素が満載！

解答用紙ダウンロード 解答用紙はプリントアウトしてご利用いただけます。弊社ＨＰの商品詳細ページよりダウンロードしてください。トビラのＱＲコードからアクセス可。

UD FONT 見やすく読みまちがえにくいユニバーサルデザインフォントを採用しています。

巣鴨 中学校

日々の努力を大切に
最先端のグローバル教育を展開する
１００年の伝統校

生徒数　731名
〒170-0012
東京都豊島区上池袋1-21-1
☎03-3918-5311
山手線大塚駅、東武東上線北池袋駅　徒歩10分
山手線池袋駅、埼京線板橋駅　徒歩15分
都電荒川線巣鴨新田駅　徒歩8分

URL	https://www.sugamo.ed.jp/

プロフィール

創立100年を超える伝統校

遠藤隆吉博士が1910（明治43）年に努力主義による英才早教育と人間研究の実践を目指して私塾「巣園学舎」を創設。1922（大正11）年に巣鴨中学校を創立して以後現在に至っている。本校では、先生や級友たちとの学校生活の中で、「がんばったからできた」「努力が実った」という達成感を味わっていくことを大切にし、そのような経験を積み重ねて、自らの可能性を切り開いていくことを目指している。

環境

新しい理想の教育環境が実現

2016年に新たな校舎・スポーツ施設が完成した。東校舎を残し、その他すべての施設が刷新され、木材を多用したあたたかみのある内装が特徴である。地上には人工芝グラウンド、ウレタン舗装の100m直線走路、テニスコートがある。ギムナシオン（体育館）の屋上にはテニスコートと投球練習場を備えている。また、パソコン、Wi-Fi環境を完備した情報演習室は、オンライン授業などでも活用され、先進的な学びを支えている。

カリキュラム

実践的できめ細かい授業編成

百人一首大会

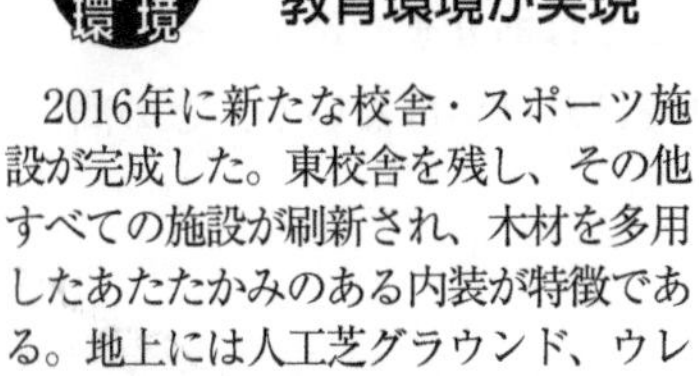

中学からの入学者（中入生）は中２で中学の課程をほぼ終了し、中３では高校課程の学習に入る。高２から各自の希望で「文数系」「理数系」に分かれ、高３では週24時間を選択授業として各自が志望大学・学部に合わせた科目の勉強ができるようになっている。

また、「全校有段者主義」を掲げて中学生は剣道を必修とし（高校生は柔道または剣道を必修）、卒業時までには半数以上の生徒が有段者になっている。

学校生活

百年の伝統が創る、最先端のグローバル教育

中学から本校にしかできないグローバル教育を確立し、刻々と変化し続けるグローバル社会で力強く活躍する「グローバル人材」の育成に努めている。

一人１台ずつノートパソコンとヘッドセットを使用し、最大週５回、４年間のスカイプによるオンライン英会話。中２、中３の希望者対象に、第一線で活躍する英国人と６日間寝食を共にし、グループディスカッションやアクティビティを行うSugamo Summer School。高１～高２生の希望者対象に、イートン校が作成した３週間のプログラムに沿って授業を受け、英国の歴史と文化を深く体感するイートン校サマースクール。約３ヶ月間オーストラリア、カナダ、アメリカでホームステイをしながら現地校の授業を受けるターム留学など、伝統校だからこそできる最先端のグローバル教育を展開している。また、努力を通じて達成感を味わうことができる様々な学校行事が実施されている。文化系行事としては英語のスピーチコンテストや各文化部のプレゼンテーション、ポスターセッションなどを中心とした「アカデミック・フェスティバル」や、イートン校出身のイギリス人講師による特別講義がある。百人一首歌留多大会、書き初め大会、合唱コンクールも活況で、吹奏楽部の演奏会、書道部、美術部による作品展などは一般の来場者を迎えている。体育系行事も大菩薩峠越え強歩大会、巣園流水泳学校、早朝寒稽古などがあり、それぞれの行事で生徒の個性が発揮されている。

イートン校

［体育部］　スキー、山岳、サッカー、卓球、バレーボール、バスケットボール、軟式野球、硬式野球、剣道、柔道、陸上競技、水泳、バドミントン、ソフトテニス、ハンドボール、合気道

［文化部］　書道、美術、生物、科学技術、写真、英語、化学、吹奏楽、地学、合唱、歌留多、囲碁・将棋、JRC、物理、茶道

［研究会］　数学、社会、クイズ、折り紙、鉄道

進路

東大はじめ国公立大へ上位校への合格者多数

東京大、京都大ほか国公立大・難関私大への合格者多数。特に医学部合格者が多く、毎年150名前後が合格している。

2024年度入試要項

試験日　2/1午前・午後（第Ⅰ期・算数選抜）
2/2（第Ⅱ期）
2/4（第Ⅲ期）

試験科目　国・算・理・社（第Ⅰ期～第Ⅲ期）算（2/1午後）

2024年度	募集定員	受験者数	合格者数	競争率
第Ⅰ期	80	309	95	3.3
算数選抜	20	652	284	2.3
第Ⅱ期	100	405	156	2.6
第Ⅲ期	40	312	41	7.6

※帰国子弟の募集あり

過去問の効果的な使い方

① **はじめに**　ここでは，受験生のみなさんが，ご家庭で過去問を利用される場合の，一般的な活用法を説明していきます。もし，塾に通われていたり，家庭教師の指導のもとで学習されていたりする場合は，その先生方の指示にしたがって，過去問を活用してください。その理由は，通常，塾のカリキュラムや家庭教師の指導計画の中に過去問学習が含まれており，どの時期から，どのように過去問を活用するのか，という具体的な方法がそれぞれの場合で異なるからです。

② **目的**　言うまでもなく，志望校の入学試験に合格することが，過去問学習の第一の目的です。そのためには，それぞれの志望校の入試問題について，どのようなレベルのどのような分野の問題が何問，出題されているのかを確認し，近年の出題傾向を探り，合格点を得るための試行錯誤をして，各校の入学試験について自分なりの感触を得ることが必要になります。過去問学習は，このための重要な過程であり，合格に向けて，新たに実力を養成していく機会なのです。

③ **開始時期**　過去問との取り組みは，通常，全分野の学習が一通り終了した時期，すなわち6年生の7月から8月にかけて始まります。しかし，各分野の基本が身についていない場合や，反対に短期間で過去問学習をこなせるだけの実力がある場合は，9月以降が過去問学習の開始時期になります。

④ **活用法**　各年度の入試問題を全問マスターしよう，と思う必要はありません。完璧を目標にすると挫折しやすいものです。できるかぎり多くの問題を解けるにこしたことはありませんが，それよりも重要なのは，現実に各志望校に合格するために，どの問題が解けなければいけないか，どの問題は解けなくてもよいか，という眼力を養うことです。

算数

どの問題を解き，どの問題は解けなくてもよいのかを見極めるには相当の実力が必要になりますし，この段階にいきなり到達するのは容易ではないので，この前段階の一般的な過去問学習法，活用法を2つの場合に分けて説明します。

☆偏差値がほぼ55以上ある場合

掲載順の通り，新しい年度から順に年度ごとに3年度分以上，解いていきます。

ポイント1…問題集に直接書き込んで解くのではなく，各問題の計算法や解き方を，明快にわかるように意識してノートに書き記す。

ポイント2…答えの正誤を点検し，解けなかった問題に印をつける。特に，解説の 基本 重要 がついている問題で解けなかった問題をよく復習する。

ポイント3…1回目にできなかった問題を解き直す。同様に，2回目，3回目，…と解けなければいけない問題を解き直す。

ポイント4…難問を解く必要はなく，基本をおろそかにしないこと。

☆偏差値が50前後かそれ以下の場合

ポイント1～4以外に，志望校の出題内容で「計算問題・一行問題」の比重が大きい場合，これらの問題をまず優先してマスターするとか，例えば，大問2までをマスターしてしまうとよいでしょう。

理科

理科は1から順番に解くことにほとんど意味はありません。理科は，性格の違う4つの分野が合わさった科目です。また，同じ分野でも単なる知識問題なのか，あるいは実験や観察の考察問題なのかによってもかかる時間がずいぶんちがいます。記述，計算，描図など，出題形式もさまざまです。ですから，解く順番の上手，下手で，10点以上の差がつくこともあります。

過去問を解き始める時も，はじめに1回分の試験問題の全体を見通して，解く順番を決めましょう。得意分野から解くのもよいでしょう。短時間で解けそうな問題を見つけて手をつけるのも効果的です。くれぐれも，難問に時間を取られすぎないように，わからない問題はスキップして，早めに全体を解き終えることを意識しましょう。

社会

社会は1から順番に解いていってかまいません。ただし，時間のかかりそうな，「地形図の読み取り」，「統計の読み取り」，「計算が必要な問題」，「字数の多い論述問題」などは後回しにするのが賢明です。また，3分野（地理・歴史・政治）の中で極端に得意，不得意がある受験生は，得意分野から手をつけるべきです。

過去問を解くときは，試験時間を有効に活用できるよう，時間は常に意識しなければなりません。ただし，時間に追われて雑にならないようにする注意が必要です。“誤っているもの”を選ぶ設問なのに“正しいもの”を選んでしまった，“すべて選びなさい”という設問なのに一つしか選ばなかったなどが致命的なミスになってしまいます。問題文の“正しいもの”，“誤っているもの”，“一つ選び”，“すべて選び”などに下線を引いて，一つ一つ確認しながら問題を解くとよいでしょう。

過去問を解き終わったら，自己採点し，受験生自身でふり返りをしましょう。できなかった問題については，なぜできなかったのかについての分析が必要です。例えば，「知識が必要な問題」ができなかったのか，「問題文や資料から判断する問題」ができなかったのかで，これから取り組むべきことも大きく異なってくるはずです。また，正解できた問題も，「勘で解いた」，「確信が持てない」といったときはふり返りが必要です。問題集の解説を読んでも納得がいかないときは，塾の先生などに質問をして，理解するようにしましょう。

国語

過去問に取り組む一番の目的は，志望校の傾向をつかみ，本番でどのように入試問題と向かい合うべきか考えることです。素材文の傾向，設問の傾向，問題数の傾向など，十分に研究していきましょう。

取り組む際は，まず解答用紙を確認しましょう。漢字や語句問題の量，記述問題の種類や量などが，解答用紙を見て，わかります。次に，ページをめくり，問題用紙全体を確認しましょう。どのような問題配列になっているのか，問題の難度はどの程度か，などを確認して，どの問題から取り組むべきかを判断するとよいでしょう。

一般的に「漢字」→「語句問題」→「読解問題」という形で取り組むと，効率よく時間を使うことができます。

また，解答用紙は，必ず，実際の大きさのものを使用しましょう。字数指定のない記述問題などは，解答欄の大きさから，書く量を考えていきましょう。

算数　出題傾向の分析と合格への対策

●出題傾向と内容

近年の出題数は，第1期，第2期，選抜とも大問が4～5題，小問数は15～20題前後である。1題1題が充実しており，柔軟な思考力を必要とする内容になっている。第1期，第2期では計算問題としての四則計算の出題がなく，その代わりに，工夫を求めるひとひねりした問題が出されている。出題分野は年度によって異なるが，「図形問題」に重点がおかれることが多い。また,「数の性質」や,「速さの三公式」,「割合と比」,「和と差」も出題率が高い。他にも平均算，仕事算，つるかめ算など異なった種類の問題が出されることもある。さらに，かなりの難問が出されることもあり，問題を選択して時間内で得点率を高める手際よさが求められる。

学習のポイント

平面図形・立体図形では，いろいろな角度から考えられるよう，日頃から応用・発展レベルの問題を積極的に練習しておこう。

●2025年度の予想と対策

毎年いろいろな分野からいろいろな形で問題が出されているので，過去問を利用して広く深く学習しておく必要がある。また，1題1題にじっくり取り組む集中力や，計算を工夫して正確かつ迅速にこなしていくパワーを養っておくことも大切である。「図形」，「数の性質」，「速さ」などが学習の中心となるが,「割合」や「規則性」なども他分野との融合問題で組み合わされることがあり，各分野の基礎は十分に固めておこう。年度によってはかなりハイレベルな問題が出されることもあるので，問題の難易度をすばやく見抜き，解けるものから確実に解くという姿勢で取り組もう。

▼年度別出題内容分類表

※　よく出ている順に☆，◎，○の３段階で示してあります。

出題内容			2022年		2023年		2024年	
			1期	2期	1期	2期	1期	2期
数と計算		四則計算						
		概数・単位の換算	○		○		○	
		数の性質	☆	☆	☆	◎	☆	☆
		演算記号		☆				
図形		平面図形	☆	☆	☆	☆	☆	☆
		立体図形	☆	☆	○	○	○	○
		面積		☆		◎	◎	◎
		体積と容積	☆		○		○	○
		縮図と拡大図	○	○	☆	○		
		図形や点の移動			○	◎	◎	
速さ		三公式と比	☆		☆	☆	☆	☆
	文章題	旅人算						☆
		流水算					☆	
		通過算・時計算						
割合		割合と比	☆	☆	☆	☆	☆	☆
	文章題	相当算・還元算		○				○
		倍数算						
		分配算						
		仕事算・ニュートン算			○	○	○	○
文字と式								
2量の関係(比例・反比例)								
統計・表とグラフ			○					
場合の数・確からしさ			○	○		○	○	☆
数列・規則性			☆			☆		
論理・推理・集合								
その他の文章題		和差・平均算		○		○		○
		つるかめ・過不足・差集め算	○	○	○		○	◎
		消去・年令算	○	☆		◎		
		植木・方陣算						

巣鴨中学校

算数 ――グラフで見る最近３ヶ年の傾向――

最近３ヶ年に出題されたすべての問題を内容別に分類・集計し，全体に対して何パーセントくらいの割合になっているかを示しました。

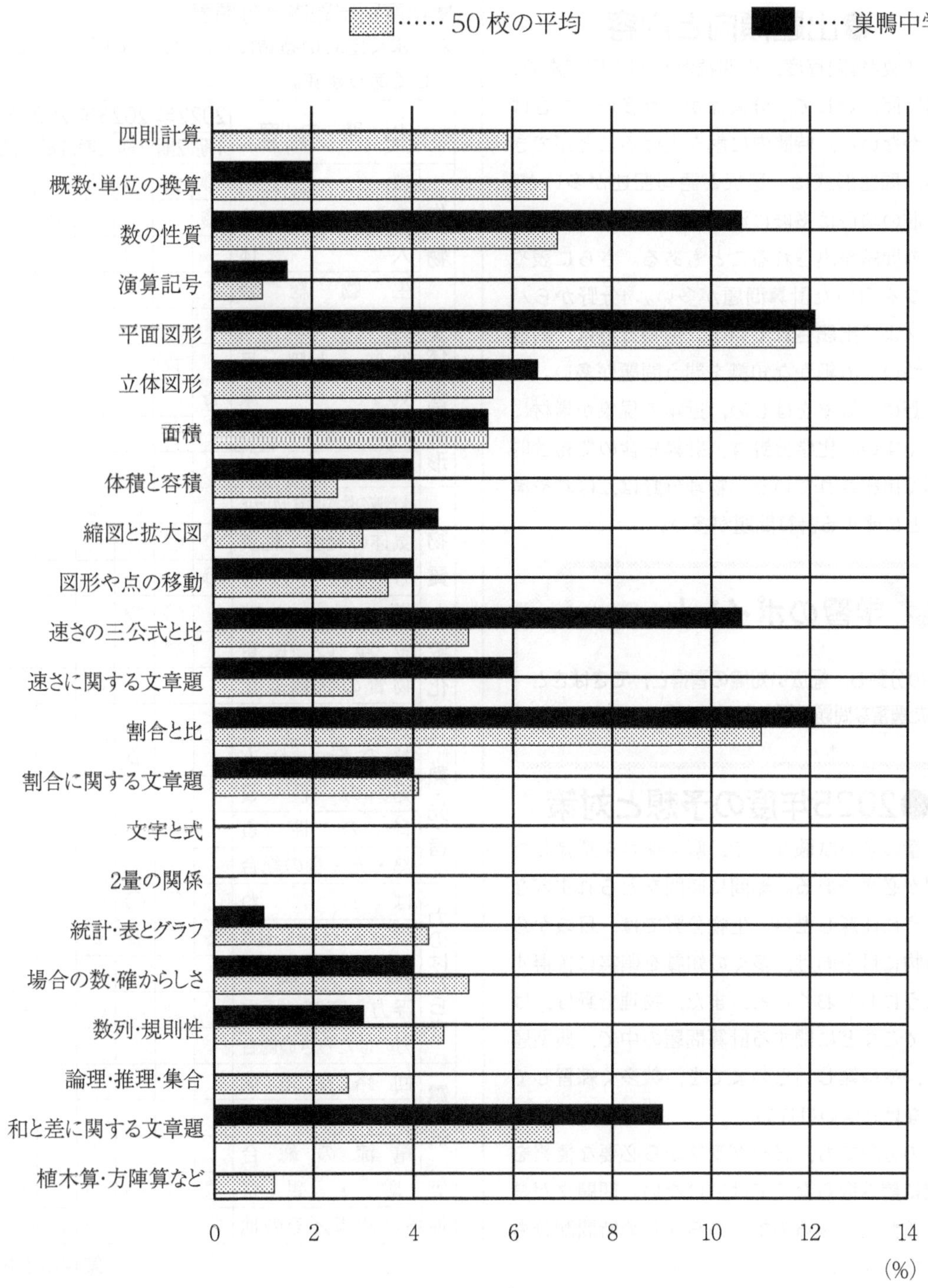

理科　出題傾向の分析と合格への対策

●出題傾向と内容

大問数が4問程度，小問数が45問程度であり，試験時間に対して，分量はかなり多い。てきぱき解かないと，時間内に解き上げることができない。問題形式は，選択と語句記述が多いが，選択肢の項目は多岐に渡っている。また，文章記述の問題が出されることもある。さらに表やグラフを用いた計算問題が多い。4分野からバランスよく出題されている。生物分野は，動植物についての細かな知識を問う問題が多い。地学分野は，気象をはじめ，近年の現象が素材になりやすい。化学分野は，計算も含めて総合的によく出題されている。物理分野は，ばねや滑車などに関する計算問題が多い。

✔学習のポイント

どの分野も，幅広い知識の習得と，てきぱきとした豊富な問題練習を心がけよう。

●2025年度の予想と対策

分量の多い試験なので，解く速さを意識した練習が必要である。難問に時間をとられすぎないように注意したい。生物分野では，日頃から動植物に目を向け，多くの知識を確実に習得するようにしておくこと。また，物理分野は，ばねやてこなどに関する計算問題の中で，典型題から，やや難しいものまでを，数多く練習しておかなければいけない。

どの分野でも，表やグラフから必要な情報を的確に読み取らなくてはいけない。問題文が長くなる傾向があるので，あらかじめ時間配分も考えておきたい。

▼年度別出題内容分類表

※　よく出ている順に☆，◎，○の３段階で示してあります。

	出題内容	2022年		2023年		2024年	
		1期	2期	1期	2期	1期	2期
生物	植物	◎	☆	◎	☆		☆
	動物	◎		◎		☆	
	人体			○			
	生物総合						
天体・気象・地形	星と星座						
	地球と太陽・月		☆				☆
	気象	☆					
	流水・地層・岩石			☆	☆	☆	
	天体・気象・地形の総合						
物質と変化	水溶液の性質・物質との反応			◎	◎	○	☆
	気体の発生・性質	◎	○		◎	☆	
	ものの溶け方	◎					
	燃焼		○	◎			
	金属の性質		◎				◎
	物質の状態変化				◎		
	物質と変化の総合						
熱・光・音	熱の伝わり方			◎			
	光の性質						
	音の性質						
	熱・光・音の総合						
力のはたらき	ばね	○	○	○	○		○
	てこ・てんびん・滑車・輪軸	☆	◎	☆	☆		◎
	物体の運動						
	浮力と密度・圧力		◎	○	○		
	力のはたらきの総合						
電流	回路と電流					☆	
	電流のはたらき・電磁石						
	電流の総合						
実験・観察		◎	◎	◎	◎	◎	◎
環境と時事／その他		○	○	○	○	○	○

巣鴨中学校

理科 ——グラフで見る最近３ヶ年の傾向——

最近３ヶ年に出題されたすべての問題を内容別に分類・集計し，全体に対して何パーセントくらいの割合になっているかを示しました。

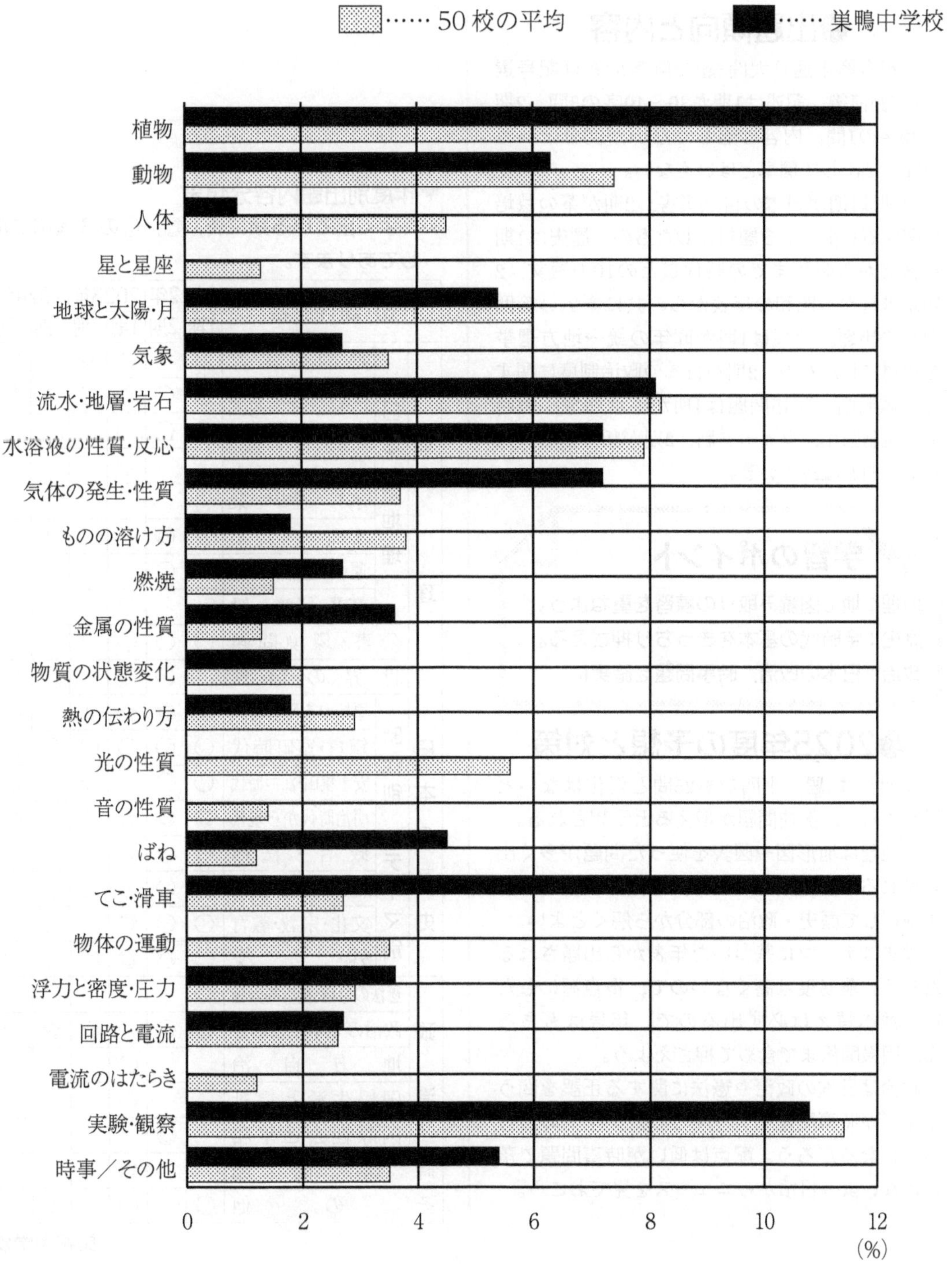

社会　出題傾向の分析と合格への対策

●出題傾向と内容

今年も例年通り大問3題で解答形式は記号選択が7割前後。記述は1期が30～40字の3問，2期は30字の1問。内容は難しくないが30分という時間では決して簡単とはいえない。

地理は1期が日本の自然災害，2期が茶の栽培に関するレポートを題材にしたもの。歴史は1期が縄文から昭和までの時代ごとの10の短文，2期が飛鳥から昭和の年表からの共に幅広い範囲からの出題。公民は1期が昨年の統一地方選挙を題材にしたもの，2期が日本の政治制度に関する正誤判断。記述問題は1期が宅地造成，戦時中の規制強化，クォータ制，2期が新井白石の改鋳の目的となっている。

学習のポイント

地理：地形図読み取りの練習を重ねよう。
歴史：全時代の基本をきっちり押さえる。
政治：日本の政治，時事問題を確実に。

●2025年度の予想と対策

大問数は3題，小問数も25問と変化はないと思われるが，記述問題が増えると予想される。

地理は地形図や図表を使った問題が多く出題される。記述問題と地形図の問題は，ひとまず飛ばして歴史・政治の部分から解くとよい。

歴史はテーマに基づいた年表から出題されるだろう。難易度は高くないので，得点源にしたい。並べ替えは必ず出るので，年号はもちろん，因果関係まで含めて押さえよう。

政治は日本の政治や憲法に関する正誤を問うタイプか時事問題をテーマとしたタイプのどちらかになるだろう。配点は低いが時事問題で落とさないよう日頃からニュースを見ておこう。

▼年度別出題内容分類表

※　よく出ている順に☆，◎，○の３段階で示してあります。

出題内容			2022年		2023年		2024年	
			1期	2期	1期	2期	1期	2期
地理	日本の地理	地図の見方			◎	☆	○	○
		日本の国土と自然	○	○	◎	○	◎	◎
		人口・土地利用・資源	◎	○	○		○	
		農業			◎			○
		水産業						
		工業		◎		○		
		運輸・通信・貿易		○				○
		商業・経済一般			○			
	公害・環境問題		○	○	○			
	世界の地理			○				○
日本の歴史	時代別	原始から平安時代	◎	◎	☆	☆	○	○
		鎌倉・室町時代	○	○	○	○	○	○
		安土桃山・江戸時代	○	○	◎	☆	○	○
		明治時代から現代	◎	◎	☆	◎	◎	◎
	テーマ別	政治・法律	◎	◎	☆	☆	○	◎
		経済・社会・技術	○	○		○	◎	○
		文化・宗教・教育	○	○	◎		○	○
		外交	○	◎	◎	○	○	○
政治	憲法の原理・基本的人権		◎				○	
	政治のしくみと働き		◎	○		☆	☆	☆
	地方自治				○			○
	国民生活と福祉				○			
	国際社会と平和			◎				
時事問題					◎			
その他			○		○			

巣鴨中学校

社会 ——グラフで見る最近３ヶ年の傾向——

最近３ヶ年に出題されたすべての問題を内容別に分類・集計し，全体に対して何パーセントくらいの割合になっているかを示しました。

……50校の平均　……巣鴨中学校

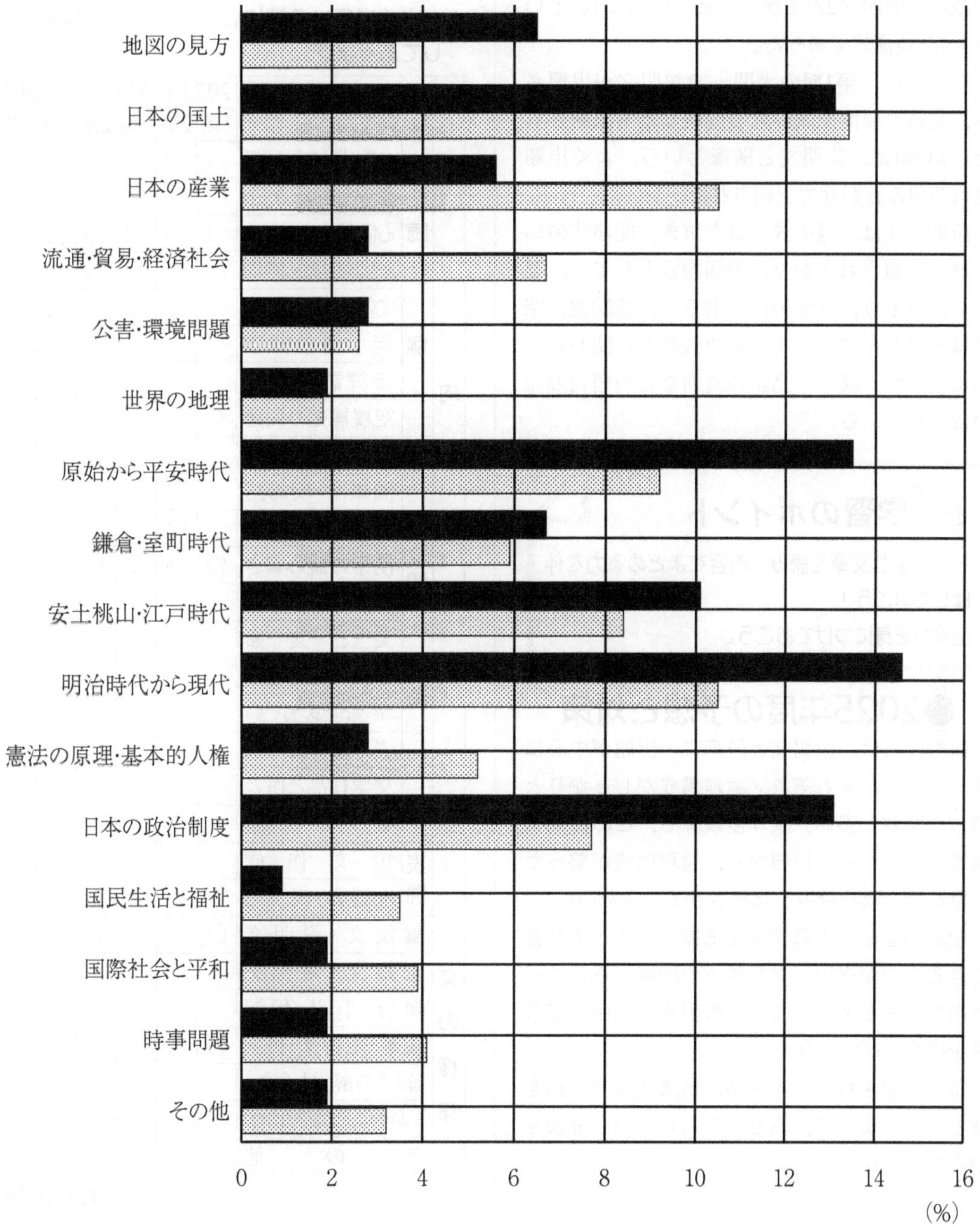

国語　出題傾向の分析と合格への対策

●出題傾向と内容

今年度も例年通り，第1期・第2期ともに，文章読解の問題が2題と漢字の独立問題が1題という大問3題構成であった。

今年度は，第1期の大問一で説明文が出題され，文章の展開を読み取る問題なども出題された。第2期は，説明文と随筆という，よく出題される組み合わせで出題された。

設問形式は，選択式，書き抜き，記述式のいずれも出題されており，設問内容としては，要旨の読み取り，細部の読み取り，心情関連，空所補充など，さまざまな形で読解力が問われている。また，漢字，品詞の識別などの語句問題が問われている。

学習のポイント

さまざまな文章を読み，内容をまとめる力を伸ばしておこう！
語彙力を身につけておこう。

●2025年度の予想と対策

読解問題は，説明文と随筆文の出題が中心になっている。それぞれ，論理構成がしっかりと整った文章が多い。来年度以降も，この傾向は続くと思われる。日頃から，論理構成が整った文章を読み取る練習を充実させていきたい。

記述問題は，文章構成を把握することで解答できるものが多い。文章構成の把握から書くべき内容をおさえて，文章中の表現を活用して解答を作り上げていきたい。

毎年出題されている漢字，知識問題で得点を落とさないように，ふだんからしっかり練習を積んでおこう。

▼年度別出題内容分類表

※　よく出ている順に☆，◎，○の３段階で示してあります。

出題内容			2022年		2023年		2024年	
			1期	2期	1期	2期	1期	2期
内容の分類	読解	主題・表題の読み取り	○	○	○	○		○
		要旨・大意の読み取り	○	○	○	○	○	○
		心情・情景の読み取り	○	○	○	○		○
		論理展開・段落構成の読み取り	○			○		
		文章の細部の読み取り	☆	☆	☆	☆	☆	☆
		指示語の問題						
		接続語の問題						○
		空欄補充の問題	◎	◎	◎	◎	◎	◎
	知識	ことばの意味						
		同類語・反対語		○				
		ことわざ・慣用句・四字熟語	○	○		○	○	
		漢字の読み書き	◎	◎	◎	◎	◎	◎
		筆順・画数・部首						
		文と文節						
		ことばの用法・品詞	○	○	◎	○		○
		かなづかい						
		表現技法						
		文学作品と作者						
		敬語						
	表現	短文作成						
		記述力・表現力	☆	☆	☆	☆	◎	☆
文の種類		論説文・説明文	○	○	○	○	○	○
		記録文・報告文						
		物語・小説・伝記						
		随筆・紀行文・日記	○	○	○	○		○
		詩（その解説も含む）						
		短歌・俳句（その解説も含む）						
		その他						

巣鴨中学校

国語

――グラフで見る最近３ヶ年の傾向――

最近３ヶ年に出題されたすべての問題を内容別に分類・集計し，全体に対して何パーセントくらいの割合になっているかを示しました。

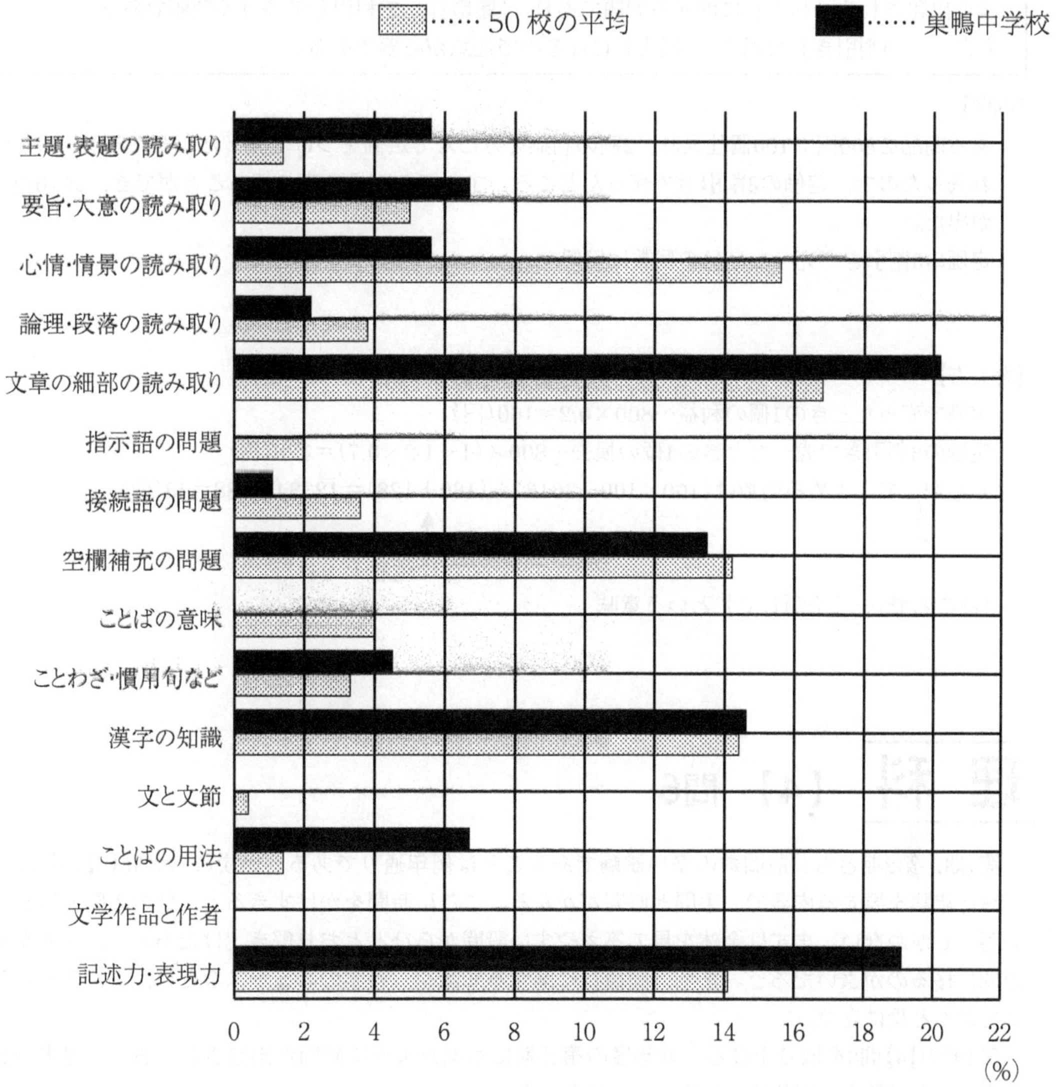

	論説文 説明文	物語・小説 伝記	随筆・紀行 文・日記	詩 （その解説）	短歌・俳句 （その解説）
巣鴨中学校	45.5%	54.5%	0%	0%	0%
50校の平均	47.0%	45.0%	8.0%	0%	0%

2024年度　合否の鍵はこの問題だ!!

（第1期）

算　数　1　(4)

よく出題される「利益」に関する問題であり，「鶴亀算」を利用して解ける問題である。
ただし，「3割引き」の場合，「損失」になるので注意が必要である。

【問題】

ある商品を800円で100個仕入れ，2割の利益をみこんで定価をつけて売った。ところが，いくつか売れ残ったので，定価の3割引きで売ったところ，すべての商品を売り切ることができ，3616円の利益が出た。

定価の3割引きで売った商品の個数は何個か。

【考え方】

定価で売ったときの1個の利益…800×0.2＝160(円)

定価の3割引きで売ったときの1個の損失…800×(1－1.2×0.7)＝128(円)

したがって，求める個数は(160×100－3616)÷(160＋128)＝12384÷288＝43(個)

↑ ここに注意（160＋128）

「みこんで」…「予測して」という意味

理　科　【4】　問6

第1期，第2期とも，設問数の多い試験であることは例年通りである。いずれも大問【2】の物理の大問が試行錯誤を要する内容で，手間と時間がかかる。ここに時間をかけすぎると，他の大問で取れる設問を落としかねない。まずは全体を見て答えやすい設問からひととおり解き上げたあとで，思考を要する設問に移るのがよいだろう。また，動植物に関する知識や，科学のニュースなどは，ふだんから気に留めておくと役に立つ。

第1期の【4】問6を取り上げる。昨年度の第Ⅱ期にも似たような設問が出題されており，過去問を研究できていた受験生は取り組みやすかったであろう。

どんな気体でも，0℃のときの体積を1とすると，1℃ごとに体積は$\frac{1}{273}$ずつ変化する。この法則性はシャルルの法則とよばれる。0℃のときの体積は$\frac{273}{273}$，1℃のときの体積は$\frac{274}{273}$，10℃のときの体積は$\frac{283}{273}$と順に考えればよい。すると，27℃のときの体積は$\frac{300}{273}$で，87℃のときの体積は$\frac{360}{273}$で，ある。よって，27℃のときと87℃のときの体積比は300：360＝5：6となり，正解が導かれる。

なお，この割合で体積が変わると，マイナス1℃のときの体積は$\frac{272}{273}$，マイナス10℃のときの体積は$\frac{263}{273}$と減っていくので，マイナス273℃のとき体積は$\frac{0}{273}$となって体積が消滅する。この温度は絶対零度とよばれる。実際には，そうなる前に気体は液体や固体に変わる。

社 会 2 問10

設問は「太平洋戦争開戦直前の1941年9月11には，代用燃料車以外のバスやタクシーには営業許可が出されなくなったが，こうした規制強化を行うことになった理由を40字以内で説明せよ」というもの。本年度は30～40字の記述問題が3問みられる。内容的には決して難しいものではないが，30分という時間内でテキパキとまとめるのは簡単なこととは思われない。ここで時間に追われると思わぬ所でミスも出がちとなる。そういった意味で合否を決定した記述の一つとしてこの設問を取り上げてみよう。

木炭自動車はガソリン不足に悩んだドイツや日本といった資源の乏しい国で用いられた木炭を燃料とする自動車である。木炭を燃やしたガスをエンジンに送り込んで走らせる車で，通常のガソリンエンジンを少し改良するだけで走らすことができることで普及が進んだ。1937年，日中戦争がはじまると日本では燃料の統制がスタート，1940年には営業バスの7割は代用燃料車とし，タクシーもなるべく代用車に転換するよう命じられた。そして設問にある1941年を迎えることとなる。1938年に制定された国家総動員法は全面的な戦時統制法であり，戦争遂行のため物資をはじめ言論など国民生活のすべてを統制する権限を政府に与えた法律である。今も昔も石油は最高の戦略物資であり，国内では樺太などを除きほとんど産出されず多くを海外からの輸入に頼っていた。中でも輸入の8割を頼っていたのが世界最大の産油国・アメリカである。そのアメリカとの関係は一貫して悪化，1940年9月に日独伊三国同盟の締結は米英との対立を決定的とする。するとアメリカは産業のコメともいうべき鉄鋼の輸出を禁止し軍事物資の生産に大きな支障が生ずることになる。欧米からの物資輸入の道を断たれた日本がインドネシアの石油を狙ってフランス領南部インドシナ(現在のベトナム周辺)への進出を決定するとアメリカは即座に在米の日本資産を凍結，そして日本の命綱でもあった石油の全面禁輸で対抗した。イギリス・オランダもこれに倣ったためここにA(アメリカ)・B(イギリス)・C(中国)・D(オランダ)包囲網が完成することになる。

本校の記述問題は単純な社会の知識を聞くものではない。日ごろからいろいろなことに関心を持ち，自分の意見を短い言葉でまとめるといった練習をする必要があるだろう。

国語 【二】 問3

★合否を分けるポイント(この設問がなぜ合否を分けるのか？)。

設問には「ガザミは，昼間は,」「夜間は,」という言葉を必ず使うように指示がある。その指示に着目すれば，筆者が受験生に求めていることがわかる。出題者の意図をつかみ，適切に取り組んで欲しい設問である。

★この点に注意する！（筆者の意図）

昼間のガザミの動きと夜間のガザミの動きに着目して，解答の手がかりを探す。それぞれの時間帯のガザミの動きが分かれば，古代人がなぜ夜間にガザミを捕えていたのか，書くべき内容がまとまっていく。

★これで「合格」!

傍線部③よりも少し後に，ガザミが明るい昼間は砂中に隠れている様子が書かれている。砂中に隠れているので，ガザミを探し出すのは難しいのである。だが，夜間は摂餌のために活発に動き回るとも書かれている。ガザミは夜行性なのである。記述の際には，「昼間は砂中に隠れていて見つけにくい」「夜間は摂餌のため動き回るので見つけやすくなる」という内容を中心にする。

2024年度

★★★★★★★★★★★★★★★★★★★★★★★

入　試　問　題

2024年度

巣鴨中学校入試問題（算数選抜）

【算　数】（60分）　＜満点：100点＞

【注意】 1．（式）のらんには，答えを求めるまでの式などを書きなさい。
式以外に図や言葉による説明を書いても構いません。
2．答えが割り切れないときは，分数で答えなさい。
3．定規・コンパス・分度器は使用できません。

1　次の □ に当てはまる数を求めなさい。

(1)　$67\times12+61\times20=$ □

(2)　$1-0.125\times2\frac{2}{3}\div\frac{5}{6}\div0.4=$ □

(3)　$\left(\square-0.01\right)\times\frac{5}{6}+22\frac{2}{3}\div6\frac{4}{5}=5$

2　次の各問いに答えなさい。

(1)　63円切手と84円切手があわせて21枚あり，その合計金額は1491円です。63円切手は何枚ですか。

(2)　容器Ａには濃度（のうど）５％の食塩水100ｇ，容器Ｂには濃度のわからない食塩水が300ｇ，容器Ｃには濃度11％の食塩水500ｇが入っています。
この３つの食塩水をすべて混ぜ合わせたところ，濃度８％の食塩水ができました。容器Ｂの食塩水の濃度は何％ですか。

(3)　Ａさんが１人だけで車を洗うと，80分かかります。
ＡさんとＢさんが２人でいっしょに，この車を洗うと48分かかります。
Ｂさんが１人だけで，この車を洗うと何分かかりますか。

(4)　ある品物を仕入れ値の４割の利益を見こんで定価をつけたところ，全体の$\frac{1}{4}$だけ売れ残りました。残りを定価の２割引きで売ったところ，すべて売り切りました。売り上げの合計は，仕入れの総額の何倍ですか。

(5)　ある工場で，同じ製品を作る機械Ａと機械Ｂがあります。
機械Ａは12分で１個，機械Ｂは16分で１個作ります。
この２台の機械を同時に動かし始めたとき，100個目の製品ができるのは，何時間何分後ですか。

(6)　太郎君は，自宅から1050ｍはなれた学校に通っています。
ある日，太郎君は８時に家を出発して，分速60ｍで歩いて学校に向かいました。その11分後，姉が太郎君の忘れ物に気づいたので，自転車に乗って分速280ｍで追いかけました。姉が太郎君に追いついたのは，自宅から何ｍのところですか。

3　ボールの床（ゆか）からの高さを図１のように考えます。
いま，落ちた高さの $\frac{4}{5}$ 倍の高さだけはね上がるボールがあります。
このとき，次の各問いに答えなさい。

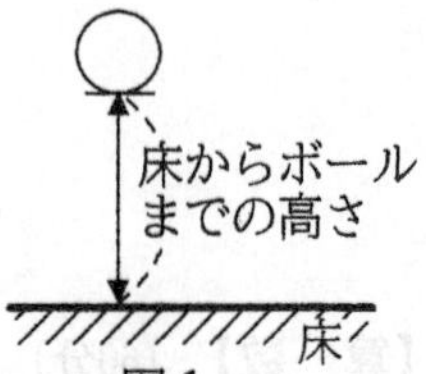

図１

(1)　図２のように，このボールをある高さから落としたところ，３回目にはね上がったときの床からの高さは，64cmでした。
はじめにボールを落とした位置は，床からの高さが何cmの位置ですか。

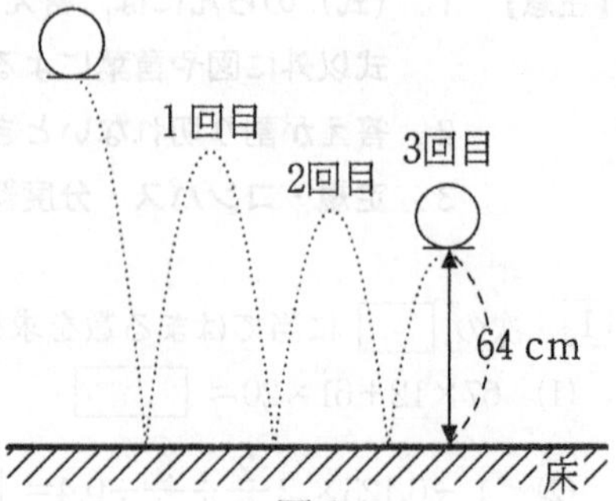

図２

(2)　このボールを，階段の上から落としたところ，ボールが４回目にはね上がったときの高さが，ちょうど階段の７段目の高さと等しくなりました。
図３はその様子を表しています。

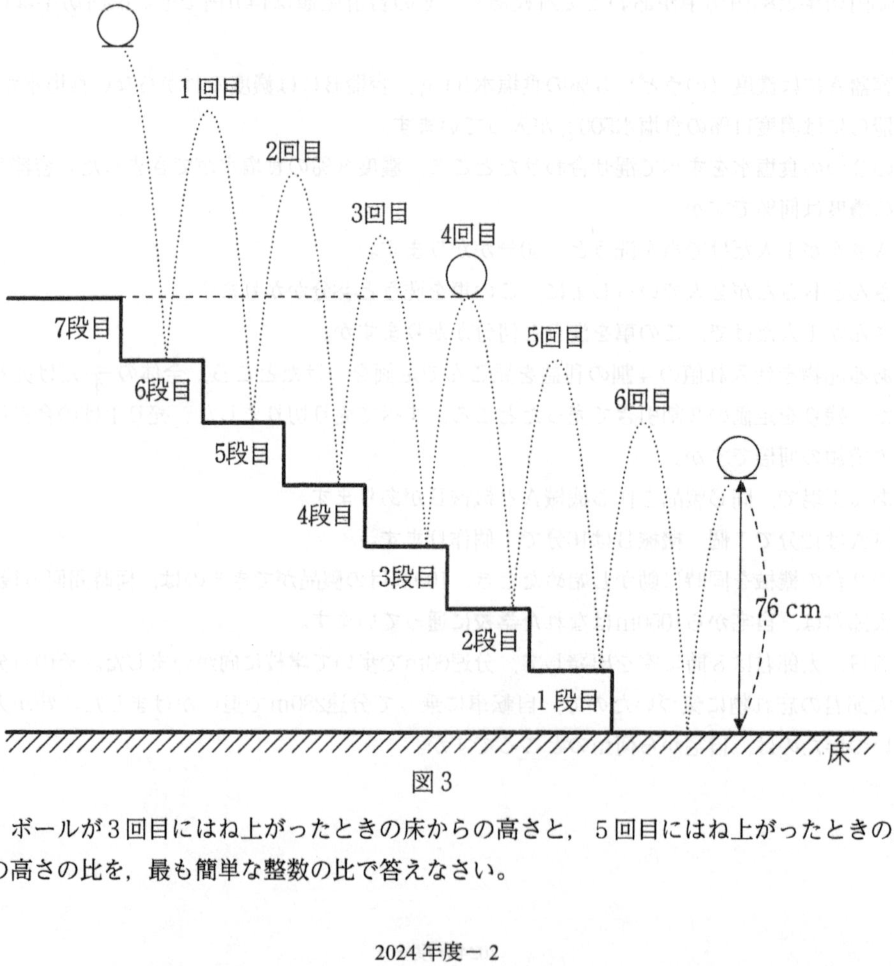

図３

(ア)　ボールが３回目にはね上がったときの床からの高さと，５回目にはね上がったときの床からの高さの比を，最も簡単な整数の比で答えなさい。

(イ)　ボールは階段を１段ずつ下っていき，床に着地した後，床から76cmの高さまではね上がりました。

最初にボールを落とした位置の床からの高さは何cmですか。

4　次の各問いに答えなさい。

ただし，角すいの体積は，(底面積)×(高さ)÷３で求められます。

(1)　図１のように，３点A，B，Cは，点Oを中心とする円の周上の点で，三角形ABCは正三角形です。正三角形ABCを点Oを中心に，60°だけ回転させたとき，回転してできた正三角形と，もとの正三角形が重なった部分（図２の の正六角形）の面積は，正三角形ABCの面積の何倍ですか。

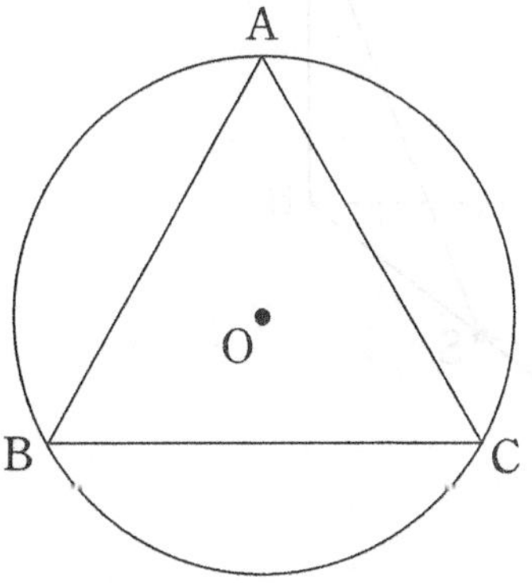

図１

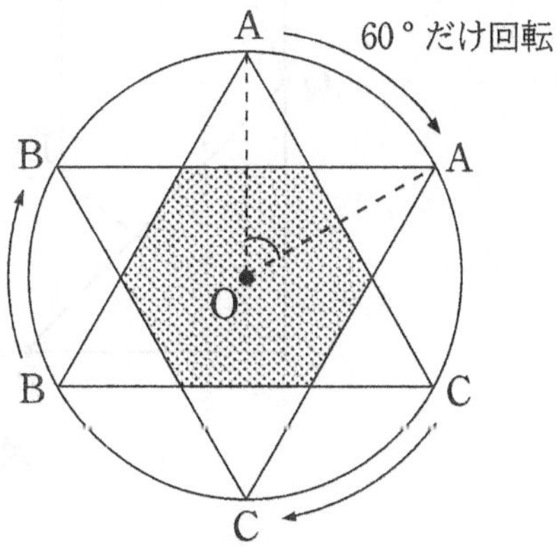

図２

(2)　図３のように一辺６cmの立方体ABCD－EFGHがあります。三角すいC－BDGを直線CEを軸（じく）として60°だけ回転させたとき，回転してできた三角すいと，もとの三角すいが重なった部分は図４のような正六角すいになります。この正六角すいの体積は何cm^3ですか。

ただし，正六角すいとは，図４のように底面が正六角形で，点Oの真上に頂点Cがある立体のことをいいます。この点Oは，正六角形の一番長い対角線３本が交わる点です。

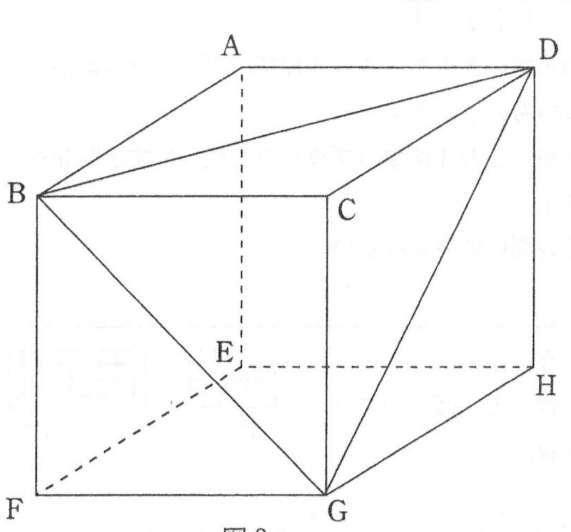

図３

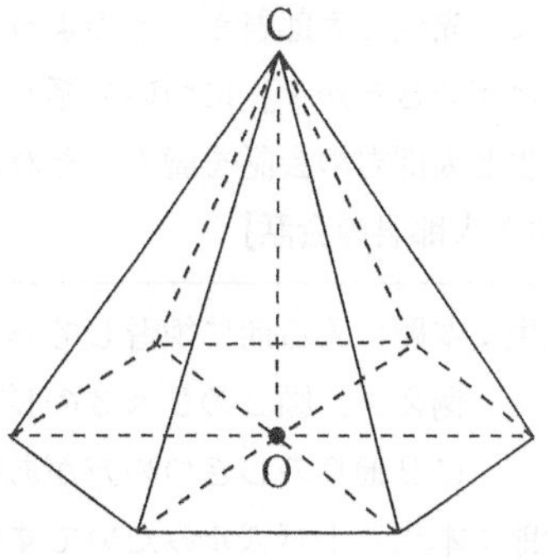

図４

(3) 図５のように一辺６cmの立方体ABCD－EFGHがあります。

P，Q，R，S，T，Uは各辺上の点で，AP＝FQ＝FR＝HS＝HT＝AU＝４cmです。

六角すいC－PQRSTUを直線CEを軸として60°だけ回転させたとき，回転してできた六角すいと，もとの六角すいが重なった部分の体積は何cm^3ですか。必要であれば，(2)の考え方を利用して求めなさい。

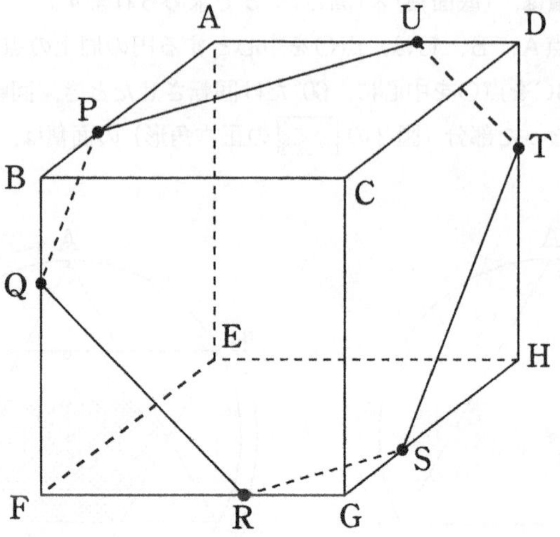

図５

5　aを整数とし，たて$a$cmよこ$a$cmの正方形を『$a \times a$の正方形』と呼ぶことにします。また，$\alpha \times a$の正方形を１×１の正方形で区切り，かどの１×１の正方形を１つだけ取りのぞいた図形を『$\alpha \times a$の板A』と呼ぶことにします。

例えば，３×３の板Aは，図１のようになります。

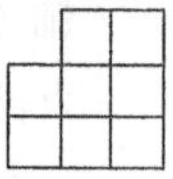

図１

$a \times a$の板Aの上に，１×１の正方形３つからなる４種類のブロック

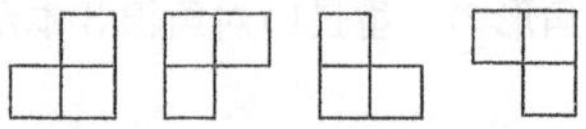

を，はみ出すことなく，すき間なくしきつめていきます。この４種類のブロックは何個でも使うことができ，使わないブロックがあってもよいものとします。

いま，先生と太郎君が『どのような板Aが，この４種類のブロックを使ってすき間なくしきつめることができるか？』について話しています。

先生と太郎君の会話を読み，それに続く各問いに答えなさい。

【先生と太郎君の会話】

先生：本題に入る前に練習してみましょう。
　　　例えば，図２の２×３の長方形の板だと，図３のように２通りのしきつめ方がありますね。

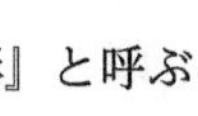

図２

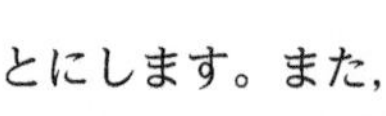

図３

太郎：本当だ！パズルみたいですね。
　　　しきつめ方を考えるときに 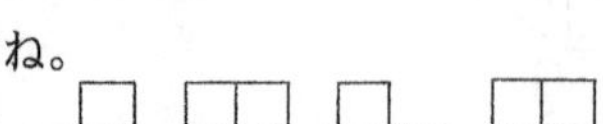 のままでなく，

代わりに  を図に書き入れると分かりやすくなりますね！

先生：そうですね。
それでは本題に入っていきましょう。
図４のような４×４の板Ａでは，この４種類のブロックですき間なくしきつめることができますが，どのようにしたらしきつめられるでしょうか？

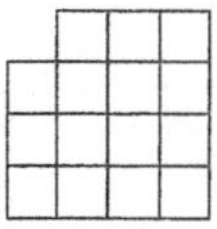
図４

 を使って考えてみましょう。

太郎：できました！（ア）
先生：正解です。図４でのしきつめ方はこれだけですか？
太郎：う～ん…。これだけだと思います。
先生：そうですね。これだけですね。
図５のような５×５の板Ａでも，この４種類のブロックですき間なくしきつめることができますが，どのようにしたらしきつめられるでしょうか？

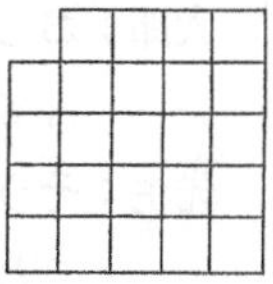
図５

 を使って考えてみましょう。

太郎：できました！（イ）
先生：そうだね！正解です！
太郎：しきつめ方はこれだけではないですよね？
先生：そうですね。しきつめ方が全部で何通りあるかは，あとで考えてみてください。ところで，どんな板Ａでもこの４種類のブロックですき間なくしきつめることはできるのでしょうか？
太郎：できるんじゃないですか！？
先生：それでは，図６のような６×６の板Ａだと４種類のブロックですき間なくしきつめることはできるでしょうか？

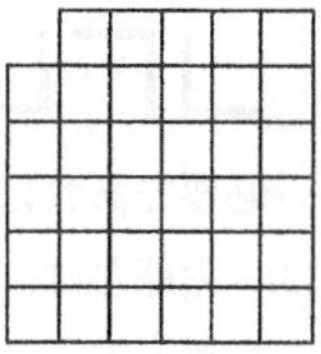
図６

太郎：う～ん…。あれっ？これできるのかなぁ…。
何度やっても，うめられないや…。
先生：そうですね。無理やりうめようとすると，はみ出してしまいますよね。
実は，図６ではしきつめることができないんです。
図６の場合だけでなく，a が３の倍数のときは，４種類のブロックですき間なくしきつめることはできないんです。
太郎：えっ！どうしてですか？
先生：しきつめるブロックは１×１の正方形３つからなる 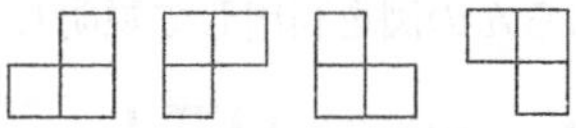 の４種類のブロックでしたよね。それを考えれば，すき間なくしきつめることができない理由が説明できませんか？

太郎：［　　　　ウ　　　　］

先生：その通りです。よく気づきましたね！
それでは最後に，a に入る整数を変えてもう少し考えてみましょう。
今までの流れから，図に 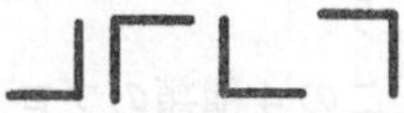 を書いていかなくても，図７のような８×８の板Ａにおいて４種類のブロックですき間なくしきつめることができるということが分かるのだけど，その理由は分かりますか？

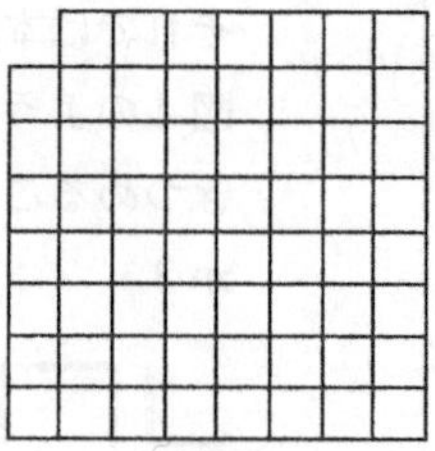

図７

太郎：えっ！？う～んとそれは…。

先生：ちょっとむずかしかったでしょうか。その理由は［エ］です。

太郎：あっ！すごい！！

先生：この考えを利用すると，16×16，32×32，64×64などの板Ａでも４種類のブロックですき間なくしきつめられることが分かりますよね。

太郎：おもしろいですね！ということは，図５でもしきつめられたから，10×10，20×20の板Ａでもしきつめられるってことですね！

先生：そうです。実は，a が３の倍数でないときは４種類のブロックですき間なくしきつめることができるんです。この理由を考えたり，これらの板Ａにおいて４種類のブロックのしきつめ方がそれぞれ何通りあるのか調べたりするのも楽しそうですが，今日はこのくらいにしておきましょう。

⑴ （ア）について，太郎君が正解した答えを解答用紙の図に  を書き入れて完成させなさい。必要であれば，次のページの図を利用しなさい。

⑵ （イ）について，太郎君が正解した答えの２か所だけを右図のように書き入れてあります。このときの答えの１つを解答用紙の図に  を書き入れて完成させなさい。
必要であれば，次のページの図を利用しなさい。

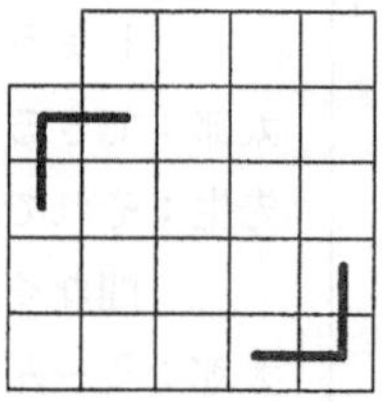

⑶ 太郎君は，［ウ］で，a が３の倍数のとき，$a \times a$ の板Ａでは４種類のブロック 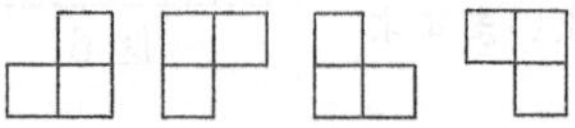 ですき間なくしきつめることができない理由を説明しました。どのようなことを説明しましたか。

⑷ ［エ］には，図７の８×８の板Ａに４種類のブロック 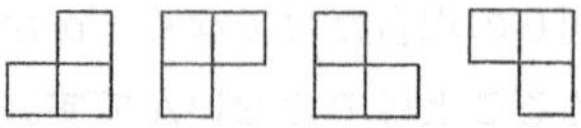 をすき間なくしきつめることができる理由が入ります。［エ］に入る理由を言葉や図で説明しなさい。
解答らんの図を利用して説明しても構いません。
ただし，図を 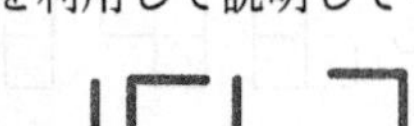 でうめただけのものは説明にはなりません。
また，必要であれば，次のページの図を利用しなさい。

(1)

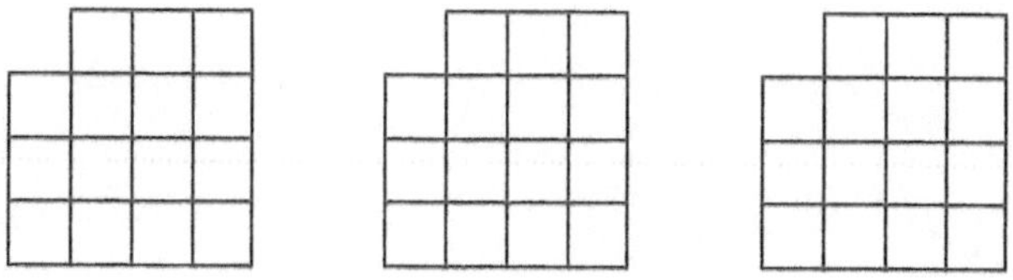

(2)

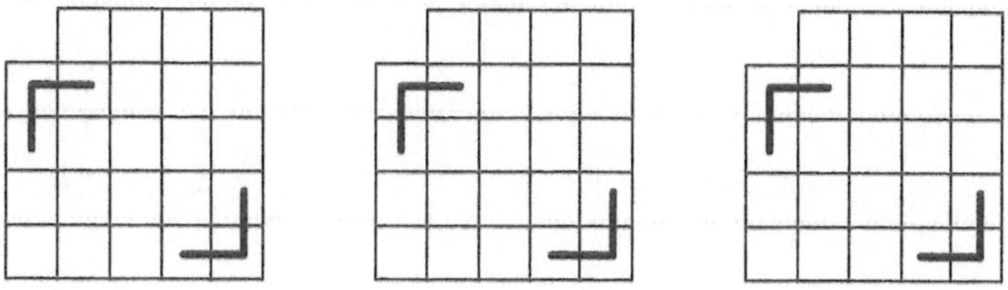

(4)

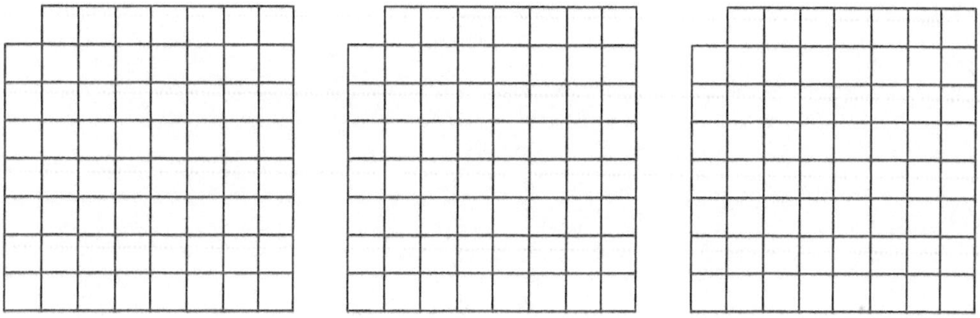

MEMO

大切なことはメモしておこうネ！

2024年度

巣鴨中学校入試問題（第１期）

【算　数】（50分）　　＜満点：100点＞

【注意】　１．（式）のらんには，答えを求めるまでの式などを書きなさい。
　　　　　　式以外に図や言葉による説明を書いても構いません。
　　　　　２．答えが割り切れないときは，分数で答えなさい。
　　　　　３．定規・コンパス・分度器は使用できません。

１　次の各問いに答えなさい。

(1)　ある仕事をするのに，Ａさんが１人ですると２時間かかります。同じ仕事をＢさんが１人ですると３時間かかります。ＡさんとＢさんが２人でこの仕事をすると何時間何分かかりますか。

(2)　０，１，２，３，４，５の６個の数字から異なる３個の数字を使ってできる３けたの整数は何個できますか。

(3)　内角の大きさをすべて足すと2700度になる正多角形は正 □ 角形です。□ に当てはまる整数はいくつですか。

(4)　ある商品を800円で100個仕入れ，２割の利益をみこんで定価をつけて売りました。ところが，いくつか売れ残ってしまったので，定価の３割引で売ったところ，すべての商品を売り切ることができ，3616円の利益が出ました。定価の３割引で売った商品の個数はいくつですか。

(5)　ある小学校の今年の生徒数は，昨年と比べて男子が20％，女子が５％増え，今年の男子と女子の人数の比は４：３になりました。昨年度の生徒数が500人台であるとき，今年の男子の人数は何人ですか。

(6)　下図の台形ＡＢＣＤを直線Ｌの周りに一回転してできる立体の体積は何cm^3ですか。ただし，円周率は3.14とし，円すいの体積は（底面積）×（高さ）÷３で求められます。

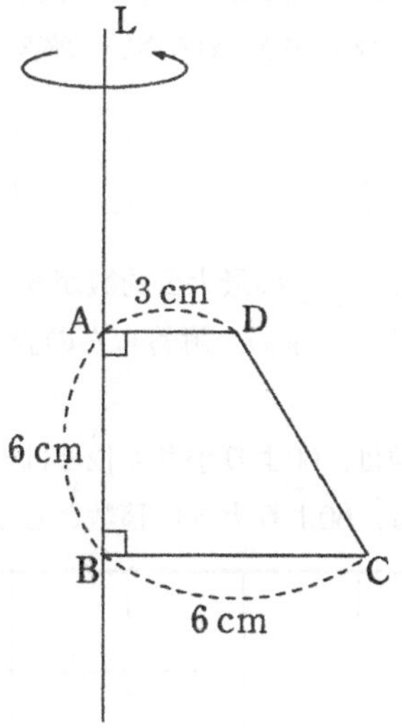

2　ある川の下流の地点Ａと上流の地点Ｂを，速さの異なる船Ｘと船Ｙが往復します。船ＸがＡからＢまで上るのにかかる時間は，ＢからＡまで下るのにかかる時間の1.6倍です。また，船ＸがＢからＡまで下るのにかかる時間と船ＹがＡからＢまで上るのにかかる時間は同じ80分です。
ただし，川の流れの速さ，船Ｘの静水時の速さ，船Ｙの静水時の速さはそれぞれ一定とします。次の各問いに答えなさい。

(1)　船Ｘの静水時の速さと川の流れの速さの比を，最も簡単な整数の比で求めなさい。

(2)　船ＸがＡからＢまで上るのにかかる時間は何分ですか。

(3)　船ＹがＡとＢを往復するのにかかる時間は何分ですか。

3　次の各問いに答えなさい。ただし，解答は答えのみを解答用紙に書きなさい。

(1)　異なる２つの整数 [A]，[B] の最大公約数が６，最小公倍数が420となるとき，[A]，[B] にあてはまる整数の組をすべて求め，解答らんの表に書き入れなさい。解答らんは全部使うとは限りません。
ただし，[A] にあてはまる整数よりも [B] にあてはまる整数の方が大きいとします。

A						
B						

【記入例】
[A] ＝２，[B] ＝11のときは，次のように書きます。

A	2	
B	11	

(2)　異なる３つの整数12, 60, [C] の最大公約数が６，最小公倍数が420となるとき，[C] にあてはまる整数をすべて求め，解答らんの表に書き入れなさい。解答らんは全部使うとは限りません。

C				

(3)　異なる３つの整数 [D]，60, [E] の最大公約数が６，最小公倍数が420となるとき，[D]，[E] にあてはまる整数の組をすべて求め，解答らんの表に書き入れなさい。解答らんは全部使うとは限りません。
ただし，[D] にあてはまる整数は，60より小さく12とは異なる整数とします。
また，[E] にあてはまる整数は，60より大きい整数とします。

D								
E								

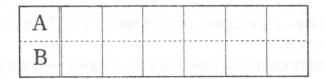

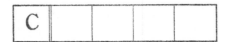

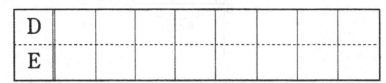

４　１辺の長さが５㎝の正三角形ＡＢＣの各頂点を中心とする半径５㎝の円があります。このとき，次の各問いに答えなさい。ただし，円周率は3.14とします。

(1)　斜線（しゃせん）部の面積を求めなさい。

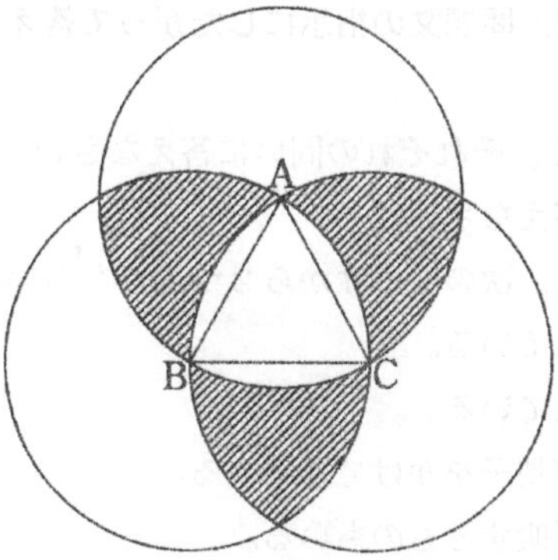

(2)　３つの円の共通部分を図形Ｄとします。図形Ｄが直線上をすべることなく転がるとき，図形Ｄが通る部分として適切なものを（ア）～（エ）から選びなさい。

（ア）

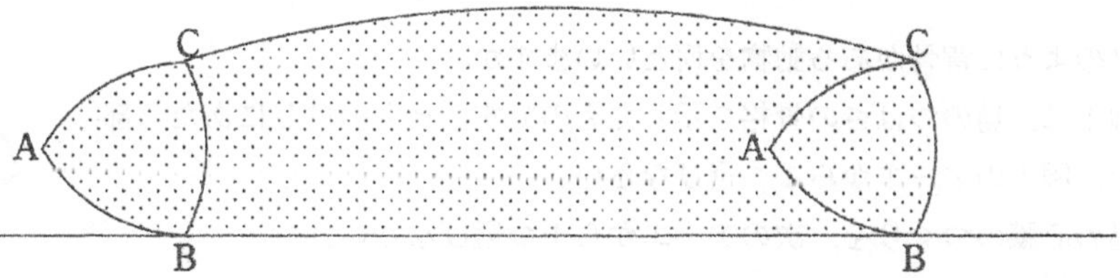

（イ）

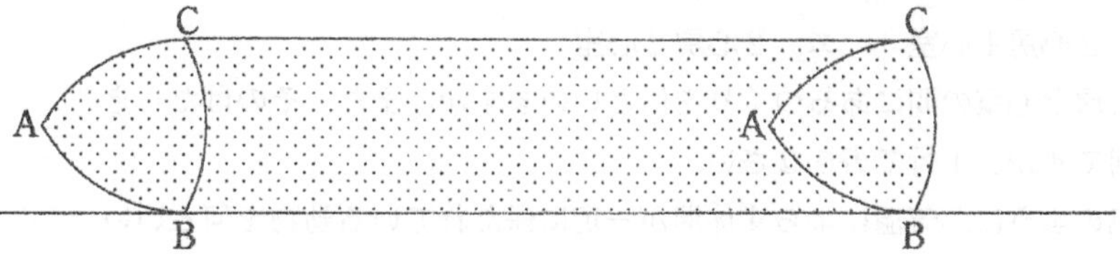

（ウ）

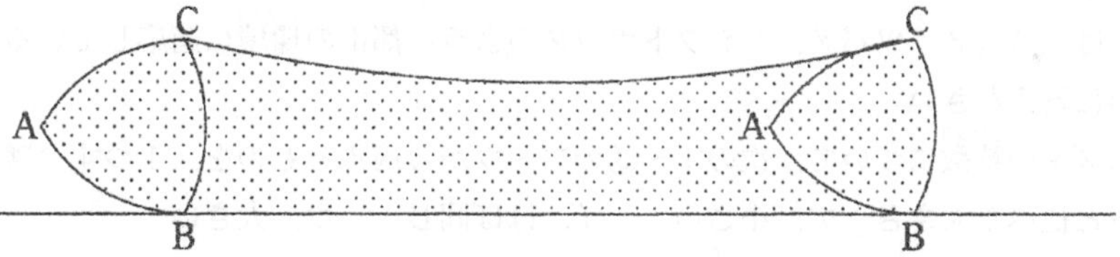

（エ）

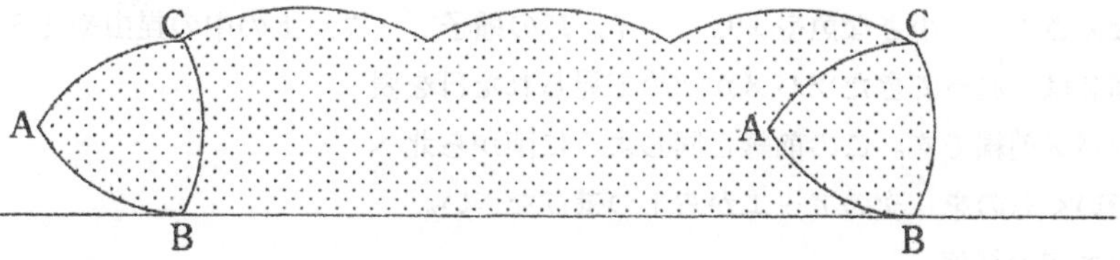

(3)　半径３㎝の円が図形Ｄの周りをすべることなく転がるとき，半径３㎝の円が通る部分の面積を求めなさい。

【理　科】（30分）　＜満点：50点＞

【注意】　**1．字数指定のある問題は，句読点や記号なども字数にふくめます。**

2．定規・コンパス・分度器・計算機は使用できません。

3．計算問題については，問題文の指示にしたがって答えなさい。

【1】次の［Ⅰ］，［Ⅱ］について，それぞれの問いに答えなさい。

［Ⅰ］　鳥について，次の問いに答えなさい。

問1　鳥について適するものを，次のア～オから2つ選びなさい。

ア．卵はかたい殻《から》でおおわれている。

イ．からだは羽毛でおおわれている。

ウ．メスが産んだ卵にオスが精子をかけて受精する。

エ．水中にもぐり，えらで呼吸するものもいる。

オ．つばさがあり，すべて空を飛ぶことができる。

問2　鳥のからだのつくりやしくみには，ヒトと似ているところがあります。次の問いに答えなさい。

(1)　鳥のように背骨がある動物を何といいますか。

(2)　図1は，鳥のつばさの骨格を示したものです。ヒトのひじにあたる部分を，図1のア～エから1つ選びなさい。

(3)　鳥の心臓のつくりを，次のア～エから1つ選びなさい。

ア．1心房《しんぼう》1心室　　イ．1心房2心室

ウ．2心房1心室　　エ．2心房2心室

(4)　心房と心室の間にあるつくりを何といいますか。また，そのはたらきは何ですか。1行で書きなさい。

(5)　鳥のように，気温によらず体温が一定に保たれている動物を何といいますか。

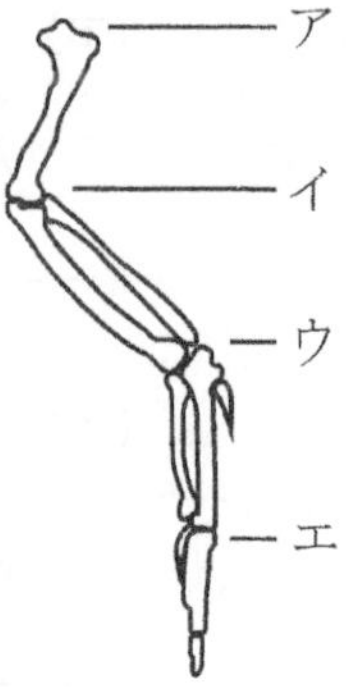

図1

［Ⅱ］　鳥には，スズメ，ツバメ，ハシブトガラスのように都市の環境《かんきょう》に適応しているものもいます。次の問いに答えなさい。

問3　スズメの特徴《とくちょう》について，次の①～③のア～ウから適するものを，1つずつ選びなさい。

①ハトと比べた大きさ：ア．小さい　　イ．ほぼ同じ　　ウ．大きい

②見られる時期：ア．春から秋　　イ．秋から春　　ウ．1年中

③主なえさ：ア．小さな魚やエビ　　イ．草の種子　　ウ．土の中の昆虫《こんちゅう》やミミズ

問4　図2は，渡《わた》ってきたツバメが初めて見られた日を表したツバメ前線です。この前線と同じように南から北へ進んでいくものを，次のア～エから1つ選びなさい。

ア．カエデの紅葉

イ．イチョウの落葉

ウ．ススキの開花

エ．サクラの開花

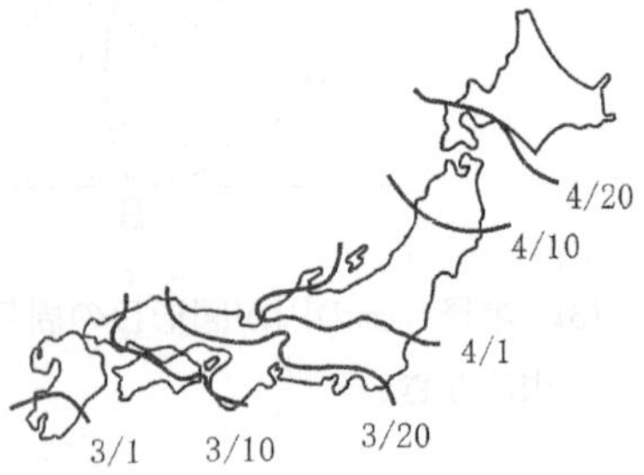

図2

問５　ツバメはどのように巣をつくりますか。適するものを，次のア～オから１つ選びなさい。

ア．木の上に，小枝を皿型に組む。

イ．草むらの根元に，浅いくぼみを掘《ほ》る。

ウ．屋根や壁《かべ》のすき間に，かれ草を運びこむ。

エ．川の土手に穴を掘り，一番奥《おく》を少し広くする。

オ．軒下《のきした》の壁に　どろとかれ草を混ぜたものでおわん型にする。

問６　東京の銀座では，ビルの屋上にミツバチの巣箱を置いてはちみつが生産されています。そのため，このミツバチをえさとしてツバメの数が増えてきましたが，一方でツバメのひなはカラスに食べられてしまうこともあります。

(1)　このような生物の食べる・食べられるの関係を何といいますか。

(2)　ミツバチの特徴として正しいものを，次のア～オから１つ選びなさい。

ア．働きバチはすべてオスである。

イ．さなぎの時期がない不完全変態である。

ウ．なかまにえさのある場所をダンスで教える。

エ．あしは胸に２対《つい》，腹に１対の合計６本である。

オ．胸にある羽は，後ろの羽が退化して１対になっている。

問７　東京都は，増えすぎたカラスの被害《ひがい》を防止するため，2001年から都市部を中心に，捕獲《ほかく》したり巣を撤去《てっきょ》したりしてきました。また，ごみの出し方や回収方法を工夫するなどのカラス対策にも取り組んできました。その結果，生息数は2001年の３万6416羽から2022年の8699羽に減少しました。そして，都庁によせられた苦情・相談件数も2022年度は2001年度に比べ91％減少しました。次の問いに答えなさい。

(1)　2022年のカラスの生息数は，2001年に比べ何％減少しましたか。答えは小数第１位を四捨五入して書きなさい。

(2)　ごみを出すときのカラス対策としてどのようなことが行われていますか。その具体例を１つ書きなさい。

【２】豆電球と電池を用いて図のような回路をつくり，スイッチＡ～Ｉを操作したときの豆電球のようすについて観察しました。あとの問いに答えなさい。ただし，豆電球の抵抗《ていこう》値（電流の流れにくさ）は，流れる電流の大きさにかかわらず一定であるとします。また，電池はすべて同じ性質のものであり，豆電球以外の抵抗は考えないものとします。なお，計算の答えは小数第２位を四捨五入して書きなさい。

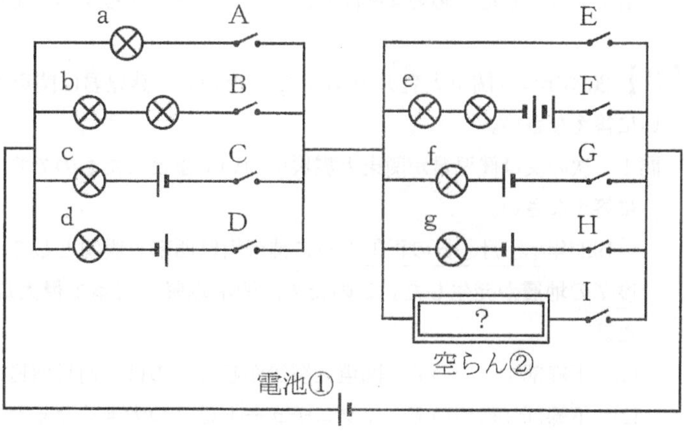

問1　スイッチAとEを入れると，豆電球aが光りました。次に，スイッチEを入れたままにし，スイッチAの代わりにスイッチB～Dのうちどれか1つを入れ，豆電球b～dを観察しました。このとき，スイッチAを入れたときの豆電球aの明るさより明るく光る豆電球があったのはどのスイッチを入れたときですか。適するものを，次のア～エから1つ選びなさい。

ア．スイッチB　　イ．スイッチC　　ウ．スイッチD　　エ．どれも明るくならない

問2　スイッチAとEを入れたときに豆電球aに流れる電流の大きさは，スイッチA，B，Eを入れたときに豆電球aに流れる電流の大きさの何倍ですか。

問3　スイッチCと，スイッチE～Hのうち1つだけを入れたときに，豆電球cが光らなくなることがありました。豆電球cが光らなくなったスイッチを，E～Hからすべて選びなさい。

問4　スイッチDとスイッチE～Hのうち1つだけを入れたときに，豆電球dが明るく光った順にE～Hを並べなさい。ただし，同じ明るさになる豆電球はありませんでした。

問5　電池①を流れる電流の大きさが，スイッチAとEを入れたときの1.5倍になったスイッチの組み合わせを，次のア～エから1つ選びなさい。

ア．スイッチAとF　　イ．スイッチBとH　　ウ．スイッチCとF　　エ．スイッチDとH

問6　スイッチEとスイッチA～Dのスイッチを次のア～エの組み合わせで入れたとき，最も早く電池①が切れてしまった組み合わせを，次のア～エから1つ選びなさい。

ア．スイッチA，B，E　　イ．スイッチA，D，E

ウ．スイッチA，B，C，E　　エ．スイッチB，C，D，E

問7　空らん②に適切な個数の豆電球か電池を入れると，スイッチBとIを入れたときの豆電球bの明るさと，スイッチCとIを入れたときの豆電球cの明るさが同じになりました。空らん②に入れた部品を，次のア～エから1つ選びなさい。

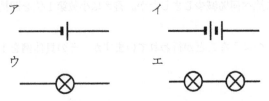

ア

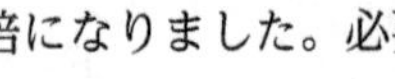

イ

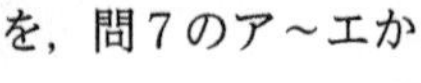

ウ

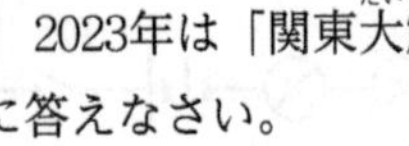

エ

問8　空らん②に問7のア～エの部品を図の向きで組み合わせて入れると，スイッチBとIを入れたときの豆電球bに流れる電流が，スイッチCとIを入れたときの豆電球cを流れる電流の1.5倍になりました。必要な部品を，問7のア～エからすべて選びなさい。

【3】2023年は「関東大震災《だいしんさい》100年」でしたので，健児君は関東大震災について調べました。次の問いに答えなさい。

問1　次の文は健児君が関東大震災についてまとめたものです。文中の下線部について，下の問いに答えなさい。

1923年①○月○日の正午ごろに神奈川県西部を震源として，②マグニチュード7.9，最大で③震度7の地震が発生した。このため，明治以降の日本で最大規模の地震災害が南関東周辺に生じた。

(1)　下線部①について，関東大震災が起きたのは，何月何日ですか。

(2)　下線部②について，マグニチュードは2つ大きくなるとエネルギーが1000倍になります。マ

グニチュードが1つ大きくなるとエネルギーは何倍になりますか。答えは小数第1位を四捨五入して書きなさい。

(3) 下線部③について，次の文中の（ ）に適する数字を答えなさい。

日本で地震のゆれの大きさを表す際に用いられている震度は気象庁震度階級といい，その階級には（ a ）から（ b ）までの（ c ）段階がある。

問2 自分の住む地域のどの場所にどのような自然災害が起こりやすいのか，また，その危険性の大きさを色や濃《こ》さなどによって示した地図を何といいますか。

問3 日本列島は，右の図のようにA～Dの4枚のプレートからできています。関東大震災は，相模トラフとよばれるAとCの境界を震源として起きました。AとCのプレートはそれぞれ何ですか。次のア～エから1つずつ選びなさい。

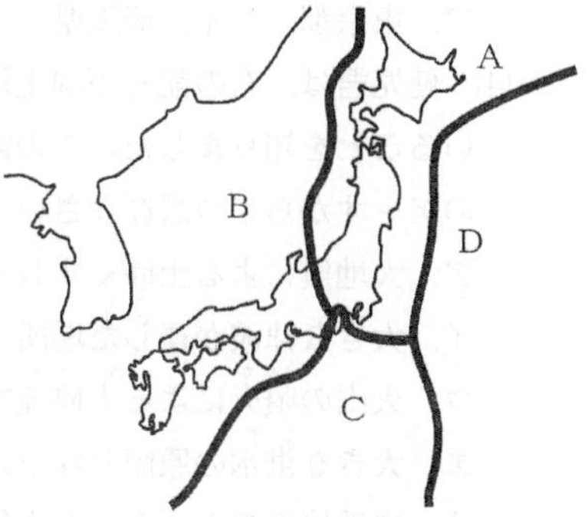

ア．北アメリカプレート

イ．フィリピン海プレート

ウ．ユーラシアプレート

エ．太平洋プレート

問4 次の表は，健児君が調べた関東大震災による死者数をまとめたものです。下の問いに答えなさい。なお，①～④は，東京都，埼玉県，千葉県，神奈川県のいずれかです。

表 関東大震災の死者数

都県名	住宅の倒壊《とうかい》	火災	津波《つなみ》・土砂くずれ	工場など	合計
①	3,546	66,521	6	314	70,387
②	5,795	25,201	836	1,006	32,838
③	1,255	59	0	32	1,346
静岡県	150	0	171	123	444
④	315	0	0	28	343
山梨県	20	0	0	2	22
茨城県	5	0	0	0	5
合計	11,086	91,781	1,013	1,505	105,385

単位（人）

(1) ①の都県では，火災による被害《ひがい》が特に多いです．健児君が，その原因を調べたところ，火災の広がる速度（延焼《えんしょう》速度）が時速約300mと大変大きく，1995年に起きた阪神大震災の時速約30mの10倍ほどでした。延焼速度が大きかった原因として適するものを，次のア～オから1つ選びなさい。

ア．日本海沿岸を北上する台風に向かって，強い南風が吹《ふ》いていたため

イ．日本海側から太平洋側へ，北西の季節風が強く吹いていたため

ウ．日本海を通過する低気圧へ向かって，強い南風（春一番）が吹いていたため

エ．上空に冷たい空気が入り，強い上昇《じょうしょう》気流が生じていたため

オ．低気圧の接近にともない，各地で竜巻《たつまき》が生じていたため

(2) ②の都県では，津波や土砂くずれによる被害が多いです。②の都県での被害や復興について

述べた文として誤っているものを，次のア～オから１つ選びなさい。

ア．土砂くずれにより川がせき止められたところに湖ができ，震生湖とよばれている。

イ．駅に停まっていた列車が，土砂くずれで駅舎とともに海へ落ちた。

ウ．地震峠《とうげ》とよばれる，土砂くずれで多くの人が生きうめになった場所がある。

エ．およそ８ｍの津波がおしよせ，大仏をおおっていた建物がおし流された。

オ．大量のがれきでうめ立てられた海岸に　日本初の臨海公園がつくられた。

(3)　③と④の都県はそれぞれ何ですか．次のア～エから１つずつ選びなさい。

ア．東京都　　イ．埼玉県　　ウ．千葉県　　エ．神奈川県

(4)　健児君は，右の記号が国土地理院の発行する地形図に，2019年から用いられていることを知りました。この記号は何を示していますか。最も適するものを，次のア～オから１つ選びなさい。

ア．大地震による土砂くずれで大きな被害が生じた場所

イ．大きな津波が達した場所

ウ．火山の噴火《ふんか》による火砕流《かさいりゅう》でうめられた集落の場所

エ．大きな洪水《こうずい》の原因となった，堤防《ていぼう》の決壊《けっかい》が始まった場所

オ．自然災害のあったことを後世に伝える記念碑《きねんひ》の場所

【４】次の［Ⅰ］,［Ⅱ］について，それぞれの問いに答えなさい。

［Ⅰ］　気体Ａ～Ｅは，酸素，二酸化炭素，水素，塩化水素，窒《ちっ》素，塩素のいずれかです。次の文を読み，下の問いに答えなさい。

気体Ａ～Ｅを緑色のBTB液に通すと，気体Ａ～Ｃでは黄色になりました。また，気体Ａ～Ｅのにおいをかいだところ，気体Ｂと気体Ｃは鼻をさすようなにおいがありました。赤色の花びらを気体Ｃで満たされた試験管の中に入れたところ，花びらの色がうすくなりました。火のついたスチールウールを気体Ｄで満たされた集気びんに入れると，スチールウールが激しく燃えました。火のついたマッチを気体Ｅで満たされた試験管の口に近づけたところ，気体Ｅが音をたてて燃えました。

問１　気体Ａと気体Ｂとして適するものを，次のア～カからそれぞれ１つ選びなさい。

ア．酸素　　イ．二酸化炭素　　ウ．水素　　エ．塩化水素　　オ．窒素　　カ．塩素

［Ⅱ］　アンモニアを発生させて丸底フラスコに集めました。次の問いに答えなさい。

問２　アンモニアを発生させるときに使う薬品として適するものを，次のア～オから２つ選びなさい。また，装置の図として適するものを，次のページのカ～ケから１つ選びなさい。

ア．水酸化カルシウム

イ．塩化ナトリウム

ウ．塩化アンモニウム

エ．塩化カルシウム

オ．水

カ

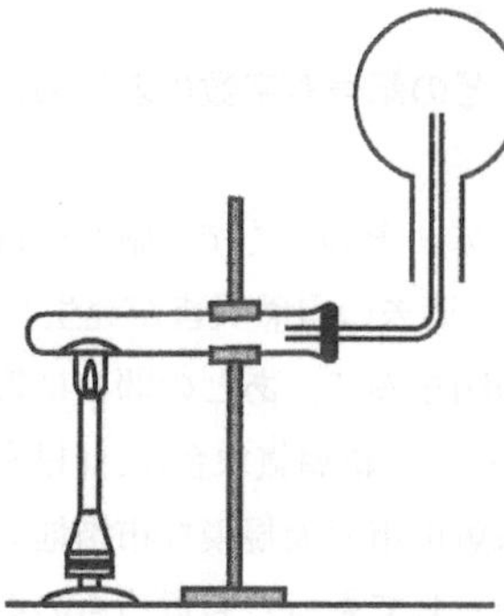

キ

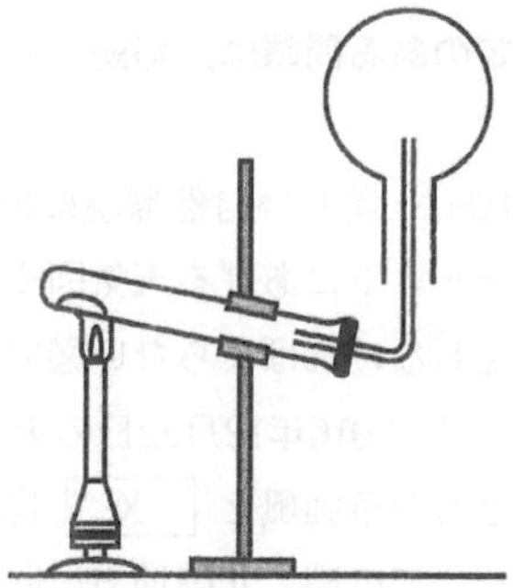

ク

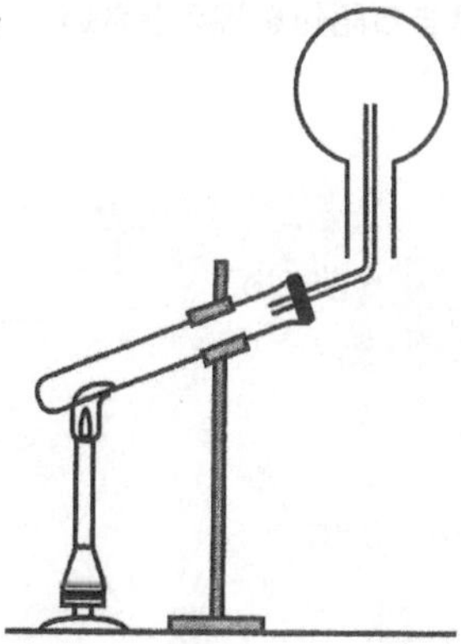

ケ

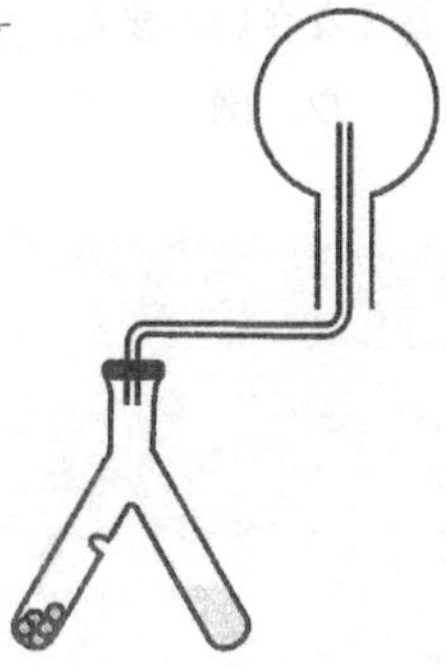

問３　アンモニアは上方置換《ちかん》法で集めますが，どれくらい集められたのかがわかりません。丸底フラスコがアンモニアで満たされたことを確認するにはどうすればいいですか。次の中からいずれか１つを選び，それを用いて確認する方法とその結果を１行で書きなさい。

［ 赤色リトマス紙，青色リトマス紙，塩化コバルト紙，石灰水《せっかいすい》 ］

問４　同じ体積で比べたとき，アンモニアの重さは空気の0.58倍です。アンモニア290mLの重さは何ｇですか。ただし，空気１Ｌの重さは1.2ｇとします。答えは小数第３位を四捨五入して書きなさい。

問５　アンモニアで満たされた丸底フラスコを用いて，右図の装置を組み立てました。水槽《すいそう》の中にはフェノールフタレイン液を加えた水が入っています。スポイトの水を押《お》し出したところ，水槽の中の水が丸底フラスコの中に噴水《ふんすい》のように入っていきました。この現象を説明した次の文中の（　）に適する語句をそれぞれ答えなさい。

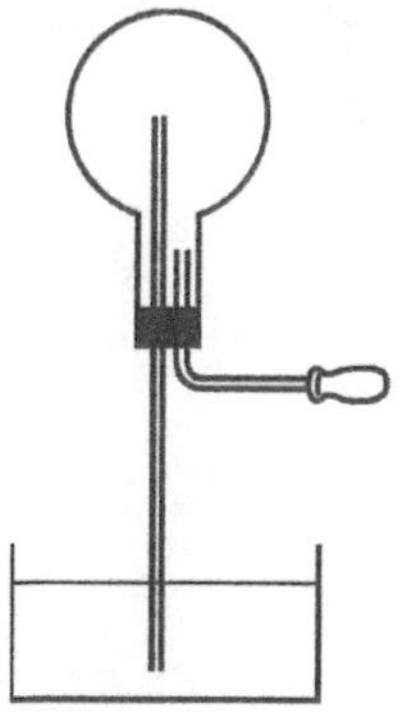

アンモニアは水に（　①　）ため，丸底フラスコの中に水が入ると内部がわずかに真空になり，（　②　）によって水槽の水が押し入れられる。このとき，フラスコに入ってきた水の色は（　③　）色になる。

問６　気体の体積は温度が１℃上がるごとに，０℃のときの体積の273分の１ずつ増加します。27℃で500mLのアンモニアを87℃にすると，アンモニアの体積は何mLになりますか。答えは小数第１位を四捨五入して書きなさい。

【社　会】（30分）　＜満点：50点＞

【注意】 字数指定のある問題は，句読点やかぎかっこなどの記号も字数にふくめます。

1　わが日本列島は，美しい自然環境《かんきょう》にめぐまれています。その一方で，厳しい自然災害にみまわれることもあります。下にあげる天気図や地理院地図は，過去の自然災害が発生したときの図，また，今後災害を想定しなければならない図です。これらの図をみて，あとの問いに答えなさい。

問１　次の図１は，2016年12月22日の天気図です。この日，新潟気象台は，「日本海で急速に発達した低気圧にともなう強風と　X　現象により，糸魚川市で大規模な市街地火災が発生した」と発表しました。この時，北陸地方に吹《ふ》いた風の風向としてもっとも近いものを，次のア～エより１つ選び，記号で答えなさい。また，　X　にあてはまる語句を答えなさい。

ア．東　　イ．西　　ウ．南　　エ．北

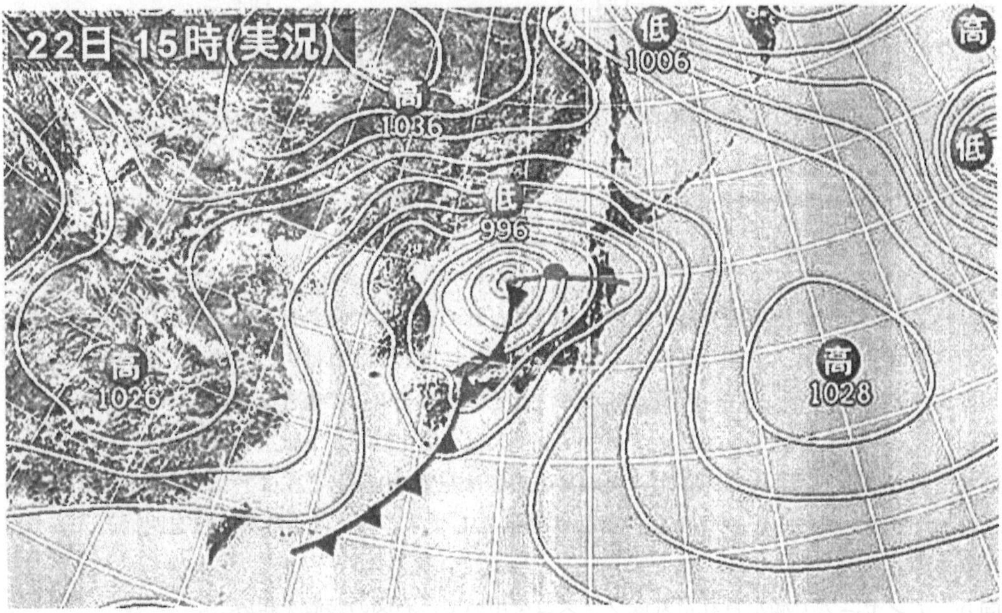

図１

問２　問１の X 現象は，2023年にも新潟県をふくむ日本海側で数回にわたって発生し，この地域では40℃近くの猛暑《もうしょ》となりました。次のア～カの天気図の中から，日本海側で X 現象が発生した時の天気図を２つ選び，記号で答えなさい。

ア．

イ．

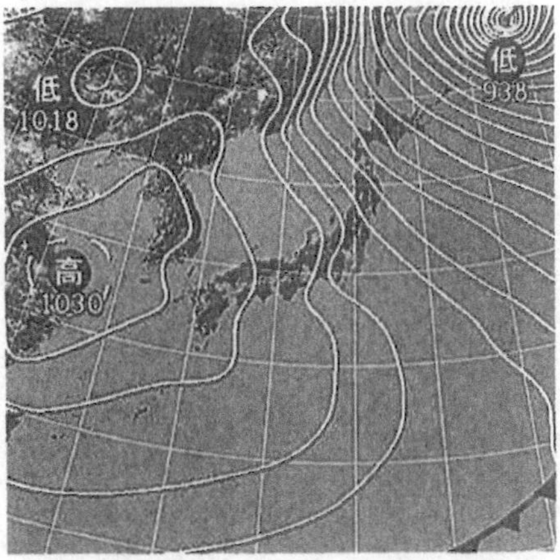

ウ．

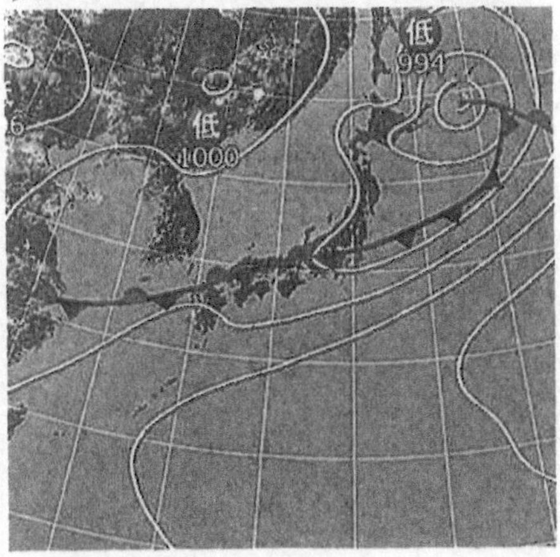

エ．

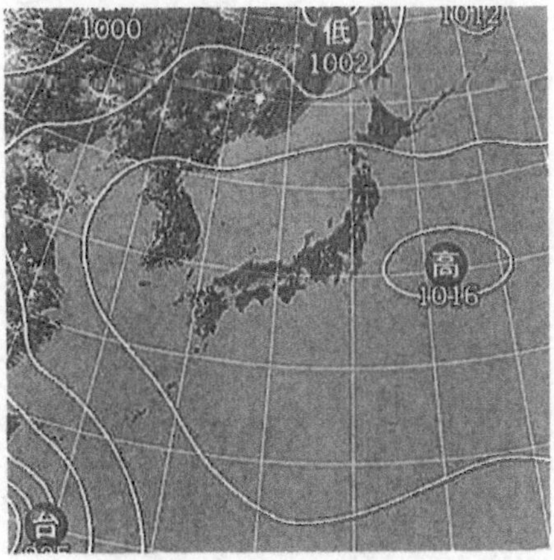

オ．

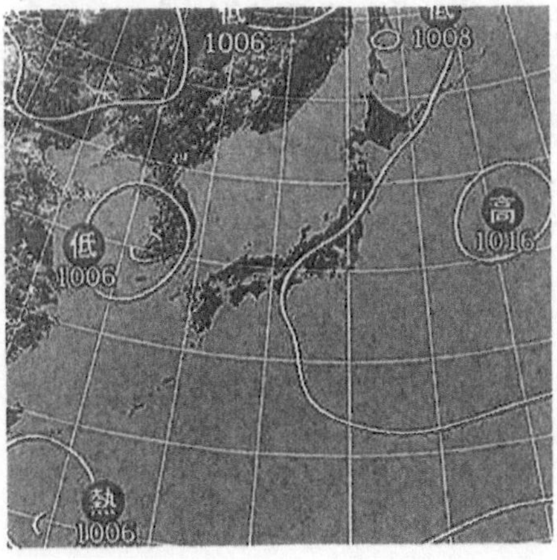

カ．

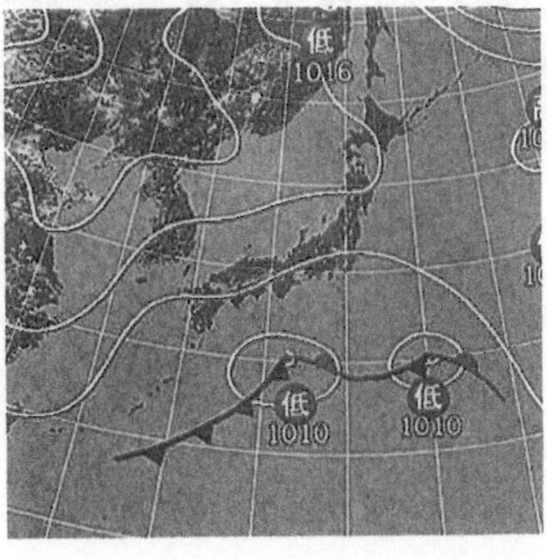

問３　次の図２と図３（次のページ）は広島市北部の同じ範囲《はんい》の地理院地図で，図２は1999年の，図３は現在のものです。図２で〇印をつけた複数の家屋は，2014年８月におきた自然災害によって消失しました。どのような自然災害がおきたと考えられますか，答えなさい。

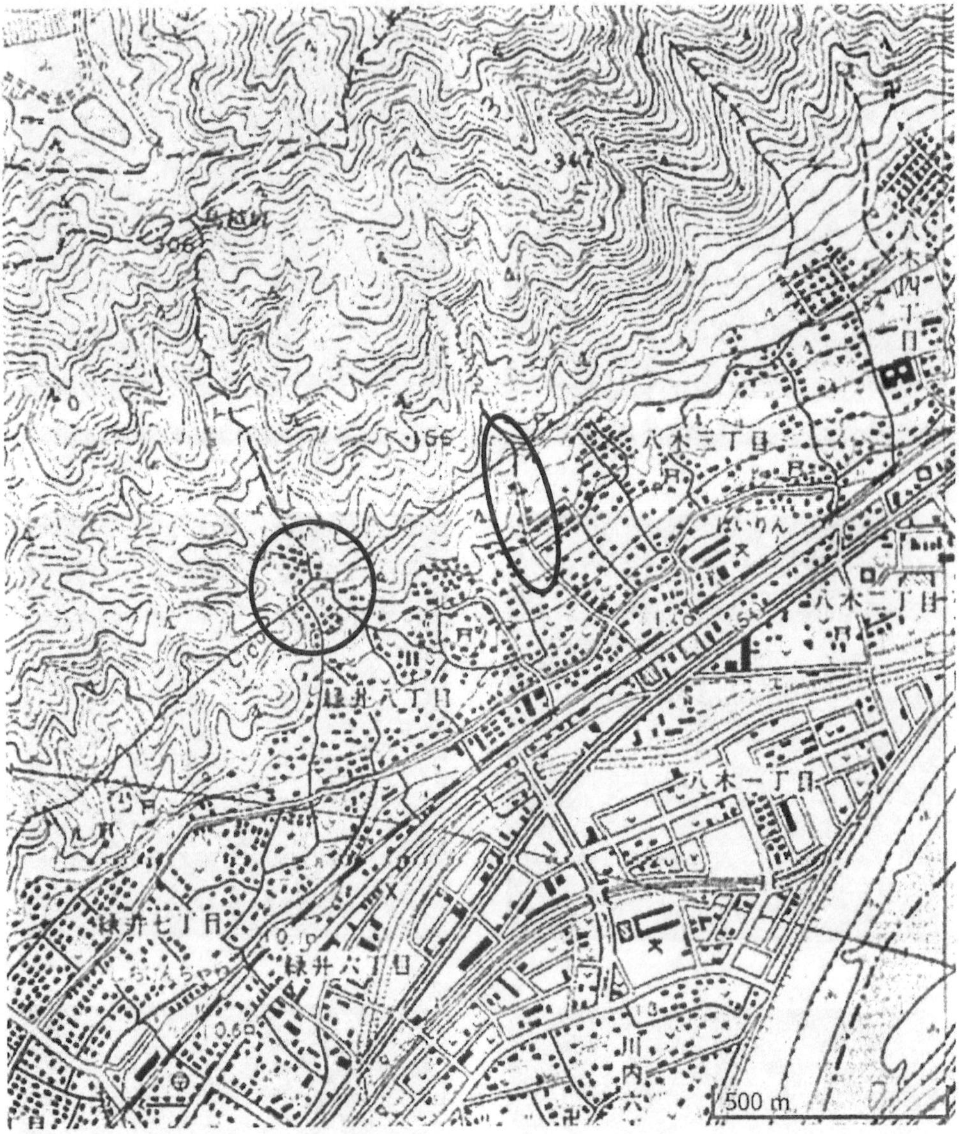

図２

問４　図３では，図２の○印の北側にあらたな建造物の地図記号（□印で囲まれたもの）がみられます。この地図記号の説明として正しいものを，次のア～エより１つ選び，記号で答えなさい。

ア．農業用の水をためるためのダムが建設された。

イ．周囲の住宅地の生活用水を確保するためのダムが建設された。

ウ．周囲の住宅地に電力を供給するためのダムが建設された。

エ．上流から運ばれた土砂をせきとめるための砂防ダムが建設された。

図３

問５　次の図４と図５（次のページ）は千葉県北部の同じ範囲の地理院地図で，図４は1967年の，図５は現在のものです。この範囲は下総台地の一部にあたります。1967年から現在までの間に建設されたと考えられる建物や施設《しせつ》を，下のア～カよりすべて選び，記号で答えなさい。

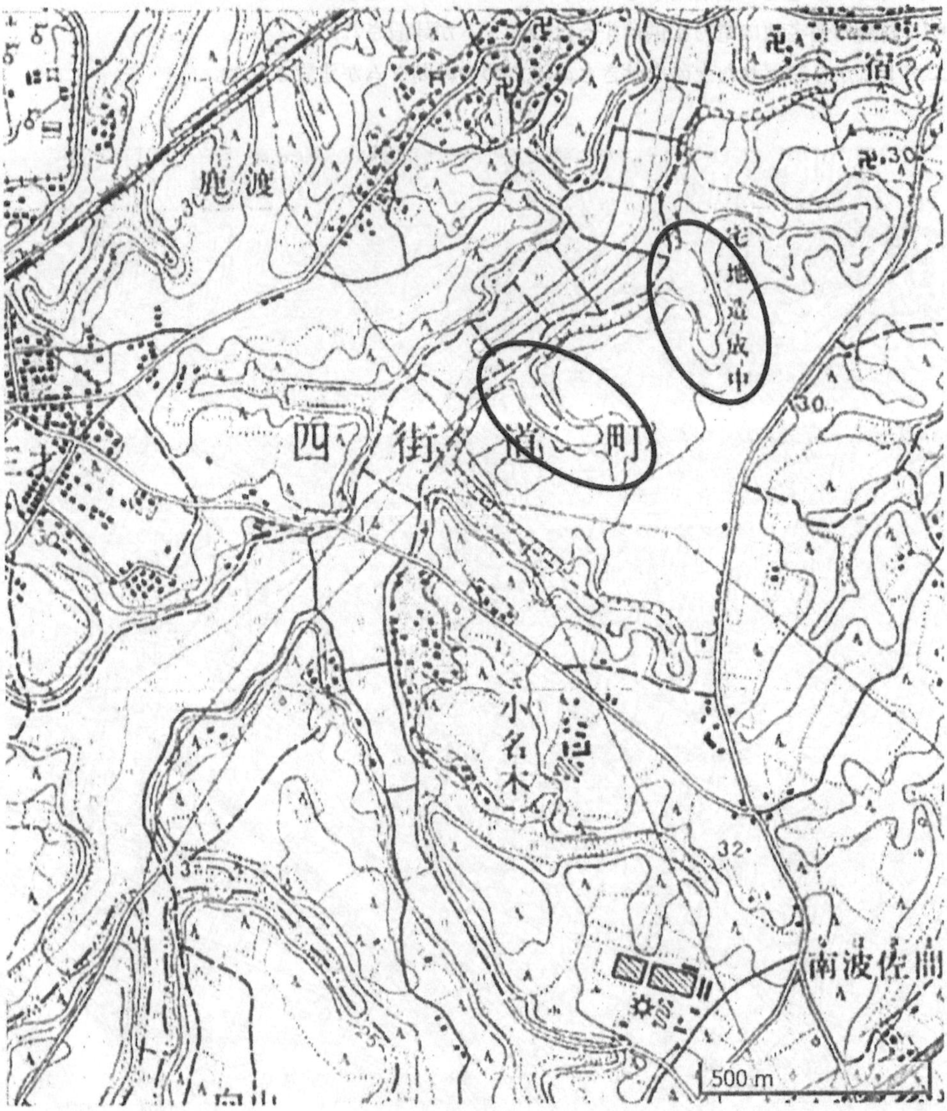

図４

ア．電波塔

イ．図書館

ウ．老人ホーム

エ．小・中学校

オ．工場

カ．発電所・変電所

問６　図４中の◯印をつけた地点はともに，等高線の一部の間隔がせまくなっていますが，図５の同じ地点では，等高線の間隔が広くなっています。宅地造成のさいに，どのようなことがおこなわれたと考えられますか。 30字以内で述べなさい。

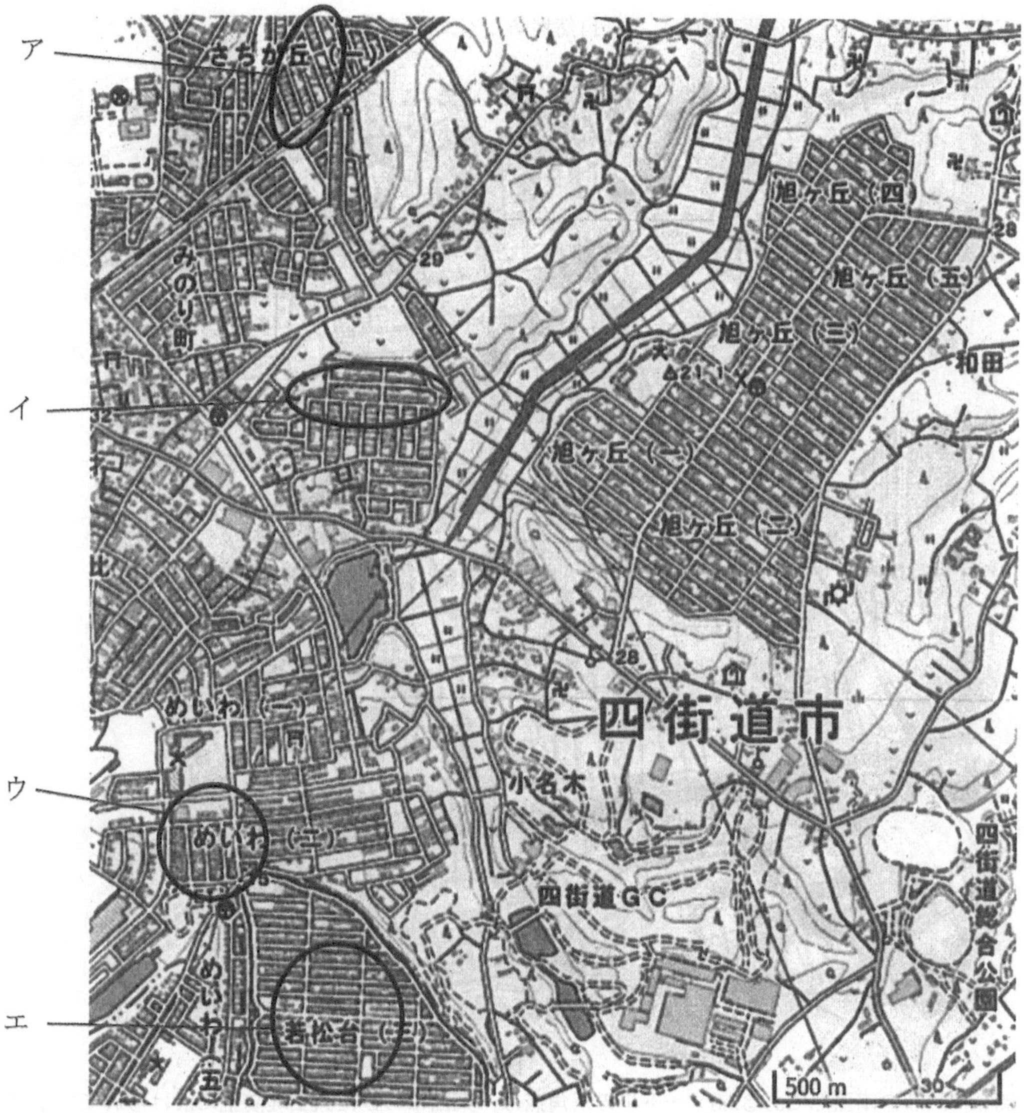

図５

問７　図５にしるしたア～エの範囲のうち，図４の◯印をつけた地点と同じような地形に造成された住宅地が３か所，下総台地の台地面に造成された住宅地が１か所あります。台地面に造成された住宅地として正しいものを図中のア～エより１つ選び，記号で答えなさい。

問８　次の図６は，岐阜県安八町の地理院地図です。この地域は，1976年９月に東側の河川の堤防《ていぼう》が決壊《けっかい》し，安八町一帯が浸水《しんすい》被害《ひがい》を受けましたが，北西部の「牧」と東部の「南條」の両集落の一部は浸水をまぬがれました。これらの集落が立地する地形として正しいものを，次のア～エより１つ選び，記号で答えなさい。

ア．扇状地　　イ．後背湿地　　ウ．自然堤防　　エ．河岸段丘

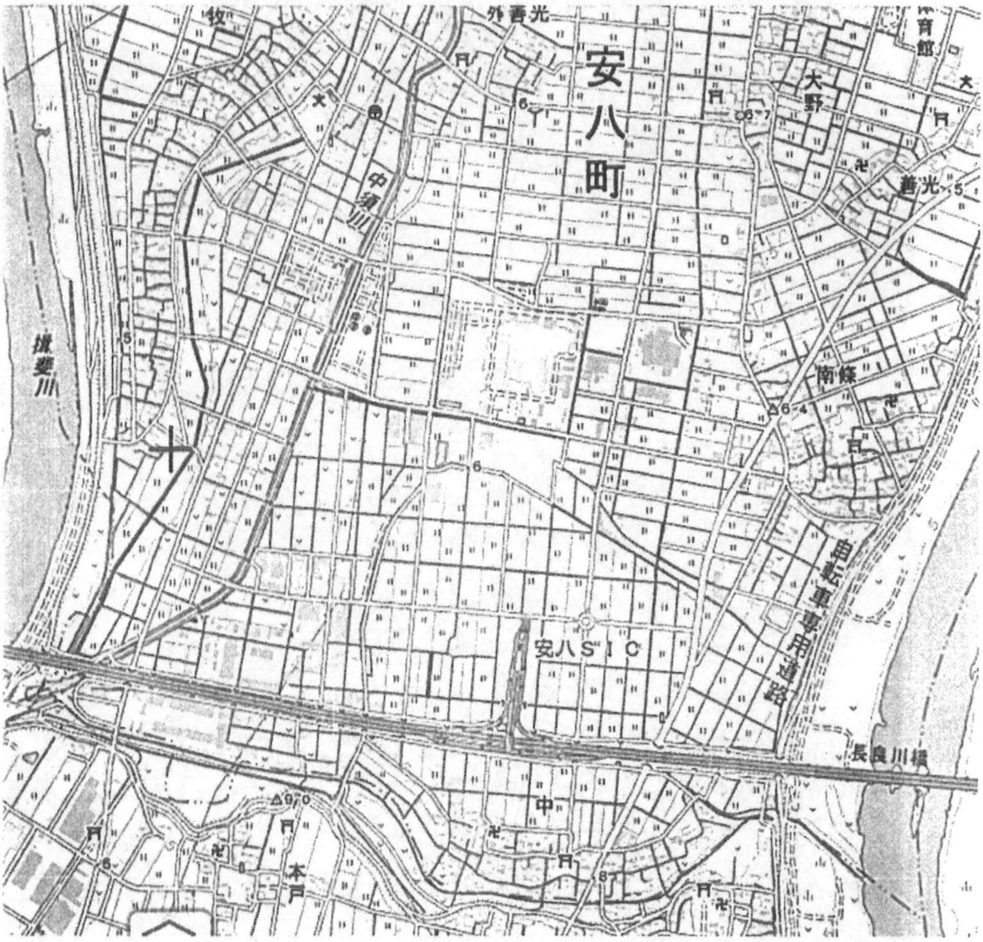

図６

問９　図６の南西部にある9.0メートルの三角点は，東西にのびた人工堤防上に設けられています。問８の災害の際に，この人工堤防から南側への浸水の拡大はくい止められました。このように周囲を人工堤防で囲まれた集落を何といいますか。漢字で答えなさい。

2　次の１～10の文章を読み，あとの問いに答えなさい。

１．新潟県の姫川流域で産出したヒスイは，約5000年前の縄文時代中期以降，①勾玉《まがたま》などの装飾品《そうしょくひん》の原材料としてさかんに用いられた。

２．５世紀ごろの古墳などからは，②朝鮮半島南部でつくられたと考えられている鉄素材が数多く出土している。

3．708年に武蔵国秩父で産出した銅が朝廷に献上《けんじょう》されると，③元明天皇はこれを用いて唐にならった国家による貨幣《かへい》の鋳造《ちゅうぞう》をおこなった。

4．④奥州藤原氏は，陸奥国で産出した砂金《さきん》や馬，北方との交易で手に入れた動物の毛皮や羽などを朝廷や摂関家に貢物《みつぎもの》として納めた。

5．朝鮮から伝えられた灰吹法《はいふきほう》の技術が16世紀前半に⑤石見銀山にもたらされたことにより，銀の生産量が増大した。

6．江戸時代の⑥大阪は銅精錬業《せいれんぎょう》の中心地で，多くの銅山を所有していた住友家が開いた住友銅吹所は日本最大の銅精錬所となった。

7．17世紀末に天秤《てんびん》ふいごが発明されたことにより，出雲の⑦たたら製鉄における鉄の生産量が増大し，質も向上した。

8．釜石は良質で豊富な鉄鉱石の産地で，1857年に洋式高炉《こうろ》が建設されて鉄鉱石の精錬が可能となり，⑧近代製鉄業発祥《はっしょう》の地となった。

9．日露戦争後に工場の動力として電気の需要《じゅよう》が高まる中，猪苗代湖の湖水を利用した水力発電所が建設され，その後の⑨大戦景気を支えた。

10．日本と中華民国との戦争がはじまって以降，⑩国産の木炭をエネルギー源とする代用燃料車が急増した。

問１　下線部①について，勾玉は，正統な天皇の証とされている「三種の神器」のひとつに数えられていますが，1950年代半ば以降には，高度経済成長により人びとの生活が変わる中で電化製品の「三種の神器」が各家庭に普及《ふきゅう》していきました。電化製品の「三種の神器」として**あやまっているもの**を，次のア～エより１つ選び，記号で答えなさい。

ア．白黒テレビ　　イ．電気洗濯機　　ウ．電気冷蔵庫　　エ．ビデオカメラ

問２　下線部②について，日本と朝鮮半島の国々との関係について述べた文を古いものから年代順にならべたとき，２番目と４番目にくるものを，次のア～エよりそれぞれ選び，記号で答えなさい。

ア．白村江の戦いで唐・新羅連合軍と交戦し，敗れた。

イ．百済の聖明王により，仏教が正式にもたらされた。

ウ．新羅からもたらされたとされる天然痘《てんねんとう》により，藤原四兄弟が亡くなった。

エ．好太王碑によると，倭国が高句麗と交戦し，敗れた。

問３　下線部③について，この貨幣の名称《めいしょう》を漢字で答えなさい。

問４　下線部④について，奥州藤原氏について述べた文として**あやまっているもの**を，次のア～エより１つ選び，記号で答えなさい。

ア．奥州藤原氏は，清衡・基衡・秀衡の３代約100年間にわたり繁栄《はんえい》した。

イ．源義経をかくまったとして，源頼朝は奥州藤原氏を滅《ほろ》ぼした。

ウ．源義家の助けを得た清原清衡は，後三年の役の勝利後に藤原に改姓《かいせい》した。

エ．平泉に建立された中尊寺金色堂は，禅宗の影響《えいきょう》を受けた仏堂である。

問５　下線部⑤について，戦国時代には金や銀の鉱山をめぐる争いがおこりました。石見銀山をめぐって争った戦国大名の組み合わせとして正しいものを，次のア～エより１つ選び，記号で答えなさい。

ア．伊達氏と南部氏　　イ．尼子氏と毛利氏　　ウ．大友氏と島津氏　　エ．上杉氏と武田氏

問６　下線部⑥について，大阪について述べた文として**あやまっているもの**を，次のア～エより１つ選び，記号で答えなさい。

ア．６世紀末には，聖徳太子（厩戸皇子）により四天王寺が建立された。

イ．シーボルトが鳴滝塾を開き，高野長英らに蘭学の講義をおこなった。

ウ．天保の飢饉《ききん》への幕府の対応に不満を抱《いだ》いた大塩平八郎が反乱をおこした。

エ．アジア初，日本初の万国博覧会（国際博覧会）が，1970年に開かれた。

問７　下線部⑦について，たたら製鉄が最盛期をむかえた幕末から明治初期におきたできごとについて述べた文として正しいものを，次のア～エより１つ選び，記号で答えなさい。

ア．開国による物価上昇《じょうしょう》で苦しんだ人々は，世直しを求めて一揆をおこした。

イ．長州藩は，生麦事件の報復のためにやってきたイギリス軍艦《ぐんかん》と交戦した。

ウ．徳川慶喜は，天皇中心の新政府成立を目指して王政復古の大号令を出した。

エ．五か条の御誓文により，庶民《しょみん》に対して５つの守るべきことがしめされた。

問８　下線部⑧について，日清戦争後の1901年に現在の福岡県北九州市で操業を開始し，日本の重工業の発展を支えた製鉄所の名称を，漢字で答えなさい。

問９　下線部⑨について，大戦景気とその後の1920年代の日本経済について述べた文として**あやまっているもの**を，次のア～エより１つ選び，記号で答えなさい。

ア．日本と交戦したアメリカからの輸入が途絶《とだ》えたことで，化学工業がさかんになった。

イ．日本からヨーロッパには軍需品《ぐんじゅひん》の輸出が，アジア市場には綿織物の輸出が増加した。

ウ．鉄鋼業や海運業などの急成長により，多くの成金が誕生した。

エ．1920年代には不景気が続き，銀行や商店の倒産《とうさん》があいついだ。

問10　下線部⑩について，太平洋戦争開戦直前の1941年９月11日には，代用燃料車以外のバスやタクシーには営業許可が出されなくなりました。こうした規制強化をおこなうことになった理由を，40字以内で説明しなさい。

３　昨年４月におこなわれた統一地方選挙を題材にして授業がおこなわれています。次の先生と生徒の会話ⅠとⅡを読んで，あとの問いに答えなさい。

Ⅰ．

先　生：直近の統一地方選挙では，結果をうけて２つの話題があがりました。１つは，東京都中野区と新宿区でおこなわれた区議会議員選挙で，最後の当選者とその次点で落選となった候補者の得票数の差が，それぞれ0.415票と0.299票となったことです。つまり当選と落選が，１票差ではなく１票に満たない小数点以下の差で決まったんです。

巣《そう》　太《た》：えっ，投票って１人１票ですよね。なぜ小数点以下の票数になるんですか。

先　生：たしかに不思議ですよね。これに関して次の新聞記事を読んでみましょう。ちょうど巣太くんの疑問に対して説明している部分に下線を引きました。

24日に開票された東京都中野区議選で，0.415票差で落選した候補がいた。１票に満たない差で初当選に届かなかったこの候補は，票の再点検を求め，公職選挙法に基づき，区選挙管理委員会への異議申し立てを検討している。

同区議選の定数は42で，60人が立候補した。Ｘ党のＹ氏の得票は1584.585票。42番目の当選者の得票は1585票だった。60人のなかには同じ姓《せい》や名の候補がいた。区の選挙管理委員会によると，公職選挙法では同じ姓や名の候補者が複数いる場合，その姓や名が書かれた票はそれぞれの得票数の割合に応じて振《ふ》り分けることになっており，「案分票」と呼ばれる小数点以下の数字がつくことがある。今回の選挙では11の案分票があり，12人の候補に小数点以下の端数《はすう》がついた。

Ｙ氏は取材に，「結果は結果だが，案分票で当落がわかれたことにはがくぜんとしている」と話し，「疑問票や無効票をもう一度点検してもらいたいと考えている」と明かした。（　①　）票など有効な票と認められなかった無効票は2014票あった。

23日に開票された東京都新宿区議選でも0.299票差で次点候補が落選した。

朝日新聞社 2023年４月24日18時36分配信（一部改変）

鴨次郎《かもじろう》：そうか，たとえば姓だけとか名だけが書かれた票は，もし同じ姓や名の人が他に立候補していた場合，具体的にどの候補者に投票したものか，開票の担当者は分からないですもんね。だから，１票を小数点以下の票数に分けてそれぞれ加えているんですね。

先　生：その通りです。仮に「山田タロウ」という候補者がいる場合，他に「やまだ」さんや「たろう」さんという候補者がいないときには，投票者が姓だけの「やまだ」や名だけの「たろう」と記して投票しても，その候補者への１票として数えられます。しかし，他にいた場合は「案分票」の対象となります。これは公職選挙法にもとづいておこなわれていて，候補者の姓名のほか政党名も対象となります。

学《まなぶ》　：僕《ぼく》は自分が議員として活躍《かつやく》してもらいたいと思う候補者には，やはり自分が投票できる１票をそのまま届けたいな。

鴨次郎：そうだね。１票に満たない差で大きく結果が変わるわけだから，１票って改めて重いものだと思ったよ。

先　生：「案分票」を採用するかどうかは各国の選挙法によるそうです。では，日本で採用されている理由について考えてみましょう。たとえば，②基本的人権の保障という点からだと，この「案分票」という制度はどう考えられるでしょうか。

園《その》　子《こ》：わたしたちには，選挙を通じて議員や首長を選び，どの政策に取り組んでもらうかを決める権利があります。投票は，この権利にもとづいておこなわれるものだし，もしそこで特定できない票があれば，国民の権利を「案分票」という制度を通じてできる限り反映させることは，権利の保障につながります。

鴨次郎：あと，なぜ「案分票」になるような書き方をする人がいるのかを考えてみたんだけど，持病のために投票したい候補者の名前を書ききれず，姓や名はなんとか書けたとか，いろいろな事情のある人もいると思うんです。どのような事情のある人でもその意思をできる限り反映できるように，この制度が採られている面もあると思います。

先　生：よく考えられていますね。今度の選挙では，当選者のほか，ぜひ獲得《かくとく》した票数のところも確認してみてください。もし小数点になっていたら，ぜひ今日の授業を思い出してもらいたいと思います。

問１　本文の内容をふまえて，次の表の場合および衆参両議院の選挙の場合の「案分票」について述べたＡ～Ｄの文の正誤（正しい場合は○，あやまっている場合は×）を正しく組合せたものを，下の表のア～サより１つ選び，記号で答えなさい。

候補者名　（よみ）	得票数
鈴木太郎　（すずき たろう）	5000票
さとう　宏　（さとう ひろし）	3000票
鈴木　浩　（すずき ひろし）	2000票
佐藤たろう　（さとう たろう）	1000票

A.「鈴木」とだけ書かれた票があった場合,「鈴木太郎」候補者と「鈴木浩」候補者のそれぞれに同じ票数が加えられる。

B.「ひろし」とだけ書かれた票があった場合,「さとう宏」候補者は「鈴木浩」候補者より多くの票数が加えられる。

C. 衆議院議員総選挙では，選挙区選挙においては候補者名を記して投票するため「案分票」が生まれやすいが，比例代表選挙においては候補者名を記さないで投票するため,「案分票」が生まれることはない。

D. 参議院議員選挙では，選挙区選挙と比例代表選挙に重複して立候補でき，それぞれの投票用紙に同じ候補者名を記入して投票できるため，両方の選挙で同様の「案分票」が生まれやすい。

	ア	イ	ウ	エ	オ	カ	キ	ク	ケ	コ	サ
A	○	×	×	×	○	○	×	×	×	○	×
B	×	○	×	×	×	×	○	○	×	×	○
C	×	×	○	×	○	×	○	×	○	○	○
D	×	×	×	○	×	○	×	○	○	○	○

問２　空らん（①）には,「何も記入せず投票された無効票」をあらわす色の名前があてはまります。次のア～エより１つ選び，記号で答えなさい。

ア. 赤　　イ. 青　　ウ. 黒　エ. 白

問３　下線部②について，ここで保障される基本的人権としてあてはまる権利の名前を，下線部②の直後の２人の生徒による発言から考えて，漢字で答えなさい。ただし，下線部②以降の発言のなかで使われている語句は使用しないこと。

Ⅱ.

先　生：では，もう１つの話題を見てみましょう。まず，次の記事を読んでください。

女性市議，初めて２割超《ちょう》に，町村議も15.4％で最高―（　③　）調べ

（　③　）は24日，第20回統一地方選の後半戦でおこなわれた市区町村の首長・議員選の結果をまとめた。政令市を除く市議選で1457人の女性が当選。当選者に占《し》める割合は過去最高の22.0％で，初めて２割を超《こ》えた。町村議選でも632人の女性が当選し，全体の15.4％を占めて過去最高を更新《こうしん》した。（中略）東京特別区議選では301人の女性が当選し，全体に占める割合は過去最高の36.8％となった。

時事通信社 2023年４月25日０時15分 配信（一部改変）

巣　太：今回の選挙で，女性議員の割合が過去最高になったんですね。

先　生：そうなんです。東京都の区長選挙でも女性が３人当選し，現在，女性区長は過去最多の６人になりました。これについて，次のグラフ１を見てください。1980年代後半から女性議員の割合は徐々《じょじょ》に上昇《じょうしょう》しており，今回の選挙結果もこれまでの傾向《けいこう》が続いていることをしめすものになりました。

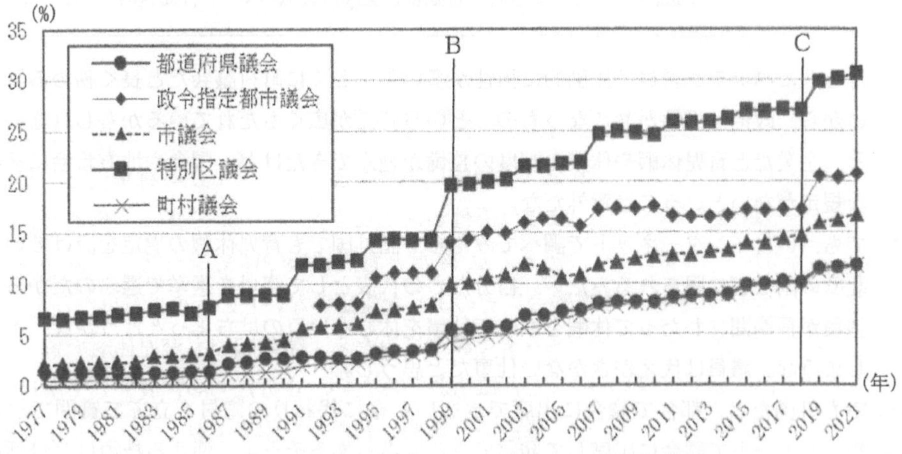

（内閣府男女共同参画局ホームページより作成）

グラフ１　「地方議会における女性議員の割合の推移」

鴨次郎：ところどころ大きく伸《の》びている年がありますね。

先　生：グラフでもとくに目をひきますね。これらの年に着目すると，その前後で，次のカードでしめすような，男女の格差を是正《ぜせい》したり，女性の政治参加を促《うなが》したりする法律がつくられ，施行《しこう》されています。

男女共同参画社会基本法	男女雇用機会均等法	候補者男女均等法

先　生：この３つの法律のうち最初の法律ができたころは，例えば電車やバスなど乗り物の運転手はほぼ男性で，女性は非常に珍《めずら》しかったのですが，いまや普通《ふつう》に見かけるようになりました。これらの法律の後押《あとお》しもあってか，多くの職業が性別に縛《しば》られなくなってきており，社会全体の意識が変わってきたと感じます，

学　：このなかで議員という仕事も同じように女性の割合が伸びてきたんですね。

園　子：でも，伸びてきたとはいえ，女性議員の割合が一番高い特別区議会議員でも約３割で，都道府県議会や町村議会では約１割に留まっています。

先　生：ちょうど全国の女性地方議員の実際の声をあつめた内閣府によるアンケート調査結果があるので紹介《しょうかい》します。これをもとに話し合ってみましょう。

政治分野における男女共同参画の推進に向けた地方議会議員に関する調査研究報告書

－全国の女性地方議員4170名（2016年末時点）対象回答のアンケート調査（回収率39.6％）

地方議会において女性議員の増加を阻《はば》む課題

１．**政治は男性のものという意識が強い**（約６割）*
２．**議員活動と家庭生活の両立が困難**（40歳《さい》代以下で未就学児をもつ議員の約８割）
　－議会に産後や育児に関する休暇《きゅうか》・休業の規定なし（約６割）
　－託児所《たくじしょ》や授乳室がない（約９割）
＊（　）は「そう思う」と答えた回答者の割合
（内閣府男女共同参画局・有限責任監査法人トーマツ，平成30年３月，一部改変）

学　：たしかにベテラン議員は圧倒的《あっとうてき》に男性が多いし，とくに町村議会だと長く務める議員も多いから，政治は男性がおこなうもの，という考えが広くもたれているかもしれないね。あと，企業《きぎょう》だと育児休暇や休業の制度の整備が進んできたけど，国会や地方議会にそのような規定がないというのは意外だな。

巣　太：でも，いまインターネットで調べてみたら，諸外国でも育児休暇の規定を設けているのは北欧《ほくおう》の国などに限られるみたい。自分たちの代表として議員を選挙で選ぶのだから，その議員が長期間にわたって休暇を取って仕事を休むというのはちょっとどうかな，と思ってしまうな。議員は代えがきかない仕事だと思うし。

園　子：でも外国だと，都合で議会に出席できないときに代わりの議員を立てて質問できる制度や，リモートで議会に出席して発言できる制度もあるそうよ。使える技術はぜひ活用しながら，時代や社会に合わせた制度を整えるべきだわ。

先　生：いま，みなさんが出してくれた意見を，これからの議会のあり方を考えるために，ぜひ一度まとめてみましょう。

問４　空らん（③）にあてはまる省庁の名前を，次のア～エより１つ選び，記号で答えなさい．
　ア．経済産業省　　イ．厚生労働省　　ウ．総務省　　エ．法務省

問５　グラフⅠ中のＡ～Ｃでしめされた年に，文中にあげられた３つの法律が施行《しこう》されました．法律名とそれが施行された年Ａ～Ｃの組合せとして正しいものを，次のア～カより１つ選び，記号で答えなさい．

	ア	イ	ウ	エ	オ	カ
男女共同参画社会基本法	A	A	B	B	C	C
男女雇用機会均等法	B	C	A	C	A	B
候補者男女均等法	C	B	C	A	B	A

問６　文中の会話のあと，生徒たちは「クォータ制」とよばれる仕組みがあることを知り，これについて調べました。そしてこの仕組みが，女性に「候補者の一定比率」または「議席の一定数」を割り当てることで，女性議員の比率を上昇させる制度として諸外国で多く導入されていることがわかりました。その後，「日本でもこの仕組みを導入すべきか」について話し合い，「賛成」「反対」それぞれ意見が出ました。このとき，あなたならどのような意見を述べますか。29ページのグラフ１や次のページのグラフ２を参考にしつつ，導入について「賛成」「反対」をしめしたうえで，あなたの考えを30字以内で記しなさい。なお，「賛成」「反対」のどちらを選んでも，それ自体を採点の対象とはしません。

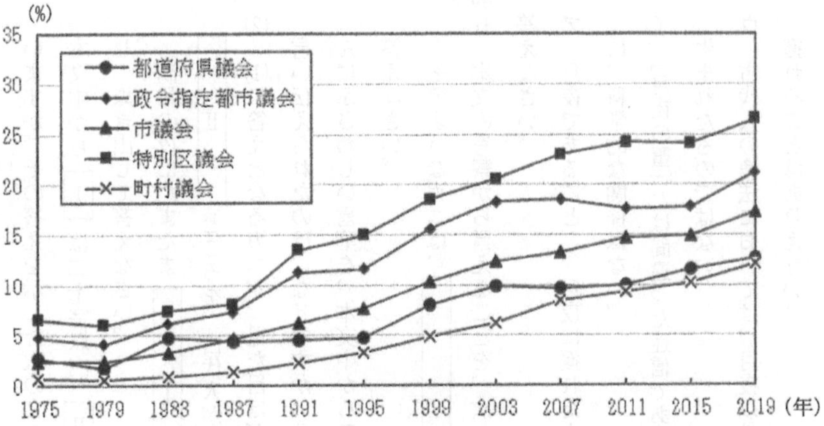

(内閣府男女共同参画局ホームページより作成)

グラフ２「統一地方選挙における候補者に占める女性の割合」

落を、本文中から一つ探し、その初めの五字をぬき出して答えなさい。

問５　「月夜の蟹」の言い伝えについて、次の⑴・⑵の問いに答えなさい。

⑴　筆者は、言い伝えられた「月夜の蟹」とは、何であったと考えていますか。その答えを示した次の文の空らんにふさわしい言葉を、本文中から［Ⅰ］は二十字以内、［Ⅱ］は三十字以内でそれぞれ探し、ぬき出して答えなさい。

　満月の夜にたまたま［　　Ⅰ　　］ガザミが、その後で、［　　Ⅱ　　］ところを、古代人が捕獲したもの。

⑵　⑴の答えとなるカニが、見た目ほどには肉の身入りがよくないと言い伝えられたのは、なぜですか。その理由を示した次の文の空らんにふさわしい言葉を、本文中から二十字以内で探し、ぬき出して答えなさい。

　そのようなカニは、［　　　　］から。

問６　本文の考察から言えることを、次のア～エから一つ選び、記号で答えなさい。

ア　月夜であることと、月夜に獲れたカニの肉の身入りが悪いこととに、科学的な関係はない。

イ　「月夜の蟹」とは間違った迷信であって、古代人の生活の実感から生まれたものではない。

ウ　古代人の漁法においては、月夜以外に、肉の身入りが悪いカニが獲れることはありえない。

エ　「月夜の蟹」は古代人から伝えられた貴重な知恵《ちえ》であるから、現代でも疑ってはならない。

問７　本文全体をふまえたことわざとして最もふさわしいものを、次のア～エから選び、記号で答えなさい。

ア　風が吹《ふ》くと桶屋《おけや》がもうかる

イ　幽霊《ゆうれい》の正体見たり枯《か》れ尾花《おばな》

ウ　火のない所に煙《けむり》は立たない

エ　故《ふる》きを温《たず》ねて新しきを知る

【三】　※問題に使用された作品の著作権者が二次使用の許可を出していないため、問題を掲載しておりません。

と、たとえ明るい満月の夜でも砂の中から這い出てくる。ガザミは、砂の中では思うように脱皮できないため、脱皮が近づくと必ず砂から這い出てきて砂の上で脱皮する習性を持っているのである。また、ガザミは脱皮が終わった後、新しい殻《から》はまだ軟《やわ》らかく動きも非常に鈍《にぶ》いため、すぐに砂に潜って体を隠すこともできず砂の上でじっとしている。脱皮が始まってから終わるまで、そしてその後、砂中に再び身を隠すまでの時間は、けっして短くなく数時間もかかる。

（中略）

明るい満月の月夜は、前述したように多くのガザミは明るさを嫌って砂の中に隠れていて姿は見えないが、脱皮中もしくは脱皮直後のガザミに限っては砂の上にいてすぐに目につき捕獲しやすくなる。脱皮中もしくは脱皮直後のカニは、古い殻を破って出てくるさいに体を膨《ふく》らませるために体重の50％ほどの大量の海水を飲んでいることから、捕獲して食べると当然のことながら水っぽく、大きさの割に身、つまり肉の量も少ない。私は、こうした古代の人々の経験が数多く積み重なって、人々の間に「月夜の蟹は身が少ない」という言い伝えが自然に生まれ、後世に伝承されていったのではないかと考えている。

（矢野勲《やのいさお》『エビはすごい　カニもすごい』による）

問１　――部①「どのような漁法を使って」とありますが、古代人がカニを捕獲していた漁法について、次の⑴・⑵の問いに答えなさい。

⑴　それはどういう漁法だったと考えられますか。その答えとしてふさわしいものを、次のア～エから一つ選び、記号で答えなさい。

ア　船から釣《つ》り針を垂らして、一匹《いっぴき》ずつ捕獲する漁法。

イ　大きな網を海に投げ、一度に大量に捕獲する漁法。

ウ　素手または道具によって、一匹ずつ捕獲する漁法。

エ　罠《わな》をしかけておいて、一度に大量に捕獲する漁法。

⑵　⑴の漁法の重要な点として、筆者が着目しているのは、どういう点ですか。それについて説明した、次の文の空らんにふさわしい言葉を、本文中から二十字以内で探し、ぬき出して答えなさい。

古代人は、カニの［　　　　］捕獲していたという点。

問２　――部②「月夜の蟹の言い伝えのもとになったカニと思われる」とありますが、ガザミについて筆者がそう考えているのは、なぜですか。その答えとしてふさわしいものを、次のア～エから一つ選び、記号で答えなさい。

ア　肉の量は決して多いとは言えないが、干潟にたくさんいて、古代人にとっていつも捕獲しやすいカニだったから。

イ　干潟で捕獲しやすいが、本来は沖合にいて、タラバガニやズワイガニに負けないだけの肉の量を持っていたから。

ウ　深海に棲むタラバガニやズワイガニは、肉の量は豊富でも、古代人がそれらの存在を知っているはずがないから。

エ　肉の量が多く、その良し悪しを後世に言い伝える価値がある上に、古代人にとって捕獲しやすいカニだったから。

問３　――部③「日が沈み暗くなった夜間」とありますが、古代人がガザミを捕獲していたのがその時間でなければならなかったのは、なぜですか。「ガザミは、昼間は、」・「夜間は、」という言葉を必ず使って、七十字以内で答えなさい。

問４　――部④「明るい月夜つまり満月」には、ガザミを捕獲しにくくなったことが考えられますが、その理由について明確に述べられた段

　このように、古代の人々が干潟でもっぱら捕獲したと考えられるガザミなどのワタリガニ科のカニが、②月夜の蟹の言い伝えのもとになったカニと思われる。なぜなら、ワタリガニ科のガザミ、ノコギリガザミ、ジャノメガザミ、タイワンガザミの多くは、大きいもので甲羅《こうら》の横幅《よこはば》が15～20cmほどにも成長し、身入りつまり肉の量が多い。なかでも、九州から四国、本州、北海道の南部の沿岸の浅い海に棲《す》むガザミは平均甲幅が雌《めす》で18cmほど、雄《おす》で19cmほどにも大きく成長する。これに対し、干潟にたくさんいる小型のシオマネキやコメツキガニなどは、肉の量がごくわずかで、わざわざその身入りの良《よ》し悪《あ》しを月夜に絡《から》めて後世に言い伝えるはずがないからである。また、深い海に棲むタラバガニやズワイガニは古代の人々は獲ることが容易でないだろうから、これらのカニも言い伝えのもととなったカニではないだろう。

　それでは、古代の人々のカニ漁の時刻は、何時頃《ごろ》だったのであろうか。答えは、明るい日中でなく、③日が沈《しず》み暗くなった夜間であったと思われる。古代の人々にとってもっぱら食用の対象となるワタリガニ科のカニは夜行性で、昼間は魚やタコなどの外敵を恐《おそ》れて、砂中にひっそりと隠《かく》れていて、夜になりあたりが暗くなると摂餌《せつじ》のため這い出て、活発に動き回る習性を持っている。

　ガザミなどのワタリガニ科のカニは、明るい昼間、砂中に隠れるときは、第2胸脚から第5胸脚の4対《つい》の脚《あし》を器用に使って砂を掻《か》きながら、後方に向かって体を徐々《じょじょ》に砂中に沈めて潜《もぐ》る。潜った後は両眼と口の周辺が砂中からわずかばかり露出《ろしゅつ》しているだけなので、明るい昼間に、砂に潜ったガザミを広大な干潟で肉眼で探し出すのは極めて難しい。

　そのため、古代の人々は、日が沈み暗くなって周りが見えなくなると、足元や周囲を照らすために松明《たいまつ》に火を灯《とも》して、潮が引いた後の干潟にある潮溜まりや澪筋、石干見に歩いて入り、摂餌のため活発に動き回るカニを見つけては、素手で掴み獲ったり、モリやヤスで突き刺したり、タモ網で掬ったりして捕獲していたと考えられる。

　このようにガザミの存在を直接自分の目で確認《かくにん》してから捕獲する古代の漁法では、④明るい月夜つまり満月は、月が煌々《こうこう》と照って干潟は明るく照らされ、明るい昼間と同様にガザミを捕《つか》まえるのが難しくなる。その理由は、満月の夜は、その明るさが新月の夜とは大きく異なっているためである。夜、雲が月にかかっていないとき、満月の明るさは、照度で0・2ルクスもあるのに比べ、新月の夜は、わずか0・003ルクスほどの照度しかない。また、上弦《じょうげん》、下弦の月夜でも、照度は0・01～0・02ルクスである。つまり、満月の夜は、新月の夜に比べて60倍ほど、上弦、下弦の月夜に比べても、10～20倍も明るい。しかも、大気汚《お》染《せん》や水質汚染がなかった古代では、満月の光は、今以上に透明《とうめい》な大気や水を通して、干潟にいるカニを明るく照らしたに違《ちが》いない。

　昼間は砂に潜って身を隠しているガザミやタイワンガザミ、ジャノメガザミなどの多くのワタリガニ科のカニは、我々人間以上に夜の明るさに敏感《びんかん》で、たとえ夜でも満月の夜は、その明るさを嫌《きら》って砂から這い出てこなくなる。

（中略）

　ところが、明るい満月の月夜でも、干潟の潮溜まりや澪筋や石干見の中で体を露出しているガザミがいる。それは、脱皮《だっぴ》が始まったため砂から這い出てきたガザミである。つまり、ガザミはいったん脱皮が始まる

【国　語】〈五〇分〉　〈満点：一〇〇点〉

【注意】　字数指定のある問題は、句読点やかぎかっこなどの記号も字数にふくめます。

【一】　次の１～10の――部のカタカナを、それぞれ漢字に改めて答えなさい。

1　コウシュウが集まる場にふさわしいふるまいをする。
2　砂漠《さばく》にウンガを建設する。
3　旅行の行先をあれこれシアンする。
4　いつも迷惑《めいわく》をかけてしまいメンボクない。
5　明日の遠足の準備はバンゼンだ。
6　ロジ裏にひっそりと店を構える。
7　将来の夢はカンゴ師になることだ。
8　彼女《かのじょ》がいると場の空気がナゴむ。
9　彼《かれ》がこの楽団をヒキいる団長だ。
10　さびていた包丁をトぐ。

【二】　月夜すなわち満月の夜に獲《と》れたカニは肉の身入りが悪いという「月夜の蟹《かに》」の言い伝えがあります。実際には、満月の夜に漁獲《ぎょかく》されたカニだけが肉の量が少ないということはないことから、この言い伝えは真実ではなく、ただの迷信《めいしん》とされてきました。しかし、それならなぜこのような言い伝えが生まれたのでしょうか。

次の文章は、そのことについて考察したものです。筆者は、月夜のカニが肉の身入りが悪いと言われたのは、その言い伝えが生まれた古代の漁法に原因があると考えています。これを読んで、後の問いに答えなさい。

それでは、月夜の蟹の言い伝えが生まれたと思われる古代では、どのような場所で①どのような漁法を使って、いつ、どのような種類のカニを獲っていたのであろうか。

漁具や漁法が今ほど発達していなかった古代の日本では、人々は、潮が引いた後に干潟《ひがた》に現れる水深が数㎝から数十㎝の潮溜《しおだ》まり（いわゆるタイドプール）や水が流れる筋である澪筋《みおすじ》に歩いて入り、そこにいるワタリガニ科のガザミやタイワンガザミ、ジャノメガザミを見つけて、素手《すで》で直接掴《つか》むか、獣骨《じゅうこつ》や鹿の角で作ったモリやヤスを先端《せんたん》に付けた棒で突《つ》き刺《さ》すか、あるいは木枠《きわく》のタモ網《あみ》で掬《すく》って捕獲《ほかく》して食べていたと考えられる。

（中略）

古代の人々が、潮溜まりや澪筋さらに石干見（いしひみ、いしひび）（注・漁のために人工的に作られた潮溜まり）でガザミなどを獲ることができたのは、ガザミが持つ習性のためである。ガザミは、別名渡《わた》り蟹とも呼ばれるように、移動するときに単に海底を這《は》うだけでなく、先端がオールのように平たくなった第５胸脚《きょうきゃく》を上手に使って、水中を自由に遊泳する。このため、ガザミは潮が満ちると同時に海岸近くまで泳いできて浅《せん》所《しょ》で餌《えさ》となるアサリなどの貝類やゴカイなどを摂《と》った後、潮が引きはじめると再び沖合の水深30ｍほどの砂の海底に移動する。しかし、一部のガザミは、潮が引いた後も干潟にできた自然の潮溜まりや澪筋、人工的な潮溜まりの石干見に取り残されるのである。

MEMO

大切なことはメモしておこうネ！

2024年度

巣鴨中学校入試問題（第２期）

【算　数】（50分）　＜満点：100点＞

【注意】　1．（式）のらんには，答えを求めるまでの式などを書きなさい。
式以外に図や言葉による説明を書いても構いません。
2．答えが割り切れないときは，分数で答えなさい。
3．定規・コンパス・分度器は使用できません。

1　次の各問いに答えなさい。

(1)　３％の食塩水100ｇと□％の食塩水125ｇを混ぜると，５％の食塩水225ｇになります。□に当てはまる数を答えなさい。

(2)　みかんを生徒に配ります。１人に５個ずつ配ると93個あまり，１人に７個ずつ配ると最後の１人は４個しかもらえません。生徒は何人いますか。

(3)　太郎君がある本を次のように３日間かけて読みました。１日目は全体の$\frac{2}{5}$よりも16ページ多く読みました。２日目は残りの$\frac{5}{8}$よりも15ページ少なく読みました。３日目は90ページ読み，ちょうど全部読み終えました。本は全部で何ページですか。

(4)　ある仕事を仕上げるのに，Ａ君１人だと８時間，Ｂ君１人だと10時間かかります。はじめにＡ君が２時間，次にＢ君が５時間，最後にＣ君が３時間かけてこの仕事を仕上げました。この仕事をＣ君が１人で仕上げると何時間かかりますか。

(5)　１円玉と５円玉と10円玉が合わせて50枚あります。１円玉の枚数は５円玉の枚数の３倍で，50枚の合計金額は244円です。10円玉は何枚ありますか。

(6)　１辺の長さが６㎝の立方体ABCD－EFGHがあり，点Ｉは辺BFの真ん中の点です。３点Ａ，Ｈ，Ｉを通る平面でこの立方体を切ったとき，点Ｅをふくむ方の立体の体積は何cm^3ですか。
ただし，角すいの体積は，(底面積)×(高さ)÷３で求められます。

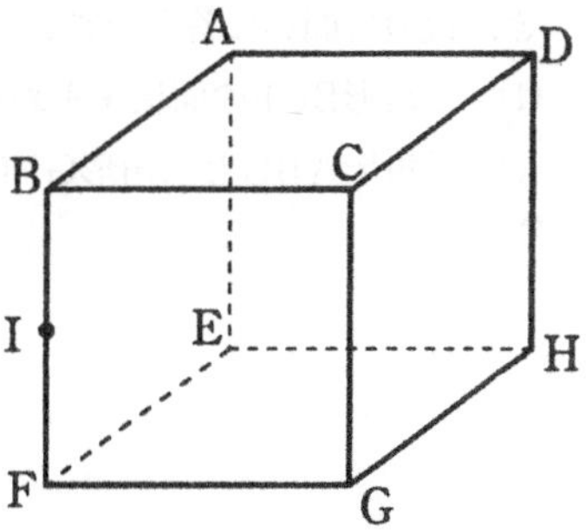

2　２つの地点Ａ，Ｂを結ぶ一直線の道があります。太郎君と次郎君の２人がそれぞれ一定の速さでＡＢ間を往復します。

太郎君はＡ地点から，次郎君はＢ地点から同時に出発したところ，15分後に２人は初めて出会いました。その後，太郎君が先にＢ地点を折り返し，次に次郎君がＡ地点を折り返しました。次郎君が折り返してから５分後に，最初に出会った場所から1200ｍはなれた場所で，２人は再び出会いました。

このとき，次の各問いに答えなさい。

⑴　２人が２回目に出会ったのは出発してから何分後ですか。

⑵　太郎君と次郎君の速さの比を，最も簡単な整数の比で求めなさい。

⑶　ＡＢ間の道のりは何mですか。

3　10以上の整数で次の条件①と②を２つともみたすものを考えます。

条件

①　各位の数はすべて異なる。

②　どの２つの位の数を足しても，一の位は５にはならない。

例えば，137の各位の数は１，３，７ですべて異なり，各位の２つの数をそれぞれ足すと，１＋３＝４で一の位は４，１＋７＝８で一の位は８，３＋７＝10で一の位は０となり，どの２つの位の数を足しても一の位は５にはならないので，条件①と②を２つともみたします。

また，5334はどの２つの位の数を足しても一の位は５にはならないので条件②はみたしますが，各位の数に同じものがあるので条件①をみたしません。

次の各問いに答えなさい。

⑴　条件①と②を２つともみたす２けたの整数は全部で何個ありますか。

⑵　条件①と②を２つともみたす３けたの整数で，百の位が３である整数は全部で何個ありますか。

⑶　条件①と②を２つともみたす最も大きい整数は何ですか。

また，最も大きい整数と同じけた数で，条件①と②を２つともみたす整数は全部で何個ありますか。

4　下図の三角形ABCで，３点D，E，Fは三角形ABCの辺上にあります。ADとBC，CFとABはそれぞれ垂直で，ADとBEとCFは１点Gで交わっています。AD＝BD＝３㎝，CD＝１㎝のとき，次の各問いに答えなさい。

⑴　三角形BCFの面積を求めなさい。

⑵　三角形ABGと三角形GBCの面積の比を，最も簡単な整数の比で求めなさい。

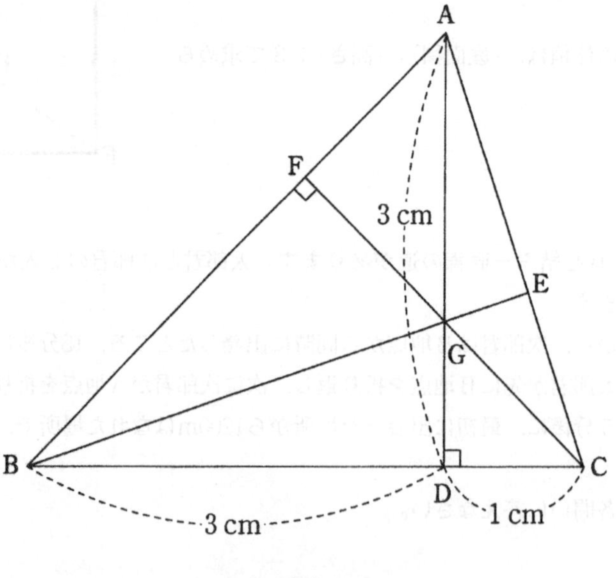

⑶　下図のように，３点D，E，Fを直線でそれぞれ結びます。このとき，三角形DEFの面積を求めなさい。

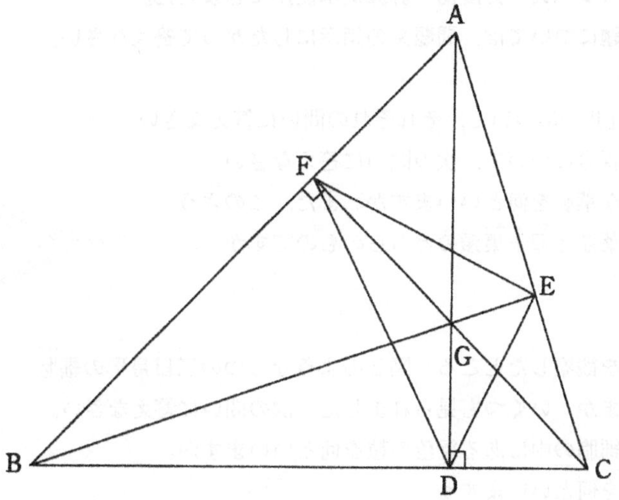

【理　科】（30分）　＜満点：50点＞

【注意】　**１．字数指定のある問題は，句読点や記号なども字数にふくめます。**

２．定規・コンパス・分度器・計算機は使用できません。

３．計算問題については，問題文の指示にしたがって答えなさい。

【１】　次の［Ⅰ］，［Ⅱ］について，それぞれの問いに答えなさい。

［Ⅰ］　植物の葉と栄養分について，次の問いに答えなさい。

問１　図１のような葉脈を何といいますか。また，このような葉脈は，単子葉類と双子葉《そうしよう》類のどちらのものですか。

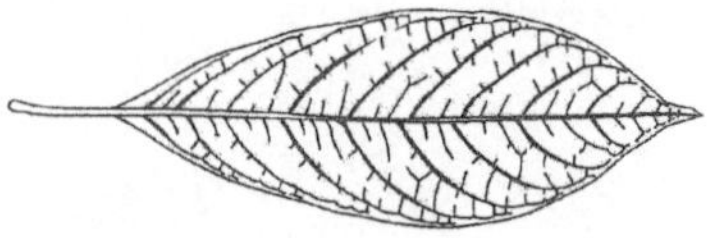

図１

問２　葉のうら側を観察したところ，図２のような２つの三日月形の細胞《さいぼう》に囲まれたすきまが，いくつも見られました。次の問いに答えなさい。

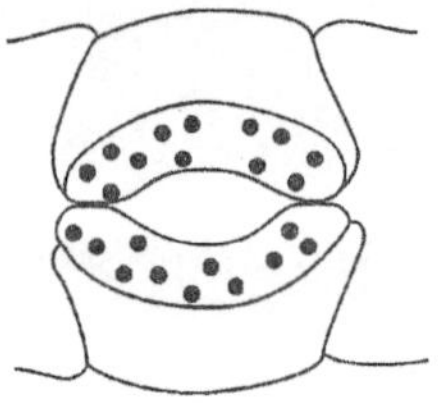

図２

⑴　三日月形の細胞の中にある緑色の粒《つぶ》を何といいますか。

⑵　このすきまを何といいますか。

⑶　このすきまから水蒸気を出すことを蒸散といいます。

蒸散のはたらきとして誤っているものを，次のア～エから１つ選びなさい。

ア．植物体内の水分量を調節する。

イ．植物の体温を調節する。

ウ．根からの水の吸収をさかんにする。

エ．光合成をさかんにする。

問３　図３のように，葉Ａはそのままにし，葉Ｂだけ全体をアルミはくでおおいました。そして，一晩暗所に置いた後，日光を十分にあてました。次に，葉Ａと葉Ｂをつみ取り，葉Ｂのアルミはくをはずしました。それぞれの葉を熱湯にひたし，あたためたエタノールに入れた後，水洗いしてヨウ素液を１～２滴たらしました。次の問いに答えなさい。

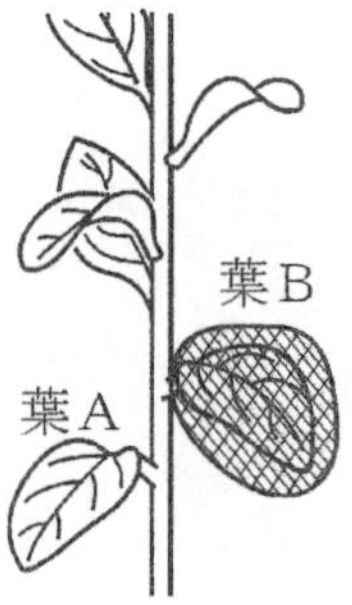

図３

⑴　文中の下線部について，この操作の目的は何ですか。最も適するものを，次のア～エから１つ選びなさい。

ア．葉をやわらかくするため　　イ．葉のはたらきを止めるため

ウ．葉の色を抜くため　　　　　エ．葉の栄養分を変化させないため

⑵　ヨウ素液をたらした後の葉Ａと葉Ｂの色と，それからわかることを述べた次の文中の｛　｝から適するものを，それぞれ１つ選びなさい。

①｛ア．葉Ａ　イ．葉Ｂ｝だけが，②｛ウ．赤色　エ．青紫《あおむらさき》色｝に変化したので，葉に光があたると，③｛オ．でんぷん　カ．タンパク質｝がつくられることがわかった。

問４　葉でつくられた栄養分は，他の部分に運ばれて，たくわえられます。次の問いに答えなさい。

⑴　茎の中にある栄養分の通り道を何といいますか。

⑵　栄養分をおもに茎にたくわえる植物を，次のア～エから１つ選びなさい。

ア．サツマイモ　　イ．ジャガイモ　　ウ．タマネギ　　ェ．ニンジン

［Ⅱ］ 次の文を読み，下の問いに答えなさい。

二酸化炭素が十分にある条件で光の強さを変え，植物Ｘと植物Ｙの二酸化炭素の吸収量と放出量を調べました。図４は，その結果を示したもので，縦じくは，100cm^{2}の葉が１時間に吸収や放出した二酸化炭素の量を表しています。横じくは，光の強さを表していて，キロルクス（klx）はその単位です。なお，この二酸化炭素の量は，光合成による二酸化炭素の吸収量と呼吸による二酸化炭素の放出量との差し引きです。呼吸量は光の強さに関係なく一定で，図４において，二酸化炭素の吸収量が０以上のときに植物は生育しているものとします。

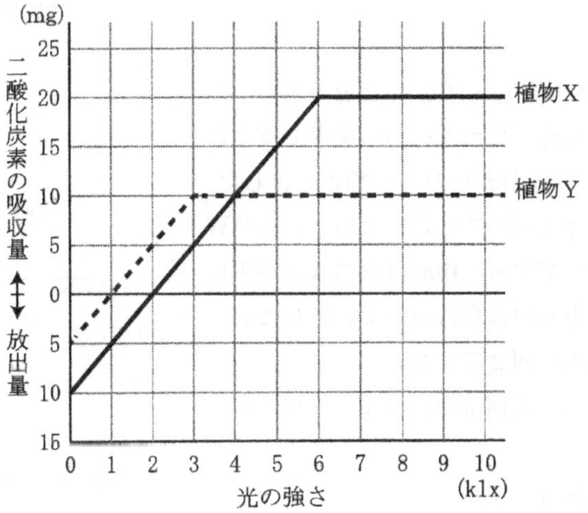

図４

問５　ある光の強さのとき，植物Ｘは生育しておらず，植物Ｙは生育しました。その光の強さは，どの範囲《はんい》でしたか。数値は整数で，例のように答えなさい。

例：０～５klx

問６　ある光の強さのとき，100cm^{2}の葉が光合成によって吸収する二酸化炭素の量が，植物Ｘと植物Ｙで同じになりました。その光の強さは，どの範囲でしたか。問５のように答えなさい。

問７　植物Ｘに１日（24時間）のうちのある時間だけ７klxの強さの光をあてたところ，生育しました。このとき，７klxの強さの光を少なくとも何時間あてましたか。ただし，それ以外の時間は光をあてませんでした。答えは小数第１位を四捨五入して書きなさい。

【２】 図１～図４の装置を台の上でつくりました。おもりＭとＷはどちらも均一な材質で幅《はば》が10cmであり，Ｗの一面には均一な材質のうすい磁石が貼《は》りつけてあります。おもりＭの重さは70ｇであり，おもりＷの重さは磁石と合わせて800ｇです。棒Ｌは厚さの無視できる長さ１ｍの均一な材質の金属製の棒であり，重さは180ｇです。ばねＡとＢの自然の長さはどちらも20cmであり，ばねＡは1000ｇのおもりをつるすと25cm，ばねＢは1000ｇのおもりをつるすと40cm伸《の》びます。また，引っ張られたばねや，押《お》し縮められたばねが元に戻《もど》ろうとする性質を弾性《だんせい》といい，同じ長さの伸びと縮みに対して，ばねの弾性の力の大きさは等しくなります。次の問いに答えなさい。ただし，ばねＡとＢ・糸の重さは考えないものとし，糸は伸び縮みしないものとします。答えは小数第２位を四捨五入して書きなさい。

ばねＡとＢを棒Ｌの中央につけて，図１の装置をつくりました。ばねＡの上端《じょうたん》の点Ｏを手で支えたところ，棒が水平になり，全体がつり合い静止しました。このとき，手が支えている力は100ｇであり，台から点Ｏまでの高さはＨcmでした。

問１　ばねＡの長さは何cmですか。

問２　Ｈは何cmですか。

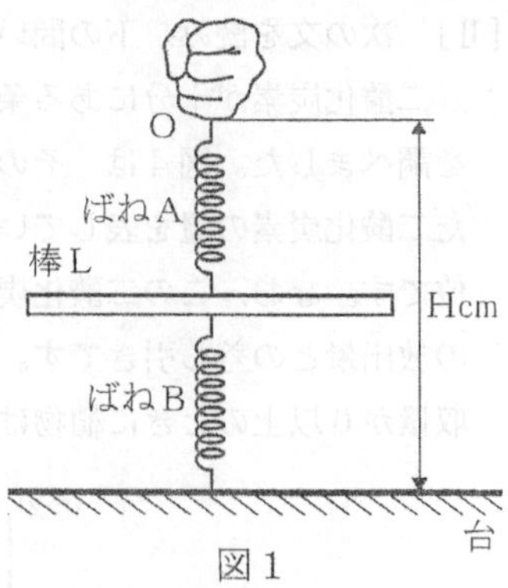

図１

次に，おもりＭとＷ・棒Ｌ・ばねＡとＢを使って，図２の装置をつくりました。ばねＡの点Ｏを手で支えたところ，棒が水平になり，全体がつり合い静止しました。このとき，ばねＡの長さは46cmでした。なお，おもりＷは磁石で棒Ｌにくっついており，中心はばねＡの真下にありました。また，おもりＭは台についていました。

問３　手が支えている力は何ｇですか。

問４　ばねＡは棒の右端から何cmの点にとりつけられていますか。

問５　ばねＢの長さは何cmですか。

問６　台がおもりＭを支えている力は何ｇですか。

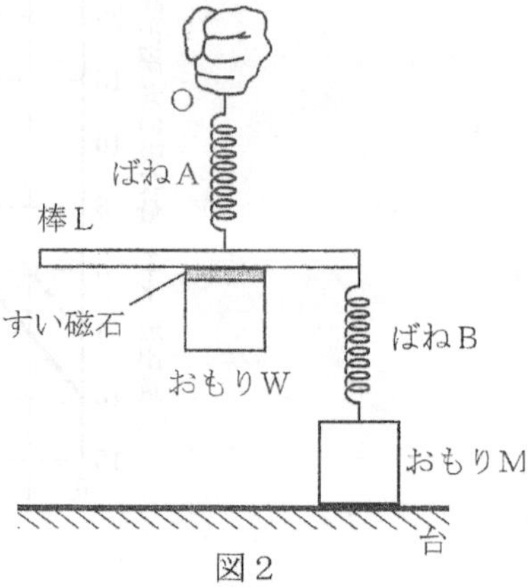

図２

さらに，おもりＭとＷ・棒Ｌ・ばねＡを使って，図３の装置をつくりました。おもりＷの右端は台の右端にそろえてあり，棒Ｌは台の端から10cm出ています。棒Ｌの右端につながった糸の点Ｐを静かに引き続けたところ，おもりＷは棒Ｌとともに右に移動し，ある長さをこえたところで棒Ｌが傾《かたむ》き，台から落ちてしまいました。なお，棒Ｌと台の間に摩擦《まさつ》はないものとします。

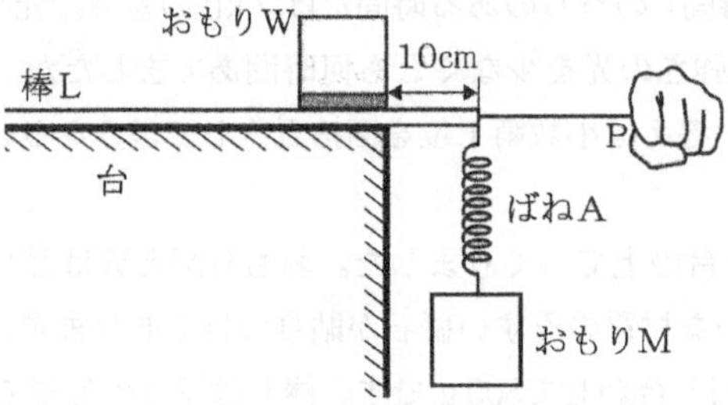

図３

問７　棒Ｌが傾きはじめたとき，棒Ｌが台の右端から右に出ていた長さは何cmですか。

ここで，図４（次のページ）のように，おもりＷを上下逆さまにして棒Ｌの上に置き，同じ実験を行いました。棒Ｌにつながった糸の点Ｐを静かに引き続けたところ，おもりＷはその場から動かずに棒Ｌだけが右に移動し，ある長さをこえたところで棒Ｌが傾き，台から落ちてしまいました。なお，おもりＷの磁石の力は棒Ｌには伝わらず，おもりＷと棒Ｌの間にも摩擦はないものとします。

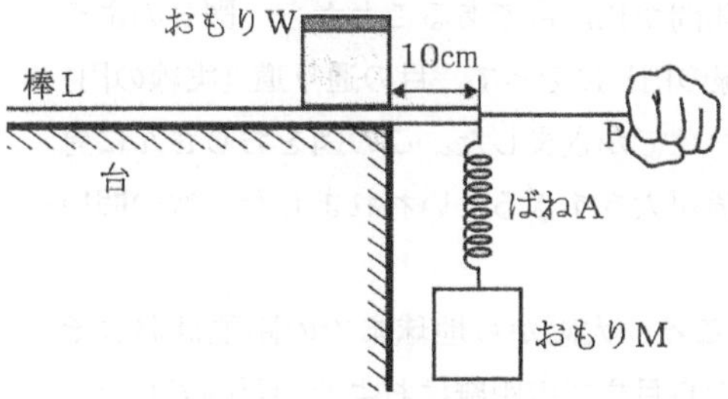

図４

問８　棒Ｌが傾きはじめたとき，棒Ｌが台の右端から右に出ていた長さは何cmですか。

【３】　健児君は2022年11月８日の皆既《かいき》月食をきっかけとして，月について調べました。次の問いに答えなさい。

問１　この皆既月食のときに，ある惑星《わくせい》が月にかくされました。次の問いに答えなさい。

⑴　このときにかくされた惑星は，太陽から遠い順にならべたときに２番目にあたります。その惑星は何ですか。

⑵　惑星が月にかくされることを惑星食といいます。皆既月食と惑星食が同時に起こるのはとてもめずらしいことで，前回は1580年におこりました。そのときにかくされた惑星は，太陽系で２番目に大きいものです。その惑星は何ですか。

問２　月にはいくつもの国が探査機を打ち上げています。次の問いに答えなさい。

⑴　2023年８月23日に，世界で初めて月の南極付近に探査機が着陸しました。その快挙を成しとげたのは，どの国ですか。

⑵　これまでに月面に着陸が成功した探査機のうち，日本が打ち上げたものはいくつありますか。

問３　月の表面には隕石《いんせき》の落下によってできたクレーターがたくさんあります。図１は，その一部を模式的に表したものです。最も新しいクレーターはどれですか。図１のア～オから１つ選びなさい。

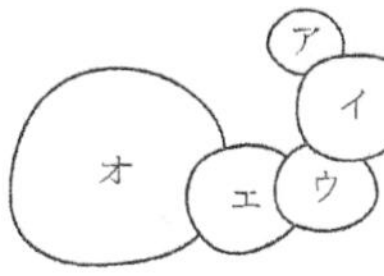

図１

問４　健児君は，太陽を回る地球の通り道（点線）と，地球を回る月の通り道（実線）を図２のようにかきました。月が次の⑴～⑶のように見えるのは，太陽と地球と月の位置がどのようになったときですか。最も適するものを，図２のア～クから１つずつ選びなさい。

⑴　月の東側の半分が明るく，西側の半分が暗く見えた。

⑵　晴れた日の昼ごろ，南東の空に白く月が見えた。

⑶　部分月食が見えた。

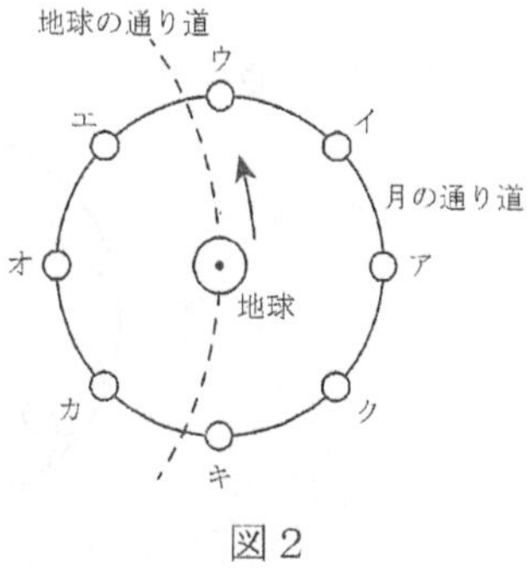

図２
（地球の北極側から見た様子）

問５　さらに健児君は１年間が12か月であることから，図３のように，地球の通り道（点線の円）にそって，月の通り道（実線の円）を12個ぴったりとくっつけてかきました。この図をおじさんに見せたところ，月の通り道が大きすぎるといわれました。次の問いに答えなさい。

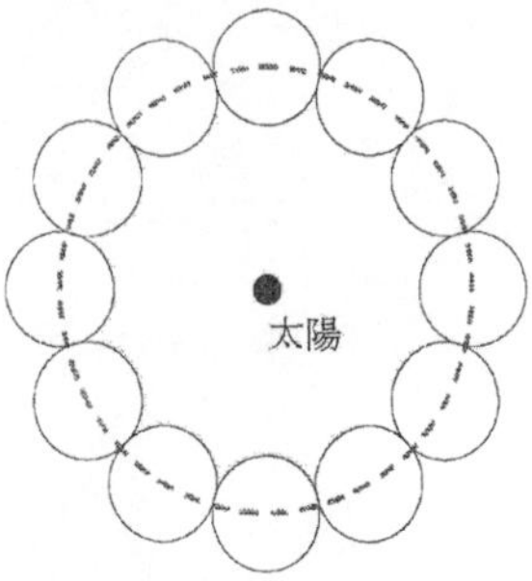

図３

(1)　健児君が調べたところ，太陽から地球までの距離《きょり》はおよそ１億５千万km，地球から月までの距離はおよそ38万kmでした。この比にしたがって図３をかき直すと，月の通り道（実線の円）は地球の通り道（点線の円）の円周上に何個ならびますか。なお，円周率を3.1とし，答えは一の位を四捨五入して書きなさい。

(2)　地球と月は，(1)で求めた実線の円を１か月で何個分移動することになりますか。答えは小数第１位を四捨五入して書きなさい。ただし，地球は12か月で太陽のまわりを１周し，月は１か月で地球のまわりを１周します。

(3)　健児君は，(2)で求めた１か月分の実線の円のうちの１つで満月になることに気づきました。そこで，健児君は，月が１年間に地球のまわりをまわりながら太陽のまわりを動く様子を書いてみました。その様子をおおまかに表したものとして最も適するものを，次のア～エから１つ選びなさい。

ア

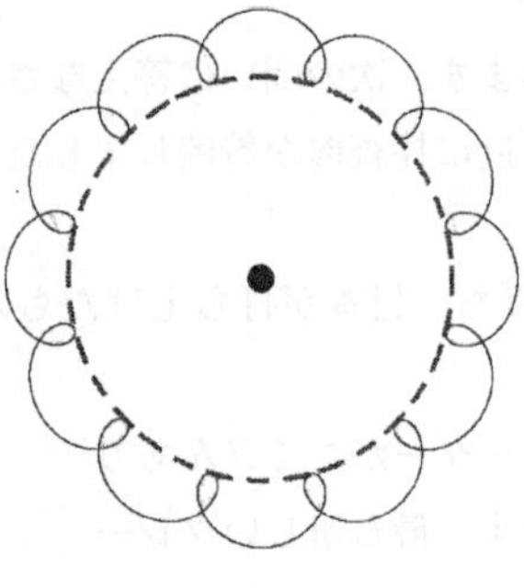

地球の通り道の
外側でループする

イ

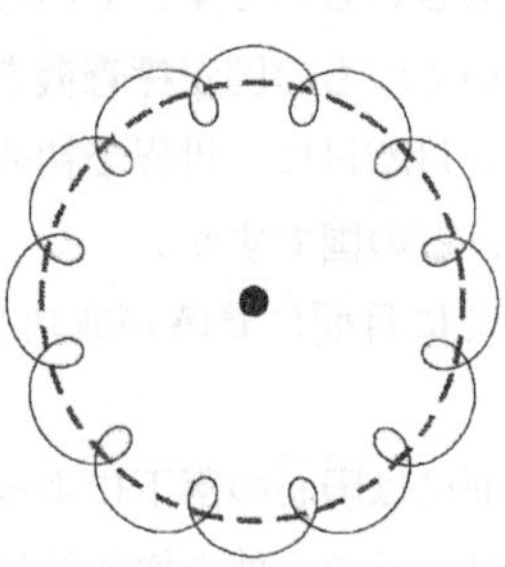

地球の通り道で
ループする

ウ

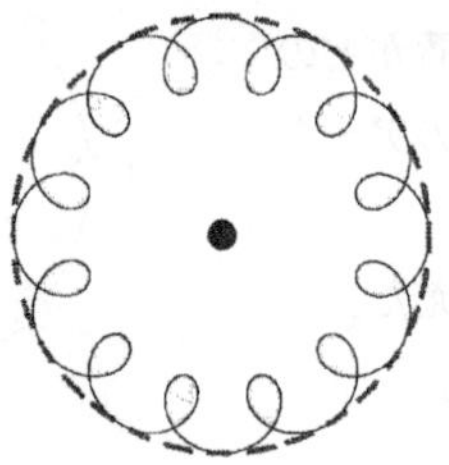

地球の通り道の
内側でループする

エ

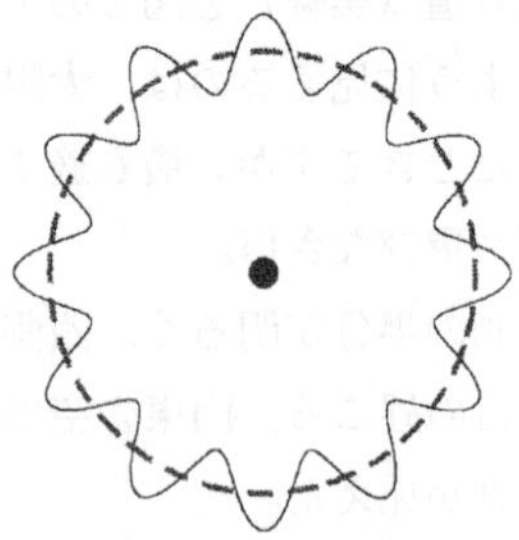

地球の通り道を
だ行するように動く

【４】 次の文を読み，下の問いに答えなさい。なお，計算の答えは小数第１位を四捨五入して書きなさい。

私たちの身のまわりにはさまざまな金属があり，その性質を理解して用いることで，便利で豊かに生活することができます。

金属は電気や熱を伝えやすく，たたくとうすく広がり，引っ張るとのびるといった加工しやすい性質をもっています。

銅は電気を通しやすい金属であり，電線によく利用されています。また，塩酸や水酸化ナトリウム水溶液《すいようえき》には溶《と》けませんが，銅はしめった空気中に置いておくと，空気中の（　Ｘ　）や（　Ｙ　）と結びついて青緑色のさびをつくります。

アルミニウムは，銅より安価ですが，１ｇあたりでは銅より電気を通しにくいです。しかし，比重が小さいため，１ｍあたりでは銅より電気を通しやすく，鉄塔《てっとう》間をつなげる送電線として利用されています。また，アルミニウムと（　Ｘ　）が結びついてできた物質がうすい膜《まく》となっておおうことで，アルミニウム全体をさびにくくさせています。しかし，アルミニウムだけでは切れやすいため，鉄でできたじょうぶな金属を送電線の中心に入れることで，強度を上げて利用しています。

鉄は磁石につく性質をもつ金属であり，塩酸を加えると（　Ｚ　）を発生しながら溶けます。また，しめった空気中に置いておくと，（　Ｘ　）と結びついて赤色のさびをつくります。赤色や黒色の鉄鉱石を炭やコークスと混ぜて加熱すると，（　Ｙ　）を発生しながら鉄となります。

問１　文中の（Ｘ）～（Ｚ）にあてはまる気体を，次のア～キからそれぞれ１つ選びなさい。

ア．アンモニア　　イ．ちっ素　　ウ．塩素　　エ．アルゴン

オ．二酸化炭素　　カ．水素　　キ．酸素

問２　文中の下線部について，次の問いに答えなさい。

⑴　塩酸と少量のＢＴＢ液の混合物に，少しずつ水酸化ナトリウム水溶液を加えていきました。このときの混合物の色の変化を，次のア～カから１つ選びなさい。

ア．緑色→黄色→青色　　イ．緑色→青色→黄色　　ウ．黄色→緑色→青色

エ．黄色→青色→緑色　　オ．青色→黄色→緑色　　カ．青色→緑色→黄色

⑵　塩酸Ｍ 200ｇに水酸化ナトリウム水溶液Ｎ 400ｇを加えると，中性になりました。この混合物を加熱して水を蒸発させたところ，塩化ナトリウム10ｇが得られました。ＭとＮの混ぜる割合を変えた混合物500ｇを加熱して水を蒸発させたところ，塩化ナトリウム６ｇのみが得られました。この混合物500ｇにふくまれていたＭは何ｇですか。

問３　マグネシウム1.5ｇ，亜鉛《あえん》3.5ｇをそれぞれ塩酸で完全に溶かすと，どちらからも気体Ｚが1.4Ｌ発生しました。次の問いに答えなさい。

⑴　ある重さのマグネシウムに十分な量の塩酸を加えたところ，Ｚが1.26ｇ発生しました。このとき，用いたマグネシウムは何ｇですか。なお，Ｚの１Ｌの重さは0.09ｇとします。

⑵　マグネシウムと亜鉛の混合物19ｇに十分な量の塩酸を加えたところ，Ｚが14Ｌ発生しました。この混合物にふくまれていたマグネシウムは何ｇですか。

問４　洗剤《せんざい》をアルミ缶《かん》に入れて密閉して置いていたところ，アルミ缶がしだいに変形して破裂《はれつ》しました。その原因は，この洗剤に水酸化ナトリウムがふくまれていたためだとわかりました。次の問いに答えなさい。

⑴　水酸化ナトリウムには，タンパク質を分解するはたらきがあります。分解されたタンパク質

からは，主に何が生じますか。次のア～エから１つ選びなさい。

ア．アミノ酸　　イ．モノグリセリド　　ウ．しぼう酸　　エ．ブドウ糖

(2)　なぜ缶は変形して破裂したのでしょうか。１行で書きなさい。

問５　近年，電子機器や半導体，電気自動車に用いられる銅の需要《じゅよう》が急増しており，2017年からの10年間でその需要は約９倍になると言われています。また，その価格は年々上がっており，一部では「銅は新たな石油になる」と言われるほど，深刻な銅不足が予想されます。

銅不足の対策として，電線に用いられている大量の銅線をアルミニウム線に置きかえることがあげられます。しかし，これには解決すべき問題があります。その問題を１行で書きなさい。

【社　会】（30分）＜満点：50点＞

【注意】　字数指定のある問題は，句読点やかぎかっこなどの記号も字数にふくめます。

1　次の巣太君と先生との会話を読んで，下の問いに答えなさい。

先　生：巣太君が夏休みに調べたお茶の栽培《さいばい》に関するレポート，読ませてもらったよ。非常によく調べられていた。君はなぜお茶に興味をもったのかな。

巣太君：去年のゴールデンウィークの家族旅行のときに，新潟県の村上市で「北限のお茶」という話を聞いていたところ，今年の家族旅行では岩手県の大船渡市の道の駅で同じく「北限の気仙《けせん》茶」という話をさらに聞いて，どういうことなのだろうかと思ったことからです。お茶の栽培は温暖なところに適していると読んだことがありました。

先　生：おもしろい体験をしていたのだね。なるほど。君のレポートだと村上市役所（38°13′27″）より大船渡市役所（39° 04′ 55″）の方が北に位置していたということだったね。実際にはどちらの方が寒かったのかな？

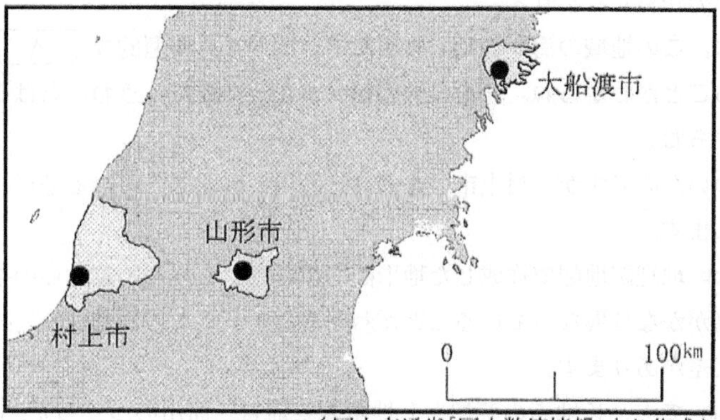

（国土交通省「国土数値情報」より作成）

図　1

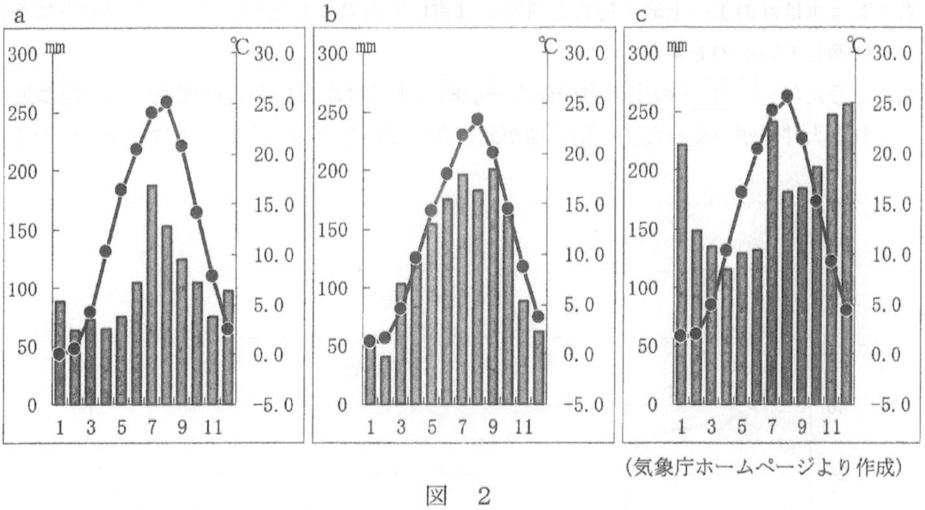

（気象庁ホームページより作成）

図　2

巣太君：両市と比較《ひかく》のための山形市の雨温図をあわせて図２ができました。これをみると村上市の方がお茶の栽培には適しているようでした。村上市は産業としてのお茶栽培の北限というふうにうたっていました。大船渡市は生産量は少なく，限定的な販売《はんばい》だということでした。

先　生：なぜ市役所の緯度で比較したのかな。

巣太君：ほんとうは茶畑の緯度で確認したかったのですが，旅行の時には農地の観察には行けなかったので茶畑の位置がわかりません。地形図上で村上市の茶畑は見つけることができたのですが，気仙茶の産地とされている大船渡市でも陸前高田市でも見つけることはできませんでした。

先　生：なるほど。実は「ıı」や「∴」，「Ω」や「Λ」といった地図記号は，地形図上ではおおよその面積が決まっていて，d)<u>地形図上の５㎜四方</u>以上の広さを有しているものしか表せないんだよ。

巣太君：知りませんでした。だから生産量の少ない大船渡市や陸前高田市では面積も小さいので茶畑の記号を見つけられなかったのですね。レポートにも書きましたが，東日本大震災では低地の茶園もかなりの被害《ひがい》を受けたと聞きました。震災《しんさい》後は面積も生産量も少なくなってしまったのかもしれません。

先　生：そうだね。この地域の海岸線は入り組んでいるから，典型的な［　A　］海岸の地形が発達していることがわかるね。津波の被害が大きかったんだろうね。茶はそれほど潮風には強くないからね。

巣太君：今気がついたのですが，村上市の茶畑は三面川の南北でことなる地形に発達しているような気がします。

先　生：どうかな。地理院地図で作成した地形断面図を見てごらん。Ｋ地点の茶畑とＬ地点の茶畑では標高がかなり異なっていることがわかるね。

巣太君：30ｍほど差があります。

先　生：そうだね。でも，Ｋ地点の茶畑もＬ地点の茶畑も三面川のつくった，［　B　］という地形の平らな面に発達しているのだよ。

巣太君：茶は水はけのよい土地を好むと資料には書いてありましたが，［　B　］の地形は茶の栽培に適しているのですか。

先　生：そうだね。［　B　］の上の方の面も一般的《いっぱんてき》に水はけが良いね。静岡県の牧之原は近くを流れる大井川がつくった古い扇状地が元になっているため，やはり水はけが良いのだよ。

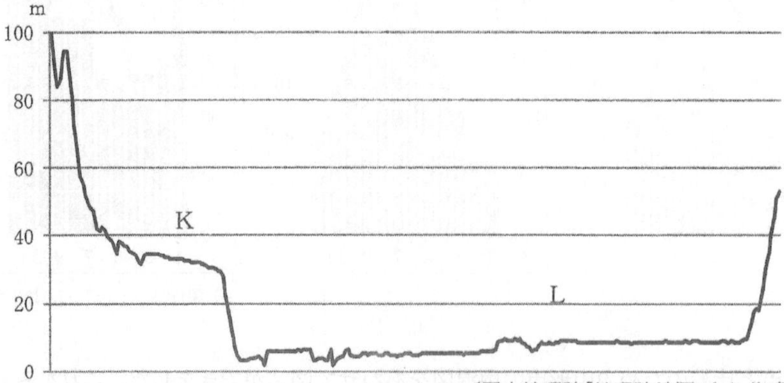

（国土地理院「地理院地図」より作成）

図　３

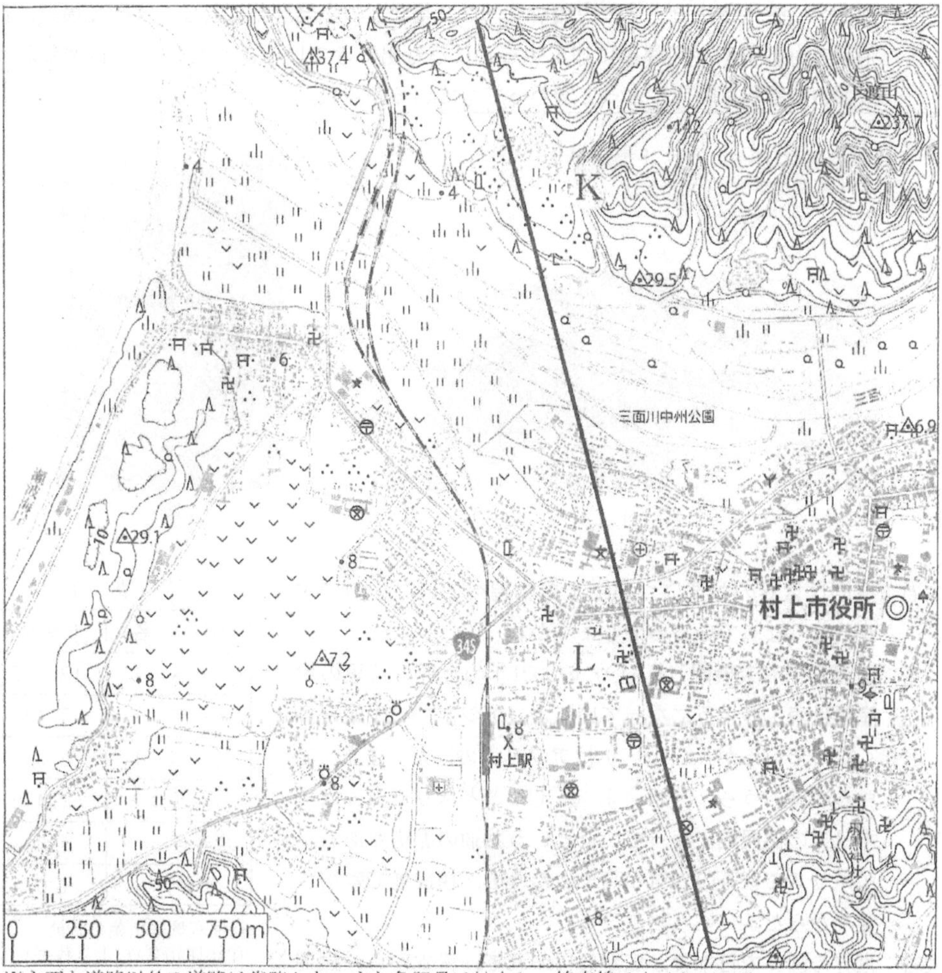

※主要な道路以外の道路は省略した。また各記号は拡大し，等高線は太くしている。
（国土地理院「国土基本情報」より作成）

図　4

巣太君：鹿児島県のシラス台地もそうですか。

先　生：シラスは鹿児島湾の北部にあった火山から噴出《ふんしゅつ》した火山灰や軽石などが元になっているので水はけが良い。関東地方の各地にも茶産地があるのは［ C ］というやはり水はけのよい火山性の土でおおわれているところが多いからだという説もあるよ。この写真１も写真２も先生が埼玉県の三富新田で撮ったものなんだ。ここも［ C ］でおおわれているけど，その土が飛ばされやすいんだ。写真２のようにお茶の木は枝が密集しているので，e)風よけや土留めとして，写真１のように畑に列状に植えられているのだよ。このような茶園を畦畔《けいはん》茶園というのだけど，この植え方だと狭いから，地形図上で記号で表されない場合も多い。このようにｆ)各都道府県の中で気候的，地形的に茶の栽培に適した地点で，さまざまな栽培が行われているんだね。

巣太君：ところで，日本茶以外にもさまざまなお茶を街中で見かけますが，緑茶も紅茶やウーロン茶も同じ茶葉からできるそうですね。

先　生：茶葉を摘《つ》んだ後の熱処理の違《ちが》いによるんだよ。緑茶はすぐに加熱して酸化をおさえ，紅茶は完全に酸化させる。その中間がウーロン茶などの半発酵《はっこう》茶になる。実際に最近，日本の茶園でも紅茶や半発酵茶に加工するところも出てきているようだね。g)日本におけるお茶類の消費量も時代によって変わってきているからね。

写真１

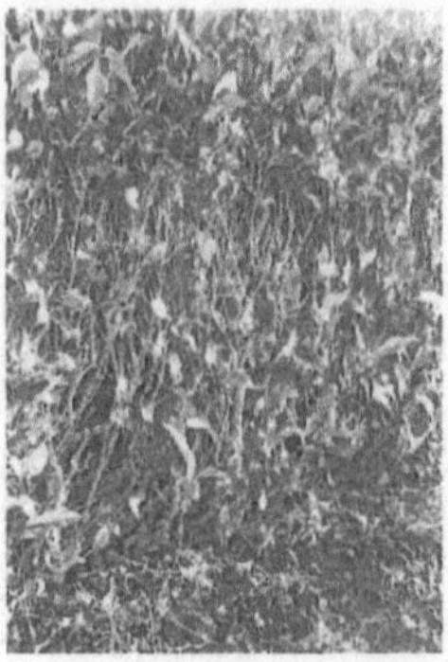

写真２

巣太君：今回は世界のお茶についてまでは調べていないのですが，どうなっているのでしょうか。

先　生：国連食糧農業機関（ＦＡＯ）の2021年の世界の茶葉の生産量は表１のようになっているよ。アジアでの生産が多くなっているが，（　Ｕ　）はアフリカの国だ。また，これらの国のうち，（　Ｔ　），（　Ｕ　）とスリランカはイギリスの植民地になっていたという共通の歴史がある。イギリスで紅茶の人気が高まったため，植民地で栽培させたからだ。

表　１

国　名	生産量*（t）
（　Ｓ　）	13,757,000
（　Ｔ　）	5,482,186
（　Ｕ　）	2,338,000
トルコ	1,450,000
スリランカ	1,302,000
ベトナム	1,073,000

*生産量は生葉の状態のもの。
（FAO「FAOSTAT」より作成）

巣太君：世界の国々で日本食が広がるにつれて，日本からの緑茶の輸出も増えているようです。今後は緑茶も，他のお茶もより多く輸出するようになるかもしれませんね。

先　生：そうなるともっと生産も増えていくかもしれないね。楽しみだね。

問１　文中の図２のａ～ｃの雨温図と図１中の都市の組み合わせとして正しいものを，次の表中のア～カより１つ選び，記号で答えなさい。

	ア	イ	ウ	エ	オ	カ
a	村上市	村上市	山形市	山形市	大船渡市	大船渡市
b	山形市	大船渡市	村上市	大船渡市	村上市	山形市
c	大船渡市	山形市	大船渡市	村上市	山形市	村上市

問２　文中の下線部ｄ）に関して，２万５千分の１地形図上の５㎜四方の正方形の土地の面積は，実際には何haになるか数値で答えなさい。答えに小数点がある場合は，小数第二位を四捨五入して書きなさい。

問３　文中の［Ａ］にあてはまる語を答えなさい。

問４　文中の B にあてはまる地形として正しいものを，次のア～エより１つ選び，記号で答えなさい。

ア．三角州　　イ．自然堤防　　ウ．河岸段丘　　エ．天井川

問５　文中の C にあてはまる語を答えなさい。

問６　文中の下線部 e ）に関して，写真１は次の図５中の地点Mから矢印の方向に撮影されたものです。この地域の農家が，おもにどの季節のどのような風の対策としてこれらの茶を風よけや土留めのために栽培しているか，正しいものを下のア～エより１つ選び，記号で答えなさい。

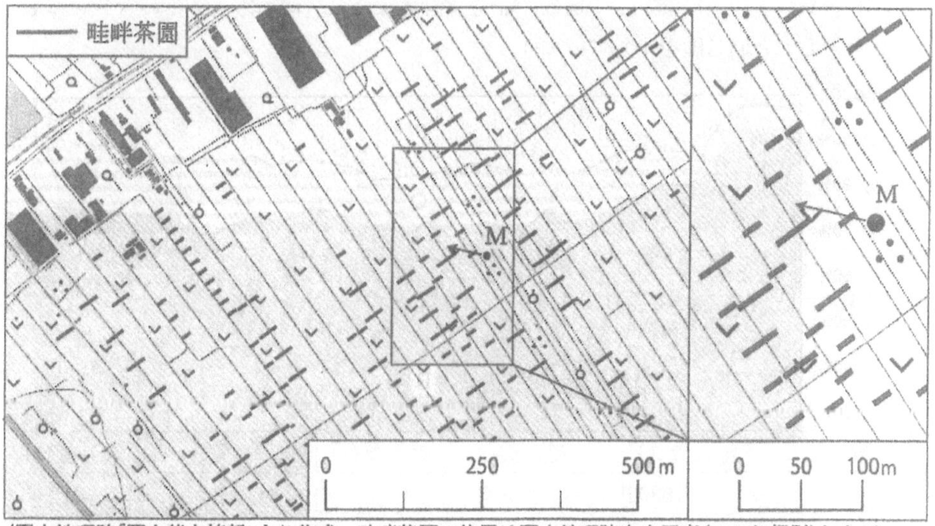

（国土地理院「国土基本情報」より作成，畦畔茶園の位置は国土地理院空中写真（2019年撮影）および2023年実地調査による）

図　5

ア．夏の南西からの台風　　　イ．夏の北東からのやませ

ウ．冬の北西からの季節風　　エ．冬の南東からの春一番

問７　文中の下線部 f ）に関して，次の文はそれぞれ日本各地の茶の産地を説明したものです。文と都道府県名の組み合わせとして正しいものを，下の表中のア～エより１つ選び，記号で答えなさい。

あ：国宝の「鳥獣戯画」で有名なこの寺院には，日本最古の茶園といわれるものもあるが，室町時代になるとこの都道府県の南部にある産地が有名となった。この南部の産地はゆるやかな古い扇状地の上に発達している。

い：この都道府県の中部の南側には，荒川や多摩川による侵食から取り残された古い丘陵地帯がある。住宅地開発が進み，消滅した茶園もあるが，まだ広く栽培がおこなわれている。

	ア	イ	ウ	エ
あ	奈良県	奈良県	京都府	京都府
い	東京都	埼玉県	東京都	埼玉県

問８　文中の下線部 g ）に関して，次のページの図６は日本における緑茶，紅茶，ウーロン茶等の半発酵茶の消費量の割合の推移を表しています。また，表２は緑茶，紅茶，ウーロン茶等の半発酵茶のいずれかの2021年における日本の輸入先上位５か国とそこからの輸入量を表しています。Ｐ～Ｒと茶の種類の組み合わせとして正しいものを，あとの表中のア～カより１つ選び，記号で

答えなさい。なお，表２中のＳ～Ｕは表１中のものと同じ国を示しています。

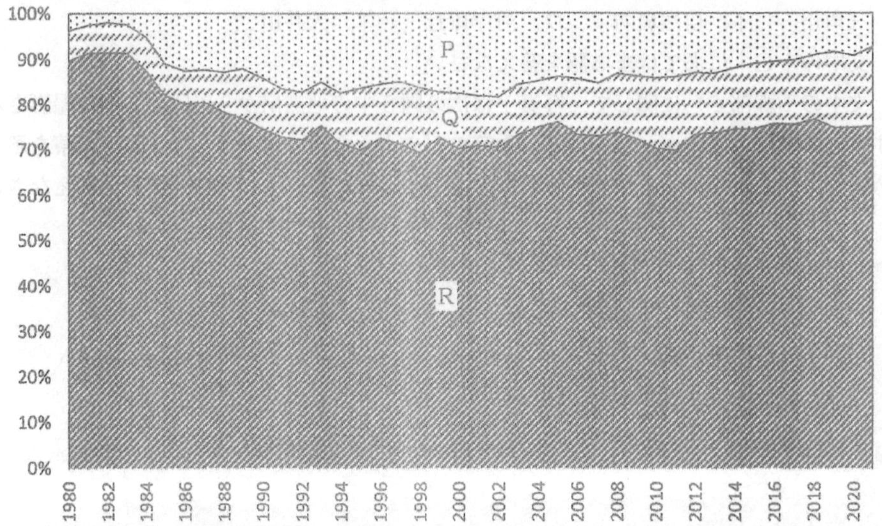

（日本茶業中央会『茶関係資料』平成16年版～令和４年版，農林水産省「作物統計調査」長期累年より作成）
図　６

表　２

P		Q		R	
輸入先	輸入量(t)	輸入先	輸入量(t)	輸入先	輸入量(t)
S	6806	スリランカ	6996	S	2869
台湾	385	T	3813	オーストラリア	144
アメリカ合衆国	23	U	3467	ベトナム	99
インドネシア	3	インドネシア	1421	台湾	58
ベトナム	0	S	320	スリランカ	3
合計	7220	合計	17627	合計	3194

（日本茶業中央会『茶関係資料』令和４年版より作成）

	ア	イ	ウ	エ	オ	カ
P	緑茶	緑茶	紅茶	紅茶	半発酵茶	半発酵茶
Q	紅茶	半発酵茶	緑茶	半発酵茶	緑茶	紅茶
R	半発酵茶	紅茶	半発酵茶	緑茶	紅茶	緑茶

問９　文中の表１中（50ページ）の（Ｓ）～（Ｕ）はケニア，中国，インドのいずれかです。Ｓ～Ｕと国名の組み合わせとして正しいものを，次の表中のア～カより１つ選び，記号で答えなさい。

	ア	イ	ウ	エ	オ	カ
S	ケニア	ケニア	中国	中国	インド	インド
T	中国	インド	ケニア	インド	ケニア	中国
U	インド	中国	インド	ケニア	中国	ケニア

問10　次の図７は1980年を100とした指数で，日本の茶の栽培面積と茶葉（生葉）の生産量，緑茶の輸出量の推移を表しています。グラフ中のＶ～Ｘとそれぞれがしめす内容の組み合わせとして正しいものを，下の表中のア～カより１つ選び，記号で答えなさい。

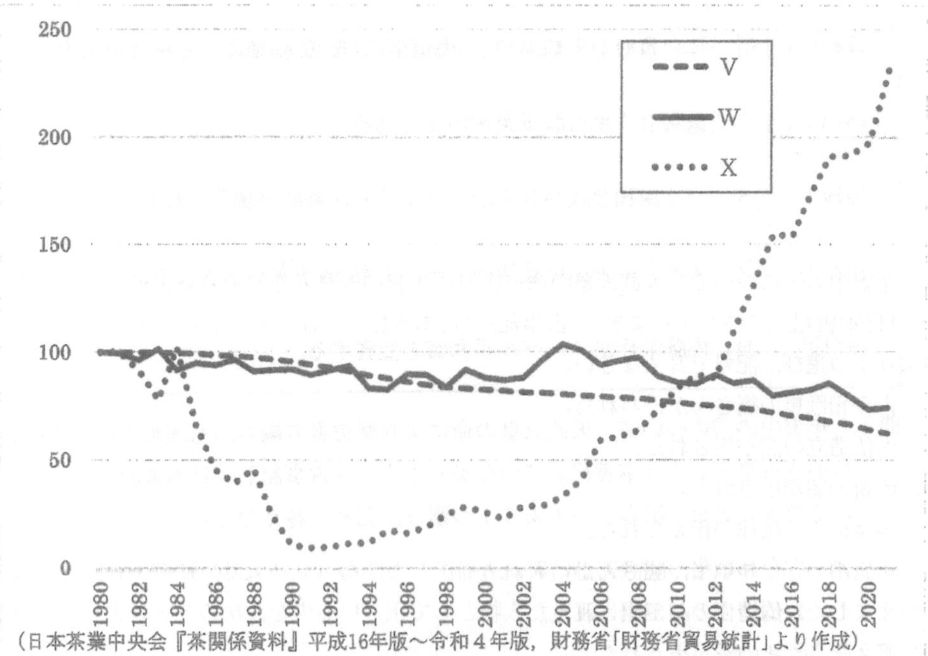

（日本茶業中央会『茶関係資料』平成16年版～令和４年版，財務省「財務省貿易統計」より作成）

図　７

	ア	イ	ウ	エ	オ	カ
茶の栽培面積	V	V	W	W	X	X
茶葉の生産量	W	X	V	X	V	W
緑茶の輸出量	X	W	X	V	W	V

2　次の年表を見て，あとの問いに答えなさい。

時期	おもなできごと
681年	①　天武天皇が飛鳥浄御原令《あすかきよみはらりょう》の編さんを命じる。
820年	②　嵯峨天皇の命により，藤原冬嗣らが弘仁格式《きゃくしき》を完成させる。
1232年	［　③　］元年に北条泰時が最初の武家法を制定する。
1467年	④　足利義政の後継者《こうけいしゃ》争いなどから応仁の乱がおこる。
1709年	⑤　新井白石が生類憐《あわれ》みの令を廃止《はいし》する。

1799年	⑥	江戸幕府が東蝦夷地(北海道南部)を直轄《ちょっかつ》地《ち》にする法令を出す。
1873年	⑦	徴兵令や地租改正条例が出される。
1919年	⑧	パリ講和会議がひらかれベルサイユ条約が調印される。
1927年	⑨	大蔵大臣の高橋是清のもと，支《し》払《はらい》猶《ゆう》予《よ》令《れい》が出される。
1974年	⑩	佐藤栄作がノーベル平和賞を受賞する。

問１　年表中の①について，天武天皇の命により歴史書の編さんも進められ，それがのちの『古事記』『日本書紀』につながります。『古事記』『日本書紀』に記されているできごとを，次のア～エより１つ選び，記号で答えなさい。

ア．古今和歌集の編さんが行われた。

イ．大仏造立の詔が出された。

ウ．改新の詔が出された。

エ．鑑真により戒律《かいりつ》が伝えられた。

問２　年表中の②について，嵯峨天皇は唐から帰国した空海（弘法大師）に教王護国寺（東寺）をあたえました。遣唐使として唐に渡った人物として正しいものを，次のア～エより１つ選び，記号で答えなさい。

ア．阿倍仲麻呂

イ．小野妹子

ウ．行基

エ．菅原道真

問３　年表中の［③］について，適切な元号を漢字で答えなさい。

問４　年表中の④について，足利義政のころの文化を説明した文として正しいものを，次のア～エより１つ選び，記号で答えなさい。

ア．南北朝の合一，幕府政治の安定を背景に，武家文化と公家文化がまじりあい，禅宗の影響《えいきょう》も受けた文化。猿楽や田楽などの芸能が能（能楽）に発展し，観阿弥や世阿弥によって大成された。

イ．禅宗の影響を強く受けた簡素で洗練された深みのある文化。現代の和風住宅の原型となった書院造や，枯山水の庭園がつくられた。また水墨画が発展し，雪舟によって大成された。

ウ．唐風文化の上に生まれた，わが国独自の優雅《ゆうが》で繊細《せんさい》な特色を持つ文化。紫式部などによる仮名文学の発達や，寝殿造など建築の発展，浄土教の影響を受けた美術作品がみられた。

エ．新興の大名と，豪商の財力を土台にした文化。天守閣をそなえた豪華《ごうか》で雄大《ゆうだい》な城郭《じょうかく》などが造営され，華麗《かれい》な障壁画《しょうへきが》が描《えが》かれた。また，千利休によって茶の湯が大成された。

問５　年表中の⑤について，新井白石はそれまでの元禄・宝永小判から正徳小判へ貨幣《かへい》を改鋳《かいちゅう》しました。どのような目的で，どのような改鋳をおこないましたか。次のページの図を参考にして，具体的に30字以内で説明しなさい。

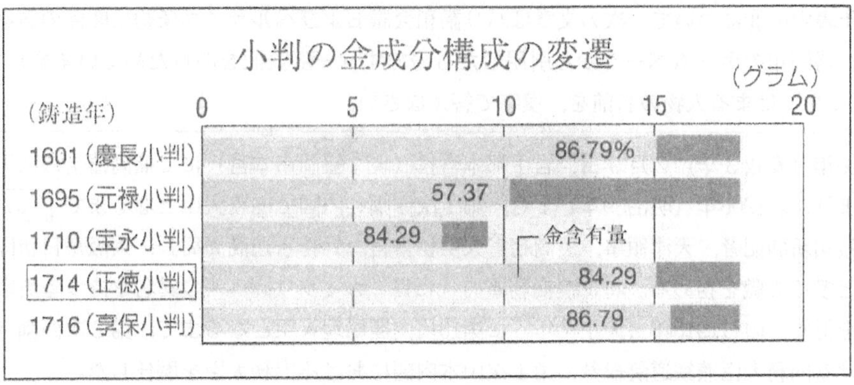

問６　年表中の⑥について，江戸時代の測量や地図作成に関する業績Ａ～Ｃと，それに深く関わった人物の組み合わせとして正しいものを，次のア～カより１つ選び，記号で答えなさい。

Ａ．全国の測量を実施《じっし》し，精度の高い全国地図を作成した。

Ｂ．樺太の探検をおこない，樺太が島であることを発見した。

Ｃ．千島の探検をおこない，択捉島に「大日本恵登呂府」の標柱を立てた。

	A	B	C
ア	伊能忠敬	間宮林蔵	近藤重蔵
イ	伊能忠敬	近藤重蔵	間宮林蔵
ウ	間宮林蔵	伊能忠敬	近藤重蔵
エ	間宮林蔵	近藤重蔵	伊能忠敬
オ	近藤重蔵	伊能忠敬	間宮林蔵
カ	近藤重蔵	間宮林蔵	伊能忠敬

問７　年表中の⑦について，右の写真は1873年に出発した岩倉使節団のものです。この写真の中に写っている人物のうち，下の説明にあてはまる人物の名前を，漢字で答えなさい。

・戊辰戦争の際はのちの新政府側の勢力にいた。
・初代内務卿（のちの内務大臣）に就いた。
・征韓論に反対の立場をとった。
・薩摩藩出身である。
・内閣総理大臣経験者ではない。
・1878年に亡くなったが，病死ではない。

問８　年表中の⑧について，次の文章はパリ講和会議およびベルサイユ条約に関係のある人物について，盛岡市のホームページから引用したものです（一部表記をあらためています）。文章中の [あ] にあてはまる人物の名前を，漢字で答えなさい。

> 1856年（安政３年）２月９日，岩手郡本宮村（現：盛岡市本宮）にて盛岡藩士の次男として生まれた。1906年（明治39年）１月，第１次西園寺内閣で内務大臣となるまで [あ] は郵便報知新聞記者，天津領事，農商務省大臣秘書官，外務省通商局局長，大阪毎日新聞社社長など多くの職を務める。特に農商務省時代には“カミソリ陸奥”の異名を持つ陸奥宗光の知《ち》遇《ぐう》を得た。のち1918年（大正７年）に第19代内閣総理大臣となるまで，第２次西園寺内閣における内務大臣兼鉄道院総裁，第１次山本内閣における内務大臣を歴任した。
> [あ] は平民宰相《さいしょう》と呼ばれ，近代日本における政治家の中でもその評価は高い。これは明治初期より続いた薩摩（鹿児島），長州（山口）等の出身者による政治の独占《どくせん》，いわゆる藩閥政治に対して政党政治で対抗《たいこう》し，第３代政友会総裁として政党内閣を組閣したことが理由として大きい。しかし，1921年（大正10年）11月４日東京駅構内で， [あ] の政治姿勢に反対する19歳《さい》の青年に刺殺《しさつ》される。
>
> （盛岡市ホームページより引用）

問９　年表中の⑨について，高橋是清に関連する次のア～エのできごとを古いものから年代順にならべたとき，２番目と４番目にくるものを，それぞれ記号で答えなさい。

ア．陸軍の青年将校らによる二・二六事件に巻《ま》き込《こ》まれた。

イ．日露戦争の戦費を外国から調達した。

ウ．世界恐慌の影響を受け，倒産《とうさん》の危機にあった銀行の救済策を大蔵大臣として断行した。

エ．第一次世界大戦後に内閣総理大臣となり，ワシントン海軍軍縮条約に調印した。

問10　年表中の下線部⑩について，佐藤栄作内閣の説明として正しいものを，次のア～エより１つ選び，記号で答えなさい。

ア．「日米新時代」を提唱し，日米新安保条約に調印した。同時に在日米軍の施設や軍人の地位に関する日米地位協定にも調印した。

イ．「寛容と忍耐」をスローガンに３次にわたって組閣した。国民所得倍増計画を提唱し経済の高度成長を推進する一方，農業基本法を制定した。

ウ．５次，計７年にわたる長期政権で，日本国憲法の公布，サンフランシスコ平和条約への調印など日本の独立および主権回復を実現した。

エ．第３次内閣まで続く７年８か月の長期政権のなかで，日韓基本条約の調印，公害対策基本法の制定および小笠原や沖縄の返還協定に調印した。

3　現在の日本における制度について述べた次の１～10の中から，正しいものを５つ選び，番号で答えなさい。ただし解答の順序は問いません。

1　衆議院議員の任期は４年，参議院議員の任期は６年と定められている。

2　内閣総理大臣は国会議員の中から国会で選出される。

3　国会に予算案を提出する権限は，内閣にしか認められていない。

4　予算の議決には衆議院と参議院で，それぞれ出席議員の三分の二以上の賛成が必要とされる。

5　法律案の可決には，衆議院と参議院で，それぞれ出席議員の過半数の賛成が必要とされる。

6　裁判官を弾劾《だんがい》する権限は，内閣にしか認められていない。

7　内閣不信任を議決するためには，衆議院と参議院で，それぞれ出席議員の三分の二以上の賛成が必要とされる。

8　国会議員を罷免《ひめん》するためには，国民投票において過半数の賛成が必要とされる。

9　最高裁判所の裁判官を罷免するためには，国民審査において罷免を可とする票が過半数に達することが必要とされる。

10　都道府県の知事を解職（リコール）するためには，住民投票において三分の二以上の賛成が必要とされる。

じなくなった言葉である。

問９　――部⑧「蝿。」と語りかける筆者の気持ちとしてふさわしいものを、次のア～エから一つ選び、記号で答えなさい。

ア　こんなに寒い季節になるまで自分の側《そば》にいてくれて、本当に申し訳ないという気持ち。

イ　降る雪が蝿の瞳にはどのように映るのだろうか、その反応を見てみたいという気持ち。

ウ　その数百の瞳に初雪を映すことで、長生きした喜びをかみしめてほしいという気持ち。

エ　この小さくて消え入りそうな命が続く限り、思いを共に分かち合いたいという気持ち。

もないかと思い直したから。

エ　祖母からもらった漬物にたかろうとするのを見て、叩いて殺してしまおうと思ったが、かわいらしい蝿の動きを眺めているうちに、叩く気持ちがなくなったから。

問２　――部②「わっ」と声が出たのは、なぜですか。その答えとしてふさわしいものを、次のア～エから一つ選び、記号で答えなさい。

ア　ぎりぎりのところで身をかわされたから。

イ　蝿に直接触《ふ》れたのが気持ち悪かったから。

ウ　まさか手が当たるとは思わなかったから。

エ　手応えがあったのに蝿が平気でいたから。

問３　――部③「図鑑で」は、後のどの言葉にかかりますか。その答えとなる言葉を、本文中から探し、ぬき出して答えなさい。

問４　――部④「どうかどうか」の後に想像される言葉を、本文中の言葉を使って、三十字以内で答えなさい。

問５　――部⑤「可笑しい」とありますが、筆者は、何を感じているのですか。その答えとしてふさわしいものを、次のア～エから一つ選び、記号で答えなさい。

ア　ずうずうしいのか、遠慮《えんりょ》があるのか、わからない同居者に対する、軽い違和感《いわかん》。

イ　同居者から都合良く利用されるだけの自分に対する、笑うしかないやるせなさ。

ウ　こちらに合わせてくれる上に遠慮までしてみせる同居者に対する、妙《みょう》な親しみ。

エ　食卓を賑《にぎ》わせようと気を遣《つか》う同居者に対する、まるで家族が増えたような心強さ。

問６　――部⑥「そういう大きなことを考えたりした」とありますが、筆者は、どういうことに思い至ったのですか。その答えとしてふさわしいものを、次のア～エから一つ選び、記号で答えなさい。

ア　命の価値に差などないのに、自分の都合や気まぐれで生かしたり殺したりしている人間は、身勝手だということ。

イ　害があるからといって殺すことは、せっかくの親しくなる機会を捨てることになるので、もったいないということ。

ウ　生かすも殺すも、人間の価値観を基準にせざるをえないので、扱《あつか》いが違ってしまうのは仕方がないということ。

エ　全ての命は平等なのだから、絶滅する、しない、に関わらず、大切に守り続けていかなければならないということ。

問７　――部⑦「ひっぱたきたいようなきもち」とは、蝿に対するどういう気持ちですか。その答えを、「という気持ち。」に続くように、本文中の言葉を使って、二十五字以内で答えなさい。

問８　＝＝部Ａ・Ｂの「たかるって言うな」の違いを説明したものとしてふさわしいものを、次のア～エから一つ選び、記号で答えなさい。

ア　Ａは蝿にとまられたことに衝撃を覚えた言葉だが、Ｂはそれに慣れてしまった言葉である。

イ　Ａは蝿を嫌《いや》がって言った言葉だが、Ｂは蝿を悪く言うなという気持ちで言った言葉である。

ウ　Ａは母のからかいに反発した言葉だが、Ｂは言い返す気力もなく形だけ答えた言葉である。

エ　Ａは蝿の存在がくすぐったくて言った言葉だが、Ｂはもう何も感

た。すっかりこの蝿をかわいいと思い始めている自分がいる。蝿はしばらくはちみつのポン菓子の上にいて、満足したように薄緑のランチョンマットを数往復して、そのあと、姿を消した。

本当にはちみつが最後の晩餐になった。あの蝿は幸せだっただろうか。家の中にはいるはずなのだ、いつかどこかのタイミングで死骸《しがい》に遭《そう》遇《ぐう》してしまうかもしれない。そしたらお墓を作ってあげるべきだろうか。普段は叩いて殺してティッシュに包んでくずかごへ入れてしまう蝿と、はちみつを舐めたこの蝿の何が違《ちが》うのだろう。絶滅《ぜつめつ》しそうで弱い生き物だけを守って、自分に害のある生き物は殺す。人間とはなんと利己的な生き物だろう。蝿がいなくなってから数日、残業を終えてひとり分残してもらった夕飯を食べながらわたしは⑥そういう大きなことを考えたりした。

その週末。残業を終えて帰宅すると、夕飯を食べ終えてくつろぐ母の背中の、エプロンの赤いひもの上に、蝿がいた。「生きてたの！」と声が出た。「え。バエ子ちゃんずっといるけど」と母はあっけらかんと言った。いつの間にかバエ子ちゃんという安直すぎる愛称《あいしょう》までついている。どうやらわたしが蝿の姿を見ていなかったのはここ数日残業をして帰っていたからで、蝿は両親とともに食事を済ませ、わたしが帰ってきたときには寝床《ねどこ》にいたらしい。こいつ。と思った。さき夕飯いただきましたんで、ってことか。⑦ひっぱたきたいようなきもちが込み上げてくる。どれだけわたしが心配したと思っているのか。

（中略）

蝿と過ごして二週間が経《た》とうとしていて、あっという間にもうすぐ師走《しわす》である。蝿は日に日に飛ぶ回数が減っている。だんだんと手をこすり合わせることもなくなってきた。一日のほとんどをじっとして過ごしている。それでも夕食を食べ終えたくらいの頃合《ころあ》いになると蝿は力を振り絞《しぼ》ったように飛んで、毎回わたしの前髪にとまる。「またたかった、くさいんじゃないの」と母が言う。「Bたかるって言うな」と言い返して、そのままそっと席を立つ。蝿よ。死ぬときはわたしに見えない場所でこっそりおねがいね。わたしの前髪で死なれたりなんかしたら、結構、ショックだと思うし。蝿は前髪にとまっても以前のようにわさわさ動き回らず、じっとしている。それでも前髪から伝わるその数グラムの存在はやっぱりちょっとくすぐったくて鳥肌《とりはだ》が立ちそうになる。そのまますり足で窓のそばへ行き、カーテンを半分あける。

⑧蝿。暗いけど見える？　この白いのがね、雪って言うんだよ。蝿は何とも返事をしない。ただ静かにわたしの前髪の上にいて、その数百個の瞳《ひとみ》に降る雪を映す。

（くどうれいん『虎《とら》のたましい人魚《にんぎょ》の涙《なみだ》』による）

問１　――部①「叩こう、と咄嗟に思ったが、手を引っ込めた」のは、なぜですか。その答えとしてふさわしいものを、次のア～エから一つ選び、記号で答えなさい。

ア　母が「冬の蝿」と言ったのが知識を自慢《じまん》しているように聞こえて腹が立ったので、叩いて殺してしまおうと思ったが、蝿に罪があるわけではないと思い直したから。

イ　蝿が漬物にたかろうとするのが汚《きたな》いので、叩いて殺してしまおうと思ったが、「冬の蝿」という母の言葉が頭をよぎり、叩いてはいけないとすぐに思い直したから。

ウ　夏場に追い掛《か》け回していたくせで、叩いて殺してしまおうと思ったが、漬物の器に飛び移れずによじ登ろうとする姿を見て、叩くまでめた。「そうなのよ、なんかついうっかり殺しちゃいそうで怖《こわ》いんだよね」と母は笑った。毎日料理や皿洗いでわたしよりも長く厨《くりや》（注・台所のこと）にいる母は数日前からこの蝿の存在に気が付いていたらしい。「最後の日々をあったかい家の中で過ごさせてやってもいいんじゃないかと」「なるほどね」「あ」思い立ったように蝿が飛び立ち、わたしの前髪《まえがみ》にとまった。

「たかられてやんの、くさいんじゃない」「Aたかるって言うな、あと、くさくない」蝿のほんのわずかに動く脚《あし》が前髪をかき分ける感覚があり、くすぐったかったわたしは頭をぶんぶん振《ふ》り回しながら手で振り払《はら》った。その手のひらに蝿のからだが当たる。「②わっ」と声が出る。「いま、またうっかり殺しちゃうかと思った」「でっしょぉう」母はなぜか得意げにそう言う。きっと母も何度か手で振り払ってしまったのだろう。夏のハエならばもっと機敏《きびん》に飛び立つので、どれだけ素早《すばや》く振り払おうとしても、手のひらにからだが当たるようなことはそうない。体力が落ちた蝿なのだと改めて思う。驚《おどろ》いて飛び立った蝿はまた薄緑色のランチョンマットの上をゆっくり歩いては立ち止まり、時々手をこすり合わせる。堪忍《かんにん》してな、すまんすまん、と手のひらをすり合わせているように見える。すまんすまん、ほんのちょっとだけの居候《いそうろう》（注・他人の家に泊《と》めてもらっている者）ですからと言っているような気がしてきて、不思議と憎《にく》めない。小学校の時に見た③図鑑《ずかん》で、トンボとハエは複眼と言ってまんまるいふたつの目にみえるけれど、その目は何百個もの小さな目の集合体でできていて、だからものすごい速さで人間の振り回すハエ叩きや鞭《むち》のように振り下ろされた牛のしっぽから逃《に》げられるのだと教わった。幼心に、高性能のメカみたいですごいなあ、というきもちと、こわあ、きもちわるうというきもちが半々で複雑な顔になったことを覚えている。その数百個の目が全部わたしの方を向いて、④どうかどうかと言わんばかりに手をすり合わせている。「ごはんにとまるのはやめてね」と蝿に向かって話しかける。はあ、わかりました、気をつけますんで、堪忍堪忍。蝿はひとしきり手をこすり合わせた後、またランチョンマットをてててて、と歩いて大根の漬物の器に手をかけたので、こら、と叱《しか》って漬物はさっさと冷蔵庫へ仕舞《しま》った。

かくして冬の蝿とわたしの同居は始まった。蝿は常に食卓《しょくたく》にいるのではなく、食事のある時以外は温まっている冷蔵庫の外側や天井《てんじょう》、お菓子《かし》入れの横などでじっとしており、わたしたちがご飯を食べるときになって、さてさて夕餉《ゆうげ》ですか、と言うようにやってくる。なんだか本当に家族の一員ではないか。しかも、我々が大皿小皿と箸《はし》を行き来させているときはそのそばでじっとしていて、一通り食べ終わったあたりで皿を舐《な》めに飛んでくるから、余計に居候をわきまえているようで⑤可笑《おか》しい。

数日後の夜、また母と向かい合って座ってテレビを見ていた。蝿は卓上に置いてなんとなくつまんでいた米のポン菓子にとまり、ちうちう吸い出した。（中略）「最後の晩餐《ばんさん》かもしれないし、甘《あま》いものが食べたいのかもね」（中略）母はポン菓子の数粒《すうつぶ》にはちみつを纏《まと》わせて置いた。しばらくふたりで眺《なが》めていたが蝿は薄緑のランチョンマットの上を行ったり来たりしたあとポン菓子にとまり、はちみつのポン菓子の上に跨《また》って口を吸いつけた。すると、蝿はそのまま硬直《こうちょく》した。普段《ふだん》ならちうちう口元をつけたりはなしたりするのに、つけたまま微動《びどう》だにしなかった。

「う、うまい。なんだこの甘さは！」とわたしがアテレコ（注・声を付けること）すると母が笑う。そういう衝撃《しょうげき》的な感情を蝿から感じたのだっ

いう特徴。」に続くように、本文中の言葉を使って三十五字以内で具体的に答えなさい。

(3) (1)の誤解が間違《まちが》いであるのが分かったのはどういう証拠《しょうこ》が出てきたからですか。その答えとなる言葉を、「という証拠。」に続くように本文中の言葉を使って三十字以内で答えなさい。

問4 ――部②「デボン紀」に起きた出来事として**ふさわしくないもの**を、次のア～エから一つ選び、記号で答えなさい。

ア 大陸衝突が起きた結果、よく雨が降るようになった。

イ 水中の酸素量が従来よりも4割ほど減少してしまった。

ウ 乾季があることで、生きていけなくなる魚もいた。

エ エラ呼吸と空気呼吸の両方を行う魚が出現した。

問5 ――部③「水の中」とは、ここでは、具体的にどこのことを指していますか。その答えとなる言葉を、本文中から四字で探し、ぬき出して答えなさい。

問6 ――部④「それ以外の魚たちではどうだろうか?」について、後の(1)・(2)の問いに答えなさい。

(1) 「それ」とは、どういう特徴を持つ魚のことを指していますか。本文中の言葉を使って、二十五字以内で説明しなさい。

(2) 「それ以外の魚たち」の説明としてふさわしいものを、次のア～エから一つ選び、記号で答えなさい。

ア 「うきぶくろ」を、効率よく酸素を取り入れることができる肺に進化させ、今では空気呼吸ができるようになった種もいた。

イ よどみのない海へもどり、酸素不足で困らなくなったため、肺のもとは完全になくなり、新たに「うきぶくろ」を獲得した。

ウ 酸素の豊富な海へと生活の場を移した結果、肺は一つで充分《じゅうぶん》になり、もう一つは退化して小さな「うきぶくろ」となった。

エ 「肺のもと」は浮力を調整する役割をもつ「うきぶくろ」となり、現在はもはや呼吸器官として使わなくなったものがほとんどになった。

問7 筆者は、生物が「肺のもと」を持つようになったそもそもの理由についてどう考えていますか。その答えとなる、次の文の空らんにふさわしい言葉を、Xは十字以内、Yは二十字以内で本文中から探し、それぞれぬき出して答えなさい。

将来において［ X ］ことを目的としたからではなく、とりあえず［ Y ］上で有利だったから

【三】 次の文章を読んで、後の問いに答えなさい。

「冬の蠅《はえ》」という冬の季語がある。冬に生き残っている元気の衰《おとろ》えた蠅のことだ。文字通り五月蠅《うるさ》いと書く夏の蠅よりもよぼよぼしていて、その哀愁《あいしゅう》を詠《よ》まれることが多い季語。その「冬の蠅」をいま、我《わ》が家に住まわせている。

（中略）

十一月の半ばも過ぎたころ、夕食を食べ終わってなんとなくテレビを見ていたら「ハエ」と向かいに座《すわ》っていた母が言って、「『冬の蠅』ですな」と言い直した。母もわたしと一緒《いっしょ》に俳句をしている。テーブルの薄《うす》緑色のランチョンマットの上を、蠅はてててて、と歩いていた。近くに祖母からもらってきた大根の漬物《つけもの》が置いてあって、その器《うつわ》へよいこらせ、とよじ登ろうとする姿に、①叩《たた》こう、と咄嗟《とっさ》に思ったが、手を引っ込《こ》

冷化が進んだため、酸素不足問題は起こりにくい状況《じょうきょう》となった。そうして、〝肺のもと〟を使う必要性はなくなっていったと考えられている。

　ところが、多くの魚の仲間において、この器官が完全になくなることはなかった。しだいに「酸素を得る役割」から「浮力《ふりょく》を調整する役割」へとシフト（注・変わること）していったのだ。

　魚の体は水よりも比重が大きいため、じっとしていると沈《しず》んでいってしまう。軽い空気で満たされた袋は、浮力を得るのに大いに役立ったのだ。空気の量で浮力を調整できるのも便利だったのだろう。その後長い時間をかけ、左右一対あった肺の原型となった袋は、片方が退化して小さくなり、ひとつだけになった。こうしてできたのが、「うきぶくろ」と呼ばれる器官である。

　現在生息する魚のほとんどは、もはやうきぶくろを呼吸器官としては使っていないが、ピラルクやガー、ポリプテルス、アミアなど、一部の魚の仲間たちは、いまでもうきぶくろを使って空気呼吸をすることができるそうだ。

　進化について語るとき、「○○の〝ために〟進化した」という表現をすることが多い。肺であれば、「陸上で空気呼吸を行うために進化した器官」というような感じだ。けれども、実際のところ、進化にそんな目的意識は存在しない。

　肺という器官は、脊椎動物の仲間が地上へと進出するはるか前から、すでに作られはじめていた。それはいつか陸に上がるためではない。酸素の少ない温かい池の中では、たまたま肺のような器官をもっていた個体が生き残りやすかっただけだ。化石記録に残っていないだけで、きっとほかにも、さまざまな〝進化の試行錯誤〟が行われていたのだろうと思う。

　４億年前にできた「喉の奥の小さな袋」は、長い時間を経て肺となり、脊椎動物の仲間が陸上に進出する際、大きな役割をはたすことになったのだ。

（郡司芽久《ぐんじめぐ》『キリンのひづめ、ヒトの指　比べてわかる生き物の進化』による）

問１　═══部「ように」と同じ「ように」をふくむ文を、次のア～エから一つ選び、記号で答えなさい。

ア　取りやすいように入り口に資料を置いておいた。
イ　先ほど言ったように気をつけて帰りなさい。
ウ　見たところ、彼は眠《ねむ》っているように見えた。
エ　新商品は人気に火がついて飛ぶように売れた。

問２　［Ａ］・［Ｂ］に入る語句としてふさわしいものを、次のア～オからそれぞれ一つずつ選び、記号で答えなさい。

ア　つまり　　イ　しかし
ウ　だから　　エ　しかも
オ　ところで

問３　――部①「ハイギョ」について、後の⑴～⑶の問いに答えなさい。

⑴　この「ハイギョ」の存在により、魚が四肢動物に進化した過程について、どういう誤解が生まれましたか。その答えとなる、「という誤解。」に続く言葉を、本文中から五十字以内で探し、その初めと終わりの五字をぬき出して答えなさい。

⑵　⑴の誤解はハイギョが肺呼吸を行うこと以外にどういう特徴を持っているから生まれたものですか。その答えとなる言葉を、「と

それはいったい、どういうことなのだろうか？

原始的な魚の仲間が「肺のような器官」をもつようになったのは、いまから4億年ほど前、②デボン紀と呼ばれる時代の話だ。彼らは、喉《のど》の奥《おく》に一対《いっつい》の小さな袋《ふくろ》状の器官をもち、エラ呼吸に加えて、この器官にためた空気からも酸素を取り入れていたようだ。そしてこの小さな袋が、進化の過程で少しずつかたちを変え、〝肺〟になっていったと考えられている。

重要なのは、この器官を最初にもった魚の仲間は、けっして陸上で生活していたわけではないということだ。肺のような器官をもつ魚の仲間がはじめて現れたのは、脊椎動物が陸上へ進出するよりもずっと前の話である。彼らは、空気が豊富にある陸上で生活していたわけではなく、ほかの多くの魚と同じく、水中を生活の場としていた。では、③水の中で生きる魚たちに、肺のような器官が獲得されたのはなぜなのだろうか？

その答えは、デボン紀という時代の気候にある。この時代、地球はとても温暖な気候だったといわれている。デボン紀の初期に起きた大陸衝突《しょうとつ》により、いくつかの大陸には巨大《きょだい》な山脈が形成され、上空の大気の流れが変化し、頻繁《ひんぱん》に雨が降るようになった。こうして、地上には河川《かせん》や池、沼地《ぬまち》、湿地帯《しっちたい》などが作られていった。そして、デボン紀に大繁栄《はんえい》した原始的な魚の仲間は、新たに現れた池や沼地に次々と進出した。

そこで彼らは、大きな問題に直面することになる。酸素不足だ。池や沼地のような流れが少なくよどんだ水は、流れがある海や川に比べて、水中の酸素量がとても少ないのだ。

［Ａ］、水に溶け込んでいる酸素の量は、水温が高いほど少なくなるという特徴《とくちょう》がある。水温が25℃なら、0℃に比べて水中の酸素量は4割ほども減少してしまう。デボン紀はとても温暖な時代だったため、池や沼地の水も温かかっただろう。ただでさえよどんでいて酸素も少ないうえに、水温が高かったとなれば、この時代の池には、ほんのわずかな酸素しかなかったはずだ。

さらに、デボン紀には雨季と乾季《かんき》があったといわれている。乾季になれば、内陸部の池や沼地の水は少なくなり、ときには干《ひ》上がることもあったにちがいない。喉の奥に小さな空気の袋をもち、そこから酸素を得ることができた魚たちは、こうした環境《かんきょう》のなかで生き延びるのに有利だったのだろう。酸素の少ない水中から口を突《つ》き出し、酸素が豊富に含《ふく》まれた空気を吸い込み、酸素を得る。デボン紀の魚の一部は、そうして生き延びたようだ。

［Ｂ］、〝肺のもと〟となった器官は、「陸上で生きることを可能にした器官」ではなく、「酸素の少ない息苦しい水中でも生きることを可能にした器官」なのだ。

こうしてできた〝肺のもと〟となる器官は、進化の過程で少しずつかたちを変えていった。ハイギョを含む一部のグループでは、単なる袋状の構造から、大きな表面積をもち、効率よく酸素を取り入れることができる肺へと変化した。

では、④それ以外の魚たちではどうだろうか？　〝肺のもと〟を獲得した魚の多くは、その後、生活の場をふたたび海へと移していったとされる。海中には流れがあってよどみにくいうえ、デボン紀以降は地球の寒

【国　語】（五〇分）〈満点：一〇〇点〉

【注意】字数指定のある問題は、句読点やかぎかっこなどの記号も字数にふくめます。

【一】次の1～10の――部のカタカナを、それぞれ漢字に改めて答えなさい。

1 サイフを持っていないことに気がついた。
2 今のセソウを反映する出来事だ。
3 今回の役目はオモニだと感じている。
4 留学をして自分のシヤを広げたい。
5 メイキュウ入りしていた事件に進展があった。
6 タイコから人々は田畑を耕し、豊かな生活を送っていた。
7 ヒニクを込《こ》めてわざと大げさにほめる。
8 彼の悲しみはサッするにあまりある。
9 お年寄りをウヤマう気持ちを忘れない。
10 ご飯を食べるのに多くの時間をツイやした。

【二】次の文章を読んで、後の問いに答えなさい。

哺乳類《ほにゅうるい》の「肺」は、とても軽くてやわらかい器官で、空気が入ると風船のように大きくふくらむようになっている。内部には、空気が通る細かい気管支と細い血管が張りめぐらされていて、気管支を通って体内に入ってきた酸素は、血管の中に取り込《こ》まれて血液とともに全身へ送られる。また同時に、血液の中に溶《と》け込んだ老廃物《ろうはいぶつ》である二酸化炭素は、気管支を通って体外へと排出《はいしゅつ》される。この一連の流れが、「肺呼吸」である。

（中略）

肺呼吸を行う四肢《しし》動物（注・哺乳類、爬虫類《はちゅうるい》、両生類、鳥類のこと）に対して、魚類の仲間は基本的に「エラ呼吸」を行う。エラの内部には無数の血管が張りめぐらされていて、エラの隙間《すきま》を水が通りぬける際に、水中の酸素が血管内へ、血中の二酸化炭素が水中へと移動する仕組みである。魚類は四肢動物と同じ「脊椎《せきつい》動物」というグループに属しているものの、呼吸の方法はまったく異なるのだ。

ただし魚類のなかには、例外的に、肺を使った空気呼吸をメインとする種もいる。オーストラリアやアフリカ、アメリカなどに生息する①ハイギョの仲間だ。名前のとおり、私たちの肺と同様の器官をもち、水面に口を出して肺呼吸を行う。一応エラをもってはいるものの、ほとんど退化してしまっている。

ハイギョの仲間は、現在生息する魚のなかで最も四肢動物に近いグループに属している。ヒレの構造がほかの魚とはやや異なっていて、私たちの手足と少し似た骨格をもっているのだ。ヒトに近い仲間であるハイギョが肺をもっているということは、魚の仲間のうち、進化した一部のグループが肺を獲得《かくとく》し、その後陸上へと進出して四肢動物が進化したのだろう。つい、そんなふうに考えてしまいそうだ。

ところが、実際はまったく違う。化石記録からハイギョが誕生するよりもはるかに昔、いまいる魚たちの祖先にあたるような原始的な魚の仲間が、すでに肺のような器官をもっていたことがわかっている。つまり肺は、「進化した一部の魚が獲得した器官」ではなく、「魚類の進化の歴史のなかで、かなり早い段階ですでにあった器官」なのだ。

MEMO

大切なことはメモしておこうネ！

算数選抜

2024年度

解 答 と 解 説

《2024年度の配点は解答欄に掲載してあります。》

<算数解答>《学校からの正答の発表はありません。》

1 (1) 2024 (2) 0 (3) 2.01

2 (1) 13枚 (2) 4% (3) 120分 (4) 1.33倍 (5) 11時間28分後
(6) 840m

3 (1) 125cm (2) 4:3 (3) 209cm

4 (1) $\frac{2}{3}$倍 (2) $24cm^3$ (3) $\frac{7808}{117}cm^3$

5 (1) 解説参照 (2) 解説参照 (3) 解説参照 (4) 解説参照

○推定配点○
2 (1)~(5) 各6点×5 他 各5点×14 計100点

<算数解説>

1 (四則計算)

(1) 720+84+1200+20=804+1220=2024

(2) $1-\frac{1}{8}\times\frac{8}{3}\times\frac{6}{5}\times\frac{5}{2}=1-\frac{2}{5}\times\frac{5}{2}=0$

(3) $\square=\left(5-\frac{68}{3}\times\frac{5}{34}\right)\times\frac{6}{5}+0.01=2.01$

重要 2 (鶴亀算，割合と比，仕事算，数の性質，速さの三公式と比，旅人算，単位の換算)

(1) (84×21−1491)÷(84−63)=273÷21=13(枚)

(2) 100g:300g:500g…1:3:5
式…1×5+3×□+5×11=(1+3+5)×8=72より，3×□=72−60=12
したがって，求める濃度は12÷3=4(%)

(3) 全体の仕事量…80と48の最小公倍数240
Aさん1分の仕事量…240÷80=3
Bさん1分の仕事量…240÷48−3=2
したがって，求める時間は240÷2=120(分)

(4) 定価…仕入れ値×1.4
売り値…仕入れ値×1.4×(1−0.2)=仕入れ値×1.12
したがって，求める割合は{1.4×(4−1)+1.12}÷(1×4)=1.33(倍)

(5) 12分と16分の最小公倍数…48分
48分でAが製品を作る個数…48÷12=4(個)
48分でBが製品を作る個数…48÷16=3(個)
合計98個を作る時間…48×(98÷7)=672(分)すなわち11時間12分
したがって，100個目ができるのは11時間12分+16分=11時間28分後

(6) 太郎君が11分で進んだ距離…60×11=660(m)

太郎君と姉の速さの比…60：280＝3：14

したがって，右図より，求める距離は660÷(14−3)×14＝840(m)

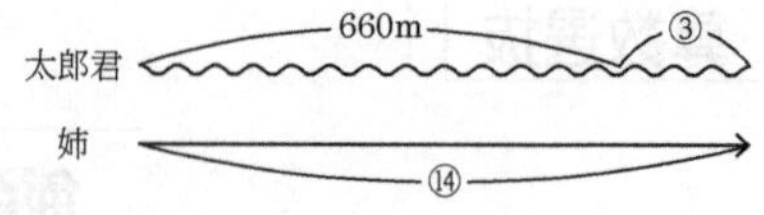

重要 **3** **(割合と比)**

ボールがはね上がる高さ…初めの高さの$\frac{4}{5}$倍

(1)　初めの高さ…$64 \div \left(\frac{4}{5} \times \frac{4}{5} \times \frac{4}{5}\right) = 125$(cm)

(2)　(ア)　3回目と5回目の高さの比…右下図より，(5＋3)：(5＋1)＝4：3

(イ)　初めの高さ…76÷4×(4＋7)＝209(cm)

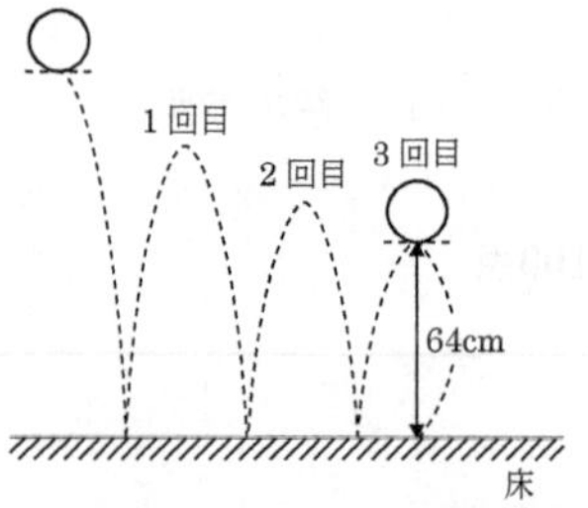

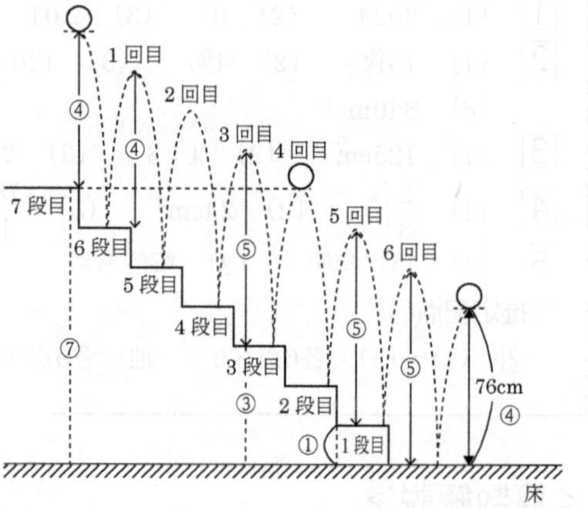

4 **(平面図形，相似，図形や点の移動，立体図形，割合と比)**

重要　(1)　求める割合…図アより，$6 \div 9 = \frac{2}{3}$(倍)

(2)　三角すいC−BDGの体積…図3より，6×6÷2×6÷3＝36(cm^3)

正三角形BGDと正六角形IJKLMNの面積比(図3・4)…(1)より，3：2

したがって，正六角すいの体積は36÷3×2＝24(cm^3)

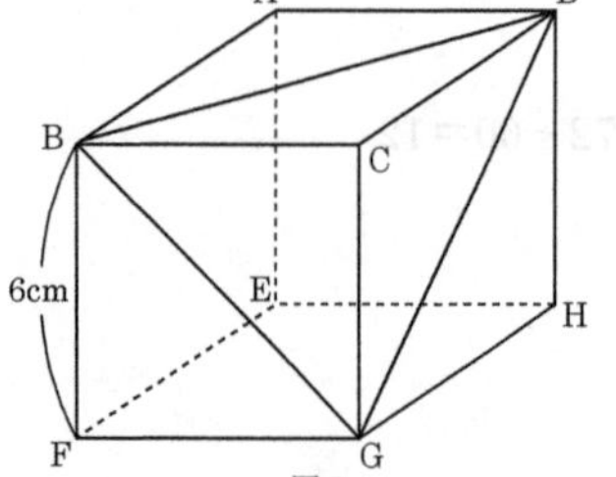

図3

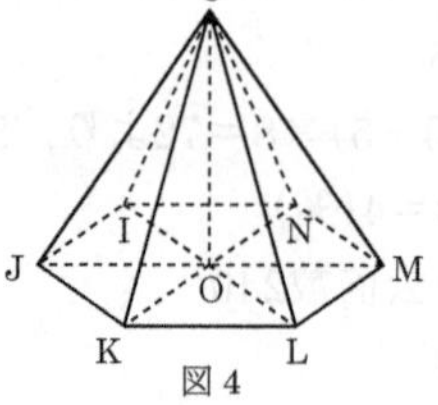

図4

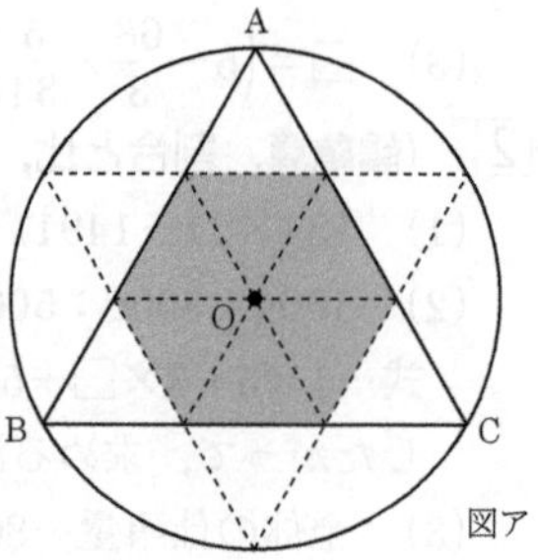

図ア

やや難　(3)　三角すいX−EYZの体積…図イより，

$10 \times 10 \div 2 \times 10 \div 3 = \frac{500}{3}$$(\mathrm{cm}^3)$

立方体を面PQRSTUで切断した後の辺AEを含む立体の体積

…$\frac{500}{3} - 4 \times 4 \div 2 \times 4 \div 3 \times 3 = \frac{404}{3}$$(\mathrm{cm}^3)$

六角すいC−PQRSTUの体積

…$6 \times 6 \times 6 - \frac{404}{3} = \frac{244}{3}$$(\mathrm{cm}^3)$

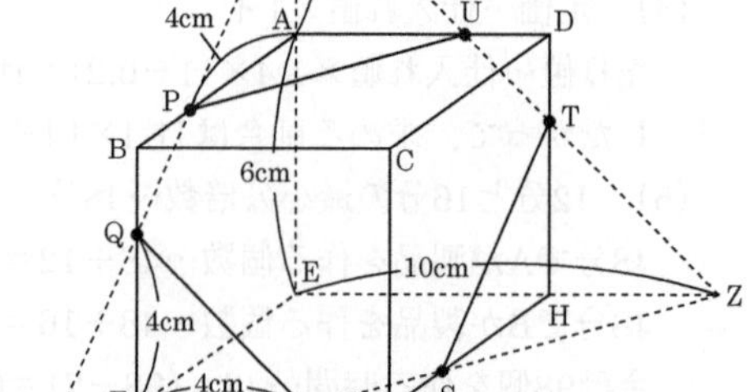

図イ

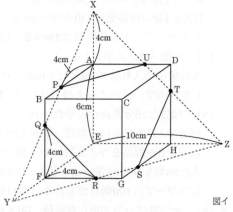

カキの長さ…⑫　　カPの長さ…⑫÷4＝③

正六角形の1辺の長さ…⑫÷3＝④

正三角形カキクの面積の割合…12×12＝144

六角形PQRSTUの面積の割合…144－3×3×3＝117

正六角形の面積の割合…4×4×6＝96

したがって，求める体積は$\frac{244}{3}\div117\times96=\frac{7808}{117}$(cm^3)

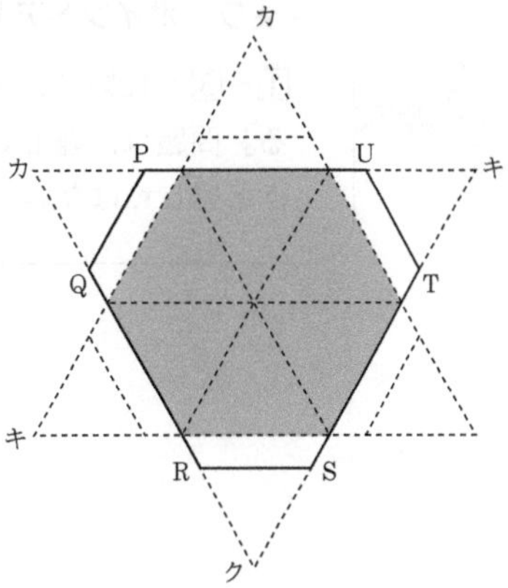

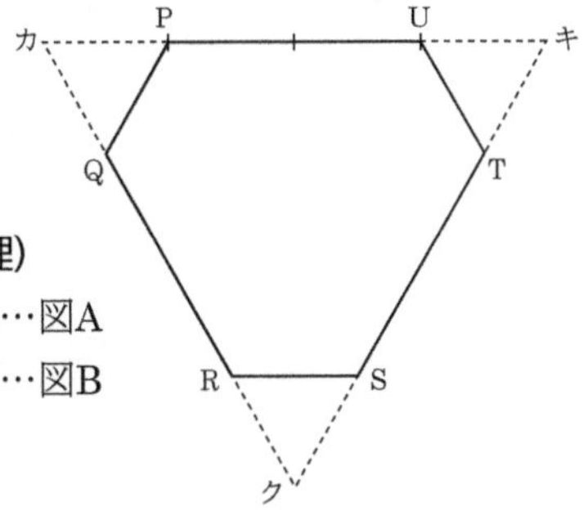

重要 5　(平面図形，数の性質，論理)

(1)　図4についての正解の図…図A

(2)　図5についての正解の図…図B

(3)　説明例

a＝3×○の場合

正方形の数…3×○×3×○－1(個)

3×○×3×○－1…3の倍数ではない

したがって，正方形3つからなるブロックではすき間なくしきつめることができないから。

(4)　説明例

a＝4の場合

正方形の数…4×4－1＝3×5(個)

a＝8の場合

正方形の数…8×8－1＝3×21(個)

a…2に2をかけ合わせた数の場合

正方形の数…3×5，3×(5×4＋1)，3×(5×4×4＋4＋1)，3×(5×4×4×4＋4×4＋4＋1)，
～と変化する

したがって，正方形3つからなるブロックで，すき間なくしきつめることができるから。

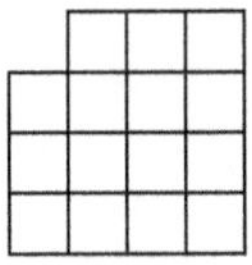
図4

(1)図A
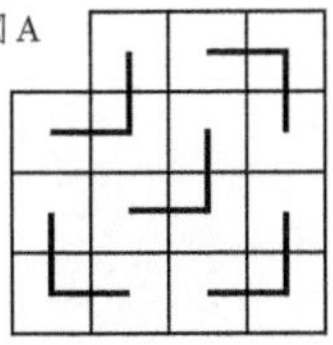

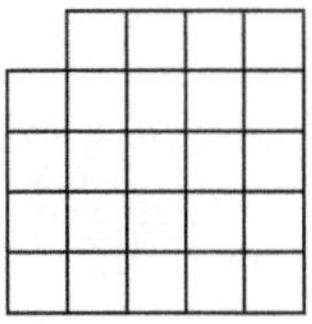
図5

(2)図B
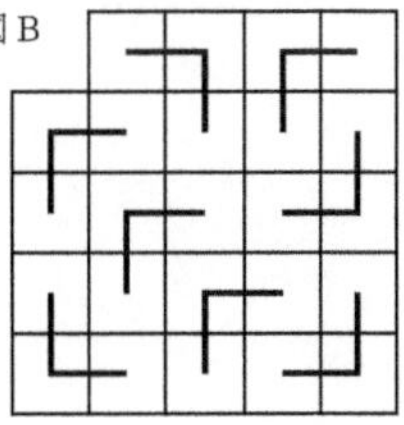

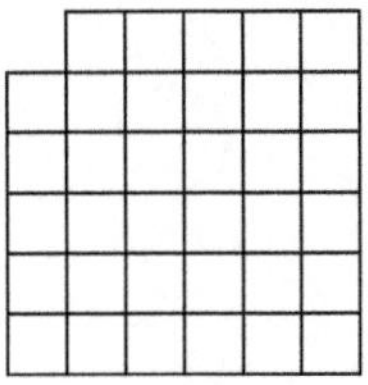
図6

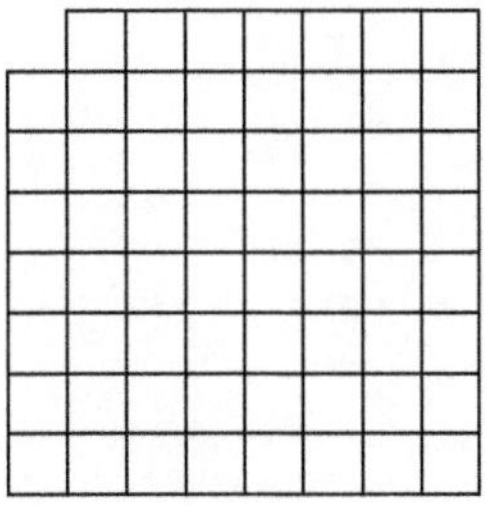
図7

★ワンポイントアドバイス★

[1]~[3]の12題で，着実に得点しよう。[4](3)「六角錐C－PQRSTUを60度回転させる」問題は，難しい。[5]「正方形3つからなるブロック」についての問題は，それほど難しくはない。解きやすい問題から，解いていこう。

第1期

2024年度

解　答　と　解　説

《2024年度の配点は解答欄に掲載してあります。》

＜算数解答＞《学校からの正答の発表はありません。》

1　(1)　1時間12分　(2)　100個　(3)　17　(4)　43個　(5)　336人
(6)　$395.64cm^3$

2　(1)　13：3　(2)　128分　(3)　$\frac{1520}{11}$分

3　(1)　解説参照　(2)　解説参照　(3)　解説参照

4　(1)　$39.25cm^2$　(2)　(イ)　(3)　$207.24cm^2$

○推定配点○

1　(1)～(5)　各6点×5　他　各7点×10　計100点

＜算数解説＞

重要 1　**(割合と比，仕事算，単位の換算，場合の数，鶴亀算，平面図形，図形や点の移動，立体図形)**

(1)　全体の仕事量…2，3の最小公倍数6
Aさん1時間の仕事量…6÷2＝3
Bさん1時間の仕事量…6÷3＝2
したがって，2人でする時間は6÷(3＋2)＝1.2(時間)すなわち1時間12分

(2)　0以外の2個を1～5から選ぶ組み合わせ…5×4÷2＝10(通り)
0を含む3個でできる3ケタの数…2×2×1×10＝40(通り)
1～5から3個を選ぶ組み合わせ…5×4÷2＝10(通り)
これらの3個を並べる並べ方…3×2×1×10＝60(通り)
したがって，全部で40＋60＝100(個)

(3)　2700÷180＋2＝17(角形)

(4)　定価で売ったときの1個の利益…800×0.2＝160(円)
定価の3割引きで売ったときの1個の損失…800×(1－1.2×0.7)＝128(円)
したがって，求める個数は(160×100－3616)÷(160＋128)＝12384÷288＝43(個)

(5)　□…昨年の男子の数　○…昨年の女子の数
□×1.2と○×1.05の比…4：3
○×1.05×$\frac{4}{3}$…○×1.4
□×1.2＝○×1.4…□：○＝7：6
7＋6＝13の倍数のうち，500台で1.2倍，
1.05倍で整数になる数…13×40＝520
したがって，今年の男子は520÷13×7×1.2＝336(人)

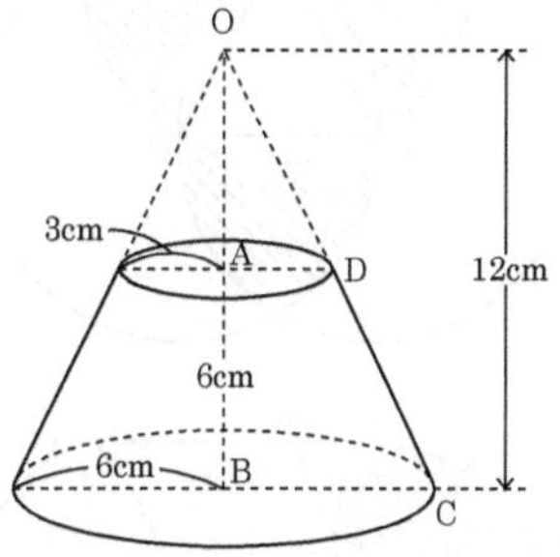

(6)　上部の円すいと全体の円すいの相似比…右図より，3：6＝1：2
これらの体積比…1：8

全体の円すいの体積…6×6×3.14×12÷3＝144×3.14(cm^3)

したがって，円すい台の体積は144×3.14÷8×(8−1)＝126×3.14＝395.64(cm^3)

重要 **2** **(速さの三公式と比，流水算)**

Xの上りの速さと下りの速さの比…1：1.6＝5：8

XがBAを下る時間＝YがABを上る時間…80分

(1)　川の流速…(8−5)÷2＝1.5

Xの静水時の速さと川の流速の比…(5＋1.5)：1.5＝13：3

(2)　80÷5×8＝128(分)

(3)　YがABを上る速さ…8

YがBAを下る速さ…(1)より，8＋1.5×2＝11

したがって，Yが往復する時間は80＋80÷11×8＝$\frac{1520}{11}$(分)

3 **(数の性質)**

重要 (1)　420÷6＝70

70＝1×70＝2×35＝5×14＝7×10

したがって，求める表は右の通り

A	6	12	30	42		
B	420	210	84	60		

(2)　12…2×2×3

60…2×2×3×5

420…2×2×3×5×7

したがって，上の計算より，求める表は右の通り

C	42	210		

やや難 (3)　D…60より小さく12以外の，6の倍数

E…60より大きく6×7＝42の倍数

したがって，求める表は右の通り

D	6	6	6	30	42	42	42	
E	84	210	420	84	84	210	420	

6) 12, 60, 42
2) 2, 10, 7
　　1, 5, 7

6) 12, 60, 210
5) 2, 10, 35
2) 2, 2, 7
　　1, 1, 7

重要 **4** **(平面図形，図形や点の移動)**

(1)　左下図…5×5×3.14×$\frac{1}{6}$×3＝39.25(cm^2)

(2)　図形D…周が直線と接している点から垂直に延びたD内部の最も遠く離れた点までの長さは5cmであり，Dが通る部分の図は(イ)

(3)　右下図の面積×3…$\left\{6\times6\times3.14\times\frac{1}{12}\times2+(11\times11-5\times5)\times3.14\times\frac{1}{6}\right\}\times3$＝(6＋16)×3.14×3＝207.24(cm^2)

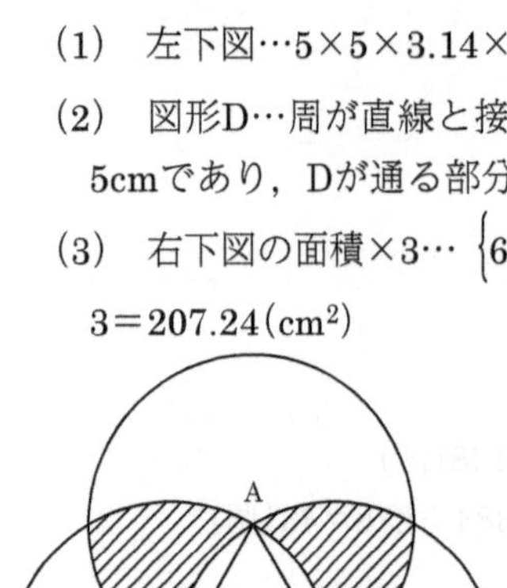

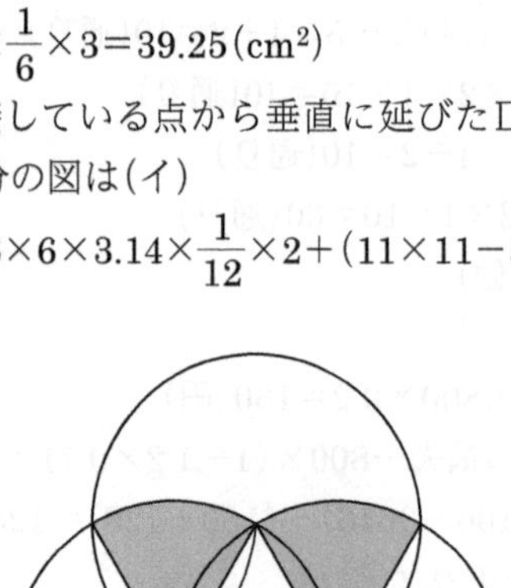

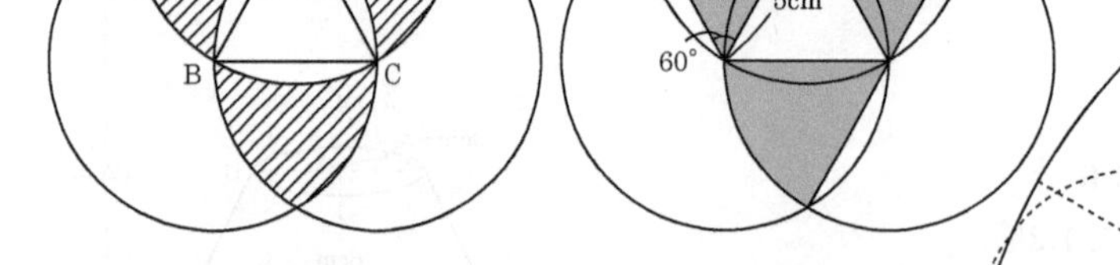

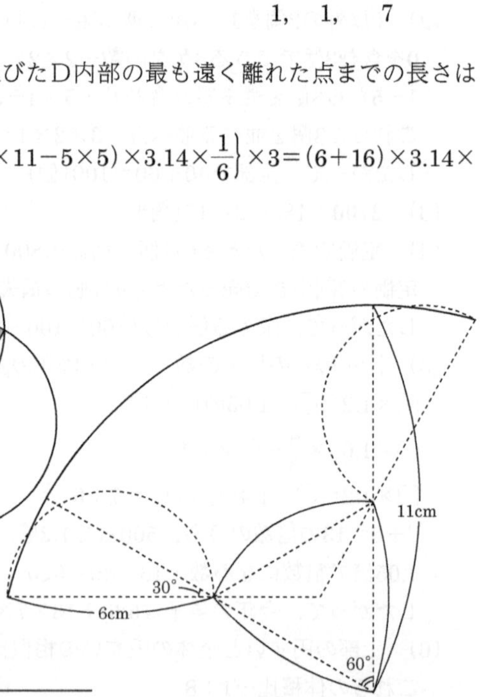

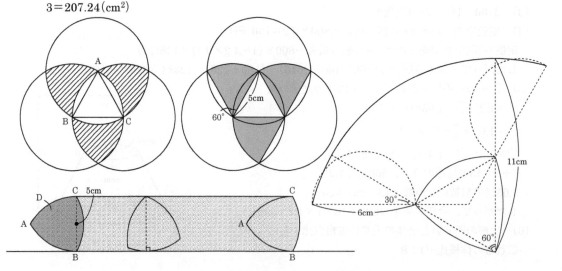

★ワンポイントアドバイス★

まず，1の6題で確実に得点しよう。2「流水算」の問題は，内容をよく読み取ることができれば解ける問題であり，3「最大公約数と最小公倍数」の問題はミスが生じやすい。4「平面図形」の問題は，それほど難しくはない。

＜理科解答＞《学校からの正答の発表はありません。》

【1】 問1　ア，イ　問2　(1)　セキツイ動物　(2)　イ　(3)　エ　(4)　(つくり)　弁　(はたらき)　血液が心室から心房へ逆流するのを防ぐはたらき。　(5)　恒温動物
問3　①　ア　②　ウ　③　イ　問4　エ　問5　オ　問6　(1)　食物連鎖
(2)　ウ　問7　(1)　76%　(2)　ゴミ袋にネットをかぶせる。[ゴミを新聞紙でおおう。]

【2】 問1　ウ　問2　1倍　問3　スイッチE　問4　E→H→F→G　問5　エ
問6　イ　問7　ア　問8　ア，エ

【3】 問1　(1)　9月1日　(2)　32倍　(3)　a　0　b　7　c　10　問2　ハザードマップ　問3　A　ア　C　イ　問4　(1)　ア　(2)　エ　(3)　③　ウ
④　イ　(4)　オ

【4】 問1　A　イ　B　エ　問2　(薬品)　ア，ウ　(装置)　キ　問3　赤色リトマス紙に水を含ませて，丸底フラスコの口に近づけると，青くなる。　問4　0.20g
問5　①　溶けやすい　②　気圧[大気圧]　③　赤[赤紫]　問6　600mL

○推定配点○

【1】 各1点×13(問1，問2(4)，問3各完答)
【2】 問1～問3　各1点×3　他　各2点×5(問4完答)
【3】 各1点×11(問1(3)完答)
【4】 問1，問5　各1点×5　他　各2点×4(問2完答)　計50点

＜理科解説＞

【1】 (動物－鳥類の生態)

問1　鳥類の卵は殻におおわれているため，魚類のようにメスが卵を産んだ後にオスが精子をかけても受精できない。そのため，鳥類は体内受精である。一時的に水中にもぐる種はあるが，肺呼吸のままである。また，鳥類は羽毛におおわれており，つばさを持つが，飛べないものもある。

問2　(1)　鳥類は，背骨を中心とする骨格を持っており，セキツイ動物の一種である。　(2)　図のアイ間が上腕骨で，イウ間は尺骨《しゃっこつ》と橈骨《とうこつ》であり，イがひじにあたる。ウエ間が手の骨で，エより先が指である。　(3)　鳥類の心臓は，ホ乳類と同じ2心房2心室である。魚類が1心房1心室，

重要　両生類が2心房1心室，ハ虫類は不完全な2心房2心室である。　(4)　心臓の中で血液は，心房→心室の順に流れる。心室が縮むと，血液は心臓の外の血管に送り出される。このとき，心室→心房へ血液が逆流しないように，心房と心室の間には房室弁とよばれる弁がある。　(5)　鳥類とホ乳類は，気温に関わらず体温を一定に保つことができ，恒温動物とよばれる。一方，魚類，両生類，ハ虫類は変温動物である。

問3 ① ハトの体長は30～40cm程度，スズメの体長は15cm程度である。② スズメの多くは，季節で生活場所を変えない留鳥であり，1年中見られる。 ③ スズメは雑食で，木や草の種子，花のみつ，小さな昆虫，人の出す生ごみなど，さまざまな物を食べる。ミミズを食べることもあるが，土の中から掘り出すわけではない。

基本 問4 ツバメは冬の間，日本より暖かい南の地域で過ごすので，春に渡ってきたツバメも南から順にみられる。同じように，暖かい南から順に見られるのは，春のサクラなどの開花や昆虫の羽化などである。ア，イ，ウは，秋に涼しくなる北から順に見られる。

問5 ツバメは，人家の軒先などに，泥や枯れ草などを固めて巣をつくる。

問6 (1) 生物どうしの，食う・食われるの関係を食物連鎖という。 (2) ア：誤り。ミツバチの社会は，女王バチ，メスのはたらきバチ，オスバチに分かれる。 イ：誤り。完全変態だが，さなぎの時期は巣の中にいるので，見ることは少ない。 ウ：正しい。えさのある場所の方位と距離を，8の字ダンスでなかまに教える。 エ：誤り。あしは3対(6本)すべて胸部についている。オ：誤り。前はねは大きく，後ろばねは小さいが，計2対(4枚)が胸部についている。

問7 (1) 2001年から2022年までにカラスが減った数は，36416－8699＝27717匹である。よって，減った割合は，27717÷36416＝0.761…で，四捨五入により76％である。 (2) カラスは，ゴミ置き場の生ごみを狙ってくる。そのため，集まるゴミ袋の全体をネットでおおい，カラスが入って来られないようにする対策が広くとられている。ゴミ置き場を金網で囲むこともある。また，ゴミ袋の中の生ごみがカラスから見えないように，新聞紙などで包んでおくのも効果がある。さらに，ゴミ出しの時間帯を守って，ゴミが長時間放置された状態にしないことや，そもそも生ごみを減らすようにすることも，カラス対策に効果的である。他に，音や光を出す機器を設置する方法もあるが，費用や管理がたいへんである。

【2】 (電流と回路－スイッチのつなぎかえ)

問1 スイッチBを入れると，電池①と直列に2個つながっている豆電球bは，豆電球aよりも暗く光る。スイッチCを入れると，電池①と逆向きの電池がつながっているために，豆電球cは光らない。スイッチDを入れると，電池①ともう一つの乾電池が直列につながるため，豆電球dは豆電球aよりも明るく光る。

問2 スイッチAとEを入れたとき，回路には電池①と豆電球aがつながっているだけである。これに加えてスイッチBを入れた場合，スイッチAと並列つなぎとなる。スイッチBの方に電流が流れても，スイッチAに流れる電流の大きさに変化はない。

問3 スイッチCの経路には，電池①と逆向きの電池がつながっている。そのため，それ以外の部分に電池がなければ，電流が流れない。

問4 スイッチDの経路には，電池①と同じ向きの電池がつながっている。スイッチEを入れた場合，回路には電池2個，電球1個がつながった状態になり，このときの電流の大きさを2とする。スイッチFを入れた場合，回路には電池2＋2＝4個，電球1＋2＝3個がつながった状態になり，電流の大きさは4÷3＝1.3…となる。スイッチGを入れた場合，回路には電池2－1＝1個，電球1＋1＝2個がつながった状態になり，電流の大きさは1÷2＝0.5となる。スイッチHを入れた場合，回路には電池2＋1＝3個，電球1＋1＝2個がつながった状態になり，電流の大きさは3÷2＝1.5となる。よって，明るい順は，E＞H＞F＞Gとなる。

問5 スイッチAとEを入れたとき，回路には電池①と豆電球aがつながっているだけであり，このときの電流の大きさを1とする。スイッチAとFを入れた場合，回路には電池1＋2＝3個，電球1＋2＝3個がつながった状態になり，電流の大きさは3÷3＝1となる。スイッチBとHを入れた場合，回路には電池1＋1＝2個，電球2＋1＝3個がつながった状態になり，電流の大きさは2÷3＝

0.6…となる。スイッチCとFを入れた場合，回路には電池1－1＋2＝2個，電球1＋2＝3個がつながった状態になり，電流の大きさは2÷3＝0.6…となる。スイッチDとHを入れた場合，回路には電池1＋1＋1＝3個，電球1＋1＝2個がつながった状態になり，電流の大きさは3÷2＝1.5となる。

問6　スイッチEと組み合わせた場合，スイッチAを入れた場合に流れる電流の大きさは1，スイッチBを入れた場合に流れる電流の大きさは0.5，スイッチCを入れた場合に流れる電流の大きさは0，スイッチDを入れた場合に流れる電流の大きさは2である。よって，選択肢のそれぞれで電池①から流れる電流の大きさは，アが1＋0.5＝1.5，イが1＋2＝3，ウが1＋0.5＋0＝1.5，エが0.5＋0＋2＝2.5となり，イが最も多い。よって，イが最も早く電池①がなくなる。

問7　スイッチCの経路には，電池①と逆向きの電池がつながっている。そのため，豆電球cが光るには，スイッチIの部分に別の電池がなければならない。選択肢アとすると，スイッチBとIを入れた場合，回路には電池1＋1＝2個，電球2個がつながった状態になり，電流の大きさは2÷2＝1となる。スイッチCとIを入れた場合，回路には電池1－1＋1＝1個，電球1個がつながった状態になり，電流の大きさは1÷1＝1となる。このとき，豆電球bと豆電球cの明るさは同じになる。選択肢イとすると，スイッチBとIを入れた場合，回路には電池1＋2＝3個，電球2個がつながった状態になり，電流の大きさは3÷2＝1.5となる。スイッチCとIを入れた場合，回路には電池1－1＋2＝2個，電球1個がつながった状態になり，電流の大きさは2÷1＝2となる。このとき，豆電球bと豆電球cの明るさは同じにならない。

やや難　問8　問7と同様に，スイッチIの部分には別の電池がなければならない。スイッチIに選択肢アをつないだとすると，スイッチBを入れた場合とスイッチCを入れた場合の電池の数の比は2：1となり，bの電流がcの電流の1.5倍になるためには，電球の数が(2÷1.5)：(1÷1)＝4：3でなければならない。よって，電球を2個つなぐエと組み合わせればよい。スイッチIに選択肢イをつないだとすると，スイッチBを入れた場合とスイッチCを入れた場合の電池の数の比は3：2となり，bの電流がcの電流の1.5倍になるためには，電球の数が(3÷1.5)：(2÷1)＝1：1でなければならないが，それは不可能である。

【3】　(大地の活動－日本の火山活動)

問1　(1)　関東大震災を引き起こした大正関東地震は，1923年(大正12年)9月1日午前11時58分に発生した。現在9月1日は防災の日とされ，防災訓練などが行われている。　(2)　マグニチュードが1大きくなると，エネルギーが□倍になるとする。マグニチュードが2大きくなると，エネルギーが1000倍になるので，□×□＝1000である。このような□を探すと，31×31＝961，32×32＝1024なので，□は31と32の間の小数であって，32の方が近い。つまり，小数第1位を四捨五入すると32となる。詳しい計算では31.62…である。　(3)　日本の気象庁で現在使われている震度階は，0，1，2，3，4，5弱，5強，6弱，6強，7の10階級である。

問2　予測される自然災害について，起こりうる災害の種類や範囲を地図上に示したものを，ハザードマップという。

問3　Aは北アメリカプレート，Bはユーラシアプレートで，これら2つは大陸プレートである。Cはフィリピン海プレート，Dは太平洋プレートで，これら2つは海洋プレートである。

問4　(1)　大正関東地震の当日は，日本海に台風があって，東京でも10m/秒近い風が吹いていたと記録されている。なお，イとウは季節が合わない。　(2)　アは秦野市にある。イは小田原市の根府川駅である。ウは相模原市にある。オは横浜市の山下公園のことである。なお，エで鎌倉の大仏のある場所の標高は14mほどであり，津波は到達していない。　(3)　①は火災の多かった東京都，②は津波の被害の多かった神奈川県である。③，④では，被害の多い③が千葉県であり，残る④が埼玉県である。 (4) 問題の地図記号は，自然災害伝承碑である。津波に限らず，火山や気象災害など，さまざまな災害に対応する伝承碑がある。

【4】 (気体の性質－アンモニアの性質)

問1 物体A～Cは水に溶けて酸性の水溶液になる。そのうちBとCににおいがあることから，においのない気体Aは二酸化炭素である。また，気体Cには漂白作用があるので，塩素である。残る気体Bは塩化水素である。また，気体Dは酸素，気体Eは水素である。

問2 アンモニアは，塩化アンモニウムや硫酸アンモニウムに強いアルカリを混ぜて加熱すると発生する。固体の粉末を加熱するときには，口を下げて底を上げる。

問3 丸底フラスコの口までアンモニアで満たされていれば，水でぬらした赤色リトマス紙を近づけたときに，アンモニアがリトマス紙に溶け込んでアルカリ性になり，青色に変わる。なお，塩化コバルト紙は水を確かめるときに，石灰水は二酸化炭素を確かめるときに使う。。

問4 アンモニア1Lの重さは，$1.2 \times 0.58 = 0.696$gである。よって，アンモニア290mLの重さは，$0.696 \times 0.29 = 0.20184$で，四捨五入により0.20gとなる。

重要 問5 スポイトの少量の水を押し出すと，その水にアンモニアが大量に溶けるため，丸底フラスコの中の気圧が下がる。一方，水槽の水面には大気圧がかかっているため，水面が押し下げられ，管を通った水が丸底フラスコ内に噴き上がる。フェノールフタレイン液は，酸性や中性では無色だが，アルカリ性の水溶液に混ざると，赤色(赤紫色)に変わる。

やや難 問6 0℃のときの体積を1とすると，27℃のときの体積は$1\frac{27}{273}$で，87℃のときの体積は$1\frac{87}{273}$である。よって，27℃のときと87℃のときの体積の比は，$1\frac{27}{273} : 1\frac{87}{273} = \frac{300}{273} : \frac{360}{273} = 5 : 6$である。よって，5：6＝500：□ より，□＝600mLとなる。

★ワンポイントアドバイス★

試験では，まず全体に目を通して解きやすい問題から手を付け，試験時間を有効に使うように作戦を立てよう。

＜社会解答＞《学校からの正答の発表はありません。》

1 問1 ウ，フェーン現象 問2 ア・オ 問3 (例) 土石流 問4 エ 問5 ウ・エ・カ 問6 (例) 山を崩し土砂を運んで谷を埋め立て土地を平らにすること。
問7 エ 問8 ウ 問9 輪中(集落)

2 問1 エ 問2 2番目 イ 4番目 ウ 問3 和同開珎 問4 エ 問5 イ
問6 イ 問7 ア 問8 八幡製鉄所 問9 ア 問10 アメリカによる対日石油の輸出禁止政策によりガソリンの供給が困難となったから。

3 問1 イ 問2 エ 問3 参政権 問4 ウ 問5 ウ 問6 賛成／反対
(例) 女性の割合は依然として低く男女共同参画が実現していないから。／女性の割合は低いが個々の能力が問題で逆差別の恐れもあるから。

○推定配点○

1 各2点×9(問1・問2・問5各完答)

2 各2点×10(問2完答)　3 各2点×6(問6完答)　計50点

＜社会解説＞

1 (日本の地理―地図の見方・国土と自然など)

問1 日本海の発達した低気圧に向かって暖かく乾燥した南風が吹き込んで発生，鎮火するまで30時間を要し糸魚川の市街は4万平方メートルを焼失する大災害となった。

問2 高気圧から時計回りに吹き出した風は反時計回りに低気圧に吹き込む。台風の東側は進行速度と風向きが一致するためより強い風が山地にぶつかりフェーン現象も起きやすい。

問3 次々と発生する積乱雲が数時間にわたって同じ場所にかかり続ける線状降水帯が発生，住宅地の背後の山が崩れ同時発生的に大規模な土石流や地滑りなどが発生した。

問4 土砂の堆積で川底が削られるのを防いだり，勾配が緩くなることで水の流れを遅くするなどの効果がみられる。ただ，土砂の供給減による砂浜の後退などのマイナス面もある。

基本 問5 1967年の地図にみられない地図記号は老人ホーム⌂，発電所・変電所☼，高等学校⊗，小・中学校★，郵便局〶，交番X。電波塔は♂，図書館は🕮，工場は⚙。

問6 等高線が標高の高い方へ入り込んでいる地形は谷であり，宅地造成ではこれを埋める必要がある。埋め立てられた土地は地盤が軟弱で地震や大雨などでは災害が起こりやすい。

問7 1967年の地形図を見るとエの若松台は北から南東にかけてと西側に谷が入り込んでいるが，その間は下総台地の一部となっている。ア・イ・エはそれぞれ谷筋に位置している。

問8 自然堤防とは洪水で運ばれた土砂の堆積でできた微高地で，こうした堤防上に列状に集落が形成される。あふれた水がたまる後背湿地は水田などに利用されることが多い。

重要 問9 集落や田畑の周囲に堤防を巡らした地域。木曽三川が流れる濃尾平野西部に典型的に発達，盛土の上に母屋を立て，一段高く石垣を積んだ蔵(水屋)などを併設することが多い。

2 (日本の歴史―古代～近代の政治・社会・文化など)

問1 三種の神器は1950年代のあこがれの商品。1960年代にはカラーTV・クーラー・車が3Cと，21世紀初めにはデジカメ・DVD・ハイビジョンTVが新三種の神器と呼ばれた。

やや難 問2 好太王が活躍したのは4世紀末から5世紀初め，仏教の伝来は6世紀中ごろ，白村江で大敗したのは7世紀後半，藤原四兄弟が死亡したのは8世紀中頃。

問3 かつては日本最古の貨幣といわれたが，日本書紀には683年に天武天皇が貨幣の使用を命じた記録があり，飛鳥池遺跡などから出土した富本銭がこれに当たるとみられる。

問4 中尊寺金色堂は奥州藤原氏の初代である藤原清衡(清原清衡)が12世紀前半に建立した阿弥陀堂で，一面に金箔が押され堂内には藤原3代のミイラが安置されている。

問5 16世紀に本格開発，16～17世紀にかけ世界の銀の3分の1を供給したといわれた日本の主要銀山。周辺の毛利・尼子・大内の3氏が熾烈《しれつ》な獲得競争を繰り広げた。

問6 鳴滝塾は長崎郊外の鳴滝にシーボルトが開いた診療所兼用の蘭学塾。全国から多くの門人が集まり，塾生の中からは高野長英や伊東玄朴など洋学の発展に功績のある人物が輩出した。

問7 幕末には金銀の交換比率の違いから大量の金が流出，幕府が品位を落とした小判の鋳造で対応したため貨幣価値が下落して物価の高騰を招いた。イは薩摩，ウは薩長，エは五榜《ごぼう》の掲示。

基本 問8 日本最大の筑豊炭田の石炭と中国(清)・ターイエ鉄山の鉄鉱石を結び付けて建設。1901年に操業を開始，当初は国内需要の8割を占め重工業の産業革命に貢献した。

問9　現在もドイツの化学工業の水準は極めて高い。大戦中敵国のドイツからの薬品や染料の輸入が途絶えたため，自力で国内に工場を建設し化学工業発展のきっかけとなった。

問10　戦前はサウジアラビアやシベリアの石油も開発されておらず，アメリカが世界の6割を生産，日本の輸入の8割を占めており全面禁輸は日本の生存を脅かす大問題となった。

3　(政治ー憲法・政治のしくみなど)

問1　A・B　公職選挙法ではそれぞれの得票数の割合に応じて振り分けられる。　C　候補者の姓名のほか政党名も対象になる。　D　重複立候補ができるのは衆議院の小選挙区と比例代表。

問2　投票用紙に何も記入しないものは無効票とはなるが投票にはカウントされる。国会では賛成は白い木札を使用するためこれを白票，反対は青い木札を使用するため青票と呼ばれる。

重要　問3　国民主権を具体化し民意に基づいた政治を行う上で重要な役割を果たす。選挙権，被選挙権，憲法改正の国民投票，最高裁判所裁判官の国民審査，特別法の住民投票などがこれに当たる。

問4　2001年，総務庁，自治省，郵政省が統合されたマンモス省庁。行政組織や地方自治，情報通信など国家の基本的なしくみや国民生活の基盤などを担当している。

やや難　問5　男女雇用機会均等法：1985年の女子差別撤廃条約の批准を受けて制定。　男女共同参画社会基本法：男女共同参画社会の実現を21世紀の基本理念として制定。　候補者男女均等法：政治分野における男女共同参画の推進を目指して制定。

問6　クォータとは割り当ての意味。女性の社会進出を促進するだけでなく，ジェンダーや多様性の観点からも有効であるが，数字だけが先走りし内容を伴わないとの批判もある。

★ワンポイントアドバイス★

分野を問わず時事的な話題を題材にした出題が多く見受けられる。日ごろから様々なことに関心を持ち，自分で考える習慣をつけるようにしよう。

＜国語解答＞《学校からの正答の発表はありません。》

【一】　1　公衆　2　運河　3　思案　4　面目　5　万全　6　路地　7　看護　8　和(む)　9　率(いる)　10　研(ぐ)

【二】　問1　(1)　エ　(2)　存在を直接自分の目で確認してから　問2　エ

問3　例)　ガザミは，昼間は，砂中に潜っているので肉眼で見つけるのはかなり難しいが，夜間は，摂餌のため活発に動き回るので見つけやすくなるから。　問4　昼間は砂に　問5　(1)　Ⅰ　脱皮が始まったため砂から這い出てきた　Ⅱ　すぐに砂に潜って体を隠すこともできず砂の上でじっとしている　(2)　体重の50%ほどの大量の海水を飲んでいる　問6　ア　問7　ウ

【三】　著作権上の問題により非公表

○推定配点○

【一】　各2点×10　【二】　問3　6点　他　各4点×9

【三】　問4　各2点×3　問10　5点　他　各3点×9　計100点

＜国語解説＞

【一】（漢字の書き取り）

基本　1　社会一般の人々のこと。社会一般の人々の病気の予防を考えたり，健康維持を図ったりすることを，「公衆衛生」という。　2　船の運航のために，人工的に作った水路のこと。　3　じっ
重要　くりと考えること。「私案」の場合，個人的な考えという意味になる。　4　世間に対する名誉や評判のこと。「面目ない」とは，恥ずかしくて人に合わせる顔がないという意味。　5　まったく完全なこと。　6　家と家の間の狭い道路のこと。「路地裏」とは，表通りに面していない所を意味する。　7　傷病人の手当てをしたり，世話をしたりすること。看護を職業とする人が「看
重要　護師」である。　8　気持ちがおだやかになること。「和」には，なごむ，おだやかになるという意味がある。その意味で「温和」「柔和」などの意味がある。　9　大勢の人を連れていくこと。二字熟語で表現すると「引率」となる。　10　刃物などを砥石でけずって鋭くすること。「磨ぐ」と書き表すこともある。

【二】（説明文 - 要旨・細部の読み取り，空欄補充，ことわざ，記述力）

基本　問1　(1)　傍線部①以降に，「素手で直接掴むか，獣骨や鹿の角で作ったモリやヤスを先端に付けた棒で突き刺すか，あるいは木枠のタモ網で救って捕獲して食べていた」とある。その部分を解答の手がかりにする。直接手で掴んだことと，モリやヤス，タモ網などの道具を使ったことにふれているのは，エだけである。アは「船から釣り糸を垂らして」とあるが，漁法の説明として誤っている。イは「大きな網を海に投げ」とあるが，タモ網とは持ち手つきの小さな網のことである。エは，罠をしかけておいてとあるが，傍線部①以降に書かれた漁法にあわない。　(2)　この文章は「月夜の蟹」の言い伝えについて考察している。筆者は考察のために，漁法のある特徴を重要と考えた。その特徴を見つけ，設問の条件，「……カニの□捕獲していた……」にあてはまる形で書き抜かなければならない。傍線部①以降，漁法の説明が続いている。「このように……」で始まる段落以降には，古代の漁法の特徴として，「ガザミの存在を直接自分の目で確認してから捕獲」していた点が書かれている。古代人は，ガザミを直接目で確認して素手や道具で取っていたのである。また，その後を読み進めると，直接目で確認して取っていたからこそ，明るい月夜のようにガザミが出てこなくなる可能性が高いときは，捕まえるのが難しくなったとある。この部分はその後にある，まとめの段落の内容につながる。つまり，「このように……」で始まる段落の，「ガザミの存在を直接自分の目で確認してから捕獲」という点は，「月夜の蟹」という言い伝えを解き明かすのに，非常に重要な点であり，筆者が着目していた部分なのである。「ガザミの存在を直接自分の目で確認してから捕獲」という部分を，設問の条件にあわせて書き抜く。

問2　傍線②から傍線③の間に，解答の手がかりを見つけることができる。「小型のシオマネキやコメツキガニなどは，肉の量がごくわずかで……言い伝えるはずがない」とある。また，「深い海に棲むタラバガニやズワイガニは古代の人々は獲ることが容易でないだろうから……言い伝えのもととなったカニではない」ともある。つまり，肉の量がある程度あり，獲ることができるから，ガザミが言い伝えのカニになったと考えることができる。以上の点をふまえると，「肉の量が多く」「古代人にとっては捕獲しやすい」とある，エが解答になるとわかる。アは，「肉の量は決して多いとは言えない」あるがおかしい。傍線部②直後に，「身入りつまり肉の量が多い」と書かれている。イは「タラバガニやズワイガニに負けないだけの肉の量」とあるが，おかしい。肉の比較はされていない。ウはタラバガニやズワイガニが言い伝えのカニになっていない理由を説明しているが，ガザミが言い伝えのカニになった理由を説明しているものではない。

やや難 問3　傍線部③以降の説明を読み進めて，書くべき内容をまとめる。設問の条件である「ガザミは，昼間は,」「夜間は,」にも着目する。設問の条件からガザミの昼間の様子と夜間の様子を読み取り，古代人がガザミを暗くなった時間に捕獲していた理由を明らかにすれば良いとわかる。傍線部③よりも少し後に，ガザミが明るい昼間は砂中に隠れている様子が書かれている。砂中に隠れているので，ガザミを探し出すのは難しいのである。だが，その後を読み進めると，夜間は摂餌のために活発に動き回ると書かれている。ガザミは夜行性なのである。活発に動き回るから，見つけやすくなる。だから，暗くなった時間に捕獲していたのだ。記述の際には，「昼間は砂中に隠れていて見つけにくい」「夜間は摂餌のため動き回るので見つけやすくなる」という内容を中心にする。

問4　傍線部④以降で，明るい月夜にガザミが捕獲されにくくなる理由が書かれている。その部分から，解答を探す。ただし，設問には「明確に述べられた段落」とある。この点にも注意する。「昼間は砂に潜って身を隠している……」で始まる段落には，ガザミが明るさに敏感な点と満月の夜は砂から這い出てこなくなる様子が書かれている。ここから，ガザミが満月の夜に捕獲しにくくなる理由がわかる。この部分が入っている，「昼間は砂に潜って身を隠している……」で始まる段落が解答になる。

重要 問5　(1)　満月の夜のガザミの様子は，特に「ところが，明るい満月……」で始まる段落にまとまっている。段落内の情報をおさえ，空欄Ⅰと空欄Ⅱに当てはまる形にぬき出すと良い。

Ⅰ　空欄Ⅰの前後に着目する。「たまたま」という言葉がある。満月の夜に，たまたましてしまった行動などに着目して，ぬき出す部分を探す。「ところが，明るい満月……」で始まる段落内の二文目に，「脱皮が始まったため砂から這い出てきたガザミ」という表現がある。普通，満月の夜は砂から出てこないのである。たまたま，脱皮が始まったので，砂から出てきた。この表現は，空欄Ⅰの前後にもピタリと当てはまり，解答になる。　Ⅱ　空欄Ⅱの後から，捕獲されたときのガザミの様子を空欄に当てはめれば良いことがわかる。「ところが，明るい満月……」で始まる段落の後方に，「すぐに砂に潜って体を隠すこともできず砂の上でじっとしている」という表現がある。ガザミは脱皮直後でじっとしていて，逃げ回ることもできずに捕獲されたのである。その部分が設問の条件にも合い，解答になる。　(2)　文章最後の段落に着目する。月夜に取れたカニは実際に肉の量が少ないのである。そのような経験が数多く積み重なって，人々の間に「月夜の蟹は身が少ない」という言い伝えが自然に生まれたのである。身が少ない理由は「古い殻を破って出てくるさいに体を膨らませるために体重の50%ほどの海水を飲んでいることから」と書かれている。「から」という表現が理由を表していることに着目して，それ以前の部分を，設問の条件「二十字以内」にあわせて書き抜くとよい。

問6　ア　月夜だから，身入りの悪いカニが取れる。そのことには科学的な根拠がある。アは正解。　イ　「月夜の蟹」は古代人の生活実感から生まれた，正しい状況を表す言葉である。イは誤答。　ウ　月夜には身入りの悪いカニが取れるが，月夜以外に関しては，文章中に説明がない。ウは誤答。　エ　この文章で「月夜の蟹」の科学的根拠が説明されたが，筆者は「疑ってはならない」と主張しているわけではない。エは誤答。

問7　アは，ある出来事が起こると，予想外の人や業界が利益を得ること。イは，その正体を知ればたいしたことがないということ。ウは，多少でもその事実がなければうわさが立つはずがないということ。エは，過去の経験や知識を振り返ることで，新しいことを理解したり，新しい発見をしたりすることができるということ。この文章では，カニに関する迷信を解き明かし，十分に根拠があることだと分かった。古代人にとって，実際にカニの身入りが悪かったことや，その理由が証明された。根拠なく言われている迷信ではなかったのである。うわさには，その根拠があるとする，ウのことわざが文章の内容に近い。

★ワンポイントアドバイス★

設問の条件に注意する。「ガザミは，昼間は,」「夜間は,」という言葉を使うように，条件指定がある。「……昼間は,」「夜間は,」の「,」部分は，設問の条件に含まれているので，忘れないようにする。細かいことだが，設問の条件は見落とさないこと。

第2期

2024年度
解答と解説

《2024年度の配点は解答欄に掲載してあります。》

＜算数解答＞《学校からの正答の発表はありません。》

1 (1) 6.6　(2) 48人　(3) 360ページ　(4) 12時間　(5) 18枚
(6) $63cm^3$

2 (1) 45分後　(2) 5：3　(3) 2400m

3 (1) 72個　(2) 48個　(3) 98543，3456個

4 (1) $4cm^2$　(2) 3：2　(3) $1.2cm^2$

○推定配点○

1 各5点×6　他 各7点×10　計100点

＜算数解説＞

重要 1 (割合と比，過不足算，相当算，仕事算，鶴亀算，平均算，平面図形，立体図形)

(1) 100g：125g：225g＝4：5：9
4×3＋5×□＝9×5＝45…5×□＝45－12＝33
したがって，求める濃度は33÷5＝6.6(％)

(2) 7個ずつもらった生徒の人数…右表より，(5＋93－4)÷(7－5)
＝94÷2＝47(人)

⑤…⑤ ⑤＋93
⑦…⑦ ④

したがって，求める人数は47＋1＝48(人)

(3) 1日目に読んだ残りのページ数
…右図より，(90－15)÷3×8＝200(ページ)
したがって，全体のページ数は(200＋16)÷3×5＝360(ページ)

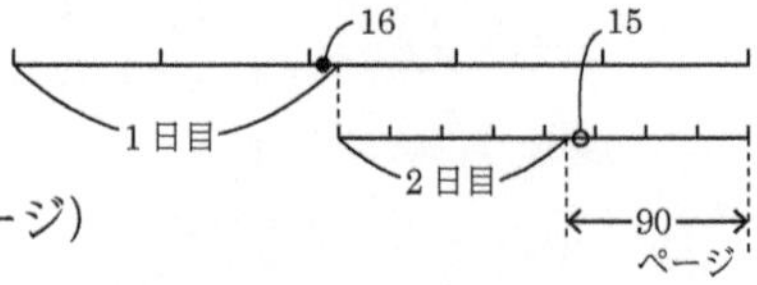

(4) 仕事全体の量…8，10の最小公倍数40
A君1時間の仕事量…40÷8＝5
B君1時間の仕事量…40÷10＝4
C君1時間の仕事量… {40－(5×2＋4×5)}÷3＝$\frac{10}{3}$
したがって，求める時間は40÷$\frac{10}{3}$＝12(時間)

(5) 1円玉3枚と5円玉1枚の平均価格…(1×3＋5)÷4＝2(円)
したがって，10円玉は(244－2×50)÷(10－2)＝18(枚)

(6) 三角形OFIとOEA…右図より，相似比は3：6＝1：2
三角すいO－IFJとO－AEH…体積比は1：8
三角すいO－AEHの体積
…6×6÷2×6×2÷3＝72(cm^3)
したがって，求める立体の体積は
72÷8×(8－1)＝63(cm^3)

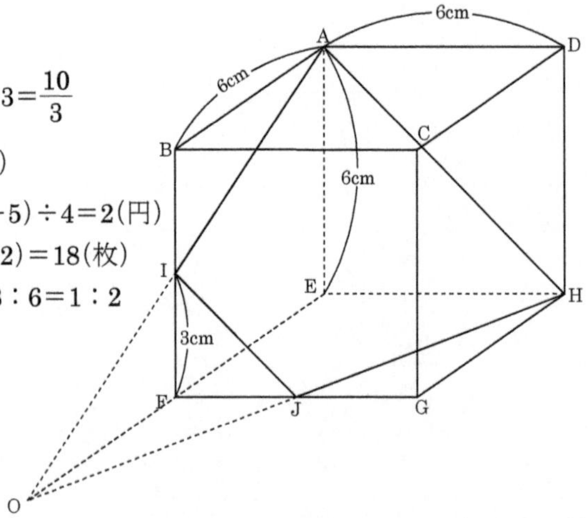

重要 **2** **(速さの三公式と比，旅人算，割合と比)**

(1)　1回目に出会うまでの2人の距離の和と2回目までに出会うまでの2人の距離の和の比…1：3

したがって，2回目までに出会うまでの時刻は15×3＝45(分後)

(2)　APの時間…右図，(1)より，45－(5＋15)＝25(分)

したがって，太郎君と次郎君の速さの比は25：15＝5：3

(3)　QP間の時間…(1)より，25－5＝20(分)

したがって，AB間は1200÷20×(25＋15)

＝2400(m)

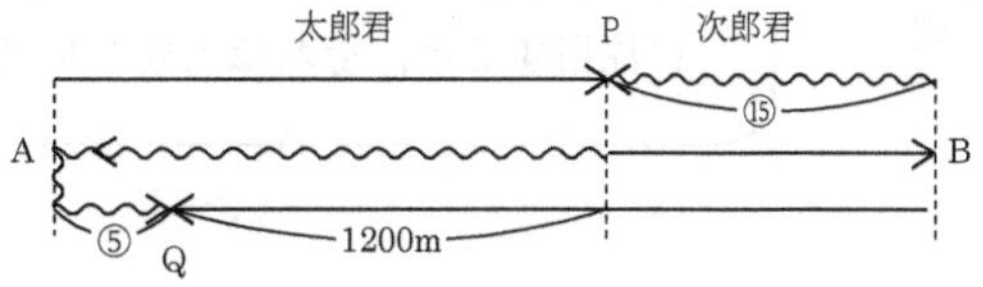

3 **(数の性質，場合の数)**

条件①…各位の数がすべて異なる

条件②…どの2つの位の数を足しても，和の一の位が5にならない

重要 (1)　10～99までの個数…99－9＝90(個)

各位の数が異なる2ケタの数…9×9＝81(個)

2つの位の数を足すと，和の一の位が5になる場合…14，23，32，41，50，69，78，87，96の9個

したがって，求める個数は81－9＝72(個)

(2)　300～399までの個数…100個

各位の数が異なる300台の数…9×8＝72(個)

2つの位の数を足すと，和の一の位が5になる場合

…302，305，312，314，320，321，324～

329，341，342，350，352，362，369，

372，378，382，387，392，396の24個

したがって，求める個数は72－24＝48(個)

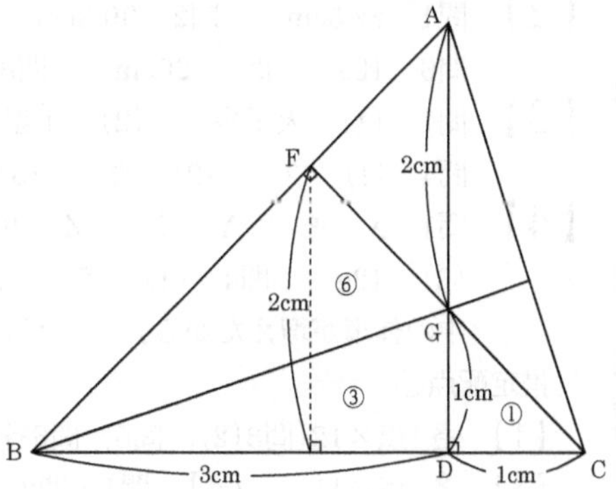

やや難 (3)　条件①・②を満たす最大の整数…98543

条件①・②を満たす10□□□の整数…8×6＝48(個)

条件①・②を満たす1□□□□の整数…48×8＝384(個)

したがって，全部で384×9＝3456(個)

4 **(平面図形，割合と比)**

基本 (1)　三角形BCF…右上図より，4×2÷2＝4(cm^2)

重要 (2)　三角形GDCの面積…①とする

三角形GBDの面積…③

三角形ABGの面積…③×2＝⑥

したがって，三角形ABGとGBCの面積比は

6：(3＋1)＝3：2

やや難 (3)　BD：DC…右図より，3：1

AE：EC…(2)より，3：2

三角形AGCの面積…2×1÷2＝1(cm^2)

三角形GBCの面積…4×1÷2＝2(cm^2)

BF：FA…2：1

三角形FBDと全体の三角形の面積比…(2×3)：(3×4)＝1：2

三角形EDCと全体の三角形の面積比…(1×2)：(4×5)＝1：10

三角形AFEと全体の三角形の面積比…(1×3)：(3×5)＝1：5

全体の三角形の面積…4×3÷2＝6(cm^2)

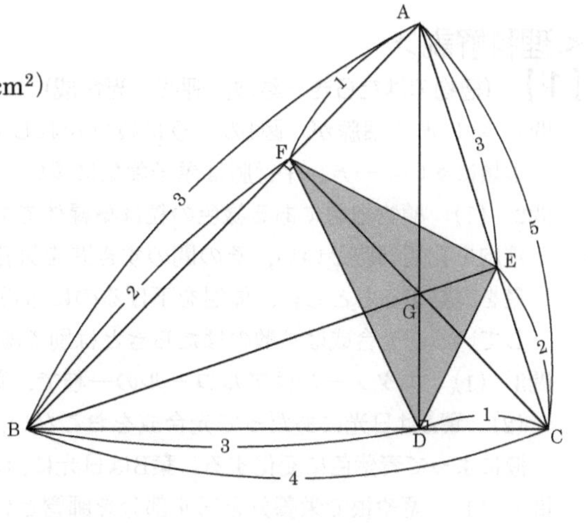

したがって，求める面積は$6\times\left\{1-\left(\frac{1}{2}+\frac{1}{10}+\frac{1}{5}\right)\right\}=6\times\left(1-\frac{4}{5}\right)=1.2(\mathrm{cm}^2)$

★ワンポイントアドバイス★

[1]の6題で，着実に得点しよう。[3](3)「最大の整数と同じケタ数の整数」の問題は難しい。[4](3)「三角形DEFの面積」は簡単ではないが，「周囲の3つの三角形の面積」に注目すると，それほど難しい問題ではない。

＜理科解答＞《学校からの正答の発表はありません。》

【1】 問1　網状脈，双子葉類　　問2　(1)　葉緑体　　(2)　気孔　　(3)　エ
問3　(1)　ウ　　(2)　①　ア　　②　エ　　③　オ　　問4　(1)　師管　　(2)　イ
問5　1～2klx　　問6　0klx～3klx　　問7　8時間

【2】 問1　22.5cm　　問2　39.3cm　　問3　1040g　　問4　37.5cm　　問5　22.4cm
問6　10g　　問7　20cm　　問8　52cm

【3】 問1　(1)　天王星　　(2)　土星　　問2　(1)　インド　　(2)　1つ　　問3　イ
問4　(1)　ウ　　(2)　カ　　(3)　ア　　問5　(1)　1224個　　(2)　102個　　(3)　エ

【4】 問1　X　キ　　Y　オ　　Z　カ　　問2　(1)　ウ　　(2)　260g　　問3　(1)　15g
(2)　12g　　問4　(1)　ア　　(2)　アルミニウムが溶けて発生した水素のため，缶の中の体積が増えたから。　　問5　アルミニウムは銅に比べて電気を通しにくいこと。

○推定配点○

【1】 各1点×12(問3(2)，問5，問6各完答)　　【2】 問1～問4　各1点×4　　他　各2点×4
【3】 各1点×11　　【4】 問1・問2　各1点×5　　他　各2点×5　　計50点

＜理科解説＞

【1】 (植物のはたらき－蒸散，呼吸，光合成)

問1　葉にある葉脈が，図1のように枝分かれして網目状になっているものを網状脈とよび，双子葉類に多い。一方，平行脈は単子葉類に多い。

重要 問2　(1)　植物細胞にある緑色の粒は葉緑体であり，光合成を行う場である。　(2)　三日月形の細胞を孔辺細胞といい，その間のすき間を気孔という。　(3)　蒸散によって，植物体内の水分量を調整するとともに，体温を下げるのにも役立っている。また，根からの水の吸収をさかんにしている。光合成は蒸散のはたらきとは別である。

問3　(1)　エタノールはアルコールの一種で，葉の緑色を抜いて白くするための操作である。
(2)　葉Aは日光にあたって光合成をおこない，デンプンがつくられている。そのため，ヨウ素液によって青紫色に変化する。葉Bは日光に当たっておらず，光合成を行わない。

問4　(1)　茎や根で栄養分を通す部分を師管という。水を通すのは道管である。　(2)　サツマイモの「いも」は根の一部であり，ジャガイモの「いも」は茎の一部である。また，タマネギの食用部分は葉が変化したものであり，ニンジンの食用部分は根である。

重要 問5　図4では，植物Xは光の強さが2klxより強いときに生育し，弱いときは成長できずやがて枯れ

てしまう。また，植物Yは光の強さが1klxより強いときに生育し，弱いときは成長できずやがて枯れてしまう。よって，問題文に合う光の強さは，1klxより強く，2klxより弱い。

問6　図4で，呼吸によって1時間あたり放出した二酸化炭素量は，植物Xが10mg，植物Yが5mgである。植物は，呼吸で放出した二酸化炭素を，自ら光合成によって吸収している。つまり，図4で光合成量を調べるには，グラフの読みに呼吸量を合わせる必要がある。このことから，光合成による1時間あたり二酸化炭素の吸収量〔mg〕は次の表のようになる。問題文のように植物Xと植物Yで等しいのは0klx～3klxである。

光の強さ	0	1	2	3	4	5	6	7	8	9	10
植物X	0	5	10	15	20	25	30	30	30	30	30
植物Y	0	5	10	15	15	15	15	15	15	15	15

やや難　問7　植物Xの呼吸による1時間あたり二酸化炭素放出量は10mgなので，24時間では10×24＝240mgとなる。一方，植物Xに7klxの光を当てたとき，光合成による1時間あたり二酸化炭素の吸収量は20＋10＝30mgなので，これが240mgになるには240÷30＝8時間かかる。つまり，8時間より長く光を当てれば生育する。

【2】(力のはたらき－重さのある棒のつりあい)

問1　ばねAは，自然の長さが20cmで，1000gの力で25cm伸びる。図1では手の力が100gだから，ばねAは2.5cm伸びて，長さは20＋2.5＝22.5cmとなる。

問2　図1で，棒Lの重さが180gで，棒LをばねAが引き上げる力が100gだから，棒LをばねBが支える力は180－100＝80gである。ばねBは，自然の長さが20cmで，1000gの力で40cm縮む。80gの場合の縮みは，1000：40＝80：□　より，□＝3.2cmとなり，長さは20－3.2＝16.8cmとなる。棒の厚さは無視できるので，Hは22.5＋16.8＝39.3cmとなる。

問3　図2でばねAの長さが46cmだから，伸びは46－20＝26cmである。このばねAにかかる力は，1000：25＝□：26　より，□＝1040gである。

重要　問4　おもりWは磁石と合わせて800gである。棒Lの長さは100cmであり，中央の50cmの位置に180gの重さがあると考える。図2で棒Lの右端を支点とし，ばねAがついている位置までの長さを□cmとすると，棒Lのつりあいから，□×(1040－800)＝50×180　であり，□＝37.5cmとなる。

問5　図2で，棒Lを上向きに引く力は，ばねAの1040gである。おもりWは磁石と合わせて800gで，棒Lの重さは180gだから，ばねBが下向きに引く力は1040－(800＋180)＝60gである。よって，ばねBの伸びは1000：40＝60：□　より，□＝2.4cmとなり，長さは20＋2.4＝22.4cmとなる。

問6　図2で，おもりMの重さが70gで，ばねBが上向きに60gの力で引いているので，台がおもりMを支える力は，70－60＝10gである。

やや難　問7　おもりWの幅が10cmであり，おもりWの磁石を合わせた重さ800gは，おもりWの中央で左右から5cmの位置にかかる。つまり，図3では，棒Lの右端から15cmの位置に800gがかかっている。また，棒Lの重さ180gは，中央の50cmの位置にある。おもりMの重さは70gである。全体の重さは，800＋180＋70＝1050gとなる。以上のことから，全体の重心を求める。重心の位置を右端から□cmとすると，50×180＋15×800＝□×1050　より，□＝20cmとなる。この重心の位置が台から外れると棒Lは傾き落ちてしまう。

やや難　問8　まず，棒Lが図4よりさらに40cm出て，棒Lの中央が台の右端に来た場合を考える。このとき，右に下げるはたらきが50×70＝3500で，左に下げるはたらきが5×800＝4000なので，まだ棒Lは傾かず，左を下げるはたらきが4000－3500＝500多い。ここからさらに棒Lを1cm右に出すと，右に下げるはたらきが1×70＋1×180＝250増える。よって，棒Lをあと500÷250＝2cm以上引き出すと棒Lが傾き始める。

【3】（太陽と月－月の動きと見え方）

問1　(1)　太陽系の8つの惑星を，太陽に近い順に並べると，水星，金星，地球，火星，木星，土星，天王星，海王星である。問題文に合うのは天王星である。　(2)　太陽系で最も大きい惑星は木星であり，半径は地球の10倍を超える。2番目は土星で，地球の10倍弱である。

問2　(1)　2023年8月23日，インドの探査機「チャンドラヤーン3号」が月の南極付近への着陸に成功した。アメリカ，ソ連，中国に次ぐ世界4番目の国となった。　(2)　2024年1月25日，日本のJAXA（宇宙航空研究開発機構）の探査機SLIM（スリム）が，月面への着陸に成功した。これが，日本の打ち上げた探査機として初めての月面着陸である。

問3　アのクレーターは，イのクレーターによって一部が切られている。同じように，オはエに，エはウに，ウはイによって一部が切られている。よって，最も新しいのはイである。

重要　問4　(1)　図2では，左の方に太陽がある。よって，アが満月，ウが下弦，オが新月，キが上弦である。月の東側の半分は，南中したときの左側半分であり，下弦の月のウである。　(2)　昼ごろに南中しているのは新月のオであり，そのころに東の地平線から出てくるのは上弦のキである。よって，南東にあるのはそれらの間のカである。　(3)　月食は，地球の影によって満月が欠けて見える現象である。

問5　(1)　地球の通り道（点線の円）の長さは，1億5000万×2×3.1＝9.3億kmである。月の通り道（実線の円）の直径は，38万×2＝76万kmである。よって，求める個数は，9.3億÷76万＝1223.6…で，四捨五入により1224個である。　(2)　地球は12か月で太陽のまわりを1周するので，その間にある実線の円の数は，1224÷12＝102個である。　(3)　月は地球のまわりを回るので，新月のときは点線よりも内側に入り，満月のときは点線よりも外側に出る。よって，アやウはあり得ない。また，イであれば，1か月の間に満月の位置を2回通過することになり，あり得ない。1か月に新月と満月が1回ずつあるエが適当である。

〔4〕（水溶液の性質－金属の反応）

問1　Xは金属と結びつく酸素である。Yは酸化鉄を含む鉄鉱石から炭素が酸素を奪ってできる二酸化炭素である。Zは鉄などの金属が溶けて発生する水素である。

問2　(1)　塩酸は酸性の水溶液であり，BTB液は黄色を示す。アルカリ性の水酸化ナトリウム水溶液を加えていくと，中性の緑色を経て，アルカリ性の青色に変化する。　(2)　MとNと塩化ナトリウムの量比は，200g：400g：10gである。塩化ナトリウムが6gできた場合は，反応した量比は120g：240g：6gである。ここでMとNの合計は500gだが，もしNが余ったのであれば，水を蒸発させたときに水酸化ナトリウムが残っていなければならない。しかし，残ったのは塩化ナトリウムだけだったので，余ったのはMである。よって，Mの量は500－240＝260gとなる。　重要

やや難　問3　(1)　1.26gのZの体積は，1.26÷0.09＝14Lである。マグネシウムとZの量比を考えて，1.5g：1.4L＝□g：14L　より，□＝15gとなる。　(2)　マグネシウム1gからは，Zは1.4÷1.5＝$\frac{14}{15}$L発生し，亜鉛1gからは1.4÷3.5＝$\frac{2}{5}$L発生する。その差は，$\frac{14}{15}-\frac{2}{5}=\frac{8}{15}$Lである。もし混合物19gがすべて亜鉛だとしたら，Zの発生量は19×0.4＝7.6Lのはずだが，実際は14－7.6＝6.4L多い。よって，混合物に含まれていたマグネシウムの量は，6.4÷$\frac{8}{15}$＝12gである。

問4　(1)　タンパク質は，アミノ酸がいくつか結び付いたものである。イとウは脂肪が分解されたもので，エは炭水化物が分解したものである。　(2)　アルミ缶はアルミニウムでできているが，水酸化ナトリウム水溶液のような強いアルカリ性の水溶液は，アルミニウムを溶かして水素

が発生する。その水素のぶん体積を増して，缶を破裂させたと考えられる。

問5　銅に比べてアルミニウムは，価格が安く，軽いという特性がある。しかし，電気や熱は銅の方が通しやすいので，銅の代わりをすべてアルミニウムで補うのは困難である。

★ワンポイントアドバイス★

問題文や図に現れる数値は，その意味をよく想像し理解してから計算に取り掛かろう。

＜社会解答＞《学校からの正答の発表はありません。》

1　問1　エ　問2　156.3ha　問3　リアス海岸　問4　ウ　問5　関東ローム
問6　ウ　問7　エ　問8　カ　問9　エ　問10　ア

2　問1　ウ　問2　ア　問3　貞永　問4　イ　問5　(例)　品位の高い小判の発行で信用を高め，物価の高騰を抑えるため。　問6　ア　問7　大久保利通　問8　原敬
問9　2番目　エ　4番目　ア　問10　エ

3　1・2・3・5・9

○推定配点○

1　各2点×10　2　各2点×10(問9完答)
3　各2点×5　計50点

＜社会解説＞

1　(日本の地理―地図の見方・国土と自然・農業など)

問1　一般に暖流の対馬海流が流れる日本海側の方が寒流の親潮が流れる太平洋側より気温は高い。また，雪は圧倒的に日本海側が多く，内陸部の山形は冬の寒さが厳しい。

問2　5mm×25000＝125000mm＝1250m。1250m×1250m＝1562500m^2。1ha＝10000m^2。

基本　問3　V字谷からなるリアス海岸は津波が谷の奥に行くほどエネルギーが集まり波高が高くなる。実際，東日本大震災の際には40mの高さまで駆け上がったといわれる。

問4　平野の隆起と河川の浸食によって河川に沿って形成される階段状の地形。天井川とは堤防をかさ上げすることで周りの平野より河床が高くなった河川。

問5　関東地方の台地上に分布する富士や箱根，赤城，浅間などの火山から噴出した赤褐色の火山灰の土壌。表土は砂質で根菜類の栽培には非常に適している。

問6　家の背後に耕作地が短冊形に続く近世に開発された新田集落。乾燥した季節には畑の土が巻き上げられるため木を植えて防風林としている家が多い。

問7　鳥獣戯画は京都・栂尾《とがのお》の高山寺，南部の茶の産地は宇治。南側の丘陵はトトロの森で知られる狭山丘陵。この丘陵の北麓が狭山茶の産地となっている。

やや難　問8　油脂の分解力が強く中国料理によく合うウーロン茶の輸入先は中国や台湾が中心。圧倒的に消費量が多いのが日本人が慣れ親しんでいる緑茶。

問9　世界の茶園の6割，生産量の3割を占める中国，それに次ぐのが紅茶が中心のインドやスリラ

ンカ，近年は標高の高い地域で生産されるケニヤが急速に生産を伸ばしている。

問10　日本の茶の栽培面積は一貫して減少している。ただ，肥料のやり方など茶畑の管理方法は年々改良されているため生産量の減少率は茶畑に比べると比較的小さい。

〔2〕 (日本の歴史—古代～現代の政治・文化・外交など)

問1　古事記の編さんは712年，日本書紀は720年。改新の詔は乙巳《いっし》の変(蘇我入鹿暗殺事件・645年)の翌年に発布。古今和歌集は905年，大仏建立の詔は743年，鑑真の来日は754年。

問2　阿倍仲麻呂は717年に吉備真備らとともに入唐，玄宗皇帝に重用され詩仙と呼ばれた李白らと親交を結んだ人物。鑑真とともに帰国を図ったが暴風で流され唐で生涯を閉じた。

問3　頼朝以来の先例や武家社会の道理，慣習に基づいた鎌倉幕府の根本法典である御成敗式目。成立したのが貞永元年だったため，貞永式目とも呼ばれる。

重要　問4　足利義政の東山山荘の銀閣を象徴とする文化(東山文化)。銀閣の初層や寺内にある東求堂などが書院造の代表といわれる。アは北山文化，ウは国風文化，エは桃山文化。

問5　勘定奉行・荻原重秀は品質の劣る貨幣の鋳造で大増収を成し遂げたが物価の高騰を招いた。新井白石は荻原を罷免し，金の含有量や量を回復させ混乱する経済の収拾を図った。

問6　A　下総・佐原の酒造家で，隠居した後江戸に出て測量術などを学んだ。　B　伊能に測量術を学び晩年は幕府の隠密を務めたという。　C　5度にわたって蝦夷地を実地踏破した探検家。

問7　岩倉遣欧使節の副使。帰国後西郷らの征韓論を排し明治新政府の中心として富国強兵策を推進した。写真は左から木戸孝允・山口尚芳・岩倉具視・伊藤博文・大久保利通。

重要　問8　米騒動で倒れた寺内正毅内閣に代わって組閣した首相。爵位を持たなかったことから平民宰相と呼ばれ人気を博したが，数による強引な政治や利益誘導などへの批判も多かった。

問9　日露戦争(1904年)→ワシントン軍縮会議(1921～22年)→犬養毅内閣の大蔵大臣に就任(1931年)→二・二六事件で殺害(1936年)の順。

問10　日本の核に対する基本姿勢である非核三原則や沖縄返還などが評価され1974年にはノーベル平和賞を受賞。アは佐藤首相の兄である岸信介，イは池田勇人，ウは吉田茂。

〔3〕 (政治—政治のしくみ・地方自治など)

基本　1　議員の任期は参議院のみ6年で，衆議院や知事，地方議員など他はすべて4年。　2　内閣総理大臣は国会議員の中から国会の議決でこれを指名する(憲法67条)。　3　法律は国会議員も提出できるが予算は内閣のみ。　4・5　予算の議決も法律と同様各院の出席議員の過半数の賛成が必要。　6　弾劾裁判は国会の権限で衆参各7名の国会議員が裁判官となる。　7　参議院には内閣不信任を決議する権限はない。　8　国会議員には地方議員のような解職請求の規定はない。　9　最高裁判所の裁判官は任命後最初の総選挙の際に国民審査され，その後10年ごとに行われる。　10　リコールは有権者の3分の1以上の署名で選挙管理委員会に請求，住民投票で過半数の同意があれば解職される。

重要

★ワンポイントアドバイス★

分野を問わず資料の読み取りを中心とする出題は今後も増えることが考えられる。様々なパターンの資料問題に数多く触れ慣れるようにしよう。

＜国語解答＞《学校からの正答の発表はありません。》

【一】 1 財布　2 世相　3 重荷　4 視野　5 迷宮　6 太古　7 皮肉
8 察(する)　9 敬(う)　10 費(やした)

【二】 問1 エ　問2 A エ　B ア　問3 (1) 魚の仲間の～が進化した
(2) (例) 魚類の仲間たちと異なり，エラはもっているものの，ほとんど退化している
(3) (例) 原始的な魚の仲間が，すでに肺のような器官をもっていた　問4 イ
問5 池や沼地　問6 (1) (例) 効率よく酸素を取り入れられる肺をもち始めた魚。
(2) エ　問7 X 陸上で空気呼吸を行う　Y 酸素の少ない息苦しい水中でも生きる

〔三〕 問1 イ　問2 ウ　問3 教わった　問4 (例) ご迷惑にならないように気をつけますので，叩かないでください。　問5 ウ　問6 ア　問7 (例) ハエが無事であったことに安心して，心から喜びたい　問8 ウ　問9 エ

○推定配点○

【一】 各2点×10
【二】 問1・問2 各2点×3　問3(2)・(3) 各5点×2　他 各4点×7
【三】 問3 2点　問4・問7 各5点×2　他 各4点×6　計100点

＜国語解説＞

【一】 (漢字の書き取り)

重要 1 お金を入れる布や皮で作った袋のこと。「財」は富(とみ)を意味する。その意味で「財宝」「財産」という言葉がある。 2 世の中のありさまのこと。「相」には，外に表れた姿・形という意味がある。その意味で，「手相」「人相」などの言葉もある。 3 ここでは，心身に重くのしかかるような責任や悩み。重い責任を果たしてほっとすることを，「重荷を下ろす」という。

4 ここでは，物事を考えたり判断したりするときに，自分が考えられる範囲のこと。望遠鏡などで像の見える範囲も「視野」という。 5 ここでは，事件の捜査が困難になり，解決ができなくなること。中に入ると出口が分からなくなるように造られた建物も「迷宮」という。

重要 6 有史以前の昔のこと。単に「大昔」と言いかえることもできる。 7 表面上はほめているようでも，実際は遠回しに批判していること。皮肉を言うのが好きな人を「皮肉屋」という。

8 気持ちをおしはかって同情すること。「察するにあまりある」とは，ここでは，その程度がどのくらいであるか，想像できないほど大きいであろうという意味。 9 相手を尊重し，敬意を持って接すること。「敬う気持ち」とは，尊敬する気持ちである。 10 使ってなくすという意味。この意味の「費」を使った言葉には，「消費」「空費」「浪費」などがある。

【二】 (説明文－要旨・細部の読み取り，空欄補充，ことばの用法，品詞，記述力)

問1 二重傍線部の「ように」を含む部分は，「まるで」という言葉を加えると「まるで風船のように」となり，「肺」を風船にたとえて説明していることがわかる。二重傍線部の「ように」は，たとえの働きをする。同じように，たとえの働きをしているのは，エである。エは，「まるで飛ぶように売れている」と表現できる。売れ方を飛んでいる様子にたとえているのである。アは，動作の目的を表している。資材を置く目的を示しているのである。イは，前置きの働きをしている。相手がすでに分かっていることを，これからわざわざ述べようとして，「先ほど言ったように」と前置きを記している。ウは，彼が眠っていることを推定している「ように」になる。「どうや

ら眠っているようだ」となり,「どうやら」という言葉をつけて推定だと判断することもできる。

問2　A　空欄Aより前には,流れが少なくよどんでいるという,酸素不足の理由が書かれている。空欄Bよりも後には,水温が高いという酸素不足の理由が付け加えられている。付け加える働きのある言葉は,エの「しかも」である。　B　空欄Bまでの文脈には,酸素の少ない水中や時には干上がるような状況において,デボン紀の魚が喉の奥に小さな袋をもち,そこから酸素を得ることで生き延びた様子が書かれている。空欄B以降ではその様子をまとめる形で,「肺のもと」となった器官を,「酸素の少ない息苦しい水中でも生きることを可能にした器官」だと表現している。このように,ある内容をまとめる形で使う言葉は,アの「つまり」である。

問3　(1)　傍線部①を含む段落の次の段落に,ハイギョによって生まれた誤解の説明がある。「ところが,実際はまったく違う」という文章中の表現の前にある内容である。魚の進化したグループが肺を獲得して,その後,陸上への進出し,四肢動物が進化したという文脈である。「ところが,実際はまったく違う」という表現に着目して,それよりも前の部分を設問の条件に合わせて書き抜く。　(2)　(1)で答えた誤解につながる,ハイギョの特徴を記述する問題である。設問に書かれているように,「肺呼吸を行う」こと以外の特徴を書き記す必要がある。「肺呼吸を行う」ことと同じように,ハイギョの特徴は,傍線部①を含む段落内にまとまっている。その部分に書かれている特徴は,「エラが退化している」ということである。肺呼吸をして,しかも,水中生活に役立つであろう「エラが退化」していることから,陸上の四肢動物の進化と結びつく。そのように誤解が生まれたと理解することができる。記述の際には,「エラはもっているが退化している」という内容を中心にする。　重要　(3)　「ところが,実際はまったく違う」という表現で始まる段落に着目する。ハイギョが誕生するようなはるかに昔に存在していた原始的な魚の仲間が,すでに肺のような器官を持っていたことが化石記録からわかると書かれている。ハイギョが誕生するよりも昔から肺という器官があったので,進化した魚の仲間が肺を獲得し,その後陸上に進出して四肢動物が進化したという誤解は否定されるのである。記述の際には,「原始的な魚の仲間」+「すでに肺のような器官を持っていた」(という証拠)という形にするとよい。

問4　ア　「その答えは,デボン紀という時代の気候に……」で始まる段落に着目する。大陸衝突が起こり,巨大な山脈ができ,大気の流れが変化して,雨が多く降るようになったことが書かれている。アはふさわしい。　イ　文章中には「水温が25℃なら,0℃に比べて水中の酸素量は4割ほども減少してしまう」と書かれている。デボン紀だから,すべての水中の酸素量が従来よりも4割ほど減少した訳ではない。イはふさわしくない。　ウ　「さらに,デボン紀には雨季と乾季があった」で始まる段落に,「乾季」の説明がある。魚が進出した池や沼地の水が少なくなり,干上がることもあるのだ。口から空気を吸い込んだ魚が生き延びる様子も書かれている。つまり,口から空気を取り入れることができなかった魚は,乾季に死んでしまうこともあったのだろう。ウの説明はふさわしい。　エ　傍線部②直後に「エラ呼吸に加えて,この器官にためた空気からも酸素を取り入れていた」とある。エラ呼吸と空気呼吸の両方とある,エはふさわしい。

基本　問5　傍線部③を含む段落に書かれた内容をしっかりおさえる。ここでは「肺のような器官」をはじめて手に入れた魚たちのことが述べられている。デボン紀の説明の中にもあるように,はじめて手に入れた魚たちが生息していたのは,空欄A以降にも書かれた,「池や沼地」である。「池や沼地」が設問の指定字数にもあい,解答になる。

問6　(1)　「それ以外の魚」とは,「肺のもと」を使う必要がなくなり,「うきぶくろ」を持つようになった魚のこと。一方,「それ以外の魚」の「それ」に関しては,傍線④直前に着目する。そこに,効率よく酸素を取り入れる肺を持つようになった魚のことが書かれている。傍線部④直前をまとめて,解答にする。　(2)　傍線部④以降の文脈をおさえていく。「肺のもと」を使う必要性はなくなったこと，肺の片方が退化して小さくなって一つだけになり，「うきぶくろ」と呼ばれる器官ができたこと，魚のほとんどは「うきぶくろ」を呼吸器官としては使っていないことが書かれている。「『肺のもと』は浮力を調整する役割をもつ『うきぶくろ』になり」「呼吸器官としては使わなくなった」とある，エが解答になる。アは，「『うきぶくろ』を……肺に進化させ」とあるが，おかしい。「うきぶくろ」は呼吸には使用していない。イは，「肺のもとは完全になくなり」とあるが，おかしい。「肺のもと」の一部は，「うきぶくろ」になるのである。ウは「肺は一つで十分になり」とあるが，おかしい。それ以外の魚にとって，肺は必要ではない。

やや難 問7　X　「　X　ことを目的としたからではなく」とあることから，空欄Xには肺に関して，否定された考えがあてはまるとわかる。肺に関して否定された考えは，文章最初の「ハイギョの仲間は……」で始まる段落内に書かれている。「進化した一部のグループが肺を獲得し，その後，陸上へと進出して四肢動物が進化した」という考えである。だが，この部分は空欄Xにあてはまらない。「～こと」という形につながらない。そのため，文章中に同じような考えを述べている部分を探す。文章の最後の方にある，「肺という器官は……」で始まる部分に，「地上へと進出する」という表現がある。この表現は空欄Xにあてはまり，否定された考えと同じ内容を表すのに役立つ。この部分が解答になる。　Y　空欄Yの後にある，「有利」という表現に着目する。「有利」という表現は，空欄B直前にも使用されている。「……生き延びるのに有利」という表現である。酸素の少ない環境の中，「肺のもと」を持っていた魚は生き延びるのに有利だったということである。その部分は空欄Yにあてはめる内容として意味は合う。だが，「こうした環境のなかで」の指示語がさしている内容まで書き抜くことができないため，空欄Yにピタリとあてはまるとはいえない。文章中の空欄B直後にも，「……生き延びるのに有利」と似たような表現がある。「酸素の少ない息苦しい水中でも生きる」である。この部分はYにピタリとあてはまる。空欄B直後の「酸素の少ない息苦しい水中でも生きる」が解答になる。

【三】（随筆文－主題・心情・細部の読み取り，空欄補充，記述力）

問1　傍線部①で「わたし」はハエを叩こうとしているが，漬物にたかる害虫とみなして叩こうとしたのである。だが，「わたし」の手は引っ込んだ。母が「冬の蠅」と，ハエの存在を受け入れるような言葉を発したことが頭によぎり，思い直したからである。以上の点をふまえる。「汚いので，叩いて殺してしまおうと思った」と害虫扱いした状況とふまえ，「『冬の蠅』という母の言葉……すぐに思い直した」と思い直した様子も記した，イが正解。アは，「知識を自慢しているように聞こえて腹が立った」とあるが，おかしい。母に対する怒りの感情は読み取れない。ウは，「よじ登ろうとする姿を見て，叩くまでもないかと思い直した」とあるが，おかしい。よじ登ろうとする姿を見て，叩こうと思ったのである。エは「かわいらしい蠅の動きを眺めているうちに，叩く気持ちがなくなった」とあるが，おかしい。「眺めている」という表現からは，しばらく様子を見ていたことが考えられるが，それほど長い時間見続けていたわけではない。

問2　傍線部②を含む場面を読むと，筆者が叩こうとしているのではなく振り払おうとしていることが読み取れる。だが，蠅に手が当たってしまった。予想外のことが起こったので，筆者は「わっ」と声を上げたのである。「まさか手が当たるとは思わなかった」というウが解答になる。アは「身をかわされた」とあるが，おかしい。手は当たっている。イは「気持ち悪かった」とあるが，おかしい。予想外で驚いたのである。エは「蠅が平気でいた」とあるが，おかしい。「驚いて飛び立った」とある。平気でいたわけではない。

問3　小学校の時に見た図鑑でどのようなことが起こったのかを意識して，かかる言葉を探す。トンボやハエは目が何百個もの小さな集合体でできているので，ハエ叩きや牛のしっぽから逃げられると教わったのである。

問4　設問には，「本文中の言葉を使って」とある。そのため，本文中の表現を活用してまとめる。傍線部③直前には「堪忍してな」「すまんすまん」という表現があり，傍線部④直後には「はあ，わかりました，気をつけますんで」という表現がある。それらの表現も参考にできる。ハエは傍線部④で，人間に攻撃されてしまうかもしれないようなところにいる。そのため，手をすりあわせて謝っている，あるいは攻撃しないように頼み込んでいる，と考えられる。「気をつけますので，堪忍してください」「気をつけますので，叩かないでください」などの表現でまとめるとよい。

重要　問5　傍線部⑤直前に着目する。「わたしたち」がご飯を食べるときになってやってくる様子を「家族の一員」にたとえたり，「わたしたち」が食事をしているときにはじっとしていて，食後になって皿を舐めに飛んでくる様子などを好意的に受け止めていたりする様子が読み取れる。「こちらに合わせてくれる」「遠慮までしてみせる」「妙な親しみ」とある，ウが解答になる。アは「軽い違和感」とあるが，おかしい。アの選択肢には「家族の一員」とまで表現されたハエに対する親しみの気持ちが読み取れない。イは「やるせなさ」とあるが，おかしい。やるせないとは，つらく悲しいというマイナスの気持ち。この部分で「わたし」はハエに対して，好意的な気持ちを抱いている。エは「心強さ」とあるが，おかしい。心強いとは頼りになるから安心できるということ。この部分で「わたし」はハエを頼りにしているわけではない。

問6　傍線部⑥までの文脈をおさえる。叩いて殺されて，ティッシュで包んでくずかごに入れられてしまう蠅がいる。はちみつを舐める機会を与えられた蠅がいる。同じ生き物なのに，そのように分ける人間の姿に，「わたし」は身勝手さを感じた。それが，「大きなことを考えたりした」の中身である。「命の価値に差はない」「自分の都合で……生かしたり殺したり」「身勝手」とある，アが解答になる。「親しくなる機会を捨てる」「もったいない」とあるイ，「扱いが違ってしまうのは仕方がない」とあるウ，「すべての命」「大切に守り続けていかなければならない」とあるエは，人間の身勝手さについてふれていない。

やや難　問7　傍線部⑦よりも前の「生きてたの！」という言葉から，「わたし」が蠅に対して親近感を抱いていたことや，喜びを感じていたことが読み取れる。傍線部⑦の「ひっぱたきたいようなきもち」は，怒りを表している訳ではない。「わたし」の喜びがあまりにも大きいため，その喜びを表す方法としてこのようなユニークな表現が用いられているのである。「無事であったことに安心」「心から喜ぶ」という内容を中心にして記述をまとめる。

問8　Aでは「たかるって言うな」の後に，「あと，くさくない」という言葉が続く。明らかに母の言葉に反発している様子がうかがえる。Bの場面では，「わたし」は親しみを感じている蠅の死について考えている。死について考え，重い気持ちになっているために反発する気力もなく，ただ言葉を返しているのである。「Aは……からかいに反発」「Bは……言い返す気力もなく形だけ」とある，ウが解答になる。アは「それに慣れてしまった」とあるが，おかしい。慣れてしまったのであれば，Bのように言い返す必要もない。イは「蠅を悪く言うなという気持ち」とあるが，おかしい。Bの「たかるって言うな」から，蠅のことを悪く言うなという気持ちは読み取れない。エの「蠅の存在がくすぐったくて言った言葉」はおかしい。「たかるって言うな」という言葉とエのその表現がまるで合わない。

重要　問9　文章の最後の方を見ると，蠅の命の終わりが近づいていることがわかる。傍線部④を含む場面では，命の終わりが近づいている蠅と，一緒に雪を見ようとしている。以上の点をふまえると，「小さくて消え入りそうな命」「思いを共に分かち合いたい」とある，エが解答になるとわかる。アの「本当に申し訳ない」，イの「その反応を見てみたい」は，命の終わりが近づいている蠅と雪を一緒に見ようとしている様子にあわない。ウには「長生きした喜びをかみしめてほしい」とあるが，蠅の長生きを喜んだり祝ったりする様子は，この場面の様子からは読み取れない。

★ワンポイントアドバイス★

設問の中に短文があり，その文の空欄にふさわしい言葉を文章中から探す設問がある。空欄の前後の表現が，探す言葉の手がかりになっていることも多い。空欄の前後の表現を意識して，文章中から解答になる言葉を見つけよう。

MEMO

大切なことはメモしておこうネ！

2023年度

★★★★★★★★★★★★★★★★★★★★★★★★

入　試　問　題

2023年度

2023年度

巣鴨中学校入試問題（算数選抜）

【算　数】（60分）　＜満点：100点＞

【注意】　1．（式）のらんには，答えを求めるまでの式などを書きなさい。

　　　　　2．定規・コンパス・分度器は使用できません。

1　次の □ に当てはまる数を求めなさい。

(1)　$1+11+101+1001+10001+100001+1000001=\square$

(2)　$4-2\frac{2}{7}\times\frac{4}{9}\div\frac{2}{7}\times0.875=\square$

(3)　$(\square+2023)\div5\div6\div7\div8=1.5$

(4)　$\frac{17}{25}\div2\frac{3}{7}+0.8\times\frac{1}{3}\times(\square+0.25)=0.38$

2　次の各問いに答えなさい。ただし，答えが割り切れないときは，分数で答えなさい。

(1)　濃度（のうど）が □ ％の食塩水300ｇに水200ｇを加え，さらに濃度３％の食塩水を200ｇ加えたところ，濃度が６％となりました。

このとき，□ に当てはまる値を求めなさい。

(2)　$\frac{1}{2}+\frac{1}{3}+\frac{1}{7}+\frac{1}{43}+\frac{1}{\square}$ が１より小さいとき，□ に当てはまる最も小さい整数を求めなさい。

(3)　２時を過ぎてはじめて長針と短針が重なるのは，２時 ［ア］ 分で，３時を過ぎてはじめて長針と短針の作る角度が180°となるのは，３時 ［イ］ 分です。

このとき，［ア］＋［イ］の値を求めなさい。

(4)　子どもたちにキャンディを配ることにしました。１人あたり４個ずつキャンディを配ると97個余ります。１人あたり10個ずつキャンディを配ると，最後の１人だけが何個か足りなくなります。このとき，キャンディは全部でいくつありますか。

(5)　あるイベントでは，入場開始前から行列ができていて，一定の割合で行列の人数が増えていきます。入口を１つにして入場を開始すると，52分で行列がなくなり，入口を２つにして入場を開始すると，19分30秒で行列はなくなります。このとき，入口を３つにして入場を開始すると，何分で行列はなくなりますか。

(6)　右図において，四角形ABCDは長方形で，点Ｅは辺BCの真ん中の点です。このとき，FGの長さは何cmですか。

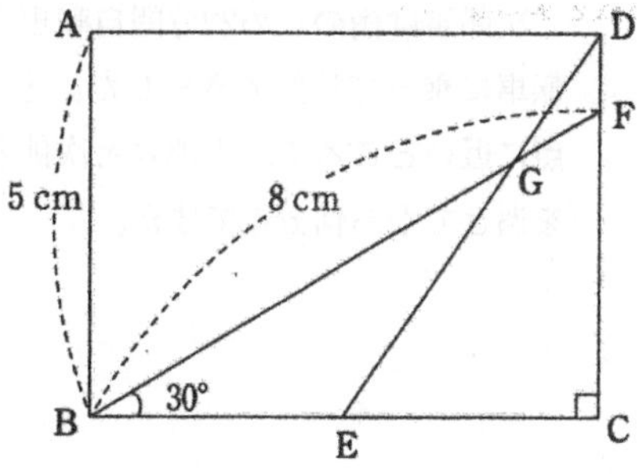

3　１個あたりの仕入れ値が1000円の商品にいくらかの利益をみこんで定価をつけて売ったところ，100個売れ残ってしまいました。翌日，定価の２割引きの1120円で残りの商品をすべて売り切り，仕入れ総額の３割の利益を得る予定でした。

しかし実際は，100個のうち □ 個が売れ残り，それらを処分する費用が合計で2800円かかったので，実際の利益は仕入れ総額の23％となりました。

このとき，次の各問いに答えなさい。

(1)　商品１個の定価を求めなさい。

(2)　仕入れた商品の個数を求めなさい。

(3)　□ にあてはまる数を求めなさい。

4　図のように，4つの地点Ａ，Ｂ，Ｃ，Ｄを結ぶ道があります。AB区間，CD区間は坂道で，BC区間は平らな道です。太郎君と次郎君はこの道を次のように移動します。

> 雨が降っていないとき……自転車に乗り，上り坂は分速120m，下り坂は分速300m
> 平らな道は分速240mで移動します。
> 雨が降っているとき　……平らな道も坂道も自転車をおして分速60mで歩きます。

太郎君が自転車に乗ってＡ地点からＤ地点まで往復したところ，行きの時間の方が，帰りの時間より４分30秒だけ長くかかりました。このとき，次の各問いに答えなさい。

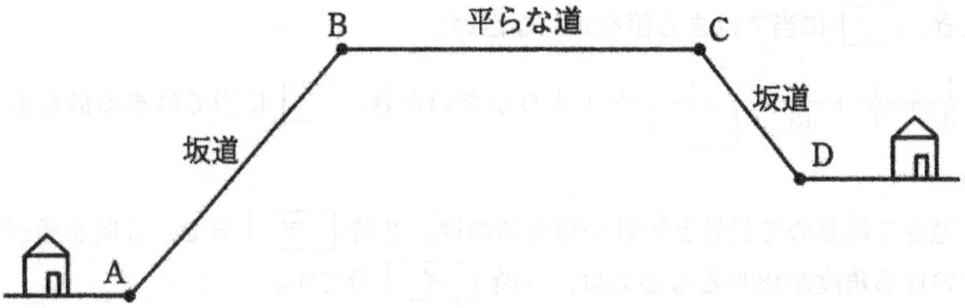

(1)　AB区間とCD区間の差は何mですか。

(2)　ある日，太郎君はＡ地点からＤ地点までのすべての道を自転車に乗って移動する予定で出発しましたが，AB区間とBC区間でそれぞれ10分ずつ雨に降られて自転車をおして歩いたので，予定より着くのがおそくなりました。予定より何分何秒おそくＤ地点に着きましたか。

(3)　また別の日に，太郎君がＡ地点からＤ地点に向かって，次郎君がＤ地点からＡ地点に向かって同時に出発しました。次郎君がDC区間で坂道を上っているときに雨が降り始め，CB区間の平らな道を歩いているときに雨はやみました。

次郎君は雨のため29分間自転車をおして歩きましたが，太郎君は次郎君と出会うまでずっと自転車に乗って移動できました。その結果，BC区間のちょうど真ん中の地点から1200mだけＣ地点に近いところで，太郎君と次郎君は出会いました。このとき，雨がやんだのは次郎君がＣ地点を過ぎてから何分後ですか。

5 次の３人の会話文を読み，⑴～⑷の各問いに答えなさい。

【先生が出した問題】

一辺の長さが１㎝の立方体を考え，8個の頂点を『かど』と呼ぶことにする。この立方体をすき間なくしきつめて，図１のような直方体ABCD－EFGHを作る。このとき，三角すいBDEGの内部（４つの面上は除く）にある『かど』の個数は ★ 個である。

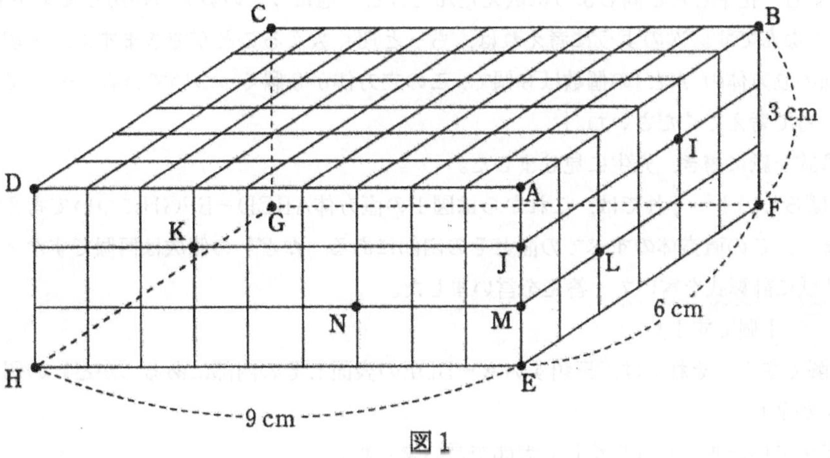

図１

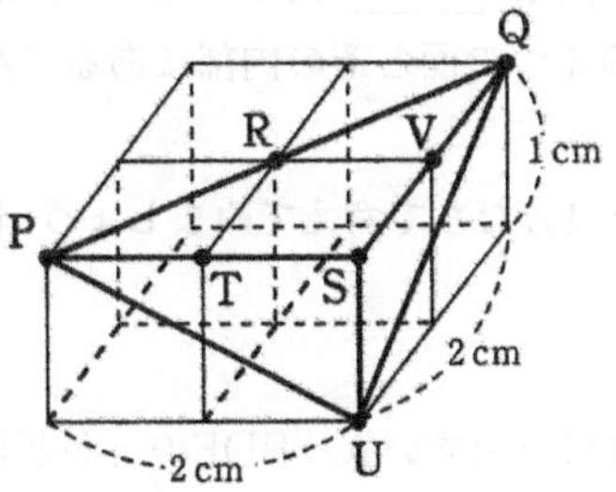

図２

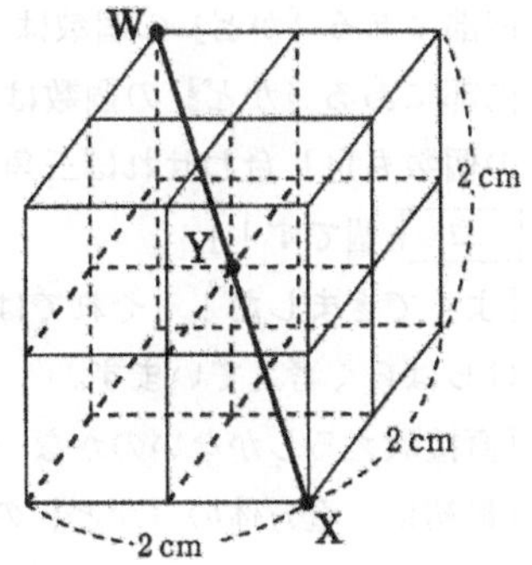

図３

先生：「この問題を解く上で『かど』の個数は，次のように数えるものとします。図２において，２点P，Qの『かど』の個数は１個ずつですが，点Rには４個の頂点が集まるので，点Rにおける『かど』の個数は４個と数えます。よって，２点P，Qを結ぶ直線上にある『かど』の個数は，合計６個となります。また，図２の三角すいS－PQUの面上または内部に含まれる『かど』の個数は，２点T，Vには２個ずつ，２点U，Sには１個ずつあるので，２点P，Qを結ぶ直線上にある６個もふくめて足し合わせると，合計12個となります。

それでは，図３の２点W，Xを結ぶ直線上にある『かど』の個数は何個になりますか？」

花子：「２点W，Xの『かど』の個数は ア 個ずつあり，点Yにおいて イ 個の立方体がくっついているので，点Yの『かど』の個数は イ 個となり，２点W，Xを結ぶ直線上にある『かど』の個数は，合計 ウ 個です。」

先生：「花子さん，その通りです。では，図３の一辺の長さが２㎝の立方体の面上とその内部にある『かど』の個数は何個になるかわかりますか？」

太郎と花子は計算しています。そして，2人は紙に答えを書き，先生に見せました。

先生：「２人とも正解ですが，大切なのは解き方なんです。どのように考えましたか？」

花子：「私は，上の面，真ん中の面，下の面の順番に『かど』の個数を数えていき，すべての個数を足し合わせて［エ］個という答えを出しました。」

太郎：「ぼくも，花子さんと同じように数えたんだけど，他にうまい数え方がありますか？」

先生：「そうなんです。次のように考えれば，もっと速く数えることができますよ。一辺の長さが１㎝の立方体の『かど』の個数は８個で，この立方体が８個くっついている……。 あとは，自分たちで考えてくださいね。」

２人は計算式を紙に書き，先生に見せました。

先生：「すばらしい！　それでは，これからは図１の直方体ABCD－EFGHについて考えていきましょう。この直方体のすべての面とその内部にある『かど』の個数は何個ですか？」

(a)２人は紙に計算式を書いて，答えを言いました。

２人：「［オ］個です！」

先生：「正解です！　それでは，三角すいＡ－BDEの表面とその内部にある『かど』の個数は何個ですか？」

２人は考えています。しばらくして太郎が言いました。

太郎：「２点Ｂ，Ｄを結んだ直線上にある『かど』の個数は［カ］個で，三角形BADの周とその内部にある『かど』の個数は［キ］個だよね。また，三角形IJK，三角形LMNの周とその内部にある『かど』の個数はそれぞれ［ク］個，［ケ］個であるから，点Ｅの『かど』の個数も足し合わせれば三角すいＡ－BDEの４つの面とその内部にある『かど』の個数は［コ］個です！」

先生：「よくできました！　それでは★に入る整数を自分たちで考えてみましょう。」

２人はしばらく考えています。

花子：「直接数えるしかないのかな……。」

先生：「最初に，直方体の『かど』の個数を求め，次に三角すいＡ－BDEの『かど』の個数を求めたよね……。」

太郎：「わかった！！(b)先生の出した問題の『かど』の個数は直接数えてもよいけど，ある工夫をすることで求めることができるよね。」

太郎は紙に計算式と★に入る整数を書きました。

先生：「正解です！！」

⑴　［ア］～［コ］に入る整数を求めなさい。

⑵　波線部分の⒜について，２人が書いた計算式を書きなさい。
ただし，計算結果は書かなくてよいものとします。

⑶　波線部分の⒝について，どのように工夫して三角すいBDEGの内部（４つの面上は除く）にある『かど』の個数を求めるのかを説明しなさい。

⑷　★に入る整数を求めなさい。

なお必要であれば，次のページの方眼紙を利用しなさい。

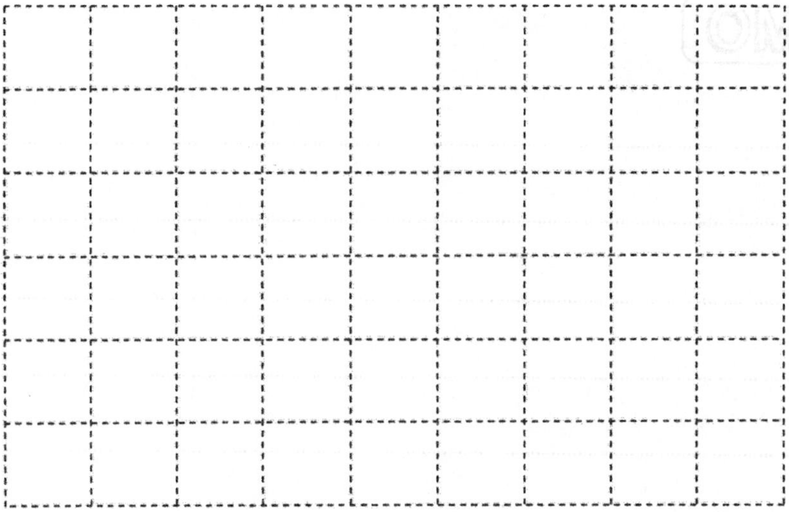

MEMO

大切なことはメモしておこうネ！

2023年度

巣鴨中学校入試問題（第１期）

【算　数】（50分）　＜満点：100点＞

【注意】　１．（式）のらんには，答えを求めるまでの式などを書きなさい。

２．定規・コンパス・分度器は使用できません。

1　次の各問いに答えなさい。

⑴　次の式が成り立つように，□に当てはまる整数を答えなさい。

$$\frac{2}{3}<\frac{\square}{7}<\frac{3}{4}$$

⑵　兄と弟の所持金の比は７：４です。２人とも450円の同じ品物を買ったところ，兄と弟の残金の比は３：１になりました。弟の残金はいくらですか。

⑶　３％の食塩水Ａを100ｇと，ある濃度（のうど）の食塩水Ｂを125ｇ混ぜたところ，8%の食塩水になりました。食塩水Ｂの濃度は何％ですか。

⑷　Ａ君とＢ君が1000m走をしたところ，Ａ君がかかった時間はちょうど４分でした。Ａ君がゴールしたとき，Ｂ君はゴールの40m手前を走っていました。Ｂ君が1000mを走るのにかかった時間は何分何秒ですか。

⑸　３台のロボットＡ，Ｂ，Ｃはある仕事をすべて行うのに，それぞれ３時間45分，2時間30分，１時間30分かかります。この仕事をはじめＡ，Ｂ，Ｃの３台で行っていましたが，開始７分後にＣが故障したので，Ａ，Ｂの２台のみで行いました。その後Ｃが直ったのと同時にＡが故障し，それ以降はＢ，Ｃの２台のみで行い，その結果この仕事を開始してから終わるまでに１時間２分かかりました。Ａ，Ｂの２台のみで仕事を行った時間は何分ですか。

⑹　右図の平行四辺形ABCDを直線Ｌを軸（じく）として１回転させたときにできる立体の体積は何cm^3ですか。ただし，円周率は3.14とします。

また，円すいの体積は（底面積）×（高さ）÷３で求められます。

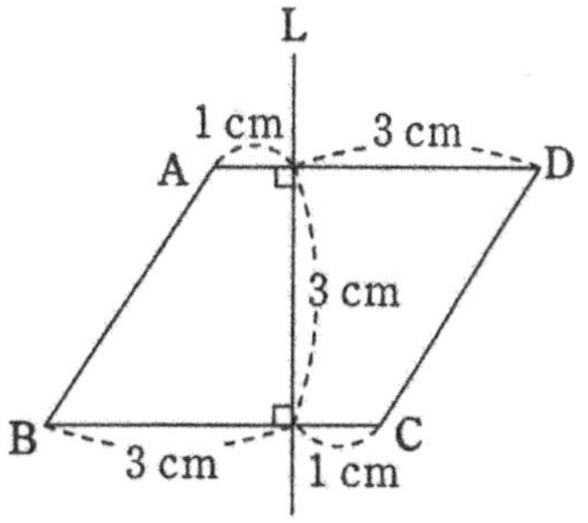

2　次の各問いに答えなさい。

⑴　49以下の整数で，49との最大公約数が１である整数は何個ありますか。

⑵　119以下の整数で，119との最大公約数が１である整数は何個ありますか。

⑶　2023以下の整数で，2023との最大公約数が１である整数は何個ありますか。

3　次のページの図のように平行四辺形ABCDがあり，辺ABを２：１に分ける点をＥ，辺BCを１：３に分ける点をＦ，直線DEと直線AFとの交点をＧ，直線DEと直線ACとの交点をＨとします。このとき，次の各問いに答えなさい。

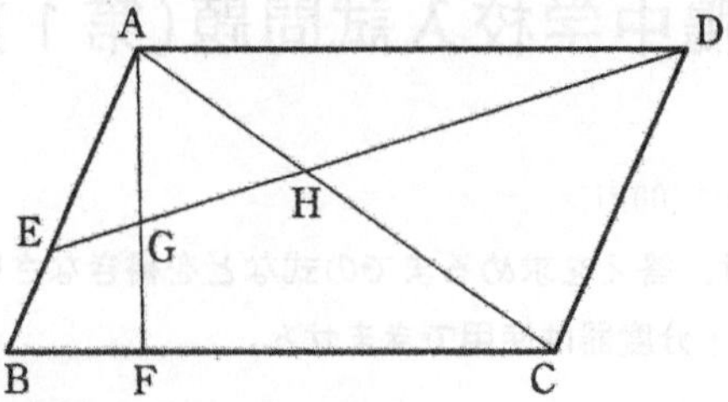

⑴　AH：HCを，最も簡単な整数の比で求めなさい。

⑵　AG：GFを，最も簡単な整数の比で求めなさい。

⑶　EG：GH：HDを，最も簡単な整数の比で求めなさい。

4　ある公園には，大きな池があります。池の周りには道があり，池の周りを歩くことができます。A君，B君，C君の３人が，この道のある地点を同時にスタートし，池の周りを歩き続けました。A君，B君は同じ方向に，C君は，A君，B君とは反対の方向に歩きます。同時に出発してから16分後にA君とC君は初めて出会い，その４分後にB君とC君は初めて出会いました。

このとき，次の各問いに答えなさい。

⑴　A君がB君に初めて追いつくのは，出発してから何分後ですか。

以下，A君とB君の歩く速さの比が17：11であるとします。

⑵　A君，B君，C君の歩く速さの比を，最も簡単な整数の比で求めなさい。

⑶　A君，B君，C君が，もしもこのまま歩き続けたとしたら，３人がスタート地点で初めて同時に出会うのは出発してから何分後ですか。

【理　科】（30分）　＜満点：50点＞

【注意】　１．字数指定のある問題は，句読点や記号なども字数にふくめます。
２．定規・コンパス・分度器・計算機は使用できません。
３．計算問題については，問題文の指示にしたがって答えなさい。

【１】　右は，健児君が食べたある日の朝食です。その食材について，次の問いに答えなさい。

ある日の朝食
ご飯，とうふとわかめのみそ汁，納豆，目玉焼き，キャベツの千切りとミニトマト

問１　とうふと納豆《なっとう》の原料であるダイズについて，次の問いに答えなさい。

⑴　図１は，ダイズの種子の断面を表しています。胚《はい》にあたる部分を，図のＡ～Ｄからすべて選びなさい。

⑵　表は，ダイズ，イネ，ゴマの種子に含《ふく》まれる成分を表したものです。ダイズは表のア～ウのどれですか。ただし，ダイズは乾燥《かんそう》させたもの，イネは精米したもの，ゴマは煎《い》ったものです。

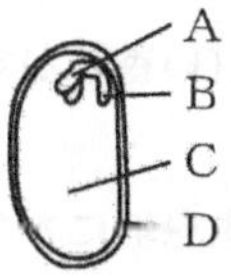

図１

表　　100gあたりの重さ(g)

	水分	炭水化物	タンパク質	しぼう	ミネラル
ア	12.4	29.5	33.8	19.7	4.6
イ	14.9	77.6	6.2	0.9	0.4
ウ	1.6	18.5	20.3	54.2	5.4

⑶　ダイズに最も多く含まれている栄養分は，消化されて最終的に何という物質になりますか。また，それはからだのどの器官で吸収されますか。

⑷　納豆は微生物《びせいぶつ》のはたらきを利用する発酵《はっこう》食品です。発酵食品ではないものを，次のア～オから１つ選びなさい。

ア．パン　　イ．しょう油　　ウ．とうふ　　エ．みそ　　オ．ヨーグルト

問２　ワカメの特徴《とくちょう》として誤っているものを，次のア～オから１つ選びなさい。

ア．光合成を行うが，植物ではない。　イ．水中で生活する。
ウ．花は咲《さ》かず，胞子《ほうし》でふえる。　エ．葉・茎《くき》・根の区別がある。
オ．維管束《いかんそく》がない。

問３　ニワトリについて，次の問いに答えなさい。

⑴　ニワトリのからだのつくりと分類について述べた文として正しいものを，次のア～エから１つ選びなさい。

ア．呼吸のしかたは，ほ乳類と同じである。
イ．心臓のつくりは，両生類と同じである。
ウ．体温の変化のしかたは，は虫類と同じである。
エ．背骨でからだを支えるつくりは，甲殻類《こうかくるい》と同じである。

⑵　次の文中の｛　　｝から正しいものを，それぞれ１つ選びなさい。

ニワトリは，①｛ア．体外　　イ．体内｝受精をし，②｛ウ．は虫類　　エ．両生類｝と同じじょうぶな殻《から》で包まれた卵を産む。

問４　キャベツやミニトマトについて，次の問いに答えなさい。

⑴　キャベツは葉を，ミニトマトは果実を主に食べています。次のア～オのうち，主に葉を食べるものと，主に果実を食べるものを，それぞれ１つ選びなさい。

ア．ジャガイモ　　イ．ブロッコリー　　ウ．ネギ　　エ．ニンジン　　オ．ピーマン

⑵　次の文中の｛　　｝から正しいものを，それぞれ１つ選びなさい。

キャベツは，ハクサイと同じ①｛ア．キク科　　イ．アブラナ科｝に属している。②｛ウ．アゲハ　　エ．モンシロチョウ｝はキャベツの葉の裏に③｛オ．まん丸い　　カ．びんの形をした｝卵を１個ずつ産み付ける。ふ化した幼虫はキャベツの葉を食べて成長する。

⑶　図２は，チョウのからだを描《えが》いたものです。解答用紙の図にあしを書き加えなさい。

図２

問５　お米について，次の問いに答えなさい。

⑴　イネについて述べた文として正しいものを，次のア～オから２つ選びなさい。

ア．芽生えは，子葉が１枚である。　　イ．茎は，形成層がなく太くならない。

ウ．葉は，細長く網《あみ》目《め》状《じょう》の葉脈がある。　　エ．花は，花びらがあり甘《あま》い香りがする。

オ．根は，太い主根と多数の細い側根がある。

⑵　お米がつくられる水田は，いろいろな生き物のすみかや，渡《わた》り鳥の生息地にもなっています。水田で見られる生き物について述べた文として正しいものを，次のア～エから１つ選びなさい。

ア．アマガエルの幼生は，成体と同じ肺呼吸をしている。

イ．アマサギやサシバは，春に北の地域から渡ってくる夏鳥である。

ウ．アキアカネの幼虫は水中で生活し，陸でさなぎとなってから羽化《うか》する。

エ．アメリカザリガニは，ウシガエルのえさとして持ちこまれた外来生物である。

【２】　図１～図３の装置をつくりました。おもりの重さは1000ｇです。輪じくの輪の半径は21㎝であり，じくの半径は７㎝です。ばねＡ，Ｂ，Ｃは同じ性質で，1000ｇのおもりをつるすと４㎝伸《の》びます。ただし，輪じく・かっ車・ばね・糸の重さは考えないものとし，糸は伸び縮《ちぢ》みせず，輪じく・かっ車はなめらかに動くものとします。次の問いに答えなさい。なお，答えは小数第２位を四捨五入して書きなさい。

おもり・かっ車・ばねＡとＢ・糸を使って図１の装置をつくりました。ばねＡにつながった糸の点Ｐを手で引いて支えたところ，全体がつり合い静止しました。このとき，ばねＡの伸びは６㎝であり，おもりは床《ゆか》についていました。

問１　図１で，Ｐにかかる重さは何ｇですか。

問２　図１で，Ｂの伸びは何㎝ですか。

問３　図１で，床がおもりから受ける重さは何ｇですか。

図１

おもり・輪じく・ばねＣ・糸を使って図２の装置をつくりました。じくにつながった糸の点Ｑを手で引いて支えたところ，全体がつり合い静止しました。このとき，ばねＣの伸びは15㎝であり，おもりの床からの高さは24㎝でした。

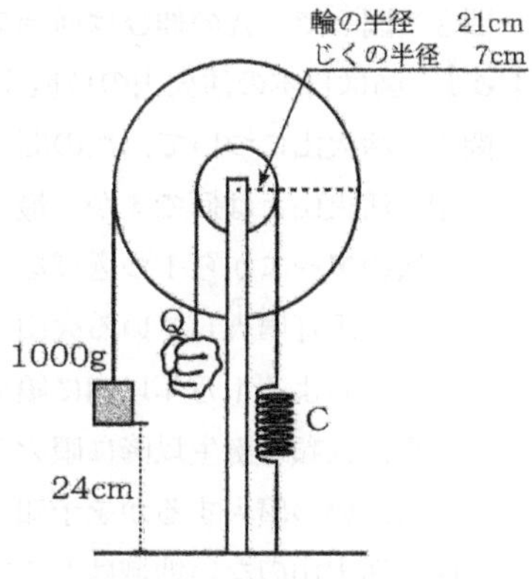

図２

問４　図２で，Ｑにかかる重さは何ｇですか。

問５　図２から，Ｑを４㎝引き下げるとおもりは何㎝動きますか。

図２から，点Ｑを引き下げ，おもりが地面につく瞬間《しゅんかん》に手をとめました。ただし，おもりをつるしている糸はたるんでおらず，ばねＣは輪じくに接触《せっしょく》しないものとします。

問６　このとき，Ｃにかかる重さは何ｇですか。

図１と図２の装置を組み合わせて図３の装置をつくりました。ばねＡにつながった糸の点Ｐを手で引いて支えたところ，全体がつり合い静止しました。このとき，ばねＣの伸びは15㎝であり，おもりの床からの高さは24㎝でした。なお，それぞれの糸は輪じくに，図４のように巻きつけられています。

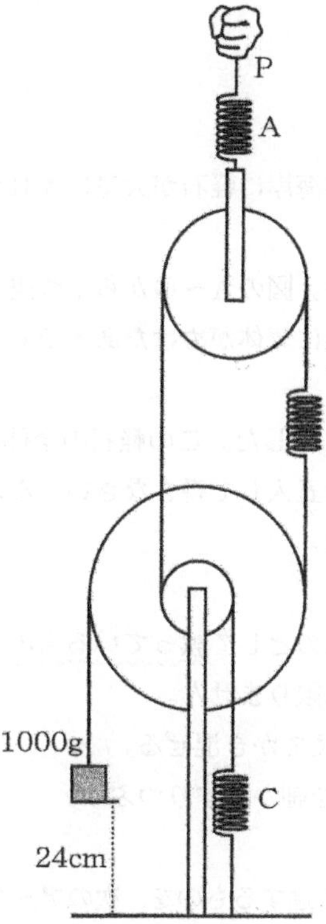

図３

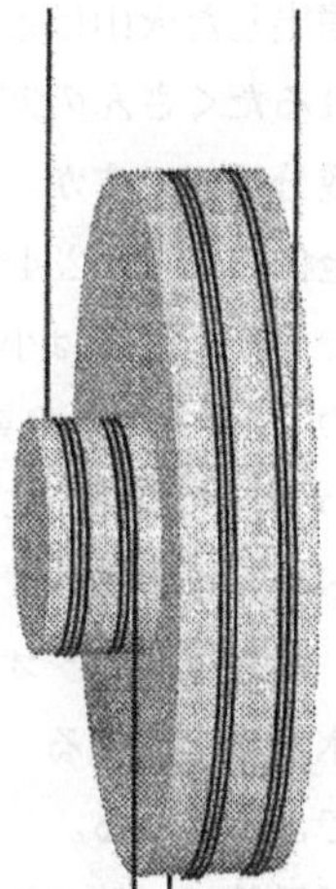
図４

問７　図３で，Ｂの伸びは何㎝ですか。

問８　図３で，Ａの伸びは何cmですか。

【３】　図は日本の活火山の位置を示したものです。次の問いに答えなさい。

問１　活火山について，次の問いに答えなさい。

⑴　活火山とは何ですか。最も適するものを，次のア～エから１つ選びなさい。

ア．現在噴火《ふんか》している火山

イ．およそ１万年以内に噴火した火山

ウ．人類の誕生以降に噴火した火山

エ．いつ噴火するかを予知できる火山

⑵　活火山のない地域はどこですか。次のア～クからすべて選びなさい。

ア．北海道地方

イ．東北地方

ウ．関東地方

エ．中部地方

オ．近畿《きんき》地方

カ．中国地方

キ．四国地方

ク．九州地方

問２　2021年の秋に沖縄から関東にかけての各地の海岸に軽石が大量に流れつき，漁業や海上交通に影響《えいきょう》がでました。次の問いに答えなさい。

⑴　この軽石を噴出した火山はどこにありますか。図のＡ～Ｇから１つ選びなさい。

⑵　軽石にみられるたくさんの穴は，噴出した際に気体がぬけたあとです。火山ガスに最も多く含《ふく》まれている成分は何ですか。

⑶　ある軽石の全体の体積が234cm^3，重さが183ｇでした。この軽石の全体の体積のうち，すきまの割合は何％ですか。答えは小数第１位を四捨五入して書きなさい。なお，穴がまったく無い部分での軽石の１cm^3あたりの重さは３ｇでした。

問３　火山灰について，次の問いに答えなさい。

⑴　火山灰を調べるときの操作について述べたものとして誤っているものを，次のア～オから１つ選びなさい。ただし，ア～オは操作の順とは限りません。

ア．にごった水だけを捨てる。　　イ．水を加えてかき混ぜる。

ウ．親指の腹でよくこねる。　　エ．火山灰を細かくすりつぶす。

オ．ルーペや顕微鏡《けんびきょう》で，粒《つぶ》の形や色を調べる。

⑵　火山灰と河原の砂について述べた文として最も適するものを，次のア～エから１つ選びなさい。

ア．火山灰の粒には，角がとれて丸いものが多く，小さなものが水をにごらせる。

イ．河原の砂の粒には，角がとれて丸いものが多く，小さな砂が水をにごらせる。

ウ．火山灰の粒には，角ばったものが多く，ガラスのかけらのようなものもある。

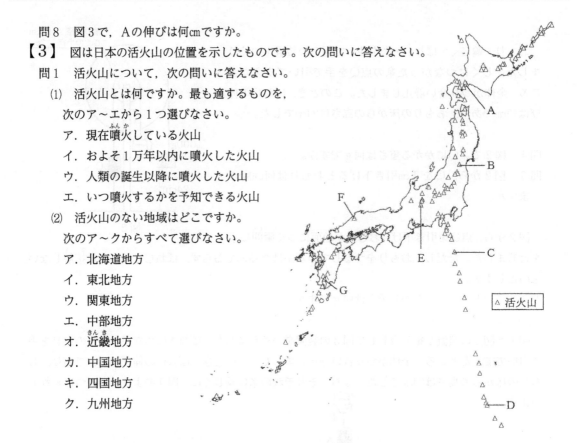

エ．河原の砂の粒には，角ばったものが多く，ガラスのかけらのようなものもある。

問4　地球の歴史の77.4万～12.9万年前の時代を［X］とよぶことが2020年に決まりました。その名《めい》称《しょう》は，日本国内の，この時代の代表的な地層がある場所にちなんだものです。次の問いに答えなさい。

⑴　上の文中の［X］に適する用語を答えなさい。

⑵　地球は大きな磁石のような性質をもっていますが，そのN極とS極がたびたび入れかわっていたことがわかっています。そして，約77万年前に最後の逆転がおこり，それ以後は現在と同じになりました。現在，磁石の性質のN極があるのは，北極付近と南極付近のどちらですか。

⑶　この時代の名称には，日本以外の候補地もありました。［X］に決まった理由のひとつには，日本の候補地での，その地層の堆積《たいせき》の速さ（一定時間に堆積した地層の厚さ）があります。その堆積の速さについて述べた文として最も適するものを，次のア～エから1つ選びなさい。

ア．堆積が速かったため，この時代の地層が厚い。

イ．堆積が速かったため，この時代の地層がうすい。

ウ．堆積が遅《おそ》かったため，この時代の地層が厚い。

エ．堆積が遅かっかため，この時代の地層がうすい。

⑷　［X］の代表的な地層では，一番下に白い火山灰の層があります。この火山灰の分析《ぶんせき》結果も含めて［X］の始まりが77.4万年前と決定されました。この火山灰を噴出した火山が2014年に噴火し，戦後最大の火山災害となりました。この火山はどこにありますか。図のA～Gから1つ選びなさい。

問5　ある図鑑《ずかん》に「わたしたちは火山を食べているようなものです」と書かれていました。これはどういう意味ですか。最も適するものを，次のア～エから1つ選びなさい。

ア．火山灰は空気中にたくさんあり，いつも体内に入りこんでくる。

イ．火山の噴出物が土壌《どじょう》となり，そこを畑として野菜がつくられている。

ウ．水道水になる川の水に火山灰の成分がたくさん溶《と》けこんでいる。

エ．家畜《かちく》は草を食べるときにいっしょに火山灰も食べている。

【4】　健児君は，学校の自由研究のテーマとして「食品」をあつかった実験を行いました。次の実験Ⅰ，Ⅱについて，あとの問いに答えなさい。なお，計算の答えは小数第1位を四捨五入して書きなさい。

［実験Ⅰ　トマトの甘《あま》さを見分ける］

操作1　3種類のミニトマト（A，B，C）を，それぞれヘタをとって水の入ったビーカーに入れた。すると，ミニトマトAが浮《う》いてきたため，それを取り出した。

操作2　操作1のビーカーに砂糖を大さじ1杯《ぱい》加え，よく混ぜた。すると，ミニトマトBが浮いてきたため，それを取り出した。ビーカーにはミニトマトCが残った。

操作3　3種類のミニトマトを食べ比べ，どれが一番甘いかを確かめた。

考察1　水に浮くか沈《しず》むかは，（　①　）によって決まる。

考察2　トマトや果物が甘いのは，果糖やショ糖といった（　②　）が多く含《ふく》まれているからである。

考察3　水に砂糖を加えてミニトマトBが浮かんできたのは，ミニトマトBの（　①　）が水よりも（　③　），砂糖水より（　④　）からである。

問１　(①) にあてはまるものを，次のア～エから１つ選びなさい。

ア．体積　　イ．重さ　ウ．比重　　エ．表面積

問２ (②) にあてはまるものを，次のア～エから１つ選びなさい。

ア．ビタミン　　イ．タンパク質　　ウ．しぼう　エ．炭水化物

問３　(③)，(④) にあてはまる語として適するものを，次のア～エから１つ選びなさい。

ア．③：大きく　④：大きい　　イ．③：大きく　④：小さい

ウ．③：小さく　④：大きい　　エ．③：小さく　④：小さい

問４　３種類のミニトマトのなかで最も甘かったものはどれですか。Ａ～Ｃの記号で答えなさい。

[実験Ⅱ　ピーナッツのカロリーを測定する]

健児君は「ピーナッツはカロリーが大きく，食べ過ぎは体に良くない」という話を聞き，ピーナッツのカロリーを測定するために，次の操作１～５を行いました。

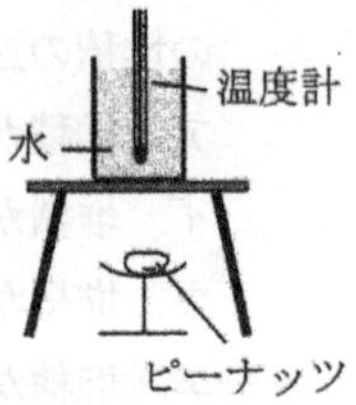

操作１　皮をむいたピーナッツの重さを測定したところ，１ｇだった。

操作２　操作１のピーナッツを図のようにおき，その上部に20℃の水150ｇを入れたビーカーをおいた。

操作３　ピーナッツに火をつけ，水をかき混ぜ続けた。

操作４　水の温度が40℃になったところで，すみやかにピーナッツの火を消した。

操作５　燃え残ったピーナッツの重さを測定したところ，0.25ｇだった。

次に，健児君は図書館でカロリーについて調べ，次の情報１～３にまとめました。

情報１　カロリーとはエネルギー（熱量）を表す単位の１つである。

情報２　エネルギーとは「ものにたくわえられた仕事をする能力」である。なお，「仕事」とはものを動かしたり，熱々（Ｘ）を出したりすることである。

情報３　１カロリーとは，水１ｇを１℃上げるために必要なエネルギーの大きさである。

問５　(Ｘ)にあてはまるものはいくつかあります。そのうちの２つを書きなさい。

問６　次の問いに答えなさい。なお，外部との熱のやりとりはないものとします。

⑴　30℃の水200ｇと60℃の水100ｇを混ぜたとき，その水の温度は何℃になりますか。

⑵　０℃の氷100ｇと60℃の水300ｇを混ぜ合わせると，何℃の水になりますか。ただし，80ｇの水を１℃上げるエネルギーの大きさと，0℃の氷１ｇを０℃の水１ｇに変化させるエネルギーの大きさは等しいものとします。

問７　このピーナッツのもつエネルギーは１ｇあたり何カロリーですか。なお，燃えたピーナッツから生じた熱はすべてビーカーに入れられた水をあたためるために用いられたとします。また，ピーナッツの燃えた部分はすべて気体となり，燃え残ったピーナッツに付着していないものとします。

【社　会】（30分）　＜満点：50点＞

【注意】　字数指定のある問題は，句読点やかぎかっこなどの記号も字数にふくめます。

1　次の表１は各都道府県の花と木の一覧です。この表に関する下の問いに答えなさい。

表　1

都道府県名	都道府県の花	都道府県の木
北海道	ハマナス	エゾマツ
青森県	リンゴの花	ヒバ
岩手県	キリ	ナンブアカマツ
宮城県	ミヤギノハギ	ケヤキ
秋田県	フキのとう	秋田スギ
山形県	べにばな(紅花)	さくらんぼ
福島県	ネモトシャクナゲ	ケヤキ
茨城県	バラ	ウメ
栃木県	やしおつつじ	トチノキ
群馬県	レンゲツツジ	クロマツ
埼玉県	サクラソウ	ケヤキ
千葉県	なのはな	マキ
東京都	ソメイヨシノ	イチョウ
神奈川県	ヤマユリ	イチョウ
新潟県	チューリップ	ユキツバキ
富山県	チューリップ	立山杉
石川県	クロユリ	あて
福井県	スイセン	マツ
山梨県	ふじざくら	かえで
長野県	りんどう	しらかば
岐阜県	れんげ	イチイ
静岡県	つつじ	もくせい
愛知県	カキツバタ	ハナノキ

都道府県名	都道府県の花	都道府県の木
三重県	ハナショウブ	神宮スギ
滋賀県	石楠花	紅葉
京都府	しだれ桜 嵯峨ぎく・なでしこ	北山杉
大阪府	さくらそう・うめ	いちょう
兵庫県	ノジギク	クスノキ
奈良県	奈良八重桜	すぎ
和歌山県	ウメ	ウバメガシ
鳥取県	二十世紀梨の花	ダイセンキャラボク
島根県	ボタン	クロマツ
岡山県	Y の花	あかまつ
広島県	モミジ	モミジ
山口県	夏みかんの花	アカマツ
徳島県	すだちの花	やまもも
香川県	オリーブ	オリーブ
愛媛県	みかんの花	まつ
高知県	ヤマモモ	ヤナセスギ
福岡県	うめ	つつじ
佐賀県	クスの花	クス
長崎県	雲仙ツツジ	ヒノキ ツバキ
熊本県	リンドウ	クスノキ
大分県	豊後梅	豊後梅
宮崎県	はまゆう	フェニックス
鹿児島県	ミヤマキリシマ	クスノキ カイコウズ
沖縄県	デイゴ	リュウキュウマツ

（全国知事会のホームページより作成）

問１　次のページの図１は秋田県の県の木である秋田スギの天然林の分布のうち，秋川市周辺のものをしめしています。秋田スギの天然林は，いわゆる「日本三大美林」のひとつに数えられています。図１中の実線で囲まれた範囲《はんい》に見られる秋田スギの天然林が生育している斜面《しゃめん》として正しいものを，あとのア～エより１つ選び，記号で答えなさい。なお等高線は100m間隔《かんかく》で，拡大図中は50m間隔で描《えが》いてあります。

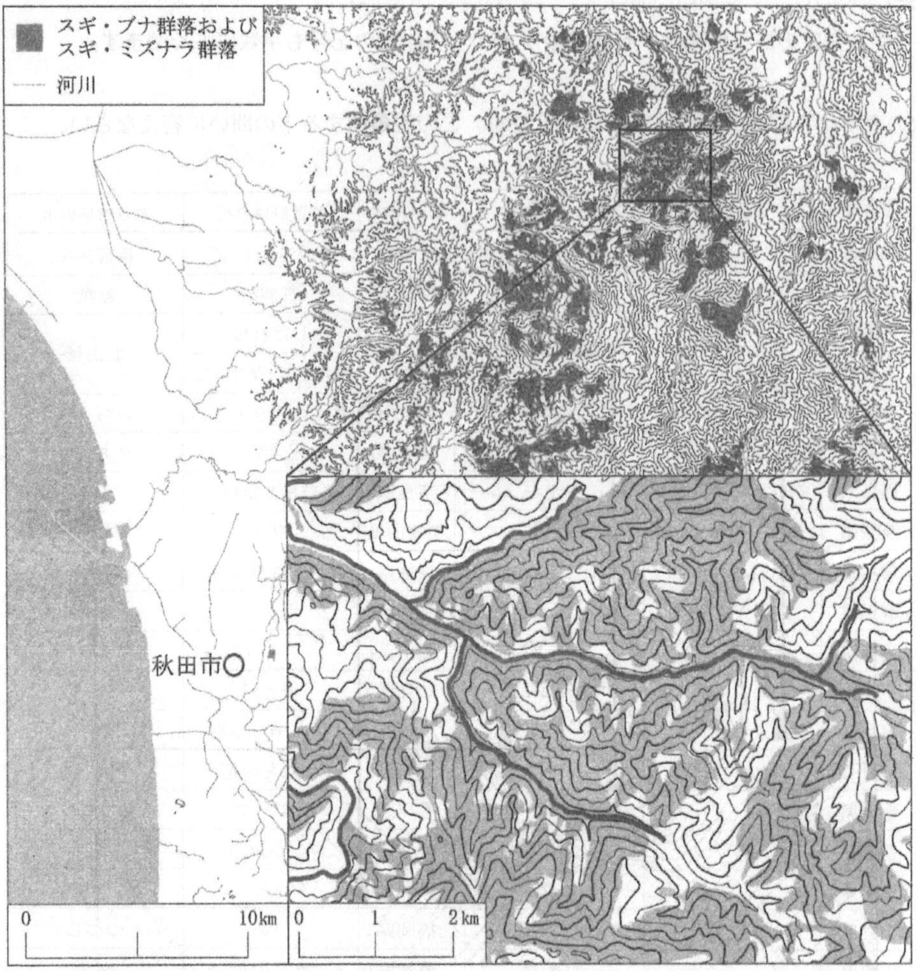

（国土地理院「基盤地図情報」，環境省生物多様性センター「植生調査（1/25,000 縮尺）秋田県」，
国土交通省「国土数値情報（秋田県：河川，行政区域データ，国・都道府県の機関データ）」より作成）

図　1

ア．扇状地のゆるやかな斜面　　　　　イ．河岸段丘の平面と平面の間の急な斜面

ウ．台地と海岸平野との間の急な斜面　　エ．Ｖ字谷の急な斜面

問２　富山県，鳥取県の県の木および長崎県，鹿児島県の県の花には各県内の山名がふくまれています。最も標高が高く，山頂付近に氷河がみられるものを，次のア～エより１つ選び，記号で答えなさい。

ア．立山　　イ．大山　　ウ．雲仙岳　　エ．霧島山

問３　長野県の県の花はりんどうです。次の図２は長野県内のりんどうの自生地Ｘ周辺のものです。図３は図２中の実線Ｋ～Ｎのそれぞれの断面図をあらわしています。りんどうの自生地Ｘをふくむ L の断面図を図３中のア～エより１つ選び，記号で答えなさい。なお，すべての断面図で実線の●側が左に，○側が右になっています。また，縦軸《たてじく》の数値は最も低い地点からの標高差をしめしています。（図２，図３は次のページにあります。）

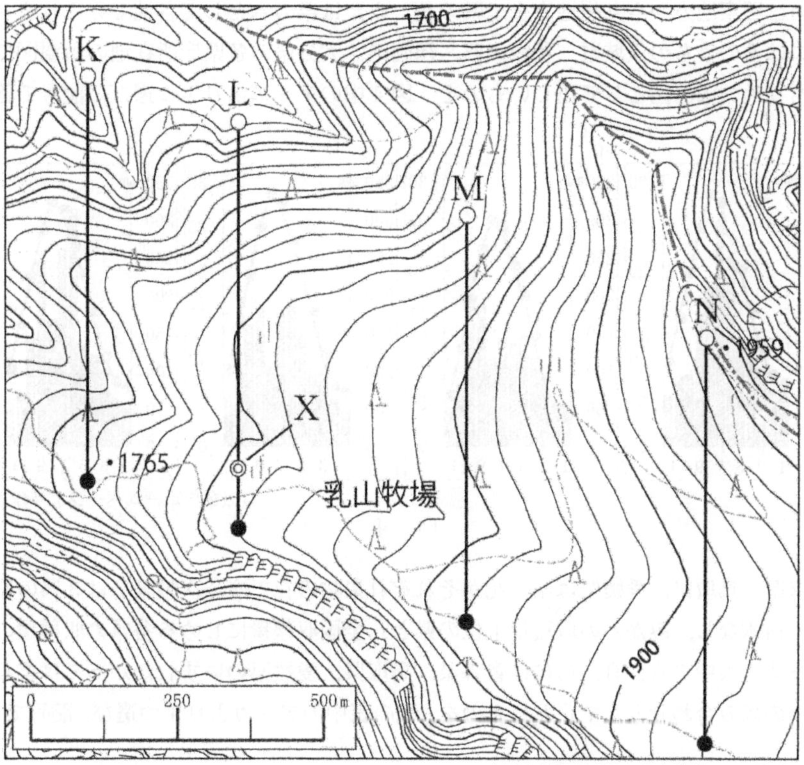

（国土地理院「国土基本情報」より作成）

図　2

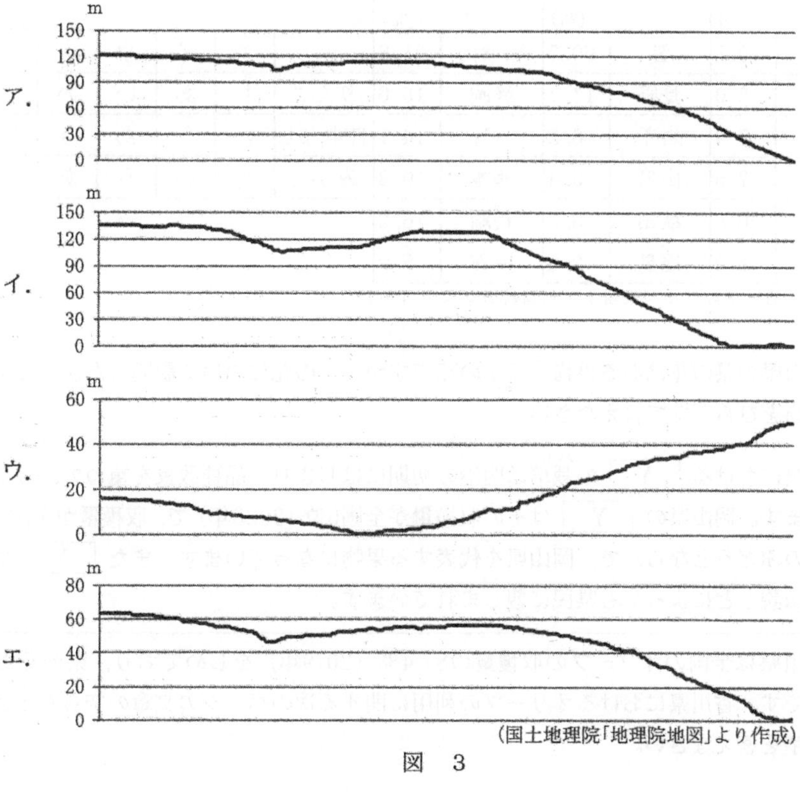

(国土地理院「地理院地図」より作成)

図　3

問4　うめは関東地方から九州地方まで県の花，または県の木として各地で見られます。次の図4のア～エはそのうちの茨城県，和歌山県，福岡県，大分県の各県庁所在地の雨温図です。茨城県の県庁所在地の雨温図として正しいものを，図4中のア～エより1つ選び，記号で答えなさい。

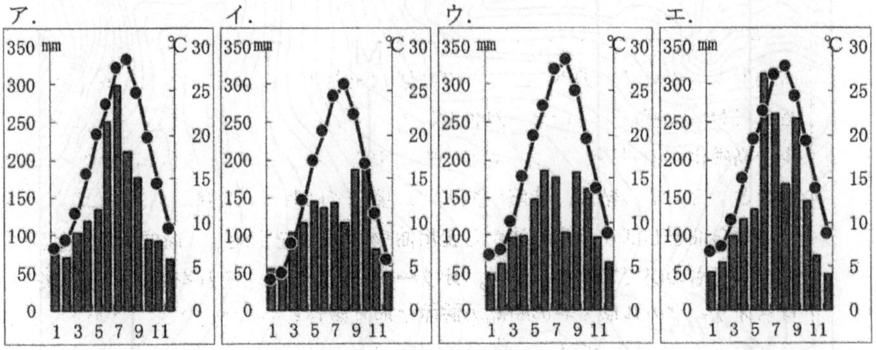

（気象庁ホームページより作成）

図　4

問5　青森県，鳥取県，愛媛県は県の花がそれぞれ果物の花です。次の表2は3県の県の花であるりんご，日本なし，みかんの収穫《しゅうかく》量上位の県と，全国収穫量にしめる各県の収穫量の割合をしめしています。表中のA，B，Cには青森県，鳥取県，愛媛県のいずれかがあてはまります。あ～うの果物の組み合わせとして正しいものを，下の表中のア～カより1つ選び，記号で答えなさい。

表　2

あ	(%)	い	(%)	う	(%)
千葉	10.7	B	60.7	和歌山	21.8
長野	8.0	長野	17.7	静岡	15.6
茨城	7.9	岩手	6.2	C	14.7
福島	7.6	山形	5.4	熊本	10.8
栃木	6.6	秋田	3.3	長崎	6.2
A	6.2	福島	2.8	佐賀	5.9

（農林水産省『令和2年産果樹生産出荷統計』より作成）

	ア	イ	ウ	エ	オ	カ
りんご	あ	あ	い	い	う	う
日本なし	い	う	あ	う	あ	い
みかん	う	い	う	あ	い	あ

問6　岡山県の県の花はある果物 Y の花ですが，この花について説明した次の文章を読んで，この果物をひらがなで答えなさい。

> 岡山県における Y の栽培《さいばい》は明治の初期にはじまり，品種改良を重ねて，今日にいたっています。岡山県の Y はその収穫量が全国6位（2020年）で，収穫量が全国4位（2020年）のぶどうとならんで，岡山県を代表する果物になっています。また Y は，ある有名な伝説などによっても県民に親しまれています。

問7　香川県は全国のオリーブの収穫量の87.4％（2019年）をしめており，県の花も県の木もオリーブです。香川県におけるオリーブの利用に関する次のページの文章の空らん Z にあてはまる数字を答えなさい。

香川県内の小豆島が国内のオリーブ栽培の発祥地《はっしょうち》とされているが，輸入物におされて栽培は衰退《すいたい》していた。21世紀に入ってから，しょうゆ産業などの衰退《すいたい》や，少子高齢化《こうれいか》への対策として，島内の町が中心となってオリーブ栽培をすすめる政策をとった。その結果，栽培が拡大し，現在では農家でも栽培だけでなく，オリーブから油をしぼり，その油から食用油や化粧《けしょう》品《ひん》を生産し，通信販売《はんばい》で全国に販売するものがでてきた。また，オリーブ油をしぼり，それを加工する企業《きぎょう》が自らオリーブの栽培とその製品の販売《はんばい》に取り組むものもでてきた。このように香川県ではオリーブに関連する［　Z　］次産業化が進んでいる。

問８　いちょうは東京都，神奈川県，大阪府の各都府県の木になっています。いちょうは生育が早く，火災にも強いため，古くは寺社などの庭園に植えられてきました。また，公害にも強いため，近年では街路樹となっていることも多くなっています。これらにより，都市の人口の多い３都府県では市民がこの木をイメージしやすかったことが選定の理由のひとつになっています。上にあげた，いちょうが強いとされる公害を，次のア～エより１つ選び，記号で答えなさい。

ア．水質汚濁《おだく》　　イ．大気汚染《おせん》　　ウ．地盤沈下《じばんちんか》　　エ．悪臭《あくしゅう》

問９　次の表３は，表１の都道府県の木を葉の形とそれが季節で落ちるかどうかを地方ごとに分けて割合を出したものです。表３中のＰ～Ｒはそれぞれ針葉樹，常緑広葉樹，落葉広葉樹にあたります。針葉樹は寒い地域に多いものの全国に分布しており，常緑広葉樹は暖かい地方に多く分布しています。Ｐ～Ｒと樹種の組み合わせとして正しいものを，次のア～カより１つ選び，記号で答えなさい。

表　３

	P (%)	Q (%)	R (%)
北海道	0.0	100.0	0.0
東北	50.0	50.0	0.0
関東	71.4	28.6	0.0
中部	33.3	44.4	22.2
近畿	28.6	42.9	28.6
中国	20.0	80.0	0.0
四国	0.0	50.0	50.0
九州	22.2	11.1	66.7
沖縄	0.0	100.0	0.0

（表１より作成）

	ア	イ	ウ	エ	オ	カ
針葉樹	P	P	Q	Q	R	R
常緑広葉樹	Q	R	P	R	P	Q
落葉広葉樹	R	Q	R	P	Q	P

問10　東京都の都の花のソメイヨシノ，山梨県の県の花のふじざくら，奈良県の県の花の奈良八重桜はすべてさくらです。この３つの都県の人口の変化には大きな差があります。次のページの図５は，この３つの都県の1945年の人口を100とした人口の推移を表しています。図５中のＳ～Ｕと３つの都県の組み合わせとして正しいものを，あとのア～カより１つ選び，記号で答えなさい。

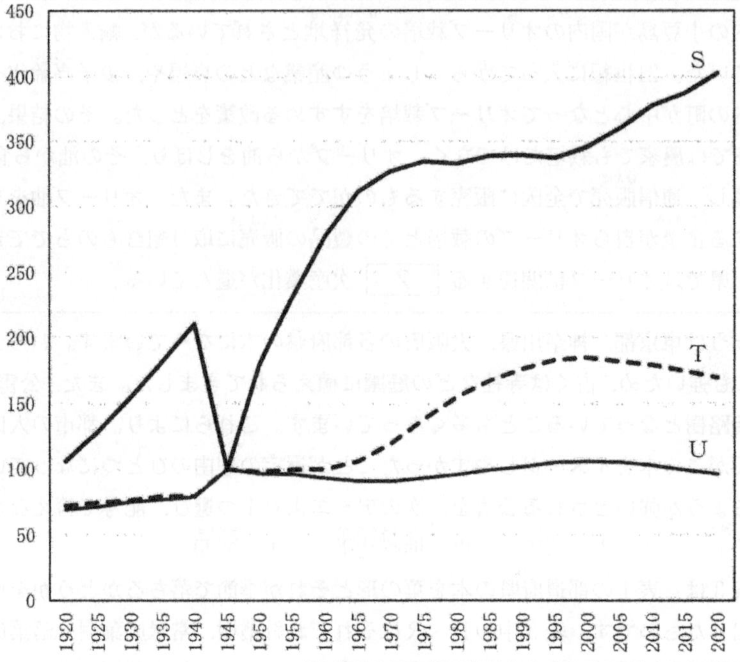

（総務省統計局『国勢調査時系列データ』より作成）

図　5

	ア	イ	ウ	エ	オ	カ
S	東京都	東京都	奈良県	奈良県	山梨県	山梨県
T	奈良県	山梨県	東京都	山梨県	東京都	奈良県
U	山梨県	奈良県	山梨県	東京都	奈良県	東京都

2　巣鴨中学校は長野県の蓼科にも校舎があります。長野県の歴史について述べた次の１～10の文章を読み，下の問いに答えなさい。

1．1962年にはじまった市民参加の発掘調査により，［　①　］からナウマンゾウやオオツノジカの骨や牙《きば》などとともに，それらを解体したと考えられる石器が出土した。

2．茅野《ちの》市の遺跡《いせき》からは，国宝に指定されている「仮面の女神」と称《しょう》される②土偶をはじめ，さまざまな形や大きさの土偶や土器などが数多く出土している。

3．千曲市の森将軍塚古墳は全長100mにおよぶ県内最大の前方後円墳で，副葬品などの特徴《とくちょう》から，③４世紀中ごろの築造であることが明らかとなった。

4．『将門記』には，平将門が④信濃国分寺の周辺で平貞盛と戦ったことが記されており，これにより信濃国分寺が焼失したとも言われている。

5．⑤鎌倉幕府成立後，比企能員が信濃国の初代守護に任じられたが，1203年に北条時政によってほろぼされると，時政の子の義時がそのあとを継《つ》いだ。

6．北信濃の支配権をめぐって⑥甲斐の武田信玄と越後の上杉謙信が繰《く》り広げた５回にわたる合戦を総称して，川中島の戦いと呼んでいる。

7．⑦浅間山の噴火とそれによる降灰被害《ひがい》や冷害などにより大飢饉《ききん》が生じると，多くの餓死者《がししゃ》が出て全国で百姓一揆が多発し，江戸や大阪などでは打ちこわしが発生した。

８．⑧文明開化期を象徴《しょうちょう》する建築物として知られている松本市の旧開智学校の校舎は，近代学校建築として初めて国宝に指定された。

９．長野県には多くの製糸工場がつくられて日本の生糸輸出を支えたが，⑤世界恐慌による繭《まゆ》の価格の暴落で大打撃《だいだげき》を受けた養蚕農家の中には，満州へ渡《わた》った者も少なくなかった。

10．軍部は本土決戦最後の拠点《きょてん》として長野県の松代に⑩大本営や政府の各省などを移す計画を極秘のうちにたて，それにもとづいて10㎞あまりにおよぶ地下壕《ちかごう》を建設した。

問１　空らん ① にあてはまる湖の名を，漢字で答えなさい。

問２　下線部②について，土偶がつくられた時代について述べた文として正しいものを，次のア～エより１つ選び，記号で答えなさい。

ア．銅鐸・銅鏡・銅剣などの青銅器が，おもに祭器や宝器として用いられた。

イ．ほら穴などに住み，狩《か》りや採集をおこなって移動しながら生活していた。

ウ．集落のまわりを濠《ぼり》や土塁《どるい》で囲んだ環濠集落がつくられた。

エ．動物の骨や角を加工したつり針やもりを用いて漁をおこなった。

問３　下線部③について，４世紀以降，大陸からやってきた渡来人がもたらしたものとしてあやまっているものを，次のア～エより１つ選び，記号で答えなさい。

ア．暦　　イ．円筒《えんとう》埴輪　　ウ．紙　　エ．須恵器

問４　下線部④について，国ごとに国分寺・国分尼寺の建立を命じた聖武天皇の時代について述べた文として正しいものを，次のア～エより１つ選び，記号で答えなさい。

ア．墾田永年私財法を出して，開墾した土地を永久に私有することを認めた。

イ．律令政治を立て直すため，国司の不正を取りしまり，農民の負担を減らした。

ウ．平城京へ都をうつすとともに，和同開珎をつくった。

エ．唐風を重んじるとともに，空海に東寺をあたえた。

問５　下線部⑤について，鎌倉幕府のしくみについて述べた文として正しいものを，次のア～エより１つ選び，記号で答えなさい。

ア．管領がおかれ，将軍を補佐《ほさ》するとともに侍所や政所などを統轄《とうかつ》した。

イ．京都所司代がおかれ，朝廷や西国の監視《かんし》などをおこなった。

ウ．評定衆がおかれ，執権らとともに会議を開いて政務にあたった。

エ．寺社奉行がおかれ，寺や神社の管理や統制などをおこなった。

問６　下線部⑥について，彼《かれ》らのような戦国大名が独自の分国法を定めた目的を，30字以内で説明しなさい。

問７　下線部⑦について，この飢饉で荒《あ》れた農村を立て直すためにおこなわれた政策について述べた文として正しいものを，次のア～エより１つ選び，記号で答えなさい。

ア．年貢のかけ方を，米の収穫《しゅうかく》高によって決める検見法から，豊凶《ほうきょう》にかかわらず一定量を徴収《ちょうしゅう》する定免法へ変更《へんこう》した。

イ．農村からの出稼《でかせ》ぎを制限して，すでに都市へ出てきていた農民に故郷へ帰るよう促《うなが》した。

ウ．徳政令を出して，質入れされた土地を無償《むしょう》で返させるとともに，今後は土地を質入れしたり売買することを禁止した。

エ．荘園から税を納めなくてもよい権利である不輸の権や，国司の使者が荘園に立ち入るのを拒《こば》む権利である不入の権などを認めた。

問８　下線部⑧について，文明開化期に欧米諸国から取り入れられた思想の影響《えいきょう》を受けて起こった自由民権運動において，板垣退助らが1874年に提出した意見書は何を求めたものですか。10字以内で答えなさい。

問９　下線部⑨について，このころにおきた次のア～エのできごとを古いものから年代順に並びかえたとき，２番目と４番目にくるものをそれぞれ選び，記号で答えなさい。

ア．第一次世界大戦が終わる　　イ．柳条湖事件がおこる

ウ．五・一五事件がおこる　　　エ．関東大震災がおきる

問10　下線部⑩について，大本営は日清戦争・日露戦争・日中戦争以後太平洋戦争の終戦までの間にそれぞれ設置され，日本軍の統率や指揮にあたりました。日清戦争・日露戦争・日中戦争・太平洋戦争に関連して述べた文としてあやまっているものを，次のア～エより１つ選び，記号で答えなさい。

ア．日清戦争では，陸軍が遼東半島へ進出して旅順・大連を占領《せんりょう》し，海軍も日本海海戦で清の艦《かん》隊《たい》を破った。

イ．日露戦争の講和条約で賠償金《ばいしょうきん》がとれなかったことが明らかになると，日比谷焼き打ち事件がおこった。

ウ．日中戦争では，中国側が首都を南京からうつして抗戦《こうせん》を続けたため，戦争が長期化した。

エ．太平洋戦争末期の1945年8月，ソ連は日ソ中立条約を一方的に破って対日参戦した。

3　池袋を周回する「イケバス」に関する次の文章を読み，あとの問いに答えなさい。

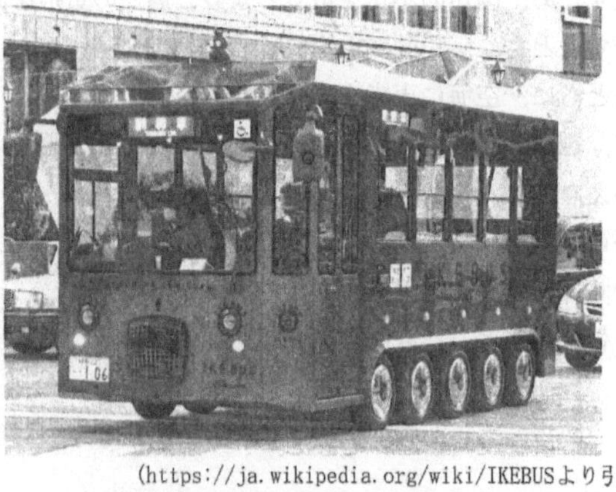

（https://ja.wikipedia.org/wiki/IKEBUSより引用）

１．2014年５月，民間の有識者会議である日本創生会議が，「2010～40年の間に20～39歳《さい》の女性が50％以上減少する可能性が高い」といった基準をもとに，全国896の自治体を「消滅《しょうめつ》可能性都市」に指定しました。これに東京23区のなかで唯一《ゆいいつ》指定された豊島区は，区長を本部長とする緊《きん》急《きゅう》対策本部を設置し，「①子どもと女性にやさしいまちづくり」をかかげ，女性中心のメンバーによる会議を立ち上げ，改革を進めました。また，同じく打開策として打ち出された「街に人を呼《よ》び込《こ》むための新たな乗り物をつくる」という構想が，池袋駅から街へ人を送り出す「イケバス」を生み出し，2019年11月に運行を開始しました。同年には，この「イケバス」を活用して，区内の保育施設《しせつ》の園児を公園に送迎《そうげい》する事業もおこなわれました。

２．「イケバス」はどのルートも2020年9月に設置された「としまキッズパーク」横の停留所に停車

します。このキッズパークは，（　②　）の有無にかかわらず一緒《いっしょ》に遊べるインクルーシブ公園として建設されたもので，こうした公園は，欧米では20年ほど前から設置が進んでおり，東京都では2020年3月に世田谷区の砧《きぬた》公園の敷地《しきち》の一角にはじめて設置されてから，だんだんと広がりをみせています。

3．「イケバス」の車両やスタッフの制服などのデザインは，九州新幹線の「つばめ」や，昨年開通して③長崎駅と佐賀県の武雄《たけお》温泉駅とを結ぶ西九州新幹線の「かもめ」をデザインした水戸岡鋭治氏が担当しました。水戸岡氏は鉄道デザインの第一人者として知られている工業デザイナーで，これまでに国内外の著名な鉄道デザイン賞や「グッドデザイン賞」を受賞している人物です。

4．「イケバス」は最高速度時速19㎞の電動車で，④温室効果ガスの排出《はいしゅつ》量もきわめて少なく，１回の充電《じゅうでん》で約60㎞走り，非常時には電源としても機能します。全長も約5mと短く，従来の路線バスでは入れなかった細い路地にも入ることができます。こうした電動小型車を活用して，現在（　⑤　）が，移動に関する住民の細かな要望にこたえ，ゆっくり進むことで乗客同士が楽しく会話でき，温室効果ガスの排出も抑《おさ》えようとする「グリーンスローモビリティ」事業を進めており，「イケバス」ほか全国の自治体での導入事例を集め，電動小型車の普《ふ》及《きゅう》活動をおこなっています。

問１　下線部①について，次の表１は，東京23区の各区における2010年度の妊娠届《にんしんとどけ》出《で》数に対する2013年度の３歳《さい》児検診《けんしん》対象者数の割合（妊娠を届け出てから子どもが３歳になるまで同じ区に住み続けている割合）を大きい順で並べたものの一部です。また図１は，豊島区の保育園児童定員数と待機児童数の推移をしめしています。さらに図２は「イケバス」が通るルートをしめしたもので，点在する公園をつないでいることがわかります。これらを合わせると，豊島区は「消滅可能性都市」から抜《ぬ》け出すために，具体的にどのような世代や世帯を引き付けようとしたと考えられますか。説明しなさい。

表１

順位(23区内)	区　名	割　合
21位	豊 島 区	72.6%
22位	渋 谷 区	71.7%
23位	中 野 区	70.4%
東京23区平均		84.9%

（荻原なつ子編著『としまＦ1会議～消滅可能性都市270日の挑戦』より作成）

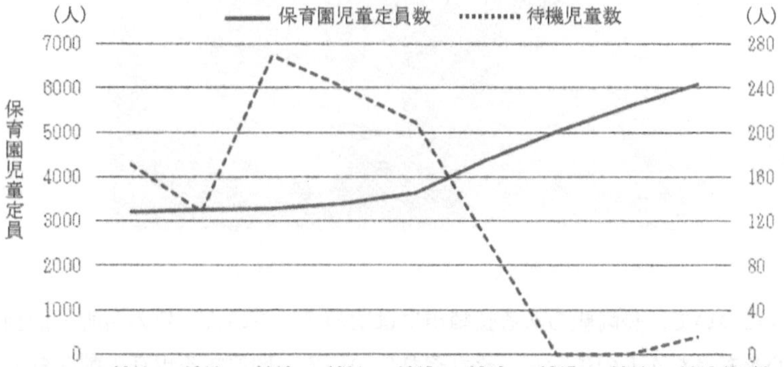

（「としま政策データブック 2015」および「としま政策データブック 2020」より作成）

図１

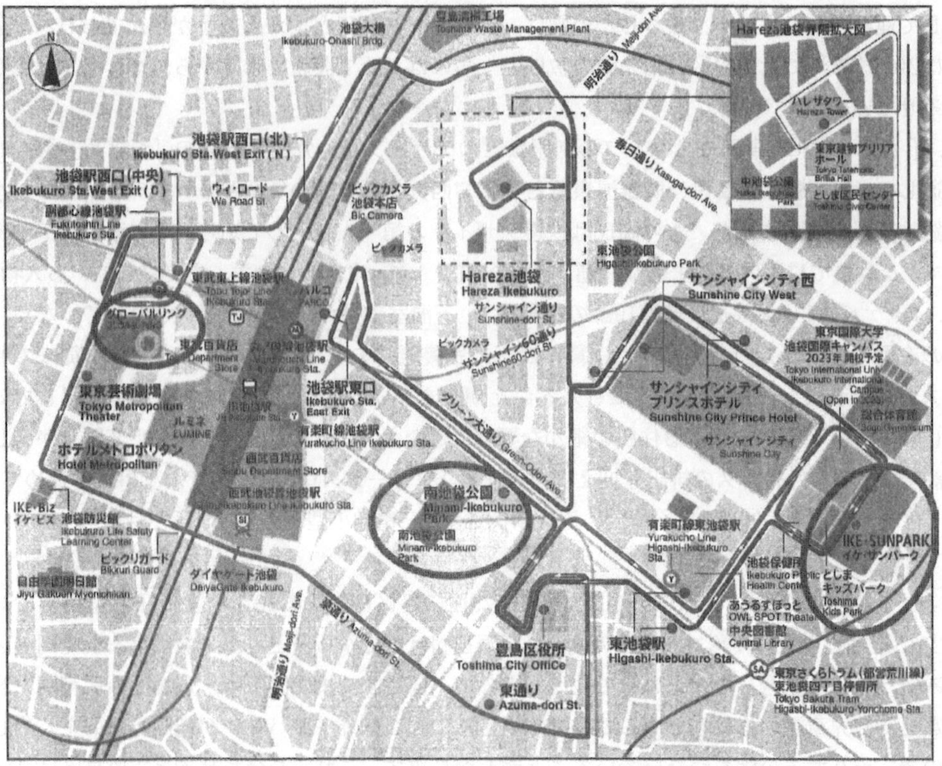

図２　　　　（豊島区公式ホームページより引用）

問２　空らん（②）にあてはまる語句を，「としまキッズパーク」内にある次の写真の砂場から考えて，記しなさい。

問３　下線部③について，長崎駅のある長崎市には次のページのＡ～Ｄの名所・旧跡《きゅうせき》があります。これらに関心をもった４人の生徒が，それぞれについて，関連する現在の動向もふくめて調べたことを発表しました。あとのア～オより正しいものを１つ選び，記号で答えなさい。

A.

B.

C.

D.

巣《そう》　太《た》：Aは，長崎県出身の彫刻《ちょうこく》家の手による平和祈念像で，原爆によって破壊《はかい》されたこの地のシンボルとなっています。長崎市は，同じ被爆《ひばく》地である広島市とともに核兵器に反対するメッセージを発信しつづけています。1990年代には，爆発をともなうあらゆる場所での核実験を禁止する包括的核実験禁止条約が採択《さいたく》されましたが，現在にいたるまで発効されていません。

鴨次郎《かもじろう》：Bは，世界遺産に登録された「明治日本の産業革命遺産」の一つである通称「軍艦島《ぐんかんじま》」で，正しくは「端島《はしま》」といいます。この島から主に石炭が掘《ほ》り出され，明治時代以降の産業発展や戦後復興のエネルギー源として用いられました。しかし，エネルギー革命が起きて石炭から石油へ需要《じゅよう》が移るなか，採算が合わなくなったことで炭鉱は閉鎖《へいさ》され，現在は廃墟《はいきょ》となっています。

学《まなぶ》：Cは，世界遺産の「潜伏《せんぷく》キリシタン関連遺産」に登録された教会です。この地域には，江戸時代にキリスト教信仰《しんこう》が禁じられても，信仰を守り抜いた人々がいたことが知られています。江戸時代には「絵踏」に代表される取りしまりがおこなわれましたが，大日本帝国憲法では，制限もありながら信教の自由が認められるようになりました。日本国憲法でも，信教の自由は自由権の一つとして規定されています。

園《その》　子《こ》：Dは，中華街の門です。江戸幕府が中国船の来航を出島に限定したことで長崎に多くの中国人が来航し，彼《かれ》らがのちに移り住んだ地区に中華街ができました。また東南アジアにも，歴史的に多くの中国の人々が移り住んでいます。中国政府は近年，「自由で開かれたインド太平洋戦略」を進めており，南シナ海に人工島を建設するなど海洋進出を強めています。

ア．巣太の発表内容にあやまりがある。　　イ．鴨次郎の発表内容にあやまりがある。

ウ．学の発表内容にあやまりがある。　　エ．園子の発表内容にあやまりがある。

オ．内容にあやまりのある生徒はいない。

問４　下線部④について，次の文章の空らんにあてはまる語句をカタカナで答えなさい。

> 2020年10月，に日本政府は2050年までに温室効果ガスの排出を全体としてゼロにする［　　　］を目指すことを宣言しました。「排出を全体としてゼロにする」というのは，二酸化炭素をはじめとする温室効果ガスの排出量から，植林，森林管理などによる吸収量を差し引いて，合計を実質的にゼロにすることを意味しています。

問５　空らん（⑤）にあてはまるものを，次のア～カより１つ選び，記号で答えなさい。

ア．農林水産省・総務省　　イ．厚生労働省・文部科学省

ウ．国土交通省・環境省　　エ．文部科学省・総務省

オ．農林水産省・環境省　　カ．国土交通省・厚生労働省

問6　――部⑤「ああこういうことが必要だったのか」とありますが、「こういうこと」とは、何ですか。その答えとなる言葉を、本文中から二十五字以内で探し、ぬき出して答えなさい。

問7　――部⑥「そうしてきっと、次に進める」とありますが、次に進むこととは、何がどうなるということですか。その答えとなる言葉を、「ということ。」に続くように、本文中の言葉を使って、二十字以内で答えなさい。

問8　[E] にふさわしい言葉を、次のア～エから一つ選び、記号で答えなさい。

ア　しれっとした　　イ　ケロッとした

ウ　しんみりした　　エ　スカッとした

問9　――部⑦「この一年あまりで、世界中に無数の空き地が出来た」とありますが、緊急事態宣言以降にできた空き地に対して、被災地での体験を経た筆者は、どういうことを問いかけるようになりましたか。その答えとなる言葉を、「ということ。」に続くように、本文中の言葉を使って、八十字以内で答えなさい。

それから数ヶ月後に再訪すると、おじいさんの家はすっかり更地《さらち》になっていた。まるでそこには何もなかったかのようにのっぺりと平らになった地面を見て、わたしはとてもさみしくなった。そこへ、おじいさんが自転車に乗って現れる。息子《むすこ》の家さ住むごどになったのさ、と[E]様子で言って、ちゃんときれいになってよがっだなあ、と更地を見つめてほほえむ。無事におじいさんの日常が次の場所へと移されたことが伝わってきて、はい、とわたしも頷《うなず》いた。

ここにいた人たちもおじいさんのようにちゃんとお別れができたのだろうか、と暗闇《くらやみ》に浮かぶ出来立ての空き地を前にして思う。突然《とつぜん》はじまったふつうじゃない日々に店を失って、先行きの見えなさに焦《あせ》りながら、いまも生活をつなぐのに必死かもしれないけれど。被災《ひさい》地域で壊れた家々の撤去《てっきょ》が進み、あちこちに屋敷跡の四角い空き地が出来た頃《ころ》、家を失った人びとが、その最後がどのようであったかを口々に語っていたのを思い出す。もちろんお別れができた人もそうでない人もいたけれど、見送りができた、別れの時間が持てたという実感は、多くの人びとにとって大切なものとなり、その後の生活を支えてきたように思う。

⑦この一年あまりで、世界中に無数の空き地が出来た。かつてそこにあった営みと、混乱のさなかで迎《むか》えざるを得なかったはずの別れの時間を、ひとつひとつ想像したい。（瀬尾夏美《せおなつみ》「おじいさんの空き地」による）

問1　[A]～[D]にふさわしい言葉を、次のア～エから一つずつ選び、記号で答えなさい。

ア　そっと　　イ　やはり　　ウ　ぽっかりと　　エ　わざわざ

問2　——部①「もう跡形もない。そのあっけなさにたじろぎながら、一枚だけ写真を撮った」とありますが、この時の筆者の気持ちと、ほぼ重なる気持ちを表した言葉を、この——部①より後の本文中から一文で探し、その初めの十字をぬき出して答えなさい。

問3　——部②「所在なさげにしている」とは、筆者たちも結局、どうしていたということにすぎないのですか。その答えとなる言葉を、「ということ。」に続くように、本文中から四十字以内で探し、その初めと終わりの五字をぬき出して答えなさい。

問4　——部③「わたしが育った東京のそれとはずいぶん異なった」とありますが、東京の人とその人たちとの違《ちが》いとは、どういうことでしたか。その答えとしてふさわしいものを、次のア～エから一つ選び、記号で答えなさい。

ア　東京の人は、自分にとって得にならない人助けなどしないが、その人たちは、目先の損得感情に左右されることなく、関わりを持った全ての人を助けたいと思っているということ。

イ　東京の人は、日々の生活に忙《いそが》しく、困っている人を見ても同情の気持ちを持つゆとりがないが、その人たちは、慈愛《じあい》にあふれており、人を助けたいと常に思っているということ。

ウ　東京の人は、助けてあげられないのなら同情しても意味がないと考えるが、その人たちは、助けにならないとしても、やさしさを向けることで支えになりたいと考えるということ。

エ　東京の人は、自分に縁もゆかりもない人を助けようなどとふつう思わないが、その人たちは、見ず知らずの人に対しても仲間として受け入れ、思いやりをかけてくれるということ。

問5　——部④「じゃあなんのために」の後に省略された言葉を、本文の内容に合うように、十五字以内で考えて答えなさい。

る。

東日本大震災《だいしんさい》から三週間後、友人とふたりで、津波に襲《おそ》われたまちを訪ねた。報道などで、「壊滅《かいめつ》した」と語られたその場所には、それでもそこで暮らしを立て直そうとする人たちがいた。彼《かれ》らは水に浸《つ》かった部屋の泥《どろ》をぬぐい、空き箱や何かを代用した即席《そくせき》のテーブルを囲んで語りあう。街跡を歩き、大切な何かを探しながら、倒《たお》れているものがあれば［ B ］起こし、屋敷《やしき》跡を片付けて、ときに花を手向《たむ》ける。

わたしたちはよくそういう人たちの話を聞かせてもらった。ボランティアで力仕事を手伝いに来たはずなのに、それがまったくの不得手で、結局することがなかったのだ。現場に着いてから気づくという体《てい》たらくはさておき、②所在なさげにしている学生を見つけて放っておけない人たちが声をかけてくれる。あんだ、［ C ］こんなどごさ来たのに、かわいそうだ。そう言って食卓《しょくたく》やお茶飲みの席に招いてくれたり、片付けものの手を束《つか》の間止めて、立ち話で心境を語ってくれたりする。宮城や岩手の沿岸部で幾度《いくど》となく聞いた、「かわいそう」という言葉の持つやさしさは衝撃《しょうげき》的で、③わたしが育った東京のそれとはずいぶん異なった。彼らが他者を憐《あわ》れむときには、関係性上の段差はほとんど意識されない。当然のように目の前にいる者の境遇《きょうぐう》を測り、共感し、いまできることを提案する。おかげでわたしたちは、彼らの横にただ居させてもらえた。当時声をかけてくれたのが、たいがいおじいさんやおばあさんだったのは、実は彼ら自身も所在がなかったからのような気がしている。復旧、復興を押《お》し進める担《にな》い手とは見なされず、あの状況《じょうきょう》をじっと見守っていた人たち。

宮城県石巻《いしのまき》市では、大きく傾《かたむ》いた家でひとり片付けをしているおじいさんに出会った。水を吸って重そうな畳《たたみ》を移動しようとしていたので思わず声をかけたら、あんだらには持でねえ、と笑われた。いちおう挑戦《ちょうせん》してみたものの、［ D ］まったく力が足りない。しかたないのでボランティアセンターに連絡《れんらく》すると、すぐに屈強《くっきょう》なチームが来てくれて、あっという間に畳は片付けられた。帰り際《ぎわ》にボランティアさんのひとりが、この家は直せるんですか？　と尋《たず》ねると、おじいさんは、もう壊《こわ》すしかないのさ、と答えた。そして、④じゃあなんのために？　という素朴《そぼく》な問いかけには応じないという感じで、どうもな、と笑って彼らに手を振《ふ》った。その後、炊《た》き出しでまわってきた豚汁《とんじる》をもらい、縁側《えんがわ》で一緒に食べていると、おじいさんは、ここは母ちゃんがいた場所だからな、五十年以上もお世話になったんだもの、と教えてくれた。だからきれいにしてお礼しねばなんねえのさ。ちゃんとお別れしねばね、これがを生ぎてはいげねえ。おじいさんの言葉に、⑤ああこういうことが必要だったのか、と腑《ふ》に落ちる。もう壊すしかない家だけれど、せめて別れを告げたいし、そのための時間を持ちたい。⑥そうしてきっと、次に進める。

その一ヶ月後、またおじいさんの家を訪ねた。相変わらず斜《なな》めに傾いてはいるけれど、中は壊れた家具たちがきれいに拭《ぬぐ》われ、並べ直されて、かつての生活が想起できるまでに整えられていた。軒下《のきした》には干されたゴム手袋《てぶくろ》が揺《ゆ》れていて、庭の片隅《かたすみ》の花壇《かだん》には植えたばかりの花が咲《さ》いている。毎日ここへ通い、コツコツ作業するおじいさんの姿が浮かぶ。きれいになりましたね、と声をかけると、部屋の奥《おく》にいたおじいさんが出てきて、引き出物で貰《もら》ったのであろうウサギの絵がついた鍋《なべ》のセットをくれた。

ウ　汚染物質が吸着し、濃縮したプラスチック片を生物が飲み込むことで、生物の体内に汚染物質が蓄積される可能性があるという問題。

エ　汚染物質は脂に溶けやすいため、プラスチック片を飲み込んだ母親から子へと、母乳を介して汚染物質が移行していくという問題。

問6　――部④「生態系や人の健康に影響を及ぼす」とありますが、具体的には、生物の何がどうなることにつながってしまうのですか。その答えとなる言葉を、本文中から十字以内で探し、ぬき出して答えなさい。

問7　――部⑤「皮肉なことに」とありますが、どういうことが皮肉なのですか。その答えとしてふさわしいものを、次のア～エから一つ選び、記号で答えなさい。

ア　強い生命力のある大人より、か弱い子どものほうがいつも犠牲《ぎせい》になってしまうこと。

イ　子どもを大切に育てる行為《こうい》が、母親の側が健康になることにしかなっていないこと。

ウ　親子で共に暮らしたいのに、子どもだけが単独でストランディングしてしまうこと。

エ　子どもに乳を与える愛情が、子どもを死に至らしめる行為にしかなっていないこと。

問8　――部⑥「食物連鎖のトップに君臨する海の哺乳類」の生存が脅かされていることは、海を含む地球全体の食物連鎖のトップに君臨する、私たち人類にとっても他人事《ひとごと》ではありません。そのことのきざしがうかがえる一文を、本文中から探し、その初めの十字をぬき出して答えなさい。

問9　[Z]にふさわしい言葉を、次のア～エから一つ選び、記号で答えなさい。

ア　私たち人類が絶滅《ぜつめつ》するしか解決法はない

イ　地球なんていっそ壊《こわ》れちゃえばいいんだよ

ウ　クジラやイルカには我慢《がまん》してもらうしかない

エ　プラスチックに代わるものを開発するしかない

問10　海洋プラスチックを減らすために、私たちは生活の中で、どういうことに取り組まないといけないのですか。本文の内容をふまえ、「プラスチック」という言葉を必ず使って、五十字以内で答えなさい。

【三】　次の文章を読んで、後の問いに答えなさい。

日課のようになっている夜の散歩道で、ちいさな空き地を見つけた。たまたまその晩目に留まったというだけで、いつからそこが空き地になっていたのかはよくわからないのだが、高い建物のあいだに[A]浮《う》かぶ紺色《こんいろ》の空白はきれいだった。しかし、ここには何があったんだっけ。しばし立ち止まって記憶《きおく》を手繰《たぐ》ると、そうだ個人経営の小料理屋があったのだと思い出す。友人の送別会などで数度利用したことがある。昨年（注・二〇二〇年）の春の緊急《きんきゅう》事態宣言のときに、臨時休業しますという貼《は》り紙があって、以来営業が再開されることはなく、その後徐々《じょじょ》に建物が朽《く》ちてゆくのを見ていた。なのに、①もう跡形《あとかた》もない。そのあっけなさにたじろぎながら、一枚だけ写真を撮《と》った。そういえばこの店で一緒《いっしょ》に飲んだ東京の友人とも、この一年でずいぶん疎遠《そえん》になった。仙台《せんだい》のまちなかに出来た四角い空き地がふと、もうひとつの空き地と重な

れる可能性があるというのはこれまで見落とされていた。

（中略）

海洋プラスチックは、ストランディングする海の哺乳類に限らず、他の生物の体内からも続々と発見されている。２０５０年には、海洋プラスチックの蓄積量が、魚の総量を上回るかもしれないという推計も報告されている。

それはすべて、私たち人間社会に責任がある。

現在、私たちは生活のあらゆる場面で、プラスチック製品を使用している。それにより、生活の利便性が高まり、快適な暮らしを送ることができているのは間違《まちが》いない。そんな人間社会の営みが、他の生物や環境を脅かす結果になっているとしたら、極論として、

「もう［Z］ねえ」

と、周囲の研究者たちとよく話す。正直、そのくらい地球全体にとって大問題なのである。しかし、そうした問題の突破口《とっぱこう》を見つけ、他の生物と上手に共存できる明るい未来を切り開くことも、研究者の務めでもある。

（田島木綿子《たじまゆうこ》『海獣《かいじゅう》学者、クジラを解剖《かいぼう》する。海の哺乳類の死体が教えてくれること』による）

問１　――部X「減少させたり」は、内容として、後のどの言葉につながっていきますか。その答えとしてふさわしいものを、次のア～エから一つ選び、記号で答えなさい。

ア　わき上がる　　イ　繁殖できる

ウ　招き　　エ　脅かす

問２　――部Y「ない」と、文法的に同じ「ない」をふくむ文を、次のア～エから一つ選び、記号で答えなさい。

ア　プラスチックがストランディングに関係しているのではない。

イ　排出された化学物質が大気汚染の原因であるのは間違いない。

ウ　海洋プラスチックの蓄積量が魚の総量を上回るかもしれない。

エ　人類が心がければ他の生物たちと共存することも難しくない。

問３　――部①「プラスチックごみ」について、次の⑴・⑵の問いに答えなさい。

⑴　「プラスチックごみ」が、海洋汚染によるストランディングに影響を与えているということは、どういう事実によって裏付けられつつあるのですか。その事実を述べた一文を、本文中から探し、その初めの十字をぬき出して答えなさい。

⑵　「プラスチックごみ」に問題のあることがわかっていても、私たちがプラスチックを使うことをやめられないのは、なぜだと考えられますか。その理由となる言葉を、本文中から連続する二つの文で探し、その初めの文の、初めの十字をぬき出して答えなさい。

問４　――部②「海洋プラスチック」とは、何がどうなったものですか。本文中の言葉を使って、四十五字以内で答えなさい。

問５　――部③「もう一つ、より深刻な問題をはらんでいる」とありますが、それはどういう問題ですか。その答えとしてふさわしいものを、次のア～エから一つ選び、記号で答えなさい。

ア　分解されにくく蓄積されやすいプラスチックが、長距離移動性を獲得《かくとく》することで、世界の全ての海にまん延してしまうという問題。

イ　汚染物質が食物連鎖を介して小さな生物から大きな生物へと移行し、クジラやイルカの体内にどんどん濃縮されていくという問題。

llutants)」が吸着し、濃縮《のうしゅく》することがわかっているのだ。

環境中に排出《はいしゅつ》された化学物質の中には、大気汚染や水質汚濁《おだく》の原因になったり、長期間にわたって土壌《どじょう》に蓄積した結果、④生態系や人の健康に影響を及《およ》ぼすような環境汚染を引き起こすものがある。これを環境汚染物質と総称《そうしょう》する。

その中で、「分解されにくい」「蓄積されやすい」「長距離《きょり》移動性がある」「有害性がある」化学物質のことをＰＯＰｓと総称する。２００４年５月には、ＰＯＰｓの減少を目指すことを目的とした「ストックホルム条約」が発効されている。そうした条約ができるくらい、危険性の高い物質ということである。

一般《いっぱん》に、ＰＯＰｓは食物連鎖《れんさ》を介《かい》して、小さな生物から大きな生物へと移行し、そのたびにどんどん濃縮されていく。したがって、海の食物連鎖の頂点に位置するクジラやイルカなどの哺乳《ほにゅう》類は、高濃度にＰＯＰｓを含《ふく》んだ餌《えさ》を日常的に口にしていることになる。

それだけでも問題だが、加えてＰＯＰｓが高濃度に吸着した海洋プラスチックを飲み込んでしまう機会が増えれば、より多くのＰＯＰｓが体内に蓄積されていく。

ＰＯＰｓが体内に高濃度に蓄積されると、免疫《めんえき》力が低下することがわかっている。その結果、感染症《しょう》にかかりやすくなったり、発がんや内分《ないぶん》泌《ぴつ》機能の異常（甲状腺《こうじょうせん》、副腎《ふくじん》、下垂体から成長ホルモンや性ホルモンを正常に分泌できなくなる）などにもつながる可能性が示されている。

実際に、国内でストランディングした海の哺乳類のうち、ＰＯＰｓが体内に高濃度に蓄積した個体では、健康な個体では通常かからＹない感染症（日和見《ひよりみ》感染症）にかかっているものもいる。

とくに、子ども（幼体）のほうがＰＯＰｓの影響を強く受けやすい傾《けい》向《こう》がある。なぜなら、現在知られているＰＯＰｓのほとんどが脂《あぶら》に溶《と》けやすいため、海の哺乳類の場合、脂質《ししつ》の多い母乳を介して、母親から子へ大量にＰＯＰｓが移行するためと考えられている。極端《きょくたん》にいえば、毒の入った母乳を子どもに与えていることになる。

免疫システムが確立されていない幼体へ、大量の環境汚染物質が吸収されると、本来なら自分の免疫力で退治できる弱毒性の病原菌《きん》にも感染しやすくなり、死亡するリスクが増える。

⑤皮肉なことに、子どもに乳を与えれば与えるほど、母親に蓄積したＰＯＰｓ量は減るのである。調査中ではあるが、幼体が単独でストランディングする背景には、おそらくＰＯＰｓの何らかの影響があるのではないかと、私は思っている。

（中略）

海洋プラスチックの中でも、直径５ミリメートル以下のプラスチック（マイクロプラスチック）片の影響は、これまで見過ごされてきた。世界的に見ても、その分布域や材質、有害性などについての把握《はあく》が追いついていない。

しかし、私たちの調査では、国内でストランディングしたクジラやイルカから、直径５ミリメートル以下のプラスチックが発見された。（中略）

これまでＰＯＰｓは、前述したように食物連鎖を介して順次移行し、⑥食物連鎖のトップに君臨する海の哺乳類の体内に常に高値で存在していることは紹介《しょうかい》した。

しかし、海洋プラスチックからのＰＯＰｓが、生物の体内へ取り込ま

【国　語】（五〇分）〈満点：一〇〇点〉

【注意】字数指定のある問題は、句読点やかぎかっこなどの記号も字数にふくめます。

【一】 次の１～10の——部のカタカナを、それぞれ漢字に改めて答えなさい。

1　布をサイダンする。
2　ショウジョウが授与《じゅよ》された。
3　オンシに良い報告ができた。
4　水害に備えて堤防《ていぼう》をホキョウした。
5　フショウした選手が復帰する。
6　台所のショウメイを取り替《か》える。
7　事態をしばらくセイカンする。
8　シャワーをアびてさっぱりする。
9　体をソらせてストレッチをする。
10　街の中心でアキナいを始める。

【二】 次の文章を読んで、後の問いに答えなさい。

じつは近年、海洋汚染がストランディング（注・クジラなどの海洋生物が、浅瀬で座礁《ざしょう》したり、海岸に打ち上げられる現象）に関係しているのではないかという説が注目されている。中でも、世界的に問題視されているのは、①プラスチックごみの影響《えいきょう》だ。

プラスチックごみは、（中略）分解しにくい素材であるため、ひとたび自然界に拡散して海に入ると、長期間海を漂《ただよ》い、「②海洋プラスチック」となる。海中の酸素をX減少させたり、湧昇流《ゆうしょうりゅう》（季節風や貿易風などの風、地形変化、潮流の影響で海洋深層水が海の表層近くへわき上がる現象。この現象によって栄養塩の豊富な深層水が光の届く表層に運ばれ、植物プランクトンが繁殖《はんしょく》できる）の阻害《そがい》などを招き、海洋生物の生存環境を脅《おびや》かす。

海洋プラスチックの約７割が、河川《かせん》から運ばれてくるというデータもある。これはつまり、私たち人間の生活圏《けん》でプラスチックの悪循環《じゅんかん》の第一章が始まっていることを示している。

たとえば、自動販売機《はんばいき》の脇《わき》に設置されたごみ箱からあふれ出ているペットボトルや、道端《みちばた》にポイ捨てされたプラスチック製品が、大雨の日に側溝《そっこう》や河川へ流入し、海へ流れ込《こ》んでいく。そして、海へ流れ込む途《と》中《ちゅう》で、あるいは海へ流れ込んだあとで、プラスチック製品は、日光や物理的な摩擦《まさつ》によって小さな破片《はへん》になり、海洋プラスチックとして蓄積《ちくせき》されていくのである。

直径５ミリメートル以下の小さなプラスチック片を、魚類や貝類などが飲み込むと、消化器官や内臓を傷つけて、それ自体が死因になることもある。海鳥やウミガメでは、大型プラスチックを飲み込んだことで胃《い》潰瘍《かいよう》になるなどの障害が報告されている。さらには、人の便からもマイクロプラスチックが検出されており、汚染は海と陸の両面で広がっているのがわかる。

（中略）

海洋プラスチックは、それ自体が海洋生物の内臓や組織にダメージを与《あた》えるだけでなく、③もう一つ、より深刻な問題をはらんでいる。プラスチック片には、残留性有機汚染物質「ＰＯＰｓ（Persistent Organic Po

MEMO

大切なことはメモしておこうネ！

2023年度

巣鴨中学校入試問題（第２期）

【算　数】（50分）　＜満点：100点＞

【注意】　**１．（式）のらんには，答えを求めるまでの式などを書きなさい。**

２．定規・コンパス・分度器は使用できません。

1　次の各問いに答えなさい。

⑴　下のかけ算のア，イ，ウ，エ，オにはそれぞれ０～９までの数字が当てはまります。ア，イ，ウ，エ，オに当てはまる数字をそれぞれ求めなさい。

$$\begin{array}{r} 2\text{アイウエオ} \\ \times \qquad\quad 3 \\ \hline \text{アイウエオ}2 \end{array}$$

⑵　２つの２けたの整数があり，積は864，最大公約数は６です。この２つの整数を求めなさい。

⑶　兄と弟の年れいの差は４才です。今から10年後の２人の年れいの合計は，今から６年前の２人の年れいの合計の５倍です。今の兄の年れいは何才ですか。

⑷　ある仕事をＡ君だけですると10日間かかり，Ｂ君だけですると15日間かかります。この仕事を２人でいっしょに始めて，全体の半分の仕事が終わったところで，Ｂ君は休み，Ａ君だけで残りの仕事をしました。このとき，仕事は全部で何日間で終わりましたか。

⑸　下図はある立体の展開図です。この立体の面アと平行な面を記号で答えなさい。

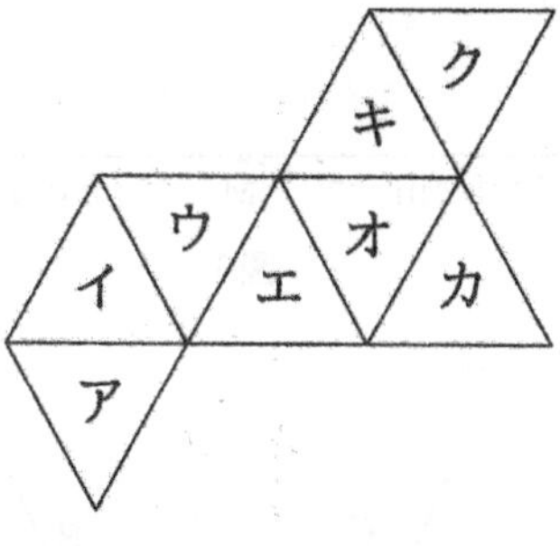

⑹　あるロッカーのカギの番号は，０から９までの10種類の数字を使って，0000から9999までの10000通りを考えることができます。この中で，３種類以上の数字を使ってできるカギの番号は何通りですか。

2　次のページの図は，水そうを上から見た図になります。この水そうは，ア，イの仕切りによって，①，②，③に分けられていて，どの部分にも同じ高さまで水が入っています。①には１m^3あたり30匹（ひき），②には１m^3あたり60匹，③には１m^3あたり20匹のメダカが入っています。このとき，次のページの各問いに答えなさい。ただし，メダカと仕切りの体積は考えないものとします。

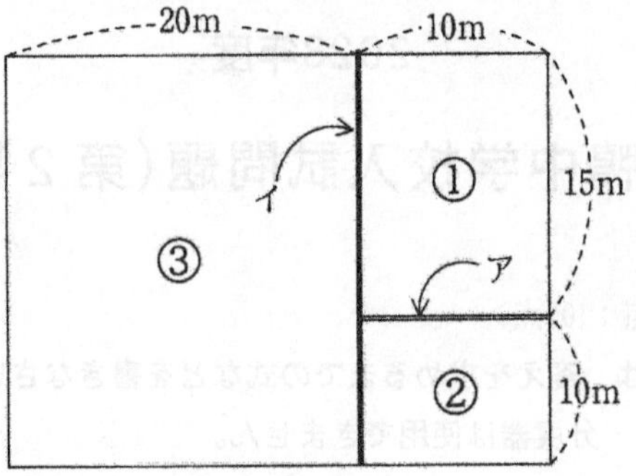

⑴　この水そうに入っている水の高さが５ｍであったとすると，この水そうには何匹のメダカが入っていますか。

⑵　アの仕切りをはずしました。水そうの右側の部分には１ m^3 あたり何匹のメダカが入っていますか。

⑶　③に10000匹のメダカを新たに加え，すべての仕切りをはずしました。このとき，１ m^3 あたりに入っているメダカの割合は29匹になりました。この水そうに入っている水の高さを求めなさい。

3　図１の台形ABCDを図２のように折り，図３の五角形AEMFDを作りました。

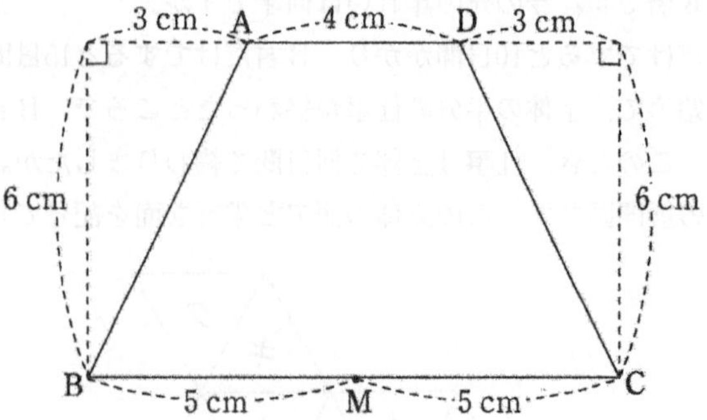

図１

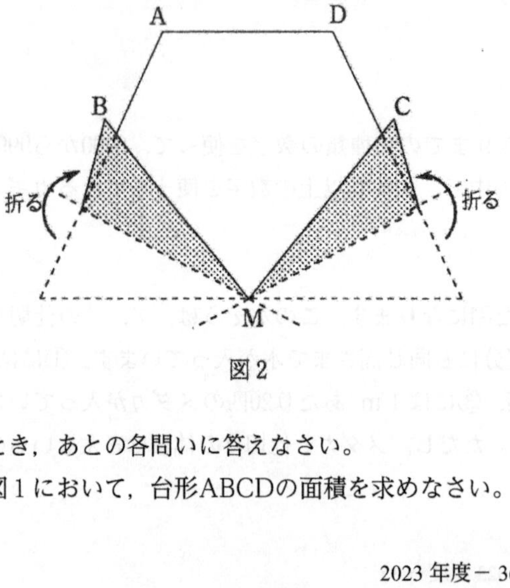

図２

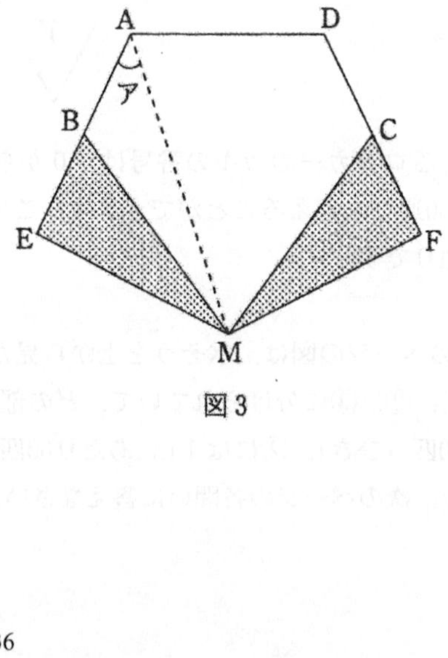

図３

このとき，あとの各問いに答えなさい。

⑴　図１において，台形ABCDの面積を求めなさい。

⑵　図３において，角アの大きさを求めなさい。また，AE：BEを，最も簡単な整数の比で求めなさい。

⑶　図３において，五角形AEMFDの面積を求めなさい。

4　太郎君の走る速さと次郎君の走る速さの比は７：４です。２人は次のように同じ道を進みます。太郎君は６分走り，１分止まって休み，３分歩くことをくり返し，次郎君は一定の速さで休むことなく走ります。そのため，太郎君が38分かかる道のりを，次郎君は47分かかります。このとき，次の各問いに答えなさい。

⑴　太郎君の走る速さと歩く速さの比を，最も簡単な整数の比で求めなさい。

⑵　次郎君が79分かかる道のりを，太郎君は何分かかりますか。

⑶　次郎君が出発してから23分後に，太郎君が出発しました。太郎君と次郎君が２回目に出会う（並ぶ）のは，太郎君が出発してから何分後ですか。

【理　科】（30分）　＜満点：50点＞

【注意】　**１．字数指定のある問題は，句読点や記号なども字数にふくめます。**

２．定規・コンパス・分度器・計算機は使用できません。

３．計算問題については，問題文の指示にしたがって答えなさい。

【１】 花と種子について，次の問いに答えなさい。

問１　花が咲《さ》く植物と，咲かない植物の組合わせとして正しいものを，次のア～エから１つ選びなさい。

ア．イチョウ，イネ　　イ．スギ，ゼンマイ

ウ．マツ，ソテツ　　エ．スギナ，ワラビ

問２　図１は花のつくりを表したものです。次の問いに答えなさい。

⑴　①に花粉がつくことを何といいますか。

⑵　②が一枚一枚はなれている花が咲く植物を，次のア～エから１つ選びなさい。

ア．エンドウ　　イ．アサガオ　　ウ．ジャガイモ　　エ．ヘチマ

⑶　③は種子になるところです。何といいますか。

⑷　④が成長して実となる植物を，次のア～エから１つ選びなさい。

ア．リンゴ　　イ．カキ　　ウ．ミカン　　エ．ウメ

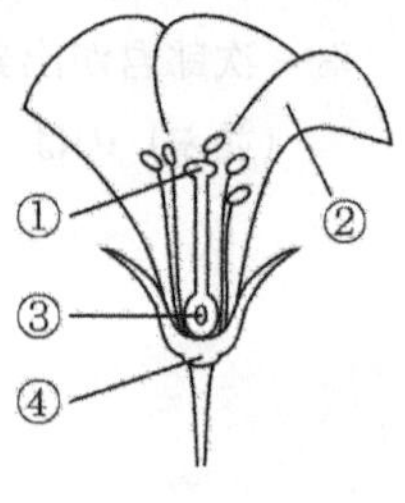

図１

問３　図２の①は，チューリップの花を②の実線のところで切り，その断面を表したものです。外側から中心に向かって，がく，花びら，雄《お》しべ，雌《め》しべを示しています。下の問いに答えなさい。

⑴　がく，花びら，雄しべ，雌しべのすべてがそろっている花を何といいますか。

⑵　図３のａとｂは，それぞれどの花の断面を表したものですか。次のア～カから１つずつ選びなさい。

ア．カボチャ　　イ．アブラナ　　ウ．ユリ

エ．イネ　　オ．サクラ　　カ．タンポポ

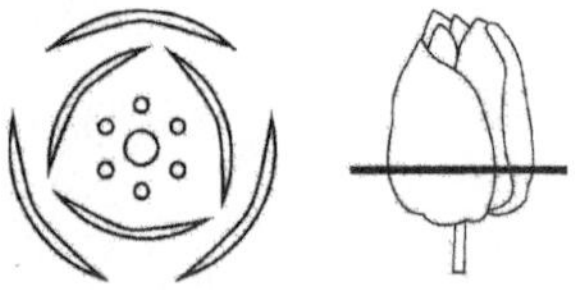

①　　②

図２

a　　b

図３

問４　花は咲く時期がおおよそ決まっています。次のア～オの植物を，東京で咲き始める順にならべなさい。ただし，アをはじめとします。

ア．ウメ　　イ．ヒマワリ　　ウ．ヤツデ　　エ．サクラ　　オ．ハギ

問５　図４はオナモミの果実です。中にある種子はどのように散布されますか。次のア～エから１つ選びなさい。

ア．果実ごと風にのって運ばれる。

イ．果実がにおいを出して虫に運ばれる。

ウ．果実ごと動物に食べられて運ばれる。

エ．果実ごと動物のからだについて運ばれる。

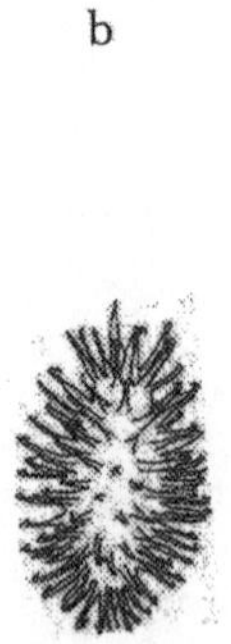

図４

問６　レタスの種子を，次のページで示した①～⑦のように条件を変えて発芽するか調べました。次のページの表１はその結果です。あとの問いに答えなさい。

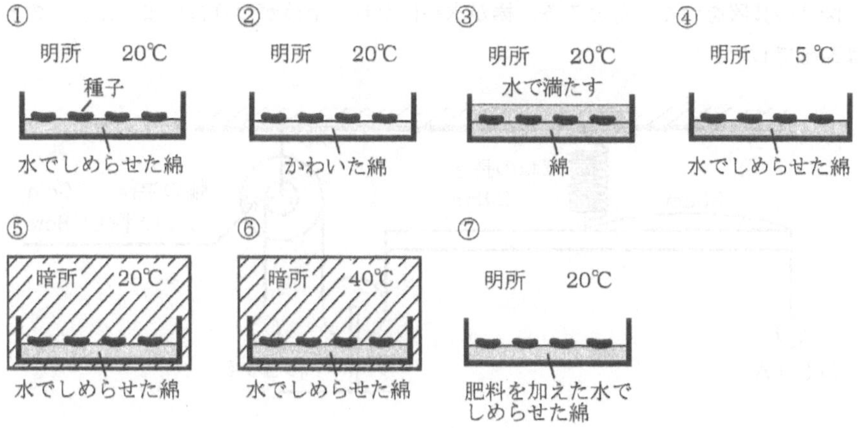

表１

条件	①	②	③	④	⑤	⑥	⑦
発芽の有無	○	×	×	×	×	×	○

○発芽した　　×発芽しなかった

⑴　レタスの発芽に必要な栄養分が，種子にたくわえられている部分を何といいますか。

⑵　③と⑤でレタスの種子が発芽しなかったのは，それぞれどの条件が不足したからですか。次のア～オから１つずつ選びなさい。

ア．適温　　イ．肥料　　ウ．空気　　エ．光　　オ．水

⑶　この実験からレタスの発芽に必要な条件は何だと考えられますか。その組合わせとして最も適するものを，次のア～キから１つ選びなさい。

ア．適温・空気・水　　　　イ．空気・光・水
ウ．適温・肥料・光・水　　エ．肥料・空気・光・水
オ．適温・空気・光・水　　カ．適温・肥料・空気・水
キ．適温・肥料・空気・光・水

【２】　棒・ばね・おもり・輪じく・定かっ車・動かっ車・糸を使って図１～図４の装置をつくりました。棒は材質と太さが一様で重さが100ｇであり，ばねは自然の長さが12㎝で50ｇのおもりをつるすと２㎝伸《の》びます。また，輪じくは重さが120ｇで輪の半径が20㎝，じくの半径が８㎝，動かっ車は重さが200ｇです。下の問いに答えなさい。なお，図１～図４の棒，ばね，輪じくはすべて同じ性質であり，輪じくとかっ車はなめらかに動くものとし，ばね，糸の重さは考えないものとします。ただし，計算の答えは小数第１位を四捨五入して書きなさい。

はじめに，図１のように，ばねで棒をつるしたところ，棒が水平になり，全体がつり合いました。

問１　図１で，ばねの伸びは何㎝ですか。

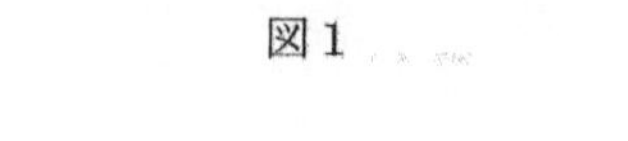

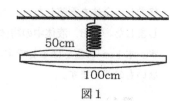

図１

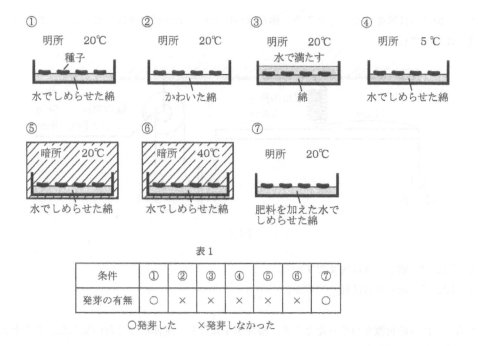

次に，図２の装置をつくったところ，棒が水平になり，全体がつり合いました。このとき，ばねの長さは24cmでした。

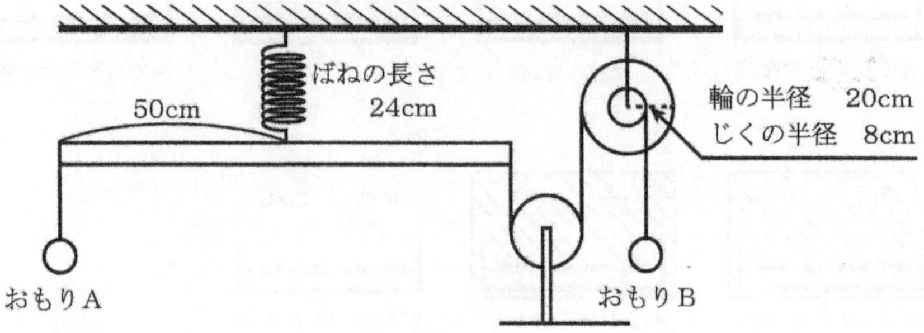

図２

問２　図２で，おもりAは何ｇですか。

問３　図２で，おもりBは何ｇですか。

さらに，図３の装置をつくったところ，棒が水平になり，全体がつり合いました。このとき，ばねPの長さは36cmでした。

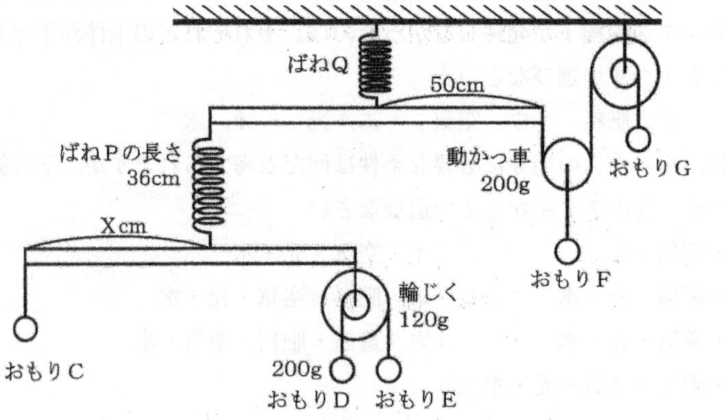

図３

問４　図３で，ばねQの長さは何cmですか。

問５　図３で，Xはいくらですか。

問６　図３で，おもりFは何ｇですか。

最後に，図３の装置から，おもりFとおもりGを水の入った水槽《すいそう》に完全に入れ，ばねQの位置を移動し，全体を調整したところ，次のページの図４の状態で棒が水平になり，全体がつり合い静止しました。なお，液体中の物体にはその物体と同じ体積の液体の重さに相当する浮力《ふりょく》がはたらきます。水１cm^{3}の重さは１ｇです。ただし，動かっ車が水槽に入ることはなく，糸には浮力がはたらかないものとします。

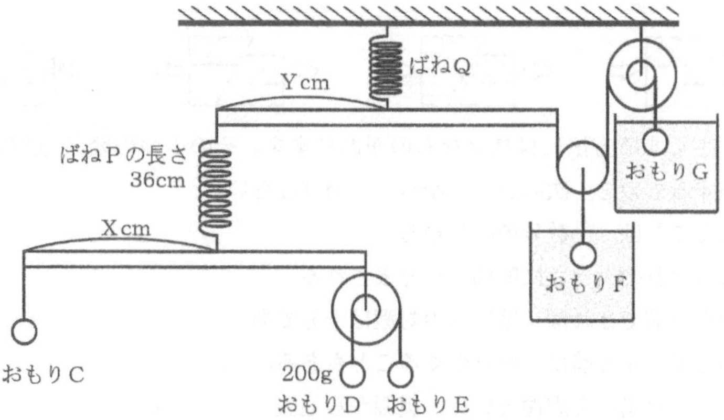

図４

問７　図４で，おもりGの体積が500cm^3であるとき，おもりFの体積は何cm^3ですか。

問８　図４で，Ｙはいくらですか。

【３】　2022年５月に東京都は首都直下地震《じしん》による被害《ひがい》の想定を10年ぶりに見直しました。地震について，次の問いに答えなさい。

問１　日本では，地震のゆれは10段階に分けられていますが，その最大の値はいくつですか。

問２　今回の想定では，以前のものよりも被害が小さくなりました。その理由として最も適するものを，次のア～エから１つ選びなさい。

ア．地震の発生する場所が，より浅くなった。

イ．地震の発生する確率が，かなり小さくなった。

ウ．木造住宅の密集している地域の面積が減った。

エ．東京都に人口がより集中するようになった。

問３　東日本大震災では様々な被害が生じました。次の①と②で生じた大きな被害として最も適するものを，次のア～オからそれぞれ１つ選びなさい。

①三陸沿岸

②東京湾《とうきょうわん》の埋立地《うめたてち》

ア．高潮　　イ．火災　　ウ．洪水《こうずい》　　エ．液状化　　オ．津波《つなみ》

問４　図１は，阪神淡路《あわじ》大震災のときに生じた大地のずれ（図中の矢印）です。

⑴　このような大地のずれを何といいますか。漢字２文字で答えなさい。

⑵　図１の大地のずれは，どのように生じましたか。適するものを，次のページのア～エから１つ選びなさい。ただし，灰色の部分は同じ地層で，矢印は加わった力の向きを表しています。

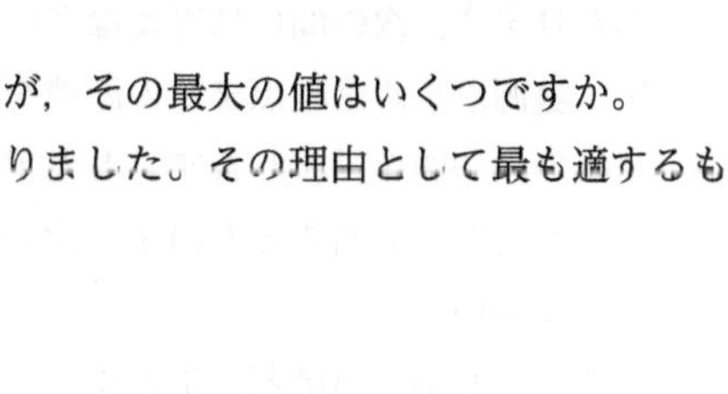

図１

ア　　　　イ　　　　ウ　　　　エ

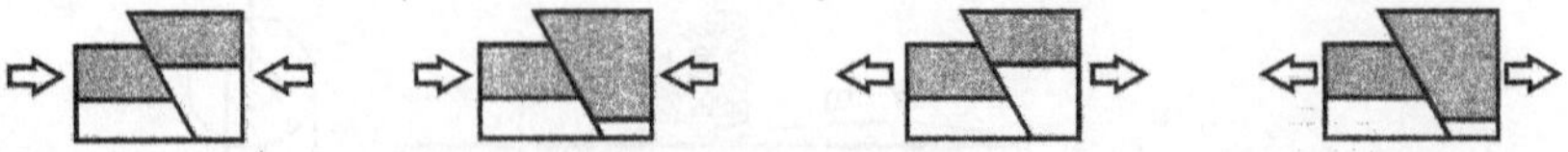

問５　被害を小さくする方法には様々なものがあります。その１つの緊急《きんきゅう》地震速報について述べた文として適するものを，次のア～エから１つ選びなさい。

ア．ゆれがくることは，十数分前にわかる。

イ．予想されるゆれの大きさに関係なく発表される。

ウ．この速報を受信できれば，地震への対策は十分である。

エ．この速報を受信する前に，ゆれがくることもある。

問６　地震が発生した場所を震源といい，震源から地表へゆれが波として伝わります。図２は震源からの距離の異なる３つの観測地点での地表のゆれを記録したものです。各記録の縦はばはゆれの大きさを表し，わかりやすいようにそろえてあります。各地点は，Ａで小さなゆれが，Ｂで大きなゆれが，始まっていることがわかります。次の問いに答えなさい。

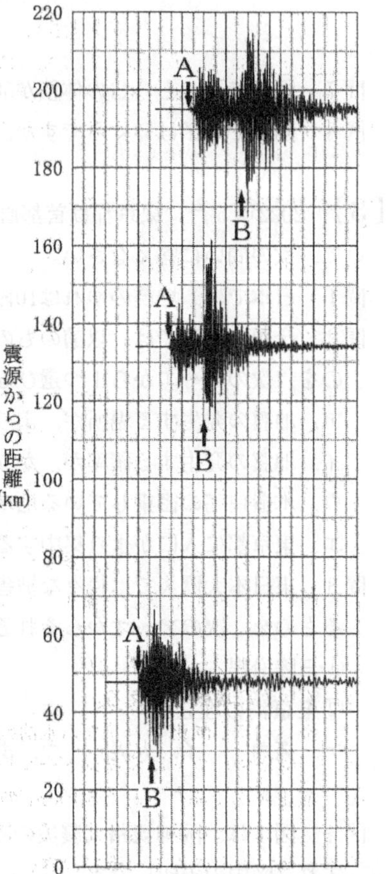

図２

⑴　震源から観測地点までの距離をＬとし，ＡからＢまでの時間をＴとします。ＬとＴの関係について述べた文として適するものを，次のア～ウから１つ選びなさい。

ア．Ｌが小さいほど，Ｔは小さい。

イ．Ｌが小さいほど，Ｔは大きい。

ウ．ＬとＴは関係しない。

⑵　小さなゆれを伝える波をＸ，大きなゆれを伝える波をＹとします。ＸとＹについて述べた文として最も適するものを，次のア～エから１つ選びなさい。

ア．ＸとＹは伝わる道すじが異なる。

イ．ＸとＹは伝わる速さが異なる。

ウ．ＸとＹは発生する時刻が異なる。

エ．ＸとＹは発生する場所が異なる。

⑶　Ｘの速さは毎秒何kmでしたか。最も適するものを，次のア～オから１つ選びなさい。

ア．0.2km　　イ．0.8km

ウ．1.6km　　エ．3.2km　　オ．6.4km

⑷　震源で地震が発生した時刻は何分何秒でしたか。最も適するものを，次のア～オから１つ選びなさい。

ア．46分32秒　　イ．46分42秒　　ウ．46分52秒

エ．47分02秒　　オ．47分12秒

⑸　この地震で，ある地点での時間Ｔは10秒でした。この地点の震源からの距離Ｌは何kmです

か。最も適するものを，次のア～オから１つ選びなさい。

ア．40km　　イ．80km　　ウ．120km　　エ．160km　　オ．200km

【４】　2020年10月，日本政府はa温室効果ガスの排出《はいしゅつ》を実質ゼロにすることを目指すと宣言しました。なお，「排出を実質ゼロにする」というのは，温室効果ガスの１つであるb二酸化炭素の「排出量」と，光合成による「吸収量」とをあわせて，ゼロとみなすことを意味しています。そのためには，太陽光や風力，c水素の利用といった二酸化炭素を排出しない発電方法の利用も求められています。

問１　下線部aについて，次の文章の（　　）に適するものを，下のア～エから１つ選びなさい。

温室効果ガスは，地表から放射された（　　　）を吸収し，放出することで大気を温めます。

ア．ガンマ線　　イ．マイクロ波　　ウ．赤外線　　エ．紫外線《しがいせん》

問２　下線部bについて，次の問いに答えなさい。

⑴　二酸化炭素の性質として正しいものを，次のア～エから１つ選びなさい。

ア．空気に，もっとも多く含《ふく》まれている。

イ．空気に，もっとも少なく含まれている。

ウ．この気体中では，ものがよく燃える。

エ．この気体中では，ものは燃えにくい。

⑵　二酸化炭素を発生させる操作として正しいものを，次のア～エから１つ選びなさい。

ア．スチールウールを燃やす。

イ．石灰石に塩酸を加える。

ウ．重そうに水酸化ナトリウム水溶液《すいようえき》を加える。

エ．二酸化マンガンにオキシドール（うすい過酸化水素水）を加える。

⑶　二酸化炭素で満たされた500cm^{3}の風船があります。これに水素を加えていったとき，空気中で風船が浮《う》き上がるのは何cm^{3}以上加えたときですか。次のア～エから最も適するものを１つ選びなさい。なお，風船は水素を加えると，加えた水素の体積の分だけふくらみます。また，風船自体の重さはないものとし，1000cm^{3}あたりの空気，二酸化炭素，水素の重さはそれぞれ1.2g，1.8g，0.08gとします。

ア．210cm^3　　イ．240cm^3　　ウ．270cm^3　　エ．300cm^3

問３　下線部cについて，水素は酸素と結びついて水を生成します。下の表は，水素と酸素の混ぜる体積を変えた混合気体をつくり，それを点火したあとに残った気体の体積を調べてまとめたものです。表のX，Yを整数で答えなさい。

水素の体積(cm^3)	50	70	90	110	130
酸素の体積(cm^3)	100	80	60	40	20
点火後の気体の体積(cm^3)	75	45	X	Y	90

問４　大量の水素を輸送するには，水素を冷却《れいきゃく》して液化させて運ぶ方法があります。その理由は，水素は室温（27℃）では気体ですが，－253℃（氷点下253℃）まで冷却すると液化して体積が約800分の１と非常に小さくなるためです。

また，別の方法として，他の物質に結びつけて輸送し，利用先で再び水素を取り出す研究が進

められています。その一つは，トルエンと水素を結びつけてメチルシクロヘキサン(MCH)にし，MCHを再びトルエンと水素に戻すという方法です（下図）。トルエンもMCHも室温で液体のため，気体の水素よりも取りあつかいが容易になります。

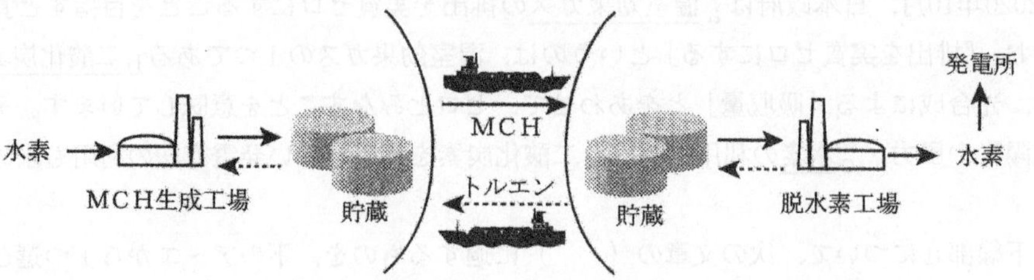

⑴　27℃の水素を－243℃（氷点下243℃）まで冷却したとき，その体積は27℃のときの何分の１となりますか。次のア～オから１つ選びなさい。なお，気体の体積は１℃上がる（下がる）ごとに，0℃のときの体積の273分の１ずつ増加（減少）します。

ア．10分の１　　イ．100分の１　　ウ．200分の１　　エ．300分の１　　オ．700分の１

⑵　５kgの水素を得るために，何kgのMCHを必要としますか。整数で答えなさい。なお，98ｇのMCHは92ｇのトルエンと６ｇの水素に戻すことができます。

問５　太陽光や風力を利用したエネルギーは「再生可能エネルギー」と言われ，枯渇《こかつ》することがなく，二酸化炭素を排出しないで発電することができます。しかし，太陽光や風力を用いて発電することにも欠点があります。その１つを簡潔に書きなさい。

【社　会】（30分）　＜満点：50点＞

【注意】 字数指定のある問題は，句読点やかぎかっこなどの記号も字数にふくめます。

1　次の図１～３と写真１は，国土地理院の地理院地図から作成した資料で，いずれも東京都と埼玉県の境界を流れる荒川周辺の地域をあらわしたものです。図１の一部の地域を拡大したものが図２，図３，写真１で，これらの３枚はいずれも同じ範囲《はんい》をあらわしています。これらの資料に関するあとの問いに答えなさい。

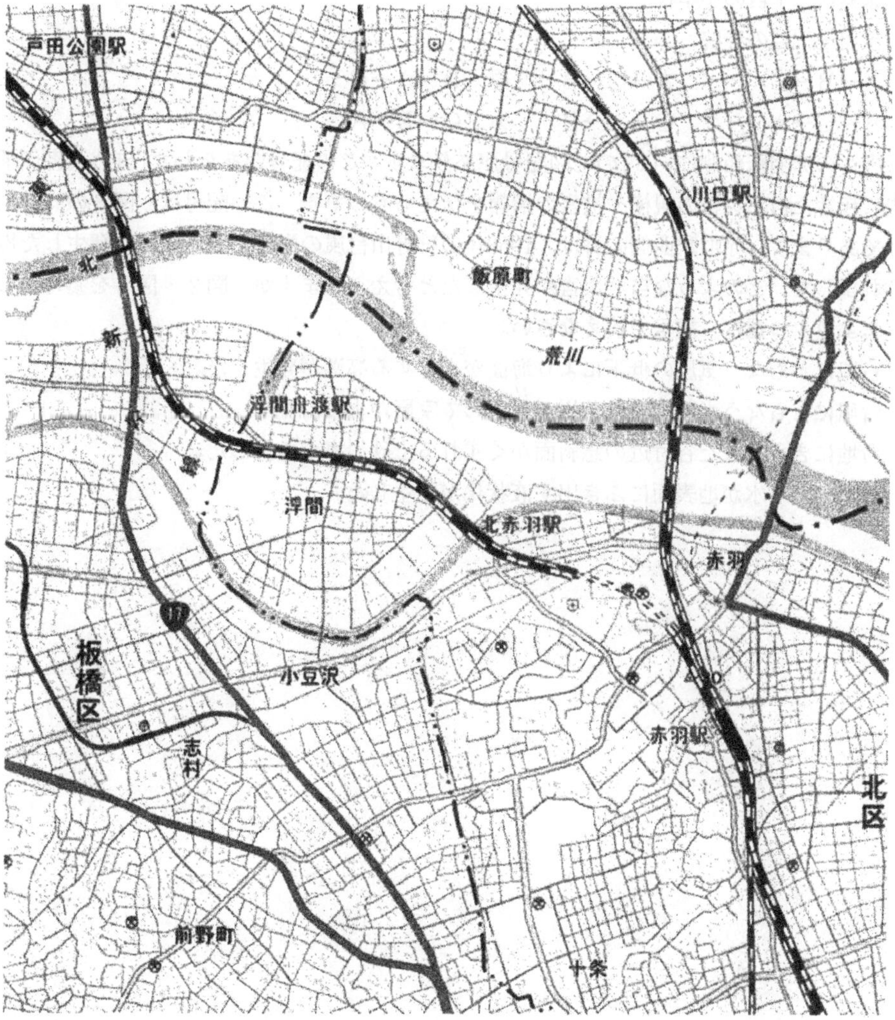

図　１

問１　47ページの図２の地図にはみられない地図記号を次のア～カより２つ選び，記号で答えなさい。

ア．消防署　　イ．裁判所　　ウ．発電所・変電所

エ．墓地　　　オ．博物館　　カ．老人ホーム

問2　図2の南西にみられるXの範囲で，地下鉄が地上に出ています。この範囲の記号は，土地の起伏《きふく》に影《かげ》を付けて表現した図3（48ページ）にもつけてあります。これらの図をもとに，Xの範囲で地下鉄が地上に出ている理由を，地形の特徴《とくちょう》にふれながら30字以内で説明しなさい。

問3　図3をみると，赤羽駅周辺の地形が複雑になっていることがわかります。次のA～Cの3地点は，図3のA～Cと一致《いっち》します。これらの3地点を標高の高い方から順にならべたものを，図2を参考にしながら下のア～カより1つ選び，記号で答えなさい。

A．赤羽北三丁目の神社

B．赤羽台二丁目の小学校

C．赤羽三丁目の寺院

ア．A→B→C　　イ．A→C→B　　ウ．B→A→C

エ．B→C→A　　オ．C→A→B　　カ．C→B→A

問4　図2の赤羽駅西側に「」の地図記号があります。この記号があらわす「自然災害伝承碑《ひ》」は，過去に起きた自然災害の規模や被害《ひがい》の情報を伝えるものです。この記号は，図3の同じ地点にもつけてあります。赤羽駅西側の碑は，1958年の狩野川台風の影響《えいきょう》で自然災害が発生した場所につくられました。どのような自然災害が発生したと考えられますか，図2・図3を参考にして次のア～エより1つ選び，記号で答えなさい。

ア．台風にともなう気圧の低下により海面が上昇《じょうしょう》する高潮が発生した。

イ．台風にともなう大雨により荒川が氾濫《はんらん》して家屋が水没《すいぼつ》した。

ウ．台地にきざまれた谷付近の急斜面《きゅうしゃめん》がくずれる土砂災害が発生した。

エ．大量の地下水が地表面にふき出す液状化が発生した。

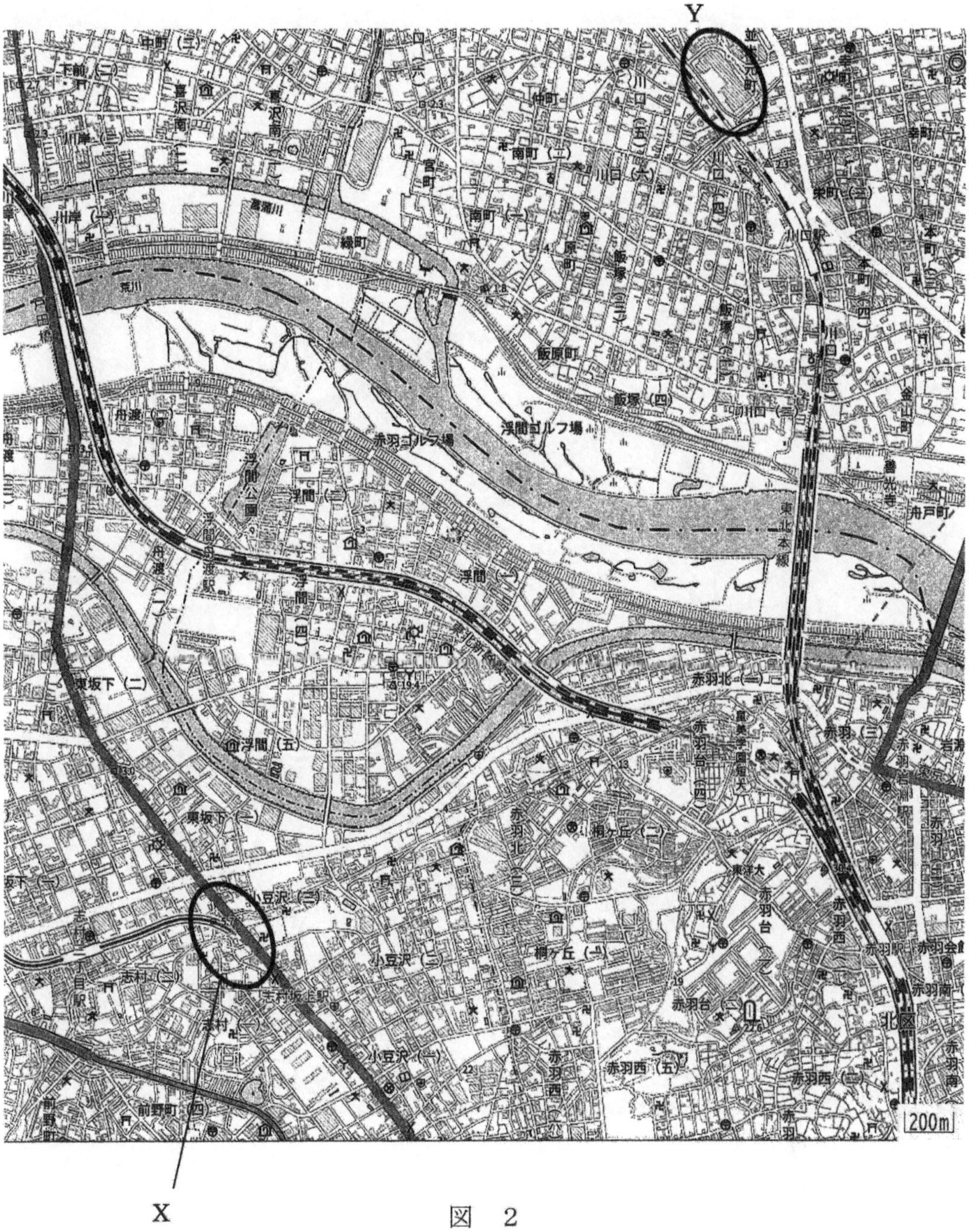
Y
X
荒川
赤羽ゴルフ場
浮間ゴルフ場
浮間公園
東北本線
川口駅
赤羽駅
志村坂上駅
東洋大
飯原町
浮間（一）
浮間（五）
赤羽北（一）
桐ケ丘（二）
小豆沢（二）
小豆沢（三）
志村（一）
赤羽西（五）
北区
200m

図　2

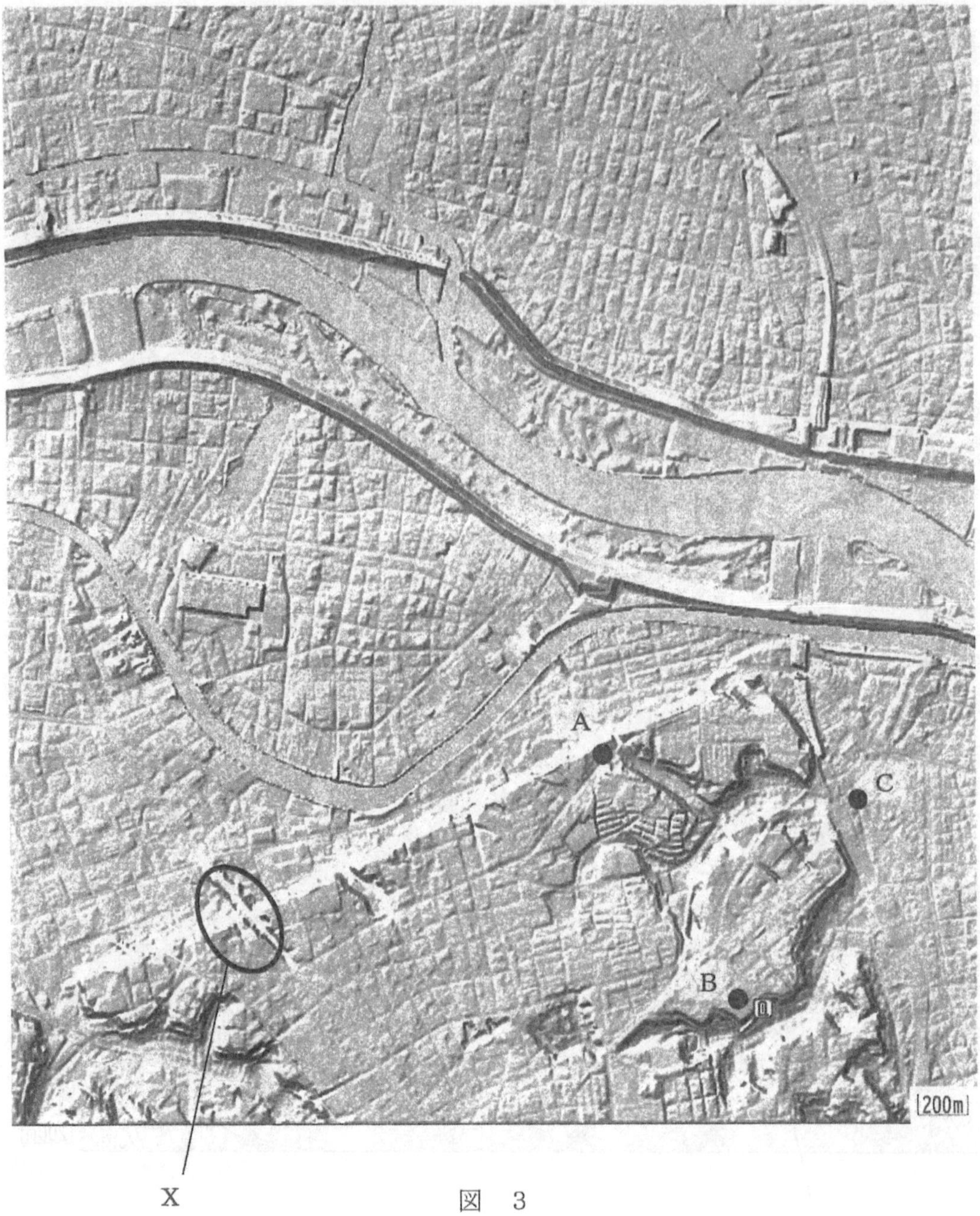

図　3

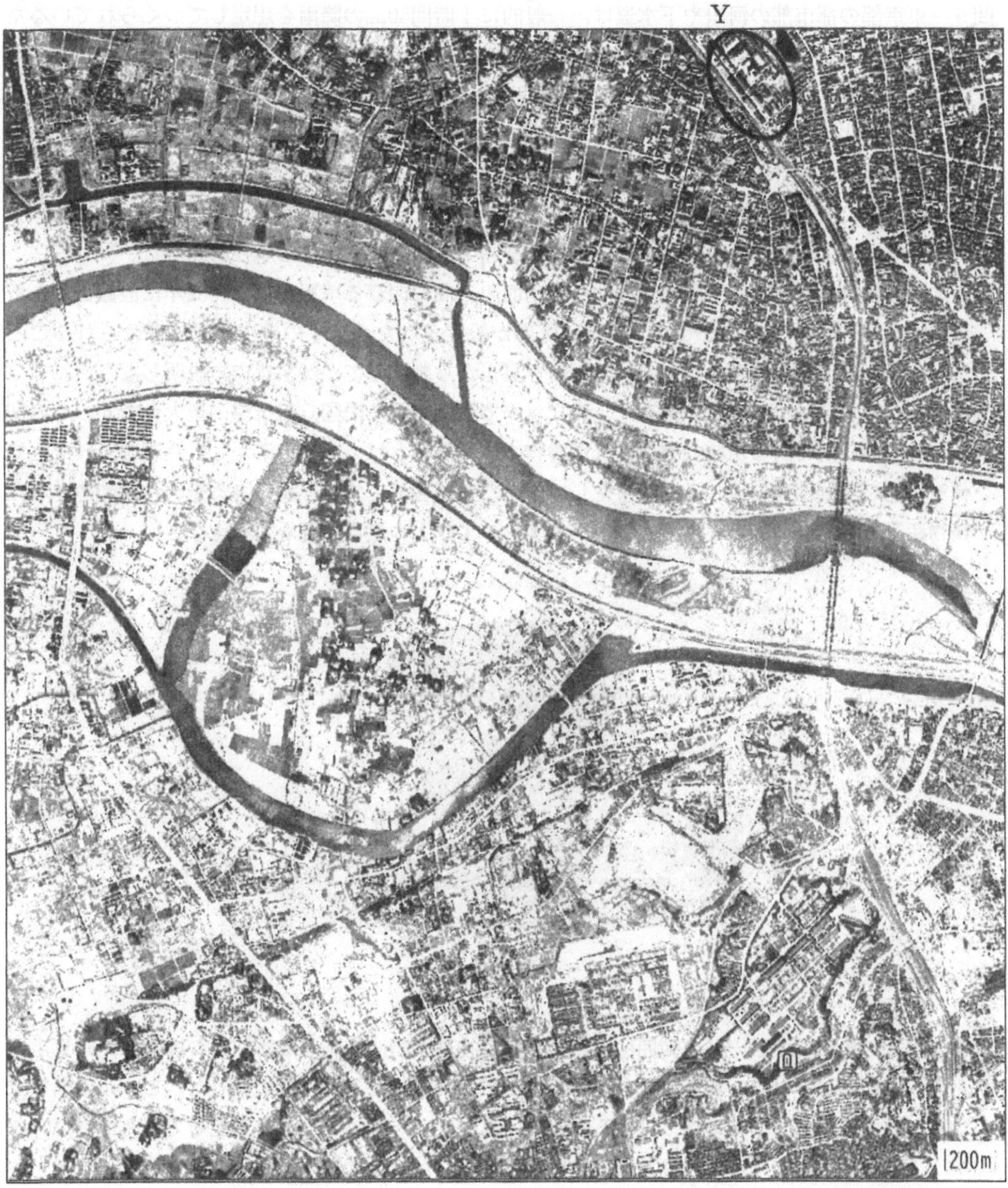

写真　1

問５　東京都の都市部の河川や下水道は，一般的《いっぱんてき》に１時間50㎜の降雨を想定してつくられているため，想定以上の大雨が降ると都市型の水害が発生するおそれがあります。都市型の水害とその原因について説明した文としてあやまっているものを，次のア～エより１つ選び，記号で答えなさい。

ア．市街地化が進行して土壌《どじょう》が減少し，地下への水の浸透《しんとう》量が増した。

イ．市街地化が進行して樹木が減少し，土地の保水力が弱まった。

ウ．短時間に大雨が降り，雨水の多くが河川に集中して流れこみ水があふれた。

エ．短時間に大雨が降り，下水道の排水《はいすい》能力を超《こ》えてマンホールから水があふれた。

問６　図２にみられる浮間公園の北東から南南西の方向にのびる境界線は，1932年に設置された板橋区と北区の区界です。なぜこの場所に区界が設定されたか，その理由として考えられることを，1940年代後半に撮《と》られた前のページの写真１から判断して，20字以内で説明しなさい。

問７　下の写真２は，1964年の東京オリンピックで使用された旧国立競技場の聖火台です。この聖火台は，図１内のある地域で製造された鋳物《いもの》です。鋳物とは，高温で溶《と》かした金属を，砂などで作った型の空洞《くうどう》部分に流しこみ，冷やして固めた金属製品です。写真にある聖火台が製造された鋳物産業で有名な地域はどこですか。下のア～エより１つ選び，記号で答えなさい。

写真　２

ア．板橋区　　イ．北区　　ウ．戸田市　　エ．川口市

問８　図２の川口駅北西のＹの範囲にみられる建造物は大型商業施設です。この場所は，写真１のＹと同じ範囲にあたり，1923年から2003年までビール工場が立地していました。ビール工場が立地していた要因としてあやまっているものを，次のア～エより１つ選び，記号で答えなさい。

ア．工場南側の荒川岸に建設された水力発電所により，安価な電力が利用できた。

イ．消費者が多い大都市からの距離《きょり》が近かった。

ウ．原料の多くをしめる水が豊富に存在した。

エ．製品の重量が原料の重量より重く，消費地までの輸送費をおさえたかった。

問９　図２と写真１を見くらべて，写真１の撮影以降にこの範囲で変化したこととしてあやまっているものを，次のア～エより１つ選び，記号で答えなさい。

ア．在来線や新幹線が開通した。

イ．農地から宅地への変化がすすんだ。

ウ．荒川にあらたな高速道路の橋がかけられた。

エ．荒川の洪水《こうずい》にそなえて，荒川の川はばが広げられた。

2 次の年表を見て，下の問いに答えなさい。

時期	おもなできごと	
663年	①白村江の戦いで倭が敗退する。	
723年	三世一身法が制定される。	↑
		②
1183年	平氏が都落ちをする。	↓
1333年	鎌倉幕府が滅亡《めつぼう》する。	↑
1583年	豊臣秀吉が大阪城の築城をはじめる。	③
1603年	徳川家康が征夷大将軍となる。	↓
1643年	④田畑永代売買の禁止令が出される。	
1723年	⑤足高の制が実施《じっし》される。	
1843年	⑥人返しの法が出される。	
1853年	⑦ペリーが浦賀に来航する。	
1873年	⑧明治六年の政変で征韓派の参議が政府を去る。	
1893年	官営の［ ⑨ ］が三井に払《はら》い下げられる。	
1923年	⑩関東大震災が発生する。	
1943年	静岡県で弥生時代の集落遺跡《いせき》である［ ⑪ ］が発見される。	
1983年	奈良県明日香村の［ ⑫ ］内部の壁画《へきが》が発見される。	

問1　年表中の①について，白村江の戦いに関連して述べた文としてあやまっているものを，次のア～エより1つ選び，記号で答えなさい。

ア．この戦いで倭と戦った国は，4世紀末に朝鮮半島に倭からおくられてきた軍を破った。このことを記録する石碑《せきひ》が残されている。

イ．この戦いで倭の支援《しえん》を受けた国の王は，6世紀に倭の大王へ仏教を伝えた。この仏教の受けいれをめぐって，蘇我氏と物部氏との対立が生じた。

ウ．この戦いより前に，倭では中大兄皇子・中臣鎌足らが蘇我氏を滅《ほろ》ぼし，中央集権国家の確立をめざす改革をはじめた。

エ．この戦いより後に，倭では山城の造営や戸籍《こせき》の作成が進められ，都が近江大津宮へとうつされた。

問２　年表中の②について，この間におこった次のア～エのできごとを古いものから年代順に並びかえたとき，２番目と４番目にくるものをそれぞれ選び，記号で答えなさい。

ア．墾田永年私財法が制定される　　イ．白河上皇が院政をはじめる

ウ．桓武天皇が平安京を造営する　　エ．藤原良房が摂政となる

問３　年表中の③について，この間のできごとについて述べた文として正しいものを，次のア～エより１つ選び，記号で答えなさい。

ア．朝廷が吉野の北朝と京都の南朝に分かれて，60年近くにわたる内乱が続いた。

イ．天皇の後継《あとつ》ぎをめぐる争いから幕府が分裂《ぶんれつ》し，10年以上も内乱が続いた。

ウ．加賀国では一向一揆が守護大名を倒《たお》し，100年近くにわたり自治をおこなった。

エ．朝鮮を侵略《しんりゃく》する足がかりとして，天下人の命令で中国への遠征《えんせい》がおこなわれた。

問４　年表中の④について，田畑永代売買の禁止令は，農民たちの所有する田畑の売買を禁止するものでした。以下の【史料Ａ】・【史料Ｂ】とその説明を読んで，幕府が田畑の売買を禁止した意図と，田畑の実質的な売買が進んだ事情を45字以内で説明しなさい。

【史料Ａ】　田畑永代売買の禁止令

暮らし向きのよい農民は，田地を買い取って，いっそう裕福《ゆうふく》になり，家計の苦しい者は，田畑を売却《ばいきゃく》して，いよいよ家計が苦しくなるので，今後，田畑の売却は禁止する。

《説明》寛永の飢饉《ききん》（1641～42年）で疲弊《ひへい》した農村を立て直す政策の１つとして出され，明治時代になって解除されるまで続いた。

【史料Ｂ】　質流れ禁令

裕福《ゆうふく》な農民が質流れした田地の多くを自分のものとし，または，田地が町人の手に渡《わた》るようなことになっている。田地の売買は禁止しているが，農民から田地が離《はな》れてしまうことは，売買と同じであるので，以後は質入れした土地が他人のものにならないようにせよ。

《説明》農民が借金をする場合に，貸し手に自分の土地を預け，借金を返したときに土地の返却を受ける約束を結ぶことが多かった。これを土地の質入れという。農民が借金を返せなかったときは，その土地は貸し手のものとなった。これを質流れという。1722年に幕府は質流れ禁令を出したが，農民たちの反対で翌年にはこの法令を撤回《てっかい》した。

問５　年表中の⑤・⑥について，⑤の足高の制を定めた将軍と⑥の人返しの法が出されたときの老中の組み合わせとして正しいものを，次のア～エより１つ選び，記号で答えなさい。

ア．⑤－徳川綱吉　⑥－松平定信　　イ．⑤－徳川綱吉　⑥－水野忠邦

ウ．⑤－徳川吉宗　⑥－松平定信　　エ．⑤－徳川吉宗　⑥－水野忠邦

問６　年表中の⑦について，日本に来た外国人に関して説明した次のア～エのうちで，ペリーと同じ国の人物の説明として正しいものを１つ選び，記号で答えなさい。

ア．この人物は，日本にはじめてキリスト教を伝えたイエズス会の宣教師で，鹿児島に上陸して山口・京都などをめぐって布教した。

イ．この人物は，豊後臼杵《うすき》に漂着《ひょうちゃく》したリーフデ号に乗船していた航海士で，ヤン・ヨーステンとともに徳川家康の外交顧問《こもん》となった。

ウ．この人物は，お雇《やと》い外国人として東京大学で医学を教え，皇室の侍医《じい》を務《つと》めるかたわら，西

洋化を進める日本の様子を日記に記した。

エ．この人物は，日本を占領《せんりょう》した連合国軍の最高司令官で，約６年間日本に滞在《たいざい》し，日本の政治・社会変革の指示を出した。

問７　年表中の⑧について，このときに政府を去った参議のうちで，1877年に鹿児島で不平士族を率《ひき》いて反乱をおこした人物の名前を漢字で答えなさい。

問８　下の絵は，空らん ⑨ の官営模範《もはん》工場を描《えが》いたものです。空らん ⑨ にあてはまる工場の名前を漢字で答えなさい。

問９　年表中の⑩について，下の表は関東大震災での東京府内の死者数の内訳（推定）をしめしたものです。次のページの【地図１】・【地図２】は関東大震災前後の東京の同じ場所の地図です。地図１と地図２を見比べて，どのような都市の改良がおこなわれたかを，表から読み取ることのできる被災状況《ひさいじょうきょう》をふまえながら40字以内で説明しなさい。

表

死　因	死者数(人)
家屋の倒壊《とうかい》	3,546
火災	66,521
流失・埋没《まいぼつ》	6
工場等の被害《ひがい》	314
合　計	70,387

（諸井孝文，武村雅之「関東地震（1923年9月1日）による被害要因別死者数の推定」
（『日本地震工学会論文集』４号，2004）の推定をもとに作成）

【地図１】

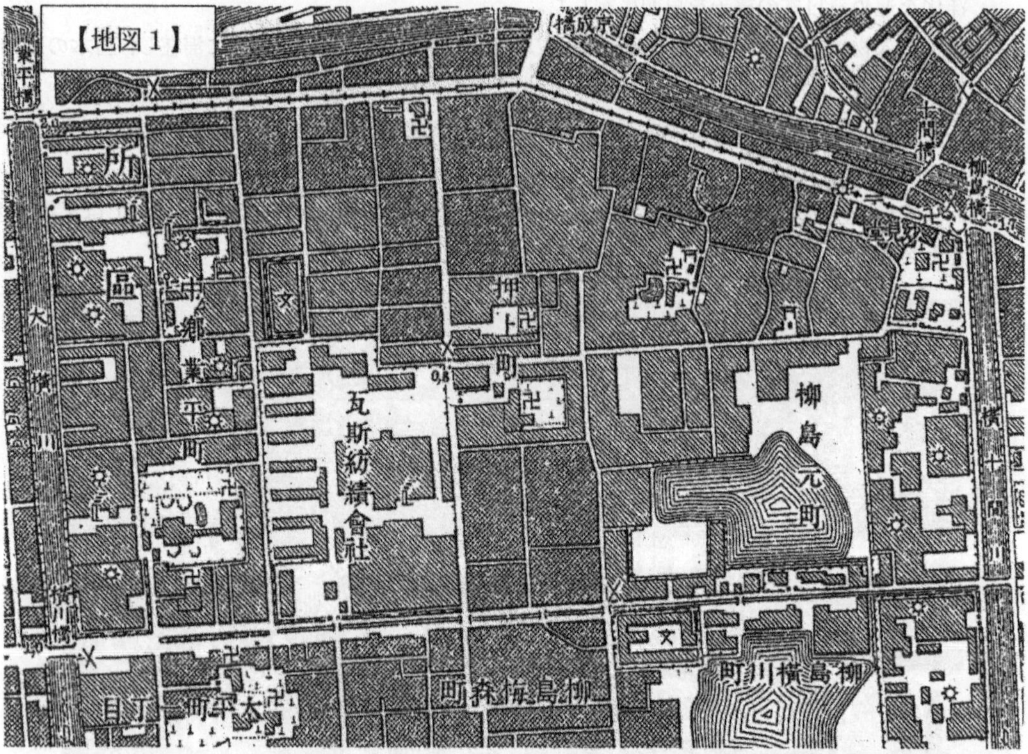

（出典：陸軍陸地測量部作成一万分一地形図向島，大正10年）

【地図２】

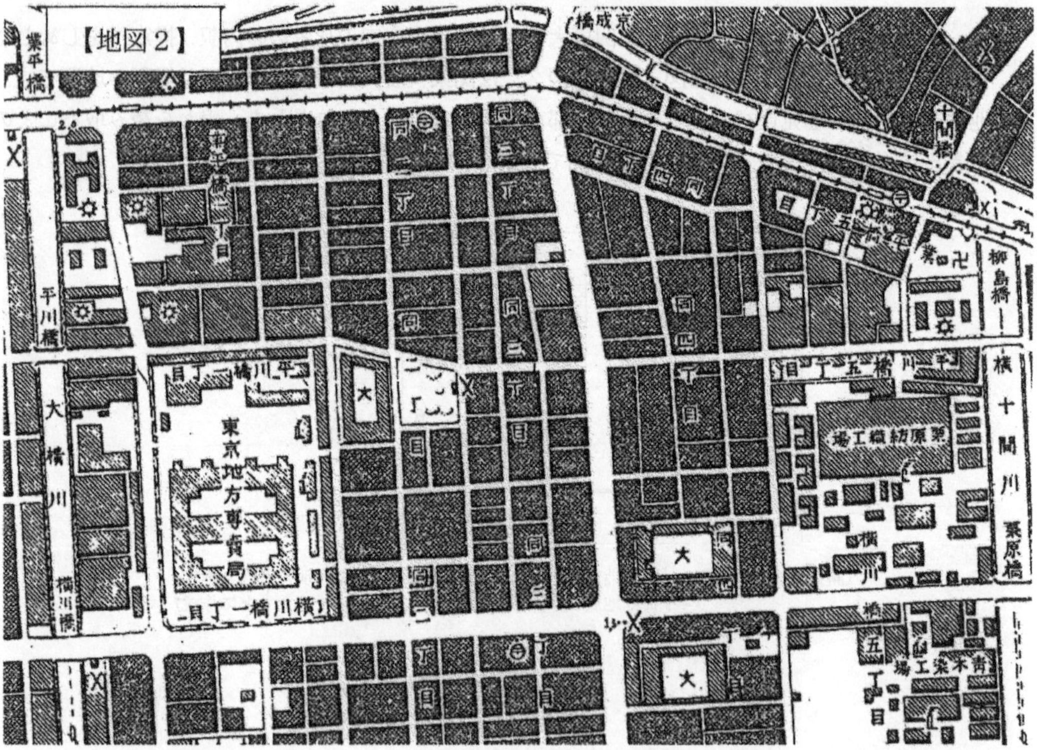

（出典：陸軍陸地測量部作成一万分一地形図向島，昭和14年）

問10　年表中の空らん ⑪ ・ ⑫ にあてはまる遺跡と古墳の組み合わせとして正しいものを，次のア～エより１つ選び，記号で答えなさい。

ア．⑪－板付遺跡　⑫－江田船山古墳　　イ．⑪－板付遺跡　⑫－キトラ古墳

ウ．⑪－登呂遺跡　⑫－江田船山古墳　　エ．⑪－登呂遺跡　⑫－キトラ古墳

3　現在の日本における制度について述べた次の１～10の中から，正しいものを５つ選び，番号で答えなさい。ただし解答の順序は問いません。

1　衆議院の総選挙がおこなわれてから30日以内に召集《しょうしゅう》される特別国会では，内閣総理大臣の指名選挙がおこなわれる。

2　国会の両議院は，各々その総議員の三分の一以上の出席がなければ，議事を開き議決することができない。

3　基本的人権を侵害《しんがい》する可能性のある法律を国会が制定しようとしたときに，内閣は拒否《きょひ》権を行使できることが憲法に定められている。

4　国会で審議《しんぎ》中の法律案にたいして，最高裁判所は憲法に違反《いはん》するかしないかを判断することが憲法に定められている。

5　衆議院を通過した法律案が参議院で否決された場合，その後衆議院において出席議員の三分の二以上の賛成があれば法律になることが憲法に定められている。

6　国務大臣は内閣総理大臣によって任命されるが，その過半数は衆議院議員でなければならない。

7　内閣総理大臣が国務大臣をやめさせるときには，国会の承認をえなければならない。

8　最高裁判所の長官たる裁判官は内閣が指名し，天皇がこれを任命する。

9　裁判官をやめさせるかどうかの裁判は，国会に設置される弾劾《だんがい》裁判所でおこなわれる。

10　国会で憲法改正を発議するためには，各議院の総議員の過半数の賛成が必要とされる。

うな気持ちを抱《いだ》いていたからですか。次の文の空らんに入る言葉を、これより前の本文中から二十字以内で探し、ぬき出して答えなさい。

母親である自分の言うことを守ろうとしない息子の様子が［　　］から。

問9　――部⑦「その言葉に息を呑んだ」とありますが、ここでの筆者の気持ちの説明としてふさわしくないものを、次のア～エから一つ選び、記号で答えなさい。

ア　自分の思春期のころと同じようなところにまで長男が成長していることに突然気づかされた。

イ　同じような言葉を言い放ったかつての自分の姿がありありと思い出されて懐《なつ》かしくなった。

ウ　親といえども侵《おか》してはならない一線があることを実は軽《かろ》んじていたことに気づいた。

エ　母親への反抗《はんこう》は自分自身にも覚えのあることなので考えれば十分に納得できるものだった。

問10　空らん［Ⅰ］に入る言葉としてふさわしいものを、次のア～エから一つ選び、記号で答えなさい。

ア　いつかきっと同じところに線が引ける

イ　大人は誰《だれ》しも子どもの気持ちが理解できないのか

ウ　どうにかして自分の思いを分からせてやる

エ　母親とは見えてる世界が全然違う

問11　――部⑧「弱々しい磁力」の関係を表すために、空らん［Ⅱ］にどのような表現を入れるとよいですか。本文中の言葉を使って二十五字以内で答えなさい。

親　［夏休みの宿題をしっかりやったらゲームもニワトリも買うことを考える］

［弱々しい磁力］

息子　［Ⅱ］

問12　――部⑨「斯くして、その夏わが家には、ゲーム機とニワトリがやってくることになった」とありますが、ここでの筆者の気持ちの説明としてふさわしいものを、次のア～エから一つ選び、記号で答えなさい。

ア　結果としてゲームとニワトリがわが家にやってきたことを受け入れるほかはない。

イ　すばらしい集中力を見せて自分たちの願いをかなえた息子たちは親として誇《ほこ》らしい。

ウ　息子たちの願いをきっぱりと拒否《きょひ》できなかった自分がわれながら情けない。

エ　ゲーム機とニワトリのせいでこれから面倒《めんどう》なことが増えそうなのが心配だ。

か、それともそういうタイミングなのか、私もなんだか素直じゃなくなってきた。拗《す》ねた子どもみたいに。

⑨斯《か》くして、その夏わが家には、ゲーム機とニワトリがやってくることになった。

（繁延《しげのぶ》あづさ『ニワトリと卵と、息子の思春期』による）

問１　〰〰部Ａ「られ」と、文法的に同じ「られ」をふくむ文を、次のア～エから一つ選び、記号で答えなさい。

ア　祖母の健康が案じられた。

イ　思いこみでは決められない。

ウ　実際よりも若く見られたい。

エ　お客様が店を出られます。

問２　〰〰部Ｂ「自分が蒔いた種」と同じ意味のことわざを、次のア～エから一つ選び、記号で答えなさい。

ア　生みの親より育ての親　　イ　身から出たさび

ウ　打たぬ鐘《かね》は鳴らぬ　　エ　明日はわが身

問３　――部①「とてもイヤな感じ」は何によってもたらされたと考えられますか。その答えとしてふさわしいものを、次のア～エから一つ選び、記号で答えなさい。

ア　長男と自分との関係がこれまでよりも薄《うす》くなってしまったという思い。

イ　息子の気持ちを利用していた自分のずるさを見抜《みぬ》かれたという思い。

ウ　自分が長男の変化に気づかなかったのはうかつだったという思い。

エ　長男が何をしたいのかが自分には見当もつかずとても心配だという思い。

問４　――部②「確かに親が反対しようとも、お金さえあれば子どもでもゲームは買えてしまう」とありますが、長男がそれまでゲームを買わなかったのはなぜだと筆者は考えていますか。「長男は」という書き出しに続けて、二十五字以内で答えなさい。

問５　――部③「『ニワトリ飼うなんて、大家さんが許可しないよ！』」という返答は、どのような性質のものだと言えますか。これより後の本文中から二十字以内で探し、ぬき出して答えなさい。

問６　――部④「おかしかった」と筆者が思ったのはなぜですか。その理由としてふさわしいものを、次のア～エから一つ選び、記号で答えなさい。

ア　経済動物という考え方から意見を述べた長男を守ろうとしながら、夫は蚊を殺すレベルでしか問題をとらえていなかったから。

イ　夫はどこか長男を守ろうとする様子を見せているものの、自分自身の考えをしっかり説明しようとはしていなかったから。

ウ　夕食の時に夫が急に授業参観の話を持ち出し、蚊を殺すという行動によって長男の意見に同調する姿勢を見せたから。

エ　長男とけんかばかりしている夫が、一人でしっかり自分の意見を言う長男を見直したかのようにかばう様子を見せたから。

問７　――部⑤「人間の口から発せられる〝命の重みは等しいか〟という言葉は、違和感があったのかもしれない」とありますが、息子がどういうことに違和感を持ったと筆者は考えていますか。三十字以内で答えなさい。

問８　――部⑥「あれはもう衝突するしかなす術がなかったのだ」とありますが、それはゲーム機を買おうとする息子に対して筆者がどのよ

にも同行したことのある長男。〝経済動物〟という言葉から察するに、食肉の背景に思い巡《めぐ》らせたことがあるのだろう。そんな彼にとって、⑤人間の口から発せられる〝命の重みは等しいか〟という言葉は、違和感《いわかん》があったのかもしれない。

夏休みがはじまったとき、私は神戸《こうべ》で出産撮影《さつえい》をしており家を空けがちだった。出産は予測不可能。こんなことを仕事の一部にできるのは、「一度いったら生まれるまで戻《もど》ってこなくていい」と言ってくれる夫のおかげだった。サラリーマンの彼ひとりで3人の子どもの世話はラクではないだろうし、実際に帰宅すると家の中はぐちゃぐちゃだったりするが、「まかせていいよ」と言ってくれるのはありがたかった。とはいえ、私もやっぱり母親。家のこと、とくに幼《おさな》い娘《むすめ》が気がかりで、妊婦《にんぷ》さんの様子を見ながらときどき帰宅していた。家に戻ると、決まって息子たちと揉《も》めた。またもゲームの話だった。振《ふ》り返って思うに、⑥あれはもう衝突《しょうとつ》するしかなす術《すべ》がなかったのだと思う。

言い争う中で、長男が放った言葉。

「ゲームするしないは自分で決める。だってオレのこの時間はオレのものだし、オレにとって何が必要かはオレにしかわからない。お母さんにはわからない！」

⑦その言葉に息を呑《の》んだ。同じような言葉を、私も思春期のころに母親に言い放ったことがあったから。あのときのことが、突然昨日のことのように思い出された。

いや、忘れていたわけじゃない。子どもたちそれぞれに、大事なこと、必要なことがあって、彼らの生きている時間は彼らのもので、親といえども侵《おか》してならない一線があること。わかっていたつもりだった。けれど、その一線は目に見えるわけじゃない。互《たが》いに違うところに線をひいている。

〝［Ｉ］〟

そう思っていたあのころの私が、目の前にいる気がした。

私も意地っ張りな性格で、簡単には引き下がれない。しばらく考えてから、「夏休みの宿題をしっかりやったなら、ゲームもニワトリも考えよう」と息子たちに言ってみた。表向きは条件つきだけれど、実際は〝達成したらＯＫ〟と言っているのと同じだった。かろうじて親の同意を得ようとする息子たちの態度に、私も歩み寄ろうと思った。おのずと磁石のように引き合う母子関係はいつの間にか終わっていた。いまはこの⑧弱々しい磁力に頼《たよ》って進むしかない。

そして、息子たちはこれまで見たこともない集中力で宿題を終えていった。正直、「そんなにゲームが欲《ほ》しいのか」（次男）、「そんなにニワトリが飼いたいのか」（長男）と感心もした。

（中略）

私は最後まで「ニワトリ飼っていいよ」「ゲーム機買っていいよ」という決定的な言葉は言わなかった。その代わりに、「ぜったい毎日世話するんだよ」「ゲーム時間決めなきゃダメだよ」など、肝心《かんじん》なところを通り過ぎたような発言をしていた。「いいよ」という言葉より、「○○しなきゃダメ」という言葉の方が言いやすかったのもある。子に対して、親の体裁《ていさい》を保ちたかったのかもしれない。長男の反発心に刺激《しげき》されて

【三】　次の文章を読んで、後の問いに答えなさい。

わが家にはゲーム機がなかった。「友だちが持っているから買って」と言われても、面倒《めんどう》が増えると思い取り合わなかった。いつもそんなふうにやり過ごしていた。それがこの夏、小6の長男と小4の次男とゲーム機について言い争ううちに、長男の方が「納得《なっとく》できない！」と言い返してきた。

翌朝彼《かれ》は、「お母さんがなんと言おうと、オレは放課後ゲームを買いにいく！」と言い放ってから学校に向かった。乱暴に閉めAられたあとの玄関は静まり返っていたけれど、私の胸はうるさいくらいにドキドキしていた。なんだか①とてもイヤな感じがして。

考えてみれば、②確かに親が反対しようとも、お金さえあれば子どもでもゲームは買えてしまう。もちろんそれは、いままでだってそうだったはず。それなのに、初めてそのことに気がついた。状況《じょうきょう》は変わってない。変わったのは息子だった。これまで、〝お母さんに同意されたい〟という子どもの気持ちを、ずっと利用してきたことに気づかされた。そうした気持ちがなくなってしまえば、親の意向など何の効力もない。堂々とそこを突《つ》かれたことが、腹立たしくて、悔《くや》しくて、不安だった。

（中略）

夕方、仕事を終えて帰ろうとしたら長男から電話が入った。出ると、突然《とつぜん》「ゲーム買うのやめるからさ、その代わりニワトリ飼わせて」と言ってきた。え、なに!?　ニワトリって……。まったく予想外の展開で、返答に詰《つ》まった。というか、こんなの即答《そくとう》できるわけがない。でも思い当たることはあった。数日前に私が図書館で借りてきた『ニワトリと暮らす』（和田義弥《わだよしひろ》著　今井和夫《いまいかずお》監修　地球丸刊）という本。おそらく、あれを読んだのだ。パラパラとめくり、おもしろそうだと借りてしまったのは私だった。B自分が蒔《ま》いた種。返す言葉が浮《う》かんでこない。とりあえず、矛先《ほこさき》を変えるように③「ニワトリ飼うなんて、大家さんが許可しないよ！」と言い返してみた。

（中略）

長男が大家さんの許可を取りつけた私の出張中、学校では授業参観があったらしい。夫が娘連れていったそうで、そのときの様子を話してくれた。

「遅《おく》れて、途中《とちゅう》からしか観《み》てないんだけど……」と前置きして、〝命の重みは等しいか〟というテーマの授業で、クラスの皆《みな》が〝等しい〟という方に手を挙げ、うちの長男だけが、そうは思わない方に挙手したのだという。

そして、その理由として「実際に経済動物というのがある」という話をしたそうだ。〝命の重みは等しい〟方の子たちからの意見はなかったらしいが、「ペットが死んで悲しかったから」と言った子がいて、先生は「そうか、君には体験があるんだね」と言い添《そ》えられたのだそう。

夫の報告はそこまでだったけれど、晩ごはんのときに、飛んでいる蚊《か》をパチンとしながら「命の重みが等しいかなんて言ってたら、蚊も殺せないな」と言った夫の言葉が、どこか長男を擁護《ようご》しているようで、④おかしかった。いつも長男と言い争ってばかりの夫だけど、ひとりきりで意見を言う長男を、また違《ちが》った目で眺《なが》めていたのかもしれない。

わが家は長崎《ながさき》に越《こ》してきて以来、近所の猟師《りょうし》さんからもらう猪《いのしし》や鹿《しか》の肉を食べている。私が台所で野生肉を料理する姿を見て、食べて、狩猟《しゅりょう》

ウ　苦労して手に入れた食べ物を、他の動物たちに奪《うば》われる立場。
エ　肉食獣によって襲《おそ》われ、食べられることもある立場。

問５　――部④「バランスを取った」とありますが、こうする必要があったのは胃腸にどういう性質があるからですか。「という性質があるから。」に続くように、本文中から二十五字で探し、はじめの五字をぬき出して答えなさい。

問６　――部⑤「食べ物を料理すると、その吸収に要する胃腸の負担は劇的に軽減される」理由として筆者が本文中で挙げたもののなかで、最も大きな理由を「加熱」、「食べる量」という言葉を必ず使って六十字以内で説明しなさい。

問７　＝＝部Ａ「それは変化の始まりに過ぎなかったのです」とありますが、このように筆者が言うのはどういう変化に始まり、どういう変化までたどり着いたからですか。その二つの変化の内容を示した一文を本文中から探し、はじめの五字をぬき出して答えなさい。

問８　＝＝部Ｂ「私たち人類は、相対的に大きな脳と小さな胃腸を持っていることになります」とありますが、ヒトがこの特長を手に入れるまでの流れを左の図にまとめました。空らん［Ⅰ］～［Ⅴ］に入る内容としてふさわしいものを、次のア～オから一つずつ選び、記号で答えなさい。

［Ⅰ］
→ 脳が大きくなり、知恵が発達した。
→ ［Ⅱ］
→ ［Ⅲ］
→ ［Ⅳ］
→ ［Ⅴ］
→ 余剰エネルギーが脳へと向かい、さらに脳が発達した。

ア　料理を発明した。
イ　胃腸を小さくすることに成功した。
ウ　肉食を始めた。
エ　消化器官の負担が減り、エネルギー吸収の効率がよくなった。
オ　火の利用が可能になった。

問９　次のア～エの各文が本文の内容と合っていればＡで、合っていなければＢで、それぞれ答えなさい。

ア　霊長類がその体格にくらべて小さい胃腸を持っていることは自慢すべき特長だが、あまり知られていない。
イ　料理によって、吸収できるエネルギー量が劇的に増大したため、料理こそ人類最初のエネルギー革命と言える。
ウ　食べ物を加熱することは、消化器官の免疫系の仕事を外製化することであり、消化器官の負担の軽減の要因のひとつである。
エ　料理ができない野生のチンパンジーにとって、消化器官の負担は人類にくらべてかなり大きなものとなる。

てカロリー密度が高い食事を取れるようになったことで、食べる量は減り、消化器官は小さくて済むようになりました。現在、私たちの食事量は大型類人猿《るいじんえん》の半分程度で済んでいます。私たちはたくさん食べているように思えても、実は大して食べていないのです。すべては加熱調理のおかげです。

食べ物を加熱することには、もうひとつ利点があります。加熱することで食べ物に付着した雑菌《ざっきん》を殺せるのです。これにより、バイ菌の体内への侵入《しんにゅう》を防ぐ免疫《めんえき》系の負担も軽減させることができます。料理とは、消化器官への負担を軽減し、吸収できるエネルギー量を最大化する偉大《いだい》な「発明」なのです。

こうして人類の祖先は、料理をすることで自らの体内での消化にかかるエネルギー負担を減らし、胃腸を相対的に小さくすることに成功しました。要するに私たちの祖先は、本来であれば消化器官が行う必要のある仕事を、食べ物を「料理」することで、一部外製化したのです。外製化したことで得られた余剰《よじょう》エネルギーは脳へと集中投資され、それが私たちの祖先の進化の方向を決定づけることになりました。このように、私たち現生人類が極《きわ》めて高度な知能を持つに至ったことには、人類の祖先による火の利用が大いに関係しているのです。

火の利用は、外敵への備えとして機能することで、人類を取り巻く外部環境を劇的に変えただけでなく、人類の身体、すなわち内部の環境をも、進化の過程を通じて徐々《じょじょ》に、しかし確実に変化させました。火の利用がすべてを変えたのです。これこそ人類史上最初のエネルギー革命です。

（古舘恒介《ふるたちこうすけ》『エネルギーをめぐる旅　文明の歴史と私たちの未来』による）

問１　〰〰部「特長」の「長」と同じ意味の「長」を持つ二字熟語を一つ、漢字で答えなさい。

問２　——部①「興味深い変化」とありますが、筆者がこの「変化」を「興味深い」と言う理由としてふさわしいものを、次のア～エから一つ選び、記号で答えなさい。

ア　世界最古の火で焼かれた痕跡だったから。
イ　人類が肉食獣を食べた証拠だったから。
ウ　第三層から出土した動物の骨だったから。
エ　人類が火を使用した証拠だったから。

問３　——部②「骨の比率が逆転」を説明した次の文の空らん［a］・［b］に入る言葉としてふさわしいものを、次のア～オから一つずつ選び、記号で答えなさい。

最古の堆積層とは逆に第三層では［a］の骨が出土する比率を、［b］の骨が出土する比率が上回ったということ。

ア　肉食獣に捕食された人類の祖先
イ　肉食獣に捕食された動物
ウ　野火で焼かれた動物
エ　人類の祖先に捕食された肉食獣
オ　人類の祖先に捕食された動物

問４　——部③「自然界における自らの立場」とありますが、人類は元々どういう立場だったのですか。その説明として**ふさわしくないもの**を、次のア～エから一つ選び、記号で答えなさい。

ア　脳が小さいため、環境を作り変えることができない立場。
イ　地上に下りて、夜安心して眠ることができない立場。

さんは何と答えるでしょうか。一番に思いつくものは、体格に比較《ひかく》して大きく発達した脳を持っているというものでしょう。そのほか二足歩行や、言葉を発するなどという声も挙がるかもしれません。しかし、ヒトにはあまり知られていない自慢《じまん》すべき大きな特長が他にもあります。もちろん、私にもあなたにも備わっている特長です。それが体格に比較して小さい胃腸です。

一般《いっぱん》に、脳の維持《いじ》には多大なエネルギーが必要であることが知られています。しかし、実のところ胃腸もまた、脳と同じく大量のエネルギーを必要とする器官なのです。消化器官は食物を分解し栄養素を吸収するだけでなく、食べ物の残り滓《かす》や古くなった細胞を老廃《ろうはい》物として外に出すという複雑な活動を一手に引き受けています。胃腸の運転に多大なエネルギーが必要となるのは、至極《しごく》当然なのです。

ヒトと同程度の体重を持つ哺乳《ほにゅう》類の多くは、脳の大きさがヒトの五分の一程度であるのに対し、胃腸の長さはヒトの二倍もあります。つまりB私たち人類は、相対的に大きな脳と小さな胃腸を持っていることになります。霊長《れいちょう》類のなかでの比較でも、体重比で胃腸の小さな霊長類ほど、より大きな脳を持つことが分かっています。人類の祖先は、脳が大きくなる方向に進化していく過程で、脳に十分なエネルギーを供給するために、胃腸を小さくし、消化器官のエネルギーを減らすことで④バランスを取ったのです。

しかし、胃腸を小さくすることにはリスクが伴《ともな》います。胃腸が小さくなると食べ物の消化が十分にできなくなり、結果として身体に取り込《こ》むことができるエネルギーの量が減ってしまうからです。私たちの祖先は、この問題をどのように解決したのでしょうか。

第一に考えられるのが、より栄養価の高い食べ物を取ることです。肉食を始めたことがそれにあたります。霊長類のなかで、人類ほど肉を好んで食べるものはいません。肉食による栄養補給が、人類の祖先の脳を大きくしたことは疑いようがありません。それが火の利用を可能にする知恵《ちえ》を生む知能を、私たちの祖先へもたらしたのでしょう。そして現生人類へと続く脳の発達ならびに胃腸の縮小は、火の利用をきっかけとして、肉食が始まったことによる変化を遙《はる》かに超《こ》える地点にまで、さらなる進化を遂《と》げることになります。それは料理の発明によってもたらされたと考えられています。

食べ物を叩《たた》き、刻み、すりつぶすなどして加工したうえで、それを加熱処理する。それが「料理」です。そう料理を定義すると、料理をすることによる身体への効果が浮《う》かび上がってきます。もうお分かりでしょう。⑤食べ物を料理すると、その吸収に要する胃腸の負担は劇的に軽減されるのです。

まず、食べ物を物理的に加工することで、口での咀嚼《そしゃく》の負担が軽減されます。次に加熱加工することによって、食べ物は柔《やわ》らかく、さらに咀嚼しやすい物へと変化します。野生のチンパンジーが一日のうち六時間以上を食べ物を噛《か》むことに費《つい》やしていることを考えると、こうした加工による効果は決して少なくありません。

さらに決定的な変化をもたらす力が、加熱にはあります。熱はでんぷんやタンパク質を変質させ、食べ物の持つ栄養価を飛躍《ひやく》的に高めることにつながるのです。例えばでんぷんの代表例であるジャガイモでは、加熱調理することで消化吸収できるカロリーが倍近くにまで増えます。タンパク質の代表例である生卵も同じような数値を示します。加熱によっ

【国　語】（五〇分）〈満点：一〇〇点〉

【注意】字数指定のある問題は、句読点やかぎかっこなどの記号も字数にふくめます。

【一】次の1～10の――部のカタカナを、それぞれ漢字に改めて答えなさい。

1　疲《つか》れたからこのあたりでイップクしよう。
2　ハオリを着て出かける。
3　雨で運動会がジュンエンとなった。
4　彼《かれ》のアイデアはドクソウ的だ。
5　チンタイのマンションに住んでいる。
6　新しい商品をセンデンする。
7　何でも使い捨てるフウチョウを見直す。
8　彼はホガらかに笑った。
9　私の実家は農業をイトナんでいる。
10　何にでも反対する彼の態度は気にサワる。

【二】次の文章を読んで、後の問いに答えなさい。

南アフリカ最大の街ヨハネスブルグから北西に約三〇キロメートル。都会の喧噪《けんそう》を離《はな》れた街の郊外《こうがい》、草原と灌木《かんぼく》が広がる丘陵《きゅうりょう》地帯の向こうに、目指す場所はありました。スワルトクランス洞窟《どうくつ》。人類進化の研究において重要な発見のあった洞窟のひとつで、世界遺産にも登録されている貴重な遺跡《いせき》です。ここに人類と火の関係を暗示する、興味深い痕跡《こんせき》が残されています。

スワルトクランス洞窟の最古の堆積《たいせき》層には肉食獣《じゅう》が食べたと考えられる獲物《えもの》の骨が大量に保存されており、かじられた骨の中には人類の祖先の骨も含《ふく》まれています。その上の第二層には木炭の層が横たわり、その上の第三層に至ったところで①興味深い変化が現れます。第三層から出土した動物の骨からは、火で焼かれた痕跡が多数発見されたのです。骨の出土状況《じょうきょう》から、それらは野火に焼かれたものではなく、人為的に火が使われた証拠《しょうこ》であると考えられています。現存するなかで、世界最古の火の使用の痕跡とされるものです。おおよそ一〇〇万年から一五〇万年前のものと推定されています。

さらに興味深いのが、第三層からは出土する②骨の比率が逆転している事実です。これまで被食《ひしょく》者のひとつとして肉食獣に食べられることもままあった人類の祖先が、第三層からは捕食者へとその立場を変え、洞窟の支配者となったことを示唆《しさ》しているのです。

火を焚《た》くことによる明かりと熱を嫌《きら》って肉食獣は洞窟に近づかなくなり、人類の祖先はわざわざ木に登らずとも地上で夜も安心して眠《ねむ》ることができるようになりました。苦労して得た食べ物を他の動物たちに横取りされる心配もなくなりました。人類の祖先は火を扱《あつか》うことを覚えたことで、環境《かんきょう》を自らに都合のよいように作り変える術を得たのです。こうして人類は、③自然界における自らの立場を大きく引き上げることに成功しました。人類史上初めて、エネルギー革命と呼ぶべき大きな変化が起きたのです。火の力はそれほどに強力でした。しかし、Aそれは変化の始まりに過ぎなかったのです。

動物としてのヒトの特長をいくつか挙げるよう質問されたならば、皆《みな》

MEMO

大切なことはメモしておこうネ！

算数選抜

2023年度

解　答　と　解　説

《2023年度の配点は解答欄に掲載してあります。》

＜算数解答＞《学校からの正答の発表はありません。》

$\boxed{1}$　(1)　1111117　(2)　$\frac{8}{9}$　(3)　497　(4)　$\frac{1}{8}$

$\boxed{2}$　(1)　12　(2)　1807　(3)　60　(4)　165個　(5)　12分　(6)　$1\frac{1}{3}$cm

$\boxed{3}$　(1)　1400円　(2)　280個　(3)　15

$\boxed{4}$　(1)　900m　(2)　12分30秒　(3)　12分後

$\boxed{5}$　(1)　ア　1　イ　8　ウ　10　エ　64　オ　1296　カ　10　キ　113
ク　106　ケ　30　コ　250
(2)　8×6×9×3　(3)　解説参照　(4)　352

○推定配点○
$\boxed{2}$　各4点×6　$\boxed{5}$　各2点×13　他　各5点×10　計100点

＜算数解説＞

$\boxed{1}$　**(四則計算)**

(1)　7＋10＋100＋1000＋10000＋100000＋1000000＝1111117

(2)　$4-\frac{16}{7}\times\frac{4}{9}\times\frac{7}{2}\times\frac{7}{8}=4-3\frac{1}{9}=\frac{8}{9}$

(3)　□＝1.5×210×8－2023＝2520－2023＝497

(4)　$□=\left(0.38-\frac{17}{25}\times\frac{7}{17}\right)\times\frac{15}{4}-0.25=0.1\times\frac{15}{4}-0.25=\frac{1}{8}$

重要 $\boxed{2}$　**(割合と比，速さの三公式と比，時計算，過不足算，数の性質，ニュートン算，単位の換算，平面図形，相似)**

(1)　最初の食塩水300g内の食塩…(300＋200×2)×0.06－200×0.03＝42－6＝36(g)
したがって，求める濃度は36÷300×100＝12(％)

(2)　$\frac{1}{2}+\frac{1}{3}+\frac{1}{7}+\frac{1}{43}+\frac{1}{□}=1$のとき
…$\frac{1}{□}=1-\left(\frac{1}{2}+\frac{1}{3}+\frac{1}{7}+\frac{1}{43}\right)=1-\frac{1805}{1806}=\frac{1}{1806}$
したがって，当てはまる最小の整数は1807

(3)　ア…$30\times2\div(6-0.5)=\frac{120}{11}$(分)
イ…$(30\times3+180)\div(6-0.5)=\frac{540}{11}$(分)
したがって，ア＋イ＝$\frac{120}{11}+\frac{540}{11}=60$

(4)　右表…4＋97－□＝101－□は10－4＝6の倍数
□…101－6×16＝5
したがって，キャンディは10×6×16÷6＋5＝165(個)

④……④④＋(97)
⑩……⑩□

(5) 最初の行列の人数…□

1分で行列に加わる人数…△

入口が1つの場合…□＋△×52＝1×52＝52

入口が2つの場合…□＋△×19.5＝2×19.5＝39

△…(52－39)÷(52－19.5)＝13÷32.5＝0.4

□…39－0.4×19.5＝31.2

したがって，求める時間は31.2÷(3－0.4)＝12(分)

(6) FC…右図より，8÷2＝4(cm)

直角三角形DHFとDEC，三角形HGFとEGB

…相似比1：5

したがって，FGは8÷(1＋5)＝$\frac{4}{3}$(cm)

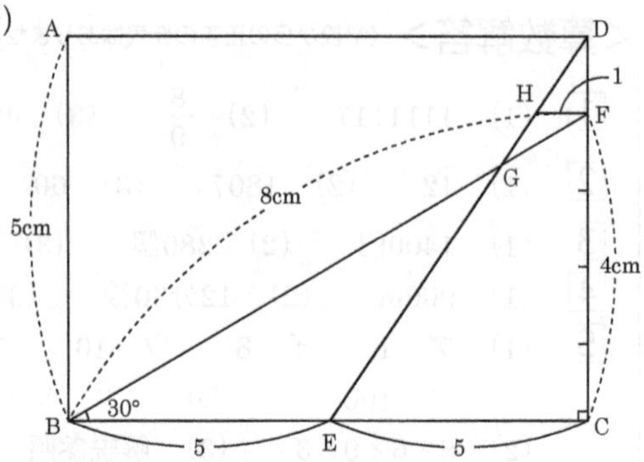

3 (割合と比，消去算)

基本 (1) 定価…1120÷0.8＝1400(円)

重要 (2) 定価で売れた個数…△

仕入れ額…1000×(△＋100)

予定の利益…1000×(△＋100)×0.3＝300×△＋30000が，400×△＋120×100＝400×△＋12000に等しく，△は(30000－12000)÷(400－300)=180(個)

したがって，仕入れた商品は180＋100＝280(個)

(3) 仕入れ額の30%と23%との差…(2)より，1000×280×(0.3－0.23)＝19600(円)

したがって，売れ残った個数は(19600－2800)÷(1000＋120)＝15(個)

4 (速さの三公式と比，割合と比，消去算，単位の換算)

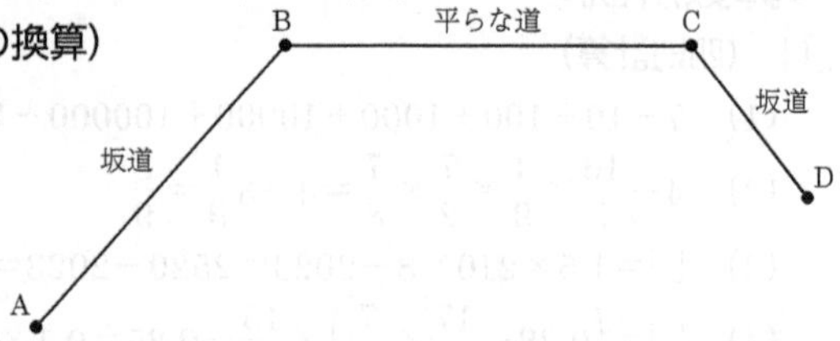

雨が降らないとき…上り坂では分速120m,

平らな道では分速240m,

下り坂では分速300m

雨が降るとき…分速60m

AからDまでの時間－DからAまでの時間…4.5分

重要 (1) 1mの坂を往復する時間の差…$\frac{1}{120}-\frac{1}{300}=\frac{1}{200}$(分)

したがって，AB間とCD間の距離の差は4.5÷$\frac{1}{200}$＝900(m)

(2) 雨が降るとき10分進む距離…60×10＝600(m)

したがって，遅くなった時間は10×2－(600÷120＋600÷240)＝20－7.5＝12.5(分)すなわち12分30秒

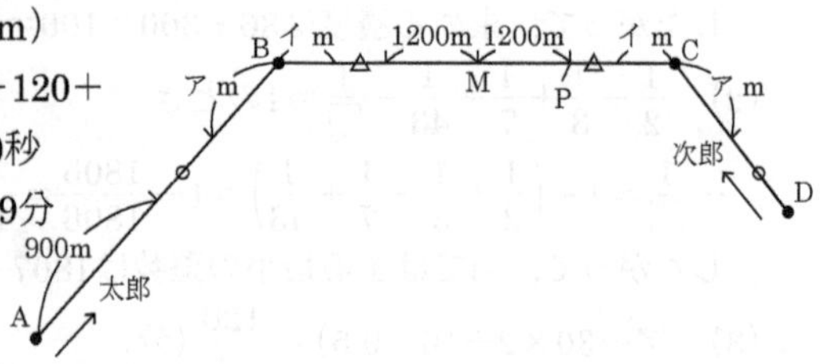

やや難 (3) ア＋イ…右図において，次郎君が雨の中を29分進んだ距離は60×29＝1740(m)

上り900m…太郎君は900÷120＝7.5(分)遅い

上りアm…太郎君はア÷60－ア÷120＝$\frac{ア}{120}$(分)早い

平らな道イm…太郎君はイ÷60－イ÷240＝$\frac{イ}{80}$(分)早い

平らな道1200×2＝2400(m)…太郎君は2400÷240＝10(分)遅い

$\frac{ア}{120}+\frac{イ}{80}$＝7.5＋10＝17.5…120倍するとア＋イ×1.5＝17.5×120＝2100

ア＋イ×1.5＝2100とア＋イ＝1740…イは(2100－1740)÷(1.5－1)＝720(m)

したがって，求める時刻は720÷60＝12(分後)

5 **(平面図形，立体図形，割合と比)**

先生が出した問題…三角錐B－DEGの面上にはない内部にある『かど』の個数を求める。

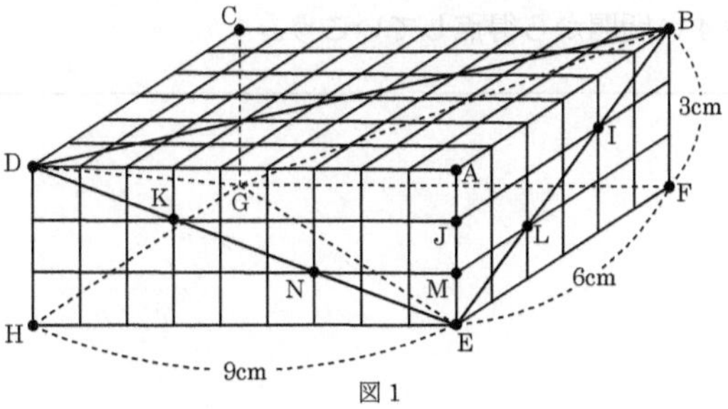

図1

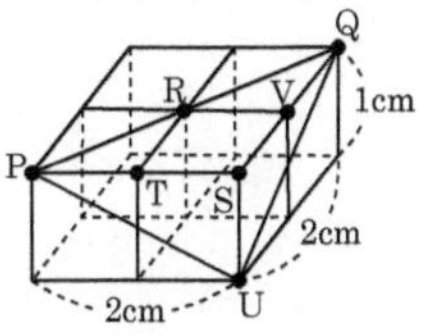

図2

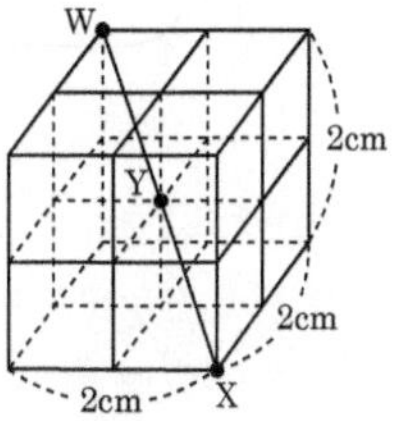

図3

重要 (1)　2点W・Xの『かど』の個数…ア1個ずつ

点Yの『かど』の個数…イ8個

直線WX上の『かど』の個数…ウ1×2＋8＝10(個)

図3の立方体の面上と内部にある『かど』の個数

…エ8×8＝64(個)

図1の直方体の面上と内部にある『かど』の個数

…オ8×6×9×3＝1296(個)

直線BD上の『かど』の個数

…カ1×2＋4×2＝10(個)

直角三角形BADの周上と内部にある『かど』の個数

…キ10＋2×(5＋8)＋4×(5＋4＋3×2＋2＋1×2)＋1

＝10＋26＋76＋1＝113(個)

直角三角形IJKの周上と内部にある『かど』の個数

…ク2＋4×10＋8×8＝106(個)

直角三角形LMNの周上と内部にある『かど』の個数

…ケ2＋4×5＋8＝30(個)

三角錐A－BDEの面上と内部にある『かど』の個数

…コ113＋106＋30＋1＝250(個)

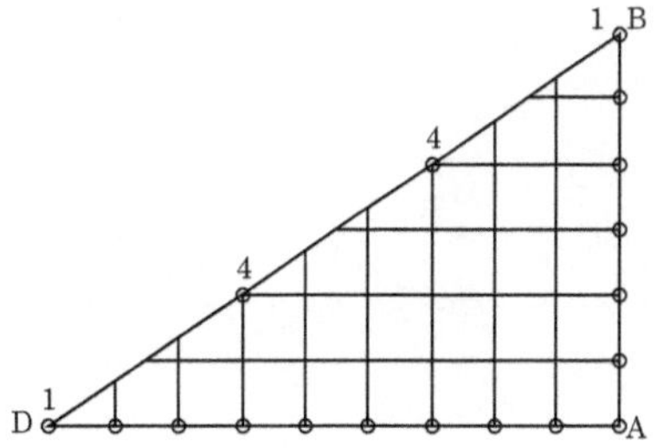

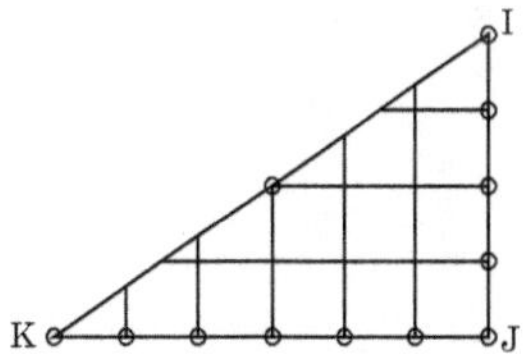

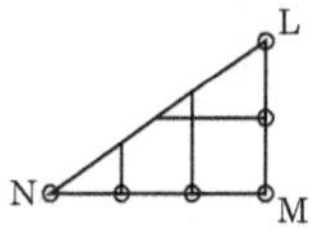

(2)　8×6×9×3

やや難 (3)　説明例：三角錐A－BDEから辺BD・DE・EBの『かど』の個数を引いた三角錐A－BDE4個分の『かど』の個数を全体の直方体の『かど』の個数から引き，辺BD・DE・EBの『かど』の個数の2倍を引いてE・Gの2個を加える。

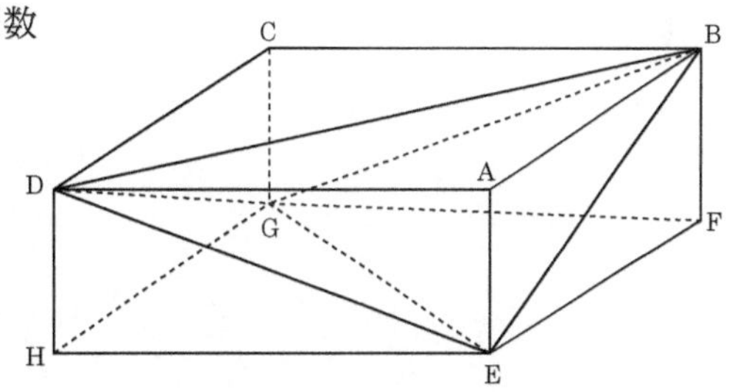

やや難 (4)　1296－{250－(10＋9＋8)}×4－(10＋9＋8)×2＋2＝1296－892－54＋2＝352(個)

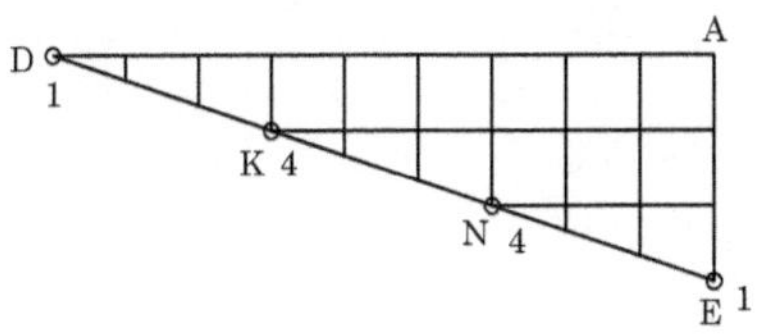

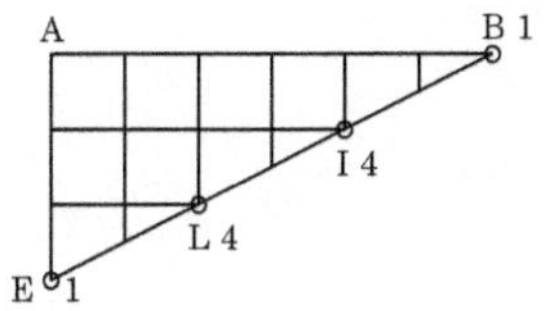

★ワンポイントアドバイス★

1・2の10題で，着実に得点しよう。3「売買算」の問題，4「坂道と平らな道」の問題では，「消去算」を使って解く方法が問われており，簡単ではない。時間配分に注意して，自分にとって解きやすい問題から得点していこう。

第1期

2023年度

解　答　と　解　説

《2023年度の配点は解答欄に掲載してあります。》

＜算数解答＞《学校からの正答の発表はありません。》

1　(1)　5　(2)　270円　(3)　12%　(4)　4分10秒　(5)　20分　(6)　59.66cm^3

2　(1)　42個　(2)　96個　(3)　1632個

3　(1)　2：3　(2)　4：3　(3)　5：9：21

4　(1)　80分後　(2)　17：11：13　(3)　480分後

○推定配点○

1　(1)～(5)　各6点×5　他　各7点×10　計100点

＜算数解説＞

1　(割合と比，速さの三公式と比，単位の換算，仕事算，鶴亀算，平面図形，図形や点の移動，立体図形)

(1)　$7\times\frac{2}{3}=4\frac{2}{3}$，$7\times\frac{3}{4}=5\frac{1}{4}$より，当てはまる整数は5

基本　(2)　7：4＝14：8，3：1＝9：3より，450円は8－3＝5に相当する。
したがって，弟の残金は450÷5×3＝270(円)

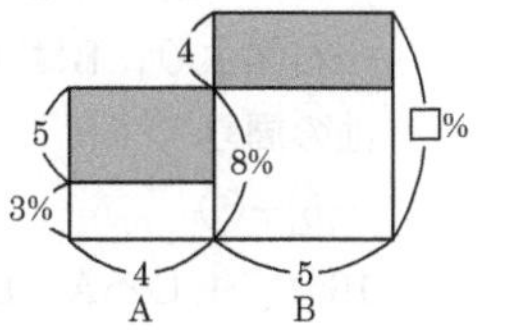

重要　(3)　100g：125g＝4：5より，右図において色がついた部分の
面積が等しくBの濃度は8＋4×(8－3)÷5＝12(%)

基本　(4)　1000：(1000－40)＝1000：960＝25：24
したがって，B君がゴールする時間は4÷24×25＝$4\frac{1}{6}$(分)すなわち4分10秒

重要　(5)　A，B，Cそれぞれの時間…60×3＋45＝225(分)，60×2＋30＝150(分)，60＋30＝90(分)
仕事全体の量…225，150，90の公倍数450とする。
A，B，Cそれぞれの1分の仕事量…450÷225＝2，450÷150＝3，450÷90＝5
仕事開始後7分から62分までの仕事量…450－(2＋3＋5)×7＝380
したがって，A・Bだけで仕事をしたのは{(3＋5)×(62－7)－380}÷(5－2)＝20(分)

重要　(6)　高さ3cmの円錐と高さ4.5cmの円錐
…右図より，相似比は2：3，体積比は8：27
したがって，立体の体積は3×3×3.14×4.5÷3÷27×(27－8)×2
＝19×3.14＝59.66(cm^3)

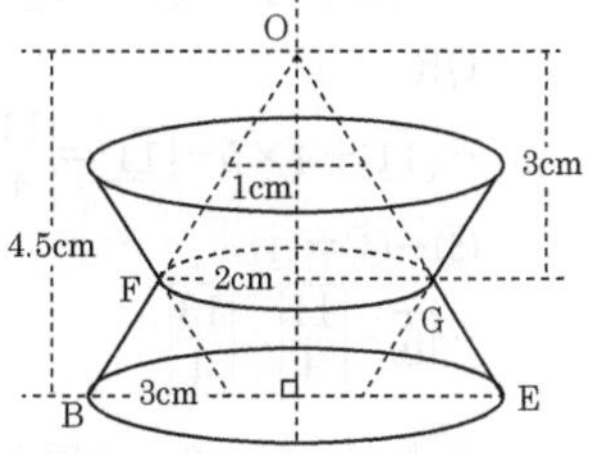

重要　2　(数の性質)

(1)　49(＝7×7)以下で7の倍数を除く整数
…49－49÷7＝42(個)

(2)　119(＝7×17)以下で7，17の倍数を除く整数
…119－(119÷7＋119÷17)＋1＝119－24＋1＝96(個)

(3)　2023(＝7×17×17)以下で7，17の倍数を除く整数

…2023－(2023÷7＋2023÷17)＋2023÷(7×17)

＝2023－(289＋119)＋17＝1632(個)

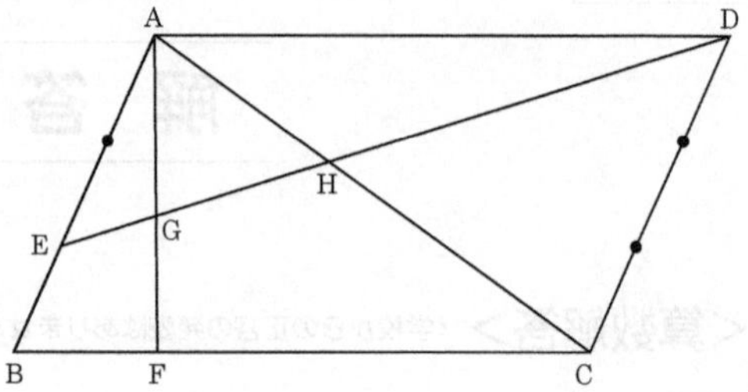

$\boxed{3}$　**(平面図形，相似，割合と比)**

基本　(1)　AH：HC…右図より，三角形AEHとCDHの相似比は2：3

重要　(2)　J…EDの延長線とBCの延長線の交点　JB：DA…図1より，1：2

JF：DA…(2＋1)：4＝3：4

したがって，AG：GF＝4：3

(3)　EK…BFに平行

EK：BF…図2より，2：3

EG：DG…2：(3×4)＝1：6

ED…(1)より，2＋3＝5，1＋6＝7の公倍数35とする。

EG…35÷7＝5

GH…35÷5×2－5＝14－5＝9

HD…35－14＝21

したがって，求める比は5：9：21

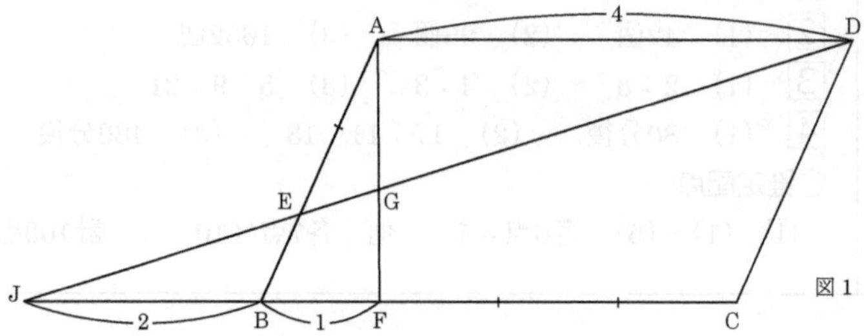

図1

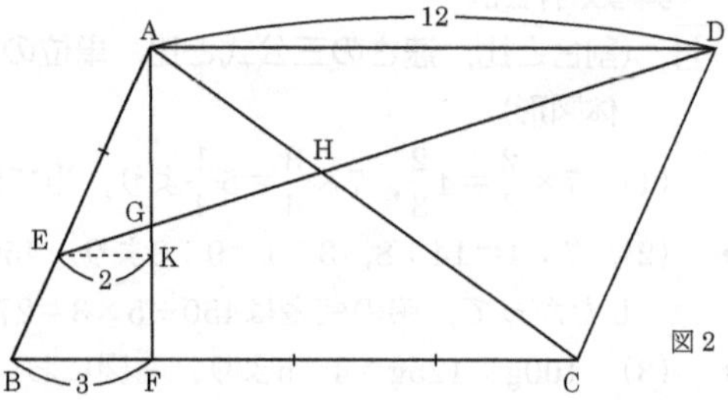

図2

やや難 $\boxed{4}$　**(速さの三公式と比，割合と比，数の性質)**

16分：20分＝4：5

(1)　Aが4進んだとき

…右図より，Bは$\boxed{4}$，Cは④進む。

池の周り

…$\boxed{5}$＋⑤

16分で生じるA，Bの距離の差

…$\boxed{1}$＋①

したがって，A君がB君に追いつくのは16×{($\boxed{5}$＋⑤)÷($\boxed{1}$＋①)}＝80(分後)

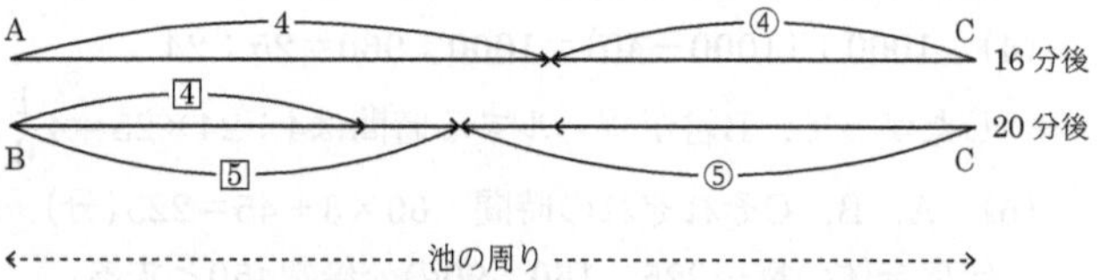

(2)　P…A・C君が出会った位置　Q…A君がPまで進んだ時のB君の位置

R…B・C君が出会った位置

QP

…右図より，$\boxed{17}$－$\boxed{11}$＝$\boxed{6}$

QR

…$\boxed{11}$÷4×5－$\boxed{11}$＝$\frac{\boxed{11}}{\boxed{4}}$

⑤－④＝①

…$\boxed{6}$－$\frac{\boxed{11}}{\boxed{4}}$＝$\frac{\boxed{13}}{\boxed{4}}$

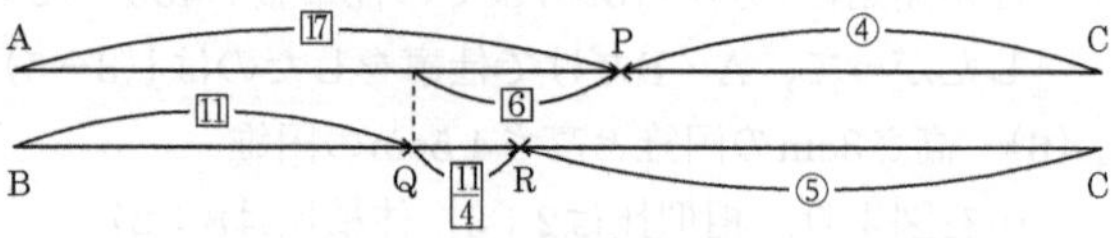

したがって，3人の速さの比は17：11：$\left(\frac{13}{4}\times4\right)$＝17：11：13

(3)　3人の速さ…(2)より，それぞれ17，11，13とする。

池の周り…(17＋13)×16＝(11＋13)×20＝480

3人がそれぞれ1周する時間…$\frac{480}{17}$分，$\frac{480}{11}$分，$\frac{480}{13}$分

したがって，3人がスタート地点で同時に出会うのは480分後

★ワンポイントアドバイス★

まず，[1]の6題で確実に得点しよう。[3]「三角形の相似」に関する問題は，よく出題される問題であり，解法を身につけてしまう必要がある。[4]は，「A君とB君の速さの比が17：11」をヒントにすれば(1)も解ける。

＜理科解答＞《学校からの正答の発表はありません。》

【1】 問1 (1) A，B，C (2) ア (3) (物質) アミノ酸 (器官) 小腸
(4) ウ 問2 エ 問3 (1) ア (2) ① イ ② ウ
問4 (1) (葉) ウ (果実) オ (2) ① イ ② エ ③ カ (3) 下図
問5 (1) ア，イ (2) エ

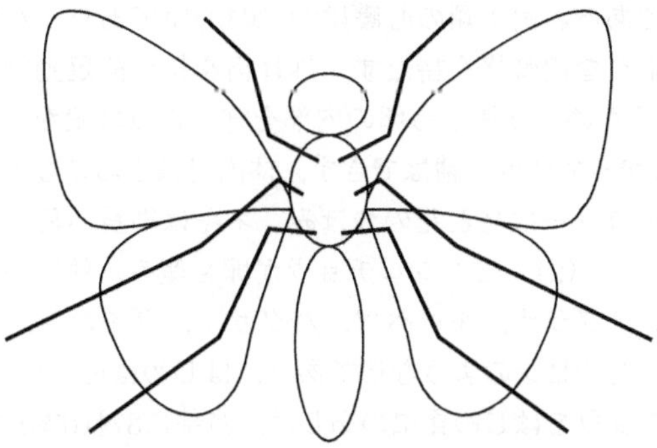

【2】 問1 1500g 問2 3cm 問3 250g 問4 750g 問5 12cm
問6 5750g 問7 1.5cm 問8 3cm

【3】 問1 (1) イ (2) オ，キ 問2 (1) D (2) 水蒸気 (3) 74%
問3 (1) エ (2) ウ 問4 (1) チバニアン (2) 南極(付近) (3) ア
(4) E 問5 ウ

【4】 問1 ウ 問2 エ 問3 イ 問4 C 問5 光，音，電流などから2つ
問6 (1) 40℃ (2) 25℃ 問7 4000カロリー

○推定配点○

【1】 各1点×12(問1(1)，(3)，問3(2)，問4(1)，(2)，問5(1)各完答)
【2】 問1・問2 各1点×2 問3～問8 各2点×6
【3】 各1点×12(問1(2)完答)
【4】 問1～問4 各1点×4 問5～問7 各2点×4 計50点

＜理科解説＞

【1】 (植物・動物－さまざまな植物と動物)

問1 (1) ダイズの種子には胚乳がないので，種皮Dの内側はすべて，将来からだの一部になる胚である。栄養分はCの子葉に蓄えられる。Aは本葉，Bは根になる。 (2) ダイズの種子は，タンパク質が多いアである。イネの種子は，大半が炭水化物(デンプン)のイである。ゴマの種子は，脂肪が多いウである。 (3) ダイズの種子に最も多い栄養分はタンパク質であり，消化によってアミノ酸に分解される。アミノ酸は小腸の壁にある柔毛から毛細血管に吸収される。

重要

(4) 発酵食品は，コウボなど微生物のはたらきによって，栄養分を変化させた食品であり，パン，醤油，味噌，ヨーグルトのほか，納豆，漬物，かつお節などがあてはまる。一方，豆腐は，ダイズの種子を煮てしぼり，タンパク質の多い豆乳を取り出し，にがりなどで固めてつくる。発酵は利用していない。

問2 ワカメはソウ類で，光合成を行う。かつては植物の一種とされていたが，現在では植物とは別の，原生生物というグループに入れる分類法が主流である。種子植物とちがって，花を咲かせ種子をつくることはなく，胞子でふえる。また，道管や師管などの維管束はなく，根・茎・葉の区別もないため，水分は体の表面全体から吸収する。根に見えるのは仮根である。

重要

問3 (1) ニワトリは鳥類である。肺呼吸であること，心臓が2心房2心室であること，体温がいつも一定であることはホ乳類と同じである。両生類の心臓は2心房1心室であり，ハ虫類は変温動物である。また，甲殻類は背骨のような内骨格を持たず，外骨格を持つ節足動物である。

(2) 鳥類とハ虫類は，陸上に産卵するため，乾燥から卵の内部を守るように殻がある。そのため，水中に産卵する魚類や両生類とちがって体外受精はできず，体内受精をおこなう。

問4 (1) ジャガイモは地下茎，ブロッコリーは茎と花のつぼみ，ネギは細長い葉，ニンジンは根，ピーマンは果実を主に食べている。 (2) モンシロチョウが卵を産み，幼虫のえさになるのは，アブラナ科の植物の葉である。アブラナ，キャベツ，ハクサイ，ダイコン，ナズナなどがある。モンシロチョウの卵は1mmほどでビンのような形であり，はじめは白っぽい黄色だが，ふ化直前は濃い黄色になる。 (3) チョウをはじめ昆虫のあしは，胸部に3対(6本)ついている。

問5 (1) イネは単子葉類であり，子葉は1枚で，本葉は細長く葉脈は平行脈である。根は同じ太さのものが多数あるひげ根であり，花には花びらがなくみつもない。茎には形成層がない。

(2) ア：誤り。アマガエルは両生類であり，幼生のオタマジャクシはえら呼吸をおこなう。イ：誤り。アマサギやサシバの中には渡りをおこなうものもある。それらは，冬は暖かい南の地域で過ごし，春に日本にやってくる夏鳥である。 ウ：誤り。アキアカネは，あかとんぼとよばれるトンボの一種で，幼虫は水中で生活するヤゴである。さなぎにはならず，幼虫から直接に成虫になる不完全変態を行う。 エ：正しい。昭和のはじめごろ，食用のウシガエルを養殖するためのえさとして，アメリカザリガニが持ち込まれた。ウシガエル，アメリカザリガニともに逃げて全国に広がった。

【2】 (力のはたらき－輪軸と滑車の組み合わせ)

問1 ばねA～Cは1000gの力で4cm伸びるので，1cm伸びたときの力は250gである。図1でばねAは6cm伸びているので，かかる力は250×6＝1500gである。よって，Pにかかる力も1500gである。

基本

問2 ばねAに1500gの力がかかっているので，滑車よりも下にある糸には，左右とも半分の750gずつの力がかかる。ばねBにも750gの力がかかるので，伸びは750÷250＝3cmである。

問3 1000gのおもりは，糸から750gの力で上向きに引っ張られている。よって，床がおもりを支える力は，1000－750＝250gである。

問4　図2では，ばねCからの糸とQが一本の糸だとすると，おもりのぶんがつりあわないので，ばねCからの糸とQからの糸は，図4のように別々に軸に巻き付いていると考えなければならない。ばねCは15cm伸びているので，かかる力は250×15＝3750gである。輪軸のつり合いを考えると，21×1000＋7×Q＝7×3750　より，Q＝750gである。

重要　問5　輪軸の輪と軸は，同じ角度だけ回るので，動いた長さは半径に比例する。よって，7：21＝4：□　より，□＝12cmとなる。

問6　おもりが24cm下がる間に，ばねCが伸びる長さは，7：21＝□：24　より，□＝8cmである。ばねCは，はじめに15cm伸びていたので，さらに8cm伸びて，伸びの合計は15＋8＝23cmとなっている。かかる力は，250×23＝5750gである。

やや難　問7　ばねCは15cm伸びているので，かかる力は250×15＝3750gである。ばねBにかかる力を□gとすると，上の滑車を通してつながっている左側の糸の力も□gである。輪軸のつり合いを考えると，21×1000＋21×□＝7×3750＋7×□　より，14×□＝5250　となり，□＝375gとなる。ばねBに375gの力がかかるので，伸びは375÷250＝1.5cmとなる。

問8　ばねAにかかる力は，375×2＝750gである。よって伸びは，750÷250＝3cmとなる。

【3】 (大地の活動－日本の火山活動)

問1　活火山は，最近1万年以内に活動した火山である。今後も活動する可能性が高い。

問2　図から，近畿地方と四国地方には△の印がない。

問3　(1)　2021年に，小笠原諸島の福徳岡ノ場が噴火した。福徳岡ノ場は海底火山で，今回も過去も，活動とともに島ができるが，その島はすぐに水没している。軽石が南西諸島などに流れ着いて港をふさぐなどの影響があった。　(2)　火山ガスの90％以上は水蒸気であり，数％の二酸化炭素を含む。その他に，微量の二酸化硫黄や硫化水素なども含む。　(3)　穴がない場合，1cm^{3}の重さが3gだから，183gの体積は183÷3＝61cm^{3}である。この軽石の体積は234cm^{3}だから，そのうちすき間の体積は234－61＝173cm^{3}である。すき間の割合は，173÷234＝0.739…で，四捨五入により74％である。

重要　問4　(1)　火山灰を調べるときは，火山灰を蒸発皿などに入れ，イ→ウ→アを何度か繰り返して，泥などの細かい粒を洗い流す。その後，オのように観察する。エだと，鉱物の結晶が壊れてしまい，鉱物の形が観察できない。　(2)　火山灰は水に流されずに空中を飛んで堆積したため，粒が角ばっていて，ガラス質の粒も混ざっている。河原の砂の粒は，水に流されてきたため，粒は角が取れて丸いものが多い。水をにごらせるのは，砂よりもさらに小さい泥である。

問4　(1)　新生代をさらに分けた第四紀の更新世のうちの一つの時代がチバニアンである。千葉県市原市にある地層が，その時代の地層の代表として世界中から選ばれた。　(2)　現在，方位磁針のN極が北を，S極が南を向くので，それを引き付ける地球の北極付近にはS極があり，南極付近にはN極がある。　(3)　その時代の地層をより詳しく調べることができるのは，地層が厚いという利点からである。それは1年あたりに堆積する地層が多い，つまり，堆積速度が速いためである。　(4)　地層の年代を知るのに，火山灰層は大きな手掛かりとなる。2014年に噴火したのは，長野県と岐阜県の県境にある御嶽山である。この噴火は，加熱された地下水による水蒸気爆発であり，多数の人命が失われる大災害となった。

問5　陸地の表面や地下には火山灰や溶岩などが多数あり，雨水はそのような土地を通って川の水となったり地下水となったりする。そのため，川の水や地下水には，火山の成分が多く溶け込んでおり，われわれはその水を飲んでいる。ミネラルウォーターは日本語に直すと鉱物水であり，市販のボトルには，ナトリウムやマグネシウムなど，成分の量が記されている。

【4】 (物質の性質－ミニトマトとピーナッツ)

問1　物体$1cm^3$あたりの重さが密度である。比重とは，基準の物質に対して密度が何倍かを表した数である。水の密度は$1g/cm^3$だから，水を基準にした比重の値は，密度の値と同じである。その場合，物体の密度が1より大きければ沈み，小さければ浮く。

問2　糖類やデンプンなどをまとめて炭水化物とよぶ。

問3　ミニトマトBは，水に沈んだのだから，比重が水よりも大きい。しかし，砂糖水には浮いたので，比重が砂糖水よりも小さい。

問4　ミニトマトCは，砂糖水にも沈んだままなので，比重が最も大きい。これは，糖が多く含まれているためであり，最も甘いと推定される。

問5　エネルギーには，物が動く運動エネルギーのほか，熱エネルギー，光エネルギー，音エネルギー，電気エネルギー，化学エネルギーなどさまざまな形がある。

重要　やや難

問6　(1)　最初に水が持っていたエネルギーは，0℃を基準にすると，200×30＋100×60＝12000カロリーである。水は全部で200＋100＝300gになったので，300×□＝12000　より，□＝40℃となる。　(2)　0℃の氷1gを0℃の水1gに変化させるエネルギーは，80×1＝80カロリーである。だから，0℃の氷100gを0℃の水100gに変化させるエネルギーは，100×80＝8000カロリーである。最初に水が持っていたエネルギーは，0℃を基準にすると，300×60＝18000カロリーである。そのうち8000カロリーは氷を融かすのに使われるので，残るエネルギーは18000－8000＝10000カロリーである。水は全部で100＋300＝400gになったので，400×□＝10000　より，□＝25℃となる。

問7　実験Ⅱでは，150gの水が20℃から40℃になったので，水が得た熱量は150×(40－20)＝3000カロリーである。燃えたピーナッツの量は，1－0.25＝0.75gである。よって，ピーナッツ1gあたりが持つエネルギーは，3000÷0.75＝4000カロリーとなる。

★ワンポイントアドバイス★

ふだんから身近な動植物や，身近な科学現象に関心を持ち，問題文を読んだときに無理なく想像できるようにしておこう。

＜社会解答＞《学校からの正答の発表はありません。》

1　問1　エ　問2　ア　問3　ア　問4　イ　問5　ウ　問6　もも　問7　6
問8　イ　問9　エ　問10　ア

2　問1　野尻湖　問2　エ　問3　イ　問4　ア　問5　ウ　問6　(例)　戦国大名が家臣や農民を統制して自分の領国を統治するため。(28字)　問7　イ
問8　(例)　民選議院の設立(7字)　問9　2番目　エ　4番目　ウ　問10　ア

3　問1　(例)　子育てをしている若い世代の女性やその世帯　問2　障がい[障碍・障害]
問3　エ　問4　カーボンニュートラル　問5　ウ

○推定配点○

1　各2点×10　2　各2点×10(問9完答)　3　各2点×5　計50点

<社会解説>

1 (日本の地理－都道府県の花と木に関する問題，地形図や産業など総合問題)

問1　図を見ると，秋田スギは山中の川に沿った斜面に生育していることがわかる。つまりV字谷の急な斜面が正しい。V字谷は川が浸食して作った谷で，川の上流部で見られる。なお，アの扇状地は山地から平地に出たところにできる地形，イの河岸段丘は川の中流・下流部で見られる地形で，地形図では川沿いに平地ができる。

重要　問2　山頂付近に氷河がみられるのは，北アルプスと呼ばれる飛驒山脈に位置する立山(富山県)で，標高は3015mである。ちなみに日本で3000mを超える山は21か所ある。なお，イの大山(鳥取県)は1729m，雲仙岳(長崎県)は1483m，霧島山(宮崎県・鹿児島県)は1700mの山である。

問3　Lの断面図は●の部分が約1810mと最も高く，○の部分が約1680mと最も低い。よってアかイのどちらかになるが，イの右側(○の方)は傾斜がなく，平坦になっているのでこれはKの断面図になり，正答はアとなる。なお，ウはNの断面図，エはMの断面図である。

やや難　問4　水戸市・和歌山市・福岡市・大分市のうち，唯一東日本にあるため初夏の梅雨の影響が比較的少なく，冬の気温が低めのイが水戸市となる。なお，アは福岡市，ウは和歌山市，エは大分市の雨温図である。

基本　問5　りんご，日本なし，みかんのうち，あは千葉県が1位なので日本なし，うは和歌山県が1位なのでみかん，残りのいはりんごとなる。Bはりんごが1位から青森県，Cはみかんが3位から愛媛県，残りのAは鳥取県となる。

基本　問6　瀬戸内気候の岡山県はぶどうやもも，マスカットなどの果樹栽培が盛んである。空らんYの3つ目直後の「ある有名な伝説」とは桃太郎のことと推測できるので，答えは「もも」となる。

重要　問7　産業のうち，農林水産業など自然の恵みを得るものが第1次産業，それを加工して製品を作る工業などが第2次産業，そしてそれらを販売する商業などが第3次産業である。これらの生産→加工→販売のすべてを行う産業を第1次×第2次×第3次＝第6次産業という。

問8　いちょうは生育が早く，火災にも強いうえ，病害や虫害がほとんどなかったり紅葉時の見栄えが良かったりするなどの理由で街路樹として使われる。また，道路沿いは自動車からの排気ガスにさらされることになるが，いちょうは大気汚染にも強いという長所もある。

問9　針葉樹の代表例としてはスギ・マツ・ヒノキがあるが，北海道はエゾマツ，沖縄はリュウキュウマツとあり，どちらもQが100.0%なのでQは針葉樹である。また，設問内に「常緑広葉樹は暖かい地方に多く分布しています」とあるので，PとRのうち，四国と九州に多く，東北と関東にないRが常緑広葉樹，残るPは落葉広葉樹だとわかる。なお，落葉広葉樹の例はウメ・サクラ・ケヤキ・イチョウ・カエデなどで，常緑広葉樹の例はカシ・シイ・ツバキ・クスノキなどがある。

問10　1945年の人口を100とし，2020年までの変化を表した線のうち，2020年で約4倍に増加したSが東京都である。東京都は1975年～2000年ごろは地価の高騰などの理由で人口増加は横ばいだったが，その後都心回帰の風潮から人口が再び増加している。また，TとUを比較すると，1945年から2020年で人口が約1.5倍に増加したTの方が大阪府のベッドタウンの役割を持つ奈良県で，人口がほぼ横ばいのUが山梨県である。

2 (日本の歴史－長野県に関連する各時代・各分野の総合問題)

基本　問1　ナウマンゾウやオオツノジカの骨や牙，打製石器が発見された遺跡は野尻湖遺跡である。今から1万年以上前の時代を旧石器時代と呼び，当時陸続きだった大陸から大型動物や，それを追って人類が日本にやってきたとされる。旧石器時代の遺跡としては他に岩宿遺跡がある。

重要　問2　土偶が作られたのは縄文時代。当時の人びとは水害の恐れの少ない台地に集落を作り，磨製石器や骨角器などを用いて狩り・漁・採集を行っていたとされるのでエが正しい。なお，アの金属器やウの環濠集落は弥生時代，イのほら穴に住んでいたというのは旧石器時代のこと。

やや難 問3　4世紀以降，渡来人によって大陸から優れた技術が日本に伝来した。暦や紙，須恵器はその一例である。イの円筒埴輪は日本独自のもので，他の地域では見られないものなので誤り。

基本 問4　聖武天皇は724年～749年に在位した奈良時代の代表人物である。聖武天皇が行ったこととして正しいのはアの墾田永年私財法の発布で743年のこと。他に東大寺や国分寺・国分尼寺の建立などもある。なお，イは桓武天皇，ウは元明天皇，エは嵯峨天皇について述べたものである。

問5　鎌倉幕府は将軍の下に執権と評定衆が置かれ，評定と呼ばれる会議を開いて政務にあたったのでウが正しい。なお，アの管領は室町幕府，イの京都所司代とエの寺社奉行は江戸幕府に置かれた役職である。

問6　1467年の応仁の乱から始まる下剋上の時代を戦国時代という。この時代，多くの戦国大名が領国支配を強化するために分国法を定めた。内容としては家臣の統制や農民の生活，裁判に関する規定などが主である。例としては今川仮名目録や甲州法度[信玄家法]，朝倉孝景条々や長宗我部元親百か条などがある。

問7　噴火した浅間山の降灰被害や冷害により18世紀後半に発生した天明の大ききんの対策として，1787年から始まる松平定信による寛政の改革では農村からの出稼ぎを制限し，都市に出てきていた農民を故郷に返す帰農令が出された。なお，アの豊凶にかかわらず一定量の年貢を納めさせる定免法は徳川吉宗の享保の改革，ウの徳政令は1297年で鎌倉時代，エの不輸・不入の権は平安時代のことである。

基本 問8　征韓論に敗れ，1873年に土佐へ戻った板垣退助は1874年に立志社を結成し，民選議院設立建白書を提出した。これにより自由民権運動が始まることになる。

重要 問9　ア.1914年から始まった第一次世界大戦が終結したのは1918年。イ.満州事変のきっかけとなった柳条湖事件がおこったのは1931年で，翌年日本は満州国を建国した。ウ.五・一五事件は1932年におこり，海軍将校らが犬養毅首相を暗殺した。エ.関東大震災は1923年9月1日に発生し，主に火災によって多くの死者を出した。よって古い順にア→エ→イ→ウとなる。

問10　ア.陸軍が遼東半島へ進出して旅順・大連を占領し，海軍が日本海海戦で勝利したのは1904年～1905年の日露戦争のことなので誤り。なお，活躍した人物として陸軍の乃木希典，海軍の東郷平八郎らがいる。イ・ウ・エはそれぞれ正しい記述である。

3　(地理・歴史・政治－人口問題や環境問題，長崎県の歴史問題など)

問1　本文1や表1より，豊島区は20～39歳の女性が50%以上減少する可能性が高い「消滅可能性都市」であることがわかる。この問題に対して，図1では保育園児童定員数を増やし，待機児童数を減らしたことや，設問から「イケバス」が点在する公園をつないでいることから，子育てをしている若い世代の女性への行政サービスを充実させて，女性の区外流出を抑えようとしていると判断できる。

重要 問2　写真の砂場は従来の砂場に比べて高いところに砂が置かれている。これは小さな子どもが立ったまま利用できるだけでなく，車いすに乗った人々も利用できる設計になっていて，どのような人であっても一緒に遊べる。なお，本文2の「インクルーシブ」とは「すべて(の人)を包括し，包み込む」という意味であり，「排他的，仲間外れ」の対義語として近年多用される表現である。

基本 問3　4人の生徒のうち，園子の発表にあやまりがある。江戸幕府が来航を出島に限定したのはオランダ船であり，中国船については長崎市内に限定された。彼らが移り住んだ地区を当時は唐人屋敷と呼び，のちの中華街の原型となった。また，「自由で開かれたインド太平洋戦略」は日米豪印の4か国によるQUAD[クアッド]が進めているもので，南シナ海に人工島を建設するなど海洋進出を進める中国をけん制するものである。

重要 問4　温室効果ガスの排出を全体としてゼロにする試みのことを「カーボンニュートラル」という。これは，動物の呼吸や通常の生活で，二酸化炭素など温室効果ガスの排出をゼロにすることはできないが，植林や森林管理などを行い二酸化炭素の吸収量を増やすことで差し引きゼロにすることを意味している。

問5　イケバスのような公共交通機関や電動車に関しては国土交通省が管理している。また，温室効果ガスの削減に関しては環境省の管理である。よってウの組み合わせが正しい。なお，「グリーンスローモビリティ」は「環境にやさしく，ゆっくり進む乗り物」といった意味の用語である。

★ワンポイントアドバイス★

地形図や図表の読み取り問題，記述問題は時間がかかると思ったら後回しにしたほうがよい。歴史では一般的なレベルの問題が出題される傾向があるため，歴史の部分では特に確実に得点しよう。

＜国語解答＞《学校からの正答の発表はありません。》

【一】 1　裁断　2　賞状　3　恩師　4　補強　5　負傷　6　照明　7　静観　8　浴(び)　9　反(らせ)　10　商(い)

【二】 問1　エ　問2　ウ　問3　(1)　しかし，私たちの調査　(2)　現在，私たちは生活の　問4　(例)　分解しにくいプラスチックごみが拡散して長期間海に漂い，海洋生物の生存を脅かし始めたもの。　問5　ウ　問6　免疫力が低下すること

問7　エ　問8　海洋プラスチックは，　問9　ア　問10　(例)　プラスチック製品によって生活の利便性を高めて快適な生活を送る人間社会の営みを改める意識を持つこと。

【三】 問1　A　ウ　B　ア　C　エ　D　イ　問2　まるでそこには何もな

問3　力仕事を手～がなかった(ということ。)　問4　エ　問5　(例)　苦労して片づけるのですか。　問6　見送りができた，別れの時間が持てたという実感

問7　(例)　被災者の新しい生活が始まっていく(ということ。)　問8　イ

問9　(例)　混乱のさなかに別れを迎えざるを得なかった多くの人々の心に寄り添い，別れが納得いくものになるようにうながし，新しい生活が始まるように支えることができているか(ということ。)

○推定配点○

【一】 各2点×10　【二】 問1・問2　各2点×2　他　各4点×9

【三】 問1・問8　各2点×5　問9　6点　他　各4点×6　計100点

<国語解説>

【一】 (漢字の書き取り)

1　紙や布を一定の型に断ち切ること。物をたち切ることを意味する言葉には，他に「切断」がある。　2　すぐれた成績をあげた人に与えられる書状のこと。「表彰状」ともいう。　3　お世話になった先生のこと。お世話になった人のことは「恩人」という。　4　物事を補って強くすること。プロ野球などで，他チームの実力ある選手を獲得して自チームに加えることを「大型補強」という。　5　けがをすること。負傷した兵隊を「負傷兵」という。　6　暗い場所を明るくするために，照らす光のこと。「証明」は，正確さなどを明らかにすることを意味する。

重要　7　物ごとが進むのを静かに見守ること。何をしないで見ていることを「傍観(ぼうかん)」ともいう。

基本　8　ここでは，液体に身体をひたしたり，それを直接かぶったりすること。海水にひたされて泳いだりすることを「海水浴」という。　9　平らなものを曲げたりわん曲させたりすること。「反」にはそむくという意味もある。その意味で「反抗」「反旗」「反則」という言葉がある。

基本　10　商品を販売したり仕入れたりして，利益を得ること。商いをする人を「商人」という。

【二】 (説明文－要旨・細部の読み取り，空欄補充，ことばの用法，品詞，記述力)

問1　海中の酸素の減少は，湧昇水の阻害を招くとともに，海洋生物の生存環境を脅かす。そのような点をおさえると，Xの「減少させたり」が，エの「脅かす」につながることがわかる。ウの「招き」も，エの「脅かす」につながっている点をおさえたい。

基本　問2　二重傍線Yは「かからない」とある。この部分の「かかる」は，「病気になる」という意味の動詞である。「かからない」は「病気にならない」という意味になり，「ない」は否定の助動詞である。動詞の「かかる」＋助動詞の「ない」と理解しておきたい。アは「関係しているのではない」とある。関係していることを否定している，補助形容詞の「ない」が用いられている。イは「間違いない」とある。これは「間違いない」で形容詞として一語。ウは「しれない」とある。「しれる」という動詞に，否定の助動詞「ない」が加わり，「しれない」となっている。ウが正解。エは「難しくない」とある。「難しい」という形容詞に「ない」という形容詞が加わっている。

問3　(1)　傍線⑤以降に「幼体が単独でストランディングする背景には，おそらくPOPsの何らかの影響があるのではないかと，私は思っている」とあり，その後，根拠について述べられている。「国内でストランディングしたクジラやイルカから……プラスチックが発見」されているのである。以上の事実に着目して，「しかし，私たちの調査……」で始まる一文を書き抜く。　(2)　文章最後，空欄Zの直前部分に「生活のあらゆる場面で，プラスチック製品を使用している」「生活の利便性が高まり」「快適な暮らしを送ることができている」とある。私たちは生活に役立つため，プラスチック製品の使用をやめられないのである。以上の点をふまえ，空欄Z直前部分の「現在，私たちは生活の……」から始まる二文を，設問の条件に合わせてぬき出す。

重要　問4　傍線②の前後に着目して，書くべき内容を判断する。傍線②直前には「プラスチックごみは……『海洋プラスチック』となる」とある。そこから，「分解しにくい素材」「自然界に拡散して海に入ると，長期間海に漂う」という点がわかる。また，傍線②直後の文脈からは，海洋プラスチックが海洋生物の生存を脅かしている様子がわかる。設問には，「何がどうなったもの」とある。そのため，「何が」にあたる内容として「分解しにくいプラスチックごみ」などを書く。「どうなったもの」にあたる内容として，「自然界に拡散した」「長期間海に漂った」「海洋生物の生存を脅かすようになった」という内容を書く。

問5　傍線③の直後から，もう一つの問題が残留性有機汚染物質「POPs」が吸着して濃縮することに関係するとわかる。その後の「一般に，POPsは……」で始まる段落からは，POPsが食物連鎖を介して大きな生物に移行してしまうことが説明されている。さらに後の「それだけでも問題だが……」以降では，POPsが高濃度に吸着した海洋プラスチックを飲み込んでしまうことによる，体内への危険性が説明されている。つまり，様々な問題がPOPsの体内への蓄積から生じるのである。「汚染物質が吸着し，濃縮したプラスチック片を生物が飲み込む」「体内に汚染物質が蓄積される可能性がある」と書かれた，ウが正解。アは，POPs自体のことについて書かれていない。イは，食物連鎖を介してクジラやイルカの体内に汚染物質が蓄積される点を問題視している。だが，傍線④より後の「それだけでも問題だが……」以降には，POPsが高濃度に吸着した海洋プラスチックを飲み込むことによる問題点が例にあげられている。その中には母乳による汚染物質の移行などの話もあり，必ずしも食物連鎖だけの問題にはならない。エは，母乳を通した移行だけを問題視するような内容になっている。汚染物質の蓄積について説明されていない。

問6　傍線④以降を読み進めて，環境汚染物質が具体的に何を引き起こすのかを読み取る。その際，設問に「生物の何がどうなることにつながってしまうのですか」と書かれている点に着目する。環境汚染物質は，生物自体ではなく，生物の何かに影響を与えるのだ。

「POPsが体内に高濃度に……」で始まる段落に着目する。POPsの蓄積で「免疫力が低下することがわかっている」とある。ここから，環境汚染物質であるPOPsの蓄積で，生物の免疫力が低下すると読み取れる。この部分以降に書かれている，感染症，発がん，内分泌機能の異常などは，すべて環境汚染物質が生物の免疫力を低下させたことが原因になる。つまり，根本原因は「免疫力の低下」である。環境汚染物質POPsが直接引き起こす，「免疫力が低下すること」をぬき出す。

問7　「皮肉」とは，予想や期待に反して，うまくいかないこと。乳を与える行為は，母親の愛情に関係する。だが，愛情ある行為を行っているにも関わらず，母親の体内のPOPs(環境汚染物質)は，そのために幼体に移動する。そして，幼体は死の危険にさらされる。愛情あふれる行為が，子どもを危険にさらすことになるから，「皮肉」なのである。以上をおさえて，選択肢を見比べる。「乳を与える愛情」「子どもを死に至らしめる」とある，エが正解。アからウは誤答。アは，皮肉な話になっていない。イは，子どもを死に至らしめる話になっていない。ウは，乳を与える行為にふれていない。

問8　「きざし」とは，何かが起ころうとする気配のこと。設問の「私たち人類にとっても他人事ではありません」とは，人類も生存が脅かされるかもしれないということ。人類の生存が脅かされるかもしれないということの「きざし」が読み取れる部分を見つけるのである。傍線⑥より後の「海洋プラスチックは，ストランディングする……」で始まる段落には「海洋プラスチックは……他の生物の体内からも続々と発見されている」とある。この表現は，人間の体内にも海洋プラスチックが蓄積していることをほのめかしており，人類も生存が脅かされるかもしれないというきざしになる。この表現が解答になる。設問の条件にあわせて，最初の十字をぬき出す。

重要　問9　空欄Z直前に「極論」とある。ここに着目する。「極論」とは，ここでは，プラスチック製品による諸問題を解決するための極端な意見のこと。その極端な意見を選び出す。つまり，プラスチックなどを使う存在がこの世からいなくなれば，プラスチック問題はなくなるのである。「人類が絶滅」とある，アが正解。イの場合，地球が壊れても他の惑星に人類が移住すれば，新たなプラスチック問題が発生するかもしれない。ウの場合，問題は解決しない。エは，正論ではあるが，極端な意見とはいえない。

やや難　問10　文章最後の部分に着目する。筆者は，あらゆる場面でプラスチック製品を使用して生活の利便性を高めて快適に暮らしている人間に警告を発している。つまり，このままではダメだと意識を持つことをうながしている。以上の点をふまえて，書くべき内容をまとめる。「プラスチック製品によって，快適に暮らしている現状を改める意識を持つ」などの方向でまとめる。

【三】(随筆文－主題・心情・細部の読み取り，空欄補充，記述力)

基本 問1 A 浮かんでいる様子を表すことができる表現は，選択肢の中では，ウの「ぽっかりと」になる。「ぽっかりと」は，軽く浮かんでいる様子を意味する。 B 空欄B以降には，「花を手向ける」とある。この表現に結びつけて，震災のために倒れたものをやさしく起こすようなイメージであると想像する。Bには，アの「そっと」があてはまる。 C 東北のこんなところにまでよく手間ひまかけて来ましたね。そういう意味になる文脈である。Cには，エの「わざわざ」があてはまる。 D 「あんだらには持でねえ」と言われて，その通りに持てないのである。Dには，イの「やはり」があてはまる。

問2 建物がなくなった様子は，文章の後半にもある。宮城県石巻市のおじいさんの話の部分である。傍線⑥以降の「それから数ヶ月後に再訪すると……」で始まる段落に着目する。「おじいさんの家はすっかりと更地になっていた」とある。その一文の直後の文には「……わたしはとてもさみしくなった」とある。この「さみしく」が傍線①と重なる作者の気持ちだと考えられる。「さみしくなった」が含まれる一文を，設問の条件にあわせてぬき出す。

問3 「所在なさげにしている」とは，することがない様子を意味する。そのため，筆者たちの何もすることのない様子を文章中から見つけると良い。傍線②は「学生」の何もすることのない様子だが，その直前に着目する。「ボランティアで力仕事を手伝いに来たはずなのに……」以降に，「……結局することがなかった」とある。この表現を含む，四十字以内の表現をぬき出す。解答は「力仕事を手伝いに来た」から始まる，ちょうど四十字の表現である。

問4 傍線③直後には「他者を憐れむときには，関係性上の段差はほとんど意識されない」とある。この部分の「段差」に着目する。「段差」とは，歩道と車道の高低の差などを表すが，ここでは人と人の関係の差を表すと考えられる。つまり，この地域では当然のように目の前にいる人を助けるが，東京ではそうではないということである。東京では，身近な人でないと助けの手を差し伸べないなどの様子が想像できる。そのため，「東京の人」「縁もゆかりもない人を助けようなどふつう思わない」，「その人たち」「見ず知らずの人に対しても……思いやり」とある，エが正解。アは，「自分にとって得にならない人助けなどはしない」とあるが，おかしい。東京の人のそのような感情は読み取れない。イは「同情の気持ちを持つゆとりがない」とあるがおかしい。忙しすぎてゆとりがないから同情できない東京の人の様子など，読み取れない。ウは「助けてあげられないのなら同情しても意味がない」とあるがおかしい。「関係性上の段差」という表現に結びつかない。

問5 おじいさんが何をしていたのかをおさえて，書くべき内容を考える。おじいさんは，大きく傾いた家でひとり片づけていたのである。それは「あんだらには持でねえ」というような重い荷物を処理する必要があり，かなり困難な作業なのである。だが最終的には，この家は壊すしかない。おじいさん自身も，そのように把握している。だからこそ，「じゃあなんのために？」という疑問が出てきたのである。壊してしまうのであれば，わざわざ苦労して片づける必要はない。そのような点を読み取り，書き進めたい。

重要 問6 「こういうこと」とは，傍線⑤直前にある「お別れ」のこと。だが，設問には二十五字以内という条件が指定されているので，「お別れ」とはどのようなものなのかを詳しく説明している部分を探す。文章最後の部分の「ここにいた人たちもおじいさんのように……」で始まる段落に着目する。段落の最後に，お別れについて，「見送りができた，別れの時間が持てたという実感は，多くの人々にとって大切」とある。この部分の大切は，「必要」とも読みかえることができる。つまり，「～多くの人々にとって大切」なことが，必要とされる「こういうこと」の内容にあたり，解答になる。

問7　傍線⑥以降に着目する。お別れをして，「おじいさん」の日常が次の場所に移されたと書かれている。また，傍線⑦直前には多くの人びとに関して，お別れがきちんとできたという実感が「その後の生活を支えてきた」と書かれている。つまり，被災した人びとにとって，きちんとお別れができたという実感を持つことは，次の生活の始まりにつながるのである。その点をふまえて，次に進むとは何がどうなるのか，書くべき内容をまとめる。

記述の際には「被災者の新しい生活が」＋「始まっていく」など，何がどうなるの形を意識してまとめる。

問8　空欄E以降の表現に着目する。おじいさんはほほえんでいた。そして，「無事におじいさんの日常が別の場所に移された」ともある。母ちゃん，つまり妻であるおばあさんを失った悲しみからおじいさんは立ち直ったのだ。そのため，すっかり立ち直った様子を意味する，イの「ケロッとした」が正解。アの「しれっとした」も平然とした様子を意味する言葉だが，普通，非難するような意味で用いられる。ふさわしくない。ウの「しんみりした」は，悲しい様子を意味する。悲しみから立ち直ったおじいさんの様子に合わない。エの「スカッと」は，すっきりとしていて快い様子を意味する。おじいさんは更地を見てほほ笑んでいるが，そこまでスッキリしているようには読み取れない。

やや難

問9　被災地で筆者は，しっかりとお別れをすることによって，新しい生活に進むことができた人々の姿を見てきた。時には，その人々と話をして，時には，気持ちを整理することにつきあい，新しい生活に進むことに寄り添ってきた。「世界中に無数の空き地が出来た」とあるように，このコロナ禍においても，世の中で多くの別れが生じてしまった。望まぬ別れもあったかもしれない。しっかりと別れができていないケースもあるかもしれない。そのような別れに対して，震災を経験した筆者は，「別れの時間を，ひとつひとつ想像したい」と述べている。この「想像したい」とは，しっかりとお別れをして，新しい生活に進むことができているか確認して，できていないのなら，支えてあげたいという意味だと考えられる。そのような点をふまえて，「別れを迎えざるを得なかった多くの人に寄り添う」「納得いく別れができるようにうながす」「新しい生活が始まるように支える」などを表現でまとめていきたい。

★ワンポイントアドバイス★

「八十字以内」という条件設定の記述問題が出題されている。このぐらいの字数指定の場合，書くべき要素は複数になるはずだ。出題者がどのような複数の要素を書かせようとしているのか。予想しながら，取り組んで欲しい。

第2期

2023年度

解 答 と 解 説

《2023年度の配点は解答欄に掲載してあります。》

＜算数解答＞《学校からの正答の発表はありません。》

1 (1) ア 8 イ 5 ウ 7 エ 1 オ 4 (2) 18と48 (3) 12才
(4) 8日間 (5) キ (6) 9360通り

2 (1) 102500匹 (2) 42匹 (3) 8m

3 (1) $42cm^2$ (2) 45度，2：1 (3) $32cm^2$

4 (1) 7：2 (2) 64分 (3) 108分後

○推定配点○

1 各5点×6((1)・(2)各完答) 他 各7点×10 計100点

＜算数解説＞

重要 1 (数の性質，年令算，割合と比，仕事算，平面図形，立体図形，場合の数)

(1) オ…4×3＝12 エ…4－1＝3，1×3＝3 ウ…7×3＝21
イ…7－2＝5，5×3＝15 ア…5－1＝4，8×3＝24
したがって，アイウエオ＝85714

2アイウエオ
× 3
アイウエオ2

(2) 864÷(6×6)＝24＝3×8…3，8はたがいに素
したがって，求める2つの整数は3×6＝18，8×6＝48

(3) 6年前の弟，兄それぞれの年令…□，□＋4
6年前の2人の年令の和の5倍…(□＋□＋4)×5＝□×10＋20
10年後の2人の年令の和…□＋16＋□＋4＋16＝□×2＋36
□…□×(10－2)＝□×8＝36－20＝16より，2
したがって，今の兄は2＋4＋6＝12(才)

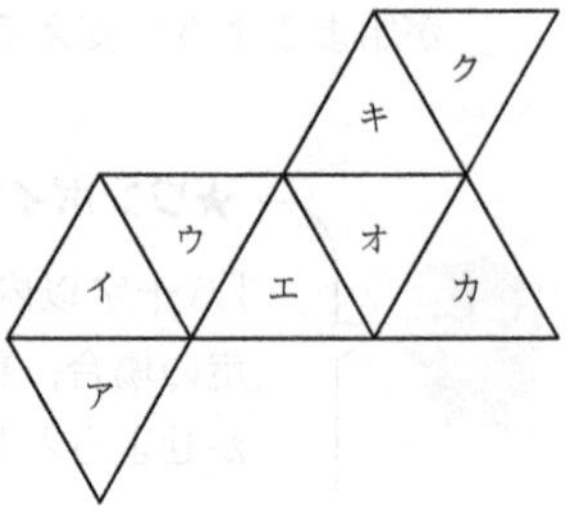

(4) 仕事全体の量…10，15の公倍数30とする。
A君1日の仕事量…30÷10＝3 B君1日の仕事量…30÷15＝2
2人で仕事をした日数…30÷2÷(3＋2)＝15÷5＝3(日)
したがって，全体の日数は3＋15÷3＝8(日間)

(5) 右図…面アと平行な面はキ

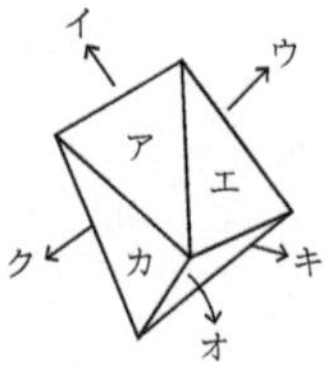

(6) 1種類の数字の並べ方…0000，1111，～，9999より，10通り
2種類の数字の組み合わせ…10×9÷2＝45(通り)
2種類の数字の並べ方
1種類が1個，もう1種類が3個の場合…4×2＝8(通り)
1種類が2個，もう1種類も2個の場合…4×3÷2＝6(通り)
したがって，3種類以上の数字でできる番号は
10000－{10＋45×(8＋6)}＝10000－640＝9360(通り)

重要 **2** **(割合と比，平均算，消去算，平面図形)**

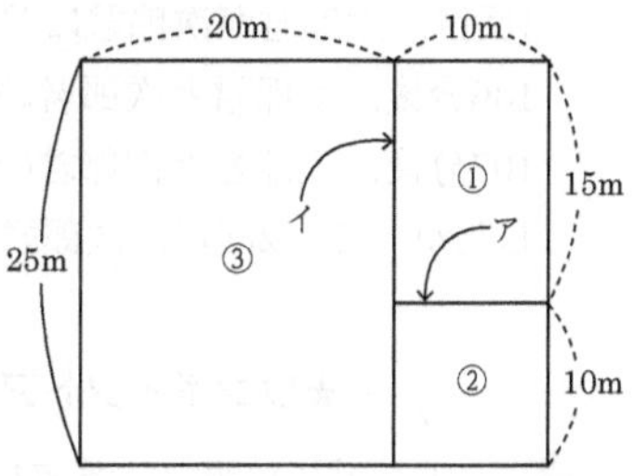

①…30匹／m^3

②…60匹／m^3

③…20匹／m^3

(1)　水面の高さ…5m

したがって，水そうのメダカは(30×15×10＋60×10×10＋20×25×20)×5＝(45＋60＋100)×500＝102500(匹)

(2)　(30×15×10＋60×10×10)÷(25×10)＝(450＋600)÷25＝42(匹)

(3)　水面の高さ…□m

10000＋(30×15×10＋60×10×10＋20×25×20)×□＝29×25×(20＋10)×□＝29×25×30×□より，式を250で割って簡単にすると40＋(18＋24＋40)×□＝40＋82×□＝87×□

したがって，水面の高さは40÷(87－82)＝8(m)

3 **(平面図形，相似，図形や点の移動，割合と比)**

基本 (1)　等脚台形ABCD…(4＋10)×6÷2＝42(cm^2)

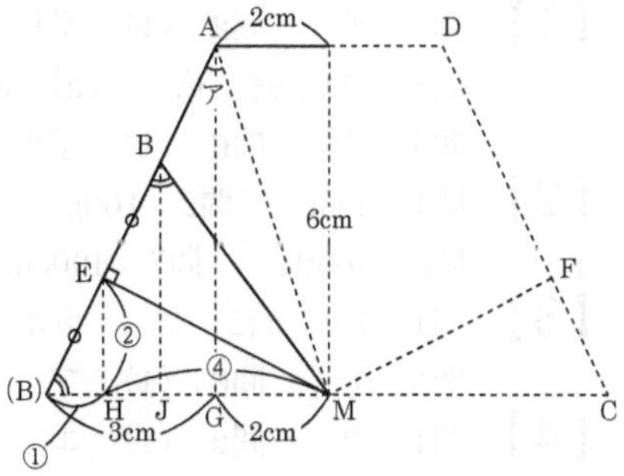

やや難 (2)　(B)G：GA…直角三角形A(B)Gにおいて

2辺の比は3：6＝1：2

(B)H：HE…直角三角形E(B)Hにおいて

2辺の比は1：2

EH：HM…直角三角形MEHにおいて2辺の比は1：2

(B)H…5÷(1＋2×2)＝1(cm)

(B)J…1×2＝2(cm)

直角三角形B(B)JとA(B)G…相似比は2：3

したがって，直角三角形AEMにおいてAE＝EB×2＝EMより，角アは45度

AE：BE…2：1

(3)　(1)・(2)より，五角形AEMFDは42－5×2＝32(cm^2)

4 **(速さの三公式と比，割合と比，規則性)**

太郎君と次郎君が走る速さの比…7：4

太郎君…6分走って1分停止して3分歩く。

次郎君…走る。

距離…太郎君が38分で進む距離を次郎君は47分かかる。

重要 (1)　次郎君が4の速さで47分走る距離…4×47＝188

太郎君が7の速さで走り△の速さで歩いて10分進む距離…7×6＋△×3＝42＋△×3

太郎君が38分進む距離…(42＋△×3)×3＋7×6＋△×{8－(6＋1)}＝168＋△×10

したがって，168＋△×10＝188，△＝(188－168)÷10＝2より，求める比は7：2

(2)　次郎君が4の速さで79分走る距離…4×79＝316

太郎君が7の速さで走り2の速さで歩いて10分進む距離…7×6＋2×3＝48

316÷48…6余り28

太郎君が7の速さで走って28進む時間…28÷7＝4(分)

したがって，太郎君の時間は10×6＋4＝64(分)

やや難 (3)　太郎君と次郎君が20分ずつ進む距離の差…(2)より，48×2－4×20＝16

次郎君が23分で進む距離…4×23＝92

92÷16…5余り12

1回目，太郎君が次郎君に並ぶ時刻…20×5＋12÷(7－4)＝104(分後)
106分後，太郎君と次郎君の距離の差…(7－4)×(106－104)＝6(m)
107分後，太郎君と次郎君の距離の差…6－4＝2(m)
したがって，2回目，次郎君が太郎君に並ぶ時刻は107＋2÷(4－2)＝108(分後)

★ワンポイントアドバイス★

①の6題で，着実に得点しよう。③「等脚台形と五角形」の問題(2)は答えを予想しやすいが，なぜそういう答えになるのかが重要。④(3)は，「10分ずつ進む距離の差」を利用すると，余りのところでミスを生じ易く確認が必要。

＜理科解答＞《学校からの正答の発表はありません。》

【1】 問1　イ　問2　(1)　受粉　(2)　ア　(3)　胚珠　(4)　ア
問3　(1)　完全花　(2)　a　イ　b　オ　問4　ア→エ→イ→オ→ウ
問5　エ　問6　(1)　子葉　(2)　③　ウ　⑤　エ　(3)　オ

【2】 問1　4cm　問2　100g　問3　250g　問4　64cm　問5　75cm
問6　1000g　問7　400cm³　問8　41cm

【3】 問1　7　問2　ウ　問3　①　オ　②　エ　問4　(1)　断層　(2)　ア
問5　エ　問6　(1)　ア　(2)　イ　(3)　オ　(4)　ウ　(5)　イ

【4】 問1　ウ　問2　(1)　エ　(2)　イ　(3)　ウ　問3　X　15　Y　30
問4　(1)　ア　(2)　82kg　問5　発電量が天候に左右されること。

○推定配点○

【1】 各1点×12(問3(2)，問4，問6(2)各完答)
【2】 問1・問2　各1点×2　問3～問8　各2点×6
【3】 各1点×12　【4】 問1～問3　各1点×6　問4～問5　各2点×3　計50点

＜理科解説＞

【1】 (植物のなかま－花や種子の特徴)

問1　選択肢の植物のうち，花が咲かない植物は，ゼンマイ，スギナ，ワラビである。これらはシダ植物であり，種子ができず胞子でふえる。他は花が咲くが，どれも花びらのない花である。イチョウ，スギ，マツ，ソテツは裸子植物，イネは被子植物の単子葉類である。

基本　問2　(1)　①はめしべの柱頭である。おしべでつくられた花粉が柱頭につくことを受粉という。
(2)　離弁花はエンドウである。5枚の花びらが1枚ずつ離れる。他は，花びらどうしがつながっている合弁花である。　(3)　③はめしべの子房の中にある胚珠である。受粉と受精のあとは，
やや難　子房が果実になり，胚珠が種子になる。　(4)　ふつう，花の子房だった部分が変化して果実ができる。しかし，植物によっては他の部分がまるで果実のような食用部分になることもある。リンゴのふつう食べる部分は，④の花托(かたく)が変化したものである。本当の果実は，食用部分の内側にある，いわゆる芯の部分で，あまり食べることはない。なお，ウメの子房が変化した本当の果実は，食用部分だけでなく，いわゆるたねの一部も含む。

問3 (1) 4つの要素が1つの花の中にそろっているものを完全花という。図2のチューリップでは，6枚に見える花びらのうち，本当の花びらは内側の3枚だけであり，外側の3枚はがくである。花びらとがくは，同じ形，同じ大きさ，同じ色である。 (2) aは，花びら4枚，がく4枚であり，この数はアブラナ科の花の特徴である。bはおしべが多数あり，これはサクラやウメなどの特徴である。なお，カボチャは雄花と雌花に分かれる不完全花である。ユリはチューリップと同じ図になる。イネは花びらやがくがない不完全花である。タンポポは，花びらとおしべが5ずつで，がくは冠毛である。

問4 ウメは2～3月，サクラは3月下旬に咲く。ヒマワリは7～8月に咲く。ハギは秋の七草の一つで，8～10月に赤紫色の花を咲かせる。ヤツデは，指が何本もあるような形の葉が特徴的で，11～12月に白色の花を咲かせる。

問5 オナモミの果実は，いわゆる「ひっつきむし」の一つである。表面にあるギザギザで，動物の体やヒトの服にくっついて運ばれる。

問6 (1) レタスはキク科の植物で，種子には胚乳がない。発芽に必要な栄養分は胚のうちの子葉に蓄えている。 やや難 (2) ③は種子が水中にあって，空気に接していないので発芽できない。また，⑤を①と比べると，ちがいは明所か暗所かである。よって，⑤は光がないために発芽しなかったといえる。多くの種子では，種子の発芽条件は，水，空気，適当な温度の3つだが，実験結果から，レタスの場合は光も必要だとわかる。 重要 (3) ①と②を比べて②が発芽しないので，発芽には水が必要である。①と③を比べて③が発芽しないので，発芽には空気が必要である。①と④を比べて④が発芽しないので，発芽には適温が必要である。①と⑤を比べて⑤が発芽しないので，発芽には光が必要である。①と⑦を比べてどちらも発芽したので，肥料は必要ない。

【2】 (力のはたらき－重さを考える棒のつりあい)

問1 ばねは，50gの力で2cm伸びるので，25gの力で1cm伸びる。図1で，棒の重さが100gだから，ばねの伸びは，100÷25＝4cmである。

問2 ばねの自然の長さは12cmだから，図2では伸びが24－12＝12cmであり，かかる力は25×12＝300gである。また，ばねは棒の中央をつるしている。300gのうち100gは棒の重さだから，棒の両端には(300－100)÷2＝100gずつの重さがかかっている。よって，おもりAの重さは100gである。

問3 棒の右端に100gの力がかかっているので，輪軸の左の糸にかかる力も100gである。輪軸のつり合いから，20×100＝8×B で，B＝250gとなる。

問4 ばねPの自然の長さは12cmだから，伸びは36－12＝24cmであり，かかる力は25×24＝600gである。ばねQは棒の中央をつるしているので，左端に600gの力がかかっていれば，右端にも600gの力がかかっており，棒の重さ100gを合わせて，ばねQには600＋600＋100＝1300gの力がかかる。ばねQの伸びは，1300÷25＝52cmであり，長さは12＋52＝64cmとなる。

やや難 問5 下にある輪軸のつり合いは，8×200＝20×E で，おもりEの重さは80gとなる。よって，おもりDとEと輪軸の重さの合計は，200＋80＋120＝400gである。下にある棒の左端を支点と考えて，棒のつり合いを考える。ばねPにかかる力は600gで，棒の重さ100gは中央の50cmの位置にかかるので，X×600＝50×100＋100×400 より，X＝75cmとなる。

問6 上の棒の右端にかかる力は600gである。動滑車にかかる力は，上向きには糸2本で600×2＝1200gだから，下向きは動滑車とおもりFの重さの合計が1200gであればつりあう。動滑車の重さが200gだから，おもりFの重さは1200－200＝1000gである。

やや難 問7 まず，水に入れる前の図3のとき，おもりGの重さを求めておく。右上の輪軸のつりあいから，20×600＝8×G で，おもりGの重さは1500gとなる。次に，図4でおもりGを水に入れると，浮力が500gかかるので，水中での重さは1500－500＝1000gとなる。輪軸の左側の糸にかかる力は，輪軸のつりあいから，20×□＝8×1000 で，□＝400gとなる。動滑車にかかる力は，上向きには糸2本で400×2＝800gだから，下向きは動滑車と水中のおもりFの重さの合計が800gであればつりあう。動滑車の重さが200gだから，水中のおもりFの重さは800－200＝600gである。空気中のおもりFの重さが1000gだったので，浮力は1000－600＝400gであり，おもりFの体積は400cm^3となる。

問8　上の棒の左端にかかる力は，図3のときと変わっていないので600gである。右端にかかる力は，問7で求めた400gである。棒の重さが100gなので，ばねQにかかる力は600＋400＋100＝1100gである。上にある棒の左端を支点と考えて，棒のつり合いを考える。ばねQにかかる力は1100gで，棒の重さ100gは中央の50cmの位置にかかるので，Y×1100＝50×100＋100×400より，Y＝40.9…で，四捨五入により41cmとなる。

【3】（大地の活動－地震の発生と揺れ）

基本　問1　現在，日本の気象庁で使われている震度階は，0，1，2，3，4，5弱，5強，6弱，6強，7の10階級である。

問2　想定される被害が小さくなったのは，地震の確率が減ったからではなく，地震の規模が小さくなったからでもない。依然として大きな地震が起こる可能性は高いが，木造家屋が減少し，建物の新築や改築などで耐震性が高まっていることから，被害がやや小さく想定されている。アとイのようなことはない。また，エでは想定される被害が大きくなる。

問3　2011年に発生した東北地方太平洋沖地震と，それに伴う東日本大震災では，各地で揺れによる災害が大きかったほか，太平洋沿岸では大きな津波による被害が甚大だった。また，埋立地などの軟弱な土地では，液状化現象も広く発生した。なお，高潮と洪水は気象災害であって，地震とは直接の関係がない。

問4　(1)　地震などによって地層が切断されたものを断層という。　(2)　写真は，1995年に発生した兵庫県南部地震とそれに伴う阪神淡路大震災を引き起こした野島断層であり，淡路島に観察のための施設がある。写真では，右側のブロックが断層に対してずり上がっており，両側から圧縮する力がかかっている。

問5　緊急地震速報は，震源に近い地震計で地震の発生をキャッチし，その規模を推定して，震度5弱以上の揺れが予想される場合などは，テレビ，ラジオ，インターネット等で速報を出すしくみである。専門家など向けには，もっと小さい地震でも速報が出る。震源が遠い場合は，大きな揺れの数秒～数十秒前に速報が出るが，震源が直下など近い場合は間に合わないことも多い。

問5　(1)　図2を見ると，たて軸の震源から観測地点までの距離Lが小さいほど，AからBまでの時間Tは短い。　(2)　小さな揺れを伝える波XはP波であり，大きな揺れを伝える波YはS波である。これら2つの波は，同じ震源を同時刻に出発し，同じ道すじを伝わるが，速さが違うために，各地点では時間差ができる。　(3)　図2のAの矢印を見ると，小さな揺れを伝える波Xは，48km地点には47分00秒，195km地点には47分23秒に到着している。つまり，195－48＝147kmの距離を23秒で伝わっているので，速さは147÷23＝6.39…で，毎秒6.4kmとなる。なお，134km地点には47分14秒に到着しており，それを使って計算しても，近い値が出る。　重要　(4)　小さな揺れを伝える波Xが，秒速6.4kmで48km地点まで伝わる時間は，48÷6.4＝7.5秒間である。つまり，48km地点が揺れ始めた47分00秒よりも7.5秒前に，震源では地震が発生していた。よって，地震の発生は，46分52.5秒ごろである。あるいは，図2で3か所のAの点の近くを直線で結んで左下へ伸ばし，震源からの距離0kmのところで時刻を読み取って，46分52秒ごろと推定することもできる。　(5)　AからBまでの時間Tは，48km地点で6秒間，134km地点で17秒間，195km地点で24秒間と読み取れる。つまり，Tの値のおよそ8倍が震源からの距離Lである。Tが10秒間になるのは，Lが80km付近と推定される。

【4】 (気体－水素の性質と利用)

問1　地表から放射されているのは赤外線である。大気中の温室効果ガスは，赤外線を吸収し，地面に向かって再び放射することで，地表面の温度を高く保っている。

問2　(1)　二酸化炭素は空気中に約0.04%含まれており，水蒸気を除いて第4位である。もっと少量の気体はいくつもある。また，ふつう二酸化炭素中では物は燃えない。　(2)　アでは，鉄と酸素が結びつくだけで，気体は発生しない。イでは，二酸化炭素が発生する。ウは炭酸水素ナトリウムと水酸化ナトリウムを混ぜることになり，反応は起こらず，気体も出ない。エでは酸素が

やや難 発生する。　(3)　二酸化炭素500cm^3の重さは，$1.8\times0.5=0.9$gである。一方，空気500cm^3の重さは，$1.2\times0.5=0.6$gだから，二酸化炭素の方が$0.9-0.6=0.3$g重い。一方，水素は空気に比べて1000cm^3あたり$1.2-0.08=1.12$g軽い。そこで，水素が空気よりも0.3g軽くなるためには，$0.3\div1.12\times1000=267.8\cdots$で，四捨五入により270$cm^3$が必要である。

やや難 問3　水素と酸素が結びつくと水ができるが，水は気体に比べて体積がはるかに小さいので，点火後の気体は，反応せずに残った気体と考えてよい。表の最も左の場合，最初にあった水素の量よりも残っている気体の量が多いので，残った75cm^3は酸素である。よって，水素50cm^3と酸素25cm^3が結びついたことが分かる。同じように，表の最も右の場合，残った90cm^3は水素であり，水素40cm^3と酸素20cm^3が結びついたことが分かる。つまり，水素と酸素は，体積比が2：1で結びつく。

このことから，Xの場合，水素90cm^3と酸素45cm^3が結びつくので，酸素15cm^3が残る。Yの場合，水素80cm^3と酸素40cm^3が結びつくので，水素30cm^3が残る。

やや難 問4　(1)　0℃のときの体積を1とする。1℃ごとに体積は$\frac{1}{273}$ずつ変化するので，27℃のときの体積は$1+\frac{27}{273}=\frac{300}{273}$である。－243℃のときの体積は$1-\frac{243}{273}=\frac{30}{273}$である。よって，27℃から－243℃まで冷却すると，体積は$\frac{30}{273}\div\frac{300}{273}=\frac{1}{10}$となる。このように，気体のままでは10分の1くらいにしかならないが，あと10℃冷やして液体に変えると800分の1になるので，体積をずっと減らすことができる。　(2)　98gのメチルシクロヘキサン(MCH)から6gの水素ができるので，5kgの水素をつくるには，98：6＝□：5　より，□＝81.6…で，四捨五入により82kgのMCHが必要である。

問5　太陽光は晴れているときに発電量が多く，風力はほどよい風が吹いているときに発電量が多い。このように，発電量は天候に左右されるので安定しない。また，太陽光は1m^2あたりのエネルギーが小さいので，多くの電力を得るには莫大な土地が必要である。風力発電の風車は騒音があるため，住宅地の近くにはつくれない。このような課題がある。

★ワンポイントアドバイス★

問題文中にある条件を見逃さないように注意しながら，時間を気にしててきぱき解き進めよう。

＜社会解答＞《学校からの正答の発表はありません。》

[1] 問1 イ，オ 問2 (例) 地下鉄は南北に走る国道よりも低い土地を通っているから。(27字) 問3 ウ 問4 ウ 問5 ア 問6 (例) かつては川が流れる場所だったから。(17字) 問7 エ 問8 ア 問9 ウ

[2] 問1 ア 問2 2番目 ウ 4番目 イ 問3 ウ 問4 (例) 農民に確実に年貢を納めさせるという意図と，生活に苦しむ農民が生活費を得ようとした事情。(43字)
問5 エ 問6 エ 問7 西郷隆盛 問8 富岡製糸場 問9 (例) 火災による死者が多かったため，道路の数を増やし，幅を広くして延焼を防ぐ改良。(38字) 問10 エ

[3] 1，2，5，8，9

○推定配点○

[1] 各2点×10(問1完答) [2] 各2点×10(問2完答) [3] 各2点×5 計50点

＜社会解説＞

[1] (日本の地理－荒川周辺の地形図を使った問題)

問1 a 図2の中で見られない地図記号は裁判所(⍋)と博物館(🏛)である。なお，消防署(Y)は地図中央付近など，発電所・変電所(☼)は地図北東など，墓地(⊥)は地図東側の善光寺と東北本線の間，老人ホーム(⌂)は地図中央付近などにそれぞれ確認することができる。

やや難 問2 図2と図3のX部分を見比べると，北西から南東にかけて通る道路(国道17号)よりも周囲が低くなっていることがわかる。このため，地下鉄が平坦に進んでいても地上に出るのである。

問3 図2でA～C付近の標高を表す数字を探し，図3では土地の起伏を確認する。Aの近くに13mを表す数字があり，図3からもやや高いところに位置していることがわかる。Bの近くには22.6mを表す数字があり，図3からは高台の上に位置していることが確認できる。Cは付近に数字が確認できないが，図3では低い土地であると判断できる。よって高い順にB→A→Cとなる。

重要 問4 図3で自然災害伝承碑の位置を確認すると，南北の台地に挟まれた谷間にあることがわかる。急斜面の谷間で起こりうる災害は土砂崩れだと判断する。なお，アの高潮は沿岸部や川沿い，エの液状化は埋め立て地など水気を多く含む土地で発生する災害である。

重要 問5 都市型水害は，地表を舗装することで雨水が地下へ浸透しにくくなり，大量の水が地上を川のように流れる。よってアの「浸透量が増した」があやまりである。

基本 問6 図2と写真1を見比べると，現在の浮間公園や浮間舟渡駅付近は1932年に区界が設置された時は川の流路であったことがわかる。当時は川だったという内容を記述すればよい。

やや難 問7 溶けた金属を型に流しこみ，冷やして固めた金属製品を鋳物といい，埼玉県川口市は荒川の川岸から型を作るための砂や粘土が豊富に取れたために生産が盛ん。なお，川口市は「キューポラのある街」という映画で鋳物の生産都市として全国的に有名である。

問8 ビールは麦芽，ホップ，水などを原料として作られるため，大量の水が得られる場所で生産が行われる。また，製品は重量が重くなるため，消費地に近いことも重要な立地要因である。アは，工場南側の荒川岸に水力発電所は確認できないのであやまりである。

問9 図2だけでなく，図1を参考にするとわかりやすい。図や写真のほぼ中央部を東西に横切る荒川には国道17号線など2つの国道と，新幹線や在来線のあわせて4本の橋がかけられていることがわかるが，ウの高速道路の橋は図1，2では確認できないのでウがあやまりである。

2 (日本の歴史－古代から近現代の総合問題　下1けたが3年の年表)

重要 問1　663年の白村江の戦いは中大兄皇子が百済救援のために朝鮮へ派兵し，唐・新羅の連合軍に敗れた戦いである。戦いのあと中大兄皇子は667年に都を近江大津宮に移して天智天皇として即位し，日本初の戸籍である庚午年籍を670年に作るなど，国内政治に力を注いだ。アは，4世紀末の高句麗好太王[広開土王]に関する記述なのであやまりである。

基本 問2　アの墾田永年私財法は743年，イの白河上皇による院政は1086年，ウの桓武天皇の平安京造営は794年，エの藤原良房が摂政となったのは866年(職務は858年から)なので，古いものから順にア→ウ→エ→イとなる。

問3　1488年に加賀の一向一揆が現在の石川県南部で起こり，浄土真宗の信者らにより以後100年近くにわたり自治をおこなったのでウが正しい。なお，アの南北朝の動乱は吉野の南朝と京都の北朝に分かれた内乱である。イは1467年から始まる応仁の乱であるが，天皇の後継ぎ争いがきっかけではない。エの豊臣秀吉による朝鮮侵略は，目的が明の征服であるのであやまりである。

やや難 問4　江戸時代の農村では貨幣経済が浸透し，現金を手に入れるために農民は自分の田畑を売ったり質入れしたりするようになり，借金を返せない場合は土地を持たない小作農となった。幕府は収入源である年貢を確実に納めさせるためには自作農の割合を高める必要があると考え，田畑の売買や質入れを禁止した。それでも実質的な売買が進んだのは当時の農民の生活が非常に苦しかった事情があったと考えられる。

重要 問5　1723年の足高の制は1716年から始まる徳川吉宗による享保の改革，1843年の人返しの法は1841年から始まる水野忠邦による天保の改革の内容である。なお，徳川綱吉は1680～1709年の間の将軍，松平定信による寛政の改革は1787年からの政治である。

基本 問6　1853年に浦賀に来航したペリーはアメリカの人物である。同じアメリカの人物はエのマッカーサーである。マッカーサーはGHQ[連合国軍最高司令官総司令部]の最高司令官として戦後の民主化政策を行った。なお，アは1549年に鹿児島に上陸したスペイン人のフランシスコ・ザビエル，イは1600年に大分に漂着したイギリス人のアダム・スミスで，オランダ人のヤン・ヨーステンとともに徳川家康の外交顧問となった。そしてウは明治時代にお雇い外国人として来日し，医学を教えたドイツ人のベルツの記述である。

基本 問7　薩摩藩出身の西郷隆盛は倒幕の中心人物として活躍し，新政府でも陸軍大将となるなど重職に就いたが1873年の征韓論に敗れると郷里の鹿児島へ戻った。その後不平士族に押し立てられて1877年に西南戦争を起こしたが，約半年で鎮圧され，自害した。

基本 問8　富岡製糸場は1872年にフランス人のブリュナーの指導のもと，操業を開始した製糸場であり，当初は女工が製糸技術を学び，国内各地へ技術を伝えるための教育機関としての役割も持っていた。その後1893年には三井に払い下げられ，労働環境も悪化していった。

問9　1923年9月1日に発生した関東大震災は，火災による死者が特に多かったことが表からわかる。これは火災が強風にあおられ，密集した住宅地に次々と広がったことが主な原因である。震災後の都市の改良としては住宅地をより多くの道路で区切り，道路の幅も広げて防火帯の役割を持たせるようにしたことが地図2から判断できる。

基本 問10　静岡県にある弥生時代の集落遺跡は登呂遺跡で，日本で初めて水田跡が発見された場所である。また，1983年に内部壁画が発見された奈良県明日香村の遺跡はキトラ古墳で飛鳥時代の遺跡である。キトラ古墳内部では，方角を表す四神の壁画などが発見された。ちなみに，奈良県の明日香村には他に高松塚古墳や石舞台古墳など，多くの遺跡が点在する。なお，板付遺跡は日本最古の水田跡が見られる福岡県の遺跡，江田船山古墳は「ワカタケル大王」の文字が刻まれた鉄刀が出土した熊本県にある古墳時代の遺跡である。

3 (政治－日本の政治制度についての正誤問題)

重要 1 衆議院の総選挙後，30日以内に特別国会が召集され，内閣総理大臣が指名されるので正しい。なお，特別国会は衆議院が解散されたあとの総選挙後に開かれ，任期満了時の総選挙後に開かれる国会は臨時国会である。

重要 2 議事を開いて議決を行うために必要な最低人数を定足数といい，国会の場合は各議院それぞれ総議員の3分の1以上と定められているので正しい。

3 国会の議決に関して内閣は拒否して再議を求めることはできないのであやまり。なお，地方自治に関しては首長は地方議会に対して拒否権を行使できる。

4 三権分立のうち，裁判所の持つ違憲立法審査権[法令審査権]は，国会で審議し，成立した法律などに対して判断する権限であり，審議中の法律案に対しては行えないのであやまり。

重要 5 衆議院を通過した法律案が参議院で否決された場合，その後衆議院で出席議員の3分の2以上の賛成で再可決すれば法律として成立するので正しい。また，衆議院通過後，参議院が60日以内に議決しない場合も同様である。

基本 6 内閣総理大臣によって任命される国務大臣は，過半数が国会議員でなければならないと憲法で定められているが，衆議院議員に限られてはいないのであやまり。

7 国務大臣は内閣総理大臣の判断で任命も罷免も行うことができるのであやまり。

基本 8 三権分立のうち，内閣は裁判所に対して最高裁判所長官を指名し，その他の裁判官を任命するので正しい。なお，最高裁判所長官の任命は天皇が国事行為として行う。

基本 9 三権分立のうち，国会は裁判所に対して弾劾裁判所を設置し，不適任であるとされた裁判官を国会が弾劾裁判で判定するので正しい。

基本 10 国会で憲法改正を発議するためには，各議院の総議員の3分の2以上の賛成が必要なのであやまり。なお，その後国民投票で過半数の賛成があれば改正が成立し，天皇が国民の名で公布する。憲法改正の議論は盛んにおこなわれているが，2023年2月時点で発議は一度も行われていない。

★ワンポイントアドバイス★

地理分野は地図の読み取りに手間取り，確実に時間がかかるため，全体を後回しにするのが得策。歴史分野，政治分野をスピーディーに解いて確実に得点につなげ，合格点を取ろう。今後も地形図が出た場合はいったん飛ばすべきである。

＜国語解答＞《学校からの正答の発表はありません。》

【一】 1 一服　2 羽織　3 順延　4 独創　5 賃貸　6 宣伝　7 風潮　8 朗(らかに)　9 営(んで)　10 障(る)

【二】 問1 長所　問2 エ　問3 a イ　b オ　問4 ア　問5 運転に多大
問6 (例) 加熱調理することで，食べ物の持つ栄養価を飛躍的に高め，消化吸収できるカロリーも増えるので，食べる量を減らせるから。　問7 火の利用は
問8 Ⅰ ウ　Ⅱ オ　Ⅲ ア　Ⅳ エ　Ⅴ イ
問9 ア B　イ B　ウ A　エ B

【三】 問1 ウ　問2 イ　問3 ア　問4 (例) (長男は)母親の同意を得てからにするつもりだったから。　問5 “達成したらOK”と言っているのと同じ　問6 エ
問7 (例) 生き物の肉を食べる人間が動物の命を尊重していること。　問8 腹立たしくて，悔しくて，不安だった　問9 エ　問10 エ　問11 (例) 自分の思いを強く主張しながらも，親の同意が得たい　問12 ア

○推定配点○
【一】 各2点×10　【二】 問1・問3 各2点×3　問6 6点　問9 各1点×4
他 各4点×5(問8完答)　【三】 問1・問2 各2点×2　他 各4点×10　計100点

<国語解説>

【一】 (漢字の書き取り)

重要　1 ここでは，一息つくこと。茶やタバコを飲むことを「一服」という。 2 着物の上に着る丈の短い上着のこと。現在は，主に冠婚葬祭などの場で着用される。 3 予定されていたことがらが，順番に遅れて後ろにずれること。「延期」ともいえる。 4 他のものに影響されず，独自の発想や方法で創造すること。「独奏」の場合，一人で楽器を演奏するという意味になる。

重要　5 お金を取って，家や部屋を貸すこと。貸すための住宅を「賃貸住宅」という。 6 商品やサービスなどの特徴や価値を広く知らせるために行う活動。「宣」には，主張する・決意を述べるという意味がある。その意味で，「宣戦」「宣言」などの言葉がある。 7 ある時期に広まる傾向や考え方など。その地域で長年にわたって行われてきた独特の生活様式のことは，「風習」という。

基本　8 明るくて気持ちの良い様子。明るくて朗らかな性格を「明朗な性格」ともいう。 9 事業や活動を行うこと。事業を行うことを，二字熟語で「営業」という。 10 ここでは，嫌なものとして受け取ること。「障る」には，邪魔になるという意味もある。その意味で，「障害」「支障」という言葉がある。

【二】 (説明文－要旨・論理展開・細部の読み取り，空欄補充，熟語，記述力)

問1 「特長」とは，特に優れたことがらという意味である。「長」は，良い点やすぐれた点を意味する。同じ意味の「長」が使われている二字熟語に「長所」がある。「長所」とは，すぐれている点という意味である。

問2 第三層で発見されたのは，火の使用の痕跡である。それは「火を焚くことによる……」で始まる段落に書かれているように「環境を自らに都合のよいように作り変える術」であり，人類史上初めての「エネルギー革命」ともいえるようなことであり，その意味で興味深かったのである。選択肢の中では，「人類が火を使用した証拠」とある，エが正解。アは「火で焼かれた痕跡」とあるが，「人類が」火を使用した点にはふれていない。説明不足の選択肢である。イ，ウは「火」について明確にはふれていない。

基本　問3 文章の最初の部分に「肉食獣が食べたと考えられる獲物の骨」「人類の祖先の骨も含まれています」とある。そこから考えると，空欄aにはイの「肉食獣に捕食された動物」があてはまるとわかる。また，傍線②以前には「第三層から出土した動物の骨」「火で焼かれた痕跡」とあり，傍線②以降には「人類の祖先が，第三層からは捕食者へとその立場を変え」とある。そこから，空欄bにはオの「人類の祖先に捕食された動物」があてはまるとわかる。第三層以前の古い時代の層では「肉食獣に捕食された動物」の骨が多く見つかるが，第三層以降は「人類の祖先に捕食された動物」の骨が多くなるという流れになる。アは「肉食獣に捕食された人類の祖先」とある。「人

類の祖先」に限定しているのがおかしい。ウは「野火で焼かれた動物」とある。文章中には「野火で焼かれたものではなく」とある。おかしい。エは「人類の祖先に捕食された肉食獣」とある。「肉食獣」に限定しているのがおかしい。

問4　火を扱うことによる人類の立場の変化に関して，傍線③以前の表現から読み取ることができる。「肉食獣は洞窟に近づかなくなり」「木に登らずとも地上で安心して眠ることができ」「食べ物を他の動物に横取りされる心配もなくなり」の部分である。逆に考えると，火を扱う以前の人類は，イのように「安心して眠ることができない」立場であり，ウのように「食べ物を，他の動物たちに奪われる」立場であり，エのように「肉食獣によって襲われ，食べられることもある」立場だったのである。結果的に環境を作り変えたのであるから，アはふさわしくないものになる。

問5 「脳の維持には多大なエネルギーが必要である」とある。胃腸も同じように「運転に多大なエネルギーが必要」なのである。ともにエネルギーが必要であるから，脳を大きくするためには，バランスを取って，胃を小さくしなければならなかったのである。

やや難　問6　傍線⑤以降に，料理することの利点が書かれている。食べやすくなる，栄養価が高くなる，雑菌を殺せるの三点である。だが，設問には「最も大きな理由」とある。そのため，「さらに決定的な変化をもたらす力が，加熱にはあります」という表現で始まる段落に着目する。

段落内には「決定的な変化」になる，「栄養価を飛躍的に高める」ことと，「消化吸収できるカロリー」が増えること，そのために「食べる量」が減ることが書かれている。以上の点をまとめて，解答を作成する。記述の際には，指定された用語の「加熱」「食べる量」を忘れないようにする。

問7　設問には「どういう変化に始まり，どういう変化までたどり着いた」とある。最初の変化は，二重傍線Aよりも前の，「環境を自らに都合のよいように作り変える」である。火を使って，動物が自分たちの洞窟に近づかないようにしたのである。そして，次の変化は食べ物を加熱加工したことである。これは，人間の胃腸の変化にまでつながるものだったのである。そのような変化について，文章の最後の段落にまとまっている。「火の利用は……」で始まる一文には「人類を取り巻く外部環境を劇的に変えた」とある。また，「人類の身体，すなわち内部の環境をも……確実に変化させた」とある。この二点を含んでいるため，「どういう変化に始まり，どういう変化までたどり着いた」という条件を満たす。「火の利用は……」の一文が解答になる。

重要　問8　二重傍線Bより先に，胃腸が小さくなり脳が発達するまでの流れがまとまっている。その部分に着目する。　Ⅰ 「肉食による栄養補給が，人類の祖先の脳を大きくした」とある。Ⅰには，ウの「肉食を始めた」があてはまる。　Ⅱ　脳が大きくなったことが，火の利用を可能にする知恵を私たちの祖先へもたらしたとある。Ⅱには，オの「火の利用が可能になった」があてはまる。Ⅲ　火の利用で「さらなる進化を遂げる」とある。それは，「料理の発明」である。Ⅲには，アの「料理を発明した」があてはまる。　Ⅳ　傍線⑤の部分が手がかりになる。料理が胃腸の消化吸収の負担を劇的に軽減するのである。Ⅳには，エの「消化器官の負担が減り，エネルギー吸収の効率がよくなった」があてはまる。　Ⅴ 「余剰エネルギーが脳へと向かい」につながる表現があてはまる。「こうして人類の祖先は……」で始まる段落に着目すると，「胃腸を相対的に小さく」→「余剰エネルギーは脳へと集中投資」という関係がわかる。Ⅴには，イの「胃腸を小さくすることに成功した」があてはまる。

問9　ア 「体格に比較して小さい胃腸」は，ヒトの特長としてあまり知られていないと書かれている。「霊長類」とあるアは合っていない。　イ　二重傍線部A直前に書かれた，火によって環境を都合よく作り変える術を，人類史上初めてのエネルギー革命だと書かれている。「料理こそ，人類最初のエネルギー革命」と書かれたイは合っていない。　ウ 「食べ物を加熱する……」で始まる段落に，加熱で雑菌を殺すことができるという事情について書かれている。その結果，免疫系の負担も軽減できるのである。ウは合っている。 エ 「まず，食べ物を物理的に……」で始まる段落に着目する。野生のチンパンジーが，六時間以上も食べ物を噛むことに費やしている事情が書かれている。咀嚼の負担が大きいのである。エには「消化器官の負担は人類に比べてかなり大きなものとなる」とある。咀嚼の負担は明らかに大きいが，消化器官の負担がかなり大きいかどうかはわからない。エは合っていない。

【三】 (随筆文－主題・心情・細部の読み取り，空欄補充，ことわざ，品詞，記述力)

基本 問1 波線Aは「乱暴に閉められる」という表現の中にある。この部分の「られ」は，受身の意味。「閉める」という動作を受けている。アの「られ」は自発。自発とは，他からの作用がなく，動作が自然に起こっている様子。自然と，祖母の健康が心配になってきたのである。イの「られ」は，可能。「決められない」は，決めることができないという意味。できるのであれば可能の「られ」を用いて，「決められる」となる。ウの「られ」は，受身。これが解答になる。見るという動作を受けている。エは，尊敬。目上の人などに用いる表現。

問2 「自分で蒔いた種」とは，自分の行動や選択によって招いた結果や影響を指す。自分の責任を認めたり，反省したりする文脈で多く用いられる。アの「生みの親より育ての親」は，血縁関係よりも実際に子どもを育てたり世話をしたりした人々の影響や貢献が重要であることを意味する。イの「身から出たさび」は，自分の過ちや行いが原因で，後に自分に不利益や困難が降りかかることを意味する。自分の行動でよくないことが起こるという点で，「自分が蒔いた種」と意味が同じ。イが解答になる。ウの「打たぬ鐘は鳴らぬ」は，何もしなければ何も始まらないという意味。エの「明日はわが身」は，いつ自分の身にも災いが及ぶかわからないという意味。

問3 文章後半部分の空欄Ⅰ前後にも，私が長男のことで悩んでいる様子が書かれている。空欄Ⅰ以降では，「おのずと磁石のように引き合う母子関係はいつの間にか終わっていた」とある。私は引き合う関係が終わってしまったと感じることで，長男に対して，心が不安定になっているのだ。同じようなことは，傍線①でも読み取れる。私は，反抗している長男に対して，つながりの薄さを感じている。だから，「イヤな感じ」になったのだ。「関係がこれまでよりも薄くなってしまった」とある，アが正解になる。イは「自分のずるさを見抜かれた」とある。傍線②以降に，私自身が自分のずるさに気づいた様子は書かれている。だが，長男は堂々とそこを突いてきてはいるが，私と同じようにずるさを見抜いていたかどうかはわからない。ウは「長男の変化に気づかなかったのはうかつ」とある。「うかつ」とは，注意が足りなかったという意味。だがこの場面で，私は変化した長男に対して心が不安定になっているが，それは長男の変化を見抜けなかったためではない。エは「長男が何をしたいのか……見当もつかず」とある。長男はゲームを手に入れたいのであって，私もそれはわかっている。

問4 傍線②の後に「“お母さんに同意されたい”という子どもの気持ちを，ずっと利用してきた」とある。長男からすると，その気持ちを利用されてきたのだ。長男はゲームを買うことに対して，「お母さんに同意されたい」と思っていた。だから，それまでゲームを買わなかった。以上の点を読み取り，「お母さんの同意を得てからにしようと思った／お母さんの同意を得られなかったから」という方向でまとめる。

問5 ゲームを買いたい，ニワトリを飼いたい。そのような長男の発言に対して，母親である筆者がどのように返事をしているのかを読み取る。「大家さんが許可しないよ」「夏休みの宿題をしっかりやったなら……考えよう」という返事である。空欄Ⅰ以降にあるように，これらはすべて「“達成したらOK”と言っているのと同じ」である。大家さんが許可したら，ニワトリを飼えるのである。夏休みの宿題をしっかりやったら，ゲームを買えるのである。解答は「“達成したらOK”と言っているのと同じ」になる。

問6　傍線④前後の表現から，おかしさの理由を読み取ることができる。傍線④直後のように，いつもは長男と言い争ってばかりいる夫が，傍線④直前のように，長男を擁護しているのである。つまり，口ゲンカばかりしているのに，守ろうとしている。このような夫の姿に，おもしろさを感じている。「けんかばかりしている」「見直したかのようにかばう」とある，エが解答になる。ア～ウの選択肢は，傍線④前後にある夫の様子のちがいを表す表現に目を向けていない。誤答になる。

重要 問7　傍線⑤直前に「食肉の背景に思い巡らせたことがあるのだろう」と書かれている。その点から書くべき内容を考えることができる。筆者の家では，猟師さんから猪や鹿の肉をもらって，食べていた。その時，筆者が野生肉を調理した。長男は，猟にまで同行することもあった。そういう経験から，長男は「経済活動」を考えた。この「経済活動」は，畜産が関係していると類推できる。つまり，人間は生き物の肉を食べている。「経済活動」として，動物を殺害しているのだ。だからこそ，長男は「命の重みは等しい」という言葉に違和感があった。以上のように，読み取っていく。記述の際には「人間は生き物を食べている」「動物の命を尊重している」という表現を組み合わせて，違和感につながる内容にする。

問8　文章全体を通して，息子は反抗的である。そして筆者は，そのような息子の態度に悩んでいる。設問が求める字数を意識して，文章全体から，悩む筆者の心情にあう表現を探すと良い。文章の最初の場面の「中略」の直前に，筆者の気持ちがまとまっている。「腹立たしくて，悔しくて，不安だった」の部分である。その心情は，「自分の言うことを守ろうとしない」息子に悩むときの筆者の気持ちであり，空欄にあてはまり，設問の条件の字数にもあう。

問9　「ゲームをするしないは自分で決める……お母さんにはわからない！」という息子の発言を聞いた後，思春期に自分も母親に対して同じような言葉を言い放っていたことを，筆者は思い出した。筆者は，自分自身の過去の経験もふまえて，親であっても侵してはいけない一線があることに改めて気づく。その後，空欄Ⅰ以降にあるように，筆者は息子たちの言うことを受け入れる方向に進む。以上の展開をおさえ，選択肢を比較する。解答は「母親への反抗……覚えのあること」「十分に納得できる」とある，エになる。ア，イ，ウは，息を呑んだあとに息子の提案を受け入れる方向に進んだ様子を表していない。

問10　傍線⑦直後に，「同じような言葉を，私も思春期のころに母親に言い放ったことがあった」とある。傍線⑦直前の息子の言葉と同じような言葉を，思春期の筆者も口にしていたのである。空欄Iは思春期の頃の筆者の思いになるが，母親に対する不満であるから，息子が言い放った言葉と同じような内容になる。息子の言葉の中には「お母さんにはわからない！」という表現がある。その点に着目する。エの「母親には見えている世界が全然違う」が解答になるとわかる。空欄Ⅰ直前にある，「互いに違うところに線を引いている」という表現にも，エの内容はあう。アは「いつかはきっと」とある。将来に希望を抱く表現である。息子の言葉から，希望を抱いている様子は読み取れない。イは「大人は誰しも」とある。ここでは「母親」のみに対する不満が話題になっている。ウは「思いを分からせてやる」とある。母親の同意を得たいという気持ちは，息子も当時の筆者も心の中に抱いていたとは思われる。だが，空欄Ⅰ直前の「違うところに線を引いている」などに「分からせてやる」はあわない。

やや難 問11　「弱々しい磁力」で表される関係を意識して，書くべき息子の様子を考える。まず，文章始めの場面に着目する。お母さんに同意されたいという子どもの気持ちを利用してきた，という表現がある。かつては利用できるほどに，「同意されたい」という息子の気持ちが強かったのである。だが今は，「親の同意を得よう」とする気持ちの強さは変わってきた。「納得できない」「お母さんがなんと言おうと」という言葉も出るようになった。そして，息子は自分の思いを強く主張するようになったのである。このような状況をまとめて，筆者は「弱々しい磁力」と表現した。「同意されたい」という言葉の強さは変わっても，その気持ちは残っている。だから，「弱々しい磁力」なのである。その点を意識して，解答を作成したい。記述の際には,「自分の思いを強く主張」しながらも，やはり「親の同意を得たい」という方向性にする。

問12　「素直」に「いいよ」と言うことができなかったが，ゲーム機とニワトリに対して，筆者は最後には拒否しなくなった。そして，「拗ねた子ども」のようではあっても，到着の日を迎えた。つまり結果として，筆者はゲーム機とニワトリを受け入れたのである。以上の様子をおさえる。「結果として……受け入れるほかはない」とある，アが解答になる。イは「親としては誇らしい」とあるが，おかしい。傍線⑨に息子たちを誇るような表現はない。ウは「自分が……情けない」とあるが，おかしい。ウにゲーム機とニワトリを受け入れた様子が読み取れない。エは「面倒なことが増えそうなのが心配だ」とあるが，おかしい。そのような心配はゲーム機とニワトリの到着よりも前から続いている。この部分だけの心情とは読み取れない。

★ワンポイントアドバイス★

ぬき出し問題に取り組むときには，どのような解答が求められているのか，予想しながら解いていくことが大切だ。やみくもにぬき出す内容を探すのではなく，「こういった言葉はないだろうか」と，文章中を見ていくべきだ。

MEMO

大切なことはメモしておこうネ！

2022年度

★★★★★★★★★★★★★★★★★★★★★★★★

入　試　問　題

2022年度

巣鴨中学校入試問題（第１期）

【算　数】（50分）　＜満点：100点＞

【注意】１．（式）のらんには，答えを求めるまでの式などを書きなさい。
　　　　２．定規・コンパス・分度器は使用できません。

1　次の各問いに答えなさい。

(1)　４つの商品A，B，C，Dがあります。これらの商品の値段はそれぞれ，60円，120円，240円，350円です。商品A，B，C，Dをいくつか買ったところ，代金の合計は1300円になりました。商品の個数の組み合わせは何通りありますか。ただし，買わない商品があってもよいものとします。

(2)　１から2022までの整数のうち，数字の３と７を使わない整数は何個ありますか。

(3)　大型のスーパーAと商店Bでは同じ品物を仕入れています。その品物について，AではBが仕入れた個数の６倍を仕入れているので，１個あたりの仕入れ値はBよりも12円安いです。定価はA，Bともに同じで，仕入れた個数をすべて売り切ると，AとBの全体の利益の比は９：１になります。Aにおける品物１個あたりの利益は何円ですか。

(4)　生徒を体育館に集めてグループ分けをしました。４人を１組にすると２人余ってしまいました。そこで，６人を１組にするとだれも余ることなく分けることができ，グループの数は15組少なくなりました。生徒の人数は何人ですか。

(5)　生徒総数311人の学校で生徒代表を３人を選ぶ選挙を行いました。投票は１人につき１票で，得票数の上位３人が生徒代表となります。A，B，C，D，E，Fの６人が立候補をしました。開票が進み，残りが50票となったところでの結果が以下のようになりました。Dが確実に当選するには，あと何票必要ですか。最も少ない票数を答えなさい。
ただし，各生徒は立候補者の中から必ず１人を選んで投票するものとします。

	A	B	C	D	E	F	残り
票数	14	105	25	36	48	33	50

(6)　下の図で，角アの大きさと角イの大きさの比は１：３，角ウの大きさと角エの大きさの比は１：２です。角アの大きさと角ウの大きさをそれぞれ求めなさい。

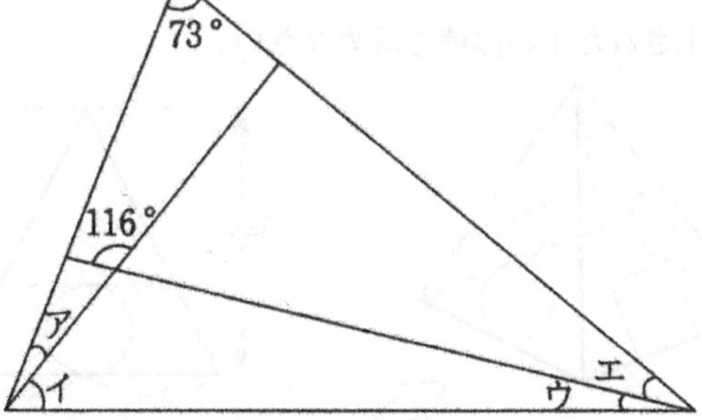

2 $\underbrace{2\times2\times2\times\cdots\cdots\times2}_{25個}$ は２を25個かけたことを，$\underbrace{5\times5\times5\times\cdots\cdots\times5}_{12個}$ は５を12個かけたことを表します。このとき，次の各問いに答えなさい。

(1) $\dfrac{1}{2\times2\times2\times2\times5\times5\times10}$ を小数で表したとき，小数第何位までの数になりますか。

(2) $\dfrac{1}{\underbrace{2\times2\times2\times\cdots\cdots\times2}_{25個}\times\underbrace{5\times5\times5\times\cdots\cdots\times5}_{12個}}$ を小数で表したとき，小数第何位までの数になりますか。

(3) $\dfrac{1}{\underbrace{2\times2\times2\times\cdots\cdots\times2}_{25個}\times\underbrace{5\times5\times5\times\cdots\cdots\times5}_{12個}}$ を小数で表したとき，小数第何位にはじめて０でない数字が現れますか。

3 ある土地に，図１のような底面が正方形で，側面がすべて合同な二等辺三角形である四角すいの形に土が盛られています。この四角すいの底面の１辺は12mで，高さは12mです。このとき，次の各問いに答えなさい。ただし，円周率は3.14として計算しなさい。また，角すいの体積は，(底面積)×(高さ)÷３で求められます。

(1) 盛られている土の体積を求めなさい。

(2) この四角すいに，図３のように穴の形が１辺が４mの正方形である，入口から出口までまっすぐなトンネルを作りました。図２にはトンネルの２つの入口が記されています。図３は，これらの入口を図２の２つの矢印の方向から見た図です。このとき，トンネルを作る過程でほり出された土の体積を求めなさい。

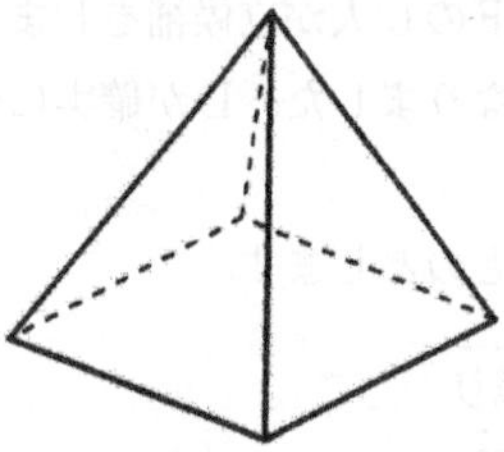
図１

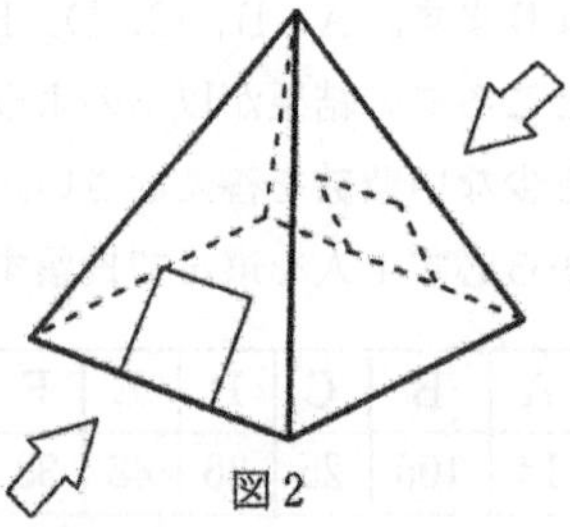
図２

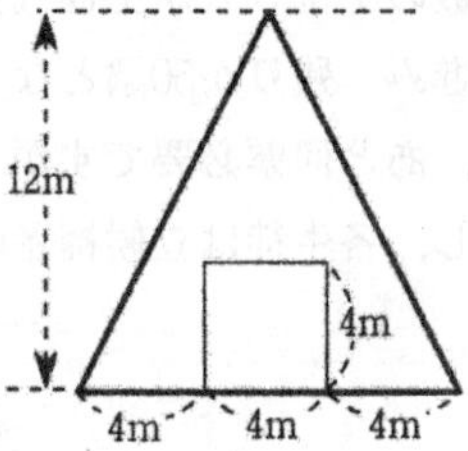

図３

(3) さらに，図５のように穴の形が直径が４mの円である，入口から出口までまっすぐなトンネルを作りました。図４にはトンネルの４つの入口が記されています。図５は，これらの入口を図４の２つの矢印の方向から見た図です。
このとき，新たにほり出された土の体積を求めなさい。

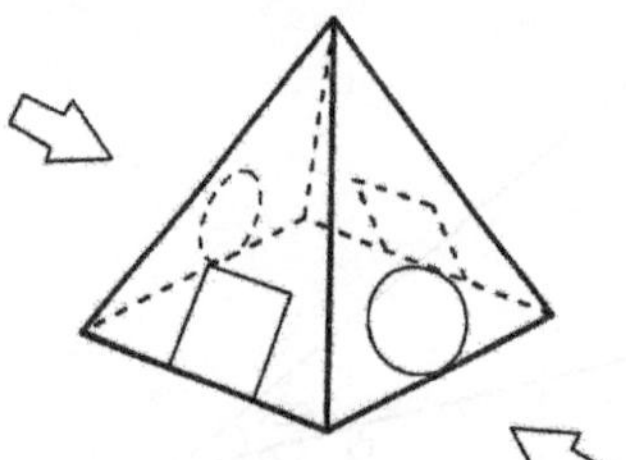
図４

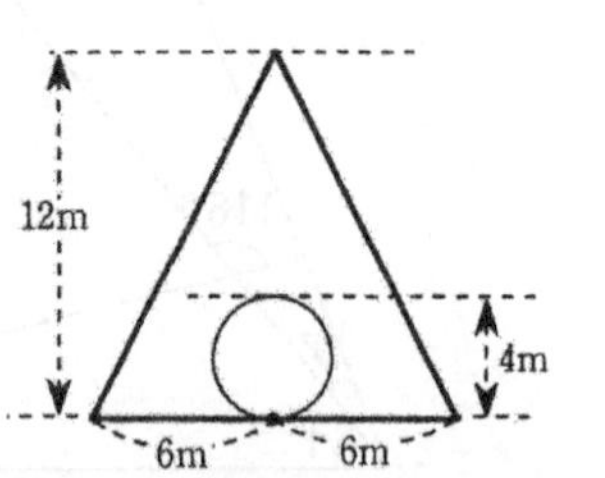

図５

4　Ｐ地点からＱ地点までまっすぐな道があります。太郎君はＰ地点からＱ地点へ向かって，次郎君と三郎君はＱ地点からＰ地点へ向かって，３人とも同じ時刻に出発しました。太郎君は，出発してから30分後に次郎君と出会い，その１分30秒後に三郎君と出会いました。また，次郎君は太郎君と出会ってから40分後に，Ｐ地点に着きました。このとき，次の各問いに答えなさい。
ただし，答えが割り切れないときは，最も簡単な分数で答えなさい。

⑴　太郎君と次郎君の速さの比を，最も簡単な整数の比で表しなさい。

⑵　三郎君は，出発してから何分後にＰ地点に着きますか。

⑶　太郎君のいる地点が，次郎君のいる地点と三郎君のいる地点のちょうど真ん中になるのは，出発してから何分後ですか。

【理　科】（30分）　＜満点：50点＞

【注意】１．**字数指定のある問題は，句読点や記号なども字数にふくめます。**

２．**定規・コンパス・分度器・計算機は使用できません。**

３．**計算問題については，問題文の指示にしたがって答えなさい。**

【１】　次の［Ⅰ］，［Ⅱ］について，それぞれの問いに答えなさい。

［Ⅰ］　茎《くき》の長さや太さが等しく，葉のつき方や大きさが同じ枝を５本用意し，図のＡ～Ｅのように条件を変えて，同じ量の水が入った試験管にさし，風通しのよい明るい場所に置きました。24時間後，減った水の量を調べたら，表のようになりました。下の問いに答えなさい。

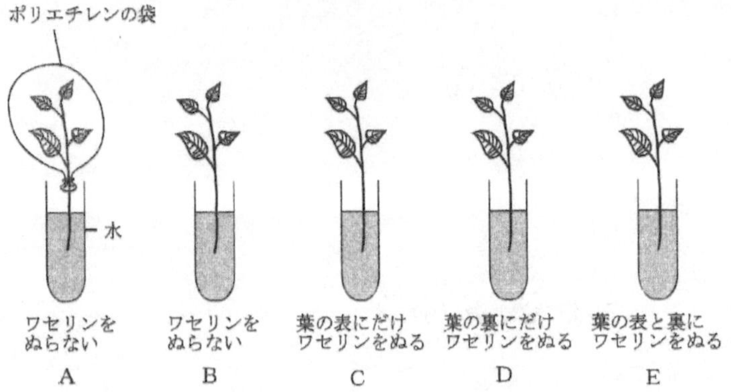

	減った水の量 (cm^3)
A	17.4
B	31.1
C	X
D	11.9
E	3.1

問１　図のＡでポリエチレンの袋《ふくろ》がくもりました。このことから，水分が蒸発していることがわかります。植物のこのはたらきを何といいますか。また，その水分の多くは葉の何という部分から出ていきますか。

問２　問１のはたらきは，植物にはどのような点で役立っていますか。最も適するものを，次のア～エから１つ選びなさい。

ア．光合成が活発になるので，成長が速くなる。

イ．呼吸がさかんになり，栄養分の貯蔵が増える。

ウ．水の移動が活発になるので，根からの吸収がさかんになる。

エ．蒸発するときに熱が発生するので，葉の温度が下がり過ぎるのを防ぐ。

問３　ＢよりもＡの方が減った水の量が少なくなったのはなぜですか。この理由について述べた次の文の（　）に適することばを入れなさい。

ポリエチレンの袋をかぶせたことで，風通しが悪くなって（　　　）が高くなり，問１のはたらきが弱くなったから。

問４　葉の裏だけから出た水の量を調べるには，Ｂ～Ｅのどの２つを比べればよいですか。適するものを，次のア～カからすべて選びなさい。

ア．ＢとＣ　　イ．ＢとＤ　　ウ．ＢとＥ

エ．ＣとＤ　　オ．ＣとＥ　　カ．ＤとＥ

問５　Ｃで減った水の量Ｘは何cm^{3}ですか。

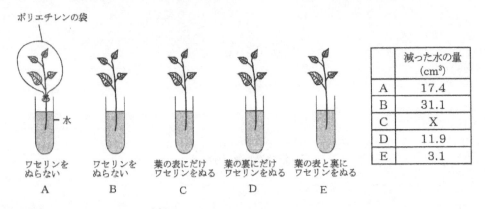

［Ⅱ］ 2021年夏，アメリカ東部で17年周期で地上に現れる「17年ゼミ」が大量発生しました。セミは何年もの間，地中で生活し，地上に出て a羽化《うか》すると，交尾《こうび》をして２週間ほどで死んでしまいます。羽化する周期が17年なのは，b別の周期のセミと交雑しにくいためです。もし，周期がずれると c一度に羽化する数が少なくなり，効率よく子孫を残せません。次の問いに答えなさい。

問６　次の文の（①）～（③）に適するものを，下のそれぞれの語群から選び，記号で答えなさい。

セミは，（　①　）ために，（　②　）が，（　③　）大きな声で鳴く。

①：ア．天敵をおどろかせる　　イ．なわばりを知らせる　　ウ．交尾をする

②：ア．オスもメスも両方　　イ．オスだけ　　ウ．メスだけ

③：ア．腹をふるわせて　　イ．羽をこすり合わせて　　ウ．腹をたたきつけて

問７　セミと同じように幼虫と成虫が同じエサを食べるものを，次のア～エから１つ選びなさい。

ア．アゲハ　　イ．オニヤンマ　　ウ．カブトムシ　　エ．ナナホシテントウ

問８　下線部ａについて，次の問いに答えなさい。

⑴　セミの羽化は，どのような変化ですか。次のア～エから１つ選びなさい。

ア．卵から幼虫　　イ．幼虫からさなぎ　　ウ．幼虫から成虫　　エ．さなぎから成虫

⑵　セミと同じような羽化をするものを，次のア～オから２つ選びなさい。

ア．オオカマキリ　　イ．ショウジョウバエ　　ウ．モンシロチョウ

エ．キリギリス　　オ．ノコギリクワガタ

問９　下線部ｂについて，アメリカ東部には13年周期のセミもいます。17年周期のセミと13年周期のセミは何年に一度同じ年に地上に現れますか。

問10　下線部ｃについて，一度に羽化する数が少なくなると，効率よく子孫を残せなくなるのはなぜですか。その理由を20字以内で１つ答えなさい。

【２】 次の問いに答えなさい。ただし，計算の答えは小数第２位を四捨五入して書きなさい。

引っ張られたばねや，押《お》し縮められたばねが元に戻《もど》ろうとする性質を弾性《だんせい》といいます。同じ長さの伸《の》びと縮みに対して，ばねの弾性の力の大きさは等しくなります。いま，つり下げたおもりの重さとばねの長さとの関係が図１で表わされるばねがあります。

問１　ばねの自然の長さは何㎝ですか。

問２　ばねを１㎝伸ばすのに何ｇのおもりが必要ですか。

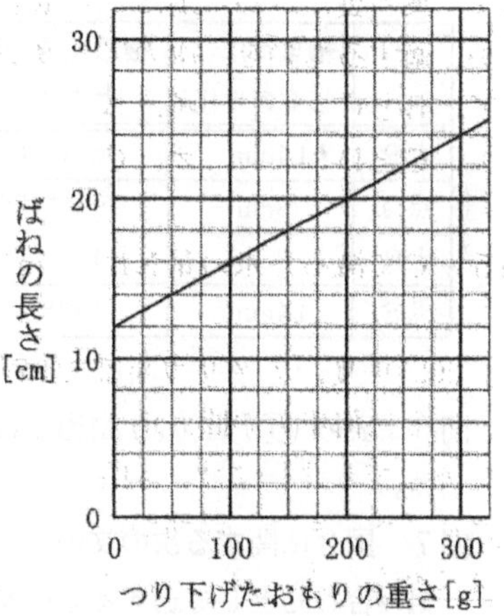

図１

図１のばねと，おもりＡとＢ，輪じく，動かっ車，糸を用いて次のページの図２の装置をつくったところ，ばねが1.2㎝伸びた状態で全体がつり合い静止しました。おもりＡは280ｇであり，輪じくは輪の半径が14㎝でじくの半径が８㎝です。なお，動かっ車，ばね，糸の重さは考えないものとします。

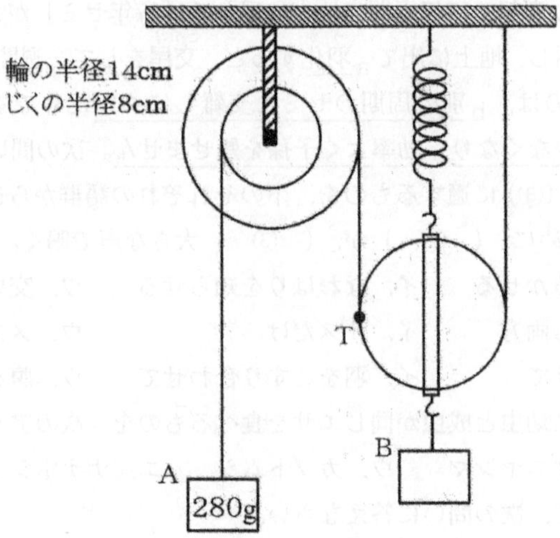

図２

問３　図２で，点Ｔにかかる力は何ｇですか。

問４　おもりＢの重さは何ｇですか。

問５　図２で，おもりＡとＢを入れかえると，ばねの長さは何㎝になりますか。

次に，図２の装置の，おもりＡ，輪じく，動かっ車，糸を用いて図３の装置をつくりました。このような装置を差動かっ車とよびます。図３で，点Ｑをふくむ糸はたるんでおり，点Ｓをふくむ糸を手でたぐることにより，おもりを引き上げることができます。点Ｐ～Ｓをふくむ各糸が輪じくにおよぼす力のようすをまとめると下の表のようになります。

	輪またはじくの半径	輪じくを回そうとする向き	輪じくにかかる力の強さ
点Ｐ	14cm	反時計回り	（ ① ）g
点Ｑ	8cm	反時計回り	0g ※
点Ｒ	8cm	時計回り	140g
点Ｓ	14cm	時計回り	（ ② ）g

※点Ｑをふくむ糸はたるんでいる

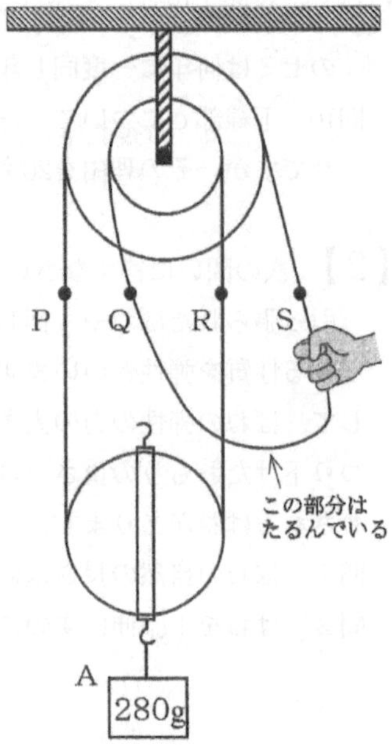

図３

問６　表の（①）と（②）に当てはまる数値をそれぞれ書きなさい。

問７　図３に関する次の文の（③）と（④）に当てはまる数値の組み合わせとして適するものを，下のア～カから１つ選びなさい。

点Ｓをふくむ糸を手で70㎝たぐると，点Ｐは引き上げられるが，じくも輪とともに回転するため，点Ｒは（　③　）㎝引き下げられる。したがって，正味の糸の動きから，おもりＡは（　④　）㎝引き上げられる。

ア．③70　④140　　イ．③70　④35　　ウ．③70　④０

エ．③40　④110　　オ．③40　④30　　カ．③40　④15

問８　図３の差動かっ車の性質について述べた文として正しいものを，次のア～エから２つ選びなさい。

ア．輪じくの半径と糸を引く力を決めると，ものを引き上げる力も決まる。

イ．糸をたぐった長さとものを引き上げた距離《きょり》は，輪じくの半径の比に等しい。

ウ．ものを引き上げる力と引き上げた距離の積は，糸を引く力とたぐった長さの積に等しい。

エ．糸をたぐるほど，たるんでいる部分の長さは短くなる。

【３】　次の問いに答えなさい。

問１　気象観測について述べた文として正しいものを，次のア～エから１つ選びなさい。

ア．気象庁は2021年に移転し，観測地点も同じ場所に移された。

イ．アメダスの観測地点は，全国におよそ10万ヶ所設けられている。

ウ．地上の気象観測地点には，地面からの熱をさけるために芝《しば》が植えられている。

エ．気象衛星ひまわりが，日本上空36万㎞で日本周辺の大気を観測している。

問２　天気のうち，晴れとくもりのちがいは，雲の量で決められています。くもりは，空全体の広さを10とすると，雲のおおっている割合がいくつ以上のときですか。

問３　アメダスが観測している要素のうち，最も多くの地点で観測しているものは何ですか。次のア～オから１つ選びなさい。

ア．降水量　　イ．気圧　　ウ．日照時間　　エ．風向と風速　　オ．気温

問４　陸風と海風について，次の問いに答えなさい。

⑴　晴れた日の昼には海から陸に海風が吹《ふ》き，夜には陸から海へ陸風が吹くことが多いです。その理由を述べた次の文中の（　）には，陸と海のどちらかが入ります。海が入る（　）の番号をすべて答えなさい。

昼，太陽によって陸と海が温まるが，（　①　）の方が温まりやすいため，（　②　）では空気が上にのぼっていき，（　③　）の気圧がだんだん下がり，地表付近では空気が（　④　）から（　⑤　）へ移動する。これが海風である。 夜，太陽が沈むと陸と海が冷えるが，（　⑥　）の方が冷えやすいため，（　⑦　）では空気が下へおりてきて，（　⑧　）の気圧が上がり，地表付近では空気が（　⑨　）から（　⑩　）へ移動する。これが陸風である。

⑵　陸風と海風がいれかわるときに，風が弱まったり，止まったりすることがあります。このような状態を何といいますか。

問５　豊島区に住む健児君は，自宅付近の上空を旅客機が羽田空港に向かって飛んでいることに気がつきました。航空会社に勤めるおじさんにたずねたところ，右図を使って次のことを教えてくれました。

・羽田空港では，北風が吹いているときは南側から着陸し（北風運用），南風が吹いているときは北側から着陸する（南風運用）。

・健児君の自宅上空を飛行するのは，2020年３月末から

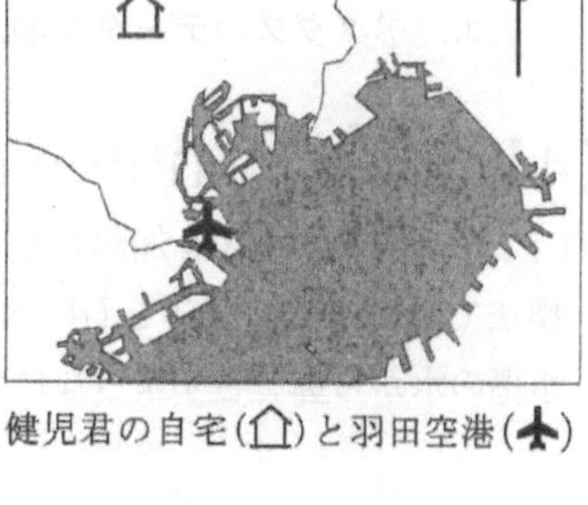

健児君の自宅（⌂）と羽田空港（✈）

使われ始めた新しい南風運用の着陸経路であり，午後に運用されている。

そこで健児君は，国土交通省のウェブサイトを見て，それぞれの経路で運用された日数を下の表にまとめました。

運用		月											
午前	午後	4	5	6	7	8	9	10	11	12	1	2	3
北風運用	北風運用	13	11	9	11	8	20	27	23	28	30	11	16
北風運用	南風運用	17	13	16	5	16	2	4	6	2	1	14	11
南風運用	北風運用	0	0	0	0	0	0	0	0	0	0	0	0
南風運用	南風運用	0	7	5	15	7	8	0	1	1	0	3	4

集計期間：2020年4月～2021年3月

健児君のまとめた上の表について，次の問いに答えなさい。

⑴　健児君の自宅の上空を飛行した日数が最も多かったのは何月ですか。

⑵　集計した１年間について平均すると，健児君の自宅の上空を飛行したのは何日に１回になりますか。答えは小数第２位を四捨五入して書きなさい。

⑶　海風が吹いているときは，①北風運用と②南風運用のどちらで運用されていますか。答えは①または②で書きなさい。

⑷　表からわかることについて述べた文として最も適するものを，次のア～エから１つ選びなさい。

ア．毎日，陸風と海風の両方が吹いた。

イ．同じ日に陸風と海風の両方が吹いた日は，集計した１年間のうち，およそ３割であった。

ウ．集計した１年間の陸風と海風の吹き方は，例年と同じであった。

エ．羽田空港の運用に，季節風との関係はなかった。

⑸　冬の運用を夏と比べたときについて述べた文として最も適するものを，次のア～エから１つ選びなさい。

ア．午前，午後ともに北風運用の日が多い。

イ．午前は北風運用，午後は南風運用の日が多い。

ウ．午前は南風運用，午後は北風運用の日が多い。

エ．午前，午後ともに南風運用の日が多い。

⑹　健児君は羽田空港のアメダスによる観測データを加えて，さらに調べようとしています。予想される結果として適さないものを，次のア～エから１つ選びなさい。

ア．北よりの風が吹いているときに，南風運用をしているときがある。

イ．南よりの風が吹いているときに，北風運用をしているときがある。

ウ．風だけではなく，天気や気温も空港の運用と関係がある。

エ．アメダスのデータを加えても，空港の運用について新たにわかることはない。

【４】　次の［Ⅰ］，［Ⅱ］について，それぞれの問いに答えなさい。

［Ⅰ］　ある白い固体Xを加熱したところ，気体が発生しました。発生した気体を調べるために水上置《ち》換《かん》法で集め，その気体を石灰水《せっかいすい》に通じたところ，白くにごりました。また，水上置換法を行った水槽《すいそう》の水から鼻をさすようなにおいがしました。そこで少量の水を試験管にとって無色の液体の薬

品を加えたところ，赤色に変化したため，アルカリ性であることがわかりました。

問１　下線部の薬品は何ですか。

問２　固体Ｘからは２種類の気体が発生しています。発生した気体として適するものを，次のア～カから２つ選びなさい。

ア．酸素　　イ．二酸化炭素　　ウ．窒素《ちっそ》　　エ．塩化水素　　オ．アンモニア　　カ．水素

次に，図１の装置で固体Ｘを加熱しました。加熱後，試験管の口の部分がくもっていたので塩化コバルト紙をふれさせたところ，色が変化したため，水ができていることがわかりました。

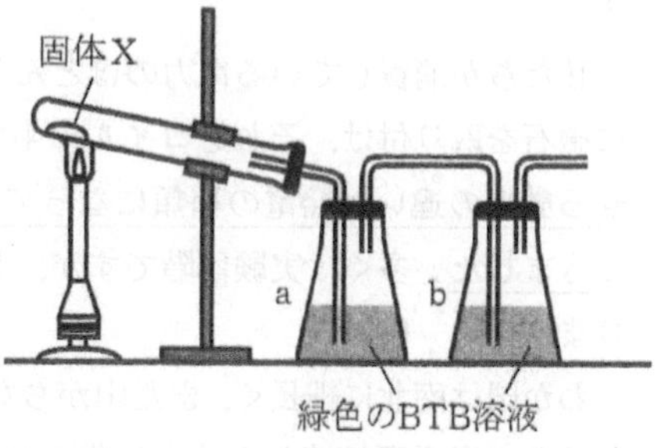

図１

問３　塩化コバルト紙は何色から何色に変わりましたか。

問４　試験管の口を少し下げる理由を30字以内で答えなさい。

問５　図のａとｂの緑色のBTB溶液《ようえき》は，加熱後それぞれ異なる色に変わりました。それぞれの色を答えなさい。

［Ⅱ］　物質Ｙは水に溶《と》けやすく，その水溶液に小さな物質Ｙの結晶《けっしょう》を入れて冷やすと，大きな結晶を得ることができます。物質Ｙを用いて，次の実験を行いました。

重さが46ｇで，体積が27㎤の物質Ｙのかたまりがあります。このかたまりを，図２のように，40℃に保ったある濃《こ》さの物質Ｙの水溶液140ｇにつけました。

図２

次に，この水溶液を20℃まで冷やしてから物質Ｙのかたまりを取り出したところ，その重さは50ｇでした。なお，水100ｇに溶かすことのできる物質Ｙの最大の重さは，20℃で12ｇ，40℃で24ｇです。

問６　１㎤あたりの物質Ｙの重さは何ｇですか。答えは小数第２位を四捨五入して書きなさい。

問７　物質Ｙのかたまりを取り出したあとの水溶液の濃さは何％ですか。答えは小数第１位を四捨五入して書きなさい。

問８　下線部の水溶液に溶けていた物質Ｙは何ｇですか。答えは小数第１位を四捨五入して書きなさい。

【社　会】（30分）＜満点：50点＞

【注意】　字数指定のある問題は，句読点やかぎかっこなどの記号も字数にふくめます。

1　わが国の電力に関する次の文章を読んで，以下の問いに答えなさい。

私たちは多くのエネルギーを消費して生活しています。なかでも電力（電気）は家庭で消費されるエネルギーの49.8％をしめており，現在では私たちの生活になくてはならないものになっています。

私たちが消費している電力のほとんどは，何かのエネルギーによって回転するタービン（羽根車）に磁石を取り付け，それをコイルの中で回転させて発電したものです。a）このタービンを回転させる動力の違《ちが》いが発電の種類になっています。近年，b）これとは異なる仕組みによる発電も増えてきました。多くは実験段階ですが，わが国の総発電量の数％をしめるようになってきたものもあります。

わが国は南北に細長く，また山がちなため，c）地域ごとに適した発電方法が異なっており，d）それぞれの発電所は適した地点に作られています。また，e）電力の使い方にも地域によって差があります。

わが国の総発電量のうち，75.6％が化石燃料を燃やして発生した水蒸気の力でタービンを回転させて，発電されています。化石燃料は，　あ－１　。また　あ－２　。さらに　あ－３　。くわえて近年，化石燃料の大量消費などによる　い　現象も話題になっています。これらのことから，わが国でも化石燃料を使用せず，風力や地熱などを利用した　う　エネルギーの開発が進められてきています。しかし，f）　う　エネルギーによる発電は総発電量の18.1％に過ぎません。

わが国には g）電力に関するさまざまな問題はありますが，それを解決するべく新しい研究開発もおこなわれています。

※文章中の発電量などの数値は，資源エネルギー庁「令和元年度（2019年度）におけるエネルギー需給《じゅきゅう》実績（確報）」によります。

問１　下線部ａ）に関して，次のページの図１はわが国の発電の種類ごとの発電量の推移をあらわしたものです。図１中のＫ～Ｍはタービンを回転させる方式の発電のうち，水力発電，石炭火力発電，原子力発電のいずれかです。Ｋ～Ｍと発電の種類の組みあわせとして正しいものを下の表中のア～カより１つ選び，記号で答えなさい。

	ア	イ	ウ	エ	オ	カ
水力発電	K	K	L	L	M	M
石炭火力発電	L	M	K	M	K	L
原子力発電	M	L	M	K	L	K

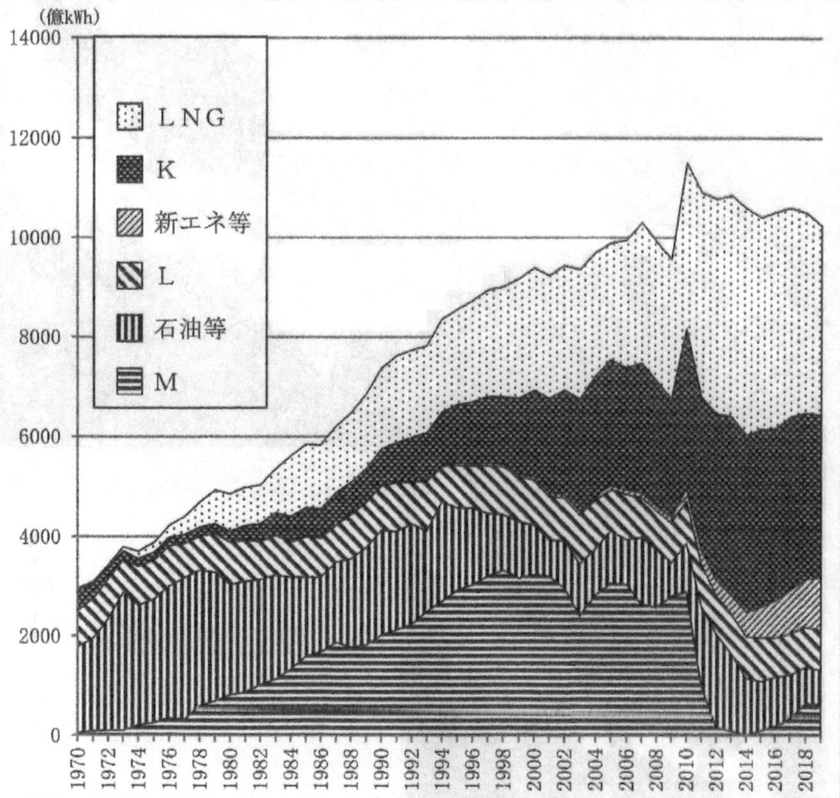

（資源エネルギー庁「令和２年度エネルギーに関する年次報告」（『エネルギー白書2021』）より作成）

図　１

問２　下線部ｂ）に関して，一般的《いっぱんてき》な発電方法としてタービンを使用しないものを，次のア～エより１つ選び，記号で答えなさい。

ア．地熱発電

イ．太陽光発電

ウ．風力発電

エ．ＬＮＧ （液化天然ガス）火力発電

問３　下線部ｃ）に関して，次のページの図２のＮ～Ｐは石油火力発電所，風力発電所，地熱発電所のいずれかの分布を表しています。Ｎ～Ｐと発電の種類の組みあわせとして正しいものを下の表中のア～カより１つ選び，記号で答えなさい。

	ア	イ	ウ	エ	オ	カ
石油火力発電所	Ｎ	Ｎ	Ｏ	Ｏ	Ｐ	Ｐ
風力発電所	Ｏ	Ｐ	Ｎ	Ｐ	Ｎ	Ｏ
地熱発電所	Ｐ	Ｏ	Ｐ	Ｎ	Ｏ	Ｎ

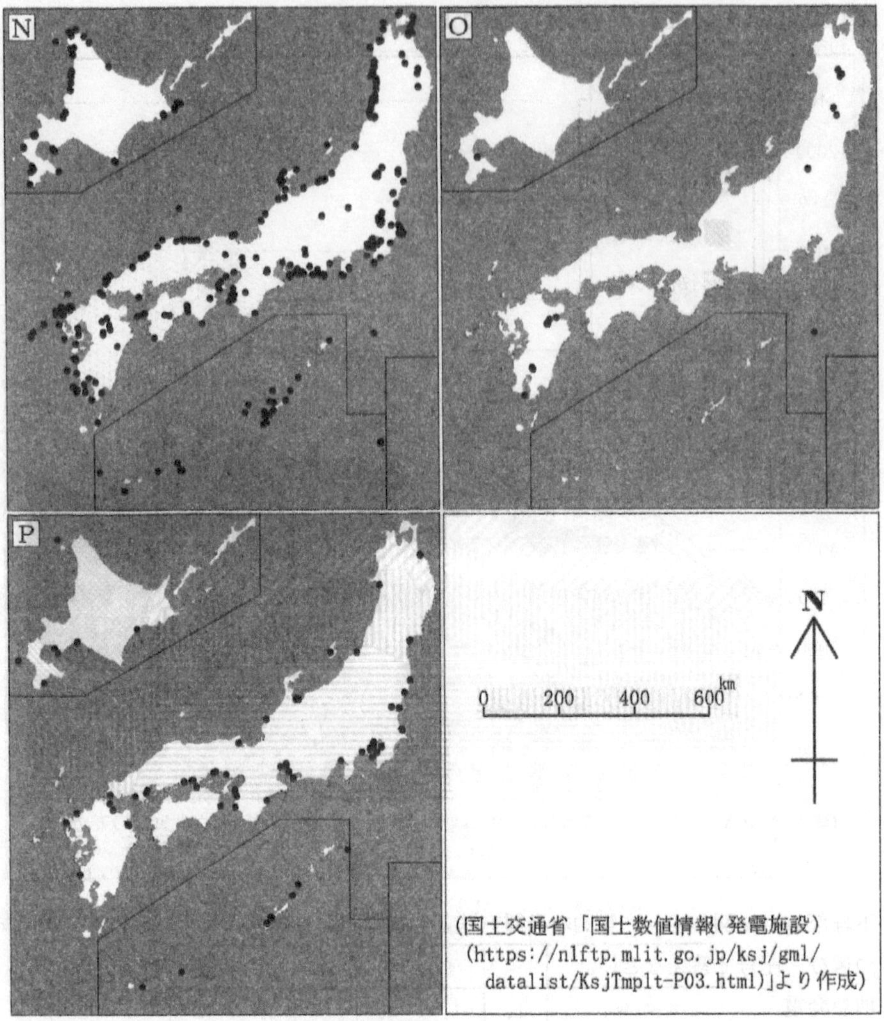

(国土交通省「国土数値情報(発電施設)
(https://nlftp.mlit.go.jp/ksj/gml/
datalist/KsjTmplt-P03.html)」より作成)

図　2

問４　下線部ｄ）に関して，次のページの図３のＱ～Ｓは福島県内各地について国土基本情報から作成した地図です。それぞれの地図内に見られる発電所は水力発電所，風力発電所，地熱発電所のいずれかです。Ｑ～Ｓと発電の種類の組みあわせとして正しいものを下の表中のア～カより１つ選び，記号で答えなさい。

	ア	イ	ウ	エ	オ	カ
水力発電所	Q	Q	R	R	S	S
風力発電所	R	S	Q	S	Q	R
地熱発電所	S	R	S	Q	R	Q

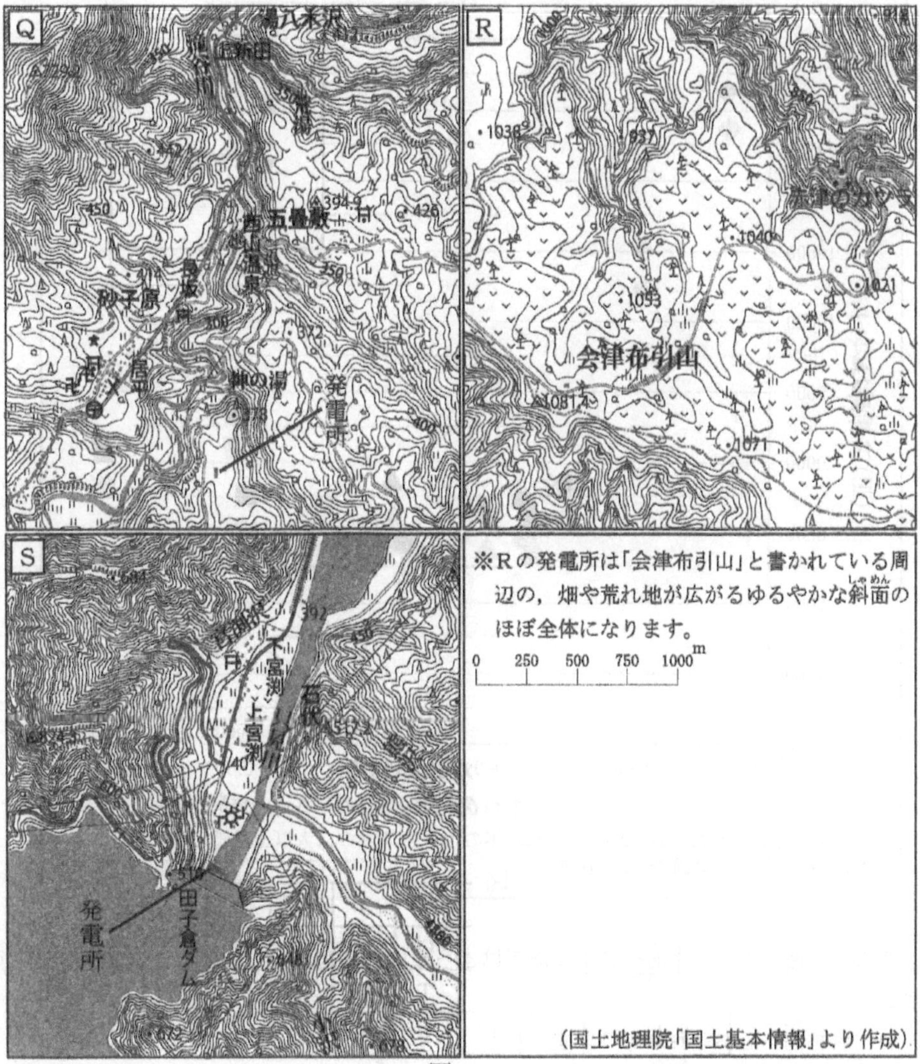

(国土地理院「国土基本情報」より作成)

図　3

問５　下線部ｅ）に関して，次のページの図４のＴ～Ｖは札幌市，さいたま市，那覇市のいずれかの家庭が１月と７月に使用した電気代をあらわしています。Ｔ～Ｖと市の組みあわせとして正しいものを下の表中のア～カより１つ選び，記号で答えなさい。

	ア	イ	ウ	エ	オ	カ
札幌市	T	T	U	U	V	V
さいたま市	U	V	T	V	T	U
那覇市	V	U	V	T	U	T

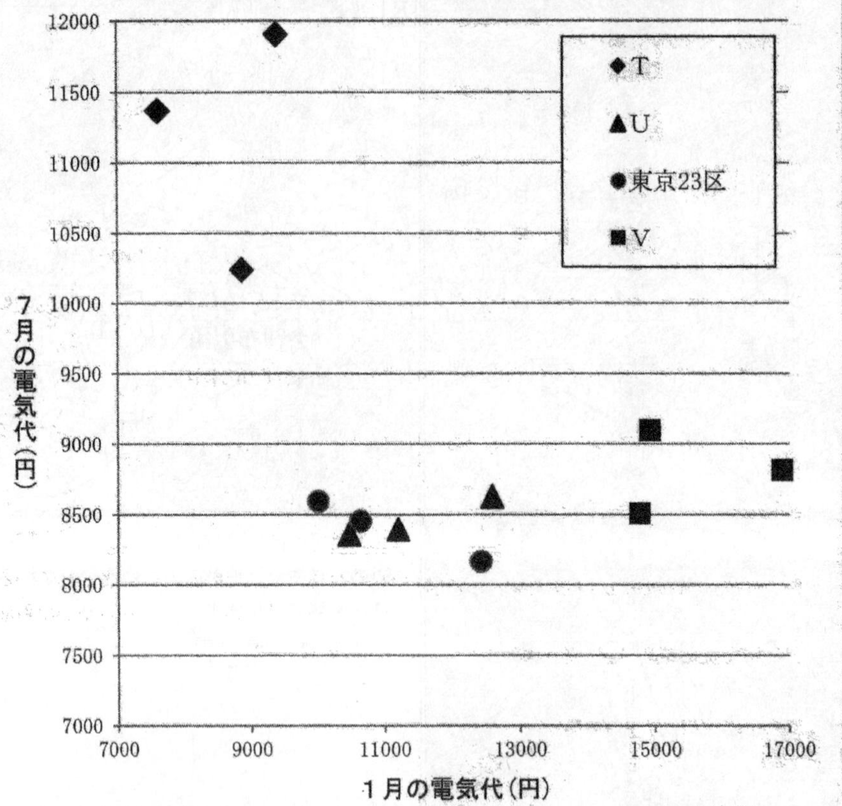

４市区の各点はそれぞれ 2018 年～2020 年の１月と７月の二人以上世帯の平均。
（総務省統計局「家計調査」より作成）

図　４

問６　空らん [あ－１] ～ [あ－３] にあてはまらない文を次のア～エより１つ選び，記号で答えなさい。

ア．いずれ枯渇《こかつ》するおそれがあります

イ．わが国ではほとんど採掘《さいくつ》されておらず，輸入に依存《いぞん》しています

ウ．ＳＯＸやＮＯＸといった，大気汚染《おせん》を生じさせる物質のもとになる窒素《ちっそ》や硫黄《いおう》をふくんでいる場合が多くなっています

エ．これをエネルギー源とした発電所の１か所あたりの建設費用が高く，原子力発電所の建設費用より高くなっています

問７　空らん [い] にあてはまる語を漢字５字で，[う] にあてはまる語を漢字４字でそれぞれ答えなさい。

問８　下線部ｆ）に関して，次のＸ～Ｚの各文は [う] エネルギーを利用した発電のうち，太陽光発電，風力発電，地熱発電それぞれの欠点を述べたものです。Ｘ～Ｚと発電の種類の組みあわせとして正しいものを次のページの表中のア～カより１つ選び，記号で答えなさい。

Ｘ：・わが国では季節などによって，この発電のエネルギー源の向きが変わりやすく，年間を通じて安定した発電ができない。

・わが国では夏から秋にかけて，この発電のエネルギー源としては強力すぎるものが発生し

やすく，そのときは発電ができなくなったり，発電機が壊《こわ》れたりする。

Y：・夜間は基本的に発電できない。

・わが国では一般的《いっぱんてき》に，この発電の効率は夏に高く，冬に低くなるが，夏でも６月から７月中ごろにかけて効率が下がるときがあるなど，年間を通じて安定した発電はしにくい。

Z：・わが国ではこの発電のエネルギー源は山地周辺に多いため，建設に費用がかかる。

・わが国ではこの発電のエネルギー源の周辺は観光地になっていることが多く，また自然保護の観点からも規制が厳しいため，発電所を建設しにくい。

	ア	イ	ウ	エ	オ	カ
太陽光発電	X	X	Y	Y	Z	Z
風力発電	Y	Z	X	Z	X	Y
地熱発電	Z	Y	Z	X	Y	X

問９　下線部ｇ）に関して，次の各文はわが国の電力に関する問題点をあげたものです。わが国での問題点としては正しくないものを，ア～エより１つ選び，記号で答えなさい。

ア．不足した電力を海底ケーブルによって周辺諸国から輸入するため，貿易赤字が発生してきている。

イ．蓄電池《ちくでんち》の性能がまだ低く，価格が高いため，必要以上に発電することができず，発電量を調整しやすい火力発電以外の発電が増えにくくなっている。

ウ．電気自動車用の充電《じゅうでん》スタンドの設置が進まず，設備の老朽化《ろうきゅうか》のために減少してきた地域もあり，電気自動車が普及《ふきゅう》しにくい要因の１つになっている。

エ．地震《じしん》や台風などの自然災害が多いため，電線の破損などによる停電が発生しやすく，復旧までに時間がかかる場合もある。

2　現在の豊島区に関する次の１～10の文を読み，以下の問いに答えなさい。

１．数千年前の豊島の地にはいくつもの川が流れており，その流域には氷川神社裏貝塚などの遺跡が見られ，①土器をはじめ縄文時代の人々の生活の跡《あと》が発見されている。

２．古代の②律令制下の武蔵国豊島郡は，現在の東京都台東区・荒川区・北区・板橋区・豊島区・文京区・新宿区の全域と，渋谷区・港区・千代田区の一部をふくむ広大な地域だった。

３．武蔵国豊島郡に本拠《ほんきょ》地をかまえ，桓武平氏を祖先にもつ秩父氏の一族である豊島氏は，［　③　］の際に源義朝の軍に従軍し，石橋山の戦いの後には安房で再起を期す源頼朝に従軍し，御家人となった。

４．豊島氏は，扇谷上杉氏の重臣で江戸城を築城した太田道灌と対立し，④1477年の江古田合戦に敗れ，本拠の平塚城（現在の東京都北区）も陥落《かんらく》して滅亡《めつぼう》した。

５．江戸時代の豊島区では⑤農業がさかんで，江戸への野菜供給地として，なす・だいこん・かぼちゃなどの名産野菜を生産していた。

６．「東京都の花」・「豊島区の木」にも指定されているソメイヨシノは，⑥江戸時代末期に染井村

（現在の駒込あたり）の植木職人が交配し育成した品種の桜である。

7．豊島区駒込の染井霊園《れいえん》は⑦1872年に東京市がつくった公営墓地の１つで，若槻礼次郎や幣原喜重郎などの政治家のほか，二葉亭四迷や高村光太郎・智恵子などの墓がある。

8．池袋駅・大塚駅・巣鴨駅は，⑧1903年の池袋～田端間の鉄道開通とともに開業した。この路線はすでに開通していた品川～赤羽間の路線と合わせて山手線と呼ばれた。

9．⑨1934年に池袋に転居した江戸川乱歩は，少年向けの月刊雑誌『少年倶楽部《しょうねんくらぶ》』に連載《れんさい》された『怪人二十面相《かいじんにじゅうめんそう》』など，数多くの作品をこの地で生み出した。

10．現在の東池袋にあった東京拘置所《こうちしょ》は，一時期⑩ＧＨＱ（連合国軍総司令部）により接収され，戦争犯罪容疑者が収容された。拘置所の移転後には，跡地がサンシャインシティとして再開発された。

問１　下線部①について，土器や陶磁器《とうじき》など焼き物について述べた文としてあやまっているものを，次のア～エより１つ選び，記号で答えなさい。

ア．縄文土器は低温で焼かれるため，黒かっ色をした厚手でもろいものが多く，複雑な形をしたものも発見されている。

イ．渡来人によってろくろと登り窯《がま》が伝えられたことで，かたくて薄手《うすで》で赤かっ色をした弥生土器がつくられるようになった。

ウ．足利義満によりはじめられた日明貿易において，銅銭・絹織物・陶磁器などが明から輸入された。

エ．朝鮮出兵の際に諸大名が連れ帰った朝鮮人陶工によって技術が伝えられ，九州・中国地方の各地で陶磁器がさかんにつくられるようになった。

問２　下線部②について，律令制のもとでは成人男性３～４人に１人の割合で兵役が課されました。兵士となった者のうち，１年間都へ行き，門の警護などを担った兵士を何といいますか。漢字で答えなさい。

問３　空らん ③ には，1156年に都でおこった戦いがあてはまります。この戦いは，対立する崇徳上皇と後白河天皇が摂関家や有力武士を味方につけて争い，天皇側が勝利しました。この戦いを何というか答えなさい。

問４　下線部④について，15世紀のできごとについて述べた文として正しいものを，次のア～エより１つ選び，記号で答えなさい。

ア．関所が廃止《はいし》されて交通の便がよくなるとともに，座の特権が廃止されて商人らの自由な商売が認められた。

イ．加賀国で一向宗の信徒が一揆をおこし，守護の富樫氏をたおして約１世紀にわたる自治をはじめた。

ウ．幕府は徳政令を出し，御家人の土地の質入れや売買を禁止し，御家人が質入れした土地を無償《むしょう》でとりもどせるようにした。

エ．隠岐から都にもどった天皇が朝廷を中心とする新しい政治をはじめたが，武士の不満などにより２年あまりでくずれた。

問５　下線部⑤について，各時代の農業やそれに関わる制度・できごととして正しいものを，次のア～エより1つ選び，記号で答えなさい。

ア．弥生時代には，木製のくわ・すきを用いて耕作し，石包丁で収穫《しゅうかく》しており，農具に金属器を用いることはなかった。

イ．鎌倉時代には，牛や馬を利用して田畑を耕作し，ほしか・油かすなどの肥料が用いられたため，収穫量が増加した。

ウ．江戸時代には，収穫高の60～70％を年貢としておさめなければならず，重い年貢に苦しむ農民たちは米騒動をおこした。

エ．明治時代には，地価を定めて地主に地券をあたえ，地価の3％を現金でおさめさせる制度が整えられた。

問6　下線部⑥について，江戸時代に発達した学問について述べた文としてあやまっているものを，次のア～エより1つ選び，記号で答えなさい。

ア．伊勢松坂の医者である本居宣長は，『古事記』などの日本の古典を研究し，日本古来の考え方を明らかにする国学を大成させた。

イ．封建社会を維持《いじ》するために君臣・父子の上下の秩序《ちつじょ》を重んじた幕府は，儒学（朱子学）を重視し，武士たちに学ばせた。

ウ．蘭学者の緒方洪庵は大阪に適塾（適々斎塾）を開き，安政の大獄で処罰《しょばつ》された橋本左内や『学問のすゝめ』などをあらわした福沢諭吉らを育てた。

エ．長崎でシーボルトから蘭学を学んだ平賀源内は，ルソーの『社会契約論』を翻訳《ほんやく》し，自由や平等は天からあたえられる権利であると主張した。

問7　下線部⑦について，1872年には富岡製糸場が開業しました。生糸について述べた文としてあやまっているものを，次のア～エより1つ選び，記号で答えなさい。

ア．生糸とは，桑《くわ》の葉を食べて成長した蚕がつくった繭《まゆ》を煮《に》て，糸を引き出し，より合わせてつくられたものである。

イ．応仁の乱で西軍が本陣《ほんじん》をおいた西陣では，生糸を原料とした絹織物の生産がさかんにおこなわれるようになった。

ウ．江戸時代初期には，朱印船貿易により生糸・絹織物・砂糖などが日本から中国や東南アジアへ輸出された。

エ．機械製糸により生糸の生産量が増大し，日露戦争後の1909年には生糸の輸出量が世界1位となった。

問8　下線部⑧について，1903年当時の東京には「東京府」がおかれていて，大阪・京都と同様に府知事が府政を担っていました。1871年に廃藩置県をおこなった明治政府が，もとの藩主に代わって府知事・県令を任命した目的を，30字以内で説明しなさい。

問9　下線部⑨について，次のア～エの1930年代のできごとを古いものから年代順にならべたとき，2番目と4番目にくるものを，それぞれ記号で答えなさい。

ア．盧溝橋事件　　イ．柳条湖事件　　ウ．満州国の建国　　エ．二・二六事件

問10　下線部⑩について，戦後の日本は，主権を回復するまでＧＨＱの指令・勧告《かんこく》にもとづいて日本政府が政治をおこないました。この時期におこなわれた改革としてあやまっているものを，あとのア～エより1つ選び，記号で答えなさい。

ア．国民の自由な言論や思想を制限してきた治安維持法を廃止した。

イ．地主の土地を政府が買い上げ，小作農に安く売りわたして自作農とした。

ウ．女性に参政権をあたえるとともに，男女雇用機会均等法を制定した。

エ．労働者の地位や生活水準向上のため，労働組合法など労働三法を制定した。

3 現在の日本における政治や社会の制度に関して述べた次の①～⑩の中から，正しいものを５つ選び，番号で答えなさい。

① 18歳《さい》以上の国民に選挙権があたえられており，納税額によって選挙権が制限されることはない。

② 憲法の改正には，衆議院と参議院の賛成をもって国会で発議されたのち，国民投票において有効投票数の３分の２以上の賛成が必要とされる。

③ 国政選挙における「一票の格差」はまだ解消されておらず，参議院議員選挙においても，衆議院議員選挙においても，最大で約４倍程度の開きがある。

④ 国民は，署名を集めて内閣総理大臣を罷免《ひめん》するための国民投票を求める権利が保障されており，内閣総理大臣は投票の結果によって失職することがある。

⑤ 表現の自由が保障されているが，他人の名誉《めいよ》を毀損《きそん》したり，プライバシーを侵害《しんがい》するような表現は，罰《ばっ》せられることがある。

⑥ 集会・結社の自由や表現の自由が保障されており，たとえ政府に批判的なものであっても，集会やデモ行進をおこなうことができる。

⑦ 個人情報の保護が法律で保障されており，企業《きぎょう》など事業者は，その目的を問わず個人の情報を利用することが禁じられている。

⑧ 知る権利が憲法で保障されており，官公庁の保有するあらゆる情報の公開を請求《せいきゅう》することができる。

⑨ 特定秘密と指定された情報については漏《ろう》えいを防止する法律が定められており，特定秘密の取扱いの業務をおこなうことができる者が，特定秘密を漏えいした場合の罰則《ばっそく》も設けられている。

⑩ 国会の各議院は，内閣の仕事や政治に関する調査をおこない，証人の出頭や記録の提出を求めることができる。

Ⅰ（十五字以内） なのに Ⅱ（二十五字以内） という思い。

問７　——部④「大して美味しくもないし」という発言から読み取れる筆者の気持ちとしてふさわしいものを、次のア～エから一つ選び、記号で答えなさい。

ア　店員の態度が悪いのに美味しい料理が出されて、美味しいと素直に言えず強がっている。

イ　美味しくない夕飯を提供する店を選んでしまって、自分を責めている。

ウ　前評判と違って自分には高く評価できないと感じて、妹に同意を求めている。

エ　店の悪口を言うことで、店の対応にショックを受けた妹を気遣《きづか》っている。

問８　——部⑤「二〇〇九年」から書かれている出来事における筆者の心情の変化を表した次の Ⅰ ～ Ⅴ に入る言葉としてふさわしいものを、次のア～オから一つずつ選び、記号で答えなさい。

Ⅰ → Ⅱ → 突然どうしたんだろう →
Ⅲ → Ⅳ → Ⅴ

ア　自分たちだけ申し訳ない

イ　なんてすごいパワーなんだ

ウ　もう泣きたい

エ　日本人で得することもあるんだなあ

オ　あきらめるしかないか

問９　——部⑥「彼らは何でも闘って勝ち取っていかなければならない人生だったのではないかと、私はそのとき初めて実感した」について、次の⑴・⑵の問いに答えなさい。

⑴　「何でも闘って」とありますが、ここでの「闘う」とは何に対してどうすることですか。本文中の言葉を使って、二十字以内で答えなさい。

⑵　「実感した」とありますが、この「実感」から筆者は、どういう思いを持つようになりましたか。その答えとなる言葉を本文中から三十五字以内で探し、初めと終わりの五字をぬき出して答えなさい。

問10　——部⑦「世界にたった一人のあなたと、……一緒に生きている今を感じていたい」からうかがえる筆者の考えとしてふさわしいものを、次のア～エから一つ選び、記号で答えなさい。

ア　異なる文化に触れることで多様な考え方が理解できるので、積極的に旅行して他国の文化に溶《と》け込みたい。

イ　文化の違いが争いを生むので、新しく文化を創り上げて世界中の人たちと共に生きていきたい。

ウ　国籍や文化の差で相手のことを判断することなく、自分と直《じか》にふれあう人々との交流を大切にしたい。

エ　肌の色が違うからといって相手を敬遠せず、お互《たが》い手を取り合って人種差別をなくすための努力をしたい。

い人生だったのではないかと、私はそのとき初めて実感した。

海外旅行に出ると、しみじみ私はアジア人なんだなあと思う。それは私が私であるアイデンティティ（注・自分が自分であることの証明）の一つであるけれど、私の全てを決定づけるものではない。当たり前が当たり前でない世界と出会ったとき、楽しい驚きもあれば、時には深く傷つけられる驚きもあって、自分自身が他の民族を傷つけていることがあるのではないかという自戒《じかい》にもなった。

テロや、新型コロナウィルスもあり、ますます国と国の溝《みぞ》が深くなりつつある今、国籍《こくせき》や肌の色ではなく、目の前の人と向き合いたい。⑦世界にたった一人のあなたと、同じ地球の同じ場所でハンバーガーを食べながら、フォー（注・ベトナムの麺《めん》料理）を食べながら、教会に佇《たたず》みながら、象に乗りながら、一緒《いっしょ》に生きている今を感じていたい。

（高橋久美子《たかはしくみこ》「私って、アジア人なんですね」による）

問1 [A]・[B] にふさわしい言葉を、次のア～カから一つずつ選び、記号で答えなさい。

ア　ようやく　イ　あたかも　ウ　おそらく
エ　すこしも　オ　もちろん　カ　ことごとく

問2 〰〰部a「□で笑われて」・〰〰部b「□を張って」の□にふさわしい漢字一字をそれぞれ答えなさい。

問3 ══部「ずっと」は、後のどの言葉にかかりますか。その答えとしてふさわしいものを、次のア～オから一つ選び、記号で答えなさい。

ア　後味が悪い　イ　思い出として　ウ　心の中から
エ　消えることは　オ　なかった

問4 ――部①「イタリアで『ヘイヘイ！ チャイニーズガール!!』と、私をからかってきたのは十五、六歳くらいの少年達だった」とありますが、筆者はこのことをどのように受けとめましたか。その答えとしてふさわしいものを、次のア～エから一つ選び、記号で答えなさい。

ア　実は全てのイタリア人がアジア人に対する差別意識を持っているということに気がついた。

イ　まだ知識や経験の浅い少年達でさえ人種差別の意識を持っているということに衝撃《しょうげき》を受けた。

ウ　日本人であるということに対して自分が想像以上にこだわりを持っていることを思い知った。

エ　アジア人であることが無条件に差別される理由になるのだということを初めて理解した。

問5 ――部②「私達は顔を引きつらせた」理由としてふさわしいものを、次のア～エから一つ選び、記号で答えなさい。

ア　店内はがら空きなのに、混雑しているとうそをついて奥の席に案内した店員の接客態度に腹が立ったから。

イ　アジア人だから自分たちは差別されているのではないかとの疑いが、確実なものだと分かったから。

ウ　女性二人組である自分たちだけならまだしも、若いカップルさえも雑にあつかう店の一貫《いっかん》した対応に驚いたから。

エ　アジア人に対して不親切な店で、まさか日本人に会うとは思ってもいなかったから。

問6 ――部③「それなのに」にこめられた筆者の思いを説明した次の文の [Ⅰ]・[Ⅱ] にふさわしい言葉を、本文中の言葉を使って、（　）内の指定字数でそれぞれ答えなさい。

「こんなお店出よう。④大して美味《おい》しくもないし」

私達は店を出た。他の店ではそんなことは一切《いっさい》なく、楽しい食事ができたが、ずっと後味が悪い思い出として、心の中から消えることはなかった。

（中略）

⑤二〇〇九年、ヨーロッパに何十年かに一回の大寒波《だいかんぱ》が来てイタリアは大雪だった。私と友人は約一カ月の旅を終え日本に帰国する日になったが、またしても雪が降り始めた。雪はあれよあれよと積もり空港へ向かう電車は途中《とちゅう》で止まってしまった。ついに二時間の遅延《ちえん》をし、マルペンサ空港に着いた頃《ころ》にはチェックインできる時間はとうに過ぎてしまっていた。

私達どうなるんかなあと半べそで空港内をダッシュしていると、どうしたことか、まだチェックインカウンターは長蛇《ちょうだ》の列ではないか。みんな待ちくたびれて壁沿《かべぞ》いに座り込《こ》んでいた。雪により飛行機は飛ばなそうだと言う。私と友人は、どっちにしても今日は空港に泊《と》まることになりそうだなと、覚悟《かくご》をきめて列の最後尾《さいこうび》にペタンと座り込んだ。他の路線も多分欠航になったのだろう、ターミナルは疲《つか》れ切ってうなだれる人でごった返していた。

何時間たっただろう。人気《ひとけ》のなかったカウンターがにわかに慌《あわ》ただしくなってきた。電光掲示《けいじ》板が点灯し、チェックインのマークが光ったではないか。え？　どういうこと？　スタッフの女性に聞いてみると、

「日本行きは動くことになりました」

と言う。窓の外では、除雪車が出動して滑走路《かっそうろ》の雪をかいている。手作業で除雪剤《じょせつざい》らしきものを撒《ま》いている作業員もいる。やったー！　帰れる！　帰れるー！　みんな立ち上がって喜んだ。近くの人が「日本人は時間にきっちりしていて、その後の対応も面倒《めんどう》くさいから日本の飛行機だけ飛ばすことにしたらしいよ」と言っている。へー。お国柄《くにがら》ってあるのねと思いながら、あれよあれよという間に列が進みだした。

しばらくして、隣のチェックインカウンターが何やら揉《も》めている。黒人の人達がカウンターに詰《つ》め寄って抗議《こうぎ》しているようだ。

「どうして日本行きを飛ばしてうちの国への飛行機を飛ばせないんだ？　おかしいだろ？」

「すみません。でも無理なんですよ」

しばらく言い争いは続いていた。そうだよなあ、自分のことばっかり考えていたけれど日本へ行くのだけ飛ぶなんて納得できないよなと私達も申し訳ない気持ちになってきた。危険だから飛ばせないなら日本行きも欠航にすべきだ。

しばらくすると、隣のカウンター前から大合唱が聴《き》こえてきた。抗議していた黒人の人達が肩《かた》を組み歌い始めたのだった。その輪はまたたくまに広がり、空港にいた黒人達がカウンターに向かって歌った。私はその歌を呆然《ぼうぜん》と聴いていた。雄大《ゆうだい》で力強い声とメロディーだった。国歌なのかもしれない、それともデモンストレーションの歌なのかもしれない。肩を組み、カウンターを見つめ、b□を張って彼《かれ》らは歌った。雪に包まれた空港が熱気を帯びていった。歌が終わってしばらくすると歓声《かんせい》が湧《わ》き起こった。彼らの国へ飛行機が飛ぶことになったのだと知った。

国によって優遇《ゆうぐう》されることや差別されることがあっていいわけがない。こうやって、⑥彼らは何でも闘《たたか》って勝ち取っていかなければならな

が存在していたこと。

エ　ハリガネムシに寄生され行動操作を受けているコオロギの脳は、ハリガネムシが作り出したタンパク質によって操作され、特定の行動をするように仕向けられていたこと。

問7　もしハリガネムシがいなかったら、どうなると筆者は述べていますか。そのことをまとめた以下の文の［Ⅰ］～［Ⅲ］にふさわしい言葉を、本文中からそれぞれ探し、ぬき出して答えなさい。

陸上で生活する昆虫が川に飛び込まないと、その代わりに［Ⅰ］が川魚に食べられる。その結果、［Ⅰ］が食べていた［Ⅱ］が増えてしまい、［Ⅲ］が大きく変わってしまうことになる。

【三】　次の文章を読んで、後の問いに答えなさい。

イタリアに行ったのはもう十年以上前で、私は初めて自分がアジア人として差別されることを味わった。［A］殆《ほとん》どの人は友好的で、道に迷ったとき助けてもらったり、レストランで仲良くなって、その後も連絡《れんらく》を取り合って日本で再会したりもした。ごく一部の人の言葉や行動でその国のイメージは台無しになる。確率的には、日本で嫌《いや》な目に遭《あ》うのと同じくらいかもしれない。でも肌《はだ》の色で差別されると、もしかしてこの国の人みんなそんな風に見ているんじゃないん？　という疑心になってしまい、旅は心細いものになっていく。

①イタリアで「ヘイヘイ！　チャイニーズガール!!」と、私をからかってきたのは十五、六歳《さい》くらいの少年達《たち》だった。年配《ねんぱい》の人ばかりが差別心が強いとは限らないんだと思った。「日本人じゃボケ！」と、言う気にはなれなかった。別に中国人でも日本人でも韓国《かんこく》人でも構わないではないかと思ったからだ。

バルト三国を旅したとき、訪《おとず》れたカフェで「テラス席に座《すわ》りたいのです」と言ったが、ふふんとa［　］で笑われて、広い店内の一番奥《おく》の薄暗《うすぐら》い厨房《ちゅうぼう》の傍《そば》の席に通されたこともあった。私はもう一度、「テラスがいいんですけど」と言ったが、「今混雑してるから、また空きがでたらご案内しますね」と女性店員が言った。

テラスは難しいとして、店の中はがら空きなのに、よりによってどうしてこんな一番奥の食洗機の隣《となり》に通されなければいけないのか。厨房の人も、ホールの人々も［B］不親切で、招かれざる客だとその目に書いている。驚《おどろ》くことに、その店は、日本の女子向けのガイド雑誌にも載《の》っている有名な店だったのだ。

仕方なくオーダーしてご飯を食べていると、隣の席に新しい客が通された。②私達は顔を引きつらせた。それは、アジア人の若いカップルだったからだ。その人達に話しかけてみると、日本人の新婚《しんこん》旅行中の夫婦で、奥さんは素敵《すてき》なワンピースを着てお洒落《しゃれ》をしてきている。幸せそうな二人組みだった。③それなのに。これは間違《まちが》いなく人種差別ってやつなんだろうとわかった。私は、もう一度店員に、

「ねえ、テラス席空いたよね？　そっちに移りたいんだけど？」

と不機嫌《ふきげん》に言った。明らかに空き空きであった。

「ああ、あれはね予約席なのよね」

とその人は言ったのだ。私は過去の旅で何度かこういう目に遭ったことがあったから慣れていたが、妹は初めてのことで、心からショックを受けて夕飯も喉《のど》を通らないようだった。涙《なみだ》が滲《にじ》んできていた。

な形状をした動物。

イ　オスとメスの区別はあるが、目や口や消化器官を持たない単純な形状をした動物。

ウ　オスとメスの区別がなく、目や口や消化器官も持たない単純な形状をした昆虫。

エ　オスとメスの区別はないが、目や口や消化器官を持つ線のような形状をした昆虫。

問３　――部②「運よく食べられるのを待っている」とありますが、ハリガネムシの赤ちゃんが水生昆虫に食べられてしまうことを目的としているのは、なぜですか。「水生昆虫のお腹に入って休眠状態になってしまえば、」という書き出しに続けて、「大きく長く成長することができるから。」につながるように、本文中の言葉を使って、六十字以内で答えなさい。

問４　――部③「ハリガネムシが宿主昆虫を水に向かわせる」理由を本文中の言葉を使って、三十字以内で答えなさい。

問５　下の表は、☆から☆までの文章で説明される実験にもとづいて、ハリガネムシに寄生されたコオロギ10匹と寄生されていないコオロギ10匹を用意した場合に予測できるであろう結果をまとめたものです。これについて、次の⑴～⑶の問いに答えなさい。

⑴　予測できるであろう結果にふさわしくなるように、［A］～［F］に０・５・10のいずれかの数字を答えなさい。

⑵　［A］～［D］の結果から、どういうことが分かりますか。その答えとなる一文を本文中から探し、初めの五字をぬき出して答えなさい。

⑶　［E］・［F］の結果から、寄生されたコオロギについて、どういう仮説が立てられますか。「という仮説」につながる言葉を、本文中から三十五字以内で探し、ぬき出して答えなさい。

寄生されたコオロギ（10匹）		寄生されていないコオロギ（10匹）	
出口に水がある	出口に水がない	出口に水がある	出口に水がない
道に進む［A］匹	道に進む［B］匹	道に進む［C］匹	道に進む［D］匹
水に飛び込む［E］匹		水に飛び込む［F］匹	

問６　◆から◆までの文章で説明される研究から、どういうことが明らかになったのですか。その答えとしてふさわしいものを、次のア～エから一つ選び、記号で答えなさい。

ア　ハリガネムシに寄生され、すでに体内からハリガネムシが出たコオロギであっても、ハリガネムシが作ったタンパク質の影響《えいきょう》が脳に残り、異常行動を起こしていたこと。

イ　ハリガネムシに寄生されても行動操作は受けていないコオロギの脳内には、ハリガネムシが作った、神経を異常発達させ混乱させるタンパク質が現れていたこと。

ウ　ハリガネムシに寄生された全てのコオロギの脳内には、ハリガネムシが作り出した、異常行動を引き起こす可能性があるタンパク質

◆また、２００５年に同じ研究チームはコオロギの脳で発現しているタンパク質を調べています。ハリガネムシに寄生されている個体、寄生されていない個体、寄生されているけれどもまだ行動操作を受けていない個体、寄生されておしりからハリガネムシを出した後の個体などの脳内のタンパク質を比較《ひかく》しました。

その結果、まさにハリガネムシから行動操作を受けているコオロギの脳内でだけ、特別に発現しているタンパク質がいくつか見つかりました。それらのタンパク質は、神経の異常発達、場所認識《にんしき》、光応答にかかわる行動などに関係するタンパク質と似ていました。

さらに、それらの寄生されたコオロギの脳内にはハリガネムシが作ったと思われるタンパク質まで含《ふく》まれていたのです。お腹の中にいる寄生者が脳内の物質まで作り出し、操っていたという驚きの結果です。◆

これらの研究から、ハリガネムシは寄生したコオロギの神経発達を混乱させ、光への反応を異常にし、キラキラとした水辺に近づいたら飛び込むように操っているのではないかと考えられています。

ハリガネムシに寄生され、マインドコントロールされることによって川で自殺する昆虫は日本全国で後を絶ちません。けれども、それらの昆虫はただ無駄《むだ》死にしているのではなく、川や森の生態系において大切な役割をもっていることが研究によって明らかになりました。

２０１１年に発表された研究では、川のまわりをビニールで覆《おお》ってハリガネムシに寄生されたカマドウマが飛び込めないようにした区画と、自然なままの区画（入水自殺し放題!?）を2カ月間観察しました。

その結果、川に生息する川魚が得る総エネルギー量の60パーセント程度が川に飛び込んだカマドウマであることがわかりました。川魚のエサの半分以上は自ら入水した昆虫だったのです。

一方、カマドウマが飛び込めないようにした区画では、川魚は自殺するカマドウマを食することができないので、川の中の水生昆虫類をたくさん捕食《ほしょく》していました。そのため、カマドウマが入水できない河川《かせん》では、川魚に食べられ水生昆虫が減ります。これらの水生昆虫類のエサは藻類《そうるい》や落葉です。そのため、川の水生昆虫が減ると、その水生昆虫のエサとなるのを逃《のが》れた藻類の現存量が2倍に増大していました。同時に、水生昆虫が分解する川の落葉の分解速度は約30パーセント減少していました。

このように、昆虫の体内で暮らす小さな寄生者であるハリガネムシが、昆虫を操り、川に入水自殺させるだけでなく、河川の生態系にさえ、大きな影響《えいきょう》をもたらしていたのです。

（成田聡子《なりたさとこ》『えげつない！　寄生生物』による）

問1　〰〰部「ような」と同じ「ような」をふくむ文を、次のア～エから一つ選び、記号で答えなさい。

ア　いまにも雨が降り出すかのような空模様だ。
イ　誰《だれ》もいない場所で大声を出したいような気分だ。
ウ　苦虫をかみつぶしたような顔をする。
エ　先輩《せんぱい》のような心の穏《おだ》やかな人にあこがれる。

問2　――部①「ハリガネムシ」を説明したものとしてふさわしいものを、次のア～エから一つ選び、記号で答えなさい。

ア　オスとメスの区別があり、目や口や消化器官を持つ細い線のよう

ものが体の先端《せんたん》に付いており、しかも、それを出したり引っ込めたりすることができます。

　食べられたハリガネムシの赤ちゃんは、このノコギリを使って水生昆虫の腸管《ちょうかん》を掘《ほ》るように進みます。そして、腹の中でちょうどよい場所を見つけると、「シスト」に変身します。

「シスト」とはハリガネムシの休眠《きゅうみん》最強モードです。イモムシのようだった体を折りたたんで、殻《から》を作り、休眠した状態です。この状態だと、マイナス30℃の極寒でも凍《こお》らず、生きることができます。この状態で次は、川から陸に上がる機会を待っているのです。

　川の中で生活していたカゲロウやユスリカですが、成虫になると羽を持ちます。そして、川から脱出《だっしゅつ》し、陸上生活を始めます。そのお腹《なか》の中には、眠《ねむ》っているハリガネムシの赤ちゃんがいます。

　やがて陸上で生活するより大きなカマキリなどの肉食の昆虫が、ハリガネムシの赤ちゃんがお腹の中にいるカゲロウやユスリカを食べます。

　こうしてカマキリの体内に入ったハリガネムシの赤ちゃんは目を覚まします。カマキリの消化管に入り込み、栄養を吸収して数センチから1メートルに大きく、長く成長します。ハリガネムシは体表で養分を吸収するので口を持たず、消化器官もありません。カマキリのお腹の中のハリガネムシはもう小さな赤ちゃんではなく、見た目は立派な針金です。繁殖《はんしょく》能力も持つようになります。（中略）

　しかし、少し前に述べましたが、ハリガネムシの交尾は川の中でしかおこなうことができません。つまり、せっかく、陸にあがったにもかかわらず、結婚《けっこん》相手を見つけるにはもう一度川に戻《もど》る必要があります。

そのために、本来、陸でしか生活しない宿主昆虫をマインドコントロールして川に向かわせるのです。

（中略）

③ハリガネムシが宿主昆虫を水に向かわせることは、かなり昔からわかっていました。しかし、どんな方法で宿主の行動を操っているのかは謎《なぞ》でした。いまだにそのほとんどは謎ですが、２００２年にフランスの研究チームがその方法の一部を明らかにすることに成功しました。

☆その研究ではＹ字で分岐《ぶんき》する道を作り、出口に水を置いてある道と、出口に水がない道の枝分かれを作っておきます。その道をハリガネムシに寄生されたコオロギと、寄生されていないコオロギを歩かせます。

　そうすると、寄生されているコオロギも、寄生されていないコオロギも、水のある方にもない方にも半々に行きます。つまり、寄生されているからといって水に向かう性質があるわけではないのです。

　しかし、たまたま水がある出口に出てきたところで行動が変化します。寄生されていないコオロギは水がある出口に出たとしても泳げないため、飛び込んだりはせず、ここで止まります。しかし、ハリガネムシに寄生されているコオロギは、水を見るや否《いな》やほぼ１００パーセント水に飛び込んでしまいます。

　この結果を見た研究者たちは、出口に置かれた水のキラキラした反射にコオロギが反応しているのではないかと予測します。そこで、次に、水は置かずに、単純に光に反応するかという実験もおこなっています。その結果、寄生されたコオロギはその光に反応する行動が見られました。☆

【国語】（五〇分）〈満点：一〇〇点〉

【注意】字数指定のある問題は、句読点やかぎかっこなどの記号も字数にふくめます。

【一】次の1～10の――部のカタカナを、それぞれ漢字に改めて答えなさい。

1 試合時間残り一分でギャクテンに成功した。
2 先生のアドバイスをネントウに置いて勉強する。
3 デンエン風景が広がる地域に住む。
4 割れた食器のハヘンを拾う。
5 手洗い場はいつもセイケツにしておきましょう。
6 時間ゲンシュで集合してください。
7 コーヒーにサトウを入れる。
8 この仕事を最後に一線からシリゾく。
9 大きく点差が開いたが、一点を取って一矢《いっし》ムクいた。
10 ライバル同士がお互《たが》いに技《わざ》をキソいあった。

【二】次の文章を読んで、後の問いに答えなさい。

水の中で泳げないはずのコオロギやカマキリ、カマドウマが川に飛び込《こ》んでいく様は、まるで入水《じゅすい》自殺です。水に飛び込んだこれらの虫は溺《おぼ》れ死ぬか、魚に食べられるかしか道はありません。それにもかかわらず、なぜ彼《かれ》らは水に飛び込んでしまうのでしょうか。

これらの入水自殺する昆虫《こんちゅう》たちの体内には、宿主の行動を操《あやつ》る寄生者が存在しています。それは「①ハリガネムシ」という生物です。「ムシ」という名前はついていますが、昆虫ではなく、非常に単純な形態をした動物で、脚《あし》などの突起物《とっきぶつ》はなく、目さえもなく、成体は1本の線でしかありません。まさに黒っぽい針金のような形状をした生物です。

（中略）

では、ごく単純な形状のハリガネムシがどのようにしてカマキリなどの昆虫の体内に入り、自分の何倍もの大きさの昆虫を操って入水自殺させるのか、その生涯《しょうがい》を少し覗《のぞ》いてみましょう。

（中略）

まず、ハリガネムシが卵を産むところを見ていきます。単純な形状のハリガネムシですが、オスとメスがあり、やはり交尾なくしては産卵できません。交尾は水中でおこなわれます。

（中略）

その卵は、川の中で1、2カ月かけて細胞分裂《さいぼうぶんれつ》を繰《く》り返し、卵の中で小さなイモムシのようになります。そして、卵から出てきたハリガネムシの赤ちゃん（幼生）は、川底で「あること」が起きるのをじっと待っています。何を待っているのでしょう。驚《おどろ》きですが、自分が食べられるのを待っています。カゲロウやユスリカなどの水生昆虫は子どものうちは川の中で生活し、川の有機物を濾《こ》してエサにしています。そういった昆虫に、②運よく食べられるのを待っているのです。

食べられたハリガネムシの赤ちゃんは、ただエサとして消化されるわけにはいきません。この小さな小さなハリガネムシの赤ちゃんは「武器」を持っています。ノコギリのような、まさに、武器と呼ぶにふさわしい

2022年度

巣鴨中学校入試問題（第２期）

【算　数】（50分）　＜満点：100点＞

【注意】１．（式）のらんには，答えを求めるまでの式などを書きなさい。

２．定規・コンパス・分度器は使用できません。

1　次の各問いに答えなさい。

⑴　３で割り切れ，４で割ると２余り，７で割ると５余る整数の中で，2022に最も近い整数を答えなさい。

⑵　1，2，3，4 と書かれたカードがそれぞれ１枚ずつと，1，2，3，4 と書かれた箱がそれぞれ１個ずつある。１つの箱に１枚ずつカードを入れるとき，カードの数字と箱の番号が同じにならないように，カードを箱に入れる方法は全部で何通りですか。

⑶　右の表において，たて，横，ななめの数の和がすべて等しくなるように，１マスに１個ずつ整数を入れます。このとき，アに当てはまる整数を答えなさい。

40		
	38	ア
	58	

⑷　太郎君は10円玉，50円玉，100円玉をそれぞれ何枚かずつ持っています。10円玉の枚数は，すべての枚数の$\frac{1}{4}$より６枚少なく，50円玉の枚数はすべての枚数の$\frac{14}{25}$より４枚多く，100円玉の枚数は50円玉の枚数の$\frac{1}{4}$より26枚多く持っています。このとき，太郎君は10円玉を何枚持っていますか。

⑸　あるお店ではクッキーを箱売りしています。箱には，１箱５枚入りのもの，１箱10枚入りのもの，１箱20枚入りのものがあります。それらを合計で65箱売りました。５枚入りの箱を20枚入りの箱よりも３倍多く売ったところ，クッキーは全部で590枚売れました。このとき，１箱10枚入りのものは何箱売れましたか。

⑹　下の図のように，半径が２㎝の３つの円がぴったりとくっついています。このとき，斜線(しゃせん）部分の面積を求めなさい。ただし，円周率は3.14とし，１辺の長さが１㎝の正三角形の面積は0.43㎠とします。

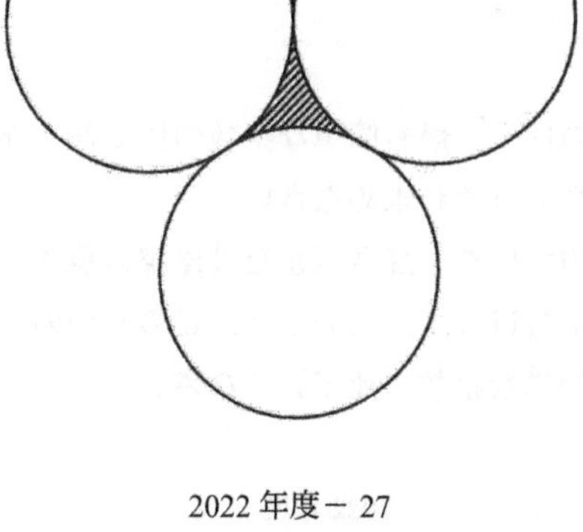

[2] ４つの容器Ａ，Ｂ，Ｃ，Ｄがあります。Ａには濃度（のうど）が12％の食塩水が300ｇ，Ｂには濃度が [ア] ％の食塩水が200ｇ，またＣには濃度が８％の食塩水が [イ] ｇ入っています。Ｄには Ｂと同じ濃度の食塩水が [ウ] ｇ入っています。これらの食塩水について，以下のことが分かっています。

〈その１〉 Ａ，Ｂ，Ｃに入っている食塩水をすべて混ぜると，濃度が10％の食塩水ができます。

〈その２〉 Ａの食塩水200ｇとＣの食塩水100ｇと水100ｇを混ぜて食塩水Ｅを作り，その食塩水Ｅの半分をＢに入れてかき混ぜると，濃度が11.5％の食塩水ができます。

〈その３〉 Ｃに入っている食塩水の半分をＤに入れてかき混ぜると，Ａと同じ濃度の食塩水になります。

このとき，次の各問いに答えなさい。

ただし，答えが割り切れないときは，最も簡単な分数で答えなさい。

(1) [ア] に当てはまる数を答えなさい。

(2) [イ] に当てはまる数を答えなさい。

(3) [ウ] に当てはまる数を答えなさい。

[3] 図１のように，円すいの高さ（または母線の長さ）を３等分するように底面に平行な平面で切り，３つの立体Ａ，Ｂ，Ｃに分けます。立体Ｂの表面積が39㎠，立体Ｃの表面積が79㎠であるとき，次の各問いに答えなさい。

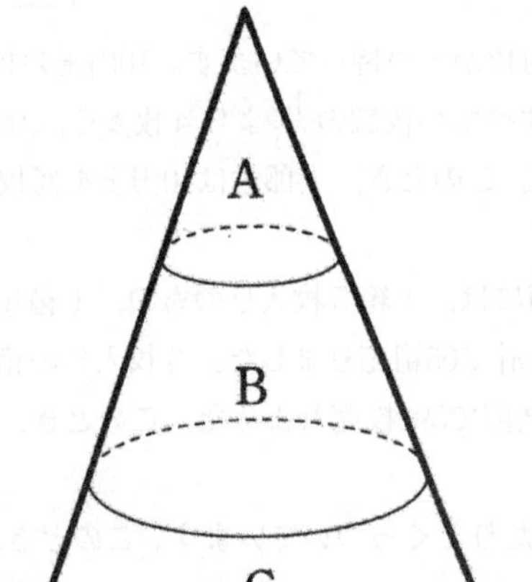

図１

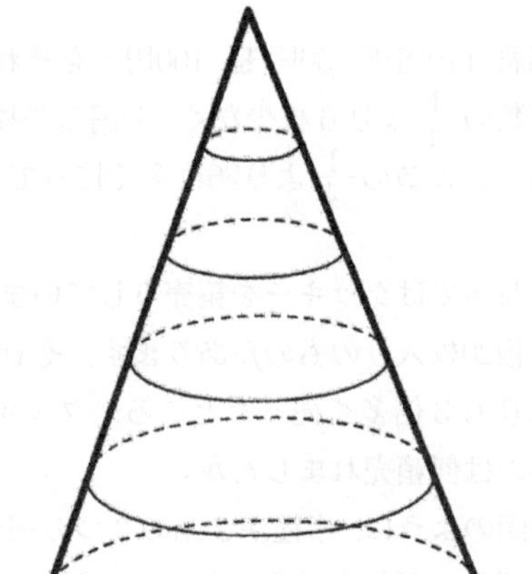

図２

(1) 立体Ａ，Ｂ，Ｃの側面積の比を，最も簡単な整数の比で答えなさい。

(2) 立体Ａの側面積と底面積をそれぞれ求めなさい。

(3) 図２のように図１と同じ円すいを，高さ（または母線の長さ）を６等分するように底面に平行な平面で切り，６つの立体に分けます。このとき，この６つの立体の表面積の合計と，もとの円すいの表面積の比を，最も簡単な整数の比で答えなさい。

4　２以上の整数Ａを２で割った商と余りを求め，商が１でなければさらにその商を２で割ります。これを繰り返し続け，商が１になるまでの２で割った回数を【A】とします。例えば，Ａ＝14のときは，14→７→３→１と１になるまで２で３回割るので，【14】＝３です。このとき，次の各問いに答えなさい。

⑴　【23】の値を求めなさい。

⑵　【A】＝３となる整数Ａをすべて求めなさい。

⑶　Ａ，Ｂ，Ｃ，Ｄはすべて異なる２以上の整数であり，大きいほうから順にＡ，Ｂ，Ｃ，Ｄです。【A】＋【B】＋【C】＋【D】＝10となるＡ，Ｂ，Ｃ，Ｄの組み合わせの中で，Ａ＋Ｂ＋Ｃ＋Ｄの値が最も大きくなるときの，Ａ，Ｂ，Ｃ，Ｄの値をそれぞれ求めなさい。

⑷　下の式の□には２けたの同じ整数が入ります。

$$\frac{\square\times(\square+1)\times(\square+2)}{\text{【}\square\text{】}\times\text{【}\square+1\text{】}\times\text{【}\square+2\text{】}}$$

が整数となるとき，□に当てはまる整数は５つあります。５つともすべて求めなさい。

【理　科】（30分）＜満点：50点＞

【注意】　１．**字数指定のある問題は，句読点や記号なども字数にふくめます。**
　　　　　２．**定規・コンパス・分度器・計算機は使用できません。**
　　　　　３．**計算問題については，問題文の指示にしたがって答えなさい。**

【１】　次の［Ⅰ］，［Ⅱ］の問いに答えなさい。

［Ⅰ］　植物の葉と茎《くき》について，次の問いに答えなさい。

問１　葉のつき方は植物によって異なります。

⑴　図１のａとｂの葉のつき方は輪生，対生，互生《ごせい》のどれですか。正しい組み合わせを，下表のア～カから１つ選びなさい。

ａ　　　ｂ

図１

	ア	イ	ウ	エ	オ	カ
ａ	輪生	輪生	対生	対生	互生	互生
ｂ	対生	互生	輪生	互生	輪生	対生

⑵　葉のつき方について述べた次の文中の｛　｝から適するものを，１つずつ選びなさい。

葉の重なりを①｛ア．多く　イ．少なく｝して，②｛ウ．二酸化炭素　エ．酸素　オ．水　カ．光｝をできるだけ多くとり入れるように葉がついている。

問２　図２はヒマワリの茎の断面を示したものです。

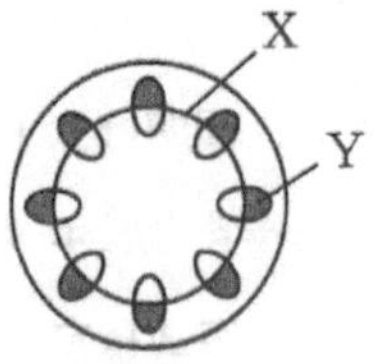

図２

⑴　Ｘの部分のはたらきとして適するものを，次のア～エから１つ選びなさい。

ア．害虫のしん入を防ぐ　　　イ．水がもれるのを防ぐ
ウ．茎を太くする　　　　　　エ．茎を長くする

⑵　Ｙの部分を何といいますか。また，Ｙを通るものとして適するものを，次のア～カから１つ選びなさい。

ア．気孔《きこう》で取り入れた酸素　　イ．気孔で取り入れた二酸化炭素
ウ．葉でつくられた酸素　　　エ．葉でつくられた養分
オ．根で吸収した水　　　　　カ．根で吸収した養分

問３　養分をおもに葉にたくわえる植物と茎にたくわえる植物を，次のア～オからそれぞれ１つ選びなさい。

ア．ゴボウ　　イ．ジャガイモ　　ウ．サツマイモ　　エ．ニンジン　　オ．タマネギ

［Ⅱ］　植物の光合成と呼吸について，次の問いに答えなさい。ただし，計算の答えは小数第１位を四捨五入して書きなさい。

問４　葉の細ぼうにある光合成をおこなう部分を何といいますか。漢字で答えなさい。

問５　植物のからだで，呼吸をおこなう部分はどこですか。最も適するものを，次のページのア～

キから１つ選びなさい。

ア．葉と茎と根　　イ．葉と茎　　ウ．葉と根　　エ．茎と根

オ．葉　　カ．茎　　キ．根

図３は，暗室で温度を一定に保ち，ある植物の葉にいろいろな強さの光を１時間当てたときの葉のデンプン量の変化を表したものです。ただし，デンプン量の変化は葉の面積100㎠あたりの値です。

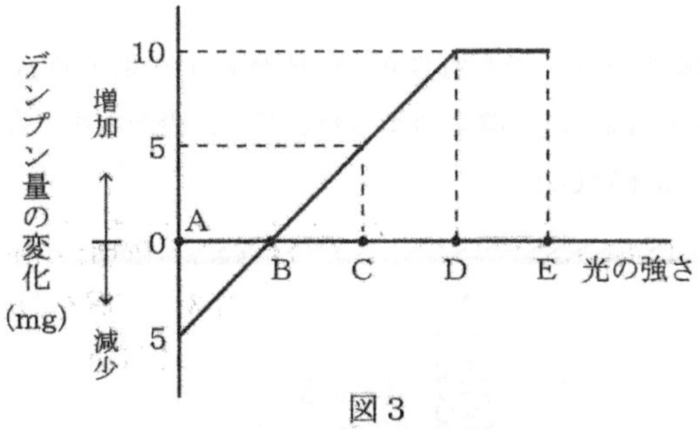

図３

問６　光をまったく当てないとき(A)と光の強さが最大のとき(E)では，葉は何をおこなっていますか。最も適するものを，次のア～オからそれぞれ１つ選びなさい。

ア．光合成も呼吸もおこなっていない。

イ．光合成はおこなっているが，呼吸はおこなっていない。

ウ．光合成はおこなっていないが，呼吸はおこなっている。

エ．光合成も呼吸もおこなっていて，光合成でつくられるデンプン量が，呼吸でつかわれるデンプン量より多い。

オ．光合成も呼吸もおこなっていて，光合成でつくられるデンプン量が，呼吸でつかわれるデンプン量より少ない。

問７　光合成でつくられるデンプン量と，呼吸でつかわれるデンプン量が等しくなるときの光の強さは，図中のA～Eのどれですか。

問８　Cの強さの光を６時間当てたとき，光合成でつくられるデンプン量は，葉の面積100㎠あたり何㎎ですか。

問９　Dの強さの光を16時間当てた後，光を消して８時間置きました。この24時間で葉の面積100㎠あたりのデンプン量はどのように変化しましたか。「何㎎増加した」あるいは「何㎎減少した」と答えなさい。

【２】 材質は一様で，太さが一様でない長さ100㎝の棒と，自然の長さが16㎝で50ｇのおもりをつるすと２㎝伸《の》びるばねがあります。この性質のばね２本で棒が水平になり，つり合うようにつるすと，図１のようになりました。また，図２のように糸で棒をつるすと，棒は水平になりました。下の問いに答えなさい。なお，図１～４の棒，ばねはすべて同じ性質であり，ばね，糸の重さは考えないものとします。ただし，計算の答えは小数第２位を四捨五入して書きなさい。

（図１，図２は次のページにあります。）

問１　棒の重さは何ｇですか。

問２　図２で，Xは何㎝ですか。

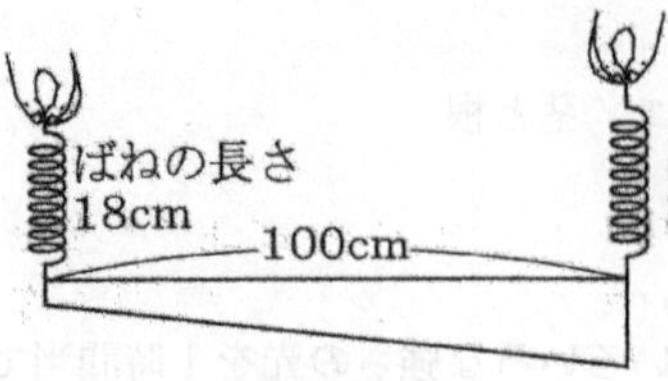

図１

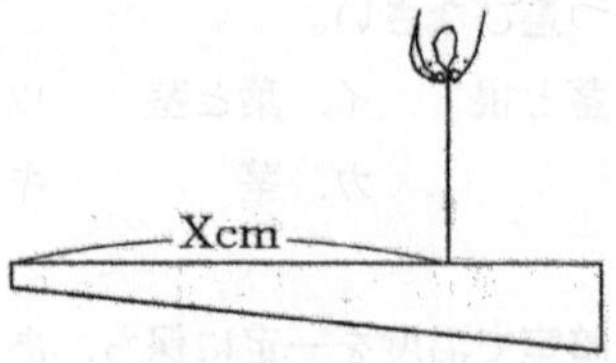

図２

次に，重さが250ｇで体積が90㎤のおもりＡ，体積が50㎤のおもりＢ，体積のわからないおもりＣと，棒，ばね，糸を用いて図３の装置をつくったところ，棒が水平になり全体がつり合いました。このとき，ばねの長さは56㎝でした。

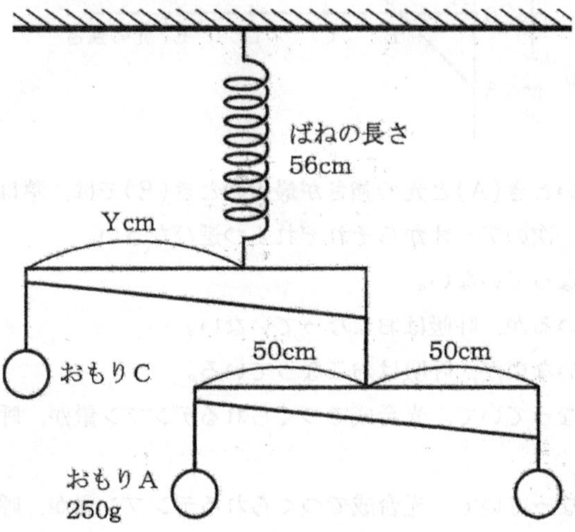

図３

問３　おもりＢの重さは何ｇですか。

問４　おもりＣの重さは何ｇですか。

問５　図３で，Ｙは何㎝ですか。

さらに，おもりＡ，おもりＢ，おもりＣ，棒，ばね３本（ばねＰ，ばねＱ，ばねＲ），糸と，水または食塩水を入れた水槽《すいそう》を用いて図４（次のページ）の装置をつくったところ，棒は水平になり全体がつり合いました。このとき，ばねＱの長さは19.6㎝でした。なお，おもりＢとおもりＣが入っている食塩水の濃《こ》さは同じであり，すべてのおもりは液体の中に完全に入っていました。ただし，水１㎤の重さは１ｇであり，液体中の物体にはその物体と同じ体積の液体の重さに相当する浮力《ふりょく》がはたらきます。また，ばねには浮力がはたらかないものとします。

問６　ばねＰの伸びは何㎝ですか。

問７　おもりＢが入っている食塩水の１㎤あたりの重さは何ｇですか。

問８　おもりＣの体積は何㎤ですか。最も適するものを，次のア～オから１つ選びなさい。

ア．53㎤　　イ．63㎤　　ウ．73㎤　　エ．83㎤　　オ．93㎤

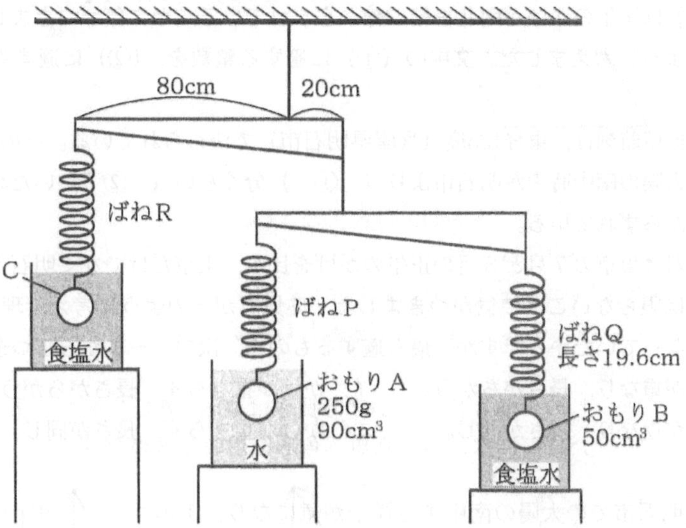

図４

【３】 次の文を読み，下の問いに答えなさい。

健児君が東京で７月21日と８月21日に，図１のように長さ30㎝の棒を地面に垂直に立て，午前８時から午後４時まで棒の先のかげの動きを記録したところ，図２のようになりました。

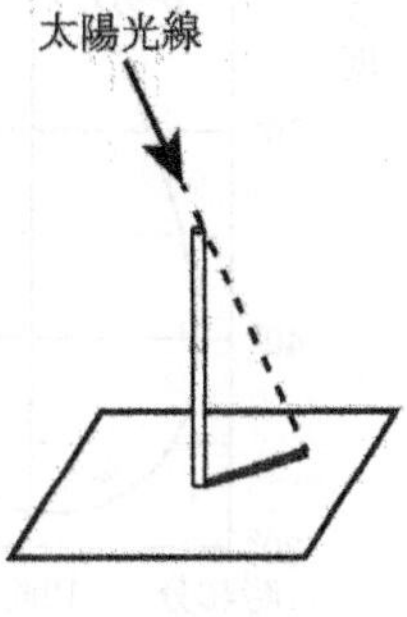

図１

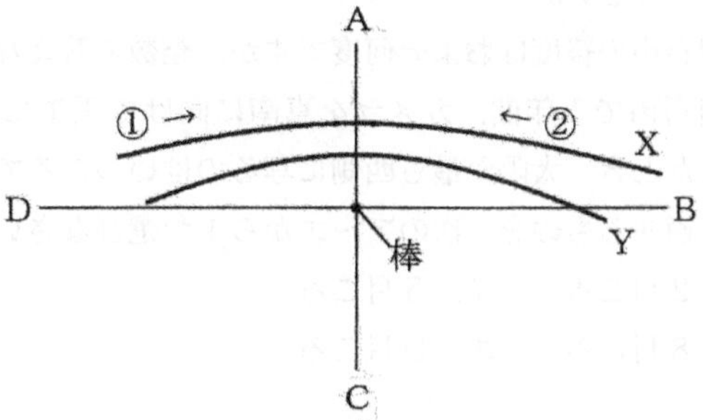

図２

問１　図２について，次の問いに答えなさい。

⑴　東の方位は，Ａ～Ｄのどれですか。

⑵　８月21日の記録は，ＸとＹのどちらですか。

⑶　かげの動いた向きは，①と②のどちらですか。

問２　７月21日の午前８時に，かげの長さは40㎝でした。このときの太陽の高度は何度ですか。ただし，次に示す直角三角形を用いて求めなさい。

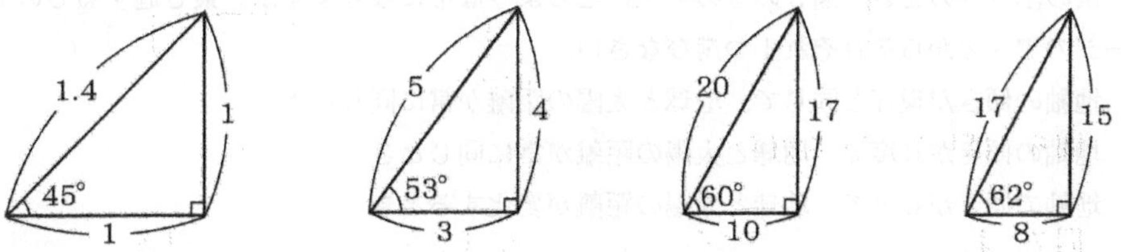

問３　健児君は正午のかげが南北を結ぶ線からずれていることに気がつきました。そして，その理由を次のように考えました。文中の（①）に適する整数を，（②）に適する語句をそれぞれ答えなさい。

日本の標準時刻は，東経135度（兵庫県明石市）で決められている。そのため，東経140度の東京では，太陽の南中時刻が明石市より（　①　）分くらい（　②　）いため，正午のかげが南北を結ぶ線からずれている。

問４　健児君は東京の７月と８月の正午のかげを比べ，東京だけでなく明石市でも太陽が正午に南中するとは限らないことに気がつきました。健児君がそのように考えた理由は，2つのかげがどのようになっていたからですか。最も適するものを，次のア～エから１つ選びなさい。

ア．かげが重なり，長さがちがう。　　イ．かげが重ならず，長さがらがう。

ウ．かげが重なり，長さが同じ。　　エ．かげが重ならず，長さが同じ。

健児君は明石市での太陽の南中する様子が気になり，１年間の太陽の南中時刻とその高度についてパソコンで調べ，図３のようにまとめました。なお，図中の黒丸は春分・夏至《げし》・秋分・冬至の日の太陽の南中時刻と高度を表しています。

問５　図３について，次の問いに答えなさい。

⑴　春分の日の太陽の南中高度はおよそ何度ですか。整数で答えなさい。

⑵　明石市の緯度《いど》はおよそ何度ですか。整数で答えなさい。

⑶　明石市で１年間，カメラを真南に向けて正午に写真を撮ったとき，太陽が最も西側に写るのはいつごろですか。最も適するものを，次のア～エから１つ選びなさい。

ア．２月ころ　　イ．５月ころ

ウ．８月ころ　　エ．11月ころ

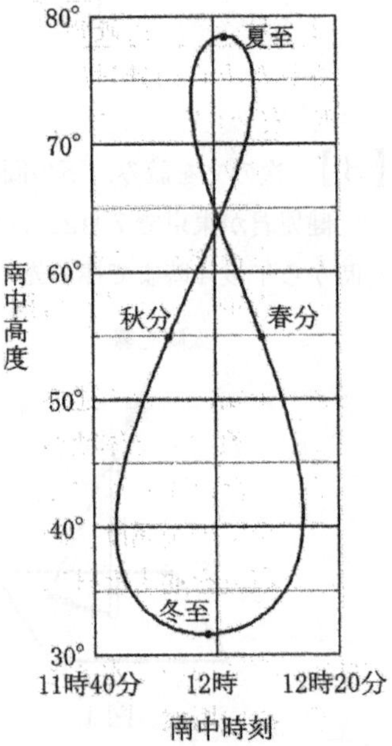

図３

健児君は図３が８の字型になる理由を科学館の人に質問し，次のように教えてもらいました。

８の字型になるのは，ある日の太陽の南中から次の日の南中までの時間Ｔが変化するためです。時間Ｔの変化には次のⅠとⅡが関係しています。

Ⅰ：地軸《じく》が傾《かたむ》いているため，夏至と冬至のころに時間Ｔは長く，春分と秋分のころに時間Ｔは短い。

Ⅱ：地球と太陽の距離《きょり》は１年を周期として変化し，地球が太陽から遠いときに時間Ｔは短く，地球が太陽に近いときに時間Ｔは長い。

問６　次の⑴～⑶のとき，図３の８の字型はどのような形になりますか。最も適するものを，次のページのア～オからそれぞれ１つ選びなさい。

⑴　地軸の傾きが現在と同じで，地球と太陽の距離が常に同じとき

⑵　地軸の傾きが０度で，地球と太陽の距離が常に同じとき

⑶　地軸の傾きが０度で，地球と太陽の距離が変化するとき

ア　　イ　　ウ　　エ　　オ

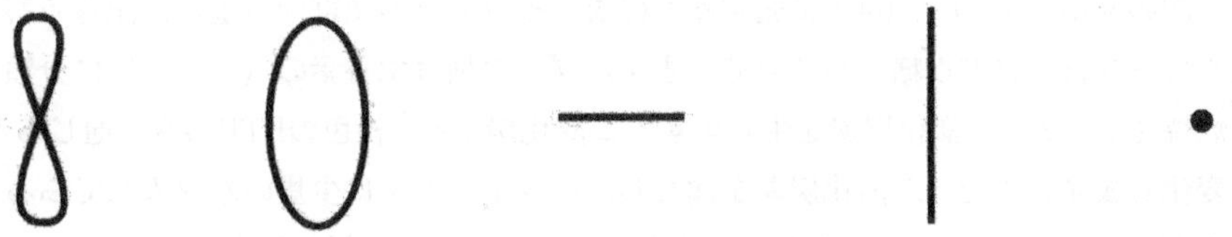

【４】 次の文を読み，下の問いに答えなさい。

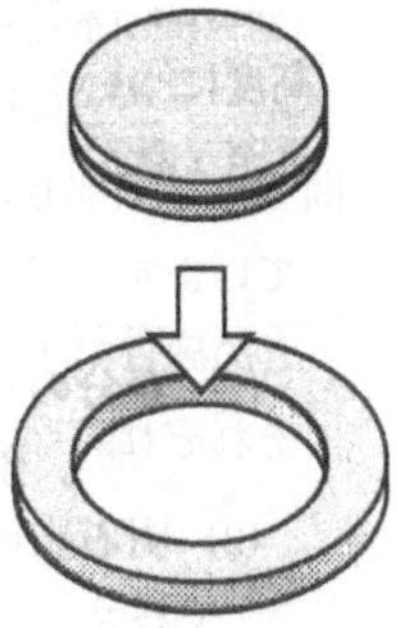

2021年11月に新しい五百円硬貨《こうか》が発行されました。最初の五百円硬貨は1982年に発行されたもので，a銅75%，ニッケル25%からできた百円硬貨と同じ合金でした。2000年に発行されたb２代目の五百円硬貨はニッケル黄銅製になりました。今回発行された五百円硬貨は，２色３層構造のバイカラー・クラッド貨幣《かへい》（右図）です。この硬貨は，これまでのものよりも偽造《ぎぞう》されにくくなりました。

問１　下線部ａの合金として適するものを，次のア～エから１つ選びなさい。

ア．青銅　　イ．白銅　　ウ．ジュラルミン　　エ．ステンレス

問２　金属について述べた文として正しいものを，次のア～エから１つ選びなさい。

ア．加熱すると体積が大きくなり，冷やすと小さくなる。

イ．あたたまりやすく，冷めにくい。

ウ．全ての金属は，磁石を近づけると引き付けられる。

エ．電気を通す素材には，必ず金属がつかわれている。

問３　銅について述べた文として正しいものを，次のア～エから１つ選びなさい。

ア．濃《こ》い塩酸を加えると，気体を発生しながら溶《と》ける。

イ．濃い水酸化ナトリウム水溶液《すいようえき》を加えると，気体を発生しながら溶ける。

ウ．しめった空気中に長時間放置すると，表面に緑色の固体を生じる。

エ．最も電気を通しやすく，導線に利用される。

問４　次の文を読み，下の問いに答えなさい。なお，計算の答えは小数第２位を四捨五入して書きなさい。

銅を空気中で十分に加熱すると，その色は赤色から黒色に変わります。これは空気中の酸素と結びついて酸化銅が生じるためです。いま，４ｇの銅の粉末を十分に加熱したところ，酸化銅が５ｇ得られました。

⑴　ある重さの銅の粉末を十分に加熱したところ，酸化銅が９ｇ得られました。銅の粉末は何ｇでしたか。

⑵　銅の粉末8.4ｇを加熱し，十分に冷やしてからその粉末の重さをはかったところ，9.9ｇでした。酸素と結びついていない銅は何ｇですか。

⑶　酸素は銅より炭素と強く結びつきます。いま，６ｇの酸化銅と１ｇの炭素を混ぜて試験管に入れて十分に加熱したとき，試験管の中の固体の重さは何ｇですか。ただし，酸化銅４ｇは炭素0.3ｇとちょうど反応し，銅3.2ｇと二酸化炭素1.1ｇが生じるものとします。

問５　五百円硬貨が発行される前は，五百円紙幣が使われていました。紙幣の主成分はセルロースです。次の文中の（①）～（④）に適するものを，それぞれの語群から選び，記号で答えなさい。

セルロースは，ブドウ糖からできています。ブドウ糖は栄養素の（　①　）に分類され，空気中で燃焼《ねんしょう》させると，二酸化炭素を生じます。二酸化炭素を，緑色のBTB溶液に通じると（　②　）色に変化します。また，二酸化炭素を満たしたペットボトルに少量の水を入れてふると，ペットボトルが（　③　）。これは，二酸化炭素が（　④　）ために起こります。

①：ア．炭水化物　　　　イ．タンパク質　　　ウ．脂質《ししつ》

②：ア．赤　　　　　　　イ．青　　　　　　　ウ．黄

③：ア．ふくらみます　　イ．へこみます

④：ア．水に溶ける　　　イ．水からぬける

問６　下線部ｂについて，2代目の五百円硬貨は銅72%，亜鉛《あえん》（Ｘ）%，ニッケル（Ｙ）%でできています。(Ｘ)，(Ｙ)の組み合わせとして適するものを，次のア～カから１つ選びなさい。なお，この硬貨の１cm^3あたりの重さは8.6ｇであり，また，１cm^3あたりの銅，亜鉛，ニッケルの重さはそれぞれ9.0ｇ，7.1ｇ，8.9ｇです。

	ア	イ	ウ	エ	オ	カ
X	4	8	12	16	20	24
Y	24	20	16	12	8	4

問７　バイカラー・クラッド貨幣でも，これまでと同様に「銅」が主たる材料として利用されます。なぜ，鉄ではなく，銅が硬貨の材料としてよく用いられているのでしょうか。その理由として適さないものを，次のア～エから１つ選びなさい。

ア．鉱石から銅をとりだしやすいため。

イ．やわらかく，加工しやすいため。

ウ．合金にすることで，さまざまな色がつくりだせるため。

エ．埋蔵量《まいぞうりょう》が鉄より多いため。

【社　会】（30分）　＜満点：50点＞

【注意】　字数指定のある問題は，句読点やかぎかっこなどの記号も字数にふくめます。

[1]　次の図は，2015年に登録された「明治日本の産業革命遺産」の所在地の一部です。この地図に関する下の文を読み，あとの問いに答えなさい。

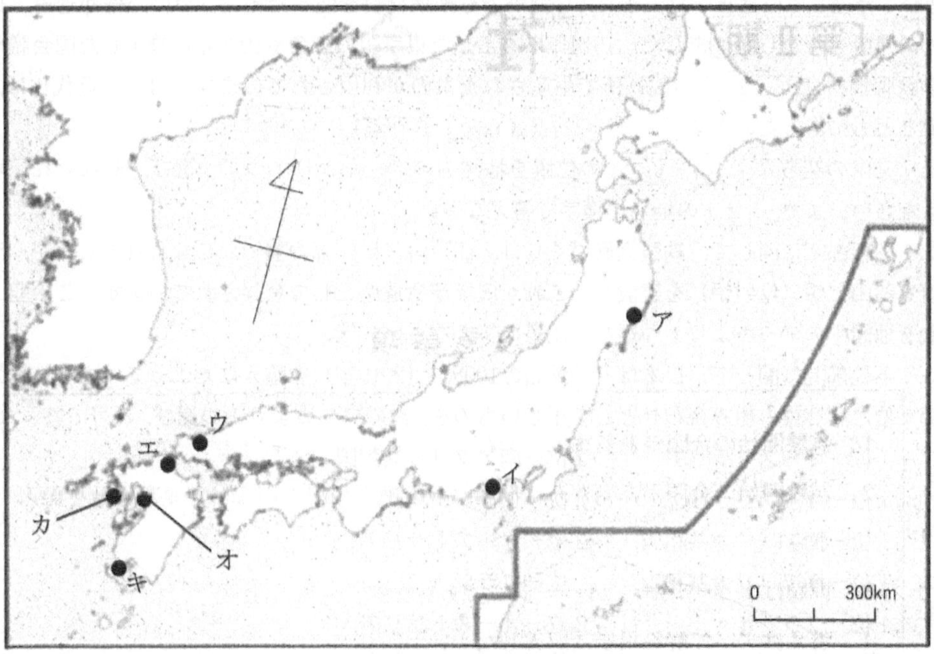

「明治日本の産業革命遺産」は，19世紀後半から20世紀にかけて，製鉄・製鋼，造船，石炭産業において急速な産業化をとげたことを証明する遺産です。

産業化の歩みは幕末，欧米《おうべい》列強の艦隊《かんたい》に対する危機感を背景に，国を守るための(a)鉄製大砲《たいほう》づくりから始まりました。やがて明治時代には，富国強兵のスローガンのもと，鉄鋼業の育成がうながされていきました。

地球上にある鉄は，おもに酸素と結合した化合物の鉱石として存在しています。鉄づくりは，(b)鉄鉱石にふくまれている酸素をとり除くことから始まります。鉄鉱石から酸素を除去するために，木炭や(c)石炭，さらにコークス（石炭から不純物をとり除いたもの）といっしょに炉（高炉《こうろ》）の中で燃やすことによって「銑鉄《せんてつ》」がとれます。「銑鉄」は(d)鋳物《いもの》などには利用されますが，炭素を多くふくみ，もろいため，さらに別の炉（転炉）の中で炭素や不純物を分離させて，より強度の高い「鋼《はがね》」がつくり出されます。「鋼」を加工したものが私たちの身近にある鉄鋼製品（鋼材）となるのです。

明治政府は1880年，鉄鉱石が存在する地域に近い [1] に官営の製鉄所を設置し，操業させました。この地域には炭田がなかったため，コークスではなく木炭による製鉄で出発しました。その後，官営の事業から民間にはらい下げられると，高炉を改造し，炉内で高温が維持できる(e)コークスを使用する製鉄に成功し，生産効率が上がりました。

明治時代は各地で鉄道が急速に発達し，欧米諸国から鋼材の輸入が増加しただけでなく，軍事力の増強をめざす陸海軍の要望もあって，国産の強い鋼材をつくり出す製鉄所の創設が求められました。そこで1901年，石炭が存在する地域に近く，海に面した [2] に官営の製鉄所が誕生しました。当初，ヨーロッパの技術を直接導入することには無理があり失敗が続きました。しかし，日本人技術者たちの手で設計の見直しと改良がくり返され，鋼材の生産も軌道《きどう》に乗りました。

その後，大量の石炭や鉄鉱石，鉄鋼製品を効率よく輸送する手段が必要となり，鉄道のみならず(f)造船も発達していきました。また，(g)港湾《こうわん》でも鉄鋼材料を使ったインフラの整備が進み，鉄骨建造物の建設も普及《ふきゅう》し始めました。1914年に竣工《しゅんこう》した東京駅の駅舎や1936年に竣工した国会議事堂などの鉄骨鋼材は， [2] の製鉄所で生産されたものが利用されています。日本の近代化は，(h)鉄鋼業とともにあったのです。

問１　文中の空らん [1] ・ [2] の位置を地図中のア～キより１つずつ選び，それぞれ記号で答えなさい。また， [2] の地名を漢字で答えなさい。

問２　下線部(a)に関して，鉄製大砲づくりは，江戸時代に一部の藩でおこなわれましたが，江戸幕府も韮山に炉（反射炉）を建設し，これが産業革命遺産として登録されています。この韮山の位置を地図中のア～キより１つ選び，記号で答えなさい。

問３　下線部(b)に関して，日本は，鉄鉱石の100％（2019年）を輸入にたよっています。輸入量の第１位と第２位の組み合わせとして正しいものを，次のア～カより１つ選び，記号で答えなさい。

ア．１位－オーストラリア　　２位－南アフリカ共和国
イ．１位－オーストラリア　　２位－ブラジル
ウ．１位－南アフリカ共和国　２位－オーストラリア
エ．１位－南アフリカ共和国　２位－ブラジル
オ．１位－ブラジル　　　　　２位－オーストラリア
カ．１位－ブラジル　　　　　２位－南アフリカ共和国

問４　下線部(c)に関して，日本は，石炭のほぼ100％（2019年）を輸入にたよっています。輸入量の第１位と第２位の組み合わせとして正しいものを，次のア～カより１つ選び，記号で答えなさい。

ア．１位－ロシア　　　　　　２位－オーストラリア
イ．１位－ロシア　　　　　　２位－インドネシア
ウ．１位－オーストラリア　　２位－ロシア
エ．１位－オーストラリア　　２位－インドネシア
オ．１位－インドネシア　　　２位－オーストラリア
カ．１位－インドネシア　　　２位－ロシア

問５　下線部(d)に関して，岩手県で伝統的に生産されてきた鉄瓶《てつびん》などの鋳物を何といいますか。漢字で答えなさい。

問６　下線部(e)に関して，コークス用の石炭として北海道の夕張炭田のものが選ばれました。夕張炭田ではその後も採掘《さいくつ》がすすめられ，夕張市は高度経済成長期には最大10万人をこえる人口をかかえましたが，現在は１万人を下回っています。人口が減少した理由としてあやまっているものをあとのア～エより１つ選び，記号で答えなさい。

ア．エネルギー革命によって，日本のエネルギー消費の中心が石炭から石油へ代わった。
イ．国内産石炭の価格が輸入石炭の価格に比べて割安だったため，利益をあげられなかった。

ウ．国内の鉄鋼の生産は増加したが，夕張炭田の石炭は需要《じゅよう》が伸《の》びず，閉山があいついだ。
エ．坑内《こうない》での事故が続き，石炭を掘《ほ》りだす条件が悪化した。

問７　下線部(f)に関して，次の表１のア～エは，造船竣工量，自動車の生産台数，工作機械の生産額，化学繊維《せんい》の生産量の上位５か国と，世界全体の合計にしめる割合をあらわしたものです。造船竣工量にあたるものを，次のア～エより１つ選び，記号で答えなさい。

表１

ア

国　名	%
中国	68.9
インド	8.6
アメリカ合衆国	3.1
インドネシア	3.0
台湾	2.9

イ

国　名	%
中国	28.3
ドイツ	15.4
日本	15.0
アメリカ合衆国	7.3
イタリア	6.8

ウ

国　名	%
中国	29.8
アメリカ合衆国	11.5
日本	10.0
ドイツ	5.8
インド	4.9

エ

国　名	%
中国	40.0
日本	25.1
韓国	24.8
フィリピン	3.5
ベトナム	0.8

（『2020 データブック・オブ・ザ・ワールド』より作成）

問８　下線部(g)に関して，次の文は三井財閥《ざいばつ》をひきいた團琢磨《だんたくま》の言葉です。彼は明治時代，港湾には不向きな遠浅の砂浜《すなはま》に，石炭を輸送するための大型船が停泊《ていはく》できる港湾を建設しました。やがて炭田は閉鎖《へいさ》されましたが，100年以上たった現在も重要港湾として機能しています。この港湾の位置を地図中のア～キより１つ選び，記号で答えなさい。

> 石炭山の永久などという事はありはせぬ。（中略）築港《ちっこう》をやれば，そこにまた産業を起こすことができる。（中略）築港をしておけば，いくらか百年の基礎《きそ》になる。

問９　下線部(h)に関して，右の表２は，鉄鋼１トン（ｔ）を生産するのに必要な石炭と鉄鉱石の量の変化をあらわしています。下の文は，鉄鋼業の立地場所にどのような変化がみられたかを説明しています。文中の空らんにあてはまる語句の組み合わせとして正しいものを，あとのア～エより１つ選び，記号で答えなさい。

表２

	石炭(t)	鉄鉱石(t)
1901年	4.0	2.0
1930年	1.5	1.6
1970年	0.8	1.6
2000年	0.8	1.5

（『新詳資料地理の研究』より作成）

> 表２中の1901年では，鉄鋼１トンを生産するのに石炭４トン，鉄鉱石２トンが必要でした。したがって，この当時の鉄鋼業は，［ 3 ］の重量が［ 4 ］の重量よりも重いため，輸送費の少ない［ 5 ］に立地する傾向《けいこう》にありました。
> 表２中の2000年では，鉄鋼１トンの生産に石炭0.8トン，鉄鉱石1.5トンの使用ですむようになっており，さらに先進国では，輸入原料への依存《いぞん》が進んだため，［ 6 ］に立地する傾向となっています。

ア．３－製品　４－原料　５－石炭の産地　６－消費地に近い臨海部
イ．３－製品　４－原料　５－消費地に近い臨海部　６－石炭の産地
ウ．３－原料　４－製品　５－石炭の産地　６－消費地に近い臨海部

エ．３－原料　４－製品　５－消費地に近い臨海部　６－石炭の産地

2　次の年表を見て，下の問いに答えなさい。

時期	おもなできごと
604年	憲法十七条が制定される。↑
	①
718年	養老律令が制定される。↓
743年	②墾田永年私財法が制定される。
1069年	③延久の荘園整理令が出される。
1232年	貞永式目（御成敗式目）が制定される。↑
1368年	応安の半済令が出される。　④
1577年	安土城下へ楽市令が出される。↓
1615年	元和の武家諸法度が制定される。↑
	⑤
1854年	日米和親条約が結ばれる。↓
1894年	⑥日英通商航海条約が結ばれる。
1919年	⑦ヴェルサイユ条約に調印する。↑
	⑧
1941年	日ソ中立条約が結ばれる。↓
1951年	［　⑨　］首相がサンフランシスコ平和条約に調印する。
1964年	［　⑩　］首相のときオリンピックが開催される。

問１　年表中の①について，この間におこった次のア～エのできごとを古いものから年代順にならべたとき，２番目と４番目にくるものを，それぞれ記号で答えなさい。

ア．大宝律令が制定される　　イ．白村江の戦いがおこる

ウ．第一回遣唐使が派遣《はけん》される　　エ．壬申の乱がおこる

問２　年表中の②について，このときの天皇は遷都《せんと》をくり返したことでも知られていますが，それ以前，以後もたびたび遷都がおこなわれました。次のページの図中のＡ～Ｄは藤原京・平城京・

長岡京・平安京のいずれかをそれぞれさしています。Ａ～Ｄと都の組み合わせとして正しいものを，下の表中のア～クより１つ選び，記号で答えなさい。

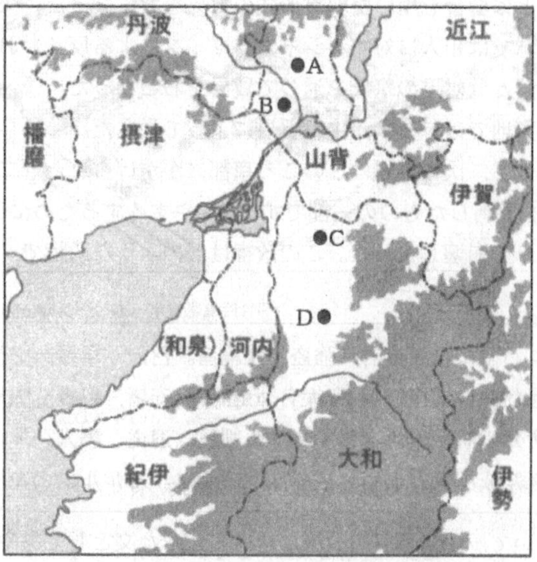

	ア	イ	ウ	エ	オ	カ	キ	ク
藤原京	A	A	B	B	C	C	D	D
平城京	B	B	A	A	D	D	C	C
長岡京	C	D	C	D	A	B	A	B
平安京	D	C	D	C	B	A	B	A

問３　年表中の③について，この法令は平安時代後期に出されたものです。このころの貴族邸宅《ていたく》に見られる，下の図のような建築様式の名称《めいしょう》を漢字で答えなさい。

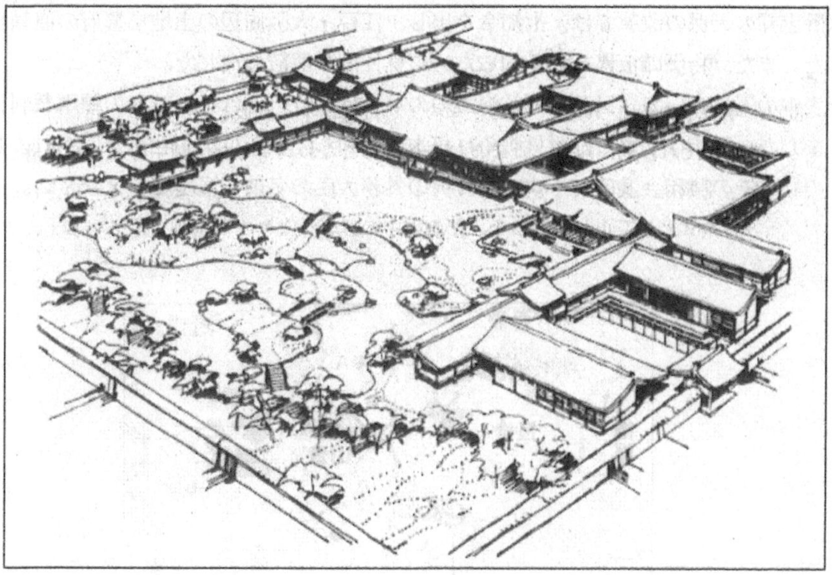

（平等院鳳凰堂ホームページ「東三条殿鳥瞰図」より引用）

問４　年表中の④について，鎌倉時代･室町時代のできごとについて述べた文として正しいものを，次のア～エより１つ選び，記号で答えなさい。

ア．鎌倉時代に，元とは勘合を用いた朝貢形式の貿易をおこなった。

イ．鎌倉時代に，琉球では和人に対するシャクシャインによる反乱がおきた。

ウ．室町時代に，朝鮮とは対馬の宗氏を通じて貿易をおこなった。

エ．室町時代に，蝦夷地ではアイヌが中継《ちゅうけい》貿易によって栄えた。

問５　年表中の④について，次の資料はこのころ京都にかかげられた「二条河原落書」と呼ばれるもので，当時の政権を風刺《ふうし》したものの一部です（読みやすくするために改めてあります）。この政権はわずか２年あまりで崩壊《ほうかい》しました。この政権はどのような政権で，なぜ崩壊したのか45字以内で説明しなさい。

此比《このごろ》都ニハヤル物。夜討《ようち》，強盗《ごうとう》，謀綸旨《にせりんじ》。召人《めしうど》，早馬，虚騒動《そらさわぎ》。
生頸《なまくび》，還俗《げんぞく》，自由出家《しゅっけ》。俄《にわか》大名，迷者《まよいもの》。安堵《あんど》，恩賞，虚軍《そらいくさ》。
本領《ほんりょう》ハナルル訴訟《そしょう》人。文書《もんじょ》イレタル細葛《ほそつづら》。追従《ついしょう》，讒人《ざんにん》，禅律僧《ぜんりつそう》。
下克上《げこくじょう》スル成出者《なりでもの》。器用ノ堪否沙汰《かんぷさた》モナク。モルル人ナキ決断所。

問６　年表中の⑤について，江戸幕府の改革について述べた文としてあやまっているものを，次のア～エより１つ選び，記号で答えなさい。

ア．新井白石の正徳の治では，生類あわれみの令を廃止《はいし》した。また，金銀の海外への流出をふせぐために長崎での貿易を制限した。

イ．徳川吉宗の享保の改革では，幕府の学問所で朱子学以外の学問を教えることを禁止した。また，庶民《しょみん》に対する政策として，目安箱を設置し小石川養生所を設立した。

ウ．松平定信の寛政の改革では，ぜいたくを禁止するための倹約令《けんやくれい》を出し，風俗《ふうぞく》の引きしめを徹底《てってい》した。また，旧里帰農令を出し農村の復興につとめ，ききんに備えて大名に穀物を貯蔵させた。

エ．水野忠邦の天保の改革では，上知令を出し，江戸・大阪周辺の土地を幕府の直轄地《ちょっかつち》にしようとした。また，物価の上昇《じょうしょう》をおさえるために株仲間の解散を命じた。

問７　年表中の⑥について，日英通商航海条約の締結《ていけつ》により日本はイギリスの領事裁判権の撤廃《てっぱい》に成功しました。同年はじまった対外戦争に日本は勝利し，翌年に講和会議が開かれました。次のページの絵はその講和会議のようすです。Ａの外務大臣の名前を漢字で答えなさい。

A

問８　年表中の⑦について，この前年に国内では米騒動と呼ばれるできごとがおこりました。米騒動の原因と結果について45字以内で説明しなさい。

問９　年表中の⑧について，このころの新聞記事Ａ～Ｃを古いものから年代順にならべるとどのようになりますか。次のページのア～カより１つ選び，記号で答えなさい。

A

昨早暁一部青年將校等
各所に重臣を襲撃
内府、首相、教育總監は卽死
藏相と侍從長は重傷

【二月二十六日午後八時十五分陸軍省發表】本日午前五時頃一部青年將校等は左記個所を襲撃せり
△首相官邸（岡田首相卽死）△齋藤内大臣私邸（内大臣卽死）△渡邊教育總監私邸（教育總監卽死）△牧野前内大臣宿舍湯河原伊藤屋旅館（牧野伯爵不明）△鈴木侍從長官邸（侍從長重傷）△高橋大藏大臣私邸（大藏大臣負傷）△東京朝日新聞社

B

聯盟よさらば！遂に協力の途盡く

總會、勸告書を採擇し
我が代表堂々退場す
四十二對一票、棄權一

支那側勸告受諾す
第六項の權利强調

反對以外に途なし
松岡代表の演說全文

けふ閣議で正式に
脫退方針を決定
聯盟離脫の最終手續

第五項の陳述書
けふ提出に決定す

C

日獨伊三國同盟成る
ベルリンで調印を完了
畏くも大詔渙發さる
詔書
政治經濟軍事互助
內閣告諭
外交轉換こゝに
世界新
對ソ外交
同盟成立 喜びの乾杯

ア．A→B→C　　イ．A→C→B　　ウ．B→A→C
エ．B→C→A　　オ．C→A→B　　カ．C→B→A

問10　年表中の空らん ⑨ ・ ⑩ にあてはまる人名の組み合わせとして正しいものを，次のア～エより１つ選び，記号で答えなさい。

ア．⑨ 吉田　茂　⑩ 池田　勇人　　イ．⑨ 吉田　茂　⑩ 佐藤　栄作
ウ．⑨ 岸　信介　⑩ 池田　勇人　　エ．⑨ 岸　信介　⑩ 佐藤　栄作

3　「東京2020オリンピック・パラリンピック競技大会」に関する次の１～５の文を読んで，あとの問いに答えなさい。

１．オリンピック開会式では，各国選手団の入場行進曲として，日本発で高い知名度をほこるゲーム音楽が用いられた。これは日本政府がかねてより展開してきた，国産のアニメやゲーム，日本酒などの特産物に関する情報を世界に向けて発信し，日本の存在感を高め，影響力《えいきょうりょく》を保ち続けるよう取り組まれている「①クールジャパン戦略」とつながっていると考えられる。

２．オリンピックの入場行進では，まず［　Ａ　］語，続いて［　Ｂ　］語，そして最後に日本語で各国選手団の紹介《しょうかい》がおこなわれた。国際連合（国連）では［　Ａ　］語と［　Ｂ　］語に加えて［　Ｃ　］語，［　Ｄ　］語，スペイン語，アラビア語の６言語を国連の公用語と定めており，その中でもとくに［　Ａ　］語や［　Ｂ　］語は，国連の事務局や国際司法裁判所において常用語としてつかわれている。

３．2016年に開催《かいさい》されたリオデジャネイロ大会では，②紛争《ふんそう》などで（　③　）となり母国の代表として出場できなかった選手で構成された「（　③　）選手団」が初めて結成され，今大会でも引き続き結成された。国連のＵＮＨＣＲは国際オリンピック委員会や国際パラリンピック委員会と協力し，トレーニングにはげんできた（　③　）の選手たちを支えた。

４．大会期間中，首都高速道路では夜間（０時～４時）に料金を５割引し，昼間（６時～22時）に料金を上乗せする「ロードプライシング」がとられた。これによって昼間の交通量が大幅《おおはば》に減り，

選手や大会関係者の移動がより円滑《えんかつ》におこなわれたと考えられる。諸外国では，渋滞《じゅうたい》を和らげる効果や，それにともなう［　④　］効果が期待できるとして，この方式をすでに採用しているところもある。

5．今大会の開会式には，⑤天皇陛下，菅内閣総理大臣，小池都知事などが出席し，天皇陛下が開会を宣言された。また閉会式には，天皇陛下にかわって秋篠宮殿下《あきしののみやでんか》，菅内閣総理大臣，小池都知事などが出席したほか，次のオリンピック・パラリンピック競技大会開催都市であるパリのイダルゴ市長も出席し，都知事からパリ市長へ，オリンピック旗およびパラリンピック旗の引き継《つ》ぎがおこなわれた。

問1　下線部①について，次の図はこれを進める省庁の体制をしめしたものです。図中の【あ】～【え】にあてはまる省庁名の組み合わせとして正しいものを，下のア～カより1つ選び，記号で答えなさい。

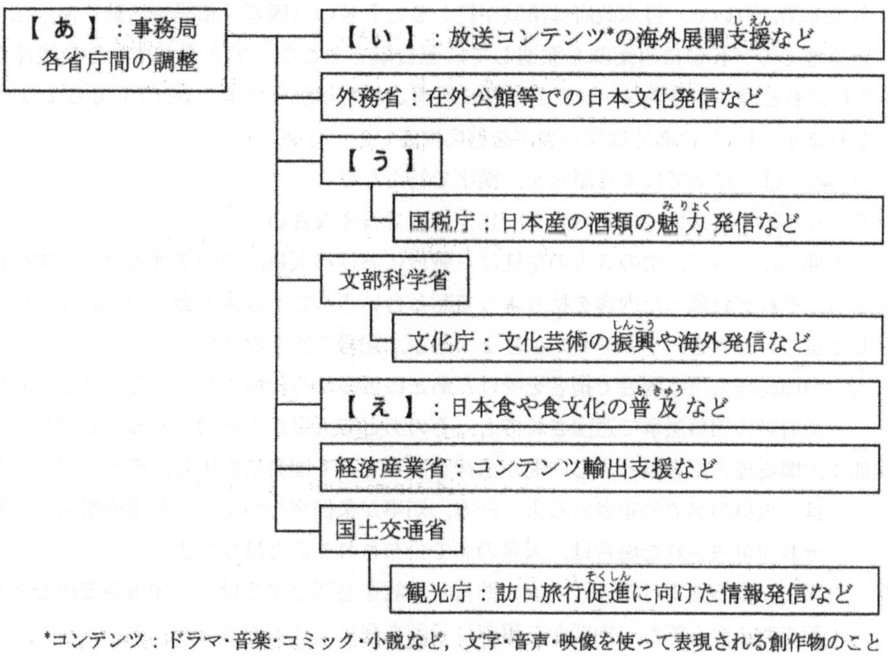

*コンテンツ：ドラマ・音楽・コミック・小説など，文字・音声・映像を使って表現される創作物のこと
（「クールジャパン戦略について」(https://www.cao.go.jp/cool_japan/about/pdf/cj_initiative)より作成）

ア．あ　財務省　い　法務省　う　内閣府　え　農林水産省
イ．あ　財務省　い　法務省　う　厚生労働省　え　環境省
ウ．あ　財務省　い　総務省　う　内閣府　え　農林水産省
エ．あ　内閣府　い　総務省　う　財務省　え　農林水産省
オ．あ　内閣府　い　法務省　う　厚生労働省　え　環境省
カ．あ　内閣府　い　総務省　う　財務省　え　環境省

問2　2の文および次の文や表の［A］～［D］には同じものがあてはまります。［A］～［D］にあてはまるものを次のページのア～カより1つずつ選び，記号で答えなさい。

・［　A　］～［　D　］には国連の安全保障理事会における常任理事国の名前が入る。

・20世紀初頭，［　Ｂ　］は［　Ｄ　］の南下をおさえるために日本と同盟を結んだことがあるが，その後の第一次世界大戦で［　Ｂ　］は［　Ａ　］や［　Ｄ　］と協力して戦った。

・西側先進５カ国（Ｇ５）が経済政策を話し合う会議としてはじまり，現在Ｇ７でおこなわれている主要国首脳会議（サミット）には，［　Ｃ　］のみ参加したことがない。

世界の言語別人口（母語として話す人数，2017年）

［Ａ］語	：	7600万人
［Ｂ］語	：	３億7200万人
［Ｃ］語	：	12億8400万人
［Ｄ］語	：	１億5400万人

（『The World Almanac 2018』より作成）

ア．仏　　イ．独　　ウ．英　　エ．中国　　オ．露　　カ．伊

問３　下線部②について，日本政府は冷戦が終わるとＰＫＯ（国連平和維持活動）協力法を成立させ，紛争地でのＰＫＯに自衛隊を派遣《はけん》して国際貢献《こうけん》をおこなってきました。この法律が制定され，それにもとづいて自衛隊が初めて海外に派遣された年から今年（2022年）でちょうど［　　］年となります。［　］にあてはまる数字を答えなさい。

問４　空らん（③）にあてはまる語句を，漢字で答えなさい。

問５　空らん ④ にあてはまる内容を，15字以内で答えなさい。

問６　下線部⑤について，次の３人の生徒は，戦後における天皇，内閣総理大臣，知事の関係に興味をもち，それぞれ調べた内容を持ちよって話し合いました。３人の発言の正誤について述べた文として正しいものを，下のア～エより１つ選び，記号で答えなさい。

巣《そう》太《た》：内閣総理大臣は国会で指名を受けたあとに天皇から任命されるんだ。でも，知事は各都道府県の知事選挙で選出されても，そのあとで天皇から任命されることはないんだ。

鴨《かも》次郎《じろう》：内閣総理大臣を長とする内閣が法律案をつくって国会に提出し，それが可決された場合は，天皇の名で公布されるよ。一方，知事が条例案をつくって都道府県議会に提出し，それが可決された場合は，天皇の名で公布されることはないよ。

学《まなぶ》：天皇による国事行為は，内閣の助言と承認を必要とするけど，知事が支出をともなう政策をおこなう際も，内閣から事前に承認を受ける必要があるんだよ。

ア．巣太くんの発言のなかにあやまりがある。

イ．鴨次郎くんの発言のなかにあやまりがある。

ウ．学くんの発言のなかにあやまりがある。

エ．全員正しい。

ア　他の段落の「です・ます」調に対して（　　）に「だ・である」調を用いることで、現実と妄想との対比を際立《きわだ》たせている。

イ　それぞれの工場の説明に（　　）を用いて当時の筆者の思い入れを補足することで、印象深かった工場たちのことを整理して紹介《しょうかい》している。

ウ　段落の最後に「……」を用いることで、ここで挙げた三つの工場に対する書き切れないほどの思い入れを表している。

エ　記憶《きおく》が古い順に思い入れのある工場を挙げることで、断片的《だんぺんてき》であった思い出が筆者の中で一つにつながっていく様子を表している。

問８　――部⑥「工場とはつまり」とありますが、最後に筆者は、工場とはどういうところだとまとめていますか。本文中の言葉を使って、七十字以内で答えなさい。

問９　本文の内容としてふさわしいものを、次のア～エから一つ選び、記号で答えなさい。

ア　子どものころの筆者が育った町では工場は日常に溶《と》け込んでいたため、筆者にとって工場は特別な場所ではなく、ありふれたものである。

イ　子どものころの瑞々しい体験や今では失われてしまった思い入れを、大人になった筆者が、なるべく当時感じたままに表現し伝えようと心がけている。

ウ　工場の中で何を作っているのかという世界の秘密に対して、あらゆる感情を味わったことを、印象深い思い出として振《ふ》り返っている。

エ　筆者は子どものころ、世界の広さと人間の偉大さなどの大事な真理を、工場を通して無意識のうちに感じ取っていたように思っている。

問１　A・B に入る言葉としてふさわしいものを、次のア～オからそれぞれ選び、記号で答えなさい。

ア　まさか　イ　こっそり　ウ　ちょうど　エ　ゆうに
オ　さらに

問２　～～～部「ばかり」と同じ用法の「ばかり」をふくむ文を、次のア～エから一つ選び、記号で答えなさい。

ア　どうだ、と言わんばかりの態度だ。
イ　髪《かみ》を三センチばかり切ってもらう。
ウ　買ったばかりのペンが壊《こわ》れてしまった。
エ　寝《ね》てばかりいるのは体に良くない。

問３　――部①「鉄工所」が、筆者が大人になった現在でも印象深い場所であるということを示した一文を、本文中から探し、その初めの五字をぬき出して答えなさい。

問４　――部②「顔の形に添う緩やかなカーブを持った四角いお面と、バーナーの先から飛び散る火花」について、次の⑴・⑵の問いに答えなさい。

⑴　「火花」は、私にとって何に見えたのですか。その答えとなる言葉を、本文中から十五字以内で探し、ぬき出して答えなさい。

⑵　その「火花」と「お面姿の工員さん」に私が夢中になったのは、工員さんが何に見えたからですか。その答えとなる言葉を、本文中から三十字以内で探し、その初めと終わりの五字をぬき出して答えなさい。

問５　――部③「クリーム色の高い塀に囲まれた、正体不明の工場」について、当時の筆者が強く抱《いだ》いていたのは、どういう思いでしたか。その思いとしてふさわしいものを、次のア～エから一つ選び、記号で答えなさい。

ア　正体をつかむ手がかりになりそうな煙突《えんとつ》とそこに書かれた漢字に対する好奇心《こうきしん》。
イ　塀の高さに対する畏怖《いふ》の念と、その向こうにある圧倒的《あっとうてき》な世界の秘密に対する期待。
ウ　中も見えず、何だか分からないにおいを放ち続ける得体の知れない様子に対するおそれ。
エ　不快なにおいから遠ざかりたいのに、逃《のが》れるすべがないことに対する絶望感。

問６　――部④「私の頭の中に刻まれた秘密の薬品工場では、延々と謎の液体が生産され続けています」とありますが、この時の筆者の心情の説明としてふさわしいものを、次のア～エから一つ選び、記号で答えなさい。

ア　工場やにおいから遠ざかろうとする反面、こわいもの見たさから妄想をやめられずにいる。
イ　世界の秘密に触《ふ》れたことに興奮し、その秘密の真相について想像をめぐらせるあまり無我夢中《むがむちゅう》になっている。
ウ　においを不快に感じる一方で、どこか心を奪《うば》われてしまっていることを我ながら不思議に感じている。
エ　においや工場の正体を忘れようとしているが、考えないようにすればするほど意識してしまうことに恐怖《きょうふ》を覚えている。

問７　――部⑤「用水路を挟んで」から始まる段落の説明としてふさわしいものを、次のページのア～エから一つ選び、記号で答えなさい。

入ったり欠けたりしています。そこから煙《けむり》が出ているのを見たことは一度もありません。もしかしたら、煙突に見せかけた、もっと危険な装置だったのでしょうか。そこには側面に、何やら漢字が書かれているのですが、難しすぎて解読不能です。

子どもたちは足早に三角地帯を通り過ぎます。考えまいとしても、そのにおいから逃《のが》れるすべはありません。これは町の人々に催眠術《さいみんじゅつ》をかけるための、薬を製造する工場ではないだろうか。風向《かざむ》きを読み、濃度を計算しながらにおいを発散し、少しずつ人々の心に侵入《しんにゅう》して忠実なロボット化を図《はか》っているのだ。秘密を守るため、最も薬の効きやすい体質の人間が　B　誘拐《ゆうかい》され、工場で働かされている。白衣に三角巾《さんかくきん》、長《なが》靴《ぐつ》姿で、危険な液体をかき混ぜたり、調合したり、別のタンクに移し替《か》えたりさせられている。高濃度の気体を吸い込んでいるため、心は弱り切って、もはや元に戻《もど》る希望はない。自分もいつ、目をつけられ、誘拐されるか……。

妄想《もうそう》は膨《ふく》らむばかりです。一刻も早く三角地帯を通り過ぎるために、走る速度を上げます。塀と煙突が目に入らないよううつむき、制服の袖口《そでぐち》で鼻を覆《おお》います。それでもなお、④私の頭の中に刻まれた秘密の薬品工場では、延々と謎《なぞ》の液体が生産され続けています。

⑤用水路を挟《はさ》んで家の北側にあった縫製《ほうせい》工場（鳴り響くミシンの音が、人類の行進のように勇ましかった）。田んぼの真ん中にあったアイスクリーム工場（どうせ誘拐されるなら、断然こっちの方がいいと思っていた）。お習字教室へ行く途中にあったイグサ工場（入り口につながれていた凶暴《きょうぼう》な犬が子犬を生み、更《さら》に凶暴になった）……。

子ども時代の記憶《きおく》に残る工場の思い出は、たくさんあります。驚異《きょうい》、畏怖《いふ》、感嘆《かんたん》、陶酔《とうすい》。工場の前に立ち、あらゆる感情を味わいました。工場はありふれた日常の中に潜《ひそ》む、圧倒的《あっとうてき》な世界の秘密でした。世界は自分が思うよりずっと広く、人間は私が想像するよりずっと偉大《いだい》な働きをして。いる。鉄工所の火花を見つめながら、謎の工場のにおいにむせながら（高学年になり、煙突の漢字が読めるようになった時、そこはお酢《す》の工場だと判明しました）、無意識のうちに私は、大事な真理を感じ取っていたのかもしれません。

長年抱《いだ》き続けている工場への思い入れを、本の形にして記したい。子どもの私が味わったあの瑞々《みずみず》しい体験を、作家になった今の自分の言葉でよみがえらせてみたい。本書はこうした素朴《そぼく》な願いからスタートしました。

⑥工場とはつまり、何かを作るところです。こんなもの、どうやって作るのだろう、と不思議に思う何か。製造されている現場など思い浮《う》かべもしないで当たり前に使っている何か。そんなもろもろすべてが、こうしている間にも、この世のどこかにある工場で、人知れず製造されているのです。

ものを作る、という行為《こうい》は、他のどんな動物にもない、人間だけが獲《かく》得《とく》した能力です。工場にはさまざまな魅力が詰《つ》まっています。建物自体の面白《おもしろ》さ、独自の秩序《ちつじょ》、機械や道具類の精密さ、製品に対する情熱、誇《ほこ》り、そして人間の手の繊細《せんさい》さ。挙げていったらきりがありません。たとえ無機質なほどに整備され、管理された工場であったとしても、ものを作る現場である以上、そこはやはり人間の知性と感情が詰まった場所と言えるでしょう。ならば取材して書く価値があるはずだ。という結論に達したのです。

ている生物たちの行動は、コーヒーの生産に対して恩恵をもたらしてくれている。

ウ　サングロウンに適したコーヒーの品種は、より裕福《ゆうふく》になることを目指したコーヒー農家の人々によって人工的に一から開発されたものである。

エ　シェイドグロウンに適した環境を維持《いじ》するための基準を守ったコーヒー農園は、どこから見ても自然のままの林と変わることのない様子となる。

【三】　次の文章は、小川洋子《おがわようこ》さんの『そこに工場があるかぎり』のあとがきの一部です。これを読んで、後の問いに答えなさい。

私が生まれ育ったのは、お城にも県庁にも近い、岡山市《おかやまし》の町中なのですが、空襲《くうしゅう》で焼け残った一画だったためか、妙《みょう》に古びていて、雑多で、子どもには興味の尽《つ》きない雰囲気《ふんいき》に満ちあふれていました。

お向かいは①鉄工所でした。入口はいつも開け放たれ、中には工具類や鉄の塊《かたまり》や鉄線の束が無造作に散らばり、にぎやかな音があたりに響《ひび》き渡《わた》っていました。道の表面が、そこの前だけ錆《さび》の色に染まって赤茶けているのが、特別な場所の印のように見えました。しかし何より私を夢中にさせたのは、②顔の形に添《そ》う緩《ゆる》やかなカーブを持った四角いお面と、バーナーの先から飛び散る火花です。工員さんがお面を素早《すばや》く顔に当てます。するとバーナーの火が一段と大きくなり、黒々とした鉄からパッと美しい火花が咲《さ》きます。線香《せんこう》花火などとは比べ物にならない明るさと勢いを持っています。それ自体が、自在に姿を変える魅惑的《みわくてき》な生き物のようです。そしてその生き物を思うがままに操《あやつ》っているのが、お面姿の工員さんです。

目を守るためにやっているのだろうと、薄々《うすうす》気づいてはいながら、心のどこかでは、あれこそ秘密のお面に違《ちが》いない、あれをつければたちまち、ウルトラマンや仮面ライダーのように無敵になれるのだ、と信じていました。子どもの私にとって工員さんは、見えない人類の敵を火花でやっつけてくれる、格好いい、英雄《えいゆう》でした。

道の反対側にしゃがみ込《こ》み、少女はいつまでも鉄工所を見つめていました。西日が射《さ》し込み、一段と輝《かがや》きを増した火花の美しさと、錆と油の混じり合ったにおいが、今でもよみがえってきます。

小学校の通学路の途中《とちゅう》には、③クリーム色の高い塀《へい》に囲まれた、正体不明の工場がありました。鉄工所の前の細い道から、国道へ出るための、三角地帯のような場所に、それは建っていました。半端《はんぱ》な高さではありません。地面からまず石垣《いしがき》が積み上げられ、その上にさらにコンクリートの塀がそびえていて、石垣だけでも小学生の身長を［Ａ］超《こ》えています。絶対に、何があっても、中を覗《のぞ》かれてはならない、という強い意志が伝わってきて恐《おそ》ろしいほどです。

でも、塀よりもっと怖《こわ》かったのは、そこから漂《ただよ》ってくるにおいでした。胸がうっとする、あるいは目がちかちかする、酸《す》っぱいような、もやもやしたような、濃密《のうみつ》で重苦しいにおい。決していいにおいではないのですが、化学物質の気配はなく、自然由来のものだろうという予測は立ちます。けれどだからといって、頼《たの》まれても胸一杯《むねいっぱい》に吸い込みたくはありません。

一体、そこで何が作られているのか。ヒントは、塀からかろうじてはみ出した、円柱形の煙突《えんとつ》だけです。くすんだ灰色をして、所々、ひびが

ア　農作物の育成を行い、生産量を高めようとしたときに、自然環境に対して悪い影響《えいきょう》を与《あた》えるという負の側面がない育成方法は多くは存在しないから。

イ　シェイドグロウンで生産できるコーヒーは、他の農法に比べて限られているため、生産されたコーヒーは価値が高くなり、手に入れにくいから。

ウ　コーヒーをシェイドグロウンで育てるための条件は厳しく、農業として成立するための場所が限られているので、実施《じっし》している農園が少ないから。

エ　伝統的な農法を続けていくために、生物多様性を保全しなくてはならないが、現在は様々な環境汚染があり、継続することが難しくなっているから。

問5　――部③「サングロウン（日向栽培）」には、どのような利点があったから、シェイドグロウンからの転換《てんかん》が進んだのですか。その答えとなる部分を「という利点。」につながるように、本文中から四十字以内で探し、その初めと終わりの五字をぬき出して答えなさい。

問6　――部④「（Ｘ）より（Ｙ）」の（Ｘ）と（Ｙ）に入る漢字一字をそれぞれ答えなさい。

問7　――部⑤「目先の利益を求める農家」とありますが、目先の利益を求めた結果、これらの農家はどういうことをしてしまったのですか。その答えとしてふさわしいものを、次のア～エから一つ選び、記号で答えなさい。

ア　機械を使って効率よくコーヒーを育てるために、化学肥料や農薬を大量に使った結果、環境が破壊《はかい》され、絶滅する動物まで生み出してしまった。

イ　シェイドグロウンに適したコーヒー樹だけを切ったことで、自然環境を変化させてしまい、生態系や生物多様性に深刻な影響を与えてしまった。

ウ　コーヒー樹に太陽の光を当てるために、農園の環境を人工的に作り替《か》えたことで、生態系とコーヒー栽培が共存できないようにしてしまった。

エ　サングロウンに適したコーヒーを育てるために、農薬や化学肥料を大量に使った結果、害虫の被害は減らせたが、生産量が減ってしまった。

問8　――部⑥「農薬が必要にもなります」とありますが、サングロウンで大量の農薬が必要になってしまうのは、生物多様性によるどのような恩恵を受けられなくなるからですか。その恩恵を示した一文を本文中から探し、その初めの五字をぬき出して答えなさい。

問9　――部⑦「私たち日本の消費者もコーヒーを通じて、生物多様性の保全に貢献できます」とありますが、私たちは、どうすることで、生物多様性の保全に貢献できるのですか。本文中の言葉を使って、四十五字以内で答えなさい。

問10　本文の内容としてふさわしいものを、次のア～エから一つ選び、記号で答えなさい。

ア　シェイドグロウンに適したコーヒーは、日が当たると質が低下するので、厳しい基準を作って、必要以上に直射日光が当たることを防ぐ必要がある。

イ　シェイドグロウンが多様な樹木と共生できることによって守られ

を守って栽培されたコーヒー）には、生物多様性の保全に関連する項目《こうもく》が認証基準に含まれているのをご存知でしょうか。

中でも、スミソニアン® 協会が渡《わた》り鳥《どり》の研究のために設立したスミソニアン® 渡り鳥センター（ＳＭＢＣ）のバードフレンドリー® プログラムの基準は、生物多様性の保全に関する基準が非常に厳しいことで知られています。

有機農法に加え、最低11種類の日陰樹の採用や樹冠率40％以上が義務付けられるほか、日陰樹の高さにも基準が設定されています。［Ｂ］日陰樹の20％が15メートル以上の高木、60％が12メートル以上の中木、20％が小木であることが必要で、この日陰樹の割合を満たしたコーヒー農園は、ある地点から観察すると、まるで原生林のように見えます。

ベジャビスタ農園（注・コロンビアにあるコーヒー農園）が取得したレインフォレスト・アライアンス認証も、シェイドグロウンを奨励《しょうれい》し、生物多様性の保全と社会環境への配慮《はいりょ》に力を入れています。

なお、特に認証は獲得《かくとく》しなくても、様々な方法で自然を大切にする農園が世界各地にあります。そんな農園のコーヒーには、現地特有の様々な生物多様性の保全を背景にしたストーリーが隠《かく》されています。それぞれの産地のストーリーに注意を払い、生物多様性を守りながら生産されているコーヒーを選べば、生産地からはるか遠くで楽しむコーヒータイムも、より大切な意味合いを持つようになるのではないでしょうか。

（Ｊｏｓé《ホセ》。川島良彰《かわしまよしあき》・池本幸生《いけもとゆきお》・山下加夏《やましたかな》『コーヒーで読み解くＳＤＧｓ』による）

問１　［Ａ］・［Ｂ］に入る言葉としてふさわしいものを、次のア～オからそれぞれ選び、記号で答えなさい。

ア　つまるところ　イ　その理由は　ウ　その結果
エ　さらには　オ　具体的には

問２　〜〜〜部「拍車が【　　】」の【　　】内に入る言葉としてふさわしいものを、次のア～エから一つ選び、記号で答えなさい。

ア　押《お》された　イ　掛《か》かった　ウ　回った　エ　流された

問３　――部①「日陰樹を利用した生育方法であるシェイドグロウン（日陰栽培）」について、本文を参考に次のようにまとめました。これを読んで、後の⑴・⑵の問いに答えなさい。

シェイドグロウンでは、日陰樹を用いるため、その落葉を上手に活用すれば、［ａ］ができる。また、日陰樹は、根付くことで［ｂ］てくれる。ほかにも、植物がグランドカバーの役割を果たすなど、コーヒーの栽培に植物が利益をもたらしている。さらに、シェイドグロウンでは、大気や河川《かせん》の汚染《おせん》を他の農法に比べて抑《おさ》えることができるので、自然との共生が可能である。

⑴　［ａ］・［ｂ］にふさわしい言葉をそれぞれ本文中から八字で探し、ぬき出して答えなさい。

⑵　＝＝部について、シェイドグロウンによって、他の農法に比べて、大気の汚染を抑えることができるのは、なぜですか。また、河川の汚染を抑えることができるのは、なぜですか。本文中の言葉を使って、それぞれ「直射日光が地面に当たりにくいので、」という書き出しに続けて、二十五字以内で答えなさい。

問４　――部②「貴重な手段だと言える」のは、なぜですか。その理由としてふさわしいものを、次のア～エから一つ選び、記号で答えなさい。

ヒー樹にとって害虫となる昆虫を捕食《ほしょく》してくれます。

　ジャマイカのブルーマウンテンコーヒー農園で行われた研究では、コーヒー生産の天敵とも言われる「コーヒーベリーボアラー」という害虫を食べている可能性が高い鳥が17種確認されました。それらの鳥が自由に訪《おとず》れることができる区画は、鳥が入れないように網《あみ》で囲った区画と比べ、１ヘクタール当たり１～14％ほどコーヒーベリーボアラーの被害《ひがい》が減ることもわかりました。それらの価値を経済的価値に換算《かんさん》すると、年間＄44～＄１０５／ヘクタールに相当すると報告されています。またコスタリカの同様の研究では、コーヒー農園を訪れる鳥によってコーヒーベリーボアラーによる被害が年間＄75～＄３１０／ヘクタール減ることが報告されています。

　つまり、伝統的なシェイドグロウンを継続《けいぞく》するコーヒー農園を守ることは、生物多様性を保全しながら、地元の人々の生計を支える経済活動を両立させるための②貴重な手段だと言えるのです。

　ところが突然《とつぜん》変異で日陰が必要ない矮性《わいせつ》（注・一般的《いっぱんてき》な大きさよりも小形なまま成熟する性質）の栽培種が生まれたことで、日陰樹をすべて切り払《はら》い、太陽光を存分に利用する生育方法である③サングロウン（日向《ひなた》栽培）への転換《てんかん》が始まりました。

　特にその傾向《けいこう》に拍車《はくしゃ》が【　　】のは、１９７０年以降にサビ病（注・植物の病気）が中南米に伝播《でんぱ》してからです。その対策として、前出の矮性種とサビ病に耐性《たいせい》のある突然変異種を人工交配させた栽培種が生み出され、シェイドグロウンの畑は次々とサングロウンの畑へ姿を変えていきました。当時の交配種はまだ品質の安定性では劣《おと》っていたものの、サビ病に対する脅威《きょうい》と「④（X）より（Y）」が重視されたこともそれを後押《あとお》ししました。日陰樹を植えるスペースが不要な上、矮性種であるために栽植密度が高く、しかも、日陰樹を伐採《ばっさい》した分大きく広がった畑では機械での収穫《しゅうかく》も可能になります。サビ病への対策コストもかからず、人件費も低く抑えられ、しかも生産性も高いとなれば、⑤目先の利益を求める農家がそれに飛びついたのは当たり前のことだったかもしれません。

　［A］、シェイドグロウンからサングロウンへの転換が急激に進み、中南米全体では、伝統的なシェイドグロウンを採用していた農家のおよそ半数が、１９７０～１９９０年の間に日陰樹を大幅《おおはば》に減少させたと報告されています。

（中略）

　生産性という意味では非常にメリットが大きいサングロウンですが、そこには森林伐採という負の側面があります。森林伐採それ自体が生態系や生物多様性に及《およ》ぼす深刻な影響《えいきょう》は計り知れず、さらにはシェイドグロウンのような「生物の多様性による恩恵」を受けられなくなるため、大量の化学肥料や⑥農薬が必要にもなります。

（中略）

　このように、コーヒー生産と生物多様性の保全は密接に関係しています。

　特に都会に住む人は、生物多様性の保全と言ってもあまりピンとこないかもしれませんが、⑦私たち日本の消費者もコーヒーを通じて、生物多様性の保全に貢献できます。

　日本で流通するほとんどの認証団体のコーヒー（注・労働者の人権や自然

【国語】〈五〇分〉〈満点：一〇〇点〉

【注意】字数指定のある問題は、句読点やかぎかっこなどの記号も字数にふくめます。

【一】次の1～10の――部のカタカナを、それぞれ漢字に改めて答えなさい。

1 子どもが寝《ね》る前にドウワを読み聞かせする。
2 あまりヒニクばかり言うものではない。
3 音楽発表会でリコーダーのガッソウをする。
4 駅でシュウカン誌を買った。
5 水田の稲穂《いなほ》がオウゴンに輝《かがや》く。
6 彼《かれ》は隣国《りんごく》にボウメイした。
7 海外のチームとシンゼン試合を行う。
8 古代文明がサカえた地に行く。
9 君に全てをマカせるよ。
10 ヘビがとぐろをマいている。

【二】次の文章を読んで、後の問いに答えなさい。なお、本文には表記を改めたところがあります。

伝統的なコーヒー栽培《さいばい》は、森の多様な樹木が織りなす林冠部《りんかんぶ》の下、木漏《こも》れ日を利用しながら行われていました。特にエチオピアの森で生まれたアラビカ種は、高地で昼夜の温度差の激しい生育気候を好むため、①日陰樹《ひかげじゅ》を利用した生育方法であるシェイドグロウン（日陰栽培）が適しています。日陰率の割合は、個々のコーヒー畑の自然環境《かんきょう》や生育されるコーヒーの樹種によって異なりますが、メキシコでの研究では日陰率35％～65％の間でもっともコーヒーの生産性が上がったことが報告されています。

シェイドグロウンの場合、日陰樹からの落葉が、マルチング（注・植物の株元の地表面を覆《おお》うこと）として地面を覆うので土壌《どじょう》の保湿力《ほしつりょく》が高まり、適切に管理することができれば、肥料を減らすことも可能です。また直射日光が地面に当たりにくいので、化学肥料を使ったとしても揮発（注・常温で蒸発）して大気を汚染《おせん》することを抑《おさ》えてくれます。

高木の日陰樹は、根を深く張るので土壌流亡を軽減します。また、背の高くならない植物を植えれば土の表面が晒《さら》されないため、いわゆるグランドカバー（注・地表を覆うために植える植物）として表土を守ってくれます。さらに直射日光が地面に当たらず雑草が生えにくくなるため、除草作業も必要ありません。当然除草剤《じょそうざい》も不要なので、除草剤が雨で流れて河川《かせん》を汚染することもなくなります。

熱帯地域の多様な樹木と共生できるシェイドグロウンのコーヒーは、結果的に、鳥類、昆虫類《こんちゅうるい》、コウモリを含《ふく》む様々な哺乳類《ほにゅうるい》の保全に貢献《こうけん》することにつながります。その中には多数の絶滅危惧種《ぜつめつきぐしゅ》も含まれます。メキシコの自然保護区周辺では、伝統的なシェイドグロウンを続ける小規模農家が多く、それらの農園周辺では原生林とほぼ変わらない鳥類や昆虫類の豊かさが確認《かくにん》されています。

生物の多様性が逆に、コーヒー栽培にもたらす恩恵《おんけい》もあります。蜂《はち》や蝶《ちょう》などの昆虫類は、コーヒー樹の花だけでなく、時に日陰樹として採用される果樹やマカダミアナッツ等の花の蜜《みつ》を吸い受粉媒介《ばいかい》の役目を果たします。また、餌《えさ》を探してやってくるたくさんの鳥やコウモリは、コー

第1期

2022年度

解　答　と　解　説

《2022年度の配点は解答欄に掲載してあります。》

＜算数解答＞《学校からの正答の発表はありません。》

1 (1) 12通り　(2) 1042個　(3) 36円　(4) 186人　(5) 20票
(6) 角ア 17度　角ウ 13度

2 (1) 小数第5位　(2) 小数第25位　(3) 小数第16位

3 (1) $576m^3$　(2) $160m^3$　(3) $75.36m^3$

4 (1) 4：3　(2) 78.75分後　(3) $30\frac{30}{41}$分後

○推定配点○
1(1)～(5)　各6点×5　他　各7点×10(1(6)完答)　計100点

＜算数解説＞

1 (割合と比，数の性質，場合の数，規則性，差集め算，表とグラフ，平面図形，消去算)

やや難 (1) 各商品の個数をA～Dで表す。
60×A＋120×B＋240×C＝1300－350×D
6×(A＋2×B＋4×C)＝5×(26－7×D)
D＝2のとき…A＋2×B＋4×C＝A＋2×(B＋2×C)＝5×(26－7×2)÷6＝10
(A，B，C)＝(10，0，0)(8，1，0)(6，2，0)(6，0，1)(4，3，0)(4，1，1)
(2，4，0)(2，2，1)(2，0，2)(0，5，0)(0，3，1)(0，1，2)
したがって，全部で12通り。

重要 (2) 3または7を使う整数の個数
1ケタ…2個　2ケタ…2×7＋10×2＝34(個)　3ケタ…(2＋34)×7＋100×2＝452(個)
4ケタ…2＋34＋452＋2×2＝492(個)
したがって，3，7を使わない整数は2022－(2＋34＋452＋492)＝1042(個)
【別解】10個の1ケタの整数のうち，3，7を使わず8個を使う…8進法
したがって，<2022>は8×8×8×2＋8×8×0＋8×2＋2＝1024＋18＝1042

重要 (3) A，Bの個数が6：1なので，A，Bの1個あたりの利益の比は(9÷6)：1＝3：2　したがって，A1個の利益は12×3＝36(円)

重要 (4) 右表において，6人ずつの組は(4×15＋2)÷(6－4)＝31(組)
したがって，生徒数は6×31＝186(人)

4……4　4…4　2
6……6　(15組)

重要 (5) 右表より，Bは選ばれるので，D，Fの票数がEの48票と等しくなったとき，残りの票数は50－{48×2－(36＋33)}＝23(票)

	A	B	C	D	E	F	残り
票数	14	105	25	36	48	33	50

この後，これら3人から2人が選ばれる場合，Dが当選確実になるためには23÷3＝7あまり2より，あと48－36＋8＝20(票)必要。

重要 (6)　右図より，三角形BCEについて，
ア＋73＋ア×3＋ウ×3＝180　　ア×4＋ウ×3＝
180−73＝107(度)…①　　三角形BCDについて，
ア×3＋ウ＝180−116＝64(度)…②　②×3−①
より，ア×(9−4)＝ア×5が64×3−107＝85(度)
したがって，アは85÷5＝17(度)，ウは64−17×3＝
13(度)

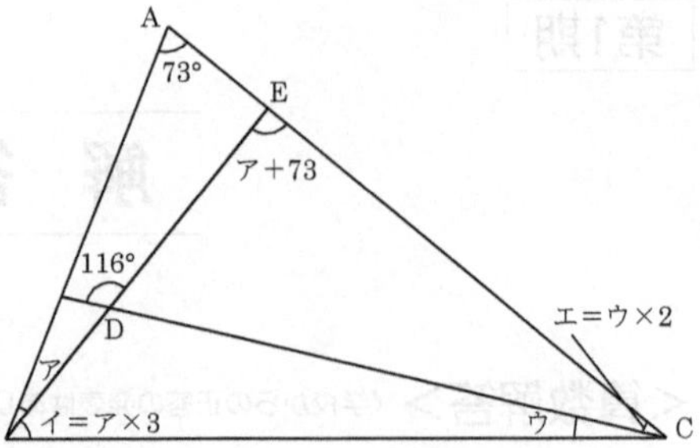

重要 2　**(数の性質，規則性)**

(1)　1÷4÷(10×10×10)＝0.25÷1000＝0.00025…小数第5位

(2)　1÷2＝0.5…小数第1位　　1÷(2×2)…小数第2位　　1÷(2×2×2)…小数第3位
1を「2を13個かけ合わせた数」で割ると，小数第13位までの数になる。　さらに，「10を12個かけ合わせた数」で割ると，小数第25位までの数になる。

(3)　1÷2から1÷(2×2×2)まで…小数以下に0はない
1÷「2を4個かけ合わせた数」から1÷「2を6個かけ合わせた数」まで…小数第1位に0
1÷「2を7個かけ合わせた数」から1÷「2を9個かけ合わせた数」まで…小数第2位まで0
(2)より，1÷「2を13個かけ合わせた数」は，小数第3位まで0
さらに，「10を12個かけ合わせた数」で割ると，3＋12＝15より，小数第15位まで0
したがって，小数第16位に0でない数が現れる。

重要 3　**(平面図形，相似，立体図形)**

(1)　$12\times12\times12\div3=576(\mathrm{m}^3)$

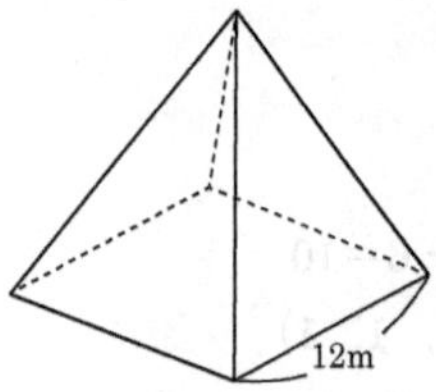

図1

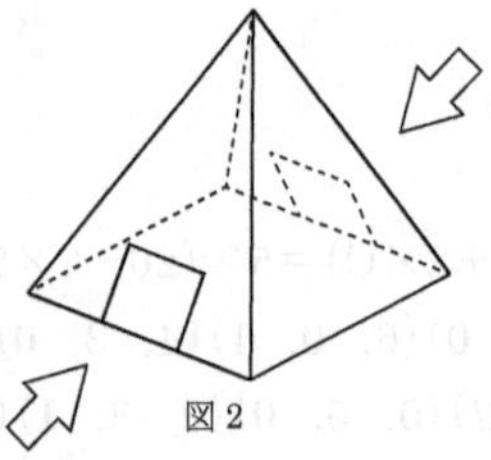
図2

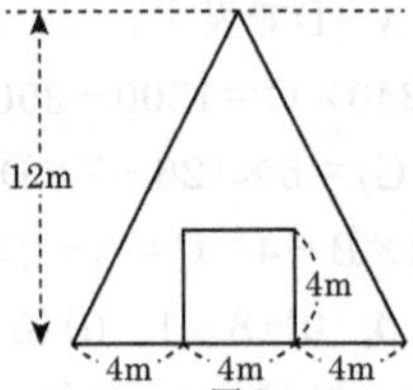

図3

(2)　図ア・イより，$(8+12)\times4\div2\times4=160$
(m^3)

(3)　図4・5・ウより，$2\times2\times3.14\times(2+4)=$
$75.36(\mathrm{m}^3)$

図ア
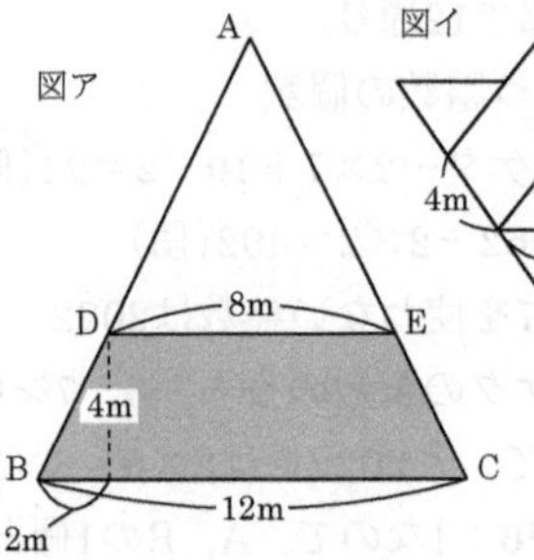

図イ
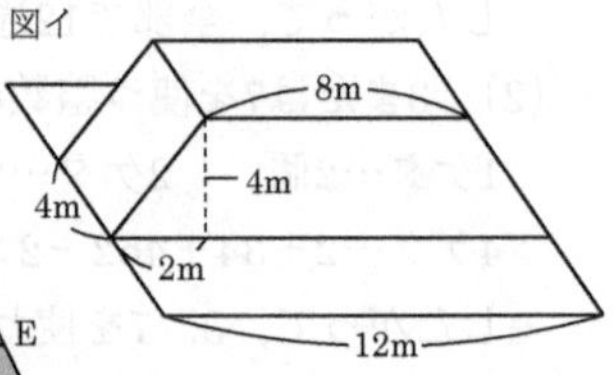

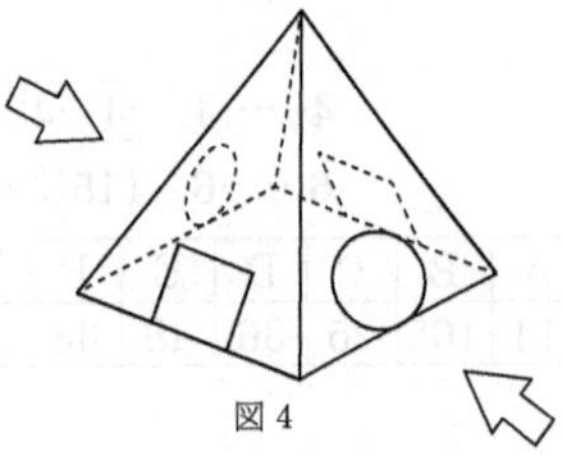
図4

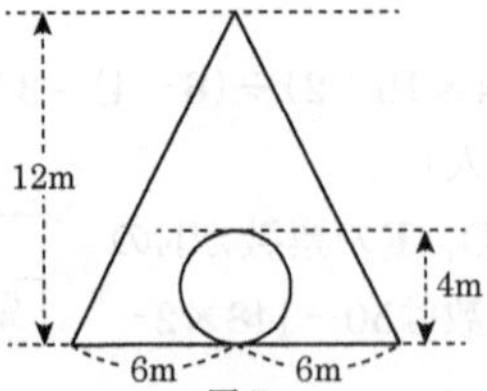

図5

図ウ
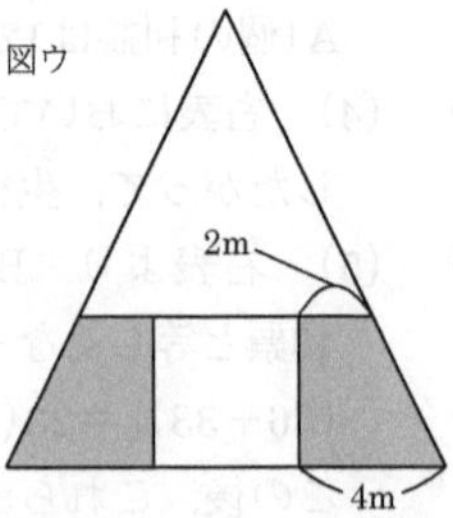

重要 4 **(速さの三公式と比，割合と比，単位の換算)**

(1)　太郎君が30分で進んだ距離を，次郎君は40分で進む。　したがって，2人の速さの比は40：30＝4：3

(2)　(1)より，太郎君と次郎君の速さをそれぞれ4，3とし，PQ間を(4＋3)×30＝210とする。太郎君は31.5分後に三郎君と出会ったので，三郎君が進んだ距離は210－4×31.5＝210－126＝84　したがって，三郎君がP地点に着くのは210÷(84÷31.5)＝78.75(分後)

(3)　(2)より，太郎君と三郎君の速さの比は126：84＝3：2，3人の速さの比は12：9：8　太郎君がP地点から12進むとき，Q地点から2人の中間点までの距離は(9＋8)÷2＝8.5　したがって，この時刻は210÷(12＋8.5)×12÷4＝$30\frac{30}{41}$(分後)

★ワンポイントアドバイス★

1(1)「1300円になる商品の組み合わせ」は，ミスが生じやすくやっかいであり，4「PQ間と3人の出会い」は，速さの比を使って線分図で計算すれば難しくない。自分にとって解きやすい問題を優先して，解いていこう。

＜理科解答＞《学校からの正答の発表はありません。》

【1】 問1　(はたらき)　蒸散　(部分)　気孔　問2　ウ　問3　湿度　問4　イ，オ
問5　22.3cm³　問6　①　ウ　②　イ　③　ア　問7　エ　問8　(1)　ウ
(2)　ア，エ　問9　221年　問10　オスとメスが出会う可能性が低くなるから。

【2】 問1　12cm　問2　25g　問3　160g　問4　350g　問5　7.2cm
問6　①　140　②　60　問7　カ　問8　ア，ウ

【3】 問1　ウ　問2　9以上　問3　ア　問4　(1)　④，⑩　(2)　なぎ
問5　(1)　8月　(2)　2.3日　(3)　②　(4)　イ　(5)　ア　(6)　エ

【4】 問1　フェノールフタレイン液　問2　イ，オ　問3　青色から赤色
問4　発生した水が加熱部に流れて試験管を割らないようにするため。
問5　a　青色　b　黄色　問6　1.7g　問7　11%　問8　19g

○推定配点○

【1】　各1点×12(問4，問6，問8(2)完答)
【2】　問1・問2　各1点×2　他　各2点×6(問6，問8完答)
【3】　各1点×11(問4(1)完答)
【4】　問1～問3　各1点×3(問2完答)　問4～問8　各2点×5(問5完答)　計50点

＜理科解説＞

【1】 (植物のはたらき，昆虫－蒸散量の測定，セミの生態)

問1　植物は，体内の水分を水蒸気として体外に放出している。そのはたらきを蒸散(蒸散作用)という。蒸散は，主にからだの表面にある気孔で行われる。

基本 問2　蒸散によって，体内の水分が放出されると，新しい水を根から吸収するはたらきがさかんに

なる。また，蒸散によって気化熱が放出され，葉の温度が上がりすぎるのを防ぐ。光合成や呼吸とは直接の関係はない。

問3　Aでは放出した水蒸気がポリエチレンの袋にとどまるので，葉のまわりの湿度が上昇して，新たな蒸散がしにくくなる。

問4　B～Eで，蒸散するところをまとめると，次の表のようになる。

	B	C	D	E
蒸散するところ	表，裏，茎	裏，茎	表，茎	茎
蒸散量〔cm^3〕	31.1	X	11.9	3.1

葉の裏からの蒸散量を知るには，BとDの差，あるいは，CとEの差を調べればよい。

重要　問5　葉の裏からの蒸散量は，問4のことから，B－D＝19.2cm^3である。また，茎からの蒸散量は，Eの3.1cm^3である。よって，Cの蒸散量は，19.2＋3.1＝22.3cm^3となる。あるいは，葉の表からの蒸散量は，D－E＝8.8cm^3である。Cの蒸散量は，Aから表の蒸散量を引いて31.1－8.8＝22.3cm^3と求めてもよい。

問6　セミのうち鳴くのはオスだけで，メスは鳴かない。セミは移動しながら生活するので，なわばりをつくらない。オスはメスに自分のいる場所を知らせ，交尾をするために鳴く。オスの腹部には，音を響かせる空洞と，音を出すための膜があり，膜を振動させ空洞で大きくしている。一方，コオロギやキリギリスのなかまも鳴くのはオスだけだが，こちらはメスを引き付けるとともに，なわばりを主張するはたらきもある。また，羽をこすりあわせて音を出す。

問7　ア：誤り。成虫は花のみつを吸い，幼虫はミカンやカラタチなどの樹木の葉を食べる。
イ：誤り。成虫は空中で昆虫などを捕まえて食べ，幼虫は水中で昆虫などを捕まえて食べる。
ウ：誤り。成虫は樹液などを吸い，幼虫は土の中で腐葉土などを食べる。　エ：正しい。成虫も幼虫も，アブラムシなどを食べる。

問8　(1)　アは孵化《ふか》，イは蛹化《ようか》，ウとエが羽化《うか》である。セミはさなぎの時期がない不完全変態をおこなうので，エではなくウがあてはまる。　(2)　セミは，さなぎの時期がなく，卵→幼虫→成虫のような不完全変態を行う。選択肢では，カマキリやキリギリスが同じように，不完全変態を行う。

問9　13と17の最小公倍数は，13×17＝221である。

問10　成虫の数が少ないと，交尾の相手と出会えず，産卵できない個体が生じる確率が増える。また，成虫の数が少ない場合，他の動物に食べられたり，環境の変化に適応できなかったりすると，種そのものが消滅する危険性もある。成虫の数が多いと，一部は生き残る可能性が高い。

【2】（力のはたらき－輪軸と滑車の組み合わせ）

問1　図1で，つり下げたおもりの重さが0gのときのばねの長さを読むと，12cmである。

問2　図1で，つり下げたおもりの重さが100gのとき，ばねの長さは16cmであり，自然の長さよりも4cm伸びている。よって，1cm伸ばすのに必要な重さは，100÷4＝25gである。

問3　図2の左上の輪軸のつり合いを考える。輪軸の右側から出る糸の力は，　8×280＝14×□　で，□＝160gとなる。これが，T点にかかる。

重要　問4　図2のばねののびが1.2cmであり，問2のことから，ばねにかかる力は25×1.2＝30gとなる。T点にかかる力は，問3のことから160gである。よって，右下の動滑車に上向きにはたらく力の合計は，160＋160＋30＝350gとなる。動滑車のつり合いから，下向きにかかる力も350gであり，動滑車の重さは考えないので，おもりBの重さは350gである。

やや難　問5　図2で輪軸の左側から出る糸にかかる重さが350gになるから，輪軸の右側から出る糸の力は，8×350＝14×□　で，□＝200gとなる。動滑車には下向きに280gの力がかかっている。一方，動滑車にかかる糸の力は上向きに200＋200＝400gだから，ばねは縮んで動滑車を下向きに押していることになる。ばねにかかる力は400－280＝120gであり，問2のことから，ばねの縮みは120÷25＝4.8cmとなる。ばねの自然長は12cmだから，そこから4.8cm縮んだ長さは，12－4.8＝7.2cmとなる。

問6　図3の下側の動滑車のつり合いを考えると，点Pと点Rには280gの半分ずつで140gずつの力がはたらく。次に，上側の輪軸のつり合いを考えると，14×P＋8×Q＝8×R＋14×S　が成り立つ。14×140＋8×0＝8×140＋14×□　より，□＝60gとなる。なお，点Pと点Sの力が等しくないのは，通常の滑車や輪軸では考えられないが，問題の差動滑車では，糸の摩擦力によってすべらないしくみとなっており，点Pと点Sの力が等しくないことがありうる。

やや難　問7　輪軸の大小の円は同じ中心角だけ回転するので，回転する円周の長さの比は，半径の比と同じになる。図3で，点Sを含む糸を70cmたぐると，上側の輪軸の大きい円が円周70cmぶんだけ時計回りに回転する。小さい円が時計回りに回転する円周の長さは，14：8＝70：□　より，□＝40cmである。点Pが70cm上がり，点Rが40cm下がるので，下の動滑車を支える左右の糸の長さは，差し引き70－40＝30cm短くなる。よって，おもりAは30÷2＝15cm引き上げられる。

やや難　問8　ア：正しい。輪軸のつりあいを利用し，大小の半径と糸を引く力から計算できる。　イ：誤り。問7でも，70cm引いて15cm持ち上がっており，半径の比とは等しくない。　ウ：正しい。問7でも，引き上がる方は180g×15cm＝4200，引く方は60g×70cm＝4200で，確かに等しい。エ：誤り。問7では，下の動滑車を支える左右の糸の長さが，差し引き30cm短くなっているので，点Qを含むたるんだ部分は長くなる。

【3】 (気象－アメダス，空港の運用と風向)

問1　ア：誤り。気象庁が千代田区大手町から港区虎ノ門に移転したのは2020年であり，東京のアメダスが千代田区大手町から同区北の丸公園に移転したのは2014年であった。　イ：誤り。アメダスは，全国約1300か所の無人の観測地点が設置されている。　ウ：正しい。地面からの熱を避けるため，地表が芝でおおわれた場所で行う。　エ：誤り。気象衛星ひまわりをはじめ，地球の自転と同じ速度でまわる静止衛星は，すべて赤道の真上の上空3.6万kmの位置にある。日本上空には静止衛星を留めておけない。

問2　空全体の面積を10としたときの雲の面積の割合を雲量という。降水がない場合，雲量0～1が快晴，2～8が晴れ，9～10が曇りである。

問3　降水量は，約1300か所のアメダスのほとんどの観測地点で観測している。気温や風向風速，日照時間は約850か所で観測している。気圧はアメダスの項目ではないが，気象台や測候所などで計測されている。

基本　問4　(1)　昼間は陸の方が温まりやすいため，陸で上昇気流が生じ，気圧が低くなって，海から陸へ向かう海風が吹く。夜間は陸の方が冷えやすいため，陸で下降気流が生じ，気圧が高くなって，陸から海へ向かう陸風が吹く。　(2)　海風と陸風が入れ替わる朝と夕方には，一時的に風がやむことがある。これを凪《なぎ》といい，それぞれ朝凪，夕凪とよぶ。

問5　(1)　問題文から，羽田空港で午後に南風運用されている日数を調べればよい。表で，午後に南風運用されているのは，1月は17＋0＝17日，2月は13＋7＝20日，…である。最も多いのは8月で，16＋7＝23日である。　(2)　羽田空港で午後に南風運用されている日数の合計は，17＋20＋21＋20＋23＋10＋4＋7＋3＋1＋17＋15＝158日である。集計したのは365日間であり，そのうちの158日だから，365÷158＝2.31…で，四捨五入により2.3日に1回となる。　(3)　地図を見ると，海風は南風に近く，陸風は北風に近い。そのため，海風が吹いているときは南風運用されている。　(4)　ア：誤り。午前午後とも北風運用の日が多く，一日じゅう陸風だった可能性がある。イ：正しい。午前と午後で運用が変わったのは，合計で17＋13＋16＋5＋16＋2＋4＋6＋2＋1＋14＋11＝107日である。これは，365×0.3＝109.5日に近い。　ウ：誤り。表からは，他の年との比較はできない。　エ：誤り。春～夏は南風運用が多く，秋～冬は北風運用が多いので，海陸風だけでなく季節風の影響が大きいと考えられる。　(5)　表の12月～2月をみると，午前午後ともに北風運用の日が多い。これは，北西からの季節風が吹いているためと考えられる。　(6)　北風運用か南風運用かは，午前と午後で分かれているだけなので，細かな時間ごとのアメダスの風向風速と比較すると，ア，イのようなことはありうる。また，時間帯によっては，他の原因によって運用が変わることもあり，ウもありうる。エは誤りである。

【4】 (気体，水溶液の性質－気体の発生，結晶の作成)

問1　アルカリ性の水溶液に加えて赤色に変化するので，フェノールフタレイン液が考えられる。

基本　問2　まず，石灰水が白く濁る気体が発生しており，これは二酸化炭素である。また，水に溶けてアルカリ性を示し，鼻をさすようなにおいがしており，これはアンモニアである。

問3　塩化コバルト紙は，水がないときは青色だが，水に触れると赤色になる。

問4　口を上げていると，固体Xの加熱によってできた水が冷えて，加熱部へ流れてしまう。すると，加熱して膨張したガラスが急に冷やされて割れるおそれがある。

問5　固体Xからは二酸化炭素とアンモニアが発生する。そのうち，アンモニアは水にたいへん溶けやすいので，最初のフラスコaでほとんど溶けてしまう。そのため，フラスコa内のBTB液は，アルカリ性を示す青色となる。二酸化炭素はフラスコaでは溶けきれず，フラスコbにも入っていく。そのため，フラスコb内のBTB液は，酸性を示す黄色となる。なお，固体Xは，炭酸アンモニウムという物質である。

問6　物質Yは，27cm^{3}の重さが46gだから，1cm^{3}あたりの重さは46÷27＝1.70…で，四捨五入により1.7gである。

重要　問7　物質Yのかたまりの重さが46gから50gに増えているので，20℃の冷やしたときの水溶液は，それ以上溶けることができない飽和水溶液となっている。その濃さは，水100gに物質Yを12g溶かした場合の濃さと同じである。よって，12÷112＝0.107…　で，10.7…%，四捨五入により11%となる。

やや難　問8　物質Yのかたまりの重さが46gから50gに4g増えているので，水溶液の重さは140gから4g減って136gになっている。この水溶液は，20℃の飽和水溶液である。水溶液の重さと溶けている物質Yの重さの比を考えると，112：12＝136：□ より，□＝14.57…で，四捨五入により15gが溶けている。よって，冷やす前の下線部の水溶液に溶けている物質Yの重さは，15＋4＝19gとなる。

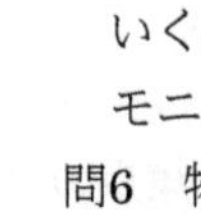

★ワンポイントアドバイス★

問題文に書かれている現象が，どのような意味なのかを手早く正しく読み取り，それに沿って解答していこう。

＜社会解答＞《学校からの正答の発表はありません。》

1　問1　ウ　　問2　イ　　問3　オ　　問4　カ　　問5　カ　　問6　エ
問7　(い)　地球温暖化　　(う)　再生可能　　問8　ウ　　問9　ア

2　問1　イ　　問2　衛士　　問3　保元の乱　　問4　イ　　問5　エ　　問6　エ　　問7　ウ
問8　(例)　旧来の勢力を一掃し，強力な近代的中央集権国家を完成させるため。
問9　2番目　ウ　　4番目　ア　　問10　ウ

3　①，⑤，⑥，⑨，⑩

○推定配点○
1　問1～問4　各2点×4　　問7　各3点×2　　他　各1点×4　　2　問2・問3　各3点×2
問4・問5・問7　各2点×3　　問8　5点　　他　各1点×5　　3　各2点×5　　計50点

＜社会解説＞

1　(日本の地理―エネルギー・環境問題など)

問1　2011年の東日本大震災ですべての原発が停止，LNGなど火力発電に依存する割合が増加した。水力発電の増減は少なく，期待される新エネルギーの割合はまだ小さい。

問2　シリコンなどの半導体に光を当てることで電力が発生する現象を利用して発電する仕組み。人工衛星や電卓，時計など現代生活では様々な場面で利用されている。

問3　火力発電は原料の輸入に便利で消費地に近い大都市近郊の臨海部に，風力発電は1年を通じて風の強い北海道や東北に，地熱発電は東北や九州に集中している。

問4　田子倉ダムは日本でも有数の規模を誇る発電用ダム，布引山周辺の高原は30基以上の風車が集中する国内最大規模のウインドファーム，地熱発電は温泉地に隣接することが多い。

問5　電力使用が特に増えるのは札幌では冬季に，沖縄では夏季に集中している。ただ，電力料金は各電力会社の電源構成にも左右され単純に使用量に比例するわけではない。

問6　火力発電所の建設費用は高度の技術を要する原発の建設費用に比べると格段に安い。また，運転費用では燃料だけでなく安全対策なども考慮して考える必要がある。

重要　問7　い　化石燃料の使用はCO_2の排出が避けられず温暖化ガスの増加につながってしまう。
う　技術的には一定のレベルに達しているがコスト面では多くの課題が残されている。

問8　太陽光発電では天気が，風力発電では風という自然現象依存が避けられない。日本は世界3位の地熱大国といわれるが，発電に適した地の多くが国立公園内といった問題もある。

問9　ヨーロッパと違い島国である日本では他国との電力ネットワークは多くの問題を抱えている。ケーブルをつなぐ構想は昔からあるが，現実にスタートしているわけではない。

2　(日本の歴史―古代～現代の政治・文化など)

問1　渡来人によって伝えられた土器は須恵器とよばれ古墳時代中期頃から鎌倉時代ごろまで長期にわたって使用された。弥生土器は縄文に比べると固くて薄いが製造的に大きな変化はない。

やや難　問2　諸国の軍団から選ばれ宮門の警備や都の治安維持にあたった兵士。任期は1年とされたが延長されることが多く農民にとっては大きな負担となった。

問3　皇室，摂関家の対立に武士が利用された事件。3年後には勝利した側同士の対立から再び平治の乱が発生，これに勝利した平清盛は実権を掌握し初の武家政権の樹立に成功した。

問4　1488年に発生した加賀の一向一揆は織田信長に滅ぼされるまでの1世紀にわたり国人や農民の寄合による自治支配が行われた。アは16世紀，ウは13世紀，エは14世紀。

問5　地租改正では耕作者ではなく土地所有者に納税の義務が課された。弥生時代には鉄器も使用，干鰯《ほしか》や油かすは江戸時代，米騒動は1918年の出来ごと。

問6　平賀源内はエレキテルや不燃布などを製作した科学者。ルソーの社会契約論を翻訳して自由民権運動に大きな影響を与えたのは中江兆民。

問7　朱印船貿易では中国の生糸や絹織物が最大の輸入品であり，輸出では当時世界最大の産出を誇っていた銀が中心であった。幕末の開港以降はその生糸が最大の輸出品となっていった。

重要　問8　版籍奉還では旧藩主をそのまま政府任命の知藩事としたため，形式的には統一政府が作られたものの実質的には旧来の藩体制がそのまま保持される結果となった。

問9　満洲事変の原因となった柳条湖事件(1931年)→満州国の建国(1932年)→軍部によるクーデター・2・26事件(1936年)→日中戦争の原因となった盧溝橋事件(1937年)の順。

問10　1945年12月，選挙法が改正され女性にも参政権が与えられ翌年の戦後初の総選挙では39名の女性議員も誕生した。男女雇用機会均等法の成立は1985年。

3　(政治―憲法・政治のしくみなど)

基本　①　2015年に選挙法が改正され選挙年齢が18歳に引き下げられた。

②　憲法改正は各議院の総議員の3分の2以上の賛成で国会が発議し国民投票で過半数の賛成を要する(憲法96条)と規定。具体的な手続きに関する国民投票法も2007年に成立した。

③　議員定数の不均衡は人口動態の変化によって避けることができず，そのため度々定数の増減も行われている。現在衆議院議員選挙では約2倍，参議院議員選挙では約3倍の開きがある。

④　地方自治においては直接民主制が取り入れられ首長や議員を罷免する解職請求権が認められているが，国政レベルにおいてこうした制度は存在しない。

⑤　表現の自由は国民主権と直結するものでいろいろな人権の中でも優越的地位を持つとされる。だからと言って他人の名誉やプライバシーを自由に侵害してよいというものではない。

⑥　国民の政治に対する自由な意見の表明を保障することは民主政治にとって不可欠のものであり，合法的な方法で政府を批判することを禁じては専制政治となってしまう。

⑦　個人情報保護法は個人情報の流出を防ぐために2000年代に入って成立した法律。個人情報の利用を禁止するものではなく不適切な利用を防止することを目的としている。

⑧　主権者である国民がその権利を行使するうえでも情報を自由に知ることが必要となる。しかし，すべての情報が公開されるわけではない。

⑨　2013年に成立した特定秘密保護法では防衛や外交，スパイ活動防止，テロリズム防止に関する情報を特定秘密に指定し，これらの情報の取り扱い方を定め漏えいを防いでいる。

重要　⑩　国の政治に関して調べることができる国政調査権。衆参両議院が別個に独立して行使し，必要に応じて証人の出頭や記録の提出などを要求することができる。

★ワンポイントアドバイス★

最近は分野をまたいだものや一般知識といった種類の出題が増えている。つねにニュースなどに関心を持ち，自分の知識量を増やすことを考えて生活しよう。

＜国語解答＞《学校からの正答の発表はありません。》

【一】 1　逆転　2　念頭　3　田園　4　破片　5　清潔　6　厳守　7　砂糖
8　退(く)　9　報(いた)　10　競(い)

【二】 問1　ウ　問2　イ　問3　(水生昆虫のお腹の中に入って休眠状態になってしまえば,)極寒でも凍らず生きることができ，その水生昆虫が肉食昆虫に食べられた後は，肉食昆虫の消化管から栄養を吸収して，(大きく長く成長することができるから。)
問4　ハリガネムシの交尾と産卵は，川の中でしかできないから。
問5　(1)　A　5　B　5　C　5　D　5　E　5　F　0　(2)　つまり，寄
(3)　出口に置かれた水のキラキラした反射にコオロギが反応しているのではないか(という仮説)　問6　エ　問7　Ⅰ　水生昆虫　Ⅱ　藻類や落葉　Ⅲ　河川の生態系

【三】 問1　A　オ　B　カ　問2　a　鼻　b　胸　問3　オ　問4　イ　問5　イ
問6　Ⅰ　どう見ても店の中はがら空き　Ⅱ　薄暗い奥の席にされるのは人種差別にちがいない　問7　エ　問8　Ⅰ　ウ　Ⅱ　オ　Ⅲ　エ　Ⅳ　ア　Ⅴ　イ
問9　(1)　人種差別に対して，抗議すること。　(2)　国によって～わけがない[けがない。]　問10　ウ

○推定配点○

【一】 各2点×10

【二】 問1・問7　各2点×4　問3・問4　各6点×2　問5(1)　各1点×6　他　各3点×4

【三】 問1～問3　各2点×5　問6Ⅰ　4点　Ⅱ　5点　問8　各1点×5　他　各3点×6

計100点

＜国語解説＞

【一】 (漢字の書き取り)

1　それまでとは，物ごとの成り行きが逆になること。野球で，それまでの点数差をひっくり返してしまうようなホームランを「逆転ホームラン」という。　2　頭の中という意味。つまり，ここでは先生のアドバイスを意識して勉強しなさいということ。　3　田畑や野原などの緑に恵まれた郊外を意味する。都市と田園の良さを意識して建設された都市を「田園都市」という。
4　壊れたもののかけらのこと。「破」にこわすという意味があり，「片」にかけらという意味がある。　5　汚れがないこと。反対の意味の言葉は「不潔」である。　6　かたく守ること。「厳」には，きびしい・はげしいという意味がある。その意味で，「厳密」「厳禁」などの言葉がある。　7　サトウキビなどからとれる，甘味料のこと。精製の仕方によって，白砂糖や黒砂糖にわかれる。　8　ここでは「一線から退く」とあるため，引退することを意味する。「一線」とは，ここでは，活躍の場という意味。　9　ここでは「一矢報いた」とあるため，仕返しをすること。設問の文は，試合で相手にたくさん点を取られてしまったが，一点取り返してやったという文脈。　10　お互いに負けまいとして張り合うこと。走って速さを競うことを「競走」という。同じ目的に向かって勝ち負けを競い合うことを「競争」という。

【二】 (説明文－要旨・細部の読み取り，空欄補充，品詞，慣用句，記述力)

問1　「黒っぽい針金のような形状」の場合，「ような」は比喩の役割である。形状を，針金にたとえている。アの「雨が降り出すかのような空模様」は，推定。たぶん雨が降り出すだろうと，推定している。イの「大声を出したいような気分」は，例示。どのような気分なのか，具体的に示

している。ウの「苦虫をかみつぶしたような顔」は，比喩。苦虫をかみつぶしたという動作に表情をたとえている。エの「先輩のような穏やかな人」は，例示。穏やかな人の例として，具体的に「先輩」を出している。解答は，比喩のウになる。

問2　傍線①前後に書かれたハリガネムシの情報を中心に解答を考えることができる。傍線①以降に「オスとメスがあり」とある。そこから，ウとエの選択肢が誤答であるとわかる。また，傍線①直後に「目もなく」とある。「目…持つ」とあるアも誤答であるとわかる。傍線②より先には，「口を持たず，消化器官もありません」とある。以上の点を合わせると，「オスとメスの区別がある」「目や口や消化器官を持たない」とある，イが文章中に書かれた内容にあい，正解になるとわかる。

問3　傍線②以降に書かれた内容に着目して，まとめていく。休眠状態とは「シスト」のこと。「シスト」になると，ハリガネムシは極寒の状態でも生き続けることができるとある。その後，水生昆虫はカマキリなどの肉食昆虫に食べられる。そして，肉食昆虫の消化管の中で，ハリガネムシの赤ちゃんは養分を吸収して成長するのである。以上の点をおさえて，設問の条件(指定の型)を意識しながら，書くべき内容を考える。

記述の際には，「極寒でも凍らずに生きられる」という，休眠状態になった後の様子を書くとともに，「水生昆虫が肉食昆虫に食べられた後」＋「肉食昆虫の消化管から栄養を吸収」という，大きく長く成長することにつながる内容も書く。

問4　傍線③より前の部分に「そのために……宿主昆虫をマインドコントロールして川に向かわせる」とある。この部分の「そのために」が指す内容が，水に向かわせる理由となる。「そのために」という表現の前に，「交尾は川の中でしかおこなうことができません」とある。交尾をするためというのが，川に向かわせる理由の一つである。また傍線②よりも前を見ると，産卵も川の中でおこなっていることがわかる。産卵についても，書き加えると良い。「交尾・産卵」＋「川の中でおこなうため」という内容を中心に記述する。

問5　(1)「寄生されているコオロギも，寄生されていないコオロギも，水のある方にもない方にも半々に行きます」とある。そのため，どちらのコオロギも半々にわかれて進むと考えられる。つまり，A～Dには，すべて「5」があてはまる。そして，寄生されたコオロギの場合，「100パーセント水に飛び込んでしまいます」とある。つまり，5匹の全部が水に飛び込むことになり，Eには「5」があてはまる。だが，寄生されていないコオロギは，「飛び込んだりせず，ここで止まります」とある。そのため，Fには「0」があてはまる。　(2)　Y字の分岐した道を使った実験では，出口に水を置いてある方にもない方にも半々に進んだ。そこからわかることは，「そうすると，寄生……」で始まる段落の，「つまり」以降にまとまっている。「寄生されているからといって水に向かう性質があるわけではない」の部分である。この部分を含む一文を，設問の条件にあわせてまとめる。　(3)　出口に水がある道を進んだコオロギのその後について，「しかし，たまたま水がある……」以降の段落に書かれている。寄生されていないコオロギは水に飛び込まず，寄生されたコオロギは100パーセント水に飛び込むのだ。「この結果を見た研究者たちは」以降には，そこから考えられることがまとまっている。「出口に置かれた水のキラキラした反射にコオロギが反応しているのではないか」である。この部分が，「という仮説」という表現に続き，解答になる。

問6　◆と◆の間に，「ハリガネムシから行動操作を受けているコオロギの脳内でだけ，特別に発現しているタンパク質がいくつか見つかりました」とある。それらのタンパク質は，神経の異常発達，場所認識，光応答にかかわる行動などに関係するタンパク質と似ているのである。つまり，ハリガネムシに行動操作を受けているコオロギの脳内には，異常行動の原因になるタンパク質があるのだ。さらに「寄生されたコオロギの脳内にはハリガネムシが作ったと思われるタンパク質が含まれていた」とある。ここまでをまとめると，ハリガネムシがタンパク質を作り，それがコオロギの脳内で異常行動に結びついていたことが考えられるのである。以上をもとにすると,「寄生されて行動操作を受けているコオロギの脳」「ハリガネムシが作り出したタンパク質によって操作」「特定の行動」とある，エが正解になる。アは「すでに体内からハリガネムシが出た」とあるが，そうなると「ハリガネムシから行動操作を受けているコオロギ」という「タンパク質」が見られる条件にあわない。イは「行動操作は受けていないコオロギの脳内」「タンパク質が現れていた」とあるが，行動操作を受けているコオロギの脳内にタンパク質が現れていたのである。ウは「寄生された全てのコオロギの脳内」とあるが，文章中には「寄生されて行動操作を受けているコオロギの脳」とある。

問7 「一方，カマドウマが飛び込めないように……」で始まる段落以降に，ぬき出す言葉が見つかる。カマドウマが飛び込まないと，川魚はカマドウマを食することができなくなるのである。その代わりに食するのは「水生昆虫」になる。Ⅰは「水生昆虫」があてはまる。その「水生昆虫」が食べていたのは,「藻類や落葉」である。Ⅱは「藻類や落葉」があてはまる。そして，このような状況になり，河川の生態系にさえ，大きな影響をもたらしていたのだ。Ⅲには「河川の生態系」があてはまる。

【三】 (随筆文－主題・心情・細部の読み取り，空欄補充，慣用句，文節，記述力)

問1 A 当然のこととして,「殆どの人は友好的」だったと述べているのである。空欄Aには，当然という意味があるオの「もちろん」があてはまる。 B 厨房の人も，ホールの人も，女性店員と同じように不親切だったという文脈である。みんなという意味を持つ，カの「ことごとく」があてはまる。

問2 a 「ふふん」と軽く笑われている様子から判断できる。解答は「鼻で笑われて」となる。相手を見下して鼻先で笑う様子を意味する。 b 肩を組み，堂々と国歌を歌う様子を表している。「胸を張って」となる。自信に満ちた堂々とした様子を意味する。

問3 二重傍線③の「ずっと」は，ある状態が続く様子を表している。どのような状態が続いていたのかを考える。続いていたのは「消えることがなかった」という状態である。ただし,「消えることがなかった」は，選択肢のようにエ「消えることが」・オ「なかった」と，二つの文節にわかれる。「～なかった」と，打ち消しの状態が継続していたと考えることができるため，ずっとはオの「なかった」にかかっていると判断でき，解答になる。

問4 傍線①が含まれるのは，イタリアでの場面である。イタリアでチャイニーズガールと呼ばれてバカにされた筆者は，傍線①以降にあるように，年配の人ばかりが差別心が強いとは限らないと思い，がっかりした。それは，傍線①より前にあるように，その国のイメージが台無しになる程度の残念さであり，大きなショックであったといえる。以上をふまえると,「少年達でさえ人種差別の意識を持っている」「衝撃」とある，イが正解になる。アは，全てのイタリア人がアジア人に対する差別意識……気づいた」とあるが，傍線①より前に「疑心」とある。筆者が全てのイタリア人には差別意識があるのではないかと疑心を抱いた可能性があっても,「気づいた」といえるほど，確信を持っていたわけではない。ウは「日本人……こだわりを持っていることを思い知った」とあるが，文章中には「別に中国人でも日本人でも韓国人でも構わない」とある。エは,「アジア人であることが無条件に差別される理由」とあるが，そのことに初めて気づいたという文脈ではない。

問5 同じアジア人のカップルも一番奥の薄暗い厨房の傍の席に座らされた。ここで，筆者たちは顔を引きつらせる。傍線③直後に「間違いなく人種差別ってやつなんだろうとわかった」とあるが，傍線②を含む場面でそのように確信して，顔をひきつらせたと考え，イを選ぶ。アは，カップルが同じように接客されたことから，筆者が「人種差別意識」を感じたことが書かれていない。ウも，「人種差別意識」に対して筆者たちが不快感を抱いた様子が書かれていない。エは，アジア人に対して不親切な店で日本人に会った驚きに顔をひきつらせたという内容になる。ひきつらせた原因に関して，的外れな選択肢である。

問6　指定された文型があるので，それに合わせて解答を作成する。Ⅰは「なのに」という表現につながる。空欄Bよりも少し前に「店の中はがら空きなのに」という表現がある。その表現を活用すると良い。また，傍線③直後に，「これは間違いなく人種差別ってやつなんだろうとわかった」とある。「～という思い」という文型指定は，傍線③直後の「～わかった」という表現に関係する。全体として，「店の中はがら空きなのに」→「薄暗い奥の席にされた」→「人種差別にちがいない」という，筆者の考えの道筋をまとめる。「店の中はがら空き」という表現を中心にⅠをまとめ，「薄暗い奥の席にされた」「人種差別にちがいない」という表現を中心に，Ⅱをまとめる。

問7　傍線④が含まれる場面の情報をおさえて，解答を考える。傍線④直前で，妹はショックを受けて食事が喉を通らない状態になった。そのような様子を見て，筆者は「大して美味しくない」と発言している。傍線④の発言は，ショックを受けた妹の様子と関係している。「店の対応にショックを受けた妹を気遣っている」とある，エが正解になる。ア，イ，ウは，傍線④直前の妹のショックにふれていない。すべて誤答になる。

問8　Ⅰ　傍線⑤よりも少し先の部分に「半べそで空港内をダッシュ」とある。最初，私達は泣きたい気持ちになったのである。ウの「もう泣きたい」が正解になる。　Ⅱ　傍線⑤よりも少し先，「半べそで空港内をダッシュ」の後に，「空港内に泊まることになりそうだなと，覚悟をきめて」という表現がある。私達は飛行機が飛ばないとあきらめたのである。オの「あきらめるしかないか」が正解になる。　Ⅲ　「突然どうしたんだろう」に続く表現になる。「どうしたんだろう」とあるが，日本の飛行機だけは飛ぶことになったのだ。その後，文章中には「へー，お国柄ってあるのね」と書かれている。日本人であることで得をしたことに，筆者が喜んでいることにも着目する。エの「日本人で得することもあるんだなあ」が正解になる。　Ⅳ　黒人の人達がカウンターに詰め寄って抗議している様子に着目する。その後，「私達も申し訳ない気持ちになってきた」とある。アの「自分たちだけ申し訳ない」が正解になる。　Ⅴ　申し訳ない気持ちになった後の部分に着目する。黒人の人達が肩を組み歌い始めた。「雄大で力強い声」「空港が熱気を帯びて」などと表現されている。つまり，黒人の人達のパワーを筆者は感じているのである。イの「なんてすごいパワーなんだ」が正解になる。

問9　(1)　設問には「本文中の言葉を使って」とある。そのため，文章中の言葉を活用することを意識したい。ただし，字数指定が二十字以内と厳しい。文章中の言葉を長々と引用することはできない。まず設問内の「何に対して」だが，この文章では差別されている様子が多数書かれていた。短い表現で「人種差別に対して」などとまとめるのが良い。設問内の「どうすること」は，傍線⑥よりも少し前に「抗議していた」とある。この表現を活用すると良い。「人種差別に対して」「抗議していた」という内容を中心にまとめる。　(2)　傍線⑥を含む段落の内容をふまえて考える。黒人の人達が戦って勝ち取る様子から，私が実感した内容である。傍線⑥直前にある「こうやって」という言葉。そのさらに前にある一文を，私は初めて実感したのである。「国によって……」以降の内容が実感したことである。設問の条件にあわせて，ぬき出す。

問10　傍線⑦には，同じ場所でハンバーガーを食べる，フォーを食べる，教会で佇む，象に乗るとある。これらは全てそれぞれの国の文化に基づく行為である。そのような行為を一緒にするということは，人種差別をしないという筆者の考えに関係する。また，傍線⑦には「たった一人のあなた」「一緒に生きている今を感じていたい」とある。差別をすることなく，一人の人間である相手と，しっかりと向き合っていきたいと筆者は考えているのだ。以上をふまえて，選択肢を比較する。「国籍や文化の差で相手のことを判断することなく」と差別をしないことを表し，「人々との交流を大切にしたい」と相手と向き合いたいという思いを表現した，ウが正解になる。アには，傍線⑦の「一緒に今を生きている」にあたる内容がない。イは「新しく文化を創り上げて」とあるが，この部分で読み取れる内容にあわない。エは肌の色だけの話になっているが，傍線⑦にある，相手の文化を受け入れる様子にふれていない。

★ワンポイントアドバイス★

設問内に文が作られ，その文の空欄にあてはまる言葉を，文章中からぬき出す問題が出題される。多くの場合，設問内の作られた文の中にも手がかりがある。特に，空欄前後に着目して，文のつながりを意識しよう。

第2期

2022年度

解答と解説

《2022年度の配点は解答欄に掲載してあります。》

＜算数解答＞《学校からの正答の発表はありません。》

[1]　(1)　1986　(2)　9通り　(3)　22　(4)　119枚　(5)　17個　(6)　$0.6cm^2$

[2]　(1)　15%　(2)　800g　(3)　$533\frac{1}{3}$g

[3]　(1)　1：3：5　(2)　側面積$8cm^2$，底面積$3cm^2$　(3)　11：6

[4]　(1)　4　(2)　8，9，10，11，12，13，14，15

(3)　A　127　B　7　C　3　D　2

(4)　15，30，63，79，80

○推定配点○

[1]　各5点×6　[4]　各7点×4((2)～(4) 各完答)　他　各6点×7　計100点

＜算数解説＞

重要 [1]　(数の性質，場合の数，消去算，相当算，割合と比，平均算，鶴亀算，平面図形，相似)

(1)　7の倍数＋5…5，12，19，26，33，40，47，54，～

4の倍数＋2…2，6，10，14，18，22，26，30，34，38，42，46，50，54，～

これらに共通する54は3の倍数であり，7，4，3の最小公倍数は84　(2022－54)÷84＝23…36　したがって，求める数は2022－36＝1986

(2)　1の箱に2のカードを入れる場合は3通りあり，3のカード，4のカードを入れる場合もそれぞれ3通りずつある。　したがって，全部で3×3＝9(通り)

(3)　右図より，下行右列はイ＋58－40＝イ＋18，下行左列は40＋38－58＝20　上行右列は38＋58－40＝56　したがって，アは20＋58－56＝22

40	イ	56
	38	ア
20	58	イ+18

(4)　分母4，25の最小公倍数[100]を全体の枚数とする。

10円玉…[100]÷4－6＝[25]－6　50円玉…[100]÷25×14＋4＝[56]＋4

100円玉…[56]÷4＋4÷4＋26＝[14]＋27　[25]＋[56]＋[14]＝[95]より，[100]－[95]＝[5]が27＋4－6＝25(枚)　したがって，10円玉は25×5－6＝119(枚)

(5)　5枚入りの箱と20枚入りの箱の平均枚数…(5×3＋20×1)÷$(3+1)=\frac{35}{4}$(枚)　10枚入り…$\left(590-\frac{35}{4}\times65\right)\div\left(10-\frac{35}{4}\right)=\frac{85}{4}\times\frac{4}{5}=17$(箱)

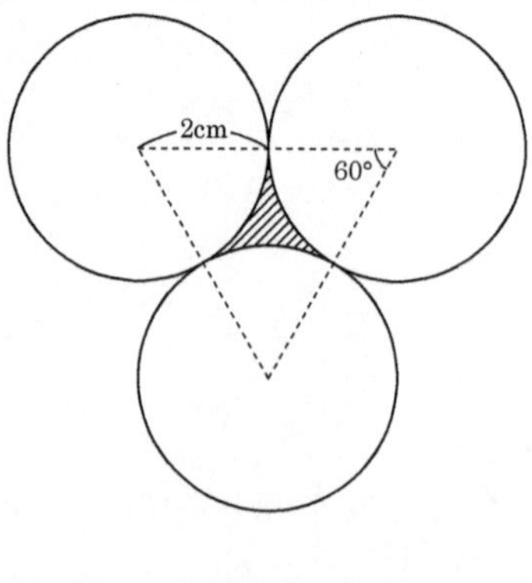

(6)　右図より，1辺の長さが4cmの正方形は0.43×4×4＝6.88(cm^2)　したがって，斜線部分は6.88－2×2×3.14÷6×3＝6.88－2×3.14＝0.6(cm^2)

重要 [2] **(割合と比，消去算)**

容器A…12％の食塩水300g　容器B…ア％の食塩水200g

容器C…8％の食塩水イg　　容器D…ア％の食塩水ウg

<その1>300×12＋200×ア＋イ×8＝3600＋200×ア＋イ×8が(300＋200＋イ)×10＝5000＋イ×10に等しい。

<その2>200g：100g＝2：1より，AとCで(2×12＋1×8)÷(2＋1)＝$\frac{32}{3}$(％)の食塩水が300gできて，この後，水100gを加えると濃度は300×$\frac{32}{3}$÷(300＋100)＝3200÷400＝8(％)になる。8％の食塩水400÷2＝200(g)とア％の食塩水200gで濃度が11.5％になるので，アは11.5×2－8＝15(％)

<その3>$\frac{イ}{2}$×8＋ウ×ア＝イ×4＋ウ×アが，$\left(\frac{イ}{2}+ウ\right)$×12＝イ×6＋ウ×12に等しい。

(1)　<その2>より，アは15％

(2)　(1)と<その1>より，5000＋イ×10が3600＋200×15＋イ×8＝6600＋イ×8に等しい。したがって，イは(6600－5000)÷(10－8)＝800(g)

(3)　(1)・(2)・<その3>より，800×4＋ウ×15＝3200＋ウ×15が800×6＋ウ×12＝4800＋ウ×12に等しい。したがって，ウは(4800－3200)÷(15－12)＝$\frac{1600}{3}$(g)

[3] **(平面図形，相似，立体図形，割合と比，消去算)**

基本 (1)　図1より，円錐A，円錐「A＋B」，円錐「A＋B＋C」の相似比は1：2：3，面積比は1：4：9　したがって，立体A，B，Cの側面積の比は1：(4－1)：(9－4)＝1：3：5

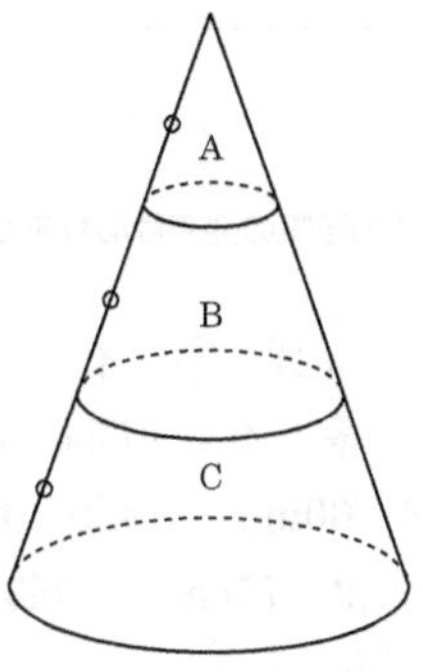

図1

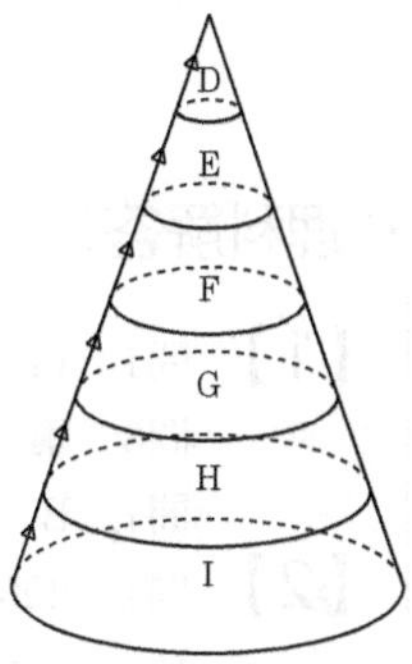

図2

やや難 (2)　円錐Aの側面積を$\boxed{1}$，底面積を①とすると，
円錐台Bの側面積が$\boxed{3}$，上面積が①，底面積が④，
円錐台Cの側面積が$\boxed{5}$，上面積が④，底面積が⑨
円錐台Bの表面積…$\boxed{3}$＋①＋④＝$\boxed{3}$＋⑤が39cm^2
円錐台Cの表面積…$\boxed{5}$＋④＋⑨＝$\boxed{5}$＋⑬が79cm^2
($\boxed{3}$＋⑤)×$\frac{5}{3}$＝$\boxed{5}$＋$\frac{㉕}{3}$が39×$\frac{5}{3}$＝65(cm^2)であり，$\boxed{5}$＋$\frac{㉕}{3}$と$\boxed{5}$＋⑬の差$\frac{⑭}{3}$が79－65＝14(cm^2)
①は14÷$\frac{14}{3}$＝3(cm^2)，$\boxed{1}$は(39－3×5)÷3＝8(cm^2)
したがって，円錐Aの側面積は8cm^2，底面積は3cm^2

	側面積	上面積	底面積
円錐　D…	1		①
円錐台E…	3	①	④
円錐台F…	5	④	⑨
円錐台G…	7	⑨	⑯
円錐台H…	9	⑯	㉕
円錐台I…	11	㉕	㊱

(3)　図2より，右表のようになる。立体D～Iの側面積の和…1＋3＋5＋7＋9＋11＝6×6＝36　　立体D～Iの上面積＋底面積の和…(①＋④＋⑨＋⑯＋㉕)×2＋㊱＝($\textcircled{146}$)　　円錐「A＋B＋C」の側面積…36　　円錐「A＋B＋C」の底面積…㊱　　円錐Aの側面積が8cm^{2}のとき，側面積36は8÷(1＋3)×36＝72(cm^2)　　円錐Aの底面積が3cm^{2}のとき，円錐台Iの底面積は3÷4×36＝27(cm^2)，立体D～Iの上面積＋底面積の和は3÷4×146＝109.5(cm^2)　　したがって，

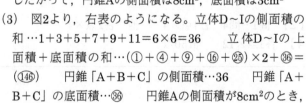

求める表面積の比は(72＋109.5)：(72＋27)＝181.5：99＝11：6

[4] (演算記号，数の性質)

Aが2，3のとき…例えば，【3】＝1　　Aが4～7のとき…例えば，【7】＝2

Aが8～15のとき…例えば，【15】＝3　　Aが16～31のとき…例えば，【31】＝4

Aが32～63のとき…例えば，【63】＝5　　Aが64～127のとき…例えば，【127】＝6

基本 (1) 【23】＝4

(2) 8，9，10，11，12，13，14，15

重要 (3) 6＋2＋1＋1＝10より，求める数の和は127＋7＋3＋2＝139

やや難 (4) 以下の5個がある。

□＝15のとき…15×16×17÷(3×4×4)＝85

□＝30のとき…30×31×32÷(4×4×5)＝372

□＝63のとき…63×64×65÷(5×6×6)＝1456

□＝79のとき…79×80×81÷(6×6×6)＝2370

□＝80のとき…80×81×82÷(6×6×6)＝2460

★ワンポイントアドバイス★

[1]の6題で，着実に得点しよう。[2]「食塩水」の計算でミスがでないかどうか。[3](2)「表面積」の計算も間違いやすく，やっかいである。[4]「演算記号と数の性質」(1)～(3)は，問題をよく読めば，それほど難しくない。

＜理科解答＞《学校からの正答の発表はありません。》

【1】 問1 (1) カ　(2) ① イ　② カ　問2 (1) ウ　(2) 師管，エ
問3 葉 オ　茎 イ　問4 葉緑体　問5 ア　問6 A ウ　E エ
問7 B　問8 60mg　問9 120(mg)増加(した)

【2】 問1 200g　問2 75cm　問3 150g　問4 200g　問5 75cm　問6 6.4cm
問7 1.2g　問8 エ

【3】 問1 (1) B　(2) X　(3) ①　問2 37度　問3 ① 20　② 早
問4 イ　問5 (1) 55度　(2) 35度　(3) エ
問6 (1) ア　(2) オ　(3) ウ

【4】 問1 イ　問2 ア　問3 ウ　問4 (1) 7.2g　(2) 2.4g　(3) 5.4g
問5 ① ア　② ウ　③ イ　④ ア　問6 エ　問7 エ

○推定配点○

【1】 各1点×14(問1(2)完答)　【2】 問1～問4 各1点×4　他 各2点×4

【3】 各1点×12(問3完答)　【4】 各1点×12　計50点

＜理科解説＞

【1】 (植物のはたらき－葉のつき方と光合成)

問1 (1) aは1本の茎で葉が1枚ずつ出ている互生である。bは1か所から葉が2枚ずつ出ている対生である。なお，輪生は1か所から葉が3枚以上出ている対生である。 (2) 葉の重なりを少なくすることで，葉に当たる日光の量を増やし，光合成をさかんにするのに役立っている。

基本 問2 (1) Xは形成層とよばれる。細胞分裂がさかんで，茎を太くするはたらきをしている。
(2) Yは，形成層の外側にある管で，師管である。光合成によって葉で作られたデンプンが，水に溶けやすいブドウ糖に変化し，師管を通ってからだの各部へ移動している。

問3 ジャガイモの「いも」は地下茎に栄養分がたくわえられている。一方，サツマイモの「いも」は根に栄養分がたくわえられている。タマネギの食用部分は球根だが，球根は種によって葉だったり根だったり茎だったりする。タマネギの場合は葉が変化し重なり合って球根となっている。ゴボウやニンジンは根の部分を食用にする。

問4 植物の細胞の中で，光合成が行われる部分は，緑色で楕円形の葉緑体である。

問5 呼吸は，栄養分からエネルギーを得るためのはたらきであり，生きているすべての細胞で行われている。

問6 Aは光が全く当たっておらず，光合成は行っていない。Eは光が強く，光合成は最大量行っている。どちらの場合も，生きている以上，呼吸は行っている。

問7 光合成でつくられるデンプン量と，呼吸で使われるデンプン量が等しいと，デンプン量は増えも減りもしない。

重要 問8 Aの強さの光ではデンプン量が5mg減っており，これが呼吸で使われるデンプン量である。Cの強さの光ではデンプン量が5mg増えているが，これは，呼吸で使った5mgを補って，さらに5mg増やしたことを意味するので，光合成でつくったデンプン量は5＋5＝10mgである。これは，1時間に葉100cm^{2}でつくったデンプン量なので，6時間では10×6＝60mgとなる。

問9 Dの強さの光を16時間当てると，デンプンは10×16＝160mg増加した。その後，光のないところに8時間置くと，デンプンは5×8＝40mg減少した。以上の結果，24時間でデンプンは160－40＝120mg増加した。

【2】 (力のはたらき－重さを考える棒のつりあい)

問1 ばねの自然の長さは16cmだから，図1で，左側のばねは18－16＝2cm伸びており，50gの重さがかかっている。右側のばねは22－16＝6cm伸びており，150gの重さがかかっている。よって，棒の重さは50＋150＝200gである。

重要 問2 図1で，左のばねと右のばねにかかる力の大きさの比は，50：150＝1：3である。よって，棒の重心は，力の逆比で，棒の左端から3：1の位置にある。棒の長さは100cmなので，重心の位置は左端から75cm：25cmの位置にある。

問3 図3の下の棒のつりあいを考える。棒をつるしている位置から右側25cmの位置に棒の重心があり，そこに棒の重さ200gがあると考える。すると，50×250＝25×200＋50×B より，Bの重さは150gとなる。

問4 図3のばねの長さが56cmだから，伸びは56－16＝40cmである。ばねは50gで2cm伸びるので，ばねにかかる力は，50：2＝□：40 より，□＝1000gである。ばねの下にある重さは，200gの棒が2つと，250gのおもりA，150gのおもりB，そしておもりCなので，おもりCの重さは，1000－(200＋200＋250＋150)＝200gである。

問5 図3の上の棒のつりあいを考える。左端から75cmの位置に棒の重心があり，そこに棒の重さ200gがあると考える。また，右端には，200gの棒と，250gのおもりA，150gのおもりBの，合計600gが下がっている。ばねには1000gの力がかかっている。そこで，上の棒の左端を支点とし，つり合いの式を書くと，75×200＋100×600＝Y×1000　より，Y＝75cmとなる。

問6　図4でおもりAの体積が90cm^{3}なので，水中では浮力が90gはたらく。おもりAの重さは250gなので，ばねPにかかる力は，250－90＝160gである。ばねは50gで2cm伸びるので，ばねの伸びは，50：2＝160：□　より，□＝6.4cmである。

問7　図4でばねQの伸びは19.6－16＝3.6cmである。ばねは50gで2cm伸びるので，ばねQにかかる力は，50：2＝□：3.6　より，□＝90gである。おもりBの重さは150gなので，食塩水中でおもりBにはたらく浮力は150－90＝60gである。おもりBの体積は50cm^{3}だから，食塩水の密度は，60÷50＝1.2g/cm^{3}となる。

やや難　問8　図4の棒の重さが200g，ばねPにかかる力が160g，ばねQにかかる力が90gである。そのため，上の棒の右側には200＋160＋90＝450gの力がかかる。上の棒の重心は，糸でつるした糸から左に5cmの位置にあり，そこに棒の重さ200gがあると考える。すると，上の棒のつりあいの式は，80×R＋5×200＝20×450　より，ばねRにかかる力は100gとなる。おもりCの重さは200gなので，食塩水中でおもりCにはたらく浮力は200－100＝100gである。食塩水の密度は1.2g/cm^{3}だから，おもりCの体積は100÷1.2＝83.3…で，四捨五入により83cm^{3}となる。

【3】　(太陽－太陽の南中時刻の変化)

基本　問1　(1)　太陽が南中したとき，棒の影は北側にできる。図2で，曲線はA側にあるので，Aが北であり，Bが東，Cが南，Dが西である。

(2)　一年じゅうで太陽の南中高度が最も高く，棒の影が最も短いのは，6月21日ごろの夏至である。そのため，7月21日と8月21日では，夏至に近い7月21日の方が，影の短いYにあたる。残る8月21日がXにあたる。(3)　太陽は，東Bからのぼり，南Cを通って，西Dに沈む。影はその逆で，西Dから北A，そして東Bへと動く。

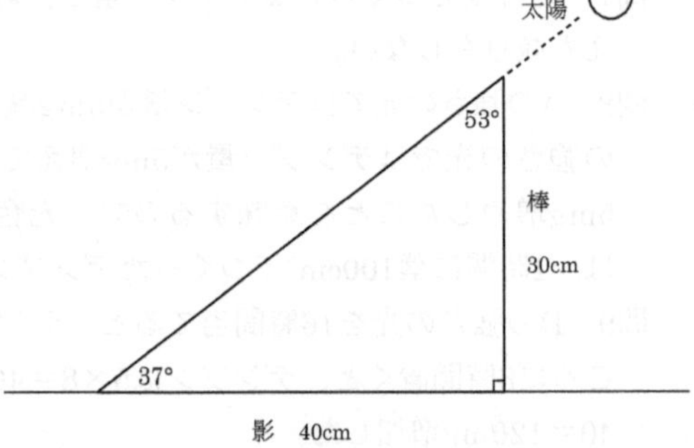

問2　棒の長さが30cmで，影の長さが40cmだから，右図のように太陽の高度は37°である。

重要　問3　太陽の南中時刻は，経度15°で1時間差，経度1°で4分差がある。東京は東経135°に比べて5°東側にある。よって，明石に比べて東京での太陽の南中高度は，4×5＝20分早い。

問4　東経135°でも，太陽が必ずしも正午に南中しないことから，東京の正午の影も，7月と8月では向きがやや異なる。また，図2のように7月と8月では影の長さも異なる。

問5　(1)　図3で，春分の日の太陽の南中高度は55°である。　(2)　春分の日の太陽の南中高度は，(90－緯度)°で表される。90－□＝55より，□＝35°となる。　(3)　正午に太陽が最も西側に写るのは，太陽の南中時刻が正午よりも最も早いときである。図3では，秋分と冬至の間で，太陽の南中時刻が最も早く，選択肢では11月があてはまる。

やや難　問6　(1)　地軸が傾いているため，太陽の南中高度は夏至が高く冬至が低い。そのため，グラフは上下方向に変化する。また，地球と太陽の距離が常に同じなので，問題文のⅡはなくなるが，Ⅰのことがあるので，太陽の南中時刻も変化する。そのため，グラフは左右方向にも変化する。夏至と冬至は時間Tが長いので，どちらも太陽の南中高度は遅れていく。つまり，グラフのいちばん上といちばん下では，グラフが同じ向きに動かなければならない。イでは上と下では動きが逆向きになってしまうので，アと決まる。　(2)　地軸の傾きが0なので，太陽の南中高度は一年じゅう同じである。さらに，地球と太陽の距離が常に同じであれば，問題文のⅠ，Ⅱともになくなるので，太陽の南中時刻も一年じゅう同じである。 (3) 地軸の傾きが0なので，太陽の南中高度は一年じゅう同じである。地球と太陽の距離が変化すると，問題文のⅡの原因で，太陽の南中時刻は変化する。

【4】 (物質の性質－合金の利用)

問1 銅とニッケルの合金は白銅とよばれる。青銅は銅とスズ，ジュラルミンはアルミニウムと銅とマグネシウム，ステンレスは鉄とクロムが混ざった合金である。

問2 イ：温まりやすく冷めやすい。ウ：鉄など一部の金属である。エ：炭素など電気を通す非金属の材料もある。

問3 ウで，銅と酸素が結びついたさびは緑青(ろくしょう)とよばれる。銅は，強い酸にも強いアルカリにも溶けない。銅は導線によく使われるが，最も通しやすいのは銀である。

重要 問4 (1) 4gの銅から5gの酸化銅ができるので，銅と酸化銅の重さの比は4：5である。9gの酸化銅ができたときの銅の重さは，4：5＝□：9 より，□＝7.2gである。 (2) 銅と酸素の重さの比は4：1である。8.4gの銅を加熱して9.9gとなったとき，結びついた酸素の重さは，9.9－8.4＝1.5gである。この酸素と結びついた銅の重さは，4：1＝□：1.5 より，□＝6gである。よって，結びついていない酸素の重さは，8.4－6＝2.4gである。 (3) 酸化銅：炭素：銅：二酸化炭素＝4：0.3：3.2：1.1＝6：0.45：4.8：1.65となる。よって，試験管の中の酸化銅6gはすべて銅4.8gとなり，炭素は0.45gが使われ，1－0.45＝0.55gが残る。二酸化炭素は試験管の外に逃げる。よって，試験管の中の固体の重さは，4.8＋0.55＝5.35となり，四捨五入により5.4gとなる。

問5 ブドウ糖は炭水化物の一種である。二酸化炭素は水に少し溶けるため，ペットボトルに水と二酸化炭素を入れて振ると，ペットボトルがへこむ。

やや難 問6 この硬貨と同じ金属が100gあるとすると，その体積は100÷8.6＝11.62…で約11.6cm^3である。そのうち銅が72gであり，その体積は72÷9.0＝8.0cm^3である。よって，亜鉛とニッケルの合計の重さは100－72＝28gで，体積は，11.6－8.0＝3.6cm^3である。もし3.6cm^3すべてが亜鉛だとすると，その重さは7.1×3.6＝25.56gであり，28－25.56＝2.44g足りない。亜鉛とニッケルの1cm^3あたりの重さの差は8.9－7.1＝1.8gだから，2.44÷1.8＝1.35…で，約1.4cm^3がニッケルとわかる。ニッケルの重さは8.9×1.4＝12.46g，亜鉛の重さが28－12.46＝15.54gとなる。選択肢ではエが近い。

問7 ア：正しい。鉄鉱石では鉄が酸素と強く結びついており，純粋な鉄にする工程が多い。イ：正しい。銅はやわらかく，形を変えたり整形したりするのに都合がよい。 ウ：正しい。500円硬貨のニッケル黄銅や，問1でみた例のように，さまざまな合金がある。 エ：誤り。金属の埋蔵量としては，鉄が他の金属よりも圧倒的に多い。

★ワンポイントアドバイス★

いくらか難問が混ざっているが，解ける問題から手早く正確に解いて，時間内に合格点を確保しよう。

＜社会解答＞《学校からの正答の発表はありません。》

1　問1　1　ア　　2　エ　　地名　八幡　　問2　イ　　問3　イ　　問4　エ
問5　南部鉄器　　問6　イ　　問7　エ　　問8　オ　　問9　ウ

2　問1　2番目　イ　　4番目　ア　　問2　ク　　問3　寝殿造　　問4　ウ
問5　(例)　天皇親政の律令政治を理想としたが討幕の主役であった足利尊氏ら武士階層の離反を招いたから。　　問6　イ　　問7　陸奥宗光　　問8　(例)　戦争景気に加えシベリア出兵を見込んだ買い占めで米価は高騰，暴動の発生で内閣は総辞職した。　　問9　ウ
問10　ア

3　問1　エ　　問2　A　ア　　B　ウ　　C　エ　　D　オ　　問3　30年　　問4　難民
問5　(例)　道路沿線の環境を改善する　　問6　ウ

○推定配点○

1　問1の地名・問5　各2点×2　　他　各1点×9
2　問3・問7　各2点×2　　問5・問8　各6点×2　　他　各1点×7
3　問3・問4　各2点×2　　問5　4点　　他　各1点×6　　計50点

＜社会解説＞

1　(日本の地理―工業・貿易・世界地理など)

問1　1　江戸時代に発見された岩手県の釜石鉱山。　2　日清戦争の賠償金の一部を用い国内最大の筑豊炭田の近くに建設。1910年代には国内生産の8割近くを生産したといわれる。

問2　伊豆や相模など5ケ国の幕府領を管轄する代官所が置かれた地。代官の江川太郎左衛門は伊豆沿岸の防備を進言し大砲鋳造のための反射炉を築造した。

問3　鉄鉱石産出量の1位，2位を占めるオーストラリア・ブラジルから約8割を輸入。

やや難　問4　約6割をオーストラリアから輸入，2位は2000年代に入りインドネシアが急伸している。

問5　岩手県の盛岡周辺で作られている鋳物。江戸時代から日用品などを中心に生産されており，経済産業大臣指定の伝統的工芸品にも指定されている。

問6　地下深くから掘り出す国内炭に比べオーストラリアなどでは露天掘りが中心である。落盤やメタンガス対策などもありコスト面では対抗できなかった。

問7　1990年頃までは日本がトップであったが，その後は韓国が，2000年代に入ると中国の生産が急拡大している。アは化学繊維，イは工作機械，ウは自動車。

問8　遠浅で最大6mにも及ぶ干満の差がある有明海に三池炭鉱の積出港として作られた三池港。現在も使われている港でありながら世界遺産に登録された稼働遺跡として知られる。

問9　当初は石炭の重量が製品の重量よりはるかに重いため石炭の産地に立地することが多かったが，近年は安い輸入原料に依存するため臨海部に作られることが圧倒的に多い。

2　(日本の歴史―古代～現代の政治・外交など)

問1　犬上御田鍬《いぬかみのみたすき》の第1回遣唐使(630年)→唐・新羅連合軍に大敗した白村江の戦い(663年)→古代最大の内乱である壬申の乱(672年)→文武天皇の命による大宝律令(701年)の順。

問2　疫病や反乱に苦しんだ聖武天皇は平城京から恭仁《くに》・難波・紫香楽《しがらき》と5年の間遷都を繰り返しようやく平城京に戻った。本格的な藤原京から平城・長岡・平安と都は北上していった。

重要　問3　主人の住む寝殿を中心にその左右や背後に建物を配置，それらを渡り廊下で結び前面に池を配置した貴族の邸宅。室内は板敷とし，簾《すだれ》などを用いて内と外を隔てた。

問4　朝鮮は対馬の宗氏と条約を結び交易を活発化，勘合と同様な通信符を用いソウルには倭館も置かれた。勘合は明，シャクシャインはアイヌ，和人との交易でアイヌは搾取されていた。

問5　討幕による恩賞も武士よりも公家に有利であったほか，武士が何よりも重視した土地の権利も天皇の綸旨《りんじ》一つで覆されるなど武士の不満が高まり政権は崩壊した。

問6　紀州徳川家から本家を継いだ8代将軍・徳川吉宗は緊縮財政や年貢増収・新田開発などで幕府財政の再建に成功。朱子学以外を禁止したのは孫である松平定信の寛政の改革。

問7　尊王攘夷運動にも参加した明治の外交官。日清戦争の下関条約では外務大臣として写真右側の伊藤博文首相とともに全権として交渉した。

問8　1918年，富山県でコメの移送反対を求めた女性たちの抗議が全国に波及，警察では抑えきれず軍隊も出動する事態に発展。寺内正毅内閣は倒れ原敬の政党内閣誕生につながった。

重要　問9　満洲からの撤退を求める連盟に対し脱退を宣言(1933年)→皇道派青年将校による2・26事件(1936年)→米英との対立が決定的となった日独伊三国同盟(1940年)の順。

問10　⑨　平和条約で独立を回復し戦後の対米協調路線を確立した首相。　⑩　所得倍増を唱えて高度経済成長路線を推進，病気により東京オリンピックを花道に引退した首相。

3　**(政治—政治のしくみ・国際社会など)**

問1　あ　重要法案に関する企画や総合調整を担当。　い　自治省・郵政省・総務庁を統合して誕生。　う　大蔵省から名称を変更。　え　農林・畜産・水産業を管轄。外国人がクールと考える日本の魅力を展開し，需要の獲得や国内産業の創出を目指した戦略。

問2　国連憲章では英語・中国語・フランス語・ロシア語・スペイン語を公用語と指定。その後アラブ地方など広く用いられているアラビア語が追加され現在に至っている。

問3　1991年の湾岸戦争の際に日本は巨額の援助を実施。しかし，国際的には評価されず翌年PKO協力法を制定して自衛隊の海外派遣に道を開きカンボジア派遣が実現した。

重要　問4　人種・宗教・政治的意見などを理由とする迫害から国外に逃れた者。現在世界中に8000万人以上存在するが日本の受け入れは極めて少なくその改善が求められている。

問5　料金により通行量が増減することを利用して交通量を調整する考え方。車がスタートするときや低速で走行するときは排気ガスの量が多くなってしまう。

問6　自治体の政策が法律などに違反することはできないが内閣の承認を受ける必要はない。

★ワンポイントアドバイス★

社会科は単なる暗記強化であるという見方はもはや通用しない考えである。資料の読み取りでもそこからどんなことがわかるかを考えていこう。

＜国語解答＞《学校からの正答の発表はありません。》

【一】　1　童話　　2　皮肉　　3　合奏　　4　週刊　　5　黄金　　6　亡命　　7　親善　　8　栄(えた)　　9　任(せる)　　10　巻(いて)

【二】　問1　A　イ　　B　オ　　問2　イ　　問3　(1)　A　肥料を減らすこと　　B　土壌流出を軽減し　　(2)　(大気汚染)　化学肥料を使っても，揮発することが抑えられるから。　(河川の汚染)　雑草が生えにくく，除草剤を使用せずに済むから。　問4　ア

問5 サビ病への～産性も高い　問6 X 質　Y 量　問7 イ
問8 また，エサ　問9 コーヒーを楽しむときには，生物多様性を守りながら生産されているコーヒーを選ぶこと。　問10 イ

〔三〕 問1 A エ　B イ　問2 エ　問3 西日が射し　問4 (1) 自在に姿を変える魅惑的な生き物　(2) 見えない人～いい，英雄　問5 ウ　問6 エ
問7 イ　問8 どのように作られるのか不思議だが，製造の現場を思い浮かべられることもなく当たり前に使われているすべてのものを，人知れず製造しているところ。
問9 エ

○推定配点○
【一】 各2点×10
【二】 問1 各2点×2　問3(2) 各4点×2　問9 6点　他 各3点×9(問5・問6各完答)
【三】 問1 各2点×2　問8 7点　他 各3点×8(問4(2)完答)　計100点

＜国語解説＞

【一】 (漢字の書取り)

1 子どものために作られた話のこと。子どものために作られた歌のことは「童謡」という。
2 相手の欠点を遠回しに非難したりからかったりすること。皮肉を言うのが好きな人を「皮肉屋」という。 3 二つ以上の楽器で演奏すること。単一楽器による演奏を「独奏」という。 4 雑誌などを一週間ごとに発行すること。発行される雑誌を「週刊誌」という。 5 金(きん)のこと。輝かしい時代を「黄金時代」という。 6 迫害を避けるために，他国に逃げること。他国の侵略などにより，政府そのものが国外に逃げた場合，「亡命政府」と呼ぶこともある。 7 親しく付き合い，仲良くすること。友好を深めるために行う試合を「親善試合」という。 8 となる。繁栄すること。「栄」には，名誉という意味もある。その意味で，「光栄」「栄冠」という言葉がある。
9 すべて，その人の思うままにさせること。任せた仕事を「任務」という。 10 ここでは，ぐるぐる丸めること。「とぐろ」とは，蛇が渦巻きのようにからだを丸める様子をいう。

【二】 (説明文－要旨・細部の読み取り，空欄補充，反対語，慣用句，記述力)

問1 A 空欄Aより前にはサングロウンの生産性の高さが書かれている。その生産性の高さにより，空欄A以降の「シェイドグロウンからサングロウンへの転換」が起こっているのである。空欄Aにはウの「その結果」があてはまる。生産性の高いサングロウンに農家が飛びついた結果，シェイドグロウンからサングロウンへの転換が起こったという文脈になる。 B オの「具体的には」があてはまる。空欄B直前に「日陰樹の高さにも基準」とある。空欄以降で，その基準を具体的に説明しているのだ。

問2 「拍車が掛かった」となる。「拍車を掛ける」とは，力を加えて物ごとの進行をいっそう早めること。イが正解になる。

問3 (1) A 「シェイドグロウンの場合……」で始まる段落に着目する。そこに「落ち葉」の役立つ面について書かれている。落ち葉を適切に管理することができれば，「肥料を減らすこと」も可能とある。この部分の「肥料を減らすこと」が「□ができる」の空欄に適切にあてはまり，解答になる。 B 「高木の日陰樹は……」で始まる段落に着目する。設問内のまとめられた文には，「根付くことで」とある。これは，段落内の「根を強く張るので」という表現に共通する。この表現の後にある，「土壌流出を軽減します」の部分が，空欄Bにあてはまる。ただし，

「□てくれる」という空欄にあわせて，「土壌流出を軽減し」までを抜き出す。　(2)　(大気汚染)「シェイドグロウンの場合……」で始まる段落に，大気汚染を抑えることができる理由が書かれている。段落の最後の方に，化学肥料を使っても，揮発して大気を汚染することが抑えられるとある。この点をまとめるとよい。　(河川の汚染)「高木の日陰樹は……」で始まる段落に，河川を汚染しない理由が書かれている。段落の最後の方に，雑草が生えにくいとある。雑草が生えにくいので，除草剤を使用せずに済むのだ。だから，除草剤が雨で流れて河川を汚染しない。「除草剤を使用しない」点を中心にまとめるとよい。

問4　文章の初めから傍線②までの内容をおさえる。シェイドグロウンは，肥料を減らすことができる，土壌流出を軽減できる，汚染も少なくすることができる，などと多くの利点が書かれている。そして，シェイドグロウンはコーヒー栽培にも恩恵があり，結果として，農園の人々に利益をもたらすのである。傍線②以降に説明されている「サングロウン」に対して，このような負の側面がない方法は限られているという意味で，伝統的なシェイドグロウンは「貴重な手段」と言えるのである。同じような説明をしている選択肢は，アになる。イは，シェイドグロウンで生産されるコーヒーは価値が高くなり，手に入れにくくなるとある。手段が貴重であるという話とはあわない。ウは，実施している農園は少ないとある。文章の最後の方の「自然を大切にする農園が世界各地にあります」という表現にあわない。エは，伝統的な農法を続けることが，難しくなっているという内容。文章に書かれている話にあわない。

問5　「特にその傾向に……」で始まる段落から「中略」までの間に，サングロウンの利点が書かれている。そこから，設問の条件である「四十字以内」にあう部分を見つける。「サビ病への対策コスト」「人件費」「生産性」について述べられている部分が，必要なことを最もよくまとめている部分で，設問の条件にもあう。設問の条件にあわせて，抜き出す。

問6　傍線④前後から解答を判断できる。傍線④より前に「当時の交配種はまだ品質の安定性では劣っていた」とある。つまり，「質」が悪かったのである。だが，傍線④以降から「サビ病への対策コスト」「人件費」「生産性」の点で，サングロウンの方が儲かることが読み取れる。つまり，「量(もうけ)」の点では期待できるのだ。以上の点から，判断する。傍線④は「質より量」となる。

問7　「目先の利益を求める農家」が飛びついたのは，傍線⑤前後に書かれたサングロウンである。傍線⑤より前には「シェイドグロウンの畑は次々にサングロウンの畑へと姿を変え」とある。そして，傍線⑤以降には，生態系や生物多様性に深刻な影響を与えたことが書かれている。農家がサングロウンに飛びつき，生態系や生物多様性に深刻な影響を与えた流れを意識して，選択肢を分析したい。「サングロウンに飛びつく」→「自然環境の変化」→「生態系や生物多様性に深刻な影響」という作りになっている，イが正解になる。アは「絶滅する動物まで生み出してしまった」とあるが，動物を絶滅させたとまで書かれていない。ウは「生態系とコーヒー栽培が共存できない」とあるが，「深刻な影響」とは書かれているが，「共存できない」とは書かれていない。エは「生産量が減ってしまった」とあるが，生産性が高いから，農家はサングロウンに飛びついたのである。

問8　文章前半の「生物多様性が逆に……」で始まる段落に着目する。この段落に，生物多様性による恩恵が説明されている。段落の最後に，たくさんの鳥やコウモリがコーヒー樹の害虫を捕食してくれるとある。これがなくなると，害虫への対策として，大量の農薬を使用することになるのだ。つまり，この捕食が生物多様性の恩恵なのである。「生物多様性が逆に……」で始まる段落の最後の一文を，設問の条件に合わせて，抜き出す。

問9　傍線⑦以降を読み，書くべき内容を考える。生物多様性の保全に関連する項目が認証基準に含まれるコーヒーがあるのだ。生物多様性に努力している農園で作られたということ。文章最後の段落には，生物多様性を守りながら生産されているコーヒーを選べば，コーヒータイムもより大切な意味合いを持つようになるとある。この「意味合い」とは，生物多様性の保全に努力している農園のコーヒーが消費者に強く好まれるようになれば，多くの農園がそのようなコーヒーの方が売れると認識して，生物多様性を重視するようになるということである。つまり，結果的に消費者も生物多様性の保全に貢献できるのである。以上の内容を読み取り，解答をまとめる。

記述の際には，「楽しむときには，生物多様性を守りながら生産されているコーヒーを選ぶ」という内容を中心にする。

問10　ア　基準は，生物多様性の保全に関して設けられているのである。コーヒーの質の低下を防ぐためではない。　イ　シェイドグロウンは，多様な樹木と共生でき，様々な動物の保全に役立つ。その生物多様性は，コーヒー栽培にも恩恵をもたらす。イが正解になる。　ウ「一から開発された」とあるが，傍線③直前に「突然変異」とある。　エ「どこから見ても」とあるが，空欄Bよりも少し後に，「ある地点から観察すると」とある。

【三】　**(随筆文－主題・心情・細部の読み取り，空欄補充，品詞，記述力)**

問1　A　空欄Aよりも前の部分に「そびえていて」とある。そのため，小学生の身長をはるかに超えているという文脈であることがわかる。十分に，という意味がある，エの「ゆうに」があてはまる。　B　空欄Bよりも前の部分に「秘密」という言葉がある。空欄にも，それに近い意味の言葉が当てはまるとわかる。イの「こっそり」があてはまる。

問2　波線部では，妄想がただ膨らむという方向にだけ動きが限定されている。波線部の「ばかり」は，動作が限定される様子を表す。同じような意味を持つ「ばかり」は，エになる。アの「ばかり」は，今にも～しそうだという意味である。今にも「どうだ」と言いそうなぐらいの様子なのである。イの「ばかり」はおよその程度を意味する。ウの「ばかり」は直後を意味する。

問3　鉄工所について書かれている場面に着目する。傍線③直前，つまり鉄工所について書かれた場面の最後には，「火花の美しさ」「錆と油の混じり合ったにおい」「今でもよみがえってきます」とある。「今でも～」という表現から，現在でも印象深い場所であることがわかる。傍線③を含む一文の，直前の一文，つまり，鉄工所について書かれた場面の最後の文が解答になる。

問4　(1)　鉄工所で出てくる火花に関する設問である。鉄工所について書かれた場面の中に，抜き出す部分を見つけることができる。傍線②以降を読み進めると，工員さんの作業について書かれている。そこに，火花が「自在に姿を変える魅惑的な生き物」のようだとある。その部分が解答になる。設問の条件にあわせて，抜き出す。　(2)　鉄工所について書かれた場面の中に，抜き出す部分を見つけることができる。「目を守るため……」で始まる段落内に，「ウルトラマンや仮面ライダーのように」とある。「私」は「お面姿の工員さん」をそのように見たのである。だが，その部分は設問に指定された字数にあわない。「目を守るため……」で始まる段落の最後には，「見えない人類の敵を火花でやっつけてくれる，格好のいい，英雄」とある。こちらの方が，設問に指定された字数にあい，解答となる。

問5　傍線③を含む場面の情報をおさえて，解答を考えることができる。空欄Aの前後を見ると，コンクリートの塀に対する恐れが読み取れる。「でも，塀よりも……」で始まる段落からは，漂ってくるにおいに対する恐れが読み取れる。「中も見えず」「何だかわからないにおい」「おそれ」とある，ウが正解になる。アは，煙突とそこに書かれた漢字のことしか述べられていない。説明が不十分な内容である。イは「期待」とあるが，この場面に書かれていた気持ちにあわない。エは，「逃れるすべがない」とあるが，文章中には「足早に……通り過ぎます」とある。

問6　傍線④の直前には，工場を見ないようにして，さらに匂いもかがないようにした子どものころの筆者の様子が書かれている。筆者はそのような行動で，何とか工場を意識の外に出そうとしていたのである。だが，頭の中の工場では「延々と謎の液体が生産され続け(る)」のだ。つまり，考えようとしなくても，どうしても意識してしまい，恐怖を覚えてしまうのである。以上の点をふまえて，選択肢を比較する。「においや工場の正体を忘れよう」「考えないようにすればするほど意識」「恐怖を覚えている」とある，エが正解になる。アは「こわいもの見たさ」とあるが，傍線④直前には意識しないようにしている様子が書かれている。「こわいもの見たさ」の思いがあるようには，読み取れない。イは「無我夢中」という表現で終わっているが，関心を抱き，夢中になっているわけではない。ウは「心を奪われてしまって」「不思議」とあるが，心を奪われる様子も読み取れない。

問7　「縫製工場」とあり，(　　)内にはその当時の筆者の思いが続いている。「アイスクリーム工場」とあり，(　　)内にはその当時の筆者の思いが続いている。「イグサ工場」とあり，(　　)内にはその当時の筆者の思いが続いている。段落内は，このようになっている。「工場の説明」「筆者の思い入れを補足」とある，イが正解になる。アは「『だ・である』調」とあるが，(　　)内にそのような表現が使われている訳ではない。ウは「書き切れないほどの思い入れ」とある。思い入れとは，深く思いを寄せることを意味する。筆者は，三つの工場に対して思い出があるが，「書き切れないほどの思い入れ」というレベルの感情を抱いているようには読み取れない。エは「記憶が古い順」とあるが，古い順に並んでいるとは読み取れない。

問8　「つまり」以降に筆者のまとめが書かれている。設問中には「本文中の言葉を使って」とあるので，その部分を活用して解答をまとめる。①何かを作るところなのである。②どうやって作るのだろう，と不思議に思う何かを作るところなのである。③製造現場を思い浮かべられもせず，当たり前に使われている何かを作るところなのである。④以上の，もろもろすべてが製造されるところなのである。「つまり」以降には，以上の点が読み取れる。これらの点をまとめるような形で，解答を作成する。

問9　傍線5よりも少し後の「子ども時代の記憶に……」から始まる段落に着目する。「世界は自分が思うよりずっと広く，人間は私が想像するよりずっと偉大な働きをしている」とある。また，「無意識のうちに私は，大事な真理を感じ取っていたのかもしれません」ともある。エには「世界の広さと人間の偉大さなどの大事な真理」「感じ取っていた」とある。エが文章の内容に合い，正解になる。アは「工場は……特別な場所ではなく」とあるが，例えば，傍線②直前にも「特別な場所の印」という表現がある。筆者が工場を特別な場所だと感じていたことがわかる。イは「今では失われてしまった思い入れ」とあるが，傍線⑥よりも少し前にあるように，「長年抱き続けている工場への思い入れ」とある。ウは「工場の中で何を作っているのかという世界の秘密」とあるが，筆者の思考の対象は，「何を作っているのか」だけではない。

★ワンポイントアドバイス★

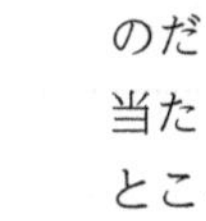

空欄に言葉をあてはめる設問が出題される。「　　　て」「　　　こと」などにあてはまる言葉を探す場合，「て」「こと」などの言葉にも着目して，つながりを考えるとよい。

MEMO

大切なことはメモしておこうネ！

2021年度

★★★★★★★★★★★★★★★★★★★★★★★

入　試　問　題

2021年度

巣鴨中学校入試問題（第１期）

【算　数】（50分）　＜満点：100点＞

【注意】　１．（式）のらんには，答えを求めるまでの式などを書きなさい。

　　　　　２．定規・コンパス・分度器は使用できません。

1　次の各問いに答えなさい。

(1)　２％の食塩水と３％の食塩水と５％の食塩水を　２：３：５　の割合で混ぜました。できた食塩水の濃度（のうど）は何％ですか。

(2)　太郎くんが買い物に行きました。まず，1600円の品物を買いました。次に，残りのお金の$\frac{3}{4}$を使ったら，残ったお金は最初に持っていた金額の$\frac{1}{7}$より100円少なくなりました。太郎くんが最初に持っていたお金はいくらでしたか。

(3)　５台のロボットＡと８台のロボットＢを使ってある仕事をすると45分かかります。それと同じ仕事を10台のロボットＢを使ってすると144分かかります。10台のロボットＡを使ってこの仕事をすると何分かかりますか。

(4)　図のような通路をＡ点からＢ点まで進みます。最短で行く行き方は何通りありますか。

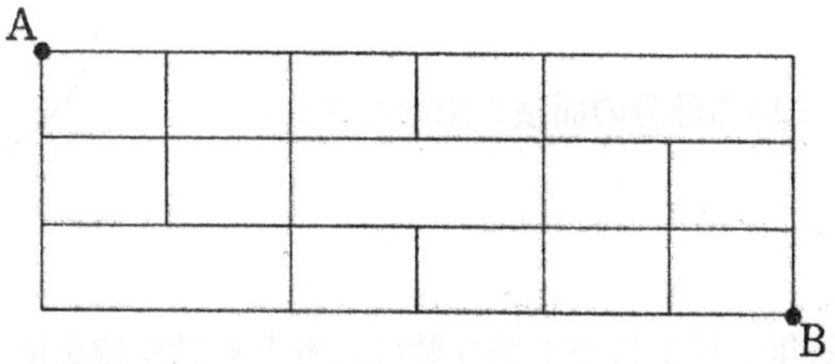

(5)　ある電車が１本の電柱を通り過ぎるのに９秒かかりました。また，この電車が長さ1920mのトンネルに入ってから出るまでに105秒かかりました。この電車の全長は何mですか。ただし，電柱の幅（はば）は考えないものとします。

(6)　$1-\frac{1}{2}=\frac{1}{2}$，$\frac{1}{2}-\frac{1}{3}=\frac{1}{6}$，$\frac{1}{3}-\frac{1}{4}=\frac{1}{12}$ となります。

次の計算をしなさい。

$$\frac{1}{2}+\frac{1}{6}+\frac{1}{12}+\frac{1}{20}+\frac{1}{30}+\frac{1}{42}+\frac{1}{56}+\frac{1}{72}$$

2　次のような分数の書かれた435枚のカードがあります。

$$\boxed{\frac{1}{2}},\ \boxed{\frac{1}{3}},\ \boxed{\frac{2}{3}},\ \boxed{\frac{1}{4}},\ \boxed{\frac{2}{4}},\ \boxed{\frac{3}{4}},\ \boxed{\frac{1}{5}},\ \cdots\cdots,\ \boxed{\frac{28}{29}},\ \boxed{\frac{1}{30}},\ \boxed{\frac{2}{30}},\ \cdots\cdots,\ \boxed{\frac{29}{30}}$$

これらのカードを次のルールにしたがって，①～㉚と書かれた30個の箱に入れていきます。

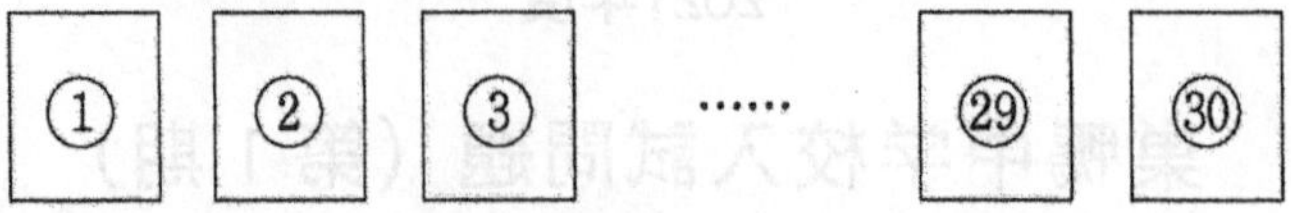

・カードの分数が約分できないならば，分母の数字と同じ数字の箱に入れる。

・カードの分数が約分できるならば，①の箱に入れる。

たとえば，$\frac{2}{3}$は約分できないので，$\boxed{\frac{2}{3}}$のカードは分母の数字３と同じ数字である③の箱に入れます。$\frac{2}{4}$は約分できるので，$\boxed{\frac{2}{4}}$のカードは①の箱に入れます。

このとき，次の各問いに答えなさい。

⑴　⑫の箱には，何枚のカードが入っていますか。

⑵　③，⑨，㉗の箱に入っているすべてのカードに書かれた分数の和を求めなさい。

3　右の図は，半径３㎝の円形の紙６枚を，それぞれの円の中心が，１辺が３㎝の正六角形の頂点に重なるようにおいたものです。このとき，次の各問いに答えなさい。ただし，円周率は3.14とします。

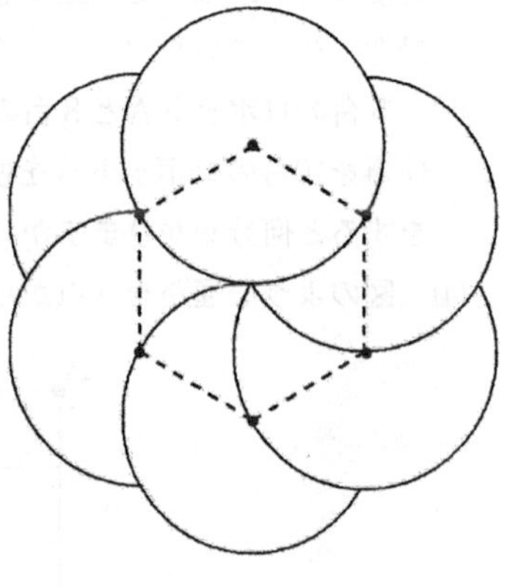

⑴　この図形のまわりの長さは何㎝ですか。

⑵　紙が３枚重なっている部分を斜線（しゃせん）でぬって表しなさい。

⑶　紙が２枚以上重なっている部分の面積を求めなさい。

4　ある時計があり，2021年２月１日の午前０時に長針と短針が12を指していました。その後この時計は，長針が１時間に１分ずつ遅れ，短針が１時間に６分ずつ早くなります。このとき，次の各問いに答えなさい。

ただし，答えが割り切れないときは分数で答えなさい。

⑴　この時計の長針は１分あたり何度動きますか。

⑵　この時計の長針と短針は，何分ごとに重なりますか。

⑶　2021年２月１日の午前中にこの時計を見たところ，図のように短針が７と８の間を指し，時計の長針と短針の作る角が６の目もりを示す点線によって２等分されていました。このようになった実際の時刻は午前何時何分ですか。

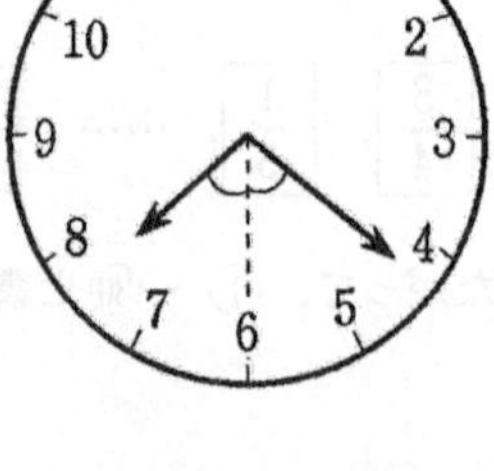

【理　科】（30分）　＜満点：50点＞

【注意】　１．字数指定のある問題は，句読点や記号なども字数にふくめます。

２．定規・コンパス・分度器・計算機は使用できません。

３．計算問題については，問題文の指示にしたがって答えなさい。

【１】 万葉集には，4500首以上の和歌が収められており，その約三分の一に何らかの植物が詠《よ》まれています。150種類をこえる植物が登場しますが，最も多く詠まれているのはハギの141首，次いでウメの119首です。サクラは意外に少なく40首ほどで，他にもマツやススキなどが詠まれています。また，さまざまな鳥や，カイコ，コオロギなどの昆虫《こんちゅう》も詠まれています。これらの生物について，次の問いに答えなさい。

問１　ハギについて，次の問いに答えなさい。

⑴　ハギと同じマメ科の植物を，次のア～エから１つ選びなさい。

ア．シロツメクサ　　イ．タンポポ　　ウ．アサガオ　　エ．ヘチマ

⑵　マメ科の花について述べた文として正しいものを，次のア～エから１つ選びなさい。

ア．花びらは４枚で，すべて同じ形をしている。

イ．花びらは５枚で，すべて同じ形をしている。

ウ．花びらは４枚で，２種類の形がある。

エ．花びらは５枚で，３種類の形がある。

⑶　３つの植物すべてが，ハギやススキと同じく秋の七草であるものを，次のア～エから１つ選びなさい。

ア．クズ，セリ，オミナエシ　　　イ．クズ，キキョウ，オミナエシ

ウ．ナズナ，ナデシコ，キキョウ　　エ．ナデシコ，フジバカマ，ヒガンバナ

問２　ウメとサクラについて，次の問いに答えなさい。

⑴　ウメもサクラもバラ科の植物です。次の果物のうち，バラ科の植物はいくつありますか。

〔モモ　カキ　ビワ　ナシ　ミカン　ブドウ　スイカ　イチゴ〕

⑵　図１はウメの果実の断面図です。解答用紙の図に，種子を書き加えなさい。

⑶　図２はサクラの花の一部で，中心がめしべ，そのまわりがおしべを表しています。解答用紙の図に，花びらを書き加えなさい。

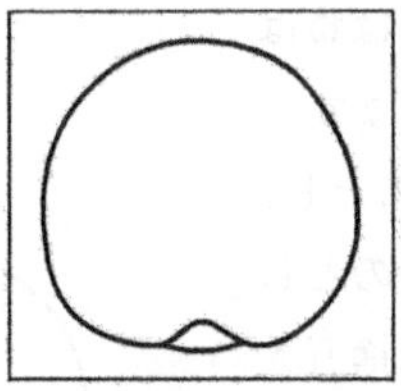

図１

図２

問３　マツとイチョウのどちらにも当てはまるものを，次のア～エから１つ選びなさい。

ア．夏に花が咲《さ》く。

イ．冬に落葉する。

ウ．花粉は風で運ばれる。

エ．め花が咲く木とお花が咲く木に分かれている。

問4　万葉集に詠まれている鳥について，次の問いに答えなさい。

(1)　秋に渡《わた》ってきて日本で冬をすごすものを，次のア～キから２つ選びなさい。

ア．ヒバリ　　イ．ガン　　ウ．キジ　　エ．ウグイス

オ．ホトトギス　　カ．マガモ　　キ．ツバメ

(2)　ウグイスは「ホー　ホケキョ」とさえずりますが，これを「法　法華経《ほけきょう》」と表すことがあります。このように鳴き声を意味のあることばに言いかえたものを聞きなしといいます。

聞きなしのなかには，その鳥の生態を表しているものもあります。さえずりと聞きなしが，次のように表される鳥は何ですか。適するものを，(1)のア～キから１つ選びなさい。

さえずり「チュピチュピチュピジー」

聞きなし「土食って虫食ってしぶーい」

問5　カイコについて，次の問いに答えなさい。

(1)　まゆからとれる繊維《せんい》を何といいますか。

(2)　カイコのえさとなる植物は何ですか。

問6　コオロギについて，次の問いに答えなさい。

(1)　どのようにして音を出しますか。次のア～エから１つ選びなさい。

ア．腹をふるわせる。　　イ．あしや体を葉に打ちつける。

ウ．あしをこすり合わせる。　　エ．はねをこすり合わせる。

(2)　冬越《ご》しをする生育段階が同じものを，次のア～エから１つ選びなさい。

ア．オオカマキリ　　イ．クマゼミ　　ウ．ミツバチ　　エ．アゲハ

問7　万葉集には，右のように動物の行動や習性を詠んだものもあります。

A は，捕《と》らえた獲物《えもの》を木のとげに刺《さ》したり，枝にはさんだりして「はやにえ」をつくります。この動物の名前を答えなさい。

春されば
Aの草ぐき
見えずとも
我れは見やらむ
君があたりをば

【２】　おもり・棒・輪じく・滑車《かっしゃ》（定滑車と動滑車）・ばね・糸を使って図１～３の装置をつくりました。すべてのばねは同じ性質であり，100ｇのおもりをつるすと１㎝伸《の》びます。ただし，輪じく・滑車・ばね・糸の重さは考えないものとし，糸は伸び縮《ちぢ》みせず，輪じくと滑車はなめらかに動くものとします。下の問いに答えなさい。答えは小数第２位を四捨五入して書きなさい。

図１の装置をつくりました。おもりＣの重さは120ｇです。輪じくの輪の半径は48㎝であり，じくの半径は４㎝です。じくにつながった糸を手で引いて支えたところ，全体がつり合い静止しました。

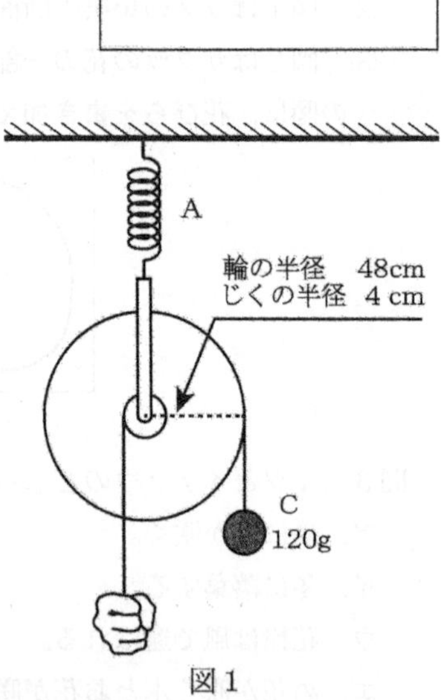

図１

問1　図１で，手にかかっている重さは何ｇですか。

問２　図１で，ばねＡの伸びは何cmですか。

次に，図２の装置をつくりました。おもりＤの重さは240ｇです。動滑車につながった糸を手で引いて支えたところ，全体がつり合い静止しました。

問３　図２で，手にかかっている重さは何ｇですか。

問４　図２で，ばねＢの伸びは何cmですか。

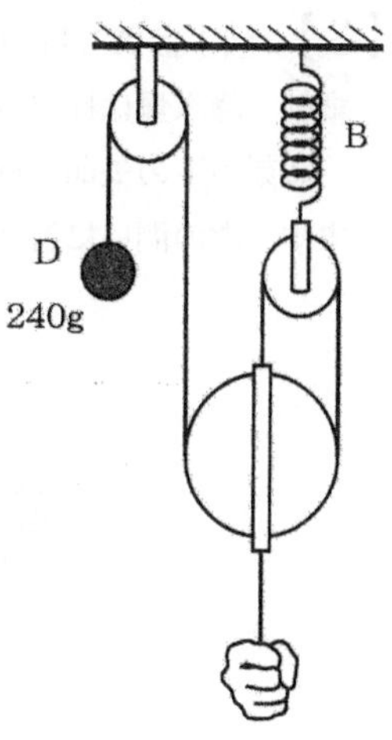

図２

さらに，図１と図２の装置を使って，図３の装置をつくりました。おもりＥとＦの重さはどちらも600ｇです。棒は材質と太さが一様で長さは80cmであり，左端《はし》と点Ｐおよび点Ｑの３ヶ所に糸がつながっています。点Ｈを手で引いて支えたところ，棒は水平になり，全体がつり合い静止しました。このとき，図のおもりＦは床《ゆか》に接しており，図のばねＢの伸びは１cmでした。

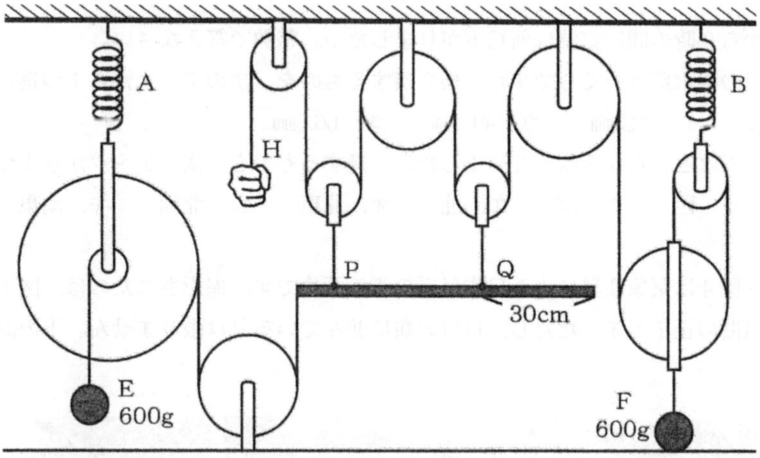

図３

問５　図３で，手にかかっている重さは何ｇですか。

問６　図３で，棒の重さは何ｇですか。

問７　図３で，点Ｑが棒の右端から30cmのとき，点Ｐは棒の右端から何cmですか。

いま，点Ｈを引き下げおもりＦを浮《う》かせて，棒に重さ600ｇのおもりＧをつり下げたところ，棒は水平になり，すべてのおもりは浮いたままで，全体がつり合い静止しました。

問８　おもりＧをつり下げた点は棒の右端から何cmですか。

【３】 図１はある日の東京での１時間ごとの気温と降水量を表しています。気温は折れ線で左側の縦軸《たてじく》，降水量は棒グラフで右側の縦軸で表しています。

時刻の下の矢印は風向を表しています。例えば，０時の矢印は南から吹《ふ》いている様子を表しています。次の問いに答えなさい。

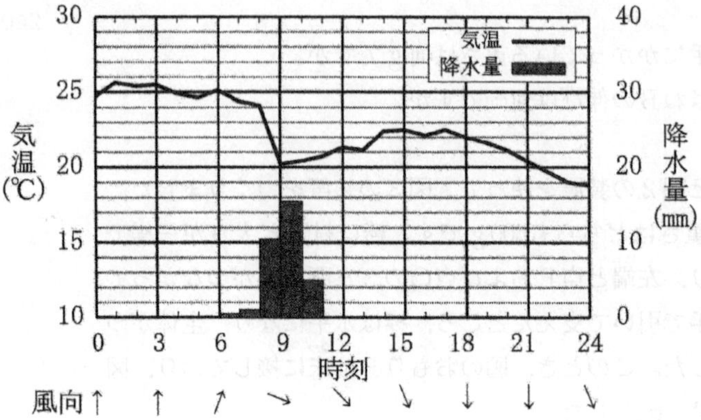

図１

問１　８時から９時の間に気温は何℃下がりましたか。整数で答えなさい。

問２　この日の降水量はいくらですか。最も適するものを，次のア～エから１つ選びなさい。

ア．15.5mm　　イ．32.5mm　　ウ．49.5mm　　エ．66.5mm

問３　12時に風はどちらから吹いていましたか。適するものを，次のア～クから１つ選びなさい。

ア．東　　イ．西　　ウ．南　　エ．北　　オ．北東　　カ．北西　　キ．南東　　ク．南西

次の図２～図４は気象衛星による日本付近の雲の画像です。撮影《さつえい》されたのは，図１の日をふくむ連続した３日間の正午です。ただし，日付の順に並んでいるとは限りません。下の問いに答えなさい。

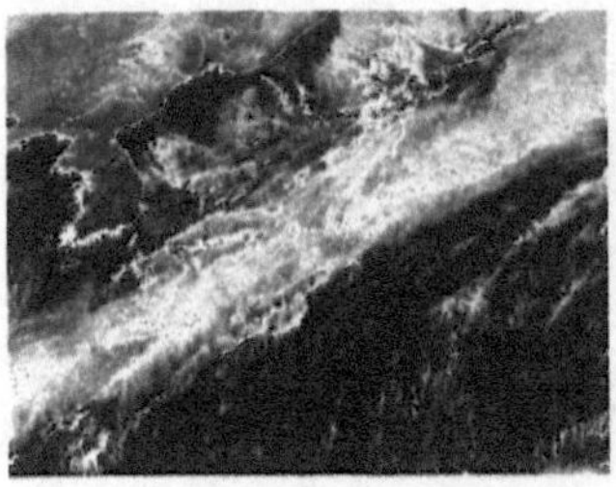

図２

図３

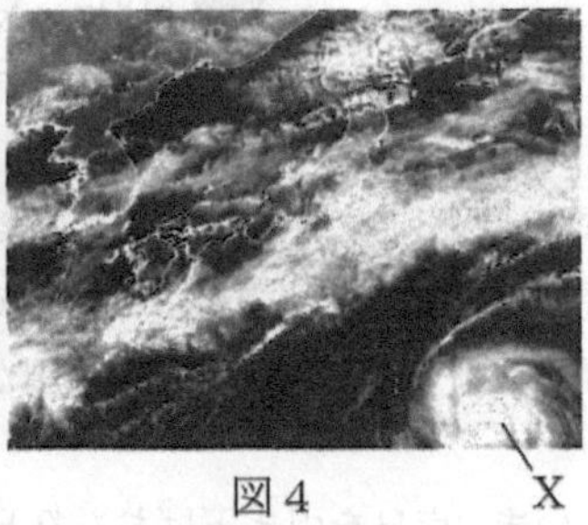

図４

問４　日本の気象衛星は何とよばれていますか。ひらがなで答えなさい。

問５　日本付近では天気が西から東に変わることが多いです。それは上空の風が西から吹いているためです。この風を何とよびますか。

問６　図２，３，４を日付の順に並べなさい。

問７　図１～４について，次の問いに答えなさい。

⑴　図２～４のうち，図１の日に撮影されたものはどれですか。

⑵　図１の日の前日について，東京での１時間ごとの気温と降水量を表すグラフとして最も適す

るものを，次のア～エから１つ選びなさい。

ア

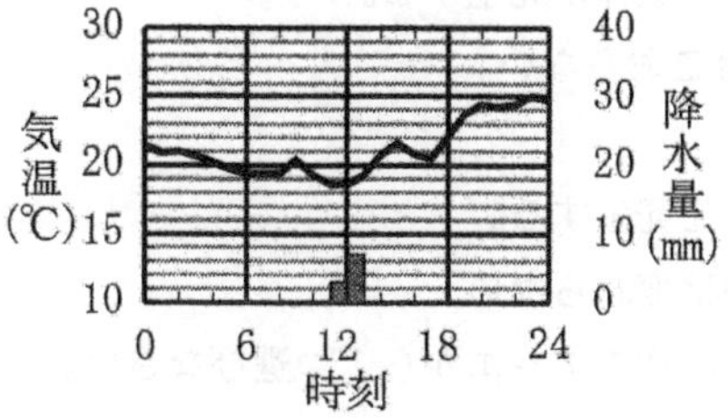

イ

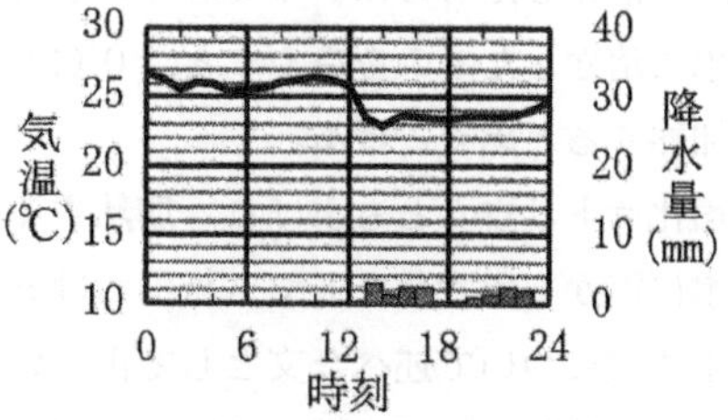

ウ

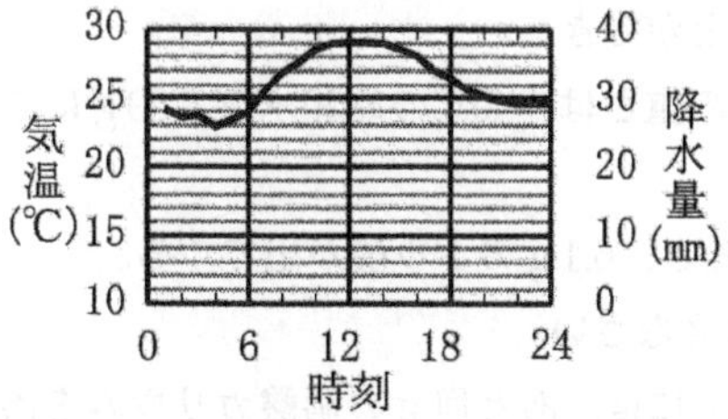

エ

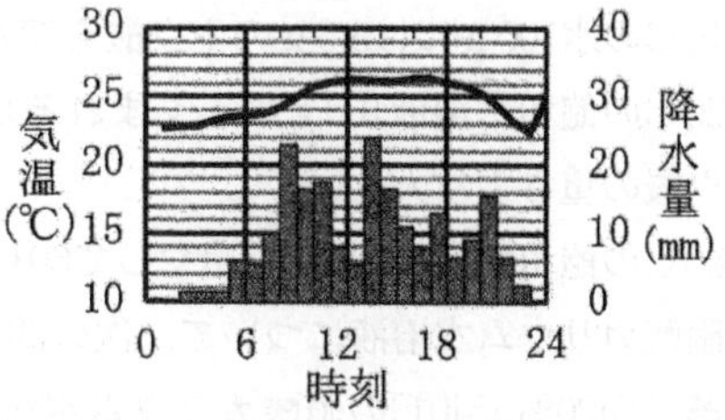

⑶　この３日間の天気はどのようなものであったと考えられますか。最も適するものを，次のア～エから１つ選びなさい。

ア．全国的に気温が高く晴れの日が続き，夕立の日もあった。

イ．周期的に天気が変化し，強い北風が吹いて木枯《こが》らし一号となった。

ウ．低気圧が西から東へ移動し，前線の通過と同時に気温が変化した。

エ．梅雨《ばいう》前線が日本付近にあり，全国的に雨の日が続いた。

問８　前のページの図４のＸは台風です。台風について，次の問いに答えなさい。

⑴　次の文中の｛　｝から適するものを，１つずつ選びなさい。

台風の周辺では①｛ア．時計　　イ．反時計｝回りに風が吹くため，進行方向の②｛ウ．右側　　エ．左側｝では風が強くなる。

⑵　台風Ｘはこのあと，この時期に多く見られる進み方をしました。最も適するものを右図のア～カから１つ選びなさい。

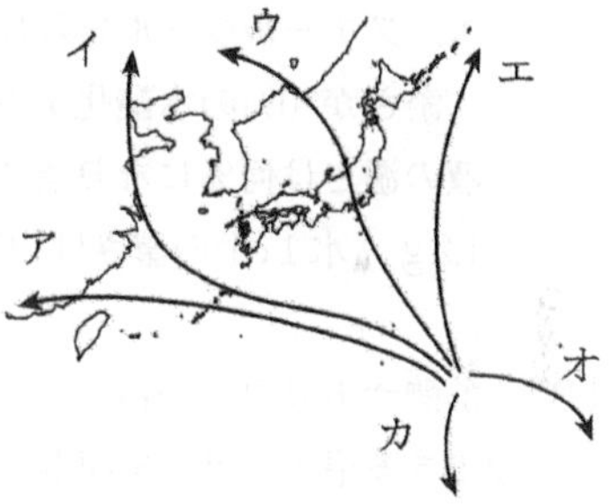

【４】 次の［Ａ］，［Ｂ］について，それぞれの問いに答えなさい。

［Ａ］ 食塩，ホウ酸，硝酸《しょうさん》カリウムについて水100ｇに溶《と》けることができる最大の重さを，温度を変えて調べたところ表のようになりました。ものを溶かせるだけ溶かした水溶液《すいようえき》のことを飽《ほう》和水溶液といいます。あとの問いに答えなさい。計算の答えは小数第１位を四捨五入して書きなさい。

水の温度	0℃	20℃	40℃	60℃	80℃
食塩　　　(g)	35.7	35.9	36.4	37.4	37.9
ホウ酸　　(g)	2.5	4.7	8.1	13.0	19.1
硝酸カリウム (g)	13.9	32.0	61.5	105.8	167.0

問1　食塩について述べた文として正しいものを，次のア～オから2つ選びなさい。

ア．水に溶かしたものにアルミニウムを入れると，気体が発生する。

イ．水に溶かしたものを冷やすと，0℃でも水はこおらない。

ウ．加熱すると黒くこげる。

エ．塩化ナトリウムともよばれ，加熱すると塩素を発生する。

オ．水に溶かして青色リトマス紙につけると，色は変わらない。

問2　ホウ酸について述べた文として正しいものを，次のア～エから1つ選びなさい。

ア．0℃の飽和水溶液の濃《こ》さは2.5%になる。

イ．10℃の水100gには3.6gのホウ酸を溶かすことができる。

ウ．20℃の飽和水溶液100gにふくまれるホウ酸の重さは，40℃の飽和水溶液50gにふくまれるホウ酸の重さより大きい。

エ．80℃の飽和水溶液100gを冷やして60℃にすると，6.1gのホウ酸が出てくる。

問3　硝酸カリウム水溶液について，次の問いに答えなさい。

(1)　濃さが20%で40℃の硝酸カリウム水溶液100gには，あと何gの硝酸カリウムを溶かすことができますか。

(2)　80℃の飽和水溶液を20℃に冷やすことによって硝酸カリウムの結晶《けっしょう》を54g以上取り出すには，80℃の飽和水溶液は少なくとも何g必要ですか。

問4　水酸化ナトリウム水溶液について，次の問いに答えなさい。

(1)　次のア～エから正しいものを1つ選びなさい。

ア．BTB液を加えると，黄色になる。

イ．酸素をよく吸収する。

ウ．うすい塩酸と混ぜて水を蒸発させると，残ったものに食塩がふくまれる。

エ．スチールウールを入れると，気体が発生する。

(2)　濃さが20%の水酸化ナトリウム水溶液100cm^3に水50cm^3を加えると，水酸化ナトリウム水溶液の濃さは何%になりますか。ただし，濃さが20%の水酸化ナトリウム水溶液1cm^3の重さは1.2g，水1cm^3の重さは1.0gとします。

[B]　酢酸《さくさん》ナトリウムの白い粉末を使って実験を行いました。酢酸ナトリウムが水100gに溶けることができる最大の重さを図鑑《ずかん》で調べたところ，80℃では153gでした。

80℃の飽和水溶液を作ろうとしましたが，薬品をこぼしてしまい，20gの水に140gの酢酸ナトリウムが入ってしまいました。80℃にして静かにかきまぜ続けていると，無色とう明の液体になりました。しばらく置いておいたところ室温まで冷えましたが，無色とう明な液体のままでした。この水溶液をポリ袋《ふくろ》に注いだところ，液体は白く固まり，ポリ袋が少し温かくなりました。その後，このポリ袋を80℃まで温めたところ，再び無色とう明な液体になりました。

問5　びんから決まった量の薬品をはかりとる方法として適するものを，次のページのア～エから1つ選びなさい。

ア

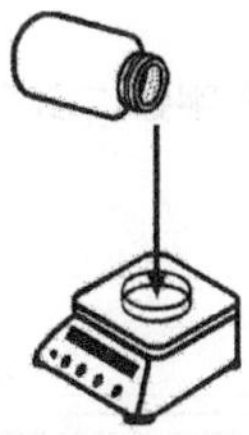

びんを手に持ち，はかりの真上でペトリ皿にのせる。

イ

びんを手に持ち，はかりの真上で薬さじですくってのせる。

ウ

びんを手に持ち，はかりからはなれた所で薬さじですくってのせる。

エ

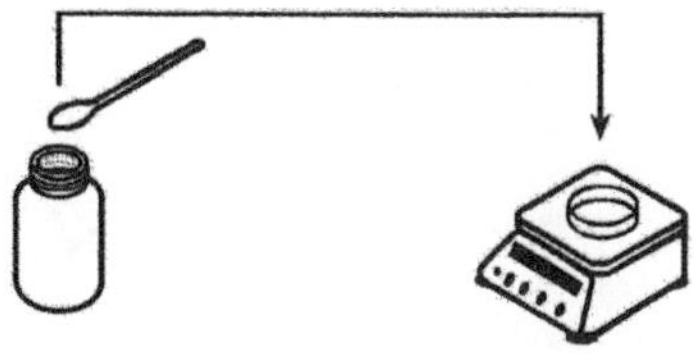

びんを台の上において，薬さじですくってのせる。

問６　上の実験について述べた次の文中の｛　｝から適するものを，1つずつ選びなさい。

80℃の水20ｇに対して140ｇの酢酸ナトリウムが溶けた水溶液には，図鑑に書いてある量以上の酢酸ナトリウムが無理に溶けていました。このように飽和水溶液よりものが多く溶けた水溶液を過飽和水溶液といいます。この水溶液をポリ袋に注いだときの衝撃《しょうげき》がきっかけとなって，無理に溶けていた酢酸ナトリウムが出てきて白く固まったのです。ポリ袋が少し温かくなったのは，水溶液が①｛ア．袋へ熱を放出した　　イ．袋から熱を吸収した｝からです。そのため，酢酸ナトリウムは②｛ウ．瞬間冷却剤《しゅんかんれいきゃくざい》　　エ．保冷剤　　オ．リサイクルカイロ　　カ．使い捨てカイロ｝に利用されています。

【社　会】（30分）　＜満点：50点＞

【注意】 字数指定のある問題は，句読点やかぎかっこなどの記号も字数にふくめます。

1　日本の島に関する次の文を読み，あとの問いに答えなさい。

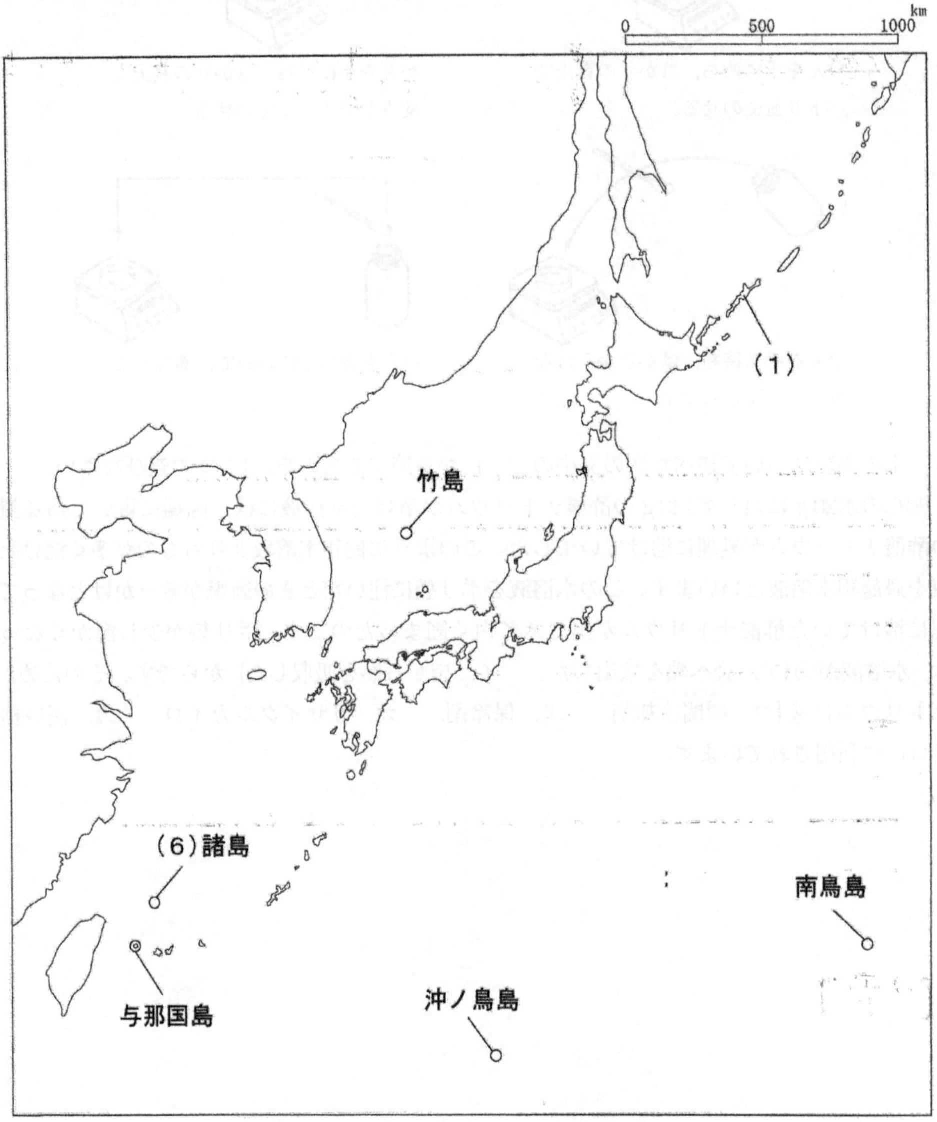

地図中の(１)・(６)は文中の(１)・(６)と同じである

国際的な海の条約である国連海洋法条約によると，「島とは，自然に形成された陸地であって，水に囲まれ，高潮時においても水面上にあるものをいう」とされています。1987年，海上保安庁は(a)北海道・本州・四国・九州をふくめた日本の構成島数を6,852島と発表しています。

日本の最東端《とうたん》の島は南鳥島，最南端は沖ノ鳥島，最西端は与那国島，最北端は（　１　）です。

南鳥島と沖ノ鳥島はいずれも，行政上（　２　）に属しています。

本州から約1,800kmはなれた南鳥島は，第二次世界大戦で米軍による砲撃《ほうげき》を受けた戦車や大砲の残骸《ざんがい》など，現在も戦争の傷痕《きずあと》が残っています。日本の島では唯一《ゆいいつ》，他の島と（　３　）を接していない島ですが，昨年８月，南鳥島南方の（　３　）内の深海底で，コバルトやニッケルをふくむ鉱物の採掘《さいくつ》に成功しました。これらの鉱物は，ハイテク製品などに用いられる希少金属で「（　４　）」と呼ばれています。現在，同島には海上自衛隊航空基地の隊員が駐留《ちょうりゅう》し，小さな島が生み出す大きな海洋資源を守っています。

本州から約1,700kmはなれた(b)沖ノ鳥島は，水没《すいぼつ》しそうな満潮時の写真がよくとりあげられますが，干潮時になると，東西約4.5km，南北約1.7km，周囲約11km のサンゴ礁《しょう》の島があらわれ，面積は東京ドームで100個以上の広さとなります。沖ノ鳥島は人工島ではないので，日本の領土であることに異をとなえる国はありません。しかしながら，沖ノ鳥島が満潮時も水没してしまうと領土を失い，（　３　）も大きく失うため，（　５　）ことによって，水没から守っています。

最西端にある(c)与那国島は，日本の安全保障において重要な位置を占《し》めています。2016年より陸上自衛隊の駐屯《ちゅうとん》地が開設され，沿岸の監視《かんし》を主な目的として自衛隊員が駐留しています。

最北端の（　１　）は，冒頭《ぼうとう》にあげた４つの島に続く面積の島で，(d)北方四島の一つです。日本政府は，他国との間で解決すべき領有権の問題という意味で「領土問題」という表現を使っていますが，日本は，ロシアとの間で北方四島をめぐる領土問題，および，(e)韓国との間で竹島をめぐる領土問題をかかえています。

また，地図中の（　６　）諸島は，明治時代に閣議決定をおこなって沖縄県に編入されました。その後，日本政府の許可のもと，最盛期には200名以上が（　６　）諸島で暮らし，かつお節工場や羽毛の採集などの事業を展開しました。中国の福建省の漁船の乗員が（　６　）諸島沖《おき》で遭難《そうなん》した際には，日本人が救助をおこない，1920年に当時の中華民国の駐長崎領事からおくられた感謝状には「日本帝国沖縄県八重山郡（　６　）列島」と書かれていました。

戦後，無人島となった後の1970年代から中華人民共和国と台湾が（　６　）諸島の領有を主張していますが，同諸島については現在も日本が有効に支配しています。

問１　文中の空らん（１）にあてはまる島名を次のア～エより１つ選び，記号で答えなさい。

ア．択捉島　　イ．国後島　　ウ．色丹島　　エ．歯舞諸島

問２　文中の空らん（２）にあてはまる都道府県名を次のア～エより１つ選び，記号で答えなさい。

ア．東京都　　イ．神奈川県　　ウ．静岡県　　エ．沖縄県

問３　文中の空らん（３）には，沿岸国が自国の沿岸から200海里以内の水産資源や鉱産資源などに対する権利を主張できる海域をあらわす語句が入ります。この語句を漢字７字で答えなさい。

問４　文中の空らん（４）には，地球上での存在量が少ないか，純粋《じゅんすい》な金属として採掘《さいくつ》することが困難な金属の総称《そうしょう》が入ります。この総称をカタカナで答えなさい。

問５　文中の空らん（５）にあてはまることばを15字以内で答えなさい。

問６　文中の空らん（６）にあてはまる地名を漢字で答えなさい。

問７　下線部(a)に関して，北海道，本州，四国，九州と日本は南北に長く位置しており，冷帯から温帯，熱帯にちかい気候が分布し，植生もゆたかです。日本の島の中には，これらの気候の植生がはば広く生育するところが存在します。この島の名称《めいしょう》を次のア～エより１つ選び，記号で答えなさい。

ア．佐渡島　　イ．屋久島　　ウ．志賀島　　エ．小豆島

問８　下線部(b)に関して，沖ノ鳥島は北回帰線のやや南に位置しています。この島の緯度として

もっとも近いものを，次のア～エより１つ選び，記号で答えなさい。

ア．北緯15度　　イ．北緯20度　　ウ．北緯25度　　エ．北緯30度

問９　下線部(c)に関して，次の表は，与那国島（与那国町）の平成30年のおもな農業産出額をしめしたものです。この島の工芸農作物として多くをしめるものを，下のア～エより１つ選び，記号で答えなさい。

ア．さとうきび
イ．いぐさ
ウ．綿花
エ．てんさい

単位:1,000万円

米	1
野菜	5
果実	1
工芸農作物	25
肉用牛	1

（農林水産省ホームページ『市町村別農業産出額（推計）』より作成）

問10　下線部(d)の周辺の海域で水揚《あ》げされる魚種のうち，適当でないものを，次のア～エより１つ選び，記号で答えなさい。

ア．さんま　　イ．かれい　　ウ．すけとうだら　　エ．まぐろ

問11　下線部(e)に関して，竹島は明治時代に日本のある県に編入され，あしか漁の許可や，税の徴《ちょう》収《しゅう》などがおこなわれました。この県名を次のア～エより１つ選び，記号で答えなさい。

ア．兵庫県　　イ．鳥取県　　ウ．島根県　　エ．山口県

問12　下線部(e)に関して，竹島は現在，韓国による事実上の支配が続いています。日本政府は，1954年以降，竹島の領有権をめぐる問題の解決を国連の機関にゆだねる提案を，韓国政府に対して３回にわたっておこなってきましたが，一度も実現には至っていません。この国連機関は，国と国との争いごとを法的に解決することを目的として，オランダのハーグに設置されています。この機関の名称を漢字７字で答えなさい。

2　次の１～10の文を読み，以下の問いに答えなさい。

1．①『日本書紀』には，崇神天皇のときに疫病《えきびょう》が発生し多くの人々が亡くなったという記事があり，日本初の伝染病の記録と考えられる。

2．585年に疫病が流行した際，②仏教の受けいれに反対する物部氏らは，流行の原因が蘇我氏による仏教の受けいれにあると考えた。

3．８世紀前半には，天然痘《てんねんとう》が流行して藤原不比等の４人の息子をはじめ多くの人が亡くなる中，飢饉《ききん》の発生や貴族の反乱もあり社会の不安が高まったことから，（　③　）天皇は仏教の力を借りて国家を守ろうと考え，国分寺・国分尼寺の建立や大仏造立を命じた。

4．ハンセン病は古くから恐《おそ》れられた病気の一つで，その患者《かんじゃ》はかつて社会から排除《はいじょ》され差別の対象となった。④鎌倉時代に開かれた新たな仏教の中で，念仏を唱えればすべての人々が救われるという教えが広がり，多くのハンセン病患者らも信仰《しんこう》した。

5．徳川吉宗が実学奨励《しょうれい》のために漢訳洋書の輸入制限を緩和《かんわ》したことで蘭学が盛んになり，『解体新書』が発行されたほか，⑤長崎に鳴滝塾が開かれて診療《しんりょう》や医学教育がおこなわれた。幕末には種痘所《しゅとうじょ》が設置され，江戸における西洋医学の拠点《きょてん》となった。

6．1817年に初めて世界的に流行したコレラは，1822年に日本にも上陸し，西日本一帯で大きな被《ひ》

害《がい》を出した。⑥安政の五か国条約が結ばれた1858年には，長崎から始まり江戸で大流行し，東北地方にまで達した。

7．明治維新により急速に近代化が進んだ一方で，1893年には15万人以上が⑦赤痢《せきり》を発症《はっしょう》したほか，工場労働者の間では結核《けっかく》が蔓延《まんえん》した。深刻な疫病問題をかかえた明治政府は，1897年に10種の伝染病の予防について規定した伝染病予防法を制定した。

8．歴史上もっとも猛威《もうい》をふるったインフルエンザは，⑧第一次世界大戦期に世界的に流行したスペイン風邪《かぜ》で，日本でも流行して患者数は2300万人を超《こ》え，35万人以上の人々が亡くなったとされている。

9．⑨太平洋戦争では，劣悪《れつあく》な環境《かんきょう》下で栄養状況《じょうきょう》が悪化した兵士らがマラリアに感染し，医療物資の不足もあり病死した兵士も少なくなかった。

10．高度経済成長期の日本では，各地で公害病が発生した。これに対して政府は1967年に⑩公害対策基本法を制定し，1971年には環境庁を設置した。

問１　下線部①について，『古事記』や『日本書紀』よりも前にわが国でつくられた最古級の文字史料とされているものに関する記述として正しいものを，次のア～エより１つ選び，記号で答えなさい。

ア．倭が高句麗と交戦し，騎馬《きば》軍団との戦いの結果，敗退した。

イ．ヲワケという人物が，ワカタケル大王の統治を補佐《ほさ》した。

ウ．倭の奴国が使いをおくり，皇帝から金印が与《あた》えられた。

エ．邪馬台国の女王卑弥呼が魏に使いをおくり，「親魏倭王」の称号《しょうごう》を受けた。

問２　下線部②について，聖徳太子はあつく仏教を崇拝《すうはい》し，政治に仏教や儒教の教えをとりいれた人物として知られています。聖徳太子がおこなったことに関する記述としてあやまっているものを，次のア～エより１つ選び，記号で答えなさい。

ア．小野妹子らを遣隋使として派遣《はけん》し，隋との対等な外交を目指した。

イ．朝廷の役人の位を12に分け，豪族の家柄《いえがら》ではなく個人の能力や功績に基づいて登用する道を開いた。

ウ．おばである推古天皇の摂政として，蘇我馬子と協力して政治をおこなった。

エ．豪族や皇族が私的に土地・人民をもつことを禁じ，土地・人民は国のものとすることを定めた。

問３　空らん③にあてはまる語句を漢字で答えなさい。

問４　下線部④について，鎌倉時代に開かれた新しい仏教は，それまで仏教とは無縁《むえん》だった人々からも信仰を集めた点で大きな意味をもつとされます。それまで仏教を信仰してきた人々と，新たに仏教を信仰するようになった人々は，それぞれおもにどのような身分であったかを45字以内で説明しなさい。

問５　下線部⑤について，オランダ商館の医師として来日し，長崎に鳴滝塾を開いて高野長英らを育成した人物の名前を答えなさい。

問６　下線部⑥について，安政の五か国条約に関する記述としてあやまっているものを，次のア～エより１つ選び，記号で答えなさい。

ア．大老の井伊直弼は，朝廷の許しを得ないまま条約を締結《ていけつ》した。

イ．下田・函館に加え，神奈川，長崎，新潟，兵庫の開港が定められた。

ウ．治外法権を認めていたため，外国人に対して罪を犯した日本人を日本の法律で裁くことができなかった。

エ．条約締結後，欧米《おうべい》との貿易が始まると，物価が上がったため庶民《しょみん》の生活は苦しくなり，各地で一揆や打ちこわしが相次いだ。

問７　下線部⑦について，世界で初めて赤痢菌《せきりきん》を発見した人物名として正しいものを，次のア～エより１つ選び，記号で答えなさい。

ア．北里柴三郎　　イ．鈴木梅太郎　　ウ．野口英世　　エ．志賀潔

問８　下線部⑧について，第一次世界大戦にいたるまでにおきた，次のア～エを年代順にならべたとき，２番目と４番目にくるできごとを，それぞれ記号で答えなさい。

ア．義和団事件　　　　　イ．下関条約の締結

ウ．日英同盟の成立　　　エ．甲午農民戦争（東学党の乱）

問９　下線部⑨について，太平洋戦争に関する記述として正しいものを，次のア～エより１つ選び，記号で答えなさい。

ア．奉天郊外《こうがい》の柳条湖でおこった事件をきっかけに戦争が始まった。

イ．アメリカ軍を中心とする国連軍が韓国を支援《しえん》して戦った。

ウ．日本は中国にあるドイツの租借地《そしゃくち》や南洋諸島を占領《せんりょう》した。

エ．サイパン島の陥落《かんらく》後，本格的に本土空襲《くうしゅう》を受けるようになった。

問10　下線部⑩について，1993年にはあらゆる環境問題に対応するために新たな法律が制定され，公害対策基本法は廃止《はいし》されました。新たに制定された法律名を漢字で答えなさい。

3　次の⑴から⑸のことがらについて，①・②とも正しい文章のときはア，①だけ正しいときはイ，②だけ正しいときはウ，①・②ともあやまった文章のときはエと解答らんに記入しなさい。

⑴　わが国の選挙制度について

①　わが国で帝国議会が開設されると女性にも国政選挙権があたえられたが，普通選挙がおこなわれるようになるのは第二次世界大戦後のことである。

②　現在わが国では選挙権は一定の収入をもつ満18歳《さい》以上の男女にあたえられ，身分や学歴などによって制限されない。

⑵　衆議院議員と参議院議員の選出方法や任期について

①　衆議院議員の選挙は小選挙区選挙と比例代表選挙とでおこなわれ，議員の任期は４年であるが任期途中《とちゅう》で解散されることがある。被《ひ》選挙権については満25歳以上となっている。

②　参議院議員の選挙はすべて比例代表選挙でおこなわれ，議員の任期は６年で２年ごとに３分の１ずつ改選される。被選挙権については満30歳以上となっている。

⑶　国会議員の立場や特権について

①　国会議員は，その在任中は現行犯の場合をのぞいて逮捕《たいほ》されることはない。また在任中は納税の義務をまぬがれる。

②　国会議員は，議院での演説・討論・表決について院外で責任を問われることはない。

⑷　天皇の地位について

①　憲法では，皇位は世襲《せしゅう》のものであって，国会の議決した皇室典範の定めるところによりこれを継承《けいしょう》する，となっている。

② 天皇は内閣の助言と承認によって国事行為をおこなうが，その国事行為のうちには，衆議院の解散や憲法改正の公布もふくまれている。

⑸ 司法制度について

① 法律が憲法に違反《いはん》すると考える国民が，最高裁判所に合憲か違憲かの判断を直接求めることができるようになった。

② 裁判員裁判制度が導入されたことにより，被害者が加害者を起訴することができるようになった。

字以内で探し、その初めと終わりの五字をぬき出して答えなさい。また、[B]にふさわしい言葉を、後のア～エから一つ選び、記号で答えなさい。

筆者はパリコレクションで見たショーのすべてが、[　　A　　]であったことに興奮した。そしてこの思いが、[　　B　　]につながっていった。

ア　ファッションを長く続ける仕事にしていこうという思い
イ　この場所でずっとアルバイトを続けていこうという決意
ウ　このショーにもう一度参加できるはずであるという確信
エ　自分もステージに出れば輝《かがや》けるのではないかという期待

問８　――部⑥「自分でドアに向かって近づいていってこじ開けた」とありますが、それは、どうすることをたとえたものですか。その答えとなる言葉を、本文中から二十字以内で探し、ぬき出して答えなさい。

問９　――部⑦「壁の手前で自分にやれることをやっていると、壁と思っていたドアが向こう側から開いた」について、次の⑴・⑵の問いに答えなさい。

⑴　「自分にやれることをやっている」とは、筆者のパリでのアルバイトの場合、どのような意識を持って働くことですか。その答えとなる言葉を、「という意識。」が続くように、本文中から二十字以内で探し、ぬき出して答えなさい。

⑵　「壁と思っていたドアが向こう側から開いた」とありますが、これは、筆者の人生を導いてくれたものが何であったと言っているのですか。その答えとなる言葉を、本文中から十字以内で探し、ぬき出して答えなさい。

問10　――部⑧「声をかけることのできる人間でありたい」と筆者が思うのは、なぜですか。その理由としてふさわしいものを、次のア～エから一つ選び、記号で答えなさい。

ア　声をかけてあげることによって、相手がこちらがどのような人物であるかを理解してくれるから。
イ　声をかけてもらったことによって成功を収めた自分だけが、他人を導くのにふさわしい存在だと言えるから。
ウ　筆者自身が声をかけてもらったことで未来を切り拓くことができた幸運を、他の人にも分け与《あた》えたいから。
エ　筆者自身が他の人に従ったことで、特別なことをせずに成功を収めることができたことに感謝しているから。

ことをあらためて考えている。もちろん当時は、そこまで深く考えていたわけではない。偶然のなりゆきに驚きながら、ただ従っていただけかもしれない。でも、声をかけられたことに、いまも感謝している。自分も、⑧声をかけることのできる人間でありたいと思う。

（『生きる　はたらく　つくる』による）

問１　〰〰部「□苦□苦」の□に入る漢数字をそれぞれ答えて、四字熟語を完成させなさい。

問２　――部①「洋裁などやったこともない」にもかかわらず、今現在まで筆者がファッションを仕事にしているのは、ファッションという仕事に対してどのような思いを抱《いだ》いたからですか。「針仕事は、」から始めて、「という思い。」が続くように、本文中の言葉を使って、五十字以内で答えなさい。

問３　――部②「たぶん軽い気持ちでのお誘いだったと思う」とありますが、どのような誘いを受けたのですか。その答えとしてふさわしいものを、次のア～エから一つ選び、記号で答えなさい。

ア　自分と同じ職場で一緒《いっしょ》に今後も働いてほしいという誘い。
イ　ファッション業界で今後も働いていけばよいという誘い。
ウ　お金がなくなったらアルバイトに来ていいよという誘い。
エ　自分の後を継《つ》いでパタンナーになってほしいという誘い。

問４　――部③「真剣に考えはじめている自分がいた」とありますが、軽い気持ちの誘いに対して、真剣に考えるようになったのは、パリでアルバイトを始める前から、自分自身の状況《じょうきょう》に対してどのように思っていたことが関係していると考えられますか。その答えを述べた形式段落を、本文中から一つ探し、初めの五字をぬき出して答えなさい。

問５　[X]・[Y]に入る言葉の組み合わせとしてふさわしいものを、次のア～エから一つ選び、記号で答えなさい。

ア　X　足手まといになる不安　　Y　仲間と働く一体感
イ　X　働くことの苦しさ　　Y　やりとげた達成感
ウ　X　できない劣等感《れっとうかん》　　Y　上達するよろこび
エ　X　働くことへの抵抗感《ていこうかん》　　Y　お金をもらえる幸せ

問６　――部④「中心のメンバーといっしょにテーブルについて食べることになる」とありますが、この朝食の時間は、筆者にとってどういう時間でしたか。その答えとしてふさわしいものを、次のア～エから一つ選び、記号で答えなさい。

ア　自分はこの場所にふさわしくないとは思っていたが、得られるもののすべてが面白く、現在の自分を形作るもととなるものを吸収できた時間。
イ　自分がいるべき場所ではないと思いながらも、何か少しでも吸収できるものはないかと積極的に関わることで、自分の成長を実感できた時間。
ウ　アルバイトなのにあつかましいとは思いつつ、ファッションに関する勉強をしたかった自分にとって、なんとしてでも手に入れたかった時間。
エ　ファッションの話はまったくわからなかったが、一流の人たちを間近に感じたことによって、将来の自分の目標が何であるかがわかった時間。

問７　――部⑤「自分のなかに未知の感覚がひらかれていくのがわかった」について説明した次の文の[A]に入る言葉を、本文中から三十

ングルームに行くと、コシノジュンコさんがすでに朝食のお粥《かゆ》を用意してくれていて、④中心のメンバーといっしょにテーブルについて食べることになる。アルバイトなのにあつかましい、という雰囲気《ふんいき》はまるでなく、混じって淡々《たんたん》と食べていた。ファッションについてなんの知識もない、そういう場に平気でいられる度胸もない、積極的にしゃべるでもなく、そこに座って食べている。ただ見ること聞くことのすべてが興味深くて、そこに混じっておとなしくしているだけでも、すべてが他では得られないものばかりだった。なんで自分はこんなところにいるんだろう、と思いながら、そこにいるあいだに見たり聞いたりすることは、残らず自分に浸《し》み込《こ》んでいくようだった。

パリコレクションの当日になり、ステージ裏でぎりぎりまで指示されたことをこなしているうちにショーが始まる。その年のコシノさんのデザインには宇宙的、スペーシーな要素が取り入れられていて、モデルの着ている服のなかに蓄光《ちくこう》ライトのチューブが縫いこまれてあった。ステージに出る前にチューブをポキポキと折ると化学反応が起こり、蛍光《けいこう》色《しょく》があざやかに光りだす。背の高いきれいなモデルがその服をまとって出て行くと、満員の客席から拍手喝采《はくしゅかっさい》が起こった。準備にずっと加わっていたのに、始まったショーはまるで見たことのないものだった。目の前で動いているもの、耳に入ってくる音楽、わーっと反応するオーディエンスの声や拍手もふくめて、自分がこれまでにかかわってきた世界とはまるで縁《えん》のないものばかりだった。ただただ、興奮していた。なんだろうこの世界は！　と驚《おどろ》きながら、⑤自分のなかに未知の感覚がひらかれていくのがわかった。

骨折をして陸上を辞めたときから、行き先がなくなった自分をどうにかしたいと思っていた。行き先がないままでは、自分の未来が見えてこない。それもわかっていた。かといって、自分が行く先に向かって開けるべきドアのようなものが、いったいどこにあるのか――ドアの場所さえわからないありさまだった。

このパリでのアルバイト以降、自分のブランドを始めるまで、いくつかの仕事をすることになる。しかし、それはいつも「手伝わないか？」と声をかけられて始まるものばかりだった。⑥自分でドアに向かって近づいていってこじ開けた、というのではない。ドアは壁《かべ》と見分けがつかず、ノブもついていなかったからだ。⑦壁の手前で自分にやれることをやっていると、壁と思っていたドアが向こう側から開いた。そしてドアの向こう側から、「入ってみるかい？」と誰《だれ》かが手招きし、声をかけてくれるのだった。

自分にとっては偶然のようななりゆきにまかせるうちに、次の偶然のなりゆきが待っている。若くて経験の浅い自分が、強い意志をもって「これだ」と突《つ》き進むことと、自分よりも経験のある大人から、「これをやってみるかい？」と差し出されて始めることとでは、おおきく違《ちが》う。それは、たしかなことだと思う。ふつうは前者のほうが、自分で未来を切り拓《ひら》く姿勢ということになるのだろう。自分は声をかけられたほうに進んでみようと思ったのにすぎないし、それはたまたま運がよかっただけだ、と言われるかもしれない。

でも本当に、自分のことは自分がいちばんわかっているのだろうか。他人は案外、自分の姿をよく見ているものではないか。ひょっとすると、自分が思っている自分より、正確に見ていることだってあるのではないか。パリでの最初のアルバイトから三十年以上が経《た》ったいま、その

【三】 次の文章は、ファッションブランド「ミナ ペルホネン」の創始者である皆川明《みながわあきら》氏の文章である。大学に進学して陸上競技を続けることを、足の骨折のためにあきらめた皆川氏は、高校卒業後に、旅行でパリに来ている。そして、偶然《ぐうぜん》パリコレクション（ファッションブランドの新作発表会）の手伝いのアルバイトをすることになった。これを読んで、後の問いに答えなさい。

おもに担当したのは、服をモデルに合わせる、丈《たけ》のお直しだった。パリコレクションの準備中、オーディションを受けたモデルに服を着てもらい、「もうちょっと短くして」「ここを縫《ぬ》いつけて」などと指示されて、その通りに縫うのだ。

①洋裁などやったこともない。針仕事は小学生の家庭科でやって以来のことだった。しかも得意かといえば得意じゃない。でも、言われるままに一生懸命《けんめい》やるしかない。

毎日アルバイトに通ううちに、型紙を引くパタンナーのチーフに声をかけられるようになった。いまもJUNKO KOSHINO（注・コシノジュンコさんのファッションブランド名）で働いておられ、お付き合いはつづいている。このアルバイトから数えれば三十年以上のお付き合いになる。ミナ ペルホネンの展示会があるたびに、いまもご夫妻で来てくださる。

当時はパタンナーのチーフだった彼《かれ》が、「ファッションのことを勉強したいのだったら、文化服装学院なら夜間部もあるし、昼間働いて、夜勉強すればいいんじゃないかな。もしうちにアルバイトに来たかったら、いつでも来ればいいよ」と声をかけてくれた。②たぶん軽い気持ちでのお誘《さそ》いだったと思う。それなのになぜか、すーっとその言葉が耳に入ってきて、自分のなかに波紋《はもん》のようなものを描《えが》くことになり、なんらかの作用が働いたのだ。ファッションを勉強することについて、ファッションの現場でひきつづきアルバイトすることについて、③真剣《しんけん》に考えはじめている自分がいた。

縫ったりするのは、けっしてうまくない。うまくできないことは、なかなか覚えない。上達するのに時間がかかる。だから逆に、こういう仕事は自分にとって、長くやっていられそうな仕事だな、と思ったのだ。うまくできないことだからこそ、ずっとつづけられるんじゃないかと。

妙《みょう》な考え方だと思われるかもしれない。スキルとかキャリアアップの発想からすれば、得意でないものを□苦□苦してやっているのは効率も悪いし、ストレスだし、得るものが少ない――そう考えるのが普通《ふつう》だろう。でも、そうは考えなかった。この仕事は自分の得意なことではないから、長くつづけられそうだ、と当たり前のように思う自分がいた。

まわりの人にはできて、自分にはできなかったことが、一週間、二週間とつづけているうちに、だんだんできるようになる。この過程、この変化は、思っていたよりはるかにうれしいことだった。[X]よりも[Y]のほうがおおきいのだ。パリコレクションのアルバイトの二週間で、その手応えのある実感を骨身にしみて味わった。JUNKO KOSHINOのスタッフの人たちが、忙《いそが》しくてもカリカリせず、つきあってくれたこともおおきかったと思う。

仕事のスピードが遅《おそ》かったから、気がつくともう終電になって帰れない時間になってしまう。パタンナーの人や中心的なメンバーから「泊《と》まっていきなさい」と言われるようになり、アパルトマン（注・集合住宅）の空いている部屋で仮眠《かみん》をとるようになった。朝、起きだしてリビ

イ　小鳥たちはさえずりによってちがう種類を見分けると、より大きな声でさえずり返すことで、争うことなくなわばりから追い出しているということ。

ウ　小鳥たちはさえずりによって同じ種類かどうかを判断し、仲間どうしさえずり合うことで、話し合いの形でなわばりの分担を決めているということ。

エ　小鳥たちはさえずりによって敵となる同じ種類を見分けても、強くさえずり返すだけで、ぶつかり合わずにどちらが強いかを決めているということ。

問4　――部②「3時46分にキビタキが最初にさえずりはじめました。アカハラが56分、カッコウは57分、そしてウグイスは4時2分でした」について、次の⑴・⑵の問いに答えなさい。

⑴　キビタキやアカハラなどの野鳥がまだ夜明け前に鳴き始めるのは、なぜですか。その答えとなる次の文の［　　］にふさわしい言葉を、本文中の言葉を使って、五十字以内で答えなさい。

夜明け前の暗い時間帯は、［　　　　］ことができるから。

⑵　ウグイスの鳴き始める時刻が比較的遅《おそ》い理由について、筆者はどのように推測していますか。その答えとなる一文を、本文中から探し、その初めの五字を答えなさい。

問5　――部③「ウグイスはほかの小鳥たちとはちがい、早朝だけではなく1日中さえずっています」とありますが、その生息する環境《かんきょう》に注目した場合、ウグイスが1日中さえずっているのは、なぜだと考えられますか。その答えとなる言葉を、「から。」が続くように、本文中から三十五字以内で探し、その初めと終わりの五字をぬき出して答えなさい。

問6　――部④「ウグイスの結婚は、一夫多妻です」について、一夫多妻とは単体のオスが複数のメスとつながることですが、ウグイスの場合、一夫多妻はどういうことによって成り立っていますか。その答えとなる次の文の［Ⅰ］・［Ⅱ］にふさわしい言葉を、本文中から（　）内の指定字数でそれぞれ探し、ぬき出して答えなさい。

［Ⅰ（十字以内）］を引き留めたり、新たなメスを見つけたりしながら、［Ⅱ（二十字以内）］になわばりを侵略されないように絶えずさえずり続けること。

問7　――部⑤「いいなわばりを確保している」について、次の⑴・⑵の問いに答えなさい。

⑴　「いいなわばり」とは、具体的には、何がたくさんいるなわばりのことですか。その答えとなる言葉を、本文中から三十字以内で探し、その初めと終わりの五字をぬき出して答えなさい。

⑵　強いオスが「いいなわばりを確保している」ことを、メスはどのようにとらえていると筆者は想像していますか。本文中から二十五字以内で探し、その初めと終わりの五字をぬき出して答えなさい。

問8　══部「ウグイスは『ホーホケキョ』を合い言葉に、種を存続させてきた」とは、どういうことですか。その答えとなる次の文の［　　］にふさわしい言葉を、本文中の言葉を使って、四十五字以内で答えなさい。

ウグイスは、［　　　　］、その強い遺伝子を受け継《つ》いで種を存続させてきたということ。

ものが多く遠くまで音が届きにくいので、なわばりを巡回《じゅんかい》して鳴かなくてはなりません。［D］芝生《しばふ》の水まきのスプリンクラーみたいなもの。スプリンクラーを何ヶ所も設置するのと同じように、ウグイスも声をあちこちへ届かせるために、場所を変えてくり返し鳴かなくてはならないのです。

（中略）

④ウグイスの結婚は、一夫多妻です。多いものでは、1羽のオスが6～7羽のメスとつがった例が報告されています。

（中略）

一夫多妻ということは、1シーズンの間に何度もメスへ求愛する（さえずる）ことになります。さらに、つがい相手を見つけられず、あぶれるオスも出てきます。そうしたオスがなわばりに入ってきたり、あるいはなわばりを取られてしまったりすることもあるでしょう。なわばりを守るためにも、鳴き続けなくてはなりません。

ウグイスは地面に近いやぶのなかに巣を作るために、ヘビなど天敵に襲《おそ》われることも多く、なかには繁殖《はんしょく》に失敗するメスもいます。

子育てに失敗したメスが他のオスと新たにつがい、再度、巣作りをすることもあるでしょう。そのため、オスはメスを引き留めるためや、新しいメスを見つけるためにさえずり続けることになります。

ウグイスのそばで観察を続けていると、ほとんど1日鳴いているように聞こえます。そうして鳴き続けられるのは、⑤いいなわばりを確保している証拠になるのではと思います。つまり「1日中鳴いていていても食べ物を見つけるのに苦労をしないなわばりを確保しているぞ」とアピールしているのかもしれません。

ウグイスの食べ物は、昆虫《こんちゅう》です。ササの葉の裏に隠《かく》れていたり、茎《くき》にとまっていたりする虫を捕《と》らえては食べます。いいなわばりとは、こうした昆虫がたくさんいるなわばりです。人間の世界に例えると、デパ地下の食料品売り場のように、たくさんの食べ物がある状態と言えます。

また「日がな1日カラオケをしていても食べるのに苦労をしない財産があるぞ」とアピールしているようなものでもあります。人間の場合、そんな男性を魅力的《みりょくてき》だと思う女性がいるでしょうか。いないことを祈《いの》ります。

（松田道生《まつだみちお》『鳥はなぜ鳴く？　ホーホケキョの科学』による）

問1　［A］～［D］にふさわしい言葉を、次のア～オから一つずつ選び、記号で答えなさい。

ア　また　　イ　いわば　　ウ　あるいは
エ　しかし　　オ　もし

問2　〰〰部「られる」と同じ「られる」をふくむ文を、次のア～エから一つ選び、記号で答えなさい。

ア　折りたたみ傘《がさ》を忘れたのに、あいにくと雨に降られる。
イ　この事件は、建物の内部の者のしわざとも考えられる。
ウ　低迷している昼の番組の、視聴率《しちょうりつ》の回復が求められる。
エ　幼少の頃《ころ》にお世話になった方々が、東京から来られる。

問3　――部①「小鳥たちは、さえずり合うことで戦いをさけ、平和的に問題を解決している」とは、どういうことですか。その答えとしてふさわしいものを、次のア～エから一つ選び、記号で答えなさい。

ア　小鳥たちはさえずりによって同じ種類かどうかを判断し、仲間どうしで協力し合って、ちがう種類がなわばりに入らないようにしているということ。

な小鳥でしっかり見分けるのは至難のわざです。

ウグイスたちはどうやって仲間を見分けているのでしょうか？

実はこれらの鳥はすべてさえずりがちがうので、さえずりを聞けば、どんなに似ている小鳥でも区別できます。ウグイス以外に「ホーホケキョ」と鳴く小鳥はいないので、[B] ウグイスの仲間同士が森のなかですれちがっても、おたがいさえずりを聞いて、同じ種類《しゅるい》かどうか判断できるのです。

ちがう種類とわかれば、争わずに無視してもかまいません。種類がちがうということは住む場所や食べものがちがうということで、競争する必要がないからです。しかし、同じ種類であれば、せっかく結婚《けっこん》したメスを取られてしまうかもしれませんし、確保したなわばりを侵略《しんりゃく》されるかもしれないので、より大きな声でさえずり返し、こちらの方が強いことを主張しなくてはなりません。

ウグイスなどの①小鳥たちは、さえずり合うことで戦いをさけ、平和的に問題を解決していることになります。

（中略）

実は、鳥がよく鳴く時間帯とあまり鳴かない時間帯があることに気づいているでしょうか。

（中略）

たとえば、２０１６年６月12日の日光霧降高原《にっこうきりふりこうげん》での録音を聞くと、②3時46分にキビタキが最初にさえずりはじめました。アカハラが56分、カッコウは57分、そしてウグイスは4時2分でした。この日の日の出の時刻は4時21分ですから4時を過ぎるころにはもう明るくなっています。そして、4時30分を過ぎると鳥の鳴き声は静かになりました。

このように、野鳥たちは夜明け前の暗いうちにさえずり、明るくなると鳴きやむ習性があったのです。

鳥たちが早朝にさえずる理由はいくつかあります。（中略）ひとつ考えられるのは、小鳥の天敵のハイタカやツミといった猛禽類《もうきんるい》がまだ活動してないことがあると思います。猛禽類は目で獲物《えもの》を見つけるので、暗い時間帯は獲物が見えにくいでしょう。[C]、身体の大きな猛禽類は、日が昇《のぼ》り地面が温められて上昇《じょうしょう》気流が発生する時間帯のほうが飛ぶのに有利なため、飛び始めるのは日が昇ってからです。

早朝にさえずる鳥たちは、木のてっぺんや木のこずえなどの目立つところにとまってさえずる鳥たちが多い傾向《けいこう》にあります。遠くまで声を響《ひび》かせるのには高い木の上のほうが有利ですが、その反面、天敵にも見つかりやすい行動です。しかし暗い早朝であれば、そのリスクをさけてさえずることができるのだと思います。

早朝に鳴く鳥たちに対し、ウグイスは比較的《ひかくてき》寝坊《ねぼう》な鳥です。やぶのなかでさえずり、天敵に身体をさらすことがないからかもしれません。

（中略）

そして、③ウグイスはほかの小鳥たちとはちがい、早朝だけではなく1日中さえずっています。

（中略）

ウグイスが鳴き続けるのにはいくつか理由があると思います。

ウグイスには直接聞けませんので、状況《じょうきょう》から考えていきましょう。

オオルリやアカハラがさえずるのは木のてっぺんです。木のてっぺんならば、声をなわばり全体に響き渡らせるのに有利です。音は、上から下へシャワーのように広がっていきます。

しかし、ウグイスはやぶのなかでさえずります。やぶの中はさえぎる

【国　語】〈五〇分〉〈満点：一〇〇点〉

【注意】字数指定のある問題は、句読点やかぎかっこなどの記号も字数にふくめます。

【一】次の１～10の――部のカタカナを、それぞれ漢字に改めて答えなさい。

1　この道は車のオウライが激しい。
2　彼《かれ》は新たな理論をコウチクした。
3　食料品はそのツド買うようにしている。
4　必要なものをシュシャ選択《せんたく》する。
5　この机はセンレンされたデザインだ。
6　事故の原因をチョウサした。
7　会うためのコウジツを作る。
8　クラスの人数分のプリントをスった。
9　山脈が南北にツラなる。
10　道で落とし物をヒロう。

【二】次の文章を読んで、後の問いに答えなさい。なお、本文には表記を改めたところがあります。

ウグイスの「ホーホケキョ」という鳴き方を〝さえずり〟と言います。さえずりという言葉はたんに「小鳥の鳴き声」という意味で使われることがありますが、生物学では「オスがメスを呼ぶ、あるいは求愛、加えてなわばり宣言の意味がある鳴き方」と定義されています。「オスが長い間きれいな声で鳴き続ける鳴き方」と状態をさして言う場合もあります。

ところで「ウグイス嬢《じょう》」といえば野球場でのアナウンスや選挙の宣伝カーで支持を訴《うった》える女性のこと。

A 、鳥のウグイスではメスはさえずらず、オスがさえずります。オスが大きな声でさえずるのは、強くて健康な証拠《しょうこ》。複雑な節回《ふしまわ》しを歌えるのは頭のよいことになります。メスがそのようなオスを見たらイケメンに見え、他のオスは「これはかなわない」と思ってしまうわけです。

鳥の多くは、メスがオスを選びます。メスに恋の選択権《せんたくけん》があるのです。

ウグイスもメスに選択権があると思います。力強い「ホーホケキョ」というさえずりを聞いたメスは「まあ、大きな声のオスね。このオスなら、卵を産みヒナを育てるための食べ物に不自由しないなわばりを確保してくれるはず。そして、なにより強い遺伝子をもらって、未来永劫《えいごう》にわたってウグイスという種を繁栄《はんえい》させることができるわ」と思う……かどうかわかりませんが、結果として「ホーホケキョ」を聞いてメスがオスを選び子孫を残してきました。そうして何千万年間、何万世代にわたり、ウグイスという種がこの地球上に存続してきたことになります。

ウグイスは「ホーホケキョ」を合言葉に、種を存続させてきたのです。

（中略）

鳥の図鑑《ずかん》を開いたらウグイスの仲間の載《の》ったページを見てください。同じような鳥が並んでいませんか？

みんな大きさはスズメくらい。頭から尾《お》の先まで褐色《かっしょく》で、模様はほとんどありません。この微妙《びみょう》なちがいをやぶのなかにいるウグイスのよう

MEMO

大切なことはメモしておこうネ！

第1期

2021年度

解 答 と 解 説

《2021年度の配点は解答欄に掲載してあります。》

＜算数解答＞《学校からの正答の発表はありません。》

1 (1) 3.8% (2) 2800円 (3) 30分 (4) 62通り (5) 180m (6) $\frac{8}{9}$

2 (1) 4枚 (2) 13

3 (1) 37.68cm (2) 解説参照 (3) $56.52cm^2$

4 (1) 5.9度 (2) $67\frac{31}{107}$分ごと (3) 午前6時$30\frac{30}{43}$分

○推定配点○

3(3)，4(3) 各8点×2 他 各7点×12 計100点

＜算数解説＞

重要 1 (割合と比，相当算，仕事算，場合の数，速さの二公式と比，通過算，数の性質)

(1) (2×2＋3×3＋5×5)÷(2＋3＋5)＝3.8(%)

(2) 右図より，全体の$\frac{4}{7}$－400円＋1600円すなわち$\frac{4}{7}$＋1200円が1である。したがって，最初の所持金は$1200÷\left(1-\frac{4}{7}\right)=2800$(円)

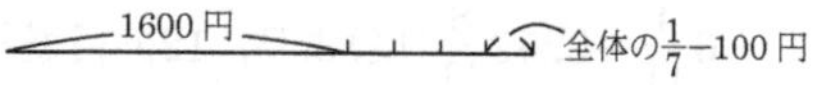

(3) 全体の仕事量を45，144の最小公倍数720にする。
ロボットB1台，1分の仕事量…720÷10÷144＝0.5
ロボットA1台，1分の仕事量…(720÷45－0.5×8)÷5＝2.4
したがって，ロボットA10台では720÷(2.4×10)＝30(分)

(4) 右図より，A点からB点へ最短で行く方法は62通りある。

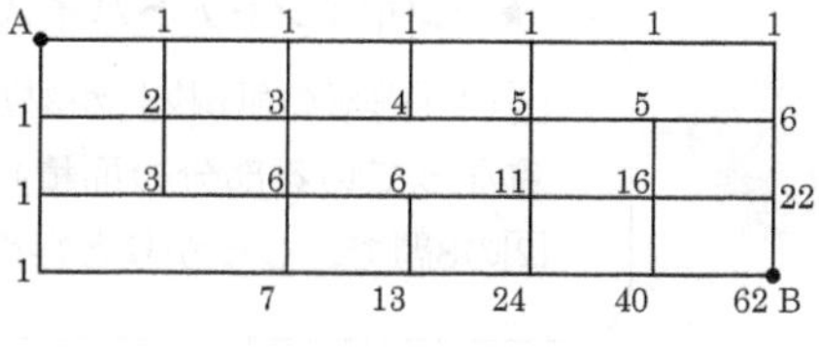

(5) 電車の秒速は1920÷(105－9)＝20(m) したがって，電車の全長は20×9＝180(m)

(6) $1-\frac{1}{2}+\frac{1}{2}-\frac{1}{3}+\cdots+\frac{1}{8}-\frac{1}{9}=\frac{8}{9}$

2 (数の性質)

基本 (1) 分母が12で約分できない場合，分子は1，5，7，11であり，カードは4枚入っている。

重要 (2) $\frac{1}{3}+\frac{2}{3}+\frac{1}{9}+\frac{2}{9}+\frac{4}{9}+\frac{5}{9}+\frac{7}{9}+\frac{8}{9}+\frac{1}{27}+\frac{2}{27}+\frac{4}{27}+\frac{5}{27}+\frac{7}{27}+\frac{8}{27}+\frac{10}{27}+\frac{11}{27}+\frac{13}{27}+\frac{14}{27}+\frac{16}{27}+\frac{17}{27}+\frac{19}{27}+\frac{20}{27}+\frac{22}{27}+\frac{23}{27}+\frac{25}{27}+\frac{26}{27}=1+1\times3+1\times9=13$

重要 3 (平面図形)

(1)　図1より，$6\times3.14\div3\times6=37.68$(cm)

(2)　図2において，紙3枚が重なった部分が斜線部分

(3)　図3において，半径3cmの円の面積は6個の正三角形と6個の弓形によって構成されている。したがって，紙2枚以上が重なっている部分の面積は12個の正三角形と12個の弓形によって構成されており，$3\times3\times3.14\times2=56.52$($\text{cm}^2$)

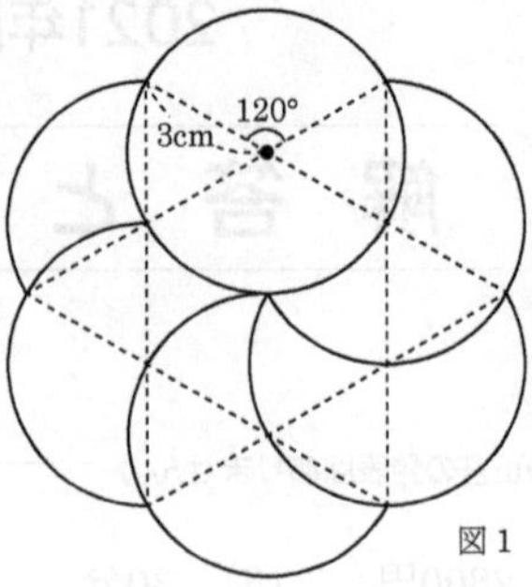

図1

図2

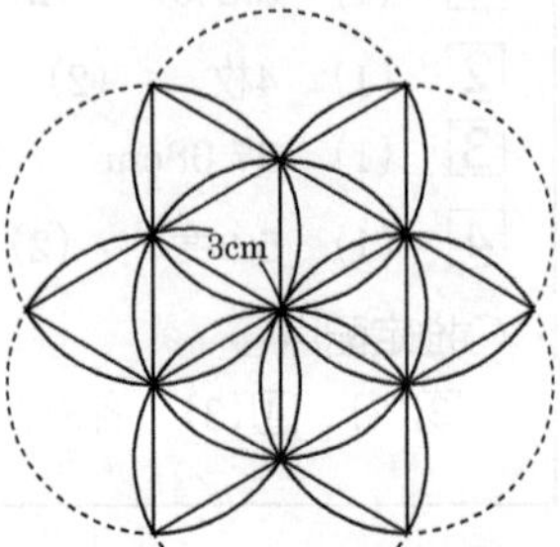

図3

やや難 4 (速さの三公式と比，時計算，割合と比，単位の換算)

(1)　正しい時計の長針は毎分6度，回転する。したがって，1時間に6度遅れる長針は毎分$(360-6)\div60=5.9$(度)回転する。

(2)　正しい時計の短針は毎分0.5度，回転する。1時間に$30+0.5\times6=33$(度)回転する短針は，毎分$33\div60=0.55$(度)回転する。したがって，(1)より，$360\div(5.9-0.55)=67\frac{31}{107}$(分)ごとに重なる。

(3)　(1)・(2)より，短針が7の目盛りを示すとき，短針は0時から$30\times7\div33=6\frac{4}{11}$(時間)動いている。このとき，長針は$5.9\times60\times6\frac{4}{11}=2252\frac{8}{11}$(度)より，12の目盛りから$2252\frac{8}{11}-360\times6=92\frac{8}{11}$(度)回転している。

右図において，$5.9:0.55=118:11$，$180-\left(92\frac{8}{11}+30\right)=57\frac{3}{11}$(度)より，この時刻は6時台の$6\frac{4}{11}+57\frac{3}{11}\div(118+11)\times11\div0.55=30\frac{30}{43}$(分)

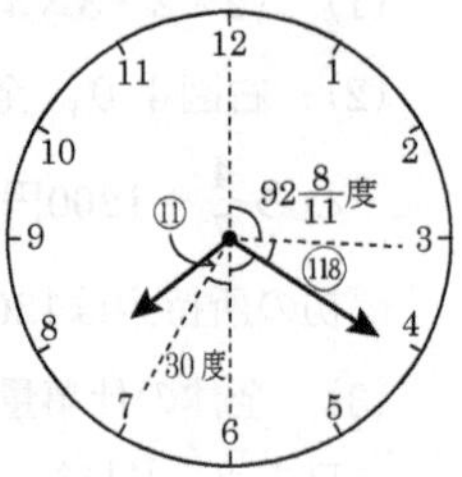

★ワンポイントアドバイス★

3(2)「円形の紙6枚」が3枚，重なっている部分を正確にとらえ，(3)「紙が2枚以上，重なっている部分の面積」は，正三角形と弓形の個数をヒントにする。まず，1，2の8題で，しっかりと得点しよう。

＜理科解答＞《学校からの正答の発表はありません。》

【1】 問1 (1) ア (2) エ (3) イ 問2 (1) 4つ (2) 下図左 (3) 下図右
問3 ウ 問4 (1) イ，カ (2) ア 問5 (1) 絹 (2) クワ
問6 (1) エ (2) ア 問7 モズ

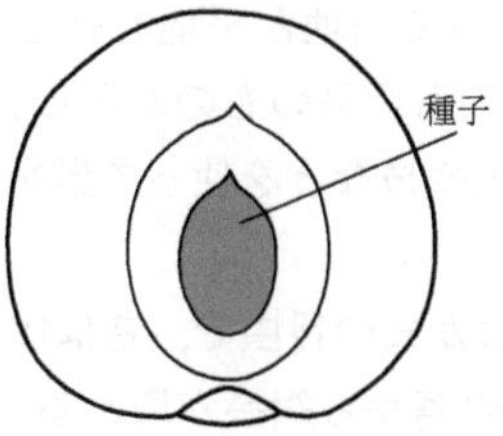

【2】 問1 1440g 問2 15.6cm 問3 720g 問4 4.8cm
問5 50g 問6 150g 問7 70cm 問8 50cm

【3】 問1 4℃ 問2 イ 問3 カ 問4 ひまわり 問5 偏西風
問6 図3→図2→図4 問7 (1) 図4 (2) エ (3) エ
問8 (1) ① イ ② ウ (2) イ

【4】 問1 イ，オ 問2 ウ 問3 (1) 29g (2) 107g 問4 (1) ウ
(2) 14% 問5 イ 問6 ① ア ② オ

○推定配点○
【1】 各1点×14 【2】 問1～問4 各1点×4 他 各2点×4
【3】 各1点×11(問8(1)完答) 【4】 問1・問5・問6 各1点×3(問6完答) 他 各2点×5
計50点

＜理科解説＞

【1】 (植物・動物－万葉集の動植物)

問1 (1) マメ科の植物には，食用の「豆」となる各種の植物のほか，シロツメクサ(クローバー)，ゲンゲ(レンゲソウ)などが含まれる。タンポポはキク科，アサガオはヒルガオ科，ヘチマはウリ科に含まれる。 (2) マメ科の花の多くは，蝶形花とよばれることもあり，大きい花びらが1枚，中くらいの花びらが2枚，小さい花びらが2枚の，計5枚の花びらからなる離弁花である。紫色のものが多い。 (3) 秋の七草は，花を見て楽しむ7種の植物で，ススキ，ハギ，キキョウ，ナデシコ，オミナエシ，クズ，フジバカマを指す。一方，選択肢のセリやナズナは，正月に葉を七草がゆとして食べる春の七草である。ヒガンバナは秋に咲くが，どちらにも含まない。

問2 (1) バラ科に含まれるのは，選択肢ではモモ，ビワ，ナシ，イチゴ，他に，リンゴ，アンズなどがある。カキはカキノキ科，ミカンはミカン科，ブドウはブドウ科，スイカはウリ科である。 (2) ウメの果実は，食用の梅干しを想像すると分かりやすい。食用にする果肉だけでなく，ふつうは食べない「たね」とよばれる部分の外側も果実であり，本当の種子は，「たね」とよばれる部分の内側だけである。 (3) サクラをはじめバラ科の植物の多くは，花びらが5枚の離弁花で，おしべが10～30本程度と多数ある。サクラの種類によるが，ソメイヨシノの場合は花びらの先が割れている。

重要 問3 ア：誤り。マツ，イチョウとも，5月ごろに花が咲く。 イ：誤り。マツは常緑樹で，冬も

葉をつけたままである。イチョウは落葉樹である。　ウ：正しい。マツ，イチョウともに，花にはあざやかな色の花びらがなく，昆虫は寄ってこない。どちらも花粉を運ぶのは風である。

エ：誤り。マツは，お花とめ花が同じ木につく。イチョウは別々の木につく。

問4 (1)　秋に渡ってきて日本で冬を過ごすのは冬鳥であり，ガン，マガモのほか，ツル，ハクチョウなどがある。一方，ホトトギス，ツバメは，春に渡ってきて日本で夏を過ごす夏鳥である。また，ヒバリ，ウグイスは，渡りをせず，季節によって山地と平地を行き来する漂鳥である。キジは住むところを変えない留鳥であり，ウグイスにも留鳥のものがある。　(2)　問題文の聞きなしは，ツバメの鳴き声である。実際，ツバメは土や枝などを使って巣をつくり，昆虫などをえさにしている。

基本　問5 (1)　カイコ(カイコガ)は，家畜として飼われるガのなかまの昆虫で，昔は広い地域で大量に飼育されていた。さなぎは繭(まゆ)に包まれており，その繭から絹糸が取れる。　(2)　カイコのえさになるのは，クワの葉である。

問6 (1)　コオロギは，前羽にやすりのような発音器があり，こすりあわせて音を出す。スズムシやキリギリスも同じような音の出し方である。一方，セミは腹部にある膜のような構造で音を出している。　(2)　コオロギは，土の中で卵の姿で越冬する。同じく卵の姿で越冬するのは，オオカマキリであり，木の枝などにつけた泡状のものの中で多数の卵が越冬する。クマゼミは土の中で幼虫の姿で，ミツバチは成虫が多数集まって，アゲハはさなぎの姿でそれぞれ越冬する。

問7　鳥類のモズは，獲物を木の枝などに突き刺して保管する「はやにえ」の習性がある。

【2】 (てこ・滑車－輪軸と滑車の組み合わせ)

問1　輪軸のつりあいから，4×□＝48×120　より，□＝1440gとなる。

問2　ばねにかかる力は，輪軸の左側の1440gと右側の120gの合計で，1560gである。ばねは100gの力で1cm伸びるので，1560gの力では，15.6cm伸びる。

重要　問3　糸の力はDの重さとつりあっているので240gである。下側の大きな滑車を見ると，糸が3か所で滑車を持ち上げているので，その力の合計は240×3＝720gである。これとつりあう手の力も720gである。

問4　右側の小さな滑車を見ると，糸が2か所で滑車を引き下げているので，その力の合計は240×2＝480(g)である。これとつりあうばねの力も480gである。ばねは100gの力で1cm伸びるので，480gの力では，4.8cm伸びる。

問5　Bのばねの伸びが1cmだから，ばねBの力は100gである。最も右側の小さい滑車を見ると，糸2か所でばねBの100gとつりあっているので，糸の力は100÷2＝50(g)である。この糸が，Hまでつながっているので，Hを引く手の力も50gである。

重要　問6　PとQはどちらも糸2本ずつの力で引き上げられているので，PとQを上向きに引く力の合計は50×2×2＝200(g)である。一方，最も左側の輪軸のつり合いを考えると，4×600＝48×□　より，□＝50gである。よって，棒の左端を引き下げる糸の力は50gである。棒に上向きにかかる力の大きさの合計と，下向きにかかる力の大きさの合計は等しいので，棒の重さは，200－50＝150(g)となる。

問7　棒のうち，どこか一点を支点として，棒のつり合いを考える。例えば左端を支点と考えて，左端からPまでの長さを□cmとする。150gの棒の重心は左端から40cmの位置にある。つりあいの式は，□×100＋(80－30)×100＝40×150　で，□＝10cmとなる。よって，右端からの長さは，80－10＝70(cm)である。他の点を支点に考えても，同じ答えが出る。

問8　最も右側の大きい滑車を考えると，浮いたFの600gの重さを，糸3か所で支えているので，糸にかかる力は600÷3＝200(g)である。よって，棒のPとQを上向きに引き上げる力は，それぞれ

200×2＝400(g)ずつである。例えば左端を支点と考えて，棒のつり合いを考える。左端からPまでは，問7で求めた10cmである。また，左端からおもりGをつり下げた点までを□cmとする。つりあいの式は，$10\times400+(80-30)\times400=40\times150+\square\times600$　で，□＝30cmとなる。よって，右端からの長さは，80－30＝50(cm)である。

【3】 (気象－気象衛星の画像の読み取り)

問1　8時の気温が24℃，9時の気温が20℃だから，4℃下がった。

問2　降水量を右側の目盛りでおおよそ読み取ると，6時～7時はわずか，7時～8時は1mm，8～9時は10mm，9時～10時は16mm，10時～11時は5mmであり，合計は32mm程度となる。最も近い32.5mmが当てはまる。

問3　図1の下部に描かれた矢印を見て，風の吹いてくる向きを読み取る。

問4　日本の気象衛星の愛称は「ひまわり」である。2021年現在，ひまわり8号が使われており，2022年からはひまわり9号が使用される予定である。

問5　日本などの中緯度で，地球を一周する大規模な風を偏西風という。日本の天気は，偏西風に影響されて，西から東へ移り変わることが多い。

問6　図2～図4に帯状に見られる梅雨前線の動きは，実際は北上したり南下したりと複雑なので，図2～図4を見ただけで並べ替えるのは困難だが，ここでは問5からの流れで，雲が全体として西(左)から東(右)に移っていくように並べる。中央の大きな雲が日本海や朝鮮半島にかかっている図3が最初で，次の日は日本列島をおおう図2，そして，最後は日本列島の東側に離れつつある図4となる。

やや難　問7　(1)　図2～図4の画像で，帯状にかかっている雲は前線の雲であり，雲の南側は暖かい空気，雲の北側は冷たい空気がある。図1では，雨が降った8時～11時を境に，午前中でありながら急速に気温が下がっている。これは，前線が東京を通過して，東京の位置が前線の北側になったことを意味する。よって，図4が当てはまる。　(2)　図4の前日は，問6で見たように図2である。図2の東京は前線の雲がしっかりかかっており，降水量が多かったと考えられる。　(3)　図2～図4では，日本全体に前線がかかっており，全国的に雨が多かったと考えられる。アであれば日本は広く晴天で雲は少ないはずである。また，イやウであれば，低気圧に伴う温暖前線と寒冷前線により，「入」の形の雲が見られるはずである。

問8　(1)　台風は，熱帯低気圧のうち風速が17.2m/秒以上のものである。低気圧だから，風は反時計回りに吹いている。そのため，進行方向右側では，周回する速さと台風自体の速さの足し算になり，特に風が強い。　(2)　6月や7月は，台風は南西諸島を横切って大陸へ進むことが多い。8月や9月は日本列島に上陸したり，付近を通過したりすることが増える。10月以降は，大陸や日本列島に近づくことは減り，太平洋上を北上することが多い。

【4】 (ものの溶け方－溶ける量と熱)

問1　ア：誤り。食塩水にアルミニウムを入れても，反応は何も起こらない。　イ：正しい。純粋な水に比べて，水溶液では凍る温度が低下するので，0℃では凍らない。　ウ：誤り。食塩を加熱しても，反応は何も起こらない。　エ：誤り。食塩は塩化ナトリウムの通称だが，加熱しても反応は何も起こらない。　オ：正しい。食塩は水に溶けて中性の水溶液となるので，リトマス紙の色は変わらない。

やや難　問2　ア：誤り。0℃の飽和水溶液の濃さは，2.5÷102.5だから，2.5％よりも小さい。実際に計算すると，2.5÷102.5＝0.0243…で，約2.4％となる。　イ：誤り。ホウ酸の溶ける量は，温度とともに増え方が大きくなる。だから，0℃→10℃よりも，10℃→20℃の方が増え方が多い。よって，10℃の水に溶ける量は，0℃のときと20℃のときの中間の値である3.6gよりも少ない。

ウ：正しい。20℃の飽和水溶液100gに含まれるホウ酸の重さは，4.7：104.7＝□：100　より，□＝4.48…gである。一方，40℃の飽和水溶液50gに含まれるホウ酸の重さは，8.1：108.1＝△：50　より，△＝3.74…gである。よって，前者が後者より多い。　エ：誤り。もし水が100gであれば，80℃の飽和水溶液を60℃まで冷やしたとき，出てくるホウ酸の結晶は，19.1－13.0＝6.1(g)である。しかし，本問は飽和水溶液が100gだから，水の量は100gよりも少なく，出てくるホウ酸の結晶も6.1gより少ない。実際に計算すると，(飽和水溶液の量)：(出てくる結晶の量)＝119.1：6.1＝100：○　より，○＝5.152…gとなる。

問3　(1)　濃さが20％の硝酸カリウム水溶液100gには，溶けている硝酸カリウムが100×0.2＝20gで，水が100－20＝80(g)含まれている。40℃の水80gに溶かすことができる硝酸カリウムの最大量は，表より61.5×0.8＝49.2(g)である。よって，追加して溶かすことができる硝酸カリウムの量は，49.2－20＝29.2で，四捨五入により29gである。　(2)　水が100gだとすれば，80℃の飽和水溶液を20℃まで冷やすと，硝酸カリウムの結晶は167.0－32.0＝135.0(g)できる。硝酸カリウムの結晶を54g得るための80℃の飽和水溶液の量は，(飽和水溶液の量)：(出てくる結晶の量)＝267.0：135.0＝□：54　より，□＝106.8で，四捨五入により107gである。

問4　(1)　ア：誤り。アルカリ性の水溶液なので，BTB液は青色に変化する。　イ：誤り。水酸化ナトリウムは酸素を特に吸収はしない。　ウ：正しい。塩酸(塩化水素)と中和すると，塩化ナトリウム，つまり食塩ができる。　エ：誤り。アルミニウムや亜鉛は溶かすが，鉄の繊維であるスチールウールは溶かさない。

やや難

(2)　濃さが20％の水酸化ナトリウム水溶液の密度が$1.2g/cm^3$だから，$100cm^3$の重さは，100×1.2＝120(g)であり，溶けている水酸化ナトリウムの重さは，120×0.2＝24(g)である。これに加える水$50cm^3$は50gである。水溶液全体の重さは，120＋50＝170(g)になったので，濃さは，24÷170＝0.1411…で，四捨五入により14％となる。

問5　固体の薬品は，薬さじで扱う。また，薬品を机の上や床にこぼさないように，はかりの真上で操作する。

問6　無理に溶けていた酢酸ナトリウムは，結晶として出てくるときに熱を放出するため，ポリ袋が暖かくなった。これを再び温めると，過飽和水溶液の状態に戻るため，何度も熱を放出させることができる。これは，使い捨てではなく何度も使えるリサイクルカイロとして使われている。

★ワンポイントアドバイス★

早めに解きやすい問題の見当をつけ，時間のかかる問題に引っかからないように上手に得点しよう。

＜社会解答＞《学校からの正答の発表はありません。》

[1]　問1　ア　　問2　ア　　問3　排他的経済水域　　問4　レアメタル　　問5　(例)　コンクリートで護岸工事をする　　問6　尖閣　　問7　イ　　問8　イ　　問9　ア　　問10　エ　問11　ウ　　問12　国際司法裁判所

[2]　問1　イ　　問2　エ　　問3　聖武　　問4　(例)　従来は貴族階層が信仰していたが，新仏教は教えの平易さから武士や庶民が信仰するようになった。　　問5　シーボルト　　問6　ウ

問7　エ　問8　2番目　イ　4番目　ウ　問9　エ　問10　環境基本法

3　(1)　エ　(2)　イ　(3)　ウ　(4)　ア　(5)　エ

○推定配点○

1　問3・問12　各2点×2　問4・問6　各3点×2　問5　4点　他　各1点×7

2　問3・問5・問8・問10　各2点×4　問4　6点　他　各1点×5

3　各2点×5　計50点

＜社会解説＞

1　(日本の地理―国土と自然・産業など)

問1　千島列島最大の火山島。1798年，近藤重蔵が探検し「大日本恵土呂府」の標柱を建てた。

問2　東京都小笠原支庁小笠原村に属する島。南鳥島は戦前にはカツオ漁などに従事する住民がいたが，現在は海上自衛隊や気象庁職員が在住。沖ノ鳥島には定住者はいない。

重要　問3　沿岸国が水域の生物資源や海底や地下の鉱産資源などに関する管轄権を持つ。海洋国である日本の排他的経済水域(EEZ)の面積は広く，世界でもベスト10に入る。

問4　一部の元素(希土類)はレアアースと呼ばれ，携帯電話や電気自動車などに欠かせない金属となっている。生産は中国など一部の国に偏っており，そのため都市で大量に廃棄される携帯などをリサイクルする都市鉱山という考え方が提唱されている。

問5　干潮時には東西4.5km，南北1.7kmが海面に姿を見せるサンゴ礁。満潮時には高さ約1mの岩が顔をのぞかせるだけのため，経済水域を守るために消波ブロックやコンクリートで保護。

問6　沖縄県石垣市に属する無人島。1960年代に周辺に石油の埋蔵が指摘されて以来各国が領有を主張。2012年には最大の魚釣島などが国有化されたことから中国などの領海侵犯が増えている。

問7　九州最高峰の宮之浦岳(1996m)が存在，海岸付近の亜熱帯のガジュマルからシイなどの暖帯林，縄文杉などの温帯林，シャクナゲなどの亜寒帯林など多様な植生が分布している。

問8　北回帰線は夏至の時に太陽が真上に来る地点で北緯は約23度。沖ノ鳥島は北緯20度27分。

基本　問9　台湾までわずか100kmあまりの国境の島。人口は約1600人，主要産業はサトウキビなどの農業や畜産，漁業などで，自衛隊員が島民の約15%を占めている。

問10　まぐろは全世界の温帯から熱帯の海に生息している魚。日本では北海道南部以南に分布。

問11　1905年，閣議決定で島根県に編入，2005年には100周年を記念して条例で「竹島の日」を制定したため，韓国からの反発はより激しくなっている。

問12　国際司法裁判所は1審制で上訴はできない。ただ，当事者両国の同意がなければ裁判所に付託できないため，日本の提案は一度も実現に至っていない。

2　(日本の歴史―古代～現代の政治・文化・外交など)

問1　埼玉県の稲荷山古墳から出土した鉄剣に刻まれた文。5世紀後半には大和王権の勢力が関東にまで及んでいたことを示す史料。アは好太王碑，ウは後漢書東夷伝，エは魏志倭人伝。

問2　乙巳《いっし》の変の翌年に示された改新の詔に示された公地公民の制度。

基本　問3　藤原広嗣の反乱に衝撃を受けた天皇は平城京を離れ5年にわたって各地を彷徨《ほうこう》，やがて平城京に戻って大仏造立事業に取り組み始めた。

問4　旧来の仏教は国家の平穏を願ったり厳しい修行を必要としたが，鎌倉仏教は念仏や題目を唱えることで救済されるという他力本願の教えで武士や貧しい農民などに広く受け入れられた。

問5　ドイツ人の医師で博物学者。洋学の発展に大きな貢献を果たしたが，帰国する際に国禁とされていた日本地図が発見され国外追放の処分を受けた。

問6　アメリカ人に対して犯罪を犯した日本人は日本の役人が取り調べ，日本の法で処罰された。

問7　北里柴三郎の指導の下，全国で流行中の赤痢の病原体の発見に成功した医師。北里柴三郎は破傷風やペスト，鈴木梅太郎はビタミンB1，野口英世は黄熱病の研究。

重要　問8　甲午農民戦争(1894年)→下関条約(1895年)→義和団事件(1899年)→日英同盟(1902年)の順。

問9　1944年7月サイパン島で日本軍は玉砕，以降アメリカの爆撃機による本土空襲が本格化した。アは満州事変，イは朝鮮戦争，ウは第1次世界大戦。

問10　1992年の国連環境開発会議(地球サミット)での地球環境の保全の動きを受けて制定。

3　(政治―憲法・政治のしくみなど)

(1)　①　女性に国政選挙権が与えられたのは1945年。　②　普通選挙とは性別や身分，財産などに制限されず一定の年齢に達したすべての者に選挙権を与える制度。

重要　(2)　①　衆議院の比例代表並立制は小選挙区289名，比例代表区176名で構成。解散があるため平均すると任期は2年10か月程度。　②　参議院は原則都道府県を単位とする選挙区148名，比例区100名で構成。任期は6年で半年ごとに半数が改選される。

(3)　①　議員は現行犯や院の許諾がある場合を除き国会会期中は逮捕されない(憲法50条)。しかし，納税義務を免れるといった規定はない。　②　院内での発言・評決について院外で刑罰や損害賠償などの責任を問われない(憲法51条)。

(4)　①　憲法2条の規定。　②　衆議院の解散は憲法7条3項で，憲法改正の公布は7条1項で規定された天皇の国事行為。

(5)　①　違憲立法審査権(法令審査権)はすべての裁判所が持っている権限であり，個々の訴訟の中で判断される。　②　起訴をするか，不起訴にするかは犯罪の性格や被疑者の立場などを総合して判断，その権限は検察官が独占している。刑事裁判において被害者や遺族が意見を述べることを可能とする制度も導入されてきたが起訴することができるわけではない。

★ワンポイントアドバイス★

年代順の並び替えは歴史分野でも難しい部類に属する。歴史的事象を考える上では必ずそのことの原因，結果，それが与えた影響といった流れで考えていこう。

＜国語解答＞《学校からの正答の発表はありません。》

【一】　1　往来　2　構築　3　都度　4　取捨　5　洗練　6　調査　7　口実　8　刷(った)　9　連(なる)　10　拾(う)

【二】　問1　A　エ　B　オ　C　ア　D　イ　問2　イ　問3　エ

問4　(1)　(例)　大きな猛禽類が活動を始めていないうえ，高い木の上で目立つリスクをさけて，声を遠くまで響かせる　(2)　やぶのなか　問5　声をあちこ～はならない(から。)　問6　Ⅰ　子育てに失敗したメス　Ⅱ　つがい相手を見つけられず，あぶれるオス　問7　(1)　ササの葉の～たりする虫　(2)　卵を産みヒ～自由しない

問8　(例)　オスがさえずり強健さをアピールして，なわばりを守り，メスに子を産ませ，産まれた子が

【三】　問1　四(苦)八(苦)　　問2　(例)　自分にとって不慣れでなかなか上達することができない。だからこそ，長く続けることができそうな仕事だ　　問3　イ　　問4　骨折をして　　問5　ウ　　問6　ア　　問7　A　自分がこれ～のないもの　　B　ア
問8　強い意志をもって「これだ」と突き進むこと　　問9　(1)　言われるままに一生懸命にやるしかない　　(2)　偶然のようななりゆき[偶然のなりゆき]　　問10　ウ

○推定配点○

【一】　各2点×10　　【二】　問1・問2　各2点×5　　問4(1)　6点　　問8　5点
他　各3点×7　　【三】　問1　2点　　問2　6点　　他　各3点×10　　計100点

＜国語解説＞

【一】 (漢字の書き取り)

重要　1　ここでは，行ったり来たりすること。「往」は行くことを意味して,「来」が来ることを意味する。　2　組み立てて築くこと。「構」には組み立てるという意味がある。その意味で，「構文」「構想」などの言葉がある。　3　そのたびごと，という意味。「都合」という言葉がある。この言葉も，「都」を「つ」と読む。　4　取ることと捨てること。「取捨選択」とは，悪いものや不必要なものを捨てて，良いものや必要なものを選び取ることを意味する。　5　ねり鍛えて，風格や品格を高めること。磨きぬかれたファッションを「洗練されたファッション」という。

基本　6　あることの実態や事実関係を調べること。「調」にも「査」にも，調べるという意味がある。　7　言い訳のために使う理屈のこと。設問の文の場合，どうしても会う必要があると理屈を言うのである。　8　ここでは，印刷すること。版画の場合も，「版画を刷る」と，この言葉を用いる。　9　ここでは，並んで続くこと。連なり続いた山々を「連峰(れんぽう)」ともいう。

基本　10　落ちているものを手に取り上げること。反対の意味の言葉は「捨てる」である。

【二】 (説明文－要旨・細部の読み取り，空欄補充，品詞，記述力)

問1　A　空欄Aの直前に,「ウグイス嬢」は女性であると書かれている。だが，空欄A以降には，鳥のウグイスではオスがさえずると書かれている。空欄の前後の内容が，逆接の関係になっている。空欄Aには，逆接の役割を持つ，エの「しかし」があてはまる。　B　ウグイスの仲間同士が森の中ですれちがうことを仮定する文脈である。仮定の役割を持つ言葉は，オの「もし」である。　C　空欄Cの前後には，猛禽類が早朝に活動しない理由が並べられている。同じような方向性の内容を並べるときに用いる言葉は，アの「また」である。　D　空欄D以降には,「芝生の水まきのスプリンクラーみたいなもの」と，たとえが続く。たとえを示すときに用いる言葉は，イの「いわば」である。

基本　問2　波線部の含んだ表現は，可能の意味になっている。つまり，泣き続けることができるという意味である。アは，傘を忘れた人が降るという動作を受けるのである。受け身。イは考えることができるとなっており，可能。ウは，番組作成者が視聴率の回復を求められているのであり，求めるという動作を受けている。受け身。エは，お世話になった方々がいらっしゃるという意味で，尊敬。解答はイになる。

問3　傍線部①までの内容をおさえて，解答する。「実はこれらの鳥は……」で始まる段落には，ウグイスがさえずりで仲間を見分けていると書かれている。次の「ちがう種類とわかれば……」で始まる段落には，ちがう種類であれば問題はないとある。ウグイスは同じ種類だとさまざまな問題が生じるため，より大きな声でさえずり，こちらの方が強いことを主張するのだ。そのようにして「平和的に」問題を解決するという筆者の説明をふまえて，選択肢を分析する。「敵となる

同じ種類を見分けて」「強くさえずり返す」「ぶつかり合わずにどちらが強いかを決めている」とある，エが正解になる。アは「仲間どうしで協力し合って」とあり，おかしい。文章中に書かれた内容と異なる。イは「ちがう種類を見分けると，より大きな声でさえずり……」とあり，おかしい。ちがう種類の場合，無視すると書かれている。ウは「話し合いの形でなわばりの分担を決めている」とあり，おかしい。「話し合いの形」が意味していることも，選択肢の内容からは読み取れない。

重要 問4 (1) 傍線部②以降にある，「鳥たちが早朝にさえずる理由はいくつかあります」という表現に着目して，書くべき内容をおさえる。「鳥たちが早朝にさえずる理由……」で始まる段落には，天敵の猛禽類が早朝にはまだ活動を始めていないことが書かれている。理由の一つはこれである。大きな猛禽類が活動を始めていないのである。次の「早朝にさえずる鳥たちは……」で始まる段落には，声を響かせるために高い木の上でさえずらなくてはならないが，暗い早朝は見つかるリスクをさけることができると書かれている。理由の二つ目はこれである。高い木の上でさえずるとき，見つかるリスクをさけること。以上の点をまとめる。記述の際には「大きな猛禽類が活動を始めていない」＋「高い木の上でさえずるときのリスクをさけることができる」という内容を中心にする。 (2) 傍線部③直前に，「ウグイスは比較的寝坊な鳥です」という表現がある。その直後に，「やぶのなか……天敵に身体をさらすことがない」と，寝坊な鳥といえる理由が書かれている。その部分が解答になる。設問の条件に合わせて，書き抜く。

問5 ウグイスが生息する環境とは，傍線部③から傍線部④に書かれているように，やぶのなかである。「しかし，ウグイスは……」で始まる段落にあるように，やぶのなかは音が遠くまで届きにくいのだ。そのような生息する環境を考えると，ウグイスがさえずり続ける理由は，傍線部④直前にある，「声をあちこちへ届かせるために，場所を変えてくり返し鳴かなくてはならない(から)」だと読み取れる。設問の条件に合わせて，この部分を解答する。

問6 傍線部④以降の「一夫多妻制ということは……」で始まる段落から，一夫多妻制を成り立たせるウグイスの動きが書かれている。最初に「つがい相手を見つけられず，あぶれるオス」になわばりを取られないように鳴き続ける様子が書かれている。次に「子育てに失敗したメス」を引き留めるために鳴き続けるとも書かれている。以上の点をおさえる。解答は，「引き留めたり」の直前の空欄Ⅰに「子育てに失敗したメス」をあてはめ，「なわばりを侵略されないように」の直前の空欄Ⅱに「つがい相手を見つけられず，あぶれるオス」をあてはめる。ただし，空欄Ⅰの場合，文章中の「子育てに失敗したメス」という表現の直前にある「繁殖に失敗するメス」は誤答になる。空欄Ⅰに「失敗するメス」をあてはめた場合，失敗する前に引き留めているような意味になってしまうためである。

問7 (1) 空欄⑤以降に「いいなわばりとは，こうした昆虫がたくさんいるなわばりです」とある。その「こうした」が指す内容は，この表現の直前に見つかる。直前の「ササの葉の裏に隠れていたり，茎にとまっていたりする虫」が解答になる。設問の条件にあわせて，書き抜く。

(2) 文章の最後に「魅力的」という表現があり，解答はそのような意味に関係すると考えられる。だが，これは人間の場合である。ウグイスの場合，どのような様子がメスにとって魅力的なのかを考えて，解答になる表現を探す。文章の最初の部分には，「イケメンに見え」「まぁ，大きな声のオスね」など，メスがオスに対して魅力的だと思っている様子が複数書かれている。設問では，特に「なわばり」について聞いている。そのため，「卵を産みヒナを育てるための食べ物に不自由しないなわばりを確保してくれるはず」という表現に着目して，指定字数を書き抜く。

やや難 問8 設問内の文には「その強い遺伝子を受け継いで種を存続させてきた」という表現がある。その表現への接続を意識して，文章全体から書くべき内容を考える。文章内に書かれていたように，オスは強さをアピールするために，またなわばりを守るために，そして子を産むメスを確保するために，さえずり続けてきたのである。そして，産まれてきた子が強い遺伝子を受け継ぎ，種を存続させてきた。以上の内容をふまえて，解答する。記述の際には,「オスが，強さをアピールするため，なわばりを守るため，子を産むメスを確保するためにさえずり続けてきた」という内容を書き，「産まれた子」が強い遺伝子を受け継いだという形になるように合わせる。

【三】（随筆文ー主題・細部の読み取り，空欄補充，四字熟語，記述力）

基本 問1　得意なものに苦労しながら取り組んだ，という文脈である。波線部は「四苦八苦」となる。

やや難 問2　傍線部①以降の「縫ったりするのは……」で始まる段落内に，「……長くやっていられそうな仕事だな，と思ったのだ」という表現がある。そこから，今現在まで筆者がファッションを仕事にした理由となる思いがこの段落に書かれているのではないかと着目する。段落内に，縫ったりするのは不慣れで，上達するのに時間がかかるとある。また，だから逆に長く続けられそうな仕事だと思ったとある。以上が，筆者が針仕事に関係するファッションを現在まで続けるようになった，きっかけとなる思いである。記述の際には，「針仕事は」に続けて「不慣れでなかなか上達できない」＋「だから長く続けられると考えた」という内容でまとめる。

問3　傍線部②直前のお誘いの内容をおさえて，解答する。「ファッションのことを勉強したいのだったら，文化服飾学院なら夜間部もある」と，最初にファッションについて学ぶ方法を提案しているのである。その後，「昼間働いて，夜勉強すれば」と時間の使い方を提案している。そして最後に，「うちにアルバイトに来たかったら」と，アルバイト先の提案をしているのである。筆者が陸上競技をあきらめた後に投げかけられた言葉であり，この文章が未来や将来の行く先について書かれているということも解答の手がかりになる。「ファッション業界で今後も働いていけばよい」とある，イが正解になる。アは「自分と同じ職場で一緒に働いて欲しい」とあるが，アルバイトに関しては「もしうちに……」という形で提案されたものであり，お誘いの中心にならない。ウは「お金がなくなったらアルバイト」とあるが，将来の行き先につながるファッションについてふれていない。エは「自分の後を継いで」とあるが，この場面の内容と異なる。

問4　問3と関連する設問である。設問の前書きの部分に「陸上競技を続けることを，足の骨折のためにあきらめた皆川氏」とあり，そこも手がかりにすることができる。傍線部⑤直後に「骨折して陸上を辞めたときから……」で始まる段落がある。その部分に，陸上を辞めた後の皆川氏の思いが書かれている。「行き先がなくなった自分をどうにかしたいと思っていた」のだ。この段落が解答になる。設問の条件に合わせて，書き抜く。

問5　空欄XとYを含む段落の内容をふまえて考える。「自分にはできなかった」ことが，「できるようになる」という変化である。この変化に，うれしさを感じているのである。もともとは「できない劣等感」があり，それよりも「上達するよろこび」が大きかったと考えるのが自然である。ウが正解になる。

問6　傍線部④以降の内容から考えることができる。「なんで自分はこんなところにいるんだろう」と考えたのである。この場に自分がふさわしくないと思っていたことが読み取れる。「見ること聞くことのすべてが興味深くて見たり聞いたりすることは，残らず自分に浸み込んでいく」とある。その場で見聞きしたことは，自分の将来に役立つものとして身についていったと捉えているのである。以上の内容を参考にして，選択肢を分析する。「この場所にふさわしくないとは思っていた」「すべてが面白く」「自分を形作るもととなるものを吸収できた」とある，アが正解になる。イは「何か少しでも吸収できるものはないかと積極的に関わる」とあるが，おかしい。積極的にしゃべったりするようなことはなかったのである。ウは「なんとしてでも手に入れたかった時間」とあるが，おかしい。終電になって帰れなくなり，成り行きで手に入れたような時間である。エは「ファッションの話はまったくわからなかった」とあるが，おかしい。すべてが興味深かったのである。わからなかったとはいえない。

問7 A 傍線部⑤直前に「ただただ興奮していた」とある。この表現の前に，興奮した内容が書かれている。その部分がAにあてはまる内容となる。「自分がこれまで……縁のないものばかりだった」の部分から，設問の条件に合わせて，書き抜く。 B パリコレクションのショー以降，筆者がファッションを仕事にしていったことをふまえて，考える。ファッションを仕事にしていったのだから，パリコレクションは「ファッションを仕事にしよう」という思いにつながったと考えるのが自然である。「ファッションを長く仕事にしていこう」とある，アが正解になる。イは「この場所でずっとアルバイト」とあるが，筆者は「この場所」にこだわりを持ったのではない。ウは「このショー」とあるが，筆者は「このショー」だけにこだわりを持っていたのではない。エは「自分もステージに出れば」とあるが，モデルになろうと思ったわけではない。

重要 問8 傍線部⑥の「自分でドアに向かって近づいていってこじ開け(る)」のは，筆者が仕事を手に入れたときの様子とは異なる。傍線部⑥以降に，「偶然のようななりゆきにまかせるうちに，次の偶然のなりゆきが待っている」と，筆者は自分自身の仕事を手に入れた流れを記している。この表現と同じ段落内に「強い意志をもって『これだ』と突き進む」とある。この部分が，なりゆきに任せる筆者と異なる姿勢であり，「こじ開ける」が意味する様子になる。

問9 (1) 設問の条件に注意する。パリでのアルバイト時代の筆者の働く意識が問われているのである。パリのアルバイト時代の様子が書かれているのは，文章の最初の部分。傍線部①直後には「言われるままに一生懸命やるしかない」とあり，この部分が解答になる。 (2) 傍線部⑦の直後には，筆者が「偶然のなりゆき」に身を任せていたと書かれている。ここから，筆者は「偶然のなりゆき」に導かれたとわかる。解答は「偶然のなりゆき」になる。

重要 問10 筆者自身，声をかけてもらってその偶然のなりゆきに身を任せることで，将来の道を切り開いてきたのである。そして，筆者は声をかけられたことに感謝している。だからこそ，自分もその幸運を他の人にわけてあげたいと考えているのだ。そのような流れをふまえて，選択肢の内容を分析する。「声をかけてもらった」「未来を切り開くことができた」「幸運を，他の人にも分け与えたい」とある，ウが正解になる。アは「相手がこちらがどのような人物であるかを理解」とあるが，傍線部⑧部分の文脈に合わない。イは「他人を導くのにふさわしい人間」とあるが，筆者は自分を特別な人間と考えている訳ではない。エは「特別なことをせずに成功を収めることができた」とあるが，この部分で特別なことをしなかったと述べているわけではない。

★ワンポイントアドバイス★

「ぬき出しなさい」と求められる設問が目立つ。設問の条件をしっかりとおさえて，文章の段落構成などを把握した上で，ぬき出す場所を正確に見つけていきたい。本校の合格のために，ぬき出し問題で落とさないことは重要だ。

データ対応

収録から外れてしまった年度の
問題・解答解説・解答用紙を弊社ホームページで公開しております。
巻頭ページ＜収録内容＞下方のQRコードからアクセス可。

※都合によりホームページでの公開ができない内容については，
　次ページ以降に収録しております。

問８　——部⑦「ひっくり返すことのできない体」とは、どういう体のことをたとえて言ったものですか。「オモテ」・「ウラ」という言葉を使わないで、次の１・２・３の三つの言葉を、１・２・３の順番にすべて使って、二十五字以内で答えなさい。

１　意識　　２　ので　　３　弱点

問９　——部⑧「地球人にとって救い」とありますが、ひっくり返りうるという弱さを持つことが、なぜ我々の救いとなるのですか。その答えとしてふさわしいものを、次のア～エから一つ選び、記号で答えなさい。

ア　目に見えない部分があることで、想像することが楽しみになるから。

イ　本心を隠《かく》しておけるので、無難な人間関係を築くことができるから。

ウ　気が回らない所があることで、生きることがかえって楽になるから。

エ　弱点があるからこそ、最強を競い合うことに生きがいが持てるから。

となる次の文の Ⅰ ・ Ⅱ にふさわしい言葉を、この――部③より後の本文中からそれぞれ十字以内で探し、ぬき出して答えなさい。

「もし目が三つあったら私たちの日常はどう変わるか」というテーマのワークショップで、ある参加者から、「そうなったら Ⅰ 」というアイディアを出されて、それは Ⅱ こと、つまり息子が言っていた、「キツツキ」の状態になることだと思ったから。

問５ ――部④「自分と違う体になってみたい、という興味」を筆者が持っている理由を説明した次の文について、後の⑴・⑵の問いに答えなさい。

自分の体と A 体になるということは、自分の B がことごとく変わるということであり、その体での日常を想像することで、 C ことができるから。

⑴ A ・ B にふさわしい言葉を、この――部④より後の本文中から、それぞれ十字程度で探し、ぬき出して答えなさい。

⑵ C にふさわしい言葉を、次のア～エから一つ選び、記号で答えなさい。

ア 障害を持った方の身になって、より良い社会を作る
イ 様々な偶然によって決められた、現実の自分を離《はな》れる
ウ 実在しない生き物たちと触《ふ》れあう、仮想現実を体験する
エ 当たり前に感じている日々の生活に、感謝の気持ちを持つ

問６ ――部⑤「やがて口々にアイディアを語り出してくれた」とありますが、ここから紹介《しょうかい》される、参加者たちからの三つのアイディアによれば、触角状の目が三つある宇宙人はどういう日常を過ごしていると想像できますか。その具体例としてふさわしいものを、次のア～カから三つ選び、それぞれ記号で答えなさい。

ア 三人の女の子に同時にウインクしたら、「お調子者は嫌《きら》いだわ」と言われて、いっせいにアッカンベーされる。
イ 読書していたら「本は読んでていいけど、テレビも見なさい」と、テレビを向いてるお母さんにしかられる。
ウ 友だちとトランプのババ抜《ぬ》きをする時、右の人のカードを盗《ぬす》み見しながら上手にババを引かないようにする。
エ 授業参観中、お母さんに「夕飯は昨日と同じでいいけど、半分しか食べたくない」と目を使って伝言を送る。
オ 授業中に黒板を向いて板書している先生に手を挙げたら、先生が振《ふ》り向かずに「質問は後にして」と答える。
カ 電車の中で居眠《いねむ》りをしていても一つの目だけは開いた状態にしておけば、降りる駅を乗り過ごすことがない。

問７ ――部⑥「その方」が気がついたのは、触角状の目が三つあると何ができるようになるという点ですか。その答えとしてふさわしいものを、次のア～エから一つ選び、記号で答えなさい。

ア 目を二つ瞑って寝《ね》てしまっても、起きていられるようになるという点。
イ 三つの目で勉強するので、目標通りに生きられるようになるという点。
ウ 後ろを見なくても、後ろには何があるのかわかるようになるという点。
エ 前を見ながらも、同時に後ろも見ることができるようになるという点。

「ウインクのパターンが複雑化する。一つ瞑《つぶ》る場合と二つ瞑る場合を考《こう》慮《りょ》すると、モールス信号のように複雑なメッセージが送れるようになるのではないか。」

意外にも、といったら失礼だが、中年の男性陣《じん》から、次々と興味深いイメージが飛び出す。確かに「三」という数は、一つか偶数を基本とする私たちの体からすると新鮮《しんせん》で、生きる上での様々な前提が次々とくつがえっていく。

中でも面白かったのは、「無意識がなくなる」という意見だ。⑥その方の説明はこうだ。私たちは、目が前にだけついているので、後ろが見えない。つまり、体にオモテとウラがある。無意識とは、自分には制御《せいぎょ》することのできないこの「ウラ」のことだ。目が三つあるとは「ウラ」を失うことであり、それはすべてが制御可能な白日のもとに晒される状態（注・目に見えるようになっている状態）を意味するのではないか。

なるほど。確かに目が三つある体とは、オモテだけの体、つまりは⑦ひっくり返すことのできない体なのかもしれない。まさに「キツツキ」の状態だ。

果たしてそれは最強なのか？　それは実際になってみないと分からない。だが少なくとも地球人的常識からすると、すべてを制御しなければならないというのは、なかなか大変そうだ。ひっくり返りうるという弱さが、実は⑧地球人にとって救いなのかもしれない。

（伊藤亜沙「トカゲとキツツキ」による）

問1　――部①「キツツキってひっくり返ってもキツツキのままなんだよ！」と叫んだときの息子について説明したものとしてふさわしいものを、次のア～エから一つ選び、記号で答えなさい。

ア　ひっくり返ってもなんともないよと、トカゲとキツツキを区別できないまま、幼い理屈《りくつ》で解決しようとしている。

イ　ひっくり返るだけで死んでしまうなんて、トカゲってキツツキに比べると弱い生き物なんだなと、落胆《らくたん》している。

ウ　これはゲカトになっちゃったけど、キツツキなら元のままだよねと、何とか話題を変えて、周囲を和ませている。

エ　これがキツツキだったら、逆さにしたって大丈夫《だいじょうぶ》なんだぞと、死んでいるトカゲを見下しながら、力説している。

問2　――部②「『ひっくり返す』という操作が持つ魔術的な破壊力」とありますが、ひっくり返す操作がもたらすどういう結果について、魔術的な破壊力と言っているのですか。その答えとなる言葉を、この――部②より後の本文中から連続する二つの文で探し、その初めの五字をぬき出して答えなさい。

問3　本文中の X に入る言葉としてふさわしいものを、次のア～エから一つ選び、記号で答えなさい。

ア　死んでひっくり返ったのではなく、ひっくり返されることによって死んだ

イ　ひっくり返されることによって死んだのではなく、逆さまに読まれることによって死んだ

ウ　ひっくり返って死んだのではなく、死ぬことによってひっくり返った

エ　ひっくり返って死んだのではなく、「ゲカト」という新たな生き物になった

問4　――部③「こんな話を思い出した」のは、なぜですか。その答え

てたが、数秒考えてようやくその意味が分かった。

息子はどうやら、「キツツキ」という単語が、逆さまから読んでもやはり「キツツキ」のままである、ということについて言いたいのである。なるほど「トカゲ」は「ゲカト」になっちゃうけど、「キツツキ」は「キツツキ」のままだ。つまり「死なない」。死者を罵倒《ばとう》するのはどうかと思うが、彼《かれ》の語調には明らかにトカゲの弱さを見下すような意図が込められていた。

体を物理的にひっくり返すことと、言葉の上下をひっくり返すこと。これらを同列に扱《あつか》ってしまう未熟ゆえの強烈《きょうれつ》な言語感覚には恐《おそ》れおののいてしまう。でも、カードゲームで日々バトルごっこに興じている息子が魅了《みりょう》されていたのは、言葉そのものというより、むしろ②「ひっくり返す」という操作が持つ魔術《まじゅつ》的な破壊《はかい》力だったように思う。

私も子供のころに覚えがある。自分や家族の名前を逆さから言ってみると、そこから「自分らしさ」や「母らしさ」がすっかり無くなってしまう。それは、何とも言えない不気味な感覚だった。

カードをひっくり返す、ちゃぶ台をひっくり返す、手のひらを返す。「ひっくり返す」は単純な動作だが、そのひと払《はら》いで、すべてが変わってしまう。ものごとの意外な面、オモテからは見えていなかった面があらわになる。

息子の論法でいえば、トカゲは［　X　］のである。本当の死因は不明だが、確かに生き物にとってお腹を見せることは敵に弱点を晒《さら》すことになる。場合によっては死に直結しないとも限らない状況《じょうきょう》だ。

もしキツツキという言葉のようにひっくり返しても死なない生き物がいるとしたら、弱点のない生き物ということになろう。ウラオモテがない、というのは最強に思える。

③こんな話を思い出したのは、最近、「もし目が三つあったら私たちの日常はどう変わるか」というテーマでワークショップ（注・参加者同士がグループで何かを学びあったり創り出したりすること）をする機会があったからだ。

私はふだん、（中　略）さまざまな体の条件を持った人が、その体をどのように使いこなしているのかを研究している。

関心の根底にあるのは、④自分と違《ちが》う体になってみたい、という興味だ。私がこのような顔、このような体格、このような性別、このような能力、このような傾向《けいこう》……を持って生まれたのは偶然《ぐうぜん》にすぎない。その偶然を引き受けながら生きていくしかないとしても、せめて想像の中だけでは、別の条件を持った体になってみたいのだ。

障害を持った人の体について知ることは、自分の体の限界を超《こ》える手がかりになる。だが、それに加えて、現実には存在しない生き物の体になってみることも有効だ。それで、ときどき上記のようなテーマでワークショップを行っている。

カタツムリのように触角《しょっかく》状の目が、頭部から三本生えた宇宙人。会場にいた六〇名ほどの参加者にその絵を見せて、日常を想像してもらう。最初は戸惑《とまど》った様子だったが、⑤やがて口々にアイディアを語り出してくれた。

「目が三つあると、『目があう』という現象がなくなるのではないか。となると集中することよりも気が散っていることのほうが美徳になるかもしれない。」

問５　――部②「日本でしっかり作られた中古のピアノの方がよほど人気がある」とありますが、こうしたものに価値があるのは、どういう点においてですか。その答えとなる、「ことができる点。」に続く言葉を、この――部②より後の本文中から三十五字以内で探し、その初めと終わりの五字をぬき出して答えなさい。

問６　――部③「長い目で見るとお財布にもやさしい」とは、どういうことですか。その答えを示した次の文の[A]～[D]（[A]は二カ所あります）にふさわしい漢字を、後のア～エから一つずつ選び、記号で答えなさい。ただし、同じ記号を二回以上選んではいけません。

[A]くて[B]い物をいくつも買い直すよりは、[C]くても[D]い物を長く使った方が、結果として[A]く済むということ。

ア　良　　イ　悪　　ウ　高　　エ　安

問７　――部④「後期高齢者の人は『もったいない』を美徳として育ってきた人たち」とありますが、それは、その背景としてどういう事情があったのですか。その答えを述べた段落（形式段落）を、この――部④より後の本文中から一つ探し、その初めの五字をぬき出して答えなさい。

問８　――部⑤「物への執着が強く、捨てられない」人が物をたくさん持ってしまうと、家は何と化《か》してしまうのですか。この――部⑤より前の本文中の言葉を使って、二十五字以内で答えなさい。

問９　――部⑥「自分たちが先々困らないように、親を説得して物を片付ける」ことに筆者が反対の立場をとっているのは、自身の父親に対する、どういう思いがきっかけになっていますか。その思いを述べた言葉を、この――部⑥より後の本文中から連続する二つの文で探し、その初めの五字をぬき出して答えなさい。

問10　――部⑦「1日かかっても、片付けられたのはせいぜい段ボール1箱だった」のは、なぜですか。その理由としてふさわしいものを、次のア～エから一つ選び、記号で答えなさい。

ア　捨てられる本がなかったから。

イ　本があまりにも多すぎたから。

ウ　どんどん本が増えていくから。

エ　父娘二人では限界があるから。

問11　――部⑧「ページの茶色くなった本」とは、筆者のお母さんにとってどのような本だったのですか。本文中の言葉を使って、八十字以内で答えなさい。

問12　筆者は、家族の持ち物について、ただやみくもに処分するのではなく、その家族が亡くなる前にどうすることが適切だと考えていますか。本文中の言葉を使って、四十五字以内で答えなさい。

【三】　次の文章は大学の研究者である伊藤亜沙《いとうあさ》さんによって書かれたものです。これを読んで、後の問いに答えなさい。

初夏のある朝、自宅の前でトカゲがひっくり返って死んでいた。やわらかいお腹《なか》を天に見せ、完全無防備の惨《みじ》めな死にざまである。子供たちがそれを上から覗《のぞ》き込《こ》む。と、当時まだ小学一年生だった息子《むすこ》が、突然《とつぜん》こう叫《さけ》んだのである。

「①キツツキってひっくり返ってもキツツキのままなんだよ！」

え？　この子はトカゲとキツツキの区別がつかないのか？　一瞬《いっしゅん》慌《あわ》

ては（中　略）宝物だった。

　後年私が同じ教本を使うことになったとき、母から⑧ページの茶色くなった本を「使ってね」と渡《わた》されて驚いた覚えがある。今思えば、大学生の彼女《かのじょ》が、いつか娘《むすめ》ができたらピアノを習わせて……と夢見て、それが実現した瞬間《しゅんかん》だったのだろう。残念ながら、母が夢見たように上手に弾いて聞かせられる娘にはならなかったが。

　鉄道写真が趣味《しゅみ》という知り合いは、自分が撮《と》りためた写真やスライドをコレクターの資料館に託《たく》した。公開することで、他の人にも楽しんでもらえるし、安全な状態で管理してもらえると言う。母の楽譜《がくふ》にしても、知人のピアノや写真にしても、大切に使ってもらえる人がいれば、喜んで手放せるという例だ。捨てると言うと抵抗《ていこう》がある物でも、引き取り手があれば手放しやすい。そうした引き取り手を一緒《いっしょ》に探したり、手はずを整えることは、生前整理としては有効だ。

（中　略）

「［Z］」と親を急《せ》き立てるよりは、まずは、本人にとって大事なものを、誰《だれ》にどう手渡していくかを一緒に考えるくらいで十分ではないだろうか。

（佐光紀子《さこうのりこ》『「家事のしすぎ」が日本を滅《ほろ》ぼす』による）

問1　――部X「舐めるように」の「ように」と同じ用法の「ように」をふくむ文を、次のア～エから一つ選び、記号で答えなさい。

ア　小さな弟でも理解できるようにできるだけわかりやすく話した。

イ　夜空のお星様のようにお母さんはいつまでも見守っていますよ。

ウ　メジャーで活躍《かつやく》するお兄さんのように超《ちょう》一流の選手を目指そう。

エ　そんなにお父さんのことがきらいなら好きなようにするがいい。

問2　――部Y「私自身」は、後のどの言葉にかかりますか。その答えとしてふさわしいものを、次のア～カから二つ選び、記号で答えなさい。

ア　どうしてこれほど物があるのだろう

イ　思うし

ウ　手伝いをしたとき

エ　引っ越しをしたことがない

オ　こんなに物が溜まるんだな

カ　驚いた記憶もある

問3　［Z］にふさわしい言葉を、次のア～エから一つ選び、記号で答えなさい。

ア　親の心子知らずよ

イ　宝の持ち腐《くさ》れよ

ウ　捨てる神あれば拾う神ありよ

エ　立つ鳥跡《あと》を濁《にご》さずよ

問4　――部①「『もったいない』はいいことなのではないかと思うようになってきた」理由としてふさわしいものを、次のア～エから一つ選び、記号で答えなさい。

ア　昔と今とでは品物の作り方や使い方が全く異なることに気づいたから。

イ　古い品物にこそ思わぬ高い値段がつくものがあることに気づいたから。

ウ　使い捨てを前提にして品物を作ることが間違いだったと気づいたから。

エ　どんな物でも取っておけば後で必ず役に立つ時が来ると気づいたから。

「もったいない」なのだ。現代の、安かろう悪かろうのものを、ただ捨てられないという話ではない。無駄にならないように、（中　略）自分にあった量や大きさに調整し、好みに合わせて手を加え、最後の最後まで使い切る（あるいはお腹《なか》に入れる）。そのための調整やメンテナンスの技術を覚える。そんな暮らしは、自分にぴったりのものを探して、安かろう悪かろうの買い物を繰《く》り返す生活より、ずっと気分よく、③長い目で見るとお財布にもやさしい暮らしに違《ちが》いない。

（中　略）

親の物の断捨離《だんしゃり》（注・物への執着《しゅうちゃく》を捨て、不要な物を減らそうとする取り組みや考え方のこと）の説明としてよく出てくるのが、「現在、70代、80代のいわゆる④後期高齢《こうれい》者の人は『もったいない』を美徳として育ってきた人たちだから、⑤物への執着が強く、捨てられない」という話だ。亡くなってからの遺品の始末は、相続が絡《から》むので、家族内でもめごとに発展する可能性もあるし、業者に持っていってもらうとなると、それなりのお金がかかってやっかいだ。だから、生きているうちにやっておいた方がいい、と話は進む。

お気持ちはごもっともだ。Y私自身、実家に行くと、どうしてこれほど物があるのだろうと思うし（ちなみに実家は我が家の倍以上の広さがあるのにそう感じる）、知り合いの90過ぎのおじいさんが老人ホームに引《こ》っ越す手伝いをしたときも、50年間一度も引っ越しをしたことがないと、一人暮らしでもこんなに物が溜まるんだなと驚いた記憶《きおく》もある。

しかし、だからといって、残された者が後で困らないように先手を打ちましょう、という発想もいかがなものだろう。⑥自分たちが先々困らないように、親を説得して物を片付ける……という発想に、なんとなく自己中心的なものを感じてしまうのは、私がひねくれているからだろうか。

（中　略）

実家の父の書斎《しょさい》には、膨大《ぼうだい》な量の本がある。少しずつでも片付けてほしいという母の希望で、父と2人で本の処分に乗り出したことがあるが、⑦1日かかっても、片付けられたのはせいぜい段ボール1箱だった。雑誌ですら、なかなか思い切れない父なのだ。しかも、最近はAmazon《アマゾン》などという新兵器があるので、本は増え続ける。せっかく段ボール1箱分を処分しても、次に実家に行ったときにはまた新しい本が届いているし、定期購読《こうどく》しているが封《ふう》も切っていない雑誌も山積みになっている。何度かこれを繰り返すうちに、物が溜まる人は、どうやっても物が溜まるのだという結論に達し、本を捨てるのはあきらめた。

最近は、大学図書館が古本屋と提携《ていけい》し、古本を売るとその代金が大学に寄付されるというシステムがあるので、父が亡くなった暁《あかつき》にはそのシステムを使って本を処分し、父の母校に寄付するから、今処分するのはあきらめようと、母を説得した。相変わらず父の本は増え続けているが、本人はその中に幸せそうに座っている。片付かない本に埋《う》もれて本人が暮らしたいなら、人生の終わり方として、それはそれでいいのではないかと思う。

物のない時代に生きてきた人たちは、物を調達するにも苦労をしてきている。だからこそ、捨てられないものもあるだろう。

戦争中、敵国の文化だからとどうしてもピアノを習わせてもらえなかった母は、親元を離《はな》れた大学生活でピアノを習い始めた。そのときに買ったピアノの教本は、とても粗末な紙でできていたが、大学生にとっ

【国　語】〈五〇分〉〈満点：一〇〇点〉

【注意】字数指定のある問題は、句読点やかぎかっこなどの記号も字数にふくめます。

【一】次の１～10の――部のカタカナを、それぞれ漢字に改めて答えなさい。

1 総理大臣がソカクに取りかかる。
2 好きなハイユウが出演している映画。
3 新潟《にいがた》は日本のコクソウ地帯と言われる。
4 作品のヒヒョウをする。
5 費用を全額フタンする。
6 安全ソウチが作動する。
7 機関車のモケイを作る。
8 ココロヨい風が吹《ふ》く。
9 畑をタガヤす。
10 水をサす発言をする。

【二】次の文章を読んで、後の問いに答えなさい。

ここ数年おつきあいのある、90歳《さい》を超《こ》えるイギリス人の元大学教授は、出されたものを一切残さない。健康だからできることだと言えばそうだが、X舐《な》めるようにきれいに皿の上の食べ物がなくなるのを見ていると、物のない時代から戦争を経て生きてきた人たちは、日本人でもイギリス人でも物を残さないんだなぁと、毎回感心させられる。

今持っている物を無駄《むだ》にするのは「もったいない」と思っていると、ついつい物が溜《た》まってしまう。「いつか使うかもしれない」と物をとっておくのは、結局ゴミ屋敷《やしき》につながる。じつは長らく私もそう考えてきたのだが、人生の先輩《せんぱい》たちに接する機会が増えるにつけ、①「もったいない」はいいことなのではないかと思うようになってきた。

たとえば、くだんのイギリス人の元大学教授の家には古いピアノがあった。本が山積みされ、ほこりをかぶったピアノを元教授が弾《ひ》いていたかどうかは不明だが、驚《おどろ》いたことに、30年以上毎年きちんと調律をしてきたという。「最近は耳が遠くなって、ピアノも弾けないからどこかに寄付をしたい」と頼《たの》まれた。ところが、寄付先が見つからない。今時、調律その他で手間がかかる中古のピアノがほしい人などいないのだ。やっとの思いで見つけた寄付先は、送料をこちらが払《はら》うことが条件だった。下手な物をとっておくとろくなことにならない、そう思いながら、配送の手配をした。

ところが、ピアノの移動に来た業者が、「え、これをあげちゃうんですか？　これだけちゃんとメンテナンスしてあれば海外にいくらでも引き取り手がいるのに。うちで買い取りましょうか」と言う。海外では、電気を食い、壊《こわ》れたらゴミになってしまう電子ピアノより、②日本でしっかり作られた中古のピアノの方がよほど人気があるのだそうだ。そんな手があったのかと驚いたが、大切にメンテナンスし続けてきたものだからこそ、サプライズだった。

（中　略）

「もったいない」というのは、粗製濫造《そせいらんぞう》（注・いい加減な作り方で出来の悪い品物をむやみに作ること）が始まる前の時代の考え方なのだろう。限られた材料でしっかり作った物を、メンテナンスしながら長く使うのが

まないなんて、悲しいとしか言いようがない。

イ　本を読んで何も得ないよりは、実体験で経験を積んだほうがよいのだから、このような生き方があってもよい。

ウ　四十年以上生きてきて一冊の本も読まなかったなんて、なぜそういう生き方になるのかということが気になる。

エ　私でも知っているような事しか知らないのだから、テレビを見ている彼女よりも本を読んでいる私の方が上だ。

問８　――部⑦「簡単に」の直前に、次の語句を補うとしたら、空らんにふさわしいことわざは何ですか。後のア～エから一つ選び、記号で答えなさい。

［　　］というけれど、

ア　稼《かせ》ぐに追いつく貧乏《びんぼう》なし　イ　論より証拠《しょうこ》

ウ　好きこそものの上手なれ　エ　習うより慣れよ

問９　――部⑧「そのような感覚」とは、どのような感覚ですか。その答えとしてふさわしいものを、次のア～エから一つ選び、記号で答えなさい。

ア　本を読むひまがあるなら勉強しなさいという感覚。

イ　本など読ませなくてもかまわないという感覚。

ウ　本よりテレビの方が役に立つという感覚。

エ　本を読むのが当たり前だという感覚。

問10　――部⑨「そのシステムが効果をあげている」であろうことは、筆者自身が同じような教育を受けた経験からも裏付けられるのですが、筆者は、自身における効果をどのような言葉で述べていますか。本文中から一文で探し、その初めの五字をぬき出して答えなさい。

問11　筆者は、これからの子供の教育において、重要なことはどういうことだと結論付けていますか。その答えとなる次の文の空らんにふさわしい言葉を、本文中から二十字以内で探し、ぬき出して答えなさい。

これからの子供には、本を［　　］ということ。

最近は書店に行っても、それなりにお客さんがいて、本を購入《こうにゅう》している。図書館も以前は閑散《かんさん》としていたが、老若男女《ろうにゃくなんにょ》がたくさんやってきている。図書館は、貸し出し件数が多く見込《みこ》まれる書籍《しょせき》だけを何十冊も購入し、地域の文化を担っているというよりも、無料の貸本業のようになっているのは問題だと私は感じている。無料なら読むという人が多いのも問題だが、それでも本を読みたい人がいるのには救われる。

以前、小学校で毎日、読書の時間をもうけると聞いたとき、そのうち自主的に本を選ぶようになるのではというけれど、強制的な感じがしていやだったが、⑨そのシステムが効果をあげているようだ。誰《だれ》もが自主的に本を手にするわけではなく、読む癖《くせ》をつけたり訓練をさせないとだめだと、はじめてわかった。昔は子供がインドアで楽しめるのは、本くらいしかなかったからなあと、紙の匂《にお》いを嗅《か》ぎながら本を読んだ頃を思い出した。そして電子書籍なんぞ、想像もできなかったと考えると、長く生きてきたもんだと、つくづく感じるのである。

（群《むれ》ようこ「本との距離」による）

問１　【Ｘ】・【Ｙ】にふさわしい言葉を、次のア～カから一つずつ選び、記号で答えなさい。

ア　ずるずると　イ　いらいらと　ウ　わざわざと
エ　ぱらぱらと　オ　むざむざと　カ　すらすらと

問２　――部①「本を読むのは大好きだった」と述べる筆者にとって、読書の喜びとは、どういうことですか。その答えを示している一文を、本文中から探し、その初めの五字をぬき出して答えなさい。

問３　――部②「それ」とは、どうすることですか。本文中の言葉を使って、四十字以内で答えなさい。

問４　――部③「私はびっくりした」とありますが、どういうことに筆者はびっくりしたのですか。その答えとしてふさわしいものを、次のア～エから一つ選び、記号で答えなさい。

ア　子供がズルをすることを大人が何の罪悪感もなく認めていること。
イ　子供がいる親なのに読書の価値を全くわかっていないらしいこと。
ウ　一緒の男性が本を出版している人であることを考えていないこと。
エ　映画と原作は内容が違《ちが》うかもしれないことに気づいていないこと。

問５　――部④「画面ではなく、ちゃんと本を手にとって読みたい」とありますが、ＤＶＤを見るのではなく、本を読みたいと筆者が願うのは、画面ではどういう楽しみがないからですか。その答えとなる言葉を、「楽しみ。」につながるように、本文中から十字以内で探し、ぬき出して答えなさい。

問６　――部⑤「本をまったく読まないという人がいる」のは、どういう事情によるのだろうと筆者は感じていますか。その答えにあたる言葉を、本文中から連続する二つの文で探し、その初めの五字をぬき出して答えなさい。

問７　――部⑥「知り合いの四十代の女性」に対して、筆者はどういう印象を持っていましたか。その答えとしてふさわしいものを、次のア～エから一つ選び、記号で答えなさい。

ア　写真しか見ず、文字は値段とブランド名だけで本文はまったく読

ばいろいろな人の人生を追体験できるし、知らない事柄《ことがら》も知ることができるし、過去でも未来でも、すべての出来事が経験できるじゃない」

と力説したが、

「ふーん」

と気のない返事しか戻《もど》ってこなかった。

私は本を読む人は偉《えら》くて立派といった考え方は嫌いで、本を読んで何も得ないよりは、実体験で経験を積んだほうがよいと思っている。⑦簡単に本が買えなかった時代の日本人は、本を読んだ知識ではなく、自分が体を動かし、経験をしていろいろな考え方を身につけていた。本を読んでいる人が、読まない人よりも上という感覚はない。しかし、四十年以上生きてきて、一冊の本を選ぶ気も読む気もなかった人というのは、やはりちょっと理解しにくい。

なにか読みたいなと思っても、どんな本を選んでいいかわからず、買って読む機会を失ったまま、【　Y　】時間が経《た》ってしまった人はいるだろう。しかし彼女の場合は、とにかく興味がないのだ。他に趣味《しゅみ》を持っている人ならば、本を読む時間は持てないだろうと、

「家で時間があるときはどうしているの」

と聞いたら、

「ずっとテレビを見てます」

という。なので芸能人の噂話《うわさばなし》やバラエティ番組にはとても詳《くわ》しい。自《じ》慢《まん》できるほど詳しいのならまだしも、テレビをあまり見ない私でも知っているような事柄ばかりなので、詳しいといってもたいした内容ではないのだ。特に趣味はなく、インターネットは好きではないので、休みの日はぼーっとテレビを見ているか、情報番組で見た、安いと評判の店を食べ歩きしているといっていた。

（中　略）

幼い頃から身近に本があった人間には、当たり前でも、そうでない人々にとっては、本との距離《きょり》は遠い。編集者は普通《ふつう》の家庭よりも本の数が多いものだが、私の担当編集者の女性には、子供が二人いて、保育園の友だちが家に遊びに来ると、

「わあ、いっぱいある」

とまず棚《たな》に並んだ本を見て、声を上げるのだそうだ。そして彼《かれ》らは絵本を手に取って、興味深そうに開いている。彼らの家庭には本というものがないのである。なので彼らが自主的に本を読みたいとか、欲しいといわなければ、図書館で借りたり、買ってもらえたりもしないし、彼らは保育園に置いてある本しか知らないで成長する可能性が大なのだ。

「私たちは本を読むのが当たり前と思っていますけど、そうじゃない人たちも多いから、出版社に勤めている身としては、いろいろと考えさせられます」

と母親である彼女はいっていた。

それらの話の後に耳にした、例のアナウンサーの発言なので、親が⑧そのような感覚ならば、子供に本を読み聞かせたり、読む機会を与《あた》えたりするなんて、あり得ないのではないだろうか。それにしても、アナウンサーになれるほどの人なのだから、偏差値《へんさち》も高くお勉強もしただろうに、いったいどういう人なのだろうかと、プロフィールを調べてみたら、趣味の欄《らん》に「読書」と書いてあった。彼女はいったい何をどう読んできたのだろうかと、二度びっくりした。

（中　略）

ければならないことは、何ですか。その答えとなる次の文の空らん１・２にふさわしい言葉を、本文中からそれぞれ四字以内で探し、ぬき出して答えなさい。

　［１］の禁止と、［２］の普及《ふきゅう》。

【三】　次の文章を読んで、後の問いに答えなさい。

　震災《しんさい》以降、ラジオばかり聴《き》いている。八月のある日、小、中学生の夏休みの宿題が、番組のテーマになっていた。今でも読書感想文が宿題になっているらしく、読書が習慣になっていない子供たちにとっては、それがとても苦痛らしい。私も①本を読むのは大好きだったが、感想文を書かされるのは大嫌《だいきら》いだった。読みたくもない本を押《お》しつけられ、そのうえ感想文まで書かされるなんて、うんざりだと気乗りがしなかったが、その押しつけられた本は読んでみると意外と面白く、先生が読めという本も、満更《まんざら》でもないと子供心に反省した。それからは課題図書は素直に読み、感想文を提出するようになったものだ。

　放送中、小学生の母親からのメッセージが読まれた。宿題の読書感想文に頭を悩《なや》ませた息子《むすこ》が彼女《かのじょ》に、

「いいことを思いついた」

といった。課題図書は名作なので、だいたい映画化されている。本は読まずにＤＶＤを借りてきて、それを見て感想文を書けば楽だといったというのである。

　それを読んだ、幼い子供がいるらしい女性アナウンサーが、

「②それはいい方法ですね」

といったので、③私はびっくりした。一緒《いっしょ》に番組をやっている男性は、自身も文章を書き、本も出版している人なので、

「えっ、どうしてですか」

と聞いた。すると彼女は、

「だって、本を読んで頭の中で想像するって、大変じゃないですか」

などといったのである。呆《あき》れたのか男性も黙《だま》ってしまい、その話題はそれっきりになった。きっと彼女は自分の子供が読書感想文を書かされる年齢《ねんれい》になったら、

「本を読まなくたって、ＤＶＤを見て書けばいいわよ」

などと入《い》れ知恵《ぢえ》するのだろう。

　私は子供の頃《ころ》から本が大好きで、本なしでは過ごせない生活を、数十年以上過ごしてきた。老眼になり体力も落ちた今では、以前のようには読めなくなったが、それでも本は買い続けている。④画面ではなく、ちゃんと本を手にとって読みたい。しかし世の中には、⑤本をまったく読まないという人がいるのも事実なのだ。

　⑥知り合いの四十代の女性は、教科書や課題図書以外、本は手にしたことがなく、課題図書もろくに読まなかったので、読み終えた本はこれまでの人生で一冊もない。どうして読まないのかと聞いたら、

「面倒《めんどう》くさくて」

と顔をしかめる。女性誌はたまに買うものの、写真だけを【　Ｘ　】見ていき、文字を読むのは値段とブランド名だけ。本文はまったく読まない。逆に彼女から、

「どうして本を読むんですか」

と聞かれたので、

「本はいちばん安い娯楽《ごらく》だと思うわ。五百円足らずの文庫本でも、読め

(2) 欧米のほうでサケが寿司ネタとして定着したのは、なぜですか。その答えとしてふさわしいものを、次のア～エから一つ選び、記号で答えなさい。

ア　サケ類の養殖が日本よりも海外で盛んになり、養殖ものは安全でおいしいので、和食の流行の中で寿司ネタに取り入れられたから。

イ　サケ類の養殖が海外で盛んになり、供給が豊富となったサケが、日本の回転寿司の需要《じゅよう》に合わせた輸出品として商品化されたから。

ウ　サケを常食としている海外では、サケを安全に食する養殖技術がいちはやく発達し、生食でも問題がないことを寿司で試したから。

エ　サケを薄《うす》く切って海苔《のり》の代わりに使用するなど、日本の固定観念を超えた創作寿司を生み出せる、豊かな発想力を持っていたから。

問5　――部③「太平洋、大西洋合わせて約１００万トンの野生サケ類が漁獲されています」とありますが、天然のサケの場合、珍重《ちんちょう》されるのはどのようなサケですか。その答えとなる言葉を、本文中から二十字以内で探し、ぬき出して答えなさい。

問6　――部④「サケ類の野生種が絶滅する可能性も比較的低い」と推測できるのは、なぜですか。マグロの養殖の現状についての説明を参考にして、「**サケの場合は、**」に続くように、本文中の言葉を使って、八十字以内で答えなさい（「**サケの場合は、**」は字数にふくめません）。

問7　――部⑤「刺身でもルイベにして食べれば最高です」とありますが、天然もののサケを刺身にする場合、ルイベにするのは、なぜですか。その答えとしてふさわしいものを、次のア～エから一つ選び、記号で答えなさい。

ア　凍結することで、サケ本来のうま味が引き出せるから。

イ　凍結することで、シャリシャリとした食感が出るから。

ウ　凍結することで、長期間にわたり刺身を味わえるから。

エ　凍結することで、寄生虫を根絶することができるから。

問8　――部⑥「おいしいから」とありますが、クロマグロがおいしいのは、どういう環境《かんきょう》に適応しているからですか。本文中の言葉を使って、十字以内で答えなさい（句点は必要ありません）。

問9　――部⑦「大きくなるまでには時間がかかります」とありますが、このことから、我々はどういうことを理解しなければならないのですか。その答えとしてふさわしいものを、次のア～エから一つ選び、記号で答えなさい。

ア　クロマグロを切り刻んで小さなツナの缶詰などにしてしまうのは、もったいないということ。

イ　クロマグロは貴重な魚なので、海の恵《めぐ》みに感謝しつついただかなければならないということ。

ウ　クロマグロは森林資源と同じく、減少してしまったらすぐに回復するのが難しいということ。

エ　クロマグロの成長の遅《おそ》さからすれば、寿司ネタの1位を奪《うば》われたのもしかたないということ。

問10　――部⑧「対応策をとらないと近い将来絶滅の危険性が高くなる」とありますが、絶滅を防ぐための具体的な対応策として、人類がしな

れがクロマグロのトロ（脂質の多い部分）になると、脂質は30％弱にもなります。このため、かつてはクロマグロのトロが最も好まれる寿司ネタでした。サーモンに人気を譲《ゆず》ったとはいえ、今も高い人気があります。

脂質が少ないキハダのほうは、ツナの缶詰《かんづめ》として利用され、多くの人に好まれています。

寿司ネタや刺身の材料として好まれるクロマグロですが、⑦大きくなるまでには時間がかかります。

クロマグロは西部太平洋で生まれ、日本の東方沖合《おきあい》からカリフォルニア沖まで何万キロも泳ぎながら成長し、数年後に生まれ故郷に戻るという生活を送っているのです。1メートルになるまでに3年、2メートルになるまで9年、2・4メートルになるまでに13年も要します。

何年もかけて太平洋を回遊して大きくなったクロマグロですが、乱獲がたたり、クロマグロの漁獲高は毎年減り続けています。

クロマグロも養殖はされています。養殖生産は、天然ものと異なり、計画的な生産が可能です。また、エサを管理することである程度、脂肪分を調節することもできます。しかし、問題がないわけではありません。

養殖したクロマグロに卵を産ませて、次世代を育てる完全養殖は、一部の機関でしか成功していません。

このため、近年は幼魚（ヨコワ）を獲《と》って2～3年飼育した後、出荷する養殖があります。成魚になってから獲るのであれば、その間に卵を産み、次世代を残せますが、幼魚のうちに獲ってしまえば、それは不可能です。人間でも、子供が減れば、いずれ大人が減り、総人口が減るのと同じことです。

クロマグロは２０１４年に絶滅危惧《きぐ》Ⅱ類に指定されてしまいました。⑧対応策をとらないと近い将来絶滅の危険性が高くなるということです。

（井田《いだ》 齊《ひとし》『魚はすごい』による）

問1 ═══部X「食べられ」と同じ意味の「食べられ」をふくむ文を、次のア～エから一つ選び、記号で答えなさい。

ア 思ったよりも生臭《なまぐさ》くなかったので、僕《ぼく》でも全部食べられた。

イ 先生も、このお魚はおいしいねとおっしゃって食べられた。

ウ 釣《つ》り上げた大きな魚が、あっという間にサメに食べられた。

エ いとこの家に来て、朝も夜も大好きなマグロが食べられた。

問2 ═══部Y「□転□倒」の二つの□に当てはまる漢字を、それぞれ答えなさい。

問3 ――部①「『マグロ』と思われた方、残念でした」とあるのは、マグロと思った人がそれだけ多いだろうということですが、これまでマグロが寿司を代表するネタであったのは、なぜですか。その理由をデータに基づいて示した段落（形式段落）を、本文中から探し、その初めの五字をぬき出して答えなさい。

問4 ――部②「サケは日本では寿司ネタとしての歴史が浅く、欧米のほうで寿司ネタとして人気が出た」について、次の⑴・⑵の問いに答えなさい。

⑴ 我が国で長い間、天然のサケを寿司ネタとして食べなかったのは、なぜですか。A「安全面での理由」と、B「味わいの面での理由」の二つに分けて、本文中の言葉を使って、AとBそれぞれ五十字以内で答えなさい。

ます。

最近の統計では③太平洋、大西洋合わせて約１００万トンの野生サケ類が漁獲《ぎょかく》されていますが、タイセイヨウサケ、ギンザケなどの養殖生産量は合わせて１５０万トン以上にもなり、天然ものの漁獲量を大幅《おおはば》に超《こ》えています。

サケ類の養殖はわが国でも行なわれていますが、海外のほうが盛んです。日本の回転寿司で食べられるものも大部分が輸入物です。また近年、欧米では和食、特に寿司が食べられるようになってきました。欧米でもサーモンは寿司ネタとして人気があります。サケを巻き付けた「サーモン・ロール」、見たり聞いたりしたことがありませんか？　こういった情報が入ってきたことが「サーモン」と呼ばれる理由だと思います。

サケ類は、養殖した個体から卵をとり、次の世代を養殖する技術ができ上がっていて、コスト面でも成り立つようになっています。ですから、養殖がうまくいっているケースといえます。④サケ類の野生種が絶滅《ぜつめつ》する可能性も比較的《ひかくてき》低いでしょう。しかし、そういう魚ばかりではないことも後で述べたいと思います。

寿司ネタとしてサケが食べられてこなかった理由としては、もう一つ考えられることがあります。

天然ものは味の面でも寿司には向いていなかったと思うのです。

秋に日本の沿岸で漁獲されるサケは「秋ザケ」と呼ばれます。産卵するために北太平洋から戻《もど》ってきたところを漁獲されるのですが、北太平洋から日本に来るまで、２～３か月間、何も食べてきません。産卵したら一生を終える宿命です。産卵するとなればエサはとりません。このため、秋ザケの脂肪《しぼう》分は４％程度しかありません。脂肪分が多いほど甘味《あまみ》やおいしさを感じるものですが、養殖されたギンザケや海産ニジマスでは12％から14％もあります。タイセイヨウサケではさらに高く16％もあるのです。養殖もののほうが寿司ネタ向きでしょう。

産卵のために日本に戻ってきた秋ザケは脂肪分が少ないのですが、同じサケでもエサを盛んに食べている成長段階のものは高値で取引されます。高値で取引される経済性の高い魚は、呼び名が成長段階ごとに異なることがあると先述しました。サケも同様で、ケイジ、メヂカ、トキシラズなどと呼ばれます。これらは脂肪分が多いので、塩焼でもとてもおいしく食べられます。⑤刺身《さしみ》でもルイベにして食べれば最高です。

回転寿司の人気ランキングの2位はマグロでした。マグロと呼ばれる種にはクロマグロ、ミナミマグロ、メバチ、キハダ、ビンナガ（ビンチョウとも）など8種類が含《ふく》まれます。クロマグロはその中で最も賞味される種です。居酒屋などでは「ホンマグロ」とも呼ばれています。この魚が絶滅の危機に瀕《ひん》しています。

まず、なぜクロマグロは一番消費されるのでしょうか？　当たり前ですが、⑥おいしいからです。

魚は脂肪分が多いほうがおいしいと述べましたが、水温が低いほど、脂肪の量は多くなります。クロマグロは、8種の中で最も北方の海域に適応した種です。肉質を見ると、他の種より脂肪分が多いことがわかります。

最も温かな海を好むキハダの赤身に含まれる脂質は1％以下です。これに対してクロマグロの赤身では、脂質は1・4％程度になります。こ

【国　語】（五〇分）〈満点：一〇〇点〉

【注意】字数指定のある問題は、句読点やかぎかっこなどの記号も字数にふくめます。

【一】次の1～10の――部のカタカナを、それぞれ漢字に改めて答えなさい。

1 パイロットになって航空機をソウジュウしたい。
2 突然空が暗くなってライメイがとどろきはじめた。
3 この機械にはいろいろなサイクがしてある。
4 今日はトウジだから、昼の時間が一年で最も短い。
5 面談のごキボウの日はございますか。
6 壊《こわ》れてしまった家をサイケンする。
7 親しい友人の結婚式《けっこんしき》にショウタイされた。
8 自然災害に備えて食料をタクワえる。
9 最優秀選手に選ばれ、賞状をイタダいた。
10 道で財布をヒロい、交番に届けた。

【二】次の文章を読んで、後の問いに答えなさい。なお、本文中の写真は省略しました。

回転寿司《ずし》店で一番人気があるネタが何かご存じですか？　①「マグロ」と思われた方、残念でした。男女全体の1位は「サーモン」です。マグロ（赤身）は総合2位、以下、3位がハマチ・ブリ、4位がマグロ（中トロ）と続きます（マルハニチロ発表「回転寿司に関する消費者実態調査２０１７」より）。

ところで、「サーモン」ですが、なぜ「サケ」と呼ばないのでしょう。鮭茶漬《さけちゃづ》け、新巻鮭《あらまきじゃけ》などを挙げるまでもなく、和食の場合、普通《ふつう》は「鮭（サケ、シャケ）」という言葉が使われます。一つ考えられるのは、②サケは日本では寿司ネタとしての歴史が浅く、欧米《おうべい》のほうで寿司ネタとして人気が出たからかもしれません。

それでは、なぜ日本では寿司ネタとしてX食べられてこなかったのでしょうか。

サケ類にはサケ（シロザケ）、ギンザケ、ベニザケなどがいます。これらのサケ類には、アニサキスと呼ばれる線虫類やサナダムシの仲間の条虫類が寄生しています。アニサキスなどの寄生虫と人とは相性が悪く、生食《なましょく》をすると私たちの胃の中で悪さをし、時にはY□転□倒《とう》の苦しみを味わうことになります。そのため、昔からサケ・マス類の生食は避《さ》けられてきたのです。

ただし、海産のサケ・マス類を利用する時は、いったん凍結《とうけつ》し、それを少し解凍して食べれば、このような寄生虫の心配はなくなります。マイナス20℃の冷凍庫に入れれば24時間でアニサキスは死にます。このように一度冷凍した上で味わう料理法をルイベといいます。アイヌ語が起源の言葉です。

また、最近はいろいろな魚が養殖《ようしょく》されるようになりました。サケ類も例外ではありません。

サケ類（サーモン）では、タイセイヨウサケ、ギンザケ、海産ニジマス（サーモントラウトと呼ばれます）などが養殖されています。

養殖ものは寄生虫の心配がほとんどありません。サケがお寿司屋さんで食べられるようになったのは、養殖できるようになったからともいえ

こと。

エ　最初に医者に誤診させた上で、実はすぐ治る病気だと明らかにしたこと。

問8　――部⑦「写真の父の表情を窺い、『にや』と笑ったのを確かめて諦める」について、次の(1)・(2)の問いに答えなさい。

(1)　「私」は「写真の父」をどのような存在だととらえていますか。その答えとなる言葉を、本文中から探し、ぬき出して答えなさい。

(2)　写真の父が「『にや』と笑ったのを確かめ」ることが「諦める」ことにつながるのは、なぜですか。その答えを示した次の文の［　　］にふさわしい言葉を、本文中の言葉を使って、二十字以内で答えなさい。

筆者は、父が笑ったのを確かめて、［　　　　］と考えることで、納得して諦めることができるから。

問2 ――部①「『親』になった父の手もとに、例外なくいいカードが集まった」のは、なぜだったと今の「私」は考えていますか。その答えとしてふさわしいものを、次のア～エから一つ選び、記号で答えなさい。

ア 勝つという目標にかける情熱が、自然にいいカードを父の手もとに引き寄せたから。

イ 最悪な状況《じょうきょう》でも生き延びられると思わせるような、運の強さを父は持っていたから。

ウ トランプのような他愛ない遊びにおいても、父の器用さは遺憾《いかん》なく発揮されたから。

エ 抜《ぬ》け目のない父は、「親」の特権を利用していいカードを手もとに確保していたから。

問3 ――部②「私は慌てて、同居人とともに、そのとき一部屋だけ空いていた実家のアパートに移った」とありますが、「私」がそのようにしたのは、どのような思いからですか。三十字以内で答えなさい。

問4 ――部③「特筆すべきは」とありますが、この段落（形式段落）で「私」は読者に対して、何を強く伝えようとしていますか。その答えとしてふさわしいものを、次のア～エから一つ選び、記号で答えなさい。

ア 母が父とまったく同じ病気になり、早くも「みなしご」になる危機にさらされた、「私」たちの大きな驚《おどろ》きと不安。

イ 母の病気をくわしく知らされた人々が、死んだはずの父を今なお生きているかのように感じてしまった不思議さ。

ウ 何事も思い通りにしようとした父の強烈《きょうれつ》な個性が、父の死後二年近く経った今でも人々の心に刻まれていたこと。

エ 偶然《ぐうぜん》が重なったにしては話ができすぎている、母が病名も発症部位も父と同じ病気にかかってしまうという神秘。

問5 ――部④「我儘ねえ、光晴さんは」とは、父（光晴さん）を知っている人が、父のどのような思いを感じて発した言葉だと考えられますか。「という思い。」に続くように、二十字以内で答えなさい。

問6 ――部⑤「父への嫌疑」の説明として**あてはまらないもの**を次のア～エから一つ選び、記号で答えなさい。

ア 父は、一人暮らしの母の元へ娘を呼び返してあげようとしていたのではないか、ということ。

イ 父は、私たちが嫌な思いをして困った顔をするのを楽しんでいたのではないか、ということ。

ウ 父は、自分の存在がいかに偉大《いだい》だったかを思い出させようとしたのではないか、ということ。

エ 父は、自分が死んだあとの家族はどうなってもよいと思っていたのではないか、ということ。

問7 ――部⑥「父のあの世での尽力」とは、どのようなことだったと考えられますか。その答えとしてふさわしいものを、次のア～エから一つ選び、記号で答えなさい。

ア 悪性の腫瘍とされていた病気を、投薬で簡単に治るものに変えたこと。

イ すぐに治る程度の病気を、致命的なものと医者に思い込ませたこと。

ウ 自分と同じ病気と診断されるような、奇妙な場所に結核を作った

かどうかという。②私は慌《あわ》てて、同居人とともに、そのとき一部屋だけ空いていた実家のアパートに移った。

③特筆すべきは、父の死後、二年と経《た》たない母の罹病《りびょう》（注・病気にかかること）（しかも病名、発症《はっしょう》部位ともに父と同じ）を知ったほとんどすべての人が、「父の仕業に違《ちが》いない」と、しみじみと呟《つぶや》いたことだ。「まったくもう、④我儘《わがまま》ねえ、光晴《みつはる》さんは」といった言葉が、ごくナイーブに取り交わされた。

同じ思いは、もちろん家族にもあって、当の母に到《いた》っては諦《あきら》めたというより悟《さと》ったような態度だった。夫婦間の愛情というのとはちょっと違った表情の悟りであったように思う。早くも「みなしご」になる危機にさらされた私と妹にしても、嘆《なげ》き悲しみながらも、心のどこかで、「チチがそうしたいなら、仕方ない」と思っていた。

そして先にも書いた通り、父権が意外なほど幅《はば》を利《き》かせていた家に育った私たちは、「チチが決めたことなら、まあ何か意味があるんだろう」とまで、ぼんやりと思い至ることすらあったのだ。

この話にはオチがある。母は希有《けう》な（注・めったにない）誤診《ごしん》を受けたのだった。奇妙《きみょう》な場所にできた結核《けっかく》を、医師が悪性の腫瘍《しゅよう》と見誤っただけのことで、正体がわかると投薬だけで A 治ってしまった。

ここに到って、⑤父への嫌疑《けんぎ》はいっそう濃厚《のうこう》になった。「⑥父のあの世での尽力《じんりょく》で母は助かった」と考える人が誰《だれ》もいなかったのはどうしてだかわからないが、安堵《あんど》とともに皆《みな》の舌鋒《ぜっぽう》（注・するどいものの言い方）はむしろ険しくなって、「嫌《いや》がらせ説」「自分の存在アピール説」などが浮《ふ》上《じょう》した。

私は「しまった」と思ったけれども、短期間内の度重なる引越しのために、すでに実家のアパートから移動する経済力と気力はなかった。独り暮らしの母の元へ娘を呼び返す父の策略に B はまった体だった。

それから月日が経った今、私は一人でその部屋に寝《ね》起きし、夕方になると階下へ下りて母とともに晩酌《ばんしゃく》するという生活を送っている。妹は陶《とう》芸《げい》の修業をしに行った瀬戸《せと》でなぜかイタリアンレストランのシェフとして採用され、便りには「ろくろを回さずにピザを回しています」とあった。

折々の分岐点《ぶんきてん》でどっちへ行くべきか自ら決断しているのはたしかなのに、事態が決定してしまえば、「ま、チチがそう思うならこれでいいのよね」と自分の中に納めている。昨年夏は私自身が体調を崩《くず》し、ほぼ一週間七転八倒《しちてんばっとう》の苦しみを味わったが、その最中にも「チチが意味もなく私をこんなに痛めつけるはずはない。案外この経験のおかげで、私、すごい名作が書けるようになるのかも」と胸の中で唱えたものだ。念仏のように。

父の写真が今私の仕事机の前に貼《は》ってある。溜息《ためいき》を吐《は》きたくなるような出来事に見舞われたとき、⑦写真の父の表情を窺《うかが》い、「にや」と笑ったのを確かめて諦める。そういえば父が他界する前、同種の役目を負っていたのは子供の頃《ころ》から持っている猫《ねこ》のぬいぐるみだった。

（井上荒野《いのうえあれの》『夢のなかの魚屋の地図』による）

問1 A ・ B に入れるのにふさわしい言葉を、次のア～オから一つずつ選び、記号で答えなさい。

ア さらっと　イ せっせと　ウ まんまと

エ すとんと　オ けろりと

内で考えて答えなさい。

問10 ――部⑧「『朝食を食べるから学力が上がる』という因果関係があるとまでは言いきれない」のは、なぜですか。その答えを示した次の文の Ⅰ ～ Ⅳ にふさわしい言葉を、本文中からそれぞれ探し、Ⅰ はその初めと終わりの十字を、Ⅱ ～ Ⅳ は表示された指定字数でそのまま、ぬき出して答えなさい。

「朝食を食べる」ことと「学力が高い」ことを直接結びつけた場合は、 Ⅰ といった理屈《りくつ》をつけて両者の関係を考えがちであるが、両者の間には直接の関係がなく、どちらも、家庭での Ⅱ（五字以内） や学校の Ⅲ（五字以内） といった背景とだけ Ⅳ（二字） 関係を持つものである可能性についても、考慮《こうりょ》しなければならないから。

問11 筆者の「科学の営み」についての考えをまとめた次の文章の □ にふさわしい言葉を、本文中の言葉を使って、三十五字以内で答えなさい。

科学の営みは、一つの「法則」「理論」を発見したことで終わるものではない。真理は絶対的なものではないので、 □ ことが科学を前進させる上で大切なことなのである。

【三】 次の文章を読んで、後の問いに答えなさい。

たとえば一九九九年に空から魔王《まおう》が降ってきて（注・かつて一九九九年に人類が滅亡《めつぼう》したり、破滅的な出来事が起こったりするのではないかという予言が評判になったことがあった）、映画『マッドマックス』（注・暴行や殺りくが横行する近未来が舞台《ぶたい》のアクション映画）みたいな近未来を生きる運命に陥《おちい》った場合、父がもしまだいれば、私たち家族は何とか生き延びることができると思う。

そのように娘《むすめ》の私に思わせるという一点で、父は立派に父親だったといえるのかもしれない。

もっとも父のそういうところは、必ずしも美点として捉《とら》えきれない。お金をかけてトランプをするとき、①「親」になった父の手もとに、例外なくいいカードが集まったものだ。ある目標を達成するための父の情熱と器用さは、狡猾《こうかつ》さ（注・ずる賢《がしこ》さ）に裏打ちされて刷り込《こ》まれてもいるようだ。

父の夢をときどき見る。夢の中の父は、当然のように生きている。夢の中の私は、父が死んだことを承知しているけれど、父が生きて、昔のように一緒《いっしょ》にご飯を食べて、大声で喋《しゃべ》っているのを、不思議には思っていない。「チチのことだから、うまい具合に生き返ったんだなあ」と考えているのである。

父が死んでこの五月で六年になる。

うちには神様がいる。

父が死んだ後、調布《ちょうふ》の実家の一階を母の住《す》いとし、二階と三階を四世帯のアパートに改造した。当時、私は家を出ており、上北沢《かみきたざわ》で二人暮らしをしていた。しばらくして、私と同居人は経済的に逼迫《ひっぱく》（注・追いつめられて余裕《よゆう》のない状態になること）してきたが、彼《かれ》の仕事の便などから、実家のアパートに住むことは考えず、家賃の安い西新宿《にししんじゅく》のボロアパートに引越《ひっこ》した。

母が致命的《ちめいてき》な病気に見舞《ま》われたと知らされたのは、西新宿に引越して三週間目のことだった。医者によれば、かなり進行していて、一年もつ

えとなる一文を、本文中から探し、その初めの十字をぬき出して答えなさい。

問２　[A] に入れるのにふさわしい言葉を、次のア～エから一つ選び、記号で答えなさい。

ア　一時的に通用するものではあっても真理ではありません

イ　その仮説を立てた人でさえ正しいとは思っていません

ウ　それが正しいかどうかを確かめなければなりません

エ　多くの人々に知られるだけの力を持っていません

問３　――部②「ない」と同じ「ない」を含《ふく》む文を、次のア～エから一つ選び、記号で答えなさい。

ア　インターネットがない環境でも、それほど困らない。

イ　携帯《けいたい》が水に濡《ぬ》れて、動かない状態になってしまった。

ウ　我ながら情けない戦いぶりで、ほとほといやになる。

エ　正確でない数でも、およその数が分かれば大丈夫《だいじょうぶ》だ。

問４　――部③「仮説と検証を繰り返して」とありますが、仮説と検証が繰り返される必要があるのは、なぜですか。その答えとしてふさわしいものを、次のア～エから一つ選び、記号で答えなさい。

ア　最初の実験で仮説が正しいことを裏付ける結果が得られるなど、実際はありえないから。

イ　仮説の正しさは、様々な角度から行われる数種の実験によって裏付けられるものだから。

ウ　同じ実験でも何度でも繰り返さなければ、仮説の正しさを裏付けることはできないから。

エ　仮説は実験結果による修正が重ねられることで、正しさが裏付けられるものになるから。

問５　――部④「徐々に『正しい』と認められるようになっていった」とありますが、公表された学説（仮説）が世の中に「正しい」と認められるようになるためには、どういうことが必要ですか。本文中の言葉を使って、五十字以内で答えなさい。

問６　――部⑤「よけいな枝葉は切り捨てていく必要がある」とありますが、この後の具体例で、ニュートンは何を切り捨てたのですか。その答えを示した次の文の [I]・[II] にふさわしい言葉を、本文中からそれぞれ指定字数で探し、ぬき出して答えなさい。

「[I（五字以内）]」という運動に共通する理由を考える際に、考慮《こうりょ》する必要のない [II（十字以内）]。

問７　――部⑥「たとえば、リンゴの実が木からポトンと落ちた」から始まる段落（形式段落）は、誰もが知っているニュートンの有名なエピソードについて述べていますが、このエピソードもまた疑うべきものであることを明らかにしている段落（形式段落）を、本文中から一つ探し、その初めの十字をぬき出して答えなさい。

問８　――部⑦「相関関係と因果関係」とありますが、本文中の～～部X・Yは、それぞれそのどちらを示していますか。その答えとしてふさわしいものを、次のア～エから一つ選び、記号で答えなさい。

ア　Xが「相関関係」、Yが「因果関係」を示している。

イ　Xが「因果関係」、Yが「相関関係」を示している。

ウ　XとYの両方とも「相関関係」を示している。

エ　XとYの両方とも「因果関係」を示している。

問９　[B]・[C] に入れるのにふさわしい言葉を、それぞれ十五字以

子孫の木が植えられています。観光名所にもなっていますが、これを見ると、ますます先のエピソードが真実味を帯びてきますね。

　ところが調べてみると、「私はリンゴの実が落ちるのを見て万有引力の法則を発見した」と、ニュートン本人から直接聞いた人はいません。じつは、ニュートンの姪《めい》の話を聞いた人が情報元なのです。ニュートンが本当にそう言ったかどうかは確実とは言えません。後世の人が面白く物語にしただけかもしれないのです。

　このように、科学的な態度とは、疑問や問いを持って物事を見るということです。そして、観察した物事を抽象化して仮説を立てることが、科学という営みの最初のプロセス（注・物事が進行・変化していく一連の道筋）です。

　しかし、この仮説を立てるときに、私たちがよくやりがちな失敗があります。それは、⑦相関関係と因果関係を取り違えてしまうということ。相関関係とは、二つのものごとが単にかかわり合う関係、因果関係とは、二つのものごとが原因・結果でつながる関係です。

　二〇〇三年に、国立教育政策研究所が、X毎日朝食をきちんと食べている子どもは成績がいいという研究結果を発表しました。なぜ、そんなことがわかるのでしょうか。

　毎年、文部科学省は全国学力テストを実施《じっし》していて、テストと同時にアンケートも取っています。テストの結果とアンケートを照らし合わせてみると、Y成績のいい子どもの多くが、毎日きちんと朝食を食べていることがわかりました。この結果から、「朝食を食べると、子どもの学力が上がる」と主張する人が出てきたのです。

　そういう人は、朝食を食べるときちんとした栄養が体内に入って、脳にエネルギーが送られ、それによって午前中からしっかりと勉強に集中することができるから、学力が高くなると考える。つまり、朝食と学力の間に因果関係があると考えたわけです。

　たしかに、朝食を食べたほうがいいに決まっていますが、これを本当に因果関係と言えるのでしょうか。

　朝食を毎朝きちんと食べているということは、規則正しい生活を送っているということです。深夜遅《おそ》くまでダラダラと起きていれば、朝、ギリギリに起きて、朝食を食べる間もなく学校に行ってしまうでしょう。

　では、規則正しい生活をしているのはどういう子どもでしょうか。おそらく、そういう子どもには、［　B　］親がいるのではないでしょうか。そういう親は、朝食をきちんと食べさせるだけではないでしょう。それ以外に、「勉強しなさい」と言ったり塾《じゅく》に通わせたり、子どもの学習に積極的にかかわる親も多いかもしれない。そうなると、親のしつけと学力という因果関係も考える必要が出てきます。

　あるいは、学校の先生が「きちんと朝食を食べましょう」と、生徒に指導をしていたら、どうでしょうか。こういう先生は、子どもの指導に熱心だから、［　C　］のではないでしょうか。この場合、先生の熱意と学力との間に因果関係がある可能性もあるわけです。

　つまり、「朝食を食べること」と「学力が高い」の間には、相関関係があるとは言えるかもしれません。しかし、⑧「朝食を食べるから学力が上がる」という因果関係があるとまでは言いきれないということです。

（池上《いけがみ》彰《あきら》『はじめてのサイエンス』による）

問1　――部①「科学とは何でしょうか」という問いかけに対して、筆者はどのような言葉で答えを示していますか。――部①を受けての答

です。実験をしてみて、仮説が裏づけられれば、その仮説は真理に近い説明だということができるでしょう。それでも、当然、仮説とは異なる実験結果が出てくることもあります。

　仮説どおりの実験結果が出②ない場合は、仮説を修正しなければなりません。そして、修正した仮説が正しいかどうか、再び検証をしてみる。このように、③仮説と検証を繰《く》り返して、真理に少しでも近づこうとすることが科学という営みなのです。

　ただし、仮説を検証する段階では、一人だけが実験に成功しても、その仮説は認められません。逆に言えば、誰《だれ》でも同じ手順にもとづいて実験をすれば、同じ結果が出なければいけないのです。ですから「ＳＴＡＰ《スタップ》細胞《さいぼう》はあります」と言っても、世界中の学者が実験してみて再現できなかったら、その仮説は間違《まちが》っているということです。

　もちろん最初の実験は、一人で行うことが多いでしょう。その実験に成功したら、実験の条件や手続きを明らかにして、誰でも再現実験をできるようにする。再現実験でも、同じような結果が出た。そうなれば仮説は、とりあえずの真理として成立するということです。これが科学的な理論や法則ということになります。

　教科書に載《の》っている「法則」「理論」にしても、最初から一〇〇パーセント正しいものと認められていたわけではありません。多くの人がチェックを重ねるなかで、④徐々《じょじょ》に「正しい」と認められるようになっていったのです。

　先に挙げた「万有引力の法則」にしても、一七世紀にニュートンが発見して以来、長い間「真理」として認められてきましたが、二〇世紀初頭になると、アインシュタインが提唱した重力理論に取って代わられました。アインシュタインは誰もが正しいと思っていた万有引力の法則を疑うことで、科学をさらに前進させたのです。真理とは絶対的なものではなく、「とりあえずの真理」なのです。

　では、科学者はどのように仮説を立てるのでしょうか。仮説を立てるうえで重要なのが、物事を抽象化《ちゅうしょうか》することです。

　抽象とは、具体的な物事から共通する要素を抜《ぬ》き出すことをいいます。共通する要素を抜き出すためには、⑤よけいな枝葉は切り捨てていく必要がある。つまり科学者が物事を観察するときは、よけいな要素を切り捨てて、仮説になるような要素を抽象化していくわけです。

　⑥たとえば、リンゴの実が木からポトンと落ちた。ふつうの人なら「リンゴの実が落ちるのは当たり前だ」ということで、わざわざ立ち止まって考えないでしょう。でもニュートンのような科学者は、リンゴが落ちるのを見て、「なぜ物は上から下に落ちるんだろう?」と疑問を持って、ここから物が落ちる理由について仮説を立てるわけです。

　このとき科学者は、リンゴが落ちるという運動に注目しています。ですから、リンゴの色や香《かお》りという枝葉は捨てていることになります。そうやってさまざまな物が落ちる運動に着目し、その理由を考える。あるいは、月は落ちてこないので、その理由も考えてみる。こうして具体的な物事を抽象化することで、万有引力の法則に行き着いたのです。

　このように、ニュートンはリンゴが落ちるのを見て、万有引力の法則を発見したと言われています。でも、このエピソードは本当でしょうか。検証していくと、じつは相当あやふやなことになってきました。

　ニュートンが教えていたケンブリッジ大学トリニティカレッジの入り口のところには、万有引力の法則を発見したときに落ちてきたリンゴの

【国　語】〈五〇分〉〈満点：一〇〇点〉

【注意】字数指定のある問題は、句読点やかぎかっこなどの記号も字数にふくめます。

【一】次の1～10の各文の――部のカタカナを、それぞれ漢字に改めて答えなさい。

1 果物が暑さでイタむ。
2 書物をアラワす。
3 神仏をオガむ。
4 テンラン会に出品する。
5 部屋のタイシャク契約《けいやく》を結ぶ。
6 原油をセイセイして灯油を作る。
7 ショウニ科を受診《じゅしん》する。
8 コテイに沈《しず》んだ集落。
9 富士山《ふじさん》は世界文化イサンだ。
10 ミンシュウが広場に押《お》し寄せる。

【二】次の文章を読んで、後の問いに答えなさい。なお、原文には太字の箇所《かしょ》がありましたが、作問の都合で、文章全体の字体を統一しました。

そもそも①科学とは何でしょうか。

科学というと「法則」や「理論」、たとえば学校で習った「万有引力の法則」や「相対性理論」を思い出す人もいるかもしれません。私たちは法則や理論を「一〇〇パーセント正しい」と思いこんでしまいがちです。ところが、科学の法則や理論はそのような絶対的な真理ではないのです。

テレビ番組では「驚《おどろ》きの真実が明らかに！」という言い方をよく使います。こういう言い方をすると、視聴者《しちょうしゃ》は一〇〇パーセント正しい絶対的な真実があるように思ってしまいますから、私が担当する番組では「そういう言い方はしないでほしい」とお願いしています。人間の物の見方は完璧《かんぺき》ではないのですから、一〇〇パーセント正しい真実を把握《はあく》することはできません。そんなことができるのは、全知全能の神様だけでしょう。

科学も同様です。「真実は、もしかしたらあるかもしれない。ならば、少しでもそこに近づきたい」。科学とはこのように、限られた認識の手段を使って、少しずつ真理に近づいていこうとする営みだと思います。

では、科学はどのようにして真理に近づいていくのでしょうか。

その第一歩は、「疑うこと」から始まります。

「みんなはAだと考えているけど、本当かな？」

「なぜ、こんなことが起こるのだろう？」

自然科学であれ社会科学であれ、科学的な態度を持つ人は、まわりの意見を鵜《う》呑《の》みにせず、それが本当かどうかと疑い、「なぜだろう？」「どうしてだろう？」と問いを発します。

問いを発したら、次にそれの解答（回答）のための仮説を立てます。科学という営みでは、それぞれの学者が仮説を立て、それを検討していきます。仮説というのは、文字どおり「仮につくりあげた説明」なので、[A]。つまり、「検証」しなければなりません。

検証にはさまざまな方法があります。わかりやすいのは実験すること

ウ　主語を父親に切り替えて、自分の存在を消していくことによって、苦しんでいるわりには結局は人まかせにしてしまう、自身ののんきさを省みようとしている。

エ　デパート売り場に到着するまでの過程や父親と店員との会話をテンポよく描くことで、苦しいと思っていたことが実は何でもなかったのだと言おうとしている。

問９　本文の「木琴のエピソード」において筆者は、筆者のいう「大いなるもの」を、何に対して実感したのですか。五字以内で答えなさい。

絶望的な「□」という思いから救われた体験。

問２　――部Ｂ「大部分は」という言葉は、本文中のどの言葉にかかっていますか。――部Ｂを受ける言葉としてふさわしいものを、次のア～エから一つ選び、記号で答えなさい。

ア　駆け込んだものの

イ　窮状を訴えたら

ウ　「助かった！」

エ　ものばかりである

問３　――部Ｃ「遠ざかっていた日常が、鮮明な輪郭を備えて戻ってくること」によってもたらされるのは、どのような感覚ですか。その感覚を示した一文を、本文の「木琴のエピソード」の中から探し、その初めの七字をぬき出して答えなさい。

問４　――部Ｄ「わたしは狼狽した」とありますが、筆者が狼狽したのはなぜですか。その答えとしてふさわしいものを、次のア～エから一つ選び、記号で答えなさい。

ア　ぼんやりと毎日を過ごしてきたところ、テストをされることになって初めて、木琴なんてまったく弾けないという現実に気づかされたから。

イ　木琴なんて弾けなくても、自分にとっては関係がないと思っていたのに、もし弾けなければ死ぬほどの恥をかくことになるとわかったから。

ウ　小馬鹿にしていた教諭がまさか、発表会兼テストなどという逃げられないやり方で自分を窮地に追い込もうとは、夢にも思わなかったから。

エ　人に相談した経験がないのに、クラスメイトに木琴の特訓をしてもらわなければならなくなって、どうお願いしようかと途方に暮れたから。

問５　――部Ｅ「重苦しい気分」の内容として、**あてはまらないものを**、次のア～エから一つ選び、記号で答えなさい。

ア　事態が悪い方へと進んでいく想像しかできない。

イ　こことは違《ちが》うどこかの場所へ逃げてしまいたい。

ウ　しっかりと現実に目を向けて生きるべきだった。

エ　あたり前だった日常が自分から遠ざかっていく。

問６　――部Ｆ「バンジージャンプどころではない決断が必要であった」のは、窮地を打ち明けると、両親に何を説明しなければならなくなるという思いがあったからですか。「何」にあたる言葉を、本文中の言葉を使って、六十字以内で答えなさい。

問７　――部Ｇ「するべきこと」とは、どうすることですか。本文中の言葉を使って、三十五字以内で答えなさい。

問８　後ろから三つめの（「それならば」からはじまる）★印の段落全体の表現の説明としてふさわしいものを、次のア～エから一つ選び、記号で答えなさい。

ア　感情を交えずに、出来事だけを淡々《たんたん》と書き連ねていくことによって、絶望的だったはずの苦しみが、あっけなく解消されていく様子を表そうとしている。

イ　苦しみが解決されるまでの一部始終を正確に記録しておくことによって、この苦いエピソードを、忘れてはならない教訓として心に刻み込もうとしている。

ような不条理感（注・納得のできない気持ち）に苦しみ、食欲も進まなかった。世の中のすべてが色褪《いろあ》せて見える。通学で乗っていた電車の窓から見える見知らぬ街へ、一目散に逃げ込み溶《と》け込んでしまいたいと願わずにはいられなかった。

日曜日になった。明日には音楽の時間が待ち受けている。悲劇が口を開けて待ち構えているのだ。しかも朝からしとしと小雨が降っている。視界の中は無彩色《むさいしょく》に感じられる。灰色の日曜日とはまさにこのことではないか。

昼近くになって、とうとうわたしは耐《た》えきれなくなった。父は縁側《えんがわ》で煙草《たばこ》を吸いながら雑誌の『オール読物』を読んでいた（記憶《きおく》の中の父は、大概《たいがい》、『オール読物』を読んでいる）。母は週刊誌のクロスワード・パズルを解いている。テレビはまだ我が家には登場していなかった。半泣きのわたしは、意を決して、自分の窮地について両親に打ち明けた。これは正直に申してF バンジージャンプどころではない決断が必要であった。上手く言葉で説明しきれたかどうか。でも、木琴を明日までにマスターしなければもはやどうにもならないことは伝わったようであった。しかもここが奇妙《きみょう》なところなのだが、わたしは木琴で「ド」の位置が分からなかったものの逆にそれさえ分かれば、ほんの少し練習さえすれば明日の発表をクリアできる確信があった。どうにもバランスの取れていない話だが、事態はそのようなことになっていた。

★　それならば、もはやG するべきことは決まっているじゃないか、と父が言った。すぐに父と一緒《いっしょ》に出掛《でか》けることになった。母が玄関《げんかん》から二人を送り出してくれた。電車に乗って池袋《いけぶくろ》のデパートへ行き、木琴を購《こう》入《にゅう》するのである。傘《かさ》をさした父子は駅まで歩いて、黄色と茶色とに塗《ぬ》り分けられた電車に乗る。デパートの楽器売り場までエレベータで直行する。父が年配の店員に尋《たず》ねると、彼《かれ》は何もかも心得ているかのように頷《うなず》いてから、艶々《つやつや》とした木琴を見せてくれた。真ん中で二つに折りたためるので、意外に嵩張《かさば》らない。脇《わき》に小さな穴が二つ開いていて、そこにマレット（注・ばち）の柄《え》を差し込んで収納するようになっている。「ド」の位置が分かるかと父が尋ねると、「手引き」が付属しているから大丈夫《だいじょうぶ》ですと店員が請《う》け合う。早速購入し、せっかくだからと六階の大食堂でオムライスか何かを食べた。

帰路の電車の中でわたしは「ああ、救われた」と思った。心の底から思った。これでどうにかなる。悩みは解消に至った。電車の窓を小雨の水滴《すいてき》が斜《なな》めに流れ落ちていくところや、灰色に煙《けむ》るビルの群れが架線《かせん》を支える鉄柱とともに横へ走り去っていくのが、まさに安堵《あんど》（注・安心）に満ちた光景として胸に染み入ってきた。

午後は茶の間で即席《そくせき》の練習を行い、要領が良いのか悪いのか、ともかくわたしは翌日の発表会兼テストを無事乗り切ったのだった。そしてそのまま木琴は押し入れ行きとなり、その点ではもったいないことになった。わたしがこのエピソードを機に木琴演奏に目覚め、やがてゲイリー・バートンやミルト・ジャクソン（注・ともに米国の著名な木琴奏者）みたいになったのならちょっとした感動秘話になったであろうが。

（春日《かすが》武彦《たけひこ》『鬱屈《うっくつ》精神科医、占《うらな》いにすがる』による）

問１　――部A「それほど多くはない」と言えるのは、筆者が心の底から「救い」だと実感した体験が、どのような体験だったからですか。その答えを示した次の文の空らんにふさわしい言葉を、本文中から十五字以内で探し、ぬき出して答えなさい。

電車内で急激かつ激しい便意を催《もよお》そうと、そんなこととは無関係に自分にはいつもと変わらぬ人生が用意されていることをわたしは知っていた。ピンチではあっても、そのことで人生が、世界が終わりになるとは思わない。そうした点で、シリアスさ（注・深刻さ）が異なる。

自分にとってランクの高い「救い」は、せいぜい五回程度だった。（中略）それは絶望体験が五回ということでもある。絶望は数ではなくて質や時間の問題かもしれない。ずっとぬるま湯の中で生きてきたわたしには、本当の絶望なんて知るまいと誹《そし》られそうだ（注・非難されそうだ）。でもそういった不幸自慢《じまん》みたいなことに興味はない。問題は救いを心の底から実感した体験である。

五回。その五回においてわたしはいちいち①悩《なや》みや苦しみが一気に解消すること。②慈愛《じあい》に近い「大いなるもの」を実感すること。③C遠ざかっていた日常が、鮮明《せんめい》な輪郭《りんかく》を備えて戻《もど》ってくること。――を味わってきたのだ。これはやはり自分が祝福されているようにも思えてくる。

（中略）

木琴《もっきん》のエピソードである。

これは、またしてもわたしが茫洋《ぼうよう》とした（注・おおらかでのんきな）子どもであったことに起因する。

小学校低学年の音楽の時間に、木琴演奏が重要な課題として定められていた。こちらはそんなものに興味がないので（そして小馬鹿《こばか》にしていたので）、あたかも演奏している「ふり」をしてやり過ごしていた。その代わりに、宇宙の果てを探検することや殺人光線は緑色をしているべきか赤色のほうが相応《ふさわ》しいかとか、そんな想像に明け暮れていたのだった。

やがて危機が訪れた。来週の月曜に生徒ひとりずつが前に出て、順番に木琴演奏をさせられるというのである。発表会兼《けん》テストというわけだろう。Dわたしは狼狽《ろうばい》した（注・あわてふためいた）。木琴なんてまったく弾《ひ》けない。弾ける「ふり」をしていただけだ。クラス全員を前にして、わたしは棒立ちになるしかない。出鱈目《でたらめ》を演奏するような度胸はない。ましてや何も分かりませんでは済むまい。教諭《きょうゆ》は、今まで何をしていたのかと詰問《きつもん》する（注・問いつめる）だろう。そのときに、宇宙探検だの殺人光線だのでは弁明（注・いいわけ）になるまい。さすがにその程度の現実感は持ち合わせている。わたしは窮地《きゅうち》に追い込まれた。

クラスメイトに打ち明けて放課後の音楽室で特訓をしてもらうとか、そのあたりがもっともスマートな解決法だったかもしれない。だがわたしの通っていた私立の小学校は誰《だれ》もが遠方から通っていた。放課後にぐずぐずしたり、気軽に友人の家に立ち寄るとかが難しかった。おまけに、そもそも「相談する」という発想がなかった。兄弟姉妹もいない。叔《お》父《じ》（伯父《おじ》）や叔母《おば》（伯母《おば》）や甥《おい》や姪《めい》や祖父母も近くにはいない。

こうなると、もはや処刑《しょけい》を待つ死刑囚《しけいしゅう》のような気分になってくる。死刑囚なら死んでお仕舞《しま》いになるぶんメリハリが効いていそうだが、こちらは恥《はじ》をかいたのみならずその後も音楽の授業は延々と続くのである。生き地獄《じごく》じゃないか。溜《た》め息どころの話ではない。

頑張《がんば》るとか努力するとか、それ以前の話なのだから苦しい。仮病で逃《に》げる手も考えられるが、下手をすると翌週に自分だけあらためて演奏をさせられるかもしれない。余計に事態が悪くなる可能性が高い。

E重苦しい気分に押《お》し潰《つぶ》されそうだった。解決策は思い浮《う》かばない。なぜか反省の気持ちはほとんど生じなかった。不幸な星の下に生まれた

から一つ選び、記号で答えなさい。

ア　先週から続く長雨に、今朝は風さえ加わった。

イ　あの縦の変化球は、イチローでさえ打てない。

ウ　先制点さえ取れたなら、勝てたかもしれない。

エ　算数さえ分からないので、数学など無理です。

問６　――部Ｅ「でも、それで良かったのだと思っています」とありますが、そんなふうに思えるのは、なぜですか。その答えとしてふさわしいものを、次のア～エから一つ選び、記号で答えなさい。

ア　最初は文章に対する興味しか持たなくても、いつかは作者に対しても関心を持ってくれるようになるはずだから。

イ　読者に伝えるという目的を叶《かな》えるために、自分を前面に出さないほうがいいのなら、作者にとっても本望《ほんもう》だから。

ウ　たとえくだらない思い込みにすぎないことでも、読者がおもしろがってくれることが何よりうれしいことだから。

エ　情報をいくら与えるよりも、作品を通して深く感じてもらうことが、作者を本当に知ってもらうことになるから。

問７　――部Ｆ「世阿弥のいわゆる『離見の見』の見方を以て」文章を綴るということは、何をどのように書くということなのですか。それを説明した言葉を、「書くということ。」に続くように、本文中から二十字以内で探し、ぬき出して答えなさい。

問８　――部Ｇ「自分の感情をナマな言葉で書き表すこと」を避けるべきなのは、なぜですか。「『感情語』だけで書き表しても、」という書き出しに続けて、本文中の言葉を使って、六十字以内（書き出しをのぞく）で答えなさい。

問９　――部Ｈ「文章の説得力」とありますが、文章が説得力を持つためには、文章はまずどのような力を持たなければならないのですか。その答えとしてふさわしいものを、次のア～エから一つ選び、記号で答えなさい。

ア　読者に、作者がした経験はすばらしいと言わせる力。

イ　読者に、作者と同じ経験をしてみたいと思わせる力。

ウ　読者に、作者がした経験を事実として理解させる力。

エ　読者に、作者と同じ経験をしていると感じさせる力。

問10　――部Ｉ「自分の思いを『他人に』伝えるため」に、必ず持ち続けなければならないものは、何ですか。その答えを示した言葉を、本文中から三十字以内で探し、その初めと終わりの五字をぬき出して答えなさい。

【三】　次の文章を読んで、後の問いに答えなさい。

今までの人生において、わたしはどれだけの「救い」に遭遇《そうぐう》してきたのだろうか。

Ａそれほど多くはない。いや、Ｂ大部分は、たとえば通勤電車内でいきなり腹痛に襲《おそ》われ顔を青ざめさせながら途中《とちゅう》下車して駅のトイレに駆《か》け込《こ》んだものの個室はどれも塞《ふさ》がっていて一瞬《いっしゅん》気が遠のいたけれど、半泣きの声で窮状《きゅうじょう》（注・とても困っている状況）を訴《うった》えたらすぐにドアが開いて「助かった！」とか、まあそういった類《たぐい》のものばかりである。確かにピンチと救いとのペアにはなっているが、人生を左右するような奥行《おくゆ》きを伴《ともな》った体験とは文脈が異なる。「救い」のうちでも、ランクは低い。

（中略）

ぎず、読者は、いったいなにがどううれしかったのか分からない。じゃあ、非常にうれしかったのだから、と思って、「非常に、すごーーーーく、うれしかった」と強調して書いたとしても、やっぱり、「ああ、この人はなんだかしらないけれど、ばかにうれしかったんだねえ」という程度のそっけない感想しか、読者は持つことができません。これが文章の主観というものです。

大切なのは、そのとき仮にあなたがうれしかったとしたら、どこでどんな経験をして、どういう経緯《けいい》があって、だれがどんなことを言ったりしたりして、それがどういう結果をもたらしたか、というような具体的な事実を、感情を交えないで書いておかなくてはなりません。

それを冷静に客観的にきちんと書いておけば、読者は作者と同じ経験を文章のなかで追体験することができて、ああ、これではさぞうれしかったことだろうなあ、としみじみ思うことができる。これがつまりH文章の説得力ということにつながるのです。

世阿弥のいう「離見の見」というのは、まさにこういう「あなたざまに」ものを見よ、という教えであって、文章の書き方のもっとも重要な要素だと言っていいかもしれません。

なぜなら文章というものは、I自分の思いを「他人に」伝えるためのメディア（注・情報《じょうほう》の記録・伝達手段）であって、自分だけで感情を自得して（注・ひとりでわかって）よろこぶためのものではないからです。そしてその思いが他人に十分に伝わったとき、文章ははじめてその存在理由を持ったということになるのです。

ここを、みなさんは決して忘れてはなりません。

（林望《はやしのぞむ》『文章の品格』による）

問1　――部A「それをただ無批判に書き連ねるということ」とは、どういうことですか。その答えとしてふさわしいものを、次のア～エから一つ選び、記号で答えなさい。

ア　あんなことがあったこんなこともあったと思い出しては、楽しかった嫌だったなどと、ごく簡単な感想だけを並べること。

イ　思い出を書くのに夢中になるあまり、周りの人々の自分とは違った思いに気がつかず、自分の思いだけを書いていくこと。

ウ　自分にとっておもしろい出来事なら、他人もきっとおもしろく読んでくれると勝手に思い込んで、長々と書いていくこと。

エ　誰《だれ》もが自分のことはかわいいので、都合の悪いことは他人のせいにして、自分だけは正しいという主張を書き続けること。

問2　空らん a ・ b に入る言葉の組み合わせとしてふさわしいものを、次のア～エから一つずつ選び、記号で答えなさい。

ア　a　なにげなく　b　興奮

イ　a　なつかしく　b　軽蔑《けいべつ》

ウ　a　おとなしく　b　憤慨《ふんがい》

エ　a　おもしろく　b　閉口

問3　――部B「□を貸さない」の□にふさわしい言葉を、漢字一字で答えなさい。

問4　――部C「そういうところはできるだけ書かないように」して『イギリスはおいしい』を書くことができたのは、筆者がどのようなことを確信していたからですか。本文中の言葉を使って、七十字以内で答えなさい。

問5　――部D「さえ」と同じ用法の「さえ」を含む文を、次のア～エ

いのです。

はたして、自分の書いた文章は、まったく自分のことを知らない、そして自分に対してなにも興味のない赤の他人が読んだときに、なにかおもしろいと感じることができるだろうか、と自問してみるといいのです。

今から十五年あまり前に、私が最初の著書『イギリスはおいしい』を書いていたとき、もっとも痛切に心のなかに去来していたのは、まさにこの自問でした。

たしかに自分は、イギリスでさまざまの珍《めずら》しい経験をしてきた。素晴《すば》らしい人にも出会って、多くの親切を受けたりもした。またイギリスの食べ物をあれこれと食べて、おいしかった、まずかったといろいろの経験をしてきた。けれども、はたしてその「自分の経験」は、このハヤシノゾムという人間のことなどなにも知らない赤の他人に読ませたとき、その人がおもしろいと思ってくれる事柄だろうか……。

私は、信州の山荘にこもって、その処女作を書きながら、いつもそう自問しては、あまりに個人的な人間関係とか、自分という人間を知っている人でもなければおもしろいとは思えないような事柄とか、Cそういうところはできるだけ書かないように心がけました。

その結果、私はその『イギリスはおいしい』のなかで、自分がイギリスではなにをしていたのか（事実はロンドン大学やケンブリッジ大学の図書館で、ひたすら古書を調査研究していたのですが、そんなことはほとんどの人にはなにも興味のないことにちがいないのですから）ということを、まったく書かなかった。したがって、ハヤシノゾムという作者がどういう人間なのかはまったく不問に付したまま、ひたすらイギリスの食べ物・料理・食習慣などについて書き続けました。

そうすれば、たとえハヤシノゾムなどという人間になんの興味もない人が読んでも、やはり珍しいイギリスの食べ物や食習慣のことについては、きっとおもしろいと思ってくれるにちがいない、そういう思いがあったのです。

結果的に、この本は日本エッセイスト・クラブ賞をいただき、そして思いがけないベストセラーになりました。そうして、この見慣れない名前の作者はいったいぜんたい男か女か、年齢《ねんれい》はいくつくらいで、どんな仕事をしている人なのか、とまるで「謎《なぞ》の作者現わる！」というような評判Dさえ立ったことでした。

Eでも、それで良かったのだと思っています。

文章というものは、結局、自分の思い込みなどはどうでもよいことで、肝心《かんじん》なのは、それを読む人がどうおもしろがってくれるか、ということだからです。つまりこの『イギリスはおいしい』が成功したのは、ひとえに作者の主観を離《はな》れて、F世阿弥のいわゆる「離見の見」の見方を以《もっ》て自分の文章を綴《つづ》っていったからだろうと、私は冷静に分析《ぶんせき》しています。

この最初の著書のなかで、私はイギリスの食物についてたくさんのことを書いていますが、その文章には「感情語」とでもいうような形容詞をほとんど使っていないことに注目してください。

うれしい、かなしい、せつない、くやしい、たのしい、おもしろい、ねたましい、いやだった、とかそういうG自分の感情をナマな言葉で書き表すことは、意識的に避《さ》けています。こういう表現というものは、非常に主観的なので、仮に、自分が「うれしかった」と感じたからとて、それをそのまま「うれしかった」と書いても、それは主観を述べたに過

【国　語】（五〇分）〈満点：一〇〇点〉

※解答にあたっては、句読点やかぎかっこ等の記号も一字分として数えること。

【一】次の1～10の各文の――部のカタカナを、それぞれ漢字に改めて答えなさい。

1 長いコウカイから帰港する。
2 教官にケイレイする。
3 王座にクンリンする。
4 海外ボウエキで財をなす。
5 ヨウサン業がさかんだ。
6 事件はメイキュウ入りした。
7 人形をうまくアヤツる。
8 休日はモッパら寝ている。
9 家事で夫のカブが上がる。
10 罪人をサバく。

【二】次の文章を読んで、後の問いに答えなさい。

文章というものは、どこまで行っても「自分の思い」を書くものです。自分の思いのこもらない官庁の事務書類みたいなものは、だれが読んだっておもしろくない。そうですね。ところが多くの人は、自分のことを書き始めるとついつい夢中になってしまって、ああああんなことがあったなあ、こんなこともあったなあ、あれは楽しかった、あれは嫌《いや》だった、とか非常に主観的な思いが交錯《こうさく》し（注・入り混じって）、Aそれをただ無批判に書き連ねるということになりがちです。

ここで大きく欠けているものは、「この文章を他人が読んだらどう思うだろうか」という視点です。

たとえば、だれでも自分の子供はかわいい。それはもう無条件な気持ちです。だからこんなにかわいい子供の写真を撮《と》って人に見せたら、人もさぞ喜んでくれるだろう、と、そう思ってしまう人がときどきあります。それで、変り映えもしない赤ん坊の写真などを夥《おびただ》しく見せられて、そう退屈《たいくつ》そうにもできず、さも[a]拝見しているふりをしつつ、その実[b]しているということが、これはわりあいによくあります。

文章もそれと同じです。

だれしも自分はかわいい。なによりもかわいいのは自分だ、これは天下の真実でありましょう。したがって、その自分の人生行路をつらつらと書き連ねたら、それはだれもがおもしろく読んでくれる「はずだ」と、こう思《おも》い込《こ》むのは、ちょうど自分の子供の写真をだれにでも見せたがる無分別な親の心に似ています。

一歩さがって、もう一度その写真を見直してみたらいい。はたして、この写真は、他人が見たらおもしろいだろうか、ほんとうに人は見たがるだろうか、と「他人の立場に立って」よくよく考えてみたら、それが結局独りよがりに過ぎないということに気づくでありましょう。これが分からない人は私の意見などにおそらくB□を貸さない人です。

同じように、自分にとってどんなに大事な出来事であっても、どんなに強烈《きょうれつ》な印象の残る事件であっても、それが他人にとっておもしろいとは限りません。

ここでもあの世阿弥《ぜあみ》の「離見《りけん》の見《けん》」ということを応用して考えてみた

解答用紙集

○月×日　△曜日　天気（合格日和）

◆ご利用のみなさまへ
＊解答用紙の公表を行っていない学校につきましては、弊社の責任において、解答用紙を制作いたしました。
＊編集上の理由により一部縮小掲載した解答用紙がございます。
＊編集上の理由により一部実物と異なる形式の解答用紙がございます。

人間の最も偉大な力とは、その一番の弱点を克服したところから生まれてくるものである。——カール・ヒルティ——

東京学参株式会社

巣鴨中学校（算数選抜）　2024年度

※ 152％に拡大していただくと，解答欄は実物大になります。

1

(1)		(2)	
(3)			

2

(1)	枚	(2)	%
(3)	分	(4)	倍
(5)	時間　分後	(6)	m

3

(1)		(式) (答)＿＿＿＿cm
(2)	(ア)	(式) (答)＿＿＿：＿＿＿
	(イ)	(式) (答)＿＿＿＿cm

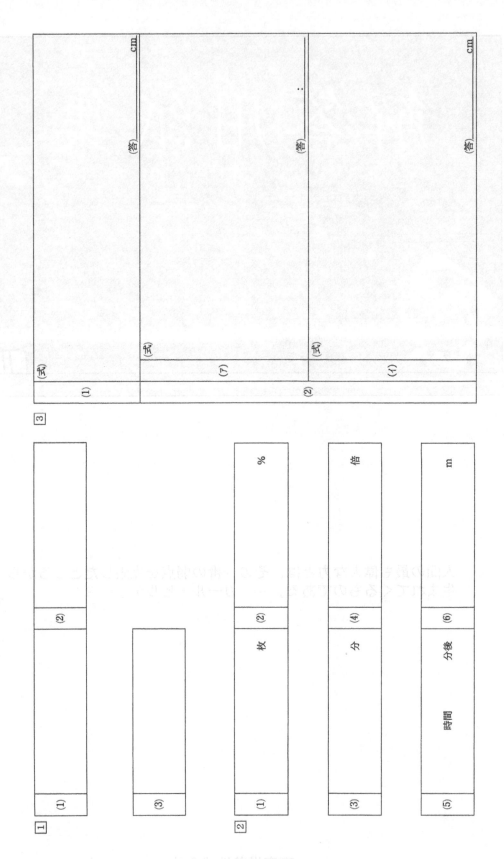

4

(1)	倍
(2)	(式) (答)＿＿＿＿cm³
(3)	(式) (答)＿＿＿＿cm³

5

(1)

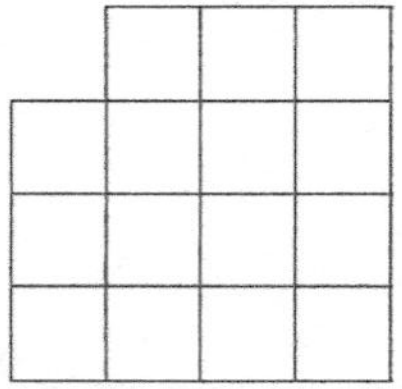

(2)

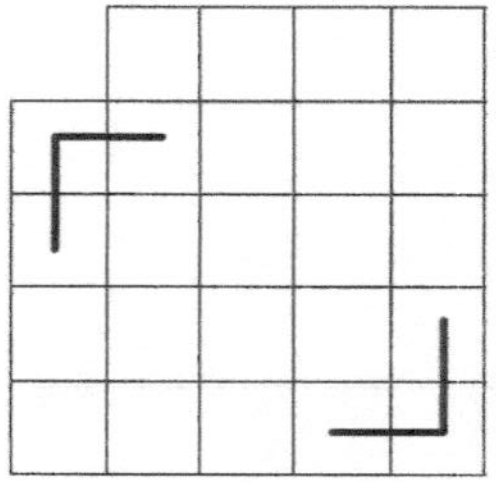

(3)	(説明)
(4)	(説明) 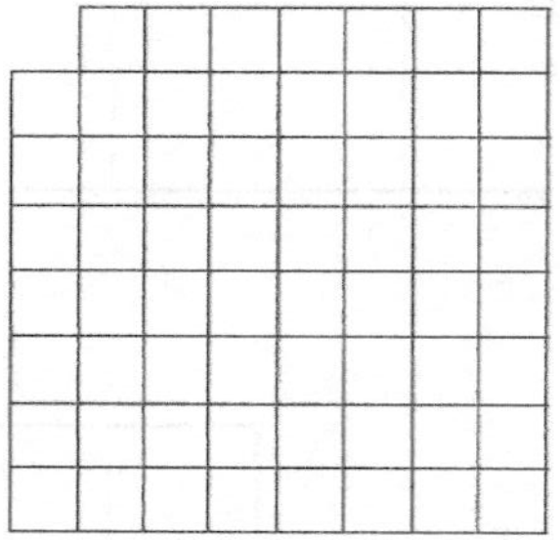

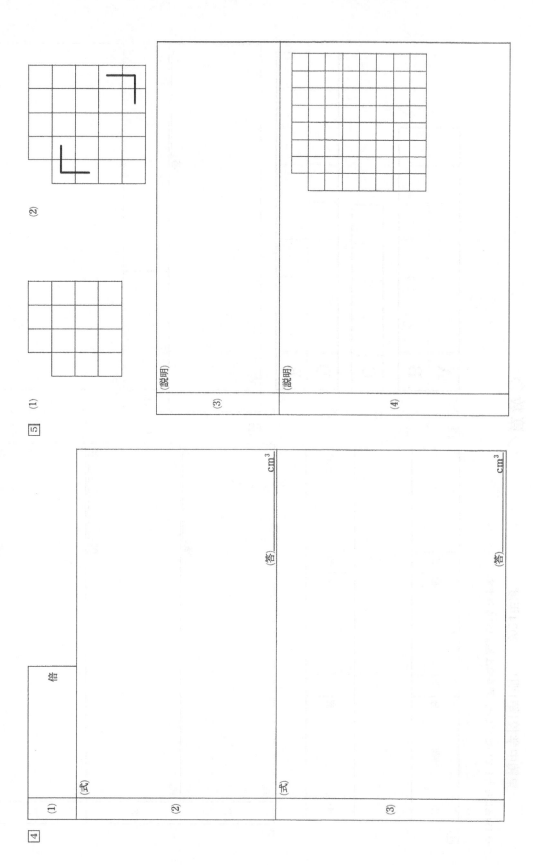

巣鴨中学校(第1期)　2024年度

◇算数◇

※ 154%に拡大していただくと，解答欄は実物大になります。

1

(1)	時間　分	(2)	個	(3)	
(4)	個	(5)	人	(6)	cm^3

2

(1)	(式) (答)　：
(2)	(式) (答)　分
(3)	(式) (答)　分

3

(1)

A						
B						

(2)

C				

(3)

D								
E								

4

(1)	(式) (答)　cm^2
(2)	
(3)	(式) (答)　cm^2

巣鴨中学校(第1期)　2024年度　◇理科◇

※ 147%に拡大していただくと，解答欄は実物大になります。

【1】

問 1			問 2	(1)	動物	(2)		(3)			
問 2	(4)	つくり	はたらき								
問 2	(5)	動物	問 3	①		②		③		問 4	
問 5		問 6	(1)		(2)		問 7	(1)	%		
問 7	(2)										

【2】

問 1		問 2	倍	問 3		問 4	→ → →
問 5		問 6		問 7		問 8	

【3】

問 1	(1)	月 日	(2)	倍	(3)	a		b		c			
問 2		問 3	A		C								
問 4	(1)		(2)		(3)	③		④		(4)			

【4】

問 1	A		B		問 2	薬品			装置
問 3									
問 4	g	問 5	①		②		③		
問 6	mL								

巣鴨中学校(第1期)　2024年度　◇社会◇

※ 145%に拡大していただくと，解答欄は実物大になります。

1

問1	問2	問3	問4
X 現象			

問5

問6

問7	問8	問9

2

問1	問2		問3	問4	問5	問6	問7
	2番目	4番目					

問8	問9

問10

3

問1	問2	問3	問4	問5	問6
					どちらかに○をつける 賛成　・　反対

問6

◇国語◇

巣鴨中学校（第１期）　２０２４年度

※１４７％に拡大していただくと，解答欄は実物大になります。

【一】

1　2　3　4　5

6　7　8 む　9 いる　10 ぐ

【二】

問1 (1)

(2)

問2

問3

問4

問5 (1) I

II

(2)

問6

問7

【三】

問1

問2

問3

問4 I　II　III

問5

問6

問7

問8

問9

問10

ということ。

問11

巣鴨中学校(第2期)　2024年度

◇算数◇

※ 154%に拡大していただくと，解答欄は実物大になります。

1

(1)		(2)	人
(3)	ページ	(4)	時間
(5)	枚	(6)	cm^3

2

(1)	(式) (答)＿＿＿＿分後
(2)	(式) (答)＿＿＿：＿＿＿
(3)	(式) (答)＿＿＿＿m

3

(1)	(式) (答)＿＿＿＿個
(2)	(式) (答)＿＿＿＿個
(3)	最も大きい整数： (式) (答)＿＿＿＿個

4

(1)	(式) (答)＿＿＿＿cm^2
(2)	(式) (答)＿＿＿：＿＿＿
(3)	(式) (答)＿＿＿＿cm^2

巣鴨中学校（第2期）　2024年度

◇理科◇

※ 145％に拡大していただくと，解答欄は実物大になります。

【1】

問1	なまえ	類	問2	(1)									
問2	(2)		(3)		問3	(1)		(2)	①		②		③
問4	(1)		(2)										
問5	～	klx	問6	～	klx	問7	時間						

【2】

問1	cm	問2	cm	問3	g	問4	cm
問5	cm	問6	g	問7	cm	問8	cm

【3】

問1	(1)		(2)		問2	(1)		(2)	
問3		問4	(1)		(2)		(3)		
問5	(1)		(2)		(3)				

【4】

問1	X		Y		Z		問2	(1)		(2)	g
問3	(1)	g	(2)	g	問4	(1)					
問4	(2)										
問5											

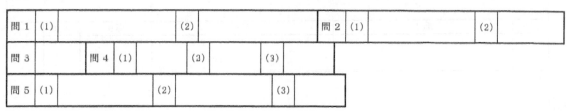

巣鴨中学校(第2期)　2024年度　◇社会◇

※ 147%に拡大していただくと，解答欄は実物大になります。

1

問1	問2	問3	問4	問5	問6	問7
	ha	海岸				

問8	問9	問10

2

問1	問2	問3	問4

問5

問6	問7	問8	問9		問10
			2番目	4番目	

3

巣鴨中学校(第２期)　２０２４年度

◇国語◇

※ １４１％に拡大していただくと、解答欄は実物大になります。

【一】

1　2　3　4　5

6　7　8 する　9 う　10 やした

【二】

問1

問2　A　B

問3 (1) 〜 という誤解。

(2) という特徴。

(3) という証拠。

問4

問5

問6 (1)

(2)

問7 X

Y

【三】

問1

問2

問3

問4

問5

問6

問7 という気持ち。

問8

問9

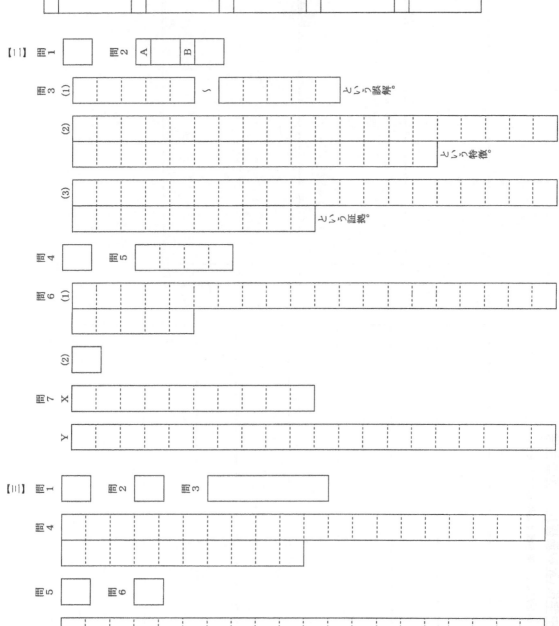

巣鴨中学校(算数選抜)　2023年度

※ 154％に拡大していただくと，解答欄は実物大になります。

1

(1)		(2)	
(3)		(4)	

2

(1)		(2)	
(3)		(4)	個
(5)	分	(6)	cm

3

(1)	(式) (答)　　　円
(2)	(式) (答)　　　個
(3)	(式) (答)

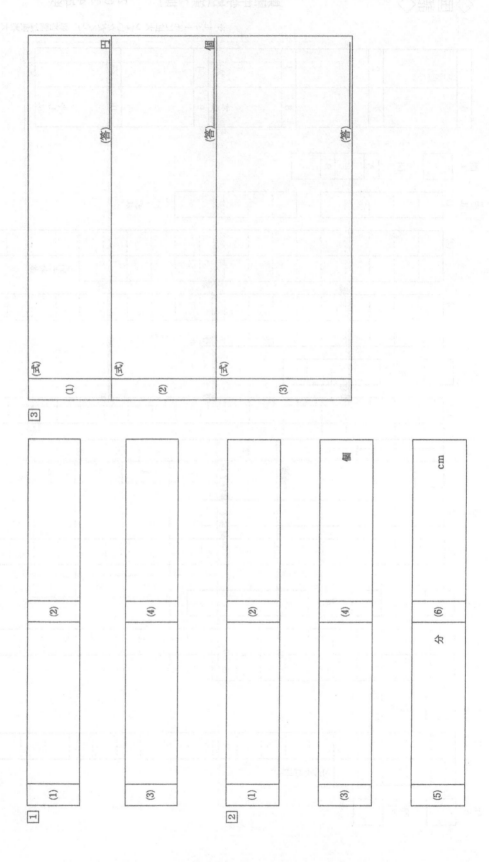

4

(1)	(式) (答)＿＿＿＿＿m
(2)	(式) (答)＿＿＿分＿＿＿秒
(3)	(式) (答)＿＿＿＿＿分後

5

(1)	ア		イ		ウ	
	エ		オ		カ	
	キ		ク		ケ	
	コ					
(2)	(2 人が書いた計算式)					
(3)	(説明)					
(4)						

巣鴨中学校(第1期)　2023年度

◇算数◇

※ 154%に拡大していただくと，解答欄は実物大になります。

1

(1)		(2)	円	(3)	%
(4)	分　秒	(5)	分	(6)	cm^3

2

(1)	(式) (答)＿＿＿個
(2)	(式) (答)＿＿＿個
(3)	(式) (答)＿＿＿個

3

(1)	(式) (答)＿＿：＿＿
(2)	(式) (答)＿＿：＿＿
(3)	(式) (答)＿＿：＿＿：＿＿

4

(1)	(式) (答)＿＿＿分後
(2)	(式) (答)＿＿：＿＿：＿＿
(3)	(式) (答)＿＿＿分後

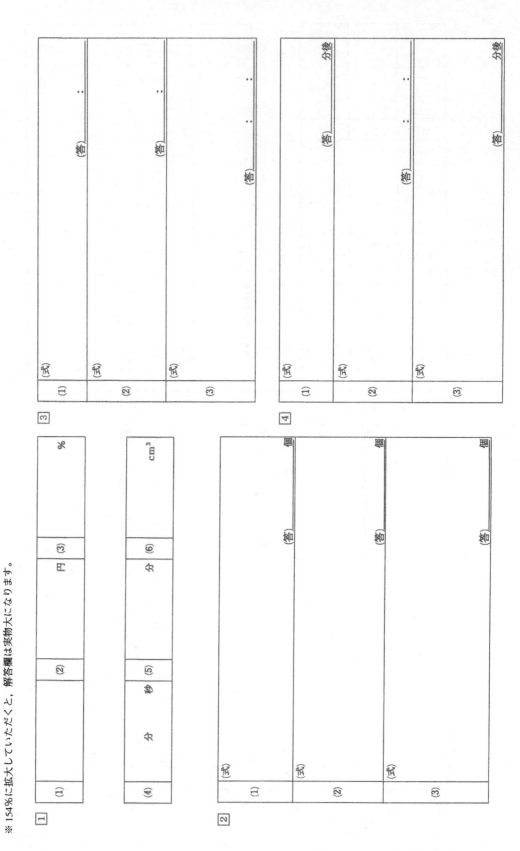

巣鴨中学校（第1期）　2023年度

◇理科◇

※ 147％に拡大していただくと，解答欄は実物大になります。

【1】

問 1	(1)		(2)		(3)	物質		器官		(4)	
問 2		問 3	(1)		(2)	①		②		(3)	
問 4	(1)	葉		果実		(2)	①		②		③
問 5	(1)			(2)							

【2】

問 1	g	問 2	cm	問 3	g	問 4	g
問 5	cm	問 6	g	問 7	cm	問 8	cm

【3】

問 1	(1)		(2)						
問 2	(1)		(2)		(3)	%			
問 3	(1)		(2)						
問 4	(1)		(2)	付近	(3)		(4)		
問 5									

【4】

問 1		問 2		問 3		問 4		
問 5	と							
問 6	(1)	℃	(2)	℃	問 7	カロリー		

巣鴨中学校(第1期)　　2023年度

◇社会◇

※ 149%に拡大していただくと，解答欄は実物大になります。

1

問1	問2	問3	問4	問5	問6	問7	問8	問9	問10

2

問1	問2	問3	問4	問5

問6														

問7	問8									問9		問10
										2番目	4番目	

3

問1

問2	問3	問4	問5

◇国語◇

巣鴨中学校(第1期)　２０２３年度

※１４７%に拡大していただくと、解答欄は実物大になります。

【一】

1	2	3	4	5
6	7	8　び	9　らせ	10　い

【二】

問1　問2

問3　(1)　(2)

問4

問5　問6　問7

問8　問9

問10

【三】

問1　A　B　C　D

問2

問3　〜　ということ。

問4

問5

問6

問7　ということ。

問8

問9　ということ。

巣鴨中学校(第2期)　2023年度

◇算数◇

※ 154%に拡大していただくと，解答欄は実物大になります。

1

(1)	ア		イ		ウ		エ		オ	

(2)	と	(3)	才

(4)	日間	(5)		(6)	通り

2

(1)	(式) (答)＿＿＿＿匹
(2)	(式) (答)＿＿＿＿匹
(3)	(式) (答)＿＿＿＿m

3

(1)	(式) (答)＿＿＿＿cm^2
(2)	(式) (答)　ア：＿＿＿＿度，AE：BE=＿＿：＿＿
(3)	(式) (答)＿＿＿＿cm^2

4

(1)	(式) (答)＿＿：＿＿
(2)	(式) (答)＿＿＿＿分
(3)	(式) (答)＿＿＿＿分後

巣鴨中学校(第2期)　2023年度　◇理科◇

※ 147%に拡大していただくと，解答欄は実物大になります。

【1】

問 1		問 2	(1)		(2)		(3)		(4)	
問 3	(1)		(2)	a		b		問 4	ア→　→　→　→	
問 5		問 6	(1)		(2)	③		⑤		(3)

【2】

問 1	cm	問 2	g	問 3	g	問 4	cm
問 5	cm	問 6	g	問 7	cm^3	問 8	cm

【3】

問 1		問 2		問 3	①		②			
問 4	(1)		(2)		問 5					
問 6	(1)		(2)		(3)		(4)		(5)	

【4】

問 1		問 2	(1)		(2)		(3)		
問 3	X		Y		問 4	(1)		(2)	kg
問 5									

巣鴨中学校（第2期）　2023年度

◇社会◇

※ 149％に拡大していただくと，解答欄は実物大になります。

1

問1	

問2

問3	問4	問5

問6

問7	問8	問9

2

問1	問2		問3
	2番目	4番目	

問4

問5	問6	問7	問8

問9

問10

3

◇国語◇

巣鴨中学校(第２期)　２０２３年度

※１４７%に拡大していただくと、解答欄は実物大になります。

【一】

1　2　3　4　5

6　7　8 らかに　9 んで　10 る

【二】

問1　問2　問3 a b　問4

問5

問6

問7

問8 Ⅰ Ⅱ Ⅲ Ⅳ Ⅴ

問9 ア イ ウ エ

【三】

問1　問2　問3

問4 長男は

問5

問6

問7

問8

問9　問10

問11

問12

巣鴨中学校(第1期)　2022年度

◇算数◇

※ 154%に拡大していただくと，解答欄は実物大になります。

1

(1)	通り	(2)	個	(3)	円
(4)	人	(5)	票	(6)	角ア：　度 角ウ：　度

2

(1)	(式) (答)　小数第　位
(2)	(式) (答)　小数第　位
(3)	(式) (答)　小数第　位

3

(1)	(式) (答)　m^3
(2)	(式) (答)　m^3
(3)	(式) (答)　m^3

4

(1)	(式) (答)　：
(2)	(式) (答)　分後
(3)	(式) (答)　分後

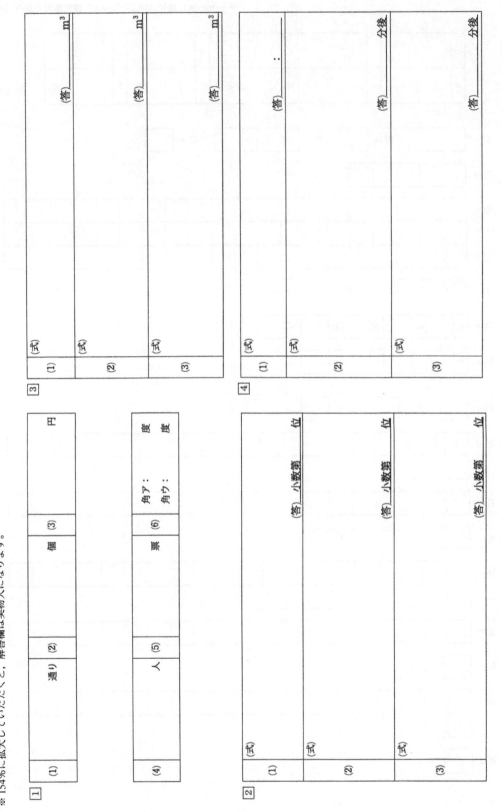

巣鴨中学校(第1期)　2022年度　◇理科◇

※ 147%に拡大していただくと，解答欄は実物大になります。

【1】

問 1	はたらき	部分	問 2		問 3		
問 4		問 5	cm^3	問 6	①	②	③
問 7		問 8	(1)	(2)	問 9	年	
問10							

【2】

問 1	cm	問 2	g	問 3	g	問 4	g
問 5	cm	問 6	①	②	問 7		
問 8							

【3】

問 1		問 2		問 3		問 4	(1)	(2)
問 5	(1) 月	(2) 日	(3)	(4)	(5)			
問 5	(6)							

【4】

問 1		問 2			問 3	から	
問 4							
問 5	a	b					
問 6	g	問 7	%	問 8	g		

巣鴨中学校(第1期)　2022年度　◇社会◇

※ 149%に拡大していただくと，解答欄は実物大になります。

1

問1	問2	問3	問4	問5	問6	問7								
						(い)					(う)			

問8	問9

2

問1	問2	問3	問4	問5	問6	問7

問8														

問9		問10
2番目	4番目	

3

◇国語◇

巣鴨中学校（第1期）　２０２２年度

※１４７％に拡大していただくと，解答欄は実物大になります。

【一】

1　2　3　4　5

6　7　8　く　9　いた　10　い

【二】

問1　問2

問3　水生昆虫のお腹に入って休眠状態になってしまえば，

大きく長く成長することができるから。

問4

問5　(1)　A　B　C　D　E　F　(2)

(3)　という仮説

問6

問7　Ⅰ　Ⅱ　Ⅲ

【三】

問1　A　B

問2　a　b

問3　問4　問5

問6　Ⅰ　Ⅱ

問7

問8　Ⅰ　Ⅱ　Ⅲ　Ⅳ　Ⅴ

問9　(1)　(2)　〜

問10

巣鴨中学校(第2期)　2022年度

◇算数◇

※ 154%に拡大していただくと，解答欄は実物大になります。

1

(1)		(2)	通り	(3)	
(4)	枚	(5)	箱	(6)	cm^2

2

(1)	(式) (答)　　　%
(2)	(式) (答)　　　g
(3)	(式) (答)　　　g

3

(1)	(式) (答)　　：　　：
(2)	(式) (答)側面積　　cm^2，底面積　　cm^2
(3)	(式) (答)　　：

4

(1)		(2)	
(3)	(式) (答)A：　B：　C：　D：		
(4)			

巣鴨中学校（第2期）　2022年度

◇理科◇

※ 147％に拡大していただくと，解答欄は実物大になります。

【1】

問 1	(1)	(2)①	②	問 2	(1)		
問 2	(2) なまえ	通るもの	問 3	葉	茎	問 4	
問 5		問 6	A	E	問 7		
問 8	mg	問 9	mg　　した				

【2】

問 1	g	問 2	cm	問 3	g	問 4	g
問 5	cm	問 6	cm	問 7	g	問 8	

【3】

問 1	(1)	(2)	(3)	問 2	度			
問 3	①	②	問 4		問 5	(1)　度		
問 5	(2)　度	(3)	問 6	(1)	(2)	(3)		

【4】

問 1		問 2		問 3		問 4	(1)　g	(2)　g
問 4	(3)　g	問 5	①	②	③	④		
問 6		問 7						

巣鴨中学校（第2期）　2022年度

◇社会◇

※ 149％に拡大していただくと，解答欄は実物大になります。

1

問1			問2	問3	問4	問5	問6
1	2	地名					

問7	問8	問9

2

問1		問2	問3	問4
2番目	4番目			

問5

問6	問7

問8

問9	問10

3

問1	問2				問3	問4
	A	B	C	D	年	

問5

問6

◇国語◇

巣鴨中学校（第２期）　２０２２年度

※ １４７％に拡大していただくと、解答欄は実物大になります。

【一】

1　2　3　4　5

6　7　8 えた　9 せる　10 いて

【二】

問1 A　B　問2

問3 (1) a　b

(2) 大気の汚染　直射日光が地面に当たりにくいので、

河川の汚染　直射日光が地面に当たりにくいので、

問4　問5 〜 という利点。

問6 X　Y　問7　問8

問9

問10

【三】

問1 A　B　問2　問3

問4 (1)

(2) 〜　問5　問6　問7

問8

問9

巣鴨中学校(第1期)　　2021年度

◇算数◇

※ 167%に拡大していただくと，解答欄は実物大になります。

1

(1)	%	(2)	円	(3)	分
(4)	通り	(5)	m	(6)	

2

(1)	(式) (答)＿＿＿＿＿枚
(2)	(式) (答)＿＿＿＿＿

3

(1)	(式) (答)＿＿＿＿＿cm
(3)	(式) (答)＿＿＿＿＿cm^2
(2)	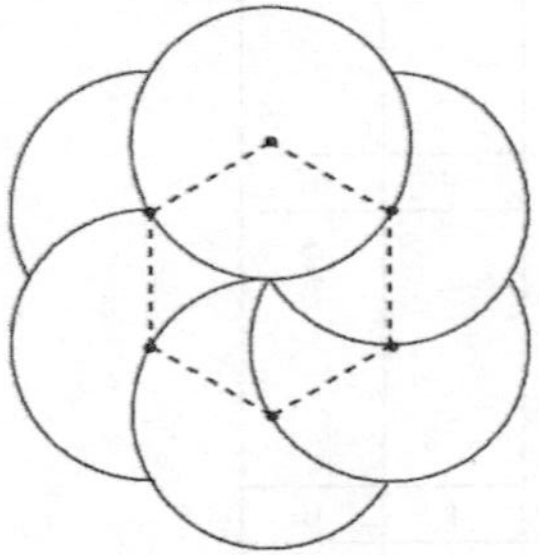

4

(1)	(式) (答)＿＿＿＿＿度
(2)	(式) (答)＿＿＿＿＿分ごと
(3)	(式) (答)午前＿＿＿＿＿時＿＿＿＿＿分

巣鴨中学校（第1期）　2021年度　◇理科◇

※ 141％に拡大していただくと，解答欄は実物大になります。

【1】

問 1	(1)	(2)	(3)

問 2	(1)	(2) 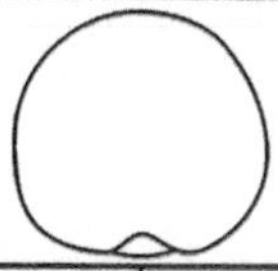	(3) 	問 3	

問 4	(1)		(2)	問 5	(1)	(2)

問 6	(1)	(2)	問 7	

【2】

問 1	g	問 2	cm	問 3	g	問 4	cm
問 5	g	問 6	g	問 7	cm	問 8	cm

【3】

問 1	℃	問 2		問 3		問 4	

問 5		問 6	図　　→ 図　　→ 図

問 7	(1) 図	(2)	(3)	問 8	(1) ①	②	(2)

【4】

問 1			問 2		問 3	(1) g	(2) g

問 4	(1)	(2) %

問 5		問 6	①	②

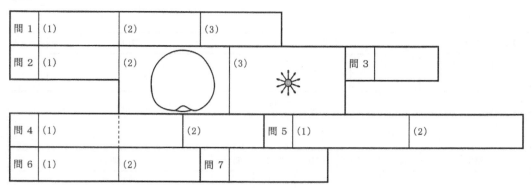

巣鴨中学校(第1期)　2021年度

◇社会◇

※ 141%に拡大していただくと，解答欄は実物大になります。

1

問1	問2	問3						問4

問5														

問6	問7	問8	問9	問10	問11	問12						

2

問1	問2	問3

問4														

問5	問6	問7	問8		問9	問10
			2番目	4番目		

3

(1)	(2)	(3)	(4)	(5)

◇国語◇

巣鴨中学校（第１期）　２０２１年度

※１４７％に拡大していただくと、解答欄は実物大になります。

【一】

1　2　3　4　5

6　7　8　った　9　なる　10　う

【二】

問1　A　B　C　D

問2

問3

問4　(1)

(2)

問5　〜　から。

問6　I

Ⅱ

問7　(1)　〜

(2)　〜

問8

【三】

問1　苦　苦

問2　針仕事は、　という思い。

問3

問4

問5

問6

問7　A　〜　B

問8

問9　(1)　という意識。

(2)

問10

〈ダウンロードコンテンツについて〉

本問題集のダウンロードコンテンツ、弊社ホームページで配信しております。現在ご利用いただけるのは「2025年度受験用」に対応したもので、**2025年3月末日**までダウンロード可能です。弊社ホームページにアクセスの上、ご利用ください。
※配信期間が終了いたしますと、ご利用いただけませんのでご了承ください。

中学別入試過去問題シリーズ

巣鴨中学校　2025年度

ISBN978-4-8141-3162-4

[発行所] 東京学参株式会社
〒153-0043　東京都目黒区東山2-6-4

書籍の内容についてのお問い合わせは右のQRコードから　⇒

※書籍の内容についてのお電話でのお問い合わせ、本書の内容を超えたご質問には対応できませんのでご了承ください。

2024年6月28日　初版